Knaur

Von Tessa Korber sind außerdem erschienen:

Die Karawanenkönigin
Der Medicus des Kaisers

Über die Autorin:

Tessa Korber, geboren 1966 in Grünstadt/Pfalz, hat Geschichte, Germanistik und Kommunikationswissenschaften studiert und schloß 1997 mit Promotion an der Universität Erlangen ab. Sie arbeitete in Verlagen und im Buchhandel, als Werbetexterin und Dozentin. Heute lebt sie als freie Schriftstellerin in der Nähe von Erlangen.

TESSA KORBER

DIE KAISERIN

ROMAN

Knaur

Besuchen Sie uns im Internet:
www.droemer-knaur.de

Vollständige Taschenbuchausgabe 2003
Knaur Taschenbuch.
Ein Unternehmen der Droemerschen Verlagsanstalt
Th. Knaur Nachf. GmbH & Co. KG, München
Dieser Titel erschien bereits
unter der Bandnummer 61725

Umschlaggestaltung: ZERO Werbeagentur, München
Umschlagabbildung: Getty Images, München
Druck und Bindung: Clausen & Bosse, Leck
Printed in Germany
ISBN 3-426-62518-0

2 4 5 3 1

Meinen Eltern

Prolog

Wir werden alle sterben

Der Himmel über der Hochebene verfärbte sich blaßrosa. Olivenbäume und Eichen versanken langsam im Schatten, während Eidechsen mit pulsenden Hälsen auf den runden, weißgefleckten Felsen saßen, welche die Hitze des Tages gespeichert hatten. Die Luft war mild, gesättigt vom Duft der Kräuter und dem Zirpen der Zikaden. Noch leuchteten die Blüten eines Erdbeerbaums in der zunehmenden Dämmerung.

Zahllose Eidechsenschwänze verschwanden raschelnd im trokkenen Gestrüpp, als die Tore des Tempels sich öffneten und die Prozession heraustrat. Fackelträger schritten voran und warfen einen flüchtigen Lichtschein auf die ausdruckslosen Steingesichter, die mit weit aufgerissenen Augen von den Menhiren rechts und links der Steinmauern blickten. Unruhig und launisch zerrten die Flammen an den ölgetränkten Wergbinden und schickten prasselnde Funkenschwärme wie Glühwürmchen in den dunkelnden Himmel.

Den Fackeln folgten die Priesterinnen, zwei an der Zahl, eine alte und eine junge. Beide trugen leise klingelnde Bronzeglöckchen am Gewandgürtel und ein Bronzediadem in Form einer Schlange im Haar. Um den Hals der Älteren wand sich etwas Dunkles, das im unsteten Licht des Feuers lebendig zu sein schien. Über ihrem von Runzeln gefurchten Gesicht, auf dessen Stirn mit schwarzem Beerensaft ein Zeichen gemalt war, stand das eisgraue Haar als Heiligenschein, eine diffuse Wolke von Licht. Die Jüngere schritt hinter ihr, einen Weidenkorb in Händen, in ehrfürchtigem Abstand. Auf ihren blauschwarzen Flechten, glatt und glänzend und so lang, daß sie ihr bis über die Hüften fielen, tanzten die Reflexe der Flammen.

Den beiden Frauen auf dem Fuße folgte das Volk des Clans, eine kleine Handvoll Menschen. Zunächst die Ältesten, die das weise

Blut ihrer Mensis nicht mehr Monat für Monat verströmten, die Herrinnen der Überlieferung. Sie waren runzlig und vom Alter gedrückt und gebogen wie die Korkeichen ringsum, und ebenso beharrlich. Hinter ihnen gingen die Frauen mit ihren Kindern, dann die jungen Mädchen, schließlich die Männer und Jungen.

Es waren Hirten, dunkelbraun und zäh von der heißen Sonne der Berghänge, arme Menschen, die von dem lebten, was ihre Ziegen, Schweine und die zierlichen, falben Kühe der Insel in der Macchia und den niedrigen Eichenwäldern fanden. Ihre Kleidung war schlicht: ungefärbtes Leinen, an den Schultern und in der Taille mit einfachen Riemen zusammengehalten. Vom Laufen zwischen Felsen und dornigem Gestrüpp waren ihre Füße hart und rissig wie altes Leder geworden.

Sie sangen. Ohne die Begleitung von Instrumenten stiegen ihre Stimmen auf, nicht weich, sondern metallisch hart und schrill, und woben sich kunstvoll ineinander. Gedehnt, nasal, monoton und doch in feinen Variationen sich verschlingend, brachte ihr klagender Chor die Dämmerung zum Vibrieren.

Der Tempel hinter ihnen blieb offen zurück, ein schlichtes Gelaß aus Stein, dessen Allerheiligstes durch einen nun beiseite geschobenen Vorhang abgetrennt war: Die höhlenartige Kammer mit der dunklen Spalte in der Rückwand schien in den Schoß der Erde selbst zu führen. Davor war nichts als ein behauener Block mit einer Mulde, in der im Licht der zurückgebliebenen Fackeln ihr kostbarstes, zeremoniell verehrtes Gut glitzerte: Wasser. Sein einsamer Wächter, zugleich der einzige Schmuck der steinernen Zelle, war eine kleine Bronzefigur, eine Frau, ungelenk gearbeitet und doch fesselnd durch die großen Augen, die aus einem Gesicht ohne individuelle Regung zu einem aufschauten. Auf ihren Knien hielt sie den toten Körper eines jungen Mannes. Hatte sie ihn getötet? Beweinte sie ihn? Ihre hieratischen Züge verrieten es nicht.

Der Zug kam in die Ebene, bloße Füße traten nacheinander auf den schmalen Lehmpfad, der sich zwischen den runden Felsbrocken hindurchschlängelte. Ein Schwarm Fledermäuse stieg mit sirrendem Flügelschlag aus einem großen, einzeln stehenden Bergahorn auf, dessen schwarze Silhouette sich vor dem Himmel gerade noch abzeichnete. Kaum mehr sah man im fast schon nächtlichen Dunkel das Ziel der Prozession, ein schwarzes Loch mitten im Boden.

Es war ein Karstschlund, ein unauffälliges Rund, nicht breiter als ein paar Meter. Üppige Farne und einige überhängende Holunderbüsche säumten ihn harmlos, stachliger Brombeer verflocht sich ringsum zum Dickicht und verbarg fast, daß seine abschüssigen Hänge, auf denen jeder Schritt Geröll lostrat, steil in bodenlose Tiefen fielen. Wie tief? Keiner wußte das zu sagen. Fröstelnde, feuchte Kühle drang von dort herauf in den lauen Abend.

Die Menschen versammelten sich westlich des Loches, wie die Sitte es verlangte. Ihr Lied hatte geendet, eine neue Melodie wurde angestimmt, rhythmisch und mitreißend. Eine Leitstimme hob sich über die anderen, der Chor folgte. Einzelne Frauen begannen bereits, die Hüften danach zu wiegen, die Füße im Takt zu setzen. Ihre Hände bewegten sich schlangengleich in die Höhe, eine stumme, hypnotische Melodielinie über dem Lied. Die ersten lösten sich aus der Formation, tanzten auf den Abgrund zu und wichen wieder zurück. Langsam, unwiderstehlich griff das Lied nach allen, ließ sie die Becken kreisen, die Köpfe zurückwerfen, die Arme erheben. Nur die Priesterinnen standen unbeweglich inmitten der sich ausbreitenden Ekstase.

Dann, nach einer halben Ewigkeit, trat die Alte vor an den Rand des Loches und hob mit einem schrillen Schrei das Ding um ihren Hals hoch über sich. Es war – jeder konnte es nun sehen – eine lebendige Schlange, die sich in ihren Händen wand. Aus dem Gesang wurde schlagartig ein leises, drängendes, beschwö-

rendes Summen, aus dem sich nur hier und da einzelne Schreie lösten. Es entstand ein Halbkreis, in dem die junge Priesterin und ein Mann zurückblieben, der dorthin gestoßen worden war. Sein Kopf war bekränzt, Stierhörner standen unter dem Eichenlaub von seinen Schläfen ab, und ein Stierschwanz war um seine Hüften gebunden. Er war jung, kaum sechzehn Jahre alt, mager, mit schlanken Muskeln unter der Haut, mit brennenden schwarzen Augen, die flackernd ins Leere starrten. Sein nackter Körper glänzte. Ein entrücktes Lächeln stand in seinem Gesicht. Er war der Einzige, der Bräutigam dieser Nacht, der Geliebte der Großen Mutter. Sein Geist schwamm in den Nebeln der Droge, die ihm eingeflößt worden war. Diesen Tag und die Nacht davor hatte er im Tempel verbracht, wo die Priesterinnen seinen Leib mit Honigwasser wuschen, mit dem lebensspendenden Öl der Oliven salbten und ihre Gebete dazu sprachen. Daß er dabei gefesselt war, die Hände über dem Kopf zusammengebunden aufgehängt im Sanktuarium, daß seine Füße gerade noch den Boden berührten, war dabei nur ein Symbol gewesen. Ein Symbol dafür, daß er nicht mehr sich selbst gehörte, sondern IHR, der Allesgebärerin, der großen Mutter, die Leben gab und nahm. Denn er war freiwillig gekommen, diese Hochzeit zu feiern. Und auch der Sud aus Kräutern und Pilzsaft, den ihm die alte Umma eingeflößt hatte, sollte ihn nicht willenlos machen, sondern es nur seinem Geist erleichtern, in das Reich der großen Göttin hinüberzutreten. Und er sah sie bereits.
Die alte Priesterin wartete, bis er zu ihr geführt wurde, nahm langsam die Schlange herab und berührte vorsichtig damit sein Geschlecht, dann trat sie zurück aus dem Lichtkreis. Das Tier züngelte träge. Der Phallus des Jungen aber wuchs unter der Berührung empor. Die Arme zur Anbetung erhoben, stand er alleine am Abgrund, ein Inbild der sehnsuchtsvollen Begierde des Menschen nach Vereinigung mit IHR, der Allesumarmenden. In hohem, im Fackellicht glitzerndem Bogen ergoß sich

sein Samen in den schwarzen Erdschoß. Dann tat er einen Schritt und verschwand ohne Laut.

Ein Seufzen ging durch die Menge. Er war fort. Gesang setzte langsam wieder ein, ein Kreis schloß sich zum Rundtanz, um die Mutter zu feiern, die das Opfer dieses Jahr so gnädig angenommen hatte. Erleichtertes Lachen löste die Anspannung.

Da ertönte ein Schrei. Aus der Tiefe, aus der noch nie ein Laut emporgeklungen war, kam jetzt ein Rufen, ein Schlag, ein Stöhnen. Ganz nah.

Das neue Lied brach ab. Die Menschen flüsterten verstört miteinander, drängten sich näher und blieben doch voller Scheu dem Rand so fern, daß keiner darüberschauen konnte. Losa sah ängstlich zu ihrem Gefährten Garoppu hinüber, dem Führer der Hirten. Sie wußte nicht, was all das zu bedeuten hatte, doch ihr Unbehagen wuchs.

»Mama?«

»Schsch«, wurde das Fragen der kleinen Ittiri zum Schweigen gebracht. Nur jetzt nicht die Aufmerksamkeit der Geister erregen. Denn etwas war falsch, ganz und gar falsch.

Die alte Priesterin warf der jungen einen besorgten Blick zu. Nichtbegreifen stand in deren Augen, die groß und hell waren, leuchtend wie Bernstein.

»Umma?« sagte sie in fragendem Ton. Sie nannte die Alte »Mutter«, so wie alle Mitglieder des Stammes; das war ihr Ehrentitel.

»Den Korb, Berchidda, schnell!« erwiderte diese statt einer Antwort. Sie hielt ihr die Schlange hin, die Berchidda gehorsam übernahm und mit eiliger Sorgfalt in den mitgeführten Weidenkorb gleiten ließ. Sie verstand, daß sie rasch handeln mußten; etwas Schreckliches drohte zu geschehen.

Beide Frauen tasteten sich vorsichtig an den Abgrund heran; Kieselsteine rollten unter ihren nackten braunen Füßen nach unten, man hörte sie weit entfernt klackend aufschlagen, immer wieder und noch einmal, bis das Geräusch verklang. Doch da war das Ächzen wieder, nicht weit von ihnen, ohne das Echo der fernen Höhlentiefen. Umma schob sich bäuchlings über den Rand – und dann sah sie das Unglück.

Der Junge lag auf einem Vorsprung, direkt unter ihnen, vielleicht drei Mannslängen tief. Ein zäher Wacholderbusch befestigte die verwitternde Kante, die seinen Sturz aufgehalten hatte. Er regte sich, rappelte sich auf, schaute nach unten und dann über sich in den Nachthimmel. Ihr Kopf mußte sich im Fackelschein deutlich für ihn abzeichnen.

»Hilfe«, stammelte er und griff wirr um sich. Die euphorisierende Wirkung der Drogen und des Gesangs war verflogen, Todesangst hatte ihn gepackt. Er tastete mit den Händen über das schütter bewachsene Erdreich der Steilwand und suchte vergeblich einen Halt. Dann blickte er wieder hinauf zu ihnen. Umma sah sein hübsches Gesicht, blaß-verschwommen vor der Schwärze, angstverzerrt.

»Die Große Mutter, die Große Mutter«, stammelte Berchidda hinter ihr, »hat sie unser Opfer nicht gewollt?« Panik war in ihrer Stimme. »Was sollen wir tun, Umma?«

»Im Namen der Großen Gehörnten, die jeden Morgen die Sonne gebiert, sage ich dir: spring!« Ummas gebietende Stimme ließ das unruhige Gemurmel der Menschen hinter ihr verstummen. Doch der Junge unten, das erkannte Umma sofort, nahm sie in seiner Angst gar nicht wahr.

»Spring!« wiederholte sie und sah sich aus den Augenwinkeln bereits um. Dort drüben lag ein handlicher Brocken. Sie hakte ihre Füße an einer Wurzel fest, damit sie nicht abrutschte, und wies hinüber.

»Berchidda!«

Die junge Frau verstand den Wink sofort und holte den Stein. Hoch hob Umma ihn mit ihren dürren Armen über ihren Kopf, dann ließ sie ihn in den Abgrund sausen. Er verfehlte den Jungen nur knapp, überschüttete ihn mit einem kleinen Erdrutsch und polterte dann außer Sicht. Berchidda schleppte bereits das nächste Geschoß heran und warf es selbst.

»Hilfe, was tut ihr, Hilfe, holt mich heraus! Bitte!« Der Junge schrie jetzt und klammerte sich weinend und hustend an die Zweige des Busches. Da wagten sich die ersten seiner Stammesmitglieder näher, Steine in den Fäusten. Bald regnete es Steine, die prasselnd in der Schwärze verschwanden. Schreie stiegen auf, voller Haß, Panik, Angst vor der Gefahr, in der sie alle schwebten.

Auf einmal richtete sich der Junge auf; er schien die Hände nach ihnen auszustrecken, kippte dann zur Seite und fiel mit ausgebreiteten Armen. Sein bleicher Leib wurde sofort von der absoluten Dunkelheit verschluckt. Stille trat ein, in der nur lautes Keuchen zu hören war, dann das Rufen der Zikaden. Ohne ein Wort zogen sich alle vom Opferplatz zurück.

Umma formierte gemeinsam mit Berchidda wiederum die Spitze der Prozession, die weiterzog, fort vom Tempel, fort vom Loch. Nur zögernd stieg ein neues Lied auf, angeführt von Ummas altersdünner Stimme. Doch zaghaft breitete sich Erleichterung aus. Alles schien doch noch einmal gutgegangen zu sein, oder?

Bald waren sie an ihrem Ziel für diesen Abend, einem niedrigen Hain von Korkeichen, Zedern und Olivenbäumen, als dessen stilles Herz sich drei flache, von weich gerundeten Felsen gerahmte Teiche erwiesen. Auf ihrer Oberfläche spiegelten sich die ersten Sterne. Ein breiter, schwärzlicher Streifen auf den hellen Steinen ringsum zeigte an, wie niedrig der Wasserspiegel gegenüber dem üblichen Stand sein mußte. Kaum noch ein Fuß hoch war von dem lebenswichtigen Naß vorhanden. Zuwenig für diese Jahreszeit, ungewöhnlich wenig. Viel zuwenig, um den Sommer zu überstehen.

Die Menge blieb am Festplatz zurück, wo der Tanz von neuem begann, leidenschaftlicher jetzt, durch die Erregung des Zwischenfalls aufgepeitscht. Honigwein ging reihum, die Mädchen warfen ihre Myrtenkränze nach den jungen Burschen, und bald verschwanden die ersten Paare zwischen die Felsen und auf kleine Lichtungen, wo das Gras weicher und üppiger wuchs als irgendwo sonst auf der Ebene.

Umma und Berchidda waren alleine am Ufer entlanggegangen. Berchidda drehte ihren Myrtenkranz nachdenklich zwischen den Fingern; sie hatte ihn heute nachmittag gewunden, zusammen mit Losa, Madedda, Ittiri und den anderen, im kühlen Schatten der runden Steinhütten sitzend und plaudernd. Er war das Symbol des neuen Lebens, das aus dem alten hervorkam, so wie es heute nacht in die Leiber vieler Frauen gepflanzt werden würde. Wie die Große Mutter es ihnen aus dem Leib des Tales erwecken sollte, damit sie alle überlebten.

Hier und da muhten Kühe in der Dunkelheit, sie mochten Kuhträume träumen. Ein Schwein quiekte empört, aufgeschreckt unter seinem Busch von einem Liebespaar. Scherzworte und Gelächter klangen über das Wasser zu ihnen herüber.

»War das Opfer gut, Umma? Wird die Mutter unsere Bitten erhören und uns Wasser spenden?« Berchiddas Frage klang bereits wieder recht wohlgemut. Das Opfer war schließlich doch noch aufgenommen worden, die Zeremonie war damit erfüllt.

Umma sah das Mädchen statt einer Antwort aufmerksam an. Ihr langes Haar war glänzend schwarz wie Rabenfedern, die hellen Augen blickten aus einem stolz geschnittenen, schmalen Gesicht mit hohen Wangenknochen und einem üppigen Mund. Berchidda war ohne Zweifel die schönste ihrer Schülerinnen, und sie hatte viele gehabt in ihrem langen Leben. Was, fragte Umma sich, was hatte diese übergroße Schönheit zu bedeuten, die mehr war, als ihrem bescheidenen Clan zuzukommen schien? Was waren sie denn schon mehr, dachte sie bitter, als lumpiges Hirtenpack, seit die Eroberer ihre Vorfahren in die Berge getrieben hatten? Es mußte ein Sinn darin liegen. Dieser zarte Goldton der Haut, der schlanke Schwung, mit dem die Taille in Gesäß und

Schenkel überging, voll und süß wie tropfende Honigwaben – all das mußte eine Bedeutung haben. Berchidda schien ihr der Beweis zu sein für die alten Geschichten, die erzählt wurden, daß ihre Ahnen ein königliches Volk waren, das auf prachtvollen Schiffen übers Meer gefahren war, weit von Osten, um hier zu siedeln. Wie lange mochte das her sein? Wenn etwas an diesen Menschen königlich gewesen war, dann, da war Umma sicher, dann war es in Berchidda weitergegeben worden.

Wenn Berchidda die Männer im Tempel empfing, um sie nach altem Brauch der Liebe der Göttin teilhaftig werden zu lassen, dann gingen sie fort wie berauscht, so als hätten sie tatsächlich die Göttin selbst umarmt. Und auch die Mädchen gurrten verliebt ihren Namen nach den Nächten des »zerrissenen Vorhangs«, in denen sie Frauen wurden und in die Geheimnisse des Heiligtums und ihres Körpers gleichermaßen eingeweiht wurden.

»Umma?« Berchiddas fragende Stimme klang erneut in ihre Gedanken. »Ist alles in Ordnung?«

»Wir«, sagte Umma, und in diesem Moment erkannte sie fröstelnd die Stimme der anderen, die aus ihr sprach, »wir werden alle sterben.«

Die Sterne auf den Teichen zitterten nicht.

Über das Meer kommt nichts Gutes

»He, Garoppo, fang!«

»Halt das Netz, Mann, halt es fest!«

»Berchidda, schau, ich habe einen ganz großen!«

Fröhliches Gelächter tanzte über den Fluß, dessen schlammiges Wasser aufschäumte unter den stampfenden braunen Beinen der Stammesmenschen. Weiter vorne kochte es in weißer Gischt. Dort waren Aale, die zum Laichen aus dem Meer heraufgeschwommen waren. Sie hatten sich durch tückisch errichtete Bambusbarrikaden hindurchgeschlängelt, die jetzt ihren Rückweg abschnitten, und befanden sich nun vor den Netzen. Der seltsame, beunruhigende Lärm hinter ihnen trieb sie dann in Massen hinein.

Starke Arme hoben die glitschigen, zuckenden, zusammengedrängten Klumpen von Leibern heraus und schütteten sie in die bereitgestellten Kästen, wo sie sich wild ineinander verschlangen. Die kleineren Kinder wie Ittiri, die nicht beim Treiben halfen, machten sich einen Spaß daraus, nach den schleimigen Körpern zu greifen; doch man mußte sie mit aller Kraft pressen und verbiegen, um der Macht zu widerstehen, mit der sie sich freizuwinden suchten.

Die Aale kämpften lautlos, die Kinder dagegen schrien ihre Freude ungehemmt heraus. Und auch ihre Eltern lachten zufrieden. Es war ein guter Fang, es war ein gutes Jahr. Niemand sprach mehr von dem mißlungenen Opfer, und Ummas Prophezeiung schien sich nicht zu erfüllen, dachte Berchidda, als sie den schmerzenden Rücken streckte, ihr Netz einer Nachbarin zu halten gab und die Augen mit der Hand beschattete, um über das flirrende Flußwasser hinweg aufs Meer hinauszusehen.

Lang ersehnter Regen hatte ihre Becken aufgefüllt, und die Herden standen so gut im Futter wie nie. Es hatte nichts dagegen gesprochen, die jährliche Expedition hinunter zur fernen Küste zu unternehmen, um sich den Fisch zu holen. Fast alle jungen Männer waren gegangen, soweit sie nicht die Herden hüten mußten, und die Frauen ebenso.

Die Sonne glühte aus einem wolkenlosen Himmel auf die friedliche blaue See herab; nichts verriet mehr, was für ein Sturm gestern über ihren Köpfen getobt hatte. Mit Blitz und Donner war er über die dürftigen Steinhütten hinweggefegt, in denen sie dieser Tage hausten. Sie standen auf einem Hügel im Hinterland der Strände, durch den Fluß und einen breiten Schilfgürtel vom

Meer getrennt und dem von dort kommenden Sturm preisgegeben. Es waren verlassene Hütten, die irgend jemand zum Schutz vor Angreifern erbaut haben mußte, die übers Meer kamen, denn sie beherrschten das Umland und hatten freien Blick auf das Wasser, aber eine starke Ringbefestigung umschloß sie alle. Doch das mußte lange her sein. Was hatten diese Menschen sich auch so unübersehbar an der Küste angesiedelt; wußten sie denn nicht, daß über das Meer nichts Gutes kam? Die Phöniker, die Etrusker, die Römer, die Schiffe der Goten und Vandalen – sie alle waren im Laufe der Jahrhunderte zur Plünderung eingelaufen. Und wer am Wasser gelebt hatte, stieg in die Berge hinauf, wo es unwirtlich und sicher war, fern der Sklavenmärkte der Häfen und der Todeshöllen der fremden Silberminen. Hatten diese Menschen das nicht gewußt? Und wohin waren sie verschwunden, auf das Meer, in die Minen?
Schon als Berchiddas Großeltern diesen Fischplatz aufgespürt hatten, waren die Häuser Ruinen gewesen, und der große Turm der Zentralnuraghe lag seit Menschengedenken zu einem Haufen Steine zerfallen da, in dem nur noch Schlangen hausten. Auf Ummas Befehl war genau dort auch ein Platz für die heilige Bewohnerin ihres stets mitgeführten Korbes geschaffen worden.
Seitab am Hang, inmitten von Erika, Ginster und Disteln, hatten sie auch einige Gräber gefunden, umstellt mit großen Steinplatten, auf denen Sonnen zu sehen waren. Obwohl die Deckplatten zerborsten neben den Gruben lagen und diese leer waren, unschuldige Mulden, in denen der Thymian wuchs, gingen sie dort nur flüsternd vorbei. Man wußte nie, was da noch war, nicht alles, was existierte, war sichtbar.
Doch das Wetter heute ließ nicht an Gräber denken. Berchidda sah von den verfallenen Häusern Rauch aufsteigen, der ihr verriet, daß die Räucherfeuer wieder entfacht waren und auf den Fang des Tages warteten.
»Berchidda!« Sie sah Umma auf sich zu waten und ging der alten

Priesterin entgegen, die in der letzten Zeit von mehr als nur ihren Jahren niedergedrückt schien und auf dem schlammigen Grund nur mühsam vorankam. Liebevoll führte sie die Alte wieder zum Ufer. Wie klein Umma geworden war, und wie mager sie wirkte.

»Wollen wir einen kleinen Gang tun, Berchidda.« Ummas Fragen waren niemals Bitten. Ehrerbietig neigten sich die Köpfe, als sie vorbeigingen. Breitbeinig saßen die Männer da, scharfe Bronzespieße zwischen den Schenkeln, auf die sie die Aale spießten, Windung für Windung, bis sie lebende Äskulapstäbe zwischen ihren Knien hielten, die sie für das Rösten am Abend beiseite stellten.

»Guten Morgen, Umma«, grüßte Enkiddu herüber und hielt in seiner Arbeit inne, einen Aal fest in den Fingern. »Guten Morgen, Berchidda, ein guter Tag, ein guter Fang.« Er legte den Spieß beiseite, kniete vor ihnen und küßte rituell ihre Füße. Dann stand er auf, klopfte sich die Erde von den Schenkeln und lachte mit breiten weißen Zähnen.

»Guten Morgen, Enkiddu. Ein guter Fang, fürwahr«, grüßte Berchidda lächelnd zurück, während Umma zerstreut nickte. Enkiddu sah ihnen nach, der süßen Berchidda, die ihm in ihren Umarmungen die göttliche Ekstase gebracht hatte, in der man die Göttin selbst erfuhr. Und die Alte, vor der schon sein Vater sich gefürchtet hatte. Umma – wie viele Jahre mochte sie zählen? Und was machte sie eigentlich so furchterregend, die kleine knochige Gestalt? Enkiddu ließ seine Armmuskeln spielen. Körbeweise Fische hatte er heute aus dem Wasser geholt. Und heute abend würde er sie beim Festmahl genießen; es war eine Freude zu leben. Garoppu, der bis zu den Knien im Wasser stand, winkte zu ihm herüber. Er winkte fröhlich zurück, hielt sein braunes Gesicht in die Sonne und summte ein Lied, während er den nächsten Aal mit einer energischen Bewegung auf den Spieß schob.

Umma und Berchidda mieden die fliegenumsirrten Plätze, an denen die Fische fürs Räuchern ausgenommen wurden, schlugen einen sorgfältigen Bogen um eine Gruppe Jungen, die eifrig das Speerwerfen übten, und hielten auf den nahen Strand zu. In einem weißsandigen, makellosen Halbmond schwang er sich mit jedem Sichelende auf ein felsiges Kliff zu. Wo der Fluß die sanften Dünen mit seiner Mündung durchschnitt, war eine steile Böschung eingegraben. Weiße Lilien wuchsen dort aus dem Sand, fleischig und süß duftend, die Kelche verklebt vom gelben Blütenstaub. Selbst einige niedrige, seewindgeduckte Eichen schmiegten sich an den Sand, und hohes Riedgras rauschte. Umma sprach, wie so oft, über die Zukunft.

»Aber«, wandte Berchidda gerade ein, »die Herden hatten noch nie so viele Lämmer und Zicklein wie dieses Jahr. Es scheint viel eher, als seien wir gesegnet, Umma.«

Die Alte schüttelte nur den Kopf.

»Umma«, entfuhr es Berchidda da, »du hast den Korb dabei! Wohin gehen wir?«

Umma stand kurz still, als lauschte sie der Frage nach. Dann wackelte ihr Kopf erneut. »Mir war doch, als wollte ich irgendwohin. Eben. Eben. Ah, ja, laß uns zur Höhle gehen. Dort sind Antworten zu finden, glaub mir.«

Berchidda biß sich auf die Lippen, als sie ihre Lehrmeisterin so alt und zerstreut sah. Umma machte ihr seit langem schon Sorgen, viel mehr als irgendwelche Orakel. Doch sie folgte ihr.

Die Höhle war nur ein kleiner Hohlraum in der Uferböschung, wo Wurzelwerk das sandige Erdreich zurückhielt, gerade groß genug für einige Menschen. Das Besondere an ihr war der kleine Teich Süßwasser aus dem Fluß, der sich in ihrem tiefergelegenen rückwärtigen Teil grün und glasklar gesammelt hatte. Die weißen Lilien hingen über den Eingang und ließen die Luft dort betäubend süß duften.

Umma hatte Berchidda gelehrt, daß solche Orte heilige Plätze der Mutter waren, gut für Rituale und Meditationen, ja, daß diese Teiche Spiegel ihrer Gedanken sein konnten, die daher nur von Eingeweihten und mit Ehrfurcht aufgesucht werden durften.

Sie durchwateten gerade erneut das seichte Delta, um zu dem auf der anderen Seite gelegenen Eingang zu gelangen, als etwas Berchiddas Aufmerksamkeit ablenkte. Auf der Sandbank, knapp außerhalb des Brandungsbereichs, lag etwas Großes, Dunkles.

»Kann das ein gestrandeter Delphin sein, Umma?« Berchidda kniff die Augen zusammen, um mehr zu erkennen, und hielt darauf zu. Das Fleisch der großen Tiere war wohlschmeckend und würde für viele Tage reichen.

»Nein, Umma«, rief sie im Gehen, und ihre Schritte wurden schneller. »Das ist kein Delphin, das ist ...« Die junge Frau rannte nun fast.

»Ein Mensch, ja«, ergänzte die Alte ächzend, als sie Berchidda schließlich hinterhergekommen war. Der Weg hatte sie zum Keuchen gebracht. Beide sahen sie auf einen nackten Mann hinunter. Fetzen um seine Beine, die die Wellen ihm gelassen hatten, verrieten, daß er gut gekleidet gewesen sein mußte, für die Begriffe des Stammes geradezu kostbar: Es war ein Stoff, so fein, wie ihn ihre Webstühle nicht herzustellen vermochten. Und er war purpurrot! Der Mann war groß, weit größer als die drahtigen Insulaner, und muskulös wie ein Krieger. Selbst die hochgewachsene Berchidda hätte ihm kaum bis zur Schulter gereicht. Und seine Haut, jetzt aufgeschürft und rot verbrannt, wirkte auf die Frauen ungewöhnlich hell. Er konnte nur einer von denen sein, ein Fremder.

»Lebt er noch?« fragte Umma. Sie schaute aufs Meer. Der Sturm gestern mußte sein Schiff zum Kentern gebracht haben. Doch es waren nirgends Holz- oder Wrackteile zu sehen.

»Er atmet«, antwortete Berchidda aufgeregt, die sich hingekniet und die flache Hand auf seine Brust gelegt hatte.

»Dann müssen wir ihn den Meernymphen zurückgeben«, beschied die alte Priesterin. »Sie mögen es nicht, wenn ihnen ein Mensch entgeht, der einmal dem Meer bestimmt war.«

»Umma ...«

»Es gibt keine andere Lösung, Kind. Du weißt, der Wille der Götter ist ...«

»Umma!« Diesmal ließ der drängende Zwischenruf des Mädchens sie innehalten. Umma schaute zu der Stelle, die Berchiddas ausgestreckter Finger ihr wies, und erschrak. Sie hatte ihren Korb abgestellt, als sie bei dem Bewußtlosen angekommen war, müde vom schnellen Gehen durch den Sand, und ihn seither nicht weiter beachtet. Nun deutete Berchidda darauf, und Umma sah selbst, wie der Deckel sich hob und die Bewohnerin träge herausglitt. Der grünbebänderte, dreieckige Kopf hob sich suchend, träge züngelte die Schlange und schob sich dann langsam auf den Körper des Mannes zu. Mühelos erklomm sie seinen flachen Bauch, rollte sich zusammen und blieb da. Die beiden Frauen blickten sich an.

»Faß mit an, Kind!« Mit einer Kraft, die Berchidda ihr niemals zugetraut hätte, griff die Alte dem Fremden unter die Achseln und begann, ihn rückwärts gehend auf die Höhle zuzuschleifen. Berchidda beeilte sich, die Schlange wieder in ihre Behausung zu heben und ihr zu helfen. Doch selbst zu zweit brauchten sie lange, bis sie den Körper keuchend in dem sandigen, trockenen Raum niederlegen konnten.

Umma zog sich sofort zum Teich zurück, wo sie murmelnd und singend lange Zeit verbrachte, während Berchidda versuchte, dem Schiffbrüchigen, der immer noch nicht zu sich kam, etwas Wasser einzuflößen.

Sacht wischte sie mit einem feuchten Fetzen ihres Kleides das Salz von seinen mächtigen Armen und Schenkeln, die so viel kräftiger gebaut waren, als sie es kannte. Er mochte fast zwei Meter groß sein, und sein Haar, stellte sie erschrocken fest, als sie vorsichtig darüberfuhr, um den Sand herauszustreifen, mußte nahezu golden sein, wenn es trocken war. So jedenfalls schimmerte der Flaum über seiner Stirn, den der laue Wind bewegte. Seine rissigen Lippen öffneten sich, als sie sie erneut mit einigen Tropfen benetzte. Wie hell seine Haut war, und kaum Haare wuchsen darauf, nur der weiche Fleck auf seiner breiten Brust, über den sie leise fuhr, und das goldene Dickicht über seiner Scham.

»So ist es recht, Berchidda, mach dich mit ihm vertraut.« Ummas krächzende Stimme so plötzlich hinter ihr ließ Berchidda zusammenfahren. Sie errötete.

»Ich wollte nur ... was ist ... hast du deine Meditation beendet?«

»Ja«, kicherte Umma, »und die Göttin hat zu mir gesprochen.« Mit diesen Worten wurde sie ernst. »Sie sprach so deutlich wie noch nie zu mir, und ich kenne nun das Zeichen.« Unruhig wanderte sie auf und ab. »Wir waren dem Untergang geweiht, Berchidda, wir alle. Ja, ja, widersprich mir nicht«, herrschte sie die junge Frau an, als sie Einwände erheben wollte. »Ich weiß, ich weiß, die Zicklein und Lämmer waren zahlreich, und doch.« Sie machte eine Pause. »Aber die Göttin ist gnädig, Berchidda, sie sandte uns die Rettung, die wir nicht verdienen: diesen Mann, deinen Mann.«

»Aber ...«, stammelte Berchidda.

»Nichts aber. Hast du das Zeichen nicht gesehen? Wies der Schlangenkopf nicht auf seine Lenden? Er trägt den Samen für das Kind in sich, das du uns gebären wirst, das goldene Kind, das uns weiterträgt.«

»Aber Umma«, setzte Berchidda erneut an, »er ist ein Fremder, er ist einer von denen, die mit ihren Schiffen über uns kommen. Wie kann er auserwählt sein? Und warum das Kind?« Sie schüttelte ungläubig den Kopf. Ihre Stimme wurde zaghaft, als sie fortfuhr: »Du führst uns doch, Umma, und ich ...«

»Ich werde nicht ewig leben, Kind, ja, nicht einmal mehr besonders lange. Ich schmecke das Blut schon auf meiner Zunge, Kind, und du …« Sie trat ganz dicht an Berchidda heran, ergriff deren Kinn mit ihrer Greisinnenklaue und zwang sie, ihr in die Augen zu sehen. Es tat weh, doch Berchidda wagte sich nicht zu rühren, als Umma dicht an ihrem Ohr heiser flüsterte.

»Sieh dich doch an, Kind, du bist Honig und Sonnenschein, du schaukelst die Menschen in deinen Armen durch die Sommerwonnen. Du bist das helle Antlitz der Göttin. Ich, ich bin der Winter, die Angst und die Macht. Ich treibe sie unter das blutige Gesetz; das Antlitz der Göttin, dem ich gleiche, ist dunkelrot. Du könntest das niemals sein. Nie könntest du gebieten. Du bist die Liebe, ich die Macht. Und diese Menschen dort draußen, unsere Menschen, sie brauchen beides, um zu überleben.« Sie ließ Berchidda los, die neben dem Schiffbrüchigen zu Boden sank, und weinte. Er stöhnte leise.

»Geh zu ihm, nimm ihn in dich auf. Und bring uns sein Kind, deine Tochter; sie wird beides sein: die Macht und die Liebe. Durch sie werden wir leben. Gehorche.« Sie funkelte Berchidda ein letztes Mal an und verließ hinkend die Höhle.

Ratlos saß Berchidda da. Das Bein des bewußtlosen Mannes neben ihr zuckte; sie wagte nur aus den Augenwinkeln hinzusehen. So nah, deutlich und unübersehbar lag dieser Körper neben ihr. Sie konnte jede Pore seiner Haut, jeden Nagel an seinen Zehen erkennen. Als er stöhnte, wandte sie sich ihm zu. Seine offenen Augen sahen sie an; und fast gleichzeitig fuhr seine Hand vor und packte ihren Arm. Die Rechte tastete an seiner Hüfte, als suche er sein Schwert. Angstvoll zog sie sich so weit von ihm zurück, wie es sein harter Griff erlaubte. Seine Iris, stellte sie fest, war so leuchtend azur, kalt und fremd wie das Meer.

Wortlos verharrten sie so, bis eine neue Ohnmacht seinen Griff lockerte. Berchidda versicherte sich, daß er nur schlief, dann ging sie hinaus, um zu holen, was sie zu seiner Pflege brauchen würde.

Charikles blinzelte. Das da über ihm schienen, er schloß die Augen erneut und öffnete sie dann weit, nein, es schienen tatsächlich Wurzeln zu sein. Sie ragten feinverästelt aus einem sandigen Gewölbe, auf das irgendein Wasser bewegliche Lichtreflexe malte. War er unter der Erde? Dann mußte er in der Hölle sein! Unwillkürlich bekreuzigte er sich – und stöhnte gleich darauf vor Schmerzen. Seine linke Seite tat weh, als wäre ein Schiffsmast darauf gestürzt. Er tastete vorsichtig nach der quälenden Stelle. Da war etwas wie Stoff, und feucht, es setzte sich über seiner Brust fort. Ächzend versuchte er, den Kopf zu heben. Was er sah, war ein Verband, zweifellos; jemand hatte ihm einen primitiven Stoffverband umgelegt. Er fuhr erneut über die feuchte Stelle und roch an seinen Fingern; ein angenehmer Kräuterduft stieg ihm in die Nase. Aufatmend legte Charikles sich zurück und entspannte seine Muskeln. Ein Verband, Salbe und – Schmerzen. Es deutete alles darauf hin, daß er noch am Leben war. Aber wo? Er versuchte, sich zu erinnern, doch das einzige Ergebnis war, daß ihm schwindlig wurde. Das Gesicht einer Frau tauchte über ihm auf, schmal und braun, mit großen Augen, wie eine syrische Madonna. Es mußte eine Vision gewesen sein. Charikles drehte den Kopf zur Seite, übergab sich und schlief wieder ein. Eine Höhle, dachte er noch, er mußte in einer Höhle liegen. Dann schwemmten schwarze Träume ihn erneut fort.

Schon wenige Stunden später wachte er das nächstemal auf. Wieder hingen da die Wurzeln, die Höhlendecke, fiel ihm ein. Auch der Verband war noch da, ebenso der brennende Schmerz. Er fluchte vernehmlich. Da unterbrach ihn ein Rascheln, er fuhr herum. In der Ecke erhob sich jemand, eine Frau, nein, ein junges Mädchen, stellte er fest, primitiv gekleidet. Das lange Haar hing ihr offen herab, ihre erstaunlich hellen Augen in dem

bräunlichen Gesicht blickten nervös und zurückhaltend. Sie war nicht groß und noch sehr jung, aber ihre Hüften waren üppig gerundet. Als sie herantrat, konnte er einen Blick auf ihre langen, schlanken Beine und auf ihre schmutzigen Füße werfen.
Sie mußte es wohl gewesen sein, die ihm den Verband angelegt hatte. Ob sie in dieser Höhle wohnte? Und wie war er hierher gekommen? Der Sturm zog durch seine Erinnerung, die herabstürzende Rah und der Schlag. Das aufgepeitschte Meer schien noch immer in seinem Kopf zu tosen. Er mußte angespült worden sein auf dieser gottverfluchten Insel, wie hieß sie noch: Sardinia? Und das war dann wohl eine der barbarischen Einwohnerinnen.
Nun, sehr furchterregend sah sie nicht aus. Und von Wundpflege schien sie immerhin etwas zu verstehen. Prüfend fuhr er über seinen Brustkorb, den Bauch, ganz so, als erkunde er die heilenden Binden. Nein, bemerkte er dabei, seine Waffen waren nicht da. Er hatte sie entweder nicht mehr bei sich gehabt, als er hier an Land gekommen war, oder aber die Fremde hatte sie ihm weggenommen. Charikles ließ sie nicht aus den Augen, als sie nun näherkam, eine hölzerne Schale in Händen. Schmale, langfingrige Hände, mußte er feststellen.
»Wer bist du?« fragte er, doch statt einer Antwort kniete sie nur nieder und schickte sich an, seinen Verband neu mit einer grünlichen Tinktur zu netzen. Der schon bekannte Kräuterduft stieg ihm in die Nase, und er lächelte.
»Nur zu, du scheinst ja einiges davon zu verstehen.« Das Mädchen lächelte schüchtern zurück und beugte sich dann über ihre Arbeit. Ihr glänzendes Haar fiel auf sein Gesicht. Charikles strich es zur Seite und schnupperte unauffällig daran. Dabei stieg ihm ein Aroma in die Nase, das kein Badewasser der Welt herauswaschen würde: Ziegenmilch!
Ein Hirtenmädchen also! Ärmliches Bergvolk, dachte er herablassend und mitleidig zugleich und musterte ihren schlichten Kittel, der ihre schweren Brüste großzügig sehen ließ. Scheu

warf sie ihm einen kurzen Blick zu und entschloß sich dann zu einem weiteren Lächeln.

»Na bitte, nur keine Angst. Schließlich kann ich mich gerade nicht besonders gut bewegen. So ungefährlich bin ich selten.« Mit zusammengebissenen Zähnen ruckte er sich etwas zurecht. Die Wellen mußten ihn hart auf dem Sand hin und her geworfen haben; er fühlte sich völlig zerschunden.

»Sehr gesprächig scheinst du nicht zu sein, hm? Hast du einen Namen?« Charikles nahm sie bei den Handgelenken und zwang sie, ihn voll anzusehen. »Wie heißt du?« artikulierte er langsam und deutlich, als spräche er zu einer Schwerhörigen oder zu einem trotzigen Kind. »Wie ist dein Name?« Doch das Mädchen schüttelte nur den Kopf, legte ihm den Finger auf die Lippen und drückte ihn wieder auf sein Lager. Seufzend entspannte Charikles sich.

»Kein Griechisch, eh? Na, auch gut. Stumme Frauen haben ja bekanntlich etwas für sich. Ja, ja, noch ein bißchen weiter nach links, das tut gut.« Er schloß die Augen und genoß die sanfte Massage, mit der sie seine gequälten Glieder entspannte. Wärme durchströmte seine Muskeln.

»Mmh, das kannst du wirklich. Du bist geschickt für ein Hirtenmädchen. Wasser? Ja, danke.« Charikles nahm die Schale, die sie ihm bot, und trank. Es tat ihm gut, in der Stille der Höhle seine eigene Stimme zu hören. »Wenn du auch eben keine Schönheit bist. Aber man darf nicht zuviel erwarten, wenn man gerade den Wellen des Meeres entrissen wurde, was?« Ihre Griffe, so schien es ihm, wurden weicher und schmeichelnder, wie sie über seinen Körper wanderten, und eine Wärme anderer Art stieg in ihm auf. Er zog sie zu sich heran.

Nein, schön konnte man das bräunliche Gesicht mit dem üppigen Mund wirklich nicht nennen. Zu deutlich zeichneten sich die Wangenknochen unter der Haut ab, und die Augen waren groß, aber geschweift, wie bei einer archaischen Maske. Und zu breit in den Hüften war sie außerdem für seinen Geschmack. Die Haare allerdings ... Mit der freien Hand griff er in die spiegelnde schwarze Mähne. Ein Geruch nach Holzfeuer stieg ihm in die Nase und nach Fisch. Erst bog sie den Hals wie ein unwilliges Füllen, dann ließ sie zu, daß sein Gesicht ganz nahe an ihres herankam.

»Hab ich nicht erwähnt, daß großbusige Hirtinnen, die nach Ziege riechen, nicht ganz mein Fall sind?« witzelte er. Doch da kam ihr Mund schon seinen geöffneten Lippen entgegen, ihre Zunge versenkte sich heiß in ihn, und er schmolz wie Metall über dem Schmiedefeuer. Der Schmerz war vergessen; mit einer Bewegung war er über ihr und drang in sie ein. Sein Rückenmark verflüssigte sich zu einem glühenden Strahl, mit dem er sich in sie ergoß. Mit Armen und Beinen hielt sie den Mann fest umklammert, dem es erschien, als sauge, zöge sie ihn mit jeder Bewegung tiefer in sich hinein, während er in ihren Schoß drang wie Baumwurzeln in die Erde. Er fühlte sein Hirn, seine Muskeln, seine Knochen sich auflösen zu Flüssigkeiten, die aus ihm rannen, und er verging. Ein weiterer Orgasmus ließ ihn seine Zähne in ihren Hals graben; ihr hoher Schrei trug ihn hinweg wie eine Woge, und er stieß auf der Gischt seines eigenen Samens noch tiefer in sie hinein.

Umma saß auf der Böschung über der Höhle und lauschte den Geräuschen, die heraufdrangen. Sie waren kaum zu hören, so laut zerrte der blaue Seewind an ihr und ließ ihr weißleuchtendes Haar flattern. Umma lächelte, als sie unter sich den Willen der Göttin erfüllt wußte. Sie lächelte noch, als sie das Schwert traf.

Kapitän Kosmas und seine Mannschaft hatten schon den ganzen Tag vergeblich den Offizier Charikles gesucht. Nachdem er spät nachts über Bord gegangen war, hatten sie es geschafft, ihr Schiff mit einem Treibanker zu sichern. Und als der ruhige Morgen ihnen zeigte, daß sie in einer Bucht lagen, ließen sie die Boote zu

Wasser und ruderten an Land. Nach einem kurzen Dankgottesdienst machten sie sich auf die Suche und schickten zwei Trupps nördlich und südlich die Küste entlang.

Kosmas versuchte, seine Unruhe zu verbergen. Es hatte nicht zu ihrem Plan gehört, auf dieser Insel zu landen, die seit kurzem zum Herrschaftsgebiet der Vandalen gehörte. Sardinias wilde Küste war überdies kein guter Ort, vor allem nicht für einen aufrechten Christenmenschen. Wilde Stämme sollte es hier noch immer geben, die den Erlöser nicht kannten, blutige Menschenopfer brachten und das Fleisch kleiner Kinder aßen. Zivilisierte Siedlungen existierten in diesem Abschnitt kaum, nur in der Nähe der Häfen und der Bergwerke waren ehemals befriedete Dörfer zu finden. Zwar waren die Sarden selbst hier im Südosten fast völlig verschwunden, sagte man; die Minen hatten sie gefressen, in die sie als Sklaven geschickt worden waren, und was nahe den Städten lebte, das waren klägliche Reste, dem Alkohol ergeben, von fremden Krankheiten zerfressen und von Tagelöhnerei und Prostitution ein kümmerliches Leben fristend.

So jedenfalls berichteten es seine Freunde in Sizilien, und die mochten es wissen. Doch hieß es auch, daß Reste des alten Volkes in die unwirtlichen Berge geflüchtet waren, Aufständische, Uneinsichtige, die sich den Segnungen des Fortschritts und des wahren Glaubens verweigerten. Stephan aus Lilybaion, dem sizilischen Handelsposten, hatte ihm erzählt, daß von Zeit zu Zeit, wenn man eine dieser barbarischen Horden sichtete, Expeditionen mit Hunden ins Inland geschickt wurden, um sie aufzustöbern. Kein leichtes Unterfangen, denn die Natur war rauh, und das menschliche Wild kämpfte zäh. Nur selten blieb bei diesen Zügen jemand am Leben, der einer gesitteten Existenz zugeführt werden konnte. Kosmas warf den grauen Gebirgszügen einen mißtrauischen Blick zu, als bargen sie das Herz der Finsternis und könnten ihm etwas Böses entsenden. Falls sie

Charikles an der Küste nicht trafen, würden sie jedenfalls keinen Fuß ins Inland setzen, nahm er sich vor.
Kosmas und seine Leute waren eben um ein Felsenkliff gebogen, als sie Rauch aufsteigen sahen. Sie duckten sich an den Hang der nächsten Düne und spähten über ihren Rand hinweg.
»Räucherfeuer«, stellte ein Soldat fest. »Das müssen Fischer sein. Gehören wahrscheinlich zu dem Dorf da hinten.« Er wies mit der Schwertspitze zu der Nuraghensiedlung hinüber. »Sieht allerdings mehr wie eine Ruine aus.«
»Dorf?« knurrte Kosmas, »nach den Karten gibt es hier kein Dorf. Und was ist das dort für ein Spuk?«
Der Soldat kniff die Augen zusammen. »Eine hölzerne Figur«, stellte er fest, dann schluckte er hörbar. »Eine Art Idol vielleicht. Sieht aus, sieht aus wie eine schwangere Frau mit großen Brüsten.« Er flüsterte es fast. Seine Kameraden bekreuzigten sich. Die Menschenfresser! Sie waren tatsächlich auf sie gestoßen.
»Heidenpack!« Der Kapitän spuckte aus.
»Was sollen wir jetzt tun?« Nervös griffen sie alle zu ihren Waffen. Das Knirschen, mit denen die Schwerter aus den Scheiden fuhren, kam ihnen selbst laut vor.
»Treffer, Noraxxu«, rief da eine helle Stimme, und ein Speer bohrte sich vor ihren Füßen in den Boden. Der Kopf, der gleich darauf hinter dem Rand der kleinen Düne auftauchte, rollte, von Kosmas' Schwert getroffen, in den Sand, bevor jemand bemerkte, daß er einem Kind gehörte. Noraxxus Gefährte schrie gellend, ehe auch er getroffen wurde. Auf dem Fischplatz, sah Kosmas, der schreckensbleich auf die beiden kleinen Leichen starrte, war Bewegung entstanden. Panik stieg in den Männern auf und brach sich in einem Schrei Bahn.
»Zum Angriff!« Sie rannten brüllend den Hügel hinunter.
Der fettige schwarze Qualm, der wenig später über dem Fischplatz aufstieg, stammte nicht von den Räucherfeuern. Und es

war kein Fischblut, das dort in hellroten Strömen in den Fluß quoll.

Eine schmale Silhouette, die reglos auf der Böschung des Flusses saß, lockte die marodierenden Soldaten wieder zum Strand. Doch es war nur eine alte Frau, die leicht wie ein welkes Blatt zur Seite fiel, kaum daß das Schwert sie streifte. Seltsamerweise lächelte sie.

Von keuchenden Geräuschen gelockt, fanden sie die Höhle und dort Charikles, der sich nackt und schreiend wie ein Tier in eine vor ihm kauernde Frau rammte und seine Kameraden zunächst kaum erkannte. Sie wanden die Hüften des Weibes aus seinen Fingern und zogen sie von ihm. Doch er verhinderte in seiner Raserei, daß sie ihr an Ort und Stelle den Kopf abschlugen.

Die Schwarzhaarige rettete sich in den hinteren Teil des Raumes, wo sie sich an einem Weidenkorb festklammerte, der ihr nicht wegzunehmen war. Charikles lieh sich Kleidung von seinen Kameraden, griff sich Berchidda erneut und zog sie hinter sich her, sosehr die anderen auch fluchten und vor »der Zauberin« ausspuckten. Jemand streifte ihr gewaltsam eine Kette mit einem billigen Kreuz über; es baumelte kalt zwischen ihren Brüsten.

Der Fischplatz rauchte immer noch. Enkiddu lag dort auf dem Rücken, Arme und Beine ausgebreitet; der Aalspieß, an dem die Tiere sich wanden, steckte tief in seiner Brust. Da drüben lag Garoppu, der stets heitere Garoppu; er hatte versucht, seine kleine Tochter Ittiri mit seinem Leib zu decken. Losa hatte sich wenige Schritte entfernt aufs Ufer gerettet, ehe sie der Hieb traf. Niemand, registrierte Berchidda voller Entsetzen, niemand regte sich mehr. Es war mehr, als sie zu fassen vermochte, während sie barfuß, gestoßen von den groben fremden Händen, über das Totenfeld stolperte.

Kosmas nahm Charikles beiseite. »Wir sollten sie zurücklassen«, murmelte er, »wie die anderen.« Und er deutete mit dem Kinn auf die Leichen einiger junger Mädchen, die im seichten Wasser trieben, die Netze noch in Händen. Charikles schüttelte energisch den Kopf und schob das Kinn vor.

»Sie kommt mit.« Und er blieb über alle Vorhaltungen hinweg stur.

»Frauen an Bord bringen nur Unglück«, murrte Kapitän Kosmas weiter, »noch dazu eine Heidin. Die Mannschaft wird meutern!«

Charikles dachte eine Weile nach. Seine Blicke wanderten über die halbnackte Berchidda. Zu breite Hüften, dachte er, und die Ziegenmilch kann ich noch immer riechen. Was finde ich nur an diesem Weib? Doch auch ihre Hitze spürte er noch auf ihrer Haut.

»Wir werden sie auf dem Schiff vor allen taufen«, beschloß er, »das wird die anderen besänftigen. Sie soll Magdalena heißen.«

Und das Dorf blieb zurück. Vor ihnen rauschte die See.

Das Schiff

»Wie geht's, Kosmas?« Charikles trat zu dem Kapitän an die Reling und schaute mit ihm gemeinsam über die graue Dünung des Tyrrhenischen Meeres. Das Holz der Masten ächzte jedesmal, wenn die »Constantia« in ein neues Wellental schaukelte. Möwen krächzten, was hieß, das ihr nächster Ankerplatz nicht weit war. Die Reise verlief so ruhig, wie sie es sich nur wünschen konnten; kein weiterer Sturm hatte sie heimgesucht. Und auch die Unruhe an Bord war dem üblichen Schiffsalltag gewichen, vor allem, da Magdalena nach ihrer Taufe mit Meerwasser nicht mehr an Deck erschienen war. Dankbar sah er zu der kleinen Hütte auf dem Achterdeck hinüber, die ihnen beiden eine Heimstatt gab. Zum Glück für sie alle schien Magdalena keinen

Drang nach frischer Luft oder einer Aussicht auf die See zu haben.

»Warum mußtest du sie mitnehmen?« fragte Kosmas rüde statt einer Antwort und wandte sich zu Charikles um. Sein Gesicht war ärgerlich.

»Kosmas, was willst du«, versuchte Charikles es mit einem Lächeln. »Es ist doch alles in Ordnung. Die Leute sind ruhig, die See ist ruhig …«

»Ja, sie sind ruhig«, knurrte Kosmas. »Sie murren nicht. Aber sie singen auch nicht. Man kommt sich fast vor wie auf einem Totenschiff.« Langsam kam Kosmas in Fahrt. »Eine Frau gehört einfach nicht an Bord eines Schiffes, das macht die Männer nur verrückt im Kopf. Und schon gar solch ein Eingeborenenflittchen. Eine Heidin dazu! Verdammt noch mal, Charikles, ist das bißchen Vögeln die Sache wirklich wert?« Sein Gefährte hielt den Blick auf die See gerichtet; er überhörte die letzte Frage.

»Sie ist getauft«, entgegnete er nur knapp. »Und außerdem«, er zögerte etwas, »außerdem hat sie sich gewehrt und geschrien, als dein Maat Josef damals bei ihr einzudringen suchte. Das beweist wohl, daß sie kein Flittchen ist.« Charikles verstummte, Kosmas zuckte die Achseln. Eine ganze Weile sagten beide nichts, nur die Möwen über ihren Köpfen kreischten.

»Warst du schon mal verheiratet, Kosmas?« setzte Charikles schließlich unvermittelt an. Der Kapitän gab nur ein Knurren von sich. »Ich schon«, fuhr der Offizier fort, »einmal, in Aleppo, ist schon eine Weile her, bevor ich zur Palastgarde in Byzanz kam. Sie war ein hübsches junges Ding aus gutem christlichen Haus. Ich konnte mich glücklich schätzen, daß ihr Vater sie mir gab. Sagten jedenfalls ihre Tanten.« Charikles spuckte ins Wasser.

»Nach der Hochzeitsfeier, wir waren gerade unter großem Tamtam ins Schlafzimmer geleitet worden, eröffnete sie mir plötzlich

mit reizendem Lächeln, wie schön es doch wäre, wenn wir uns durch Keuschheit wahre Seligkeit erwerben könnten. Das gute Kind. Sie hatte das wohl bei irgendeinem Kirchenvater gelesen. Ich versuchte natürlich, ihr das auszureden, ganz freundlich zuerst, aber sie hatte sich das nun mal in den Kopf gesetzt. Nicht mal anfassen durfte ich sie, verdammt noch mal. Als ich sie schließlich, schon etwas ärgerlicher, fragte, warum zum Teufel sie dann nicht ledig und gefälligst alleine keusch geblieben sei, weißt du, was sie da geantwortet hat?« Charikles wartete Kosmas' Entgegnung nicht ab. »›Aber Charikles, Liebster‹«, mit plinkernden Augen und flötender Stimme ahmte er seine verflossene Braut nach. »›Weißt du nicht, daß sich die Größe der Entsagung an der Stärke der Versuchung mißt?‹ Sie wollte eben unbedingt einen Rekord aufstellen.«
Kosmas gab einen Laut von sich, der wohl besagen sollte, daß er alles wußte, was es diesbezüglich über Frauen zu wissen gab. »Dabei kann sie noch nicht einmal etwas dafür«, fuhr Charikles ruhiger fort, »sie wurde eben von klein auf mit solchen Geschichten gefüttert. Wahrscheinlich hat der Priester ihr sogar freudig zugeraten. Der schaute bei der ganzen Trauung so hinterhältig.«
Kosmas lachte. »Und was ist aus ihr geworden«, fragte er, »deiner Frau?«
Jetzt war es an Charikles, die Achseln zu zucken. »Ich hab sie zu ihrem Vater zurückgeschickt und bin in die Großstadt verschwunden. Nach Byzanz. Mit besten Grüßen an die Tanten.«
Als sie nach vielem Gelächter wieder zu Atem kamen, sagte Charikles nachdenklich: »Es kann nicht Gottes Wille sein, daß ein Mann nicht haben darf, was er braucht. Was meinst du, Kosmas?«
Der Kapitän hob abwehrend die Hände: »Wenn du was über Gott wissen willst, frag die Priester.« Beide drehten sich wieder der ruhigen See vor ihnen zu. Nach einer Weile fragte Kosmas, ganz versöhnt: »Was willst du mit ihr machen?«

Charikles nickte nachdenklich mit dem Kopf, als erwöge er eine bedenkenswerte Frage und die mögliche Antwort darauf. Dann holte er tief Luft.

»Ich werde sie heiraten, denke ich. Weißt du, Kosmas, ich werde Schluß machen mit der Armee.«

»Keine Uniform mehr, du? Das kann ich nicht glauben.«

»Doch, doch, Kosmas. Es war ein unbehaustes Leben. Die Leichen von Magdalenas Leuten«, er kaute auf seiner Wange, »sie, sie sollen die letzten sein, die ich gesehen habe, wenn Gott mir das gewährt.«

Kosmas schüttelte noch immer ungläubig den Kopf. Charikles grinste und schlug ihm aufmunternd auf die Schulter.

»Keine Sorge um mich, alter Freund. Meine Zirkuspartei, die Grünen, haben mir einen Posten als Aufseher ihrer Ställe angeboten.«

Der Kapitän pfiff anerkennend durch die Zähne. »Du wärst verantwortlich für die Pflege ihrer berühmten Renner.«

Charikles nickte. »Auch für Zucht und Auswahl. Und wenn ich wollte, dürfte ich nach Nordafrika reisen, wilde Tiere für den Zirkus anzukaufen.«

»Aber du willst nicht?« Kosmas hob eine struppige Braue.

»Nein, Kosmas. Ich will meine Ruhe, mein Heim, Kinder vielleicht …«

»Ha«, dröhnte Kosmas, »und das vom größten Haudegen der Garde.« Doch als sein Freund nicht in das Gelächter einstimmte, wurde er wieder ernst. »Und das muß also«, er nickte mit dem Kopf in Richtung der Deckkabine, »ausgerechnet sie sein?«

»Ich bin nicht jung, Kosmas, ich bin nicht schön …«

»Du bist nicht arm.«

»Scheiße, Kosmas! Soll ich mir eine Exhure vom Forum Konstantinum kaufen, die jeder schon gehabt hat? Magdalena zeigt doch wenigstens … äh, eine rührende Anhänglichkeit.« Er errötete.

Ein Blick auf Charikles ließ den Kapitän seinen Einwand vergessen. Verlegen kratzte er sich den Bart und murmelte einlenkend: »Schön ist sie ja. Und wenn's nun mal dein Wille ist«, erleichtert, ein gutes Schlußwort gefunden zu haben, atmete er auf, »dann sei Gottes Segen mit dir, Charikles. Ach«, fügte er noch hinzu, ehe er seine Runde über das Deck wiederaufnahm, »vergiß besser, ihr Griechisch beizubringen. Sonst kommt sie dir noch mit dummen Vorschlägen.«

»Jedenfalls sollte ich nicht vergessen, sie gut zu füttern!« Charikles hob ihrer beider Eßschalen, um anzudeuten, weswegen er an Deck gekommen war. Dann schlug er Kosmas freundschaftlich auf die Schulter und machte sich lachend auf den Weg zum Heck, wo außenbords eine Feuerstelle glomm, von Ziegelsteinen eingefaßt und argwöhnisch behütet, denn Feuer fürchten Seeleute fast noch mehr als das Wasser. Dort bereitete bei gutem Wetter die Mannschaft ihre einfachen Mahlzeiten zu.

Charikles nahm etwas von den eingeweichten Linsen, die da in einer Schüssel standen, schnitt Zwiebeln und Knoblauch hinein und setzte alles auf. Jemand hatte einen Stapel dünner Brotfladen gebacken und zum Abkühlen liegengelassen. Er nahm einen davon, füllte ihn mit dem würzigen Eintopf und trug alles in einer irdenen Schale zu Berchidda in die Kabine.

»Magdalena?« rief er fragend, ehe er den Ledervorhang der für sie beide reservierten Kajüte beiseite schob, damit sie wußte, daß er es war. Gerührt sah er sie verloren auf ihrer Liege sitzen. Und er beschloß, tatsächlich in die Tat umzusetzen, was er Kosmas erzählt hatte; er würde sie zu seiner Frau machen.

»Hier, dein Essen.« Er legte sich neben sie auf das Bett, stützte den Ellenbogen auf und legte den Kopf in die Hand. Zufrieden schaute er zu, wie sie die tropfende Brotrolle aß. Kosmas hatte unrecht, fiel ihm ein: Er würde ihr Griechisch beibringen müssen. Fragend erwiderte sie seinen aufmerksamen Blick. Seine Männlichkeit reagierte, wie bei jedem Kontakt mit ihr. Am besten fing er mit dem Unterricht gleich an, bevor sie abgelenkt wurden!

»Essen«, formulierte er deutlich und deutete auf das Brot in ihrer Hand. Sie schaute verständnislos. »Essen«, wiederholte er und führte dazu die Geste des Essens aus.

»Essen?« fragte sie und wiederholte das Wort mehrere Male, als er zustimmend nickte. »Essen. Essen!«

»Sehr gut!« Er langte nach ihrem Kopf, zog ihn zu sich heran und küßte sie. Berchidda drückte sich enger an ihn und legte die Hand auf sein Glied. Charikles stöhnte.

»Phallus«, sagte er mit gepreßter Stimme. Eine Lektion konnten sie noch durchnehmen. Und er hielt ihre Hand mit der seinen fest.

»Phallus«, hörte er Berchiddas kehlige Stimme.

»Ja«, antwortete er heiser.

»Phallus«, wiederholte sie, und, als wollte sie das Gelernte repetieren: »Essen. Phallus. Essen. Phallus. Essen.« Sie sprach die Wörter ohne Pause hintereinander aus. Er erbebte, elektrisiert von einer Idee.

»Ja«, antwortete Charikles, eine Hitzewelle überrollte ihn, und seine Stimme versagte fast, als er wiederholte: »Phallus essen!« Er blickte sie mit heißen Augen an und drückte ihren Kopf sacht auffordernd in Richtung seiner Lenden. »Phallus essen!«

Später, als er neben ihr lag, sacht geschaukelt vom Wellengang, wanderten seine Gedanken dem Weg des Schiffes voraus, hin zu der kleinen Insula nahe der Philoxenos-Zisterne, wo eine kleine, gemütliche Wohnung im Erdgeschoß auf ihn wartete. Er dachte an das bescheidene Fußbodenmosaik, die geschnitzte Holztruhe, die er damals nach dem Feldzug in Amida gekauft hatte, und an seine beiden Sklaven, Philemon und Baucis, denen Magdalena eine Herrin werden sollte. Ein begrünter Innenhof gehörte auch dazu, in dem ein benachbarter Mosaikleger seine Eimer,

Kellen, Fliesen und Gerüsthölzer lagerte. Für Kinder würde es ein Paradies werden! Magdalenas Atemzüge wurden ruhiger. Wie zart sie war, dachte Charikles gerührt, wie zart und verletzlich. Er schlang die Arme um sie. So würde er sie von nun an jede Nacht seines Lebens halten.
»Magdalena«, flüsterte er. Dann schlief er ein.

Berchidda starrte wach auf den hellen Streifen, der sich zwischen den Holzplanken zeigte. Sie wußte nicht, ob dahinter der Himmel oder die Gischt des Meeres zu sehen gewesen wäre. Das Meer! Was konnte schon Gutes über das Meer kommen!
Die ersten Nächte hatte sie immer nur die Gesichter ihrer toten Stammesgenossen vor sich gesehen, wie sie mit starren Augen auf dem Fischplatz lagen, fliegenumsirrt, Augen, die den Himmel nicht mehr sahen, in den sie hinaufglotzten. Sie war ganz in sich gekrochen und selbst wie erstarrt. Nur der Ozean hatte sie wie tröstend in seinen Armen gewiegt, eine Tröstung, die ihr das Essen wieder aus der Kehle preßte. Doch sie hatte Ummas Auftrag nicht vergessen: das Kind. Das Kind mußte geboren werden. Von ihm, durch sie und keine andere. So verlangte es die Göttin. Und Berchidda gehorchte.
Er war kein schlechter Mann, dieser Charikles, wie sie ihn riefen; es gelang ihr sogar, ihn in Ekstasen die Nähe der großen Göttin erleben zu lassen. Aber er war verrückt, vollkommen verrückt! Kniete er etwa vor ihr und küßte ihren Fuß, wie es sich gehörte, bevor er zu ihr kam? Nein! Er ehrte die Göttin nicht, die ihm all dies spendete, so wenig wie das Medium, das ihm dieses Geschenk überreichte. Er war ein Ungläubiger, ein Barbar! Und Barbaren waren sie alle. Dieser Mann, der vor Tagen bei ihr eingedrungen war und sie zwingen wollte. Für ein solches Sakrileg hätte ihr Stamm ihn gesteinigt!
Berchidda beobachtete, wie der schmale Streifen Himmel sich langsam türkis und golden verfärbte. Und kurz ehe sie unterging,

stand die glühende Abendsonne genau in der Spalte ihres Bretterverschlages und sandte einen Strahl zu ihr herein. Dann ein Tanzen des Bugs auf der nächsten Welle, und sie war verschwunden. Doch Berchidda wußte nun, wie die große Göttin diesmal über ihr Geschenk entschieden hatte.

Buch 1
Im Herzen des Hippodroms

Sobald sie erwachsen und reif war, ging sie gleich unter die Schauspielerinnen und wurde eine gewöhnliche Hetäre … Sie konnte ja weder Flöte blasen noch die Laute schlagen, nicht einmal als Tänzerin war sie ausgebildet, sie mußte vielmehr ihre Schönheit allein unter Einsatz aller körperlichen Reize dem Nächstbesten hingeben … Nie kannte das Weib irgendwelche Scham, und niemals sah sie jemand verlegen; ohne jedes Bedenken fand sie sich zu unzüchtigen Dienstleistungen bereit und hatte solch minderen Charakter, daß sie trotz Prügel und Ohrfeigen noch vergnügt scherzte und hell auflachte.

(Prokopios: Anekdota, Buch IX)

Gespräche über Pferde

»Theodora! Theodora!« rief eine dünne Greisinnenstimme. Doch statt zu antworten, spurtete die Kleine los, über den Hof und hinaus durch das Tor. »Theodora«, erklang es noch einmal vorwurfsvoll, »deine Mutter ruft nach dir!«

Sollte sie rufen. Die alte Baucis mit ihren beinahe siebzig Jahren und den gichtigen Beinen würde sie bestimmt nicht einholen und ihr das Vergnügen eines Ausflugs mit Papa rauben! Schon war sie draußen auf der Gasse, und ihre kleine Mädchenhand schloß sich um die ihres Vaters. Strahlend sah Theodora zu Charikles auf.

»Geht's ins Hippodrom?«

Er nickte. »Hm. Mal sehen, ob du den Weg schon kennst.«

Hah! Als ob sie diesen Weg nicht schon hundertmal zusammen gegangen wären. Sie warf stolz die langen Haare zurück, die so schwarz, glatt und glänzend wie Pech über ihren Rücken fielen, und zog ihren Vater hinter sich her. Schließlich war sie schon sieben!

Die Olivenbaumgasse, in der sie wohnten, lag direkt im Zentrum von Byzanz, was man ihr nicht ansah. Sie war kaum die vier Meter breit, die die Stadtbehorden als Mindestabstand vorschrieben, und die Balkone auf beiden Seiten im ersten Stock stießen mit ihren Holzgeländern fast aneinander. Aufgehängte Wäsche und zahlreiche Pflanzen in Tontöpfen filterten das Licht und ließen es angenehm dämmrig erscheinen. Hier war es still, bis auf das Rufen einiger spielender Kinder, das Pfeifen eines Vogels in seinem Käfig und das Schaben des Besens, mit dem der benachbarte Bäcker vor seinem Laden kehrte. Charikles grüßte höflich, und Theodora steckte der wohlgehaßten Bäckerstochter Maria hinter seinem Rücken die Zunge heraus.

Doch hundert Meter weiter änderte sich das Bild. Dort mündete die friedliche Gasse in die Bukoleion-Straße, die vom gleichnamigen Hafen mit seinen großen Magazinen hinaufführte in die Altstadt und zum Hippodrom. Hier toste das Leben Tag und Nacht und verschluckte die beiden, kaum daß sie den Fuß auf das sonnige Pflaster gesetzt hatten.

»He, Püppchen!« Fest umklammerte Theodora Charikles' Finger und ließ sich von ihm aus der Horde ägyptischer Matrosen heraushalten, die Arm in Arm singend vorbeizog, die Heuer in der Tasche und den Kopf voller Pläne für einen großartigen Abend in der prächtigsten Hafenstadt des Ostens. Hinter ihnen schloß sich der Strom der Flaneure wieder.

»Du hättest aber auch deinen Schal mitnehmen können«, brummte Charikles, »statt mit unbedeckten Haaren herumzulaufen wie eine unanständige Frau.«

»Ach Papa.«

Charikles seufzte und schaute auf seine Tochter hinunter, die mit ihren großen schwarzen Augen, über denen die Brauen hoch und zart wie Vogelschwingen standen, zu ihm hinauflächelte. Es war zwecklos, er konnte ihr nicht böse sein. Wie hübsch sie heute wieder aussah! Das einfache Baumwollgewand mit den weiten Ärmeln war von Baucis liebevoll vom Hals bis zum weit fallenden Saum um ihre Knöchel mit einer bunten Blumenborte bestickt worden. Und ein Hauch von Goldstickerei, fast schon sündhafter Luxus, brachte den matten Goldton ihrer Haut zur Geltung, der so auffallend mit ihren dunklen Augen und Haaren kontrastierte. Jede andere hätte blaß ausgesehen, nicht aber sein Mädchen; sie wirkte vielmehr wie ein Elfenbeinpüppchen.

»Wenn du brav bist, he!« Doch die Soldaten, die sie grob beiseite geschoben hatten, achteten nicht auf Charikles' Proteste. Einer drehte sich kurz nach ihnen um, die schmalen Augen über dem hängenden Schnurrbart fixierten sie stumm, und seine Hand fuhr wie zufällig zum Dolch. Grinsend wandte er sich wieder ab und folgte seinem Freund.

»Hunnische Söldner«, murmelte Charikles unbehaglich. Auch die Mönche am Tor des nahen Fremdenheims der heiligen Thekla sahen ihnen besorgt nach, ehe sie sich wieder ihren Neuankömmlingen widmeten, Bürger aus der syrischen Provinz, die auf eine Audienz bei einem der Hofbeamten hofften.

»Was ist, wenn ich brav bin, Papa?«

»Dann, äh«, antwortete Charikles, aus dem Konzept gebracht, »dann können wir beide nachher noch einen Ausflug mit dem Schiff hinüber nach Pera machen, was meinst du, und den Säulenheiligen besuchen.«

»Och!« Theodora rümpfte die Nase. »Das ist doch langweilig. Er steht nur da oben rum und betet. Und«, fügte sie als entscheidenden Trumpf hinzu, »die Säule stinkt nach Pipi.«

»Theodora! Der Mann ist ein Heiliger.«

»So wie der da vorne, was?« murmelte Theodora.

Ein Auflauf versperrte die Straße nahe des Ioannis-Palastes mit seinen glatten, milchweißen, abweisend fensterlosen Marmormauern. Aus der Stille seiner grünen Innenhöfe und mosaikverzierten Wasserbassins drang kein Laut, der erklärt hätte, was er von dem alten Mann mit den langen zottigen Haaren dachte, der es sich vor seiner Mauer bequem gemacht hatte und der Menge predigte. Seine dürftigen Kleider waren schmutzig. Er roch schlecht, wie Theodora bemerkte, als sie sich zu ihm vorgedrängelt hatte, und sie konnte die schwärzlichen Dreckspuren in der Faltenhaut seiner abgemagerten Arme sehen. Doch er verschaffte sich mit seinem Knotenstock energisch Platz und Gehör.

Eine Gruppe junger Mönche in schwarzer Tracht umringte ihn in respektvollem Abstand, eifrig bedacht, seine Aufmerksamkeit auf sich zu ziehen. Wie gerne hätten sie sich seine Schüler geheißen! Dreißig Jahre ohne sich zu waschen, ohne sich die Haare zu schneiden und ohne etwas anderes zu essen als das, was man mit eigenen Fingernägeln aus dem Boden kratzte: Konnte es etwas Heiligeres geben?

»Herr, Herr«, riefen sie.

»Theodora«, rief Charikles mal wieder nach seiner Tochter. Doch der Alte hielt nicht inne in seiner Predigt.

»Geilheit und Laster«, schrie er, »haften an euch wie Aussatz!« Und sein Stock wies auf das Etablissement gegenüber, ein Weinlokal und Bordell, genannt der Bauch des Bacchus, über dessen weinlaubumrankten Torbogen, dick mit Goldfarbe bepinselt, das prangte, was ihm seinen Namen gab: ein unglaublich fetter lächelnder Weingott, der selig einen vollen Becher schwenkte. Zwei der Bedienungen, in hochgeschlitzten Tuniken und mit nackten Armen, die Holzkrüge noch in der Hand, hatten sich neugierig im Eingang aufgestellt.

»Da stehen sie, die Töchter der Hölle«, geiferte der Alte, »mögen sie brennen und die Teufel sie auf glühenden Rosten wenden.« Die zwei jungen Frauen gaben ihm mit saftigen Flüchen heraus, angefeuert von den Matrosen und Soldaten an den langen Tischen hinter ihnen in der Rebenlaube.

»Hast du gehört, was er über dein Stammlokal gesagt hat, Papa?« Wortlos zog Charikles seine quirlige Tochter weiter, die neugierig ihren Hals nach allen Seiten verrenkte. Nein, da konnte Mama sagen, was sie wollte: Es war einfach eine Lust, in einer Hafenstadt zu wohnen! Byzanz, die größte Metropole der bekannten Welt, die Hauptstadt des Oströmischen Reiches, bunt, vielsprachig und brodelnd von Leben – Theodora fand sie einfach wunderbar.

Nur wenig später waren sie am Ziel.

»Tja.« In Charikles' Stimme schwang wie jedesmal unverhohlener Stolz, wenn sein Arbeitsplatz vor ihnen beiden aufragte: das Hippodrom. Er hielt im Gedränge an und umfaßte mit einer ausholenden Geste die gut zwanzig Stockwerke mit Arkadenreihen, die sich plötzlich in den Himmel türmten. Das Bauwerk, das dazu noch erhöht auf einem Hügel lag, hatte ihnen die schmale südliche Kehre seiner Rennbahnen zugewandt wie den Bug eines Schiffes, eines mächtigen Schiffes aus Stein, das jedes Gebäude der Stadt überragte und unaufhaltsam und majestätisch dem Horizont zustrebte.

Zu seiner Rechten schloß sich das Palastviertel an, eine Flut von Marmorpalästen, Terrassen, Treppen, Gärten und Pavillons, die sich die Hügel hinab bis zum Meer ergoß. Theodora hatte die Pracht einmal von einem Ausflugsboot vom Bosporus aus bewundert, jedoch noch niemals betreten. Ein schimmerndes Traumreich, eingebettet in goldenen Dunst, hatte sich ihrem Gedächtnis eingeprägt.

Gleich vor ihnen allerdings lag eine andere Art der Architektur. Der Hügel unter der Kehre des Stadions nämlich war keineswegs massiv. Er baute sich vielmehr aus zahlreichen Terrassen auf, deren Arkaden, nicht annähernd so prächtig wie die des Bauwerks darüber und vielfach in Holz ausgeführt, tief in den Hügel selbst hineinzuführen schienen. Einige handgemalte Schilder warben für schäbige Ladengeschäfte, dreckige Tonkrüge mit eingelegten Oliven, Zwiebeln und Käse in salziger Lake standen vor den Türöffnungen, in Schläuchen hing saurer Wein und Essigwasser, und der Duft einer Backstube wurde überlagert und durchmischt mit stechenderen Aromen: Tierdung, Schweiß, Urin, Holzkohlenfeuer.

Charikles sah, wie Theodora die Nüstern blähte. »Hast du Hunger?« fragte er. »Warte, bis wir an die Mese kommen, dann kaufe ich dir bei Philippa ein Fladenbrot mit Oliven, das beste in der Stadt. Das Herz des Hippodroms ist kein guter Ort. Bah, wer weiß, was du dir einfängst, wenn du hier was ißt.«

»Ich will aber lieber eine Sesamstange!«

Wenn es einen Ort gab, der noch verheißungsvoller als das Palastviertel war und noch verbotener, dann war es das geheimnisvolle Labyrinth im Herzen des Hippodroms, wie die Leute es nannten. Eigentlich war es eher sein Bauch; hier wohnte das ganze Lumpenpack, das mit dem Theater, den Spielen und den Rennen zu tun hatte, alle die, die nicht so berühmt waren wie die großen Sieger der Wagenrennen: die erfolglosen Wagenlenker, die kleinen Huren vom Theater, die schwulen Schausteller, die Tierwärter, Wahrsager, Bärenführer, Gladiatoren, Essensverkäufer und Hundedresseure, die Witzeerzähler, Tänzer, Taschendiebe und Liebestränkemischer. Auch Heiden, so munkelte man in Theodoras Straße, sollte es hier noch viele geben. Kein Kind aus ihrer Nachbarschaft durfte hier spielen.

Neugierig schaute Theodora über die Schulter zurück zu der Schar zerlumpter Kinder, die sich auf dem Platz vor den Terrassen lautstark mit Holzreifen und blanken Kieseln vergnügten.

Die Sonne drückte schwer auf Theodora, als sie aus dem Schatten des mächtigen Tormittelbogens schließlich in die Arena des Hippodroms eintraten. Die zweiflügeligen Bronzetore hatten weit offengestanden. Vor ihr lagen zur Rechten und zur Linken die blendend hellen Sandbahnen, in der Mitte getrennt durch die Spina, eine Rampe, geschmückt mit Obelisken und Ehrenmalen, die es beim Rennen zu umrunden galt. Die marmornen Sitzreihen stiegen ringsherum so hoch, daß kein Gebäude sie überragte. Sie schnitten ein Stück weiten Himmels aus, in den eine schwache Brise nur hier und da einen Wolkenfetzen schweben ließ. Eine weiße Stoffbahn schlug im Wind, ein Teil der Sonnenbedachung, der nicht richtig festgezurrt worden war, und auf einer der Treppen stritt eine Schar Krähen laut krächzend um ein paar Krümel. Ihr Kreischen war fast das einzige Geräusch, das hereindrang. In der plötzlichen Stille spürte Theodora erst, wie laut die Straßen gewesen waren.

Während sie an der versprochenen Honigsesamstange kaute, erklärte Charikles ihr bereitwillig, wie oft die Gespanne die langgezogene Kreisbahn vollenden mußten, um ein Rennen zu absolvieren, wo Start und wo Ziel lag und wie der Applaus von den Sitzreihen herunterbrandete auf den Sieger, den der Kaiser eigenhändig bekreuzigte und bekränzte.

»Wenn dann dein Wagen in der Kurve kippt und die Pferde dich mitsamt seinen Trümmern an den Zügeln mitschleifen, ja, dann kann dich nur ein schneller Schnitt durch das Leder befreien!« Er machte vor, wie der Wagenlenker sein Messer zog, um die Riemen zu durchtrennen. »Das, und dann rollst du dich schnell aus der Bahn, ehe der Nachfolger dich zertrampelt, oder du stirbst!« Theodora applaudierte. Mit glänzenden Augen hörte sie zu, das Gesicht vor Aufregung gerötet, als sähen sie gerade wirklich die aufregenden Szenen eines Rennens. »Könnte man«, fragte sie, noch ganz mitgerissen von der Erzählung, »könnte man die dann nicht opfern?«

»Opfern?« Charikles war irritiert. Eine peinliche Pause entstand, in der sein Ärger wuchs, ein alter, festgefressener, seit langem schwelender Ärger, der von dem Unbehagen genährt wurde, das seine Frau ihm manchmal, nach all den Jahren noch, einflößte. Ihre Weigerung, richtig Griechisch zu lernen, ihr Desinteresse an allem, was außerhalb ihres ureigensten Kreises vorging, daß sie fast nie das Haus verließ und mit den Kindern in ihrer barbarischen Sprache redete, wenn sie glaubte, er hörte es nicht, all dies war ihm bisweilen unheimlich. Er wurde den Verdacht nicht los, daß sie einen schlechten Einfluß auf die Mädchen hatte. Er hatte ihr nun streng verboten, mit den beiden weiter in ihrer Muttersprache zu sprechen. Er schaute nachdenklich auf seine Älteste hinunter, seinen ganzen Stolz, deren hübsches Gesicht jetzt vom Trotz verschlossen war. Gott sei Dank, dachte er, hatte sie nicht die Augen ihrer Mutter. Theodoras Augen waren fast so schwarz wie ihr Haar. Groß und rund wie zwei kostbare dunkle Perlen schauten sie aus dem Kindergesichtchen, fest konzentriert auf einen Punkt irgendwo hinter ihrem Vater.

»Theodora!« Er bückte sich und faßte das Mädchen bei den Schultern. »Du bist doch mein süßes Mäuschen, hm? Und du weißt, daß der liebe Gott das Lügen verboten hat.« Ernst sah er sie an. »Sag dem Papa mal, was macht die Mama eigentlich, wenn ich …«
Helle Rufe von der Spina her unterbrachen sie.
»Porphyrios!« Dankbar wirbelte Theodora herum, und auch Charikles richtete sich auf und beschattete die Augen mit der Hand. Ein Arbeitskommando war dort vorne beschäftigt, einen schweren Bildstein aufzurichten, der auf Holzlagern ruhte. Und jemand winkte ihnen eifrig. In Gottes Namen, murmelte Charikles und ging hinter seiner Tochter her auf die Gruppe zu. Vielleicht war es besser, nicht zu fragen.

»Heeejop!« rief der Vorarbeiter. Und die Seile strafften sich. Langsam wuchs das Monument in den Himmel, schwankte mit einem trockenen Knirschen noch einmal und stand dann still.
»Wie für die Ewigkeit gemacht«, dröhnte Charikles anerkennend. »He, Porphyrios, wie alt bist du gerade, fünfzehn?« Der so Angesprochene drehte sich um. Das zufriedene Lächeln über den Anblick des Steins lag noch auf seinem Gesicht, das tatsächlich sehr jung war, rund, mit kräftigen viereckigen Zähnen, die bei seinem Begrüßungslachen aufleuchteten, und mit Sommersprossen auf der aufgeworfenen Nase.
»Charikles, alter Söldner. Hallo, Kleine!« Er zwinkerte Theodora zu, die sich begeistert an seinen linken Arm hängte, und legte den freien rechten kameradschaftlich um Charikles' Schultern. Es war ein kräftiger Arm, der zu einem gedrungenen, durchtrainierten Körper gehörte und verriet, daß Charikles' Schätzung ein gutmütiger Scherz gewesen war. Und doch war seine Art jungenhaft. Auch die mit Goldfäden umwickelte Lederschnur, mit der er seine schulterlangen Haare im Nacken zu einigen Zöpfen geflochten hatte, verrieten eine kindliche Eitelkeit. Aber mehr

als die eigenwillige Haartracht, die Theodora stets entzückte, faszinierten sie immer wieder die Stoffhüllen, die seine Beine von oben bis unten umspannten – der junge Wagenlenker trug, wie alle seine Berufsgenossen: Hosen.

»Na, was sagt ihr?« Porphyrios konnte nicht anders, als sofort auf das Thema zu sprechen zu kommen, das ihn mit so sichtlichem Stolz erfüllte. Er zeigte auf das Denkmal, eine kleine Säule, die auf der ihnen zugewandten Seite einen Wagenlenker zeigte. Frontal fuhr er auf den Betrachter zu, seine vier Pferde schienen geradezu aus dem Stein herauszugaloppieren. In der Linken hielt er die Zügel, die Rechte schwenkte den Siegeslorbeer. Die Inschriften dazu verkündeten den göttergleichen Ruhm des jungen Helden.

»Junge, du platzt ja fast vor Bedeutung«, lachte Charikles gutmütig.

»Ich bin der erste, der schon mit achtzehn eine Säule hat«, verkündete Porphyrios atemlos, »nicht mal Cassiodoros war jünger.«

Theodora hüpfte auf und ab vor Begeisterung wie ein Gummiball.

»Schon gut, schon gut.« Charikles klopfte ihm wohlwollend auf die Schulter. »Wann bist du gefahren, jetzt bei den prätorischen Spielen?« Porphyrios nickte wild. »Und wie hast du's geschafft, unseren Asterios breitzuschlagen, daß er dir die Ehrung gewährt? Hast du ihn verprügelt?« spielte Charikles auf die kampfesfreudige Natur des jungen Wagenlenkers an.

»Gar nicht«, grinste Porphyrios. »Ich bin für die Blauen gefahren.«

»Du bist für die Gegenpartei gefahren?« Bevor Charikles noch mehr erwidern konnte, fuhr Porphyrios trotzig fort: »Wenn Asterios sich sträubt, bloß um mir zu zeigen, daß niemand an ihm als Zirkusmeister vorbeikommt, gut, ich weiß auch, was ich wert bin. Ich werd dem doch nicht den Arsch küssen. Du wirst sehen, jetzt kommt er und küßt meinen. Und alle Funktionäre der Grünen mit ihm. Und wenn nicht ...« Eine Geste deutete an, was ihn die Vorsteher der Zirkuspartei der Grünen allesamt konnten.

»Theodora, hör doch mal auf zu zappeln«, schimpfte Charikles. Er holte tief Luft, und an Porphyrios gewandt fügte er hinzu: »Nun, schade, daß du so ein Hitzkopf bist. Gehst einfach zur Konkurrenz. Und ich hatte mich schon so darauf gefreut, dir meine neueste Entdeckung zu zeigen.« Er wartete ab und konnte mit dem Interesse, das seine beiläufige Bemerkung erregte, mehr als zufrieden sein. Versöhnt zwinkerte er seiner Tochter zu, die unbekümmert um die Zurechtweisung an Porphyrios' Hand herumtänzelte.

»Oh«, winkte er beschwichtigend ab, »er steht noch in Thrakien auf einer Weide, aber er frißt sein Gras schon auf Kosten der Grünen, und im nächsten Frühjahr«, Charikles fing selbst Feuer bei dem Gedanken, »im nächsten Frühjahr wird er die Sensation im Hippodrom sein. Mit welchem Gespann bist du übrigens gefahren«, lenkte er vom Thema ab, »haben sie dir diese Krücke Olympios noch mal angedreht?«

Porphyrios riß die Augen auf. »Bist du verrückt? Glaubst du, ich laß mir ein Pferd ein zweitesmal aufschwatzen, das in der Kurve gescheut hat? Hah!« Der arme Olympios konnte sich der Wut seines Lenkers noch immer gewiß sein. »Ich hatte Radiator und Euthinikos dabei«, setzte er eifrig zur Erläuterung an, »ihre Nerven sind so stark wie die Sehnen in ihren Beinen. Und Nikopolemos lief innen, er ist der Zuverlässigste. Dann Palaestiniarches, du weißt, er hat spanisches Blut durch seine Mutter und feuert die anderen an ...«

An dieser Stelle spürte Theodora, wie ihre Hand losgelassen wurde, und seufzte.

Was folgte, ließ zweifellos das Herz jedes wahren Byzantiners höher schlagen. Die Stadtbewohner waren allesamt Rennfanatiker. Sie kannten ihre Renner ebenso gut wie ihre Athleten, und jedes Kind auf der Straße hätte ohne Atem zu holen aufzählen können, mit welchen Pferden Porphyrios in diesem Jahr die Konsularsspiele gewonnen hatte. Und im Jahr davor. Und vor zwei Jahren. Sie konnten die Stammbäume der Tiere bis zurück zu Pegasus aufsagen, waren mit ihren Zipperlein ebenso vertraut wie mit ihrem Lieblingsfressen. Und wenn Radiator, der Star im Stall der Blauen, sich beim Training schwächer als gewohnt zeigte, dann ging ein Raunen durch das Forum Augusteion, und die professionellen Mutmaßungen nahmen kein Ende.

War es wohl ein Fehler gewesen, die Zerrung in der Hinterhand vor zwei Monaten mit Senfwickeln zu behandeln? Und in jedem Fall hätte ein Astrologe befragt werden sollen, bevor man so viele Äpfel in die Wettkampfdiät aufnahm. Und war überhaupt das Amulett der Heiligen Jungfrau im Zaumzeug befestigt gewesen, das mit dem echten Stück vom Kreuz des Herrn, das Fans aus Antiochia letztes Jahr dem Rennstall überreicht hatten? Oder hatten die Grünen das Futter vergiftet? Der Bruder des Tierarztes der Blauen war neuerdings mit einer Konkubine liiert, deren eine Cousine mit einem Bäcker in Stadtteil Zeugma verheiratet sein sollte, der mit den Grünen sympathisierte. Grund genug, loszuziehen und seine Praxisräume in der Nähe des Forum Bovis zu verwüsten! Jeder gestandene Byzantiner gehörte einer der Zirkusparteien an und stand mit den Fäusten für sie ein. Nieder mit den Grünen! Sieg und Ruhm den Blauen für alle Zeiten! Nika, Sieg!

Porphyrios und Charikles vergaßen die Welt um sich herum über Risthöhen, Schrittfrequenzen und Stehvermögen.

Theodora, die ihre Begeisterung nicht teilte, begann sich gründlich zu langweilen, bohrte mit der großen Zehe Löcher in den Sand und sah sich nach neuen Sensationen um.

Die Arbeiter hatten ihre Seile zusammengerollt und waren nach einem letzten dreifachen Hoch auf den frischgebackenen Denkmalsinhaber abgezogen. Leuchtend weiß stand die Säule zwischen den anderen Ehrenmalen, zwei Obelisken, bedeckt mit unverständlichen Zeichen, auf deren Sockeln wiederum Szenen aus dem Wagenrennen zu sehen waren.

Und dann gab es noch eine Art Dreifuß, die Schale getragen von etwas, das Theodora immer wieder tief berührte: Drei Schlangen wanden sich vom Boden aneinander empor und bildeten den Ständer. Sie trat näher. Fast zärtlich glitt ihre Hand über die Rücken, tastete an der muskulösen Biegung entlang. Charikles hatte ihr erklärt, daß es ein heidnisches Denkmal war, geschaffen zur Erinnerung an den Sieg der Griechen über die Perser bei Plataia, vor Hunderten von Jahren. Plünderungsfreudige Christenkaiser hatten es in ihre Stadt geschafft, um zu zeigen, daß die alten Götter und Mächte sich dem neuen, christlichen Rom unterwarfen und in ihm weiterwirkten.

Aber was waren Theodora die alten Griechen, was die Kaiser! Für sie war es ein Monument der heiligen Schlange ihrer Mutter. Berchidda hatte damals, vor sieben Jahren, als sie die Stadt und das Hippodrom zum erstenmal betrat, mit Ehrfurcht und zitternder Freude davorgestanden und den geheimen Namen ihrer Göttin gehaucht und damit den zweiundsiebzig Sprachen, die Byzanz sprach, die dreiundsiebzigste hinzugefügt. Was immer auf sie warten mochte in diesem Bisans, Büzans oder wie ihr Mann diesen Ort nannte, wenn es diese Schlange in seinem Zentrum gab, beschloß sie, dann konnte er nicht jenseits der Welt sein. Und sie hielt ihre Tochter dazu an, sie nach altem Ritus zu verehren.

Leise summend malte Theodora das geheime Zeichen in den Staub unter dem Dreifuß und begann, die Worte der Begrüßung zu murmeln. Ein Blick aus den Augenwinkeln verriet ihr, daß Papa noch immer genügend beschäftigt war.

»Enkidda ma ...«, flüsterte sie. Es war herrlich, etwas Geheimes zu können. Und dabei so mächtig zu sein, daß ...

»Theodora!« Verflucht noch mal! Schuldbewußt zuckte sie zusammen und stand auf. Denn dies war Mama selbst, die da rief, und sie gehorchte besser sofort. Es war wahrhaftig nicht leicht, eine Göttin zur Mutter zu haben.

»Magdalena, was tust du denn hier?« In Charikles' Stimme schwang der Ärger des Mannes mit, der nicht gerne an seinem Arbeitsplatz gestört wird.

Magdalena, in einem lilafarbenen, an den Säumen mit grünen Palmwedeln bestickten Gewand und einem gleichfarbigen Tuch um Kopf und Haare, die jüngere Tochter Anastasia unbeachtet auf der Hüfte, grüßte ihn und Porphyrios mit einem stummen Nicken und wandte sich dann an ihre schmollend herantrabende Älteste. Ihr strenger Blick ersetzte jede Predigt. Und der leere Deckelkorb in ihrer Hand erinnerte Theodora nur zu gut an die versäumte Pflicht. Sie nahm den Behälter folgsam auf. Dann umarmte sie ihre kleine Schwester, die ihr sehnsuchtsvoll die Arme entgegenstreckte – war sie doch weit lieber bei Theo als bei der Mutter, die ihr, dem unbedeutenden, überflüssigen zweiten Kind, wenig Zuwendung schenkte –, schnitt Porphyrios, der ihr aufmunternd zublinzelte, noch ein schiefes Grinsen zum Abschied und machte sich auf den Weg.

»Und bring noch Brot mit«, rief Berchidda ihr nach.

»So ein Wildfang«, schmunzelte Charikles voll Vaterstolz, als sie ihr nachsahen. Niemand antwortete ihm.

»Du uns schon lange nicht mehr besucht, Porphyrios«, sagte Berchidda schließlich in ihrer ruhigen Art.

Porphyrios lächelte unsicher und sah hinunter auf ihre schmalen braunen Füße in den Sandalen, auf denen der Sand der Rennbahn glitzerte. Eigentlich, dachte er, sieht sie nicht einmal besonders hübsch aus. »Ich hatte viel zu tun.« Er schwieg.

»Ja dann …«

»Ja, dann«, nahm Charikles, der von seinem Unbehagen nichts mitbekam, das Stichwort munter auf. »Und: Porphyrios!«

Der Junge sah fast schuldbewußt auf. »Ja?«

»Soll ich Asterios sagen, daß du interessiert bist?« Erleichterung schwangen in Porphyrios' Stimme und neuer Triumph, als er zurückrief: »Besorg mir dieses Pferd, Charikles, Purros, das thrakische Wundertier. Und sag Asterios, er soll meinen Arsch küssen. Dann fahre ich wieder für euch. Nika! Sieg den Grünen!« brüllte er übermütig zu den leeren Rängen hinauf. Einige aus der Gruppe Sklaven, die dort die Stufen säuberten, sahen erstaunt zu ihnen hinüber.

Die Töpfervorstadt

Es war ein langer Weg bis zu Theodoras Ziel, der Töpfervorstadt vor dem Goldenen Tor der großen Landmauer. Sie mußte fast die ganze Stadt durchqueren, immer der Mese folgend, der großen Straße, die die Lebensader der Stadt bildete. Sie verband die verschiedenen Foren von Byzanz miteinander, und unter ihren Arkaden waren die meisten Geschäfte der Stadt untergebracht. Nahe dem Hippodrom schimmerte alles rot und gelb von den Töpfen, Bechern und Spiegeln der Bronzeschmiede, die ihre Ware, zu klingenden Trauben gebündelt, an Schnüren vor ihre Ladentüren hängten. Theodora betrachtete ihr verzerrtes Spiegelbild, wie es über die Oberflächen der Töpfe glitt, und ließ sich treiben; es herrschte das übliche Einkaufsgedränge.

Auch das runde Forum des Konstantin war voller Leben. Auf den Treppen am Fuße der fünfzig Meter hohen Porphyrsäule, die Kaiser Konstantin hier hatte aufstellen und mit seinem Bronzebild als Helios krönen lassen, machten erschöpfte Besucher Pause und knabberten an ihrem Essen. Da es Mittag war, lockte überall der Duft der kleinen Garküchen, die ihre Stände zwischen den Bogengängen aufgeschlagen hatten. Es roch verführerisch nach Zwiebeln und kleinen Spießen mit scharf geröstetem Lammfleisch und Innereien.

Theodora kaufte sich ein paar Nierenspießchen, dampfend und rot von Gewürzen, und hüpfte zwischen den Rastenden hindurch bis zum Fuß der Säule. Kauend legte sie die Hand an den mächtigen roten Stein. Wie warm er war von der Sonne. Ihr Vater hatte ihr erklärt, daß lauter heilige Dinge darin eingeschlossen seien: Splitter vom Kreuz Jesu, die Axt Noahs, der Stein, mit dem Moses Wasser aus dem Felsen schlug, und das Palladium des Äneas, ein Kultbild der Göttin Pallas Athene, das der Held aus Troja gerettet haben soll. Theodora drückte ihr Ohr fest an die Säule. Eines Tages würde sie vielleicht die Axt darin schlagen hören.
Vorausgesetzt, daß das alles stimmte, was Papa ihr sonntags immer vorlas, wenn Mama in ihrem Sessel saß und Wäsche flickte, ohne irgend etwas zu sagen. War Papa fort, dann erzählte Mama nämlich ganz andere Geschichten von der Erschaffung der Welt und von Gott, der eigentlich eine Frau war, eine mächtige Frau, die alles Leben gebar und wieder verschlang. Sie nahm wahrhaftig Menschenopfer! Das war doch eine ganz andere Sache als die Jungfrau Maria, die bloß unter dem Kreuz stand und zusah und weinen durfte. Und in besonderen Momenten, sagte Mama, würde sie, Theodora, auch die Göttin selbst sein können. Dann würde sie beim Mysterium eine lebende Schlange um den Hals tragen, wie Mama und ... verdammt, die Schlange! Sie hatte wahrhaft keine Zeit, hier noch länger herumzutrödeln, bis zum Goldenen Tor war es noch ein gutes Stück Wegs.
Ganz in Gedanken versunken wanderte Theodora weiter. Das Mysterium, den Akt, das machte Mama dauernd. Theodora hatte schon oft zugesehen, wenn Porphyrios zu ihr ging, oder Baucis, Philemon oder einer der Nachbarn. Vorher wurde immer ganz viel gebetet und gemurmelt, hinterher auch. Dazwischen wurde mehr gestöhnt, das war nicht so interessant. Aber danach waren alle ganz glücklich und küßten Mama die Füße und ließen ein Geschenk da für die Schlange, am meisten Porphyrios.

Mit dem hatte Mama auch mal das Opfern versucht. Aber kurz vorher hatte er dann leider gekniffen, der Feigling, und war furchtbar wütend geworden. Mama hat sich mit der Schlange beraten und ihm schließlich etwas gegeben, wovon er sehr krank wurde und nach Antiochia abreiste. Ein Jahr lang war er dort Wagenrennen gefahren, und jetzt tat er so, als wäre nichts gewesen! Papa hätte sicher nicht hören mögen, daß Mama nachts mit einem Messer in der Hand hinter Porphyrios hergelaufen war, der nackt, nur mit einem Kornkranz und einem Stierschweif bekleidet, die Stadtmauer entlang um sein Leben rannte. Schade, daß sie da nicht hatte dabeisein dürfen!

Auf dem Theodosios-Forum umwogte sie das übliche Gedränge des Schafmarktes; der Geruch nahm Theodora fast den Atem. Danach wurde es ruhiger, die Arkaden hörten auf, als einfache Straße lief die Mese hier zwischen Insulae und kleineren Villen weiter. Klöster, Müllhalden und kleine Wäldchen lösten einander ab. Vom nahen Hafen her drang das übliche Getöse der Ladekräne, während ein kleiner Bauernhof inmitten seiner Felder und Rebstöcke friedlich am Abhang zum Bosporus lag. Rechts wurden zuweilen die Bögen des Valens-Aquädukts sichtbar. Sie konnte die mächtige Mauer, an der ihr heißgeliebter Porphyrios damals entlanggeflüchtet sein mußte, jetzt schon beinahe sehen! Noch über den Lykos-Bach, dann leuchteten ihr die weißen Säulenreihen des Arkadianai-Palastes entgegen. Nun bog die Straße Richtung Meer hin ab, und die Häuserreihen der Vorstadt Psamathia zogen sich dünn daran entlang.

Und da war sie, die große Mauer, die sich vom Bosporus bis zum Horn hin spannte und die Stadt auf ihrer Landzunge gänzlich vom Festland abschirmte. Damit die wilden Hunnen nicht hineinkönnten, hatte Papa ihr erklärt. Der große mittlere Durchgang des dreibogigen Tores, der mit den vergoldeten Bronzeflügeln, war allein dem Kaiser vorbehalten und heute geschlossen. Theodora steuerte auf die Warteschlange vor dem linken

Bogen zu, blinzelte noch einmal der goldenen Göttin Tyche mit dem Füllhorn oben auf dem Tor zu, ließ sich dann mit gesenktem Kopf von den Wachen mustern, hatte Glück und durfte passieren.

Fast zwei Stunden, nachdem sie im Hippodrom aufgebrochen war, stand Theodora nun vor der Stadt auf der Ebene, da, wo die Hunnen hinkonnten, im Töpferviertel, einem Häufchen Hütten, das den Namen Viertel genausowenig verdiente wie die Töpfer ihr Monatseinkommen. Weswegen sie anderen Geschäften nachgingen, die besser vor der Stadt blieben. Weswegen Theodora hier war.

Ein wenig unsicher, wie immer, sah sie noch einmal in die macchiabestandene Ebene hinaus, ob dort zwischen Wacholder und Zistrosen nicht verräterische kleine schwarze Punkte zu sähen wären, die rasch näherkämen: barbarische Reiter, die in wildem Galopp und laut schreiend heranpreschten und alles niederhauten mit ihren krummen Schwertern, wie Papa das erzählt hatte. Doch nur der Wind fuhr über Klee und Disteln. Mit klopfendem Herzen schlüpfte sie in die Hütte von Sophia.

»Ah, Theodora.« Sophia schien sie bereits erwartet zu haben, aber das war kein Wunder, denn Sophia war eine Seherin und wußte alles. Was die Sterne sagten, wie man Porphyrios schlimme Bauchschmerzen bereitete und wie man Leute verfluchte. Nur wo vielleicht ein Goldschatz lag, das wußte Sophia leider nicht. Als Theodora sie einmal darauf ansprach, war sie wütend geworden.

Sophia hatte stets Asche im Gesicht, weil sie die Zukunft aus verkohlten Knochen las und sich auch wenig wusch. Deshalb wußte Theodora eigentlich kaum, wie sie aussah. Sie hatte sie noch nie außerhalb der verräucherten kleinen Hütte gesehen. Die Haare von Sophia waren ganz farblos vor Schmutz, weil sie auch nie ein Tuch darum schlang, und eben hatte sie Besuch.

Ein dicker Bauer, der Theodora ärgerliche Blicke zuwarf, weil sie ihn in dieser Umgebung ertappt hatte und ihrerseits auch nicht gewillt schien, dezent wegzugucken, bemühte sich, neben aller Empörung doch auch Sophias Anweisungen zu folgen.

»... dann reibt ihr eurem Zugesel den Bauch, mit dem linken Daumen und beiden kleinen Fingern, habt ihr das verstanden?«

Der Bauer nickte, unwillkürlich führten seine Hände die Bewegung auf seinem eigenen Bauch aus. Sophia nahm es zur Kenntnis und nickte ihrerseits. »Genau. Und dann sagt ihr, aufgepaßt: ›Es stand ein Baum mitten im Meer.‹ Sprecht mir nach«, forderte sie ihren Kunden auf.

»Es stand ein Baum mitten im Meer«, nuschelte der Mann gehorsam. Daß dieses Gör auch nicht verschwinden wollte!

»Und dort hing ein Krug voll von Eselsdärmen«, intonierte Sophia.

»Und dort hing ein Krug voll von Eselsdärmen«, wiederholte er.

Die Alte fuhr fort: »Drei Jungfrauen gingen herum, zwei banden fest, eine wickelte wieder ab.« Er sagte ihr auch das brav nach, und dann noch einmal den ganzen Spruch.

»Es ist sehr wichtig, daß Ihr euch weder versprecht noch dabei stottert«, ermahnte Sophia ihn abschließend. »Es ist ein sehr mächtiger Zauber gegen Bauchgrimmen, und wenn Ihr ihn auf einen Menschen anwenden wollt, sagt Ihr einfach ›ein Krug voll von menschlichen Därmen‹. Macht vier Folleis.« Sie hielt ihre schmutzige Hand auf, besah das hineingezählte Geld so genau, wie das Schummerlicht in der fensterlosen Hütte es zuließ, und nestelte es dann in irgendeine Falte ihres schmuddeligen Umhangs. Der Bauer verschwand eilig.

»Und nun zu dir, Zirkusprinzessin.« Sie verschwand im hinteren Teil der Hütte und begann zu kramen. Theodora hörte sie ungeduldig vor sich hin sprechen: »Steinbockmist, Essig, Fenchelsaft, Spinnen, wo zum Kuckuck sind die Körbe mit den ... ah, hier.« Sie zog eine Schnur aneinandergebundener Körbe hinter sich

her. »In dem da, glaube ich. Sie sind alle genau siebzehn Tage nach Neumond gefangen«, erläuterte sie, während sie den Dekkel eines braun-weiß gesprenkelten Behälters abnahm. »Verflixt!« Mit einer schnellen Bewegung schloß sie ihn wieder. »Das war die Katzenschlange, sie ist giftig, willst du mal sehen?«
Theodora zögerte, schüttelte dann aber heftig den Kopf, als der Korb in Sophias Händen einen wütenden Tanz aufführte, und zog vorsichtshalber ihre Füße näher an sich heran. Aus den dunklen Ecken der Hütte schien mit einemmal manches auf sie zugekrochen zu kommen.
Sophia kicherte. »Eine echte Senatorengattin hat sie bei mir bestellt. Kam in einer Mietsänfte, die sie drei Hütten weiter halten ließ, und nahm den Umhang vors Gesicht. Als ob das was hülfe bei einer, die alles sieht. Ich kenn ihren Namen genau, sag ihn dir aber nicht.«
»Wird wohl die Frau eines Fuhrhändlers gewesen sein«, konterte Theodora. Trotzdem war sie ehrlich beeindruckt. »Was wollte sie denn damit?«
»Was wohl, du unschuldiges Kind! Ihren Mann sollte ich ihr damit vom Leib hexen. Ein Biß, und dann noch die passende Medizin, und das Ende ist gewiß. Heute kommt sie wieder«, fügte sie noch hinzu.
Theodora war nicht ganz sicher, wie ernst Sophia das meinte. Aus dem zahnlückigen Grinsen der Alten war nichts zu entnehmen. »Und Mamas Schlange?« lenkte sie schließlich von dem unheimlichen Thema ab.
»Hier. Oder hier.« Sophia klopfte auf zwei weitere Körbe. »Wie groß war denn eure alte?«
Theodora deutete mit den Händen die Größe an.
»Dann nimm die hier, die Würfelnatter. Die andere ist zu lang für euch. Nicht, daß sie dem Gatten noch über den Weg kriecht.«
Theodora gefiel der spöttische Ton überhaupt nicht.

»Deine Mutter«, fuhr Sophia fort, »ist die einzige, die ich kenne, die es schafft, in den Mauern dieser Stadt noch einen heidnischen Tempel zu betreiben.« Es schwang bei allem Sarkasmus auch etwas wie Anerkennung in ihrer Stimme.

»Mama ist der Tempel!« trumpfte Theodora auf.

Doch Sophia schien unbeeindruckt. »Hast du das Geld dabei?«

Theodora nickte und gab Sophia den Goldsolidus. Er schimmerte sogar in dieser Dunkelheit, als gehöre er nicht hierher. Dann sah sie andächtig zu, wie der dunkelgefleckte Schlangenleib sich lautlos von Sophias in ihren Korb gleiten ließ. Sie sprach die Worte, die ihre Mutter sie gelehrt hatte, machte das heilige Zeichen und schloß den Deckel fest. Interessiert sah Sophia zu. Ihre Lippen bewegten sich, als wiederholte sie Theodoras Sätze. Befriedigt nickte sie. Sie konnte sie doch unmöglich verstanden haben? Mama hatte gesagt, diese Sprache verstünden nur sie, Theodora und Anastasia, niemand sonst. Aber bei Sophia wußte man nie.

»Soll ich dir die Zukunft lesen, Schätzchen?« Sophia betrachtete sie von der Seite und griff mit den Händen in die Glut, wo einige verkohlte Knöchelchen bereitlagen. Unglaublich, daß sie sich dabei nicht die Finger verbrannte!

Theodora zögerte. »Was kostet es?« fragte sie und zählte unauffällig mit den Fingern die wenigen Folleis, die ihr verblieben waren.

»Oh, für dich zum Freundschaftspreis, kleine Mari, gib mir …«

»Du sollst mich doch nicht immer so nennen«, unterbrach Theodora sie verärgert. Ihre Zählung hatte ohnehin ergeben, daß es nicht reichen würde. »Und außerdem, wahrscheinlich wird eh in den Knochen stehen, daß ich eine weite Reise mache und einen großen dunklen Mann kennenlerne. Das prophezeist du doch allen!«

»He, du freches Balg, hüte deine Zunge«, protestierte Sophia noch, doch die Kleine war schon aus der Tür geschlüpft. Teils amüsiert, teils verärgert wandte Sophia sich den bereits geworfenen Knochen zu, warf einen halben Blick darauf und kickte sie dann, nun wirklich wütend, ins Feuer. »Die Göre kann hellsehen«, knurrte sie.

Atemlos und mit klopfendem Herzen hielt Theodora jenseits des Stadttors an. Allen reitenden Hunnen und Sophias bösem Blick entkommen, stand sie wieder sicher auf dem Pflaster von Byzanz. Der Korb in ihren Armen bewegte sich sacht. Mit einemmal rauschte es über ihr. Theodora sah auf. Da waren sie wieder: Tausende mochten es sein, die da glänzend über sie hinwegzogen, die langen Hälse elegant gestreckt und mit ihren Flügeln fast den Himmel verdunkelnd. Hohe Schreie mischten sich in das Brausen. Die Störche waren wieder da! Es war August, im Jahre des Herrn fünfhundertundsieben.

Blutige Spiele

Der Löwe schüttelte verärgert seine Mähne und gähnte. Ein halbherziger Prankenhieb brachte den lästigen Angreifer mit dem Spieß dazu, wieder hinter der Holzverschalung zu verschwinden, und das mächtige Tier drehte ab, streckte die Pranken vor, reckte sich, daß der rote Fellbehang des Bauches prächtig sichtbar wurde, und trabte gemächlich zu seiner Gefährtin. Doch der Mann gab nicht nach. Er kam wieder hervor und warf mit weit ausholender Bewegung seinen Speer, der zitternd in der Flanke des Männchens steckenblieb. Der Löwe brüllte. Sein zorniger Ruf rollte donnernd die Marmorgänge hinauf und hinab. Er wischte das schmerzende Holzding mit der Pranke beiseite und stürzte sich in wenigen weichen Sprüngen auf den Angreifer. Vergebens, wieder war der in dem Holzturm verschwunden. Die Krallen des Tieres zogen tiefe Furchen in die

Verschalung, und sein wütendes Fauchen blies den Kämpfern dahinter seinen stinkenden Atem hinüber.
Die Menge auf den Rängen johlte. Eine aufgescheuchte Herde Strauße galoppierte an der Bande vorbei, Applaus brandete auf. Als sichtbar wurde, daß auf einem der Vögel noch ein Zwerg aus dem königlichen Gefolge saß, ein Überbleibsel der Eingangsparade, da wurde der Jubel unermeßlich. Der Zwergenwüchsige betete sichtbar, daß die Raubkatzen weder von ihm noch von seinem Reittier Notiz nehmen mochten.
Mit nickendem Kopf trabte ein Junglöwe heran. Der Lanzenträger vor ihm war ganz mit einem schwarzen Panther beschäftigt, der zusammengekauert und fauchend, mit zitterndem Schnurrbart seinen Unmut kundtat. Das schlaksige Jungtier mit dem Mähnenflaum auf dem Rücken zog die Pfoten zum Sprung zusammen, schnellte los – und fiel noch im Flug, von einem weiteren Speer getroffen, mit eingeknickten Beinen auf die Seite und kam nicht mehr hoch. Es suchte sich die Wunde zu lecken, als das tödliche Messer es im Genick traf. Der Panther kam zögernd aus seiner Ecke, roch an der auslaufenden Blutlache und war wie von einem Katapult geschleudert zur Seite gesprungen.
Die Schreie der getroffenen Tiere hingen in der Luft, der Blutgeruch begann die anderen verrückt zu machen. In dem zunehmenden Chaos knallten immer wieder die Holztüren der Sicherheitstürme, in die die Jäger, oder besser die Schlachter, sich zuweilen retteten, und die Rufe der Männer gellten auf, die gemeinsam ein Raubtier in die Enge trieben.
Konsul Areobindus nickte zu alldem befriedigt in seiner Ehrenloge. Er rückte die Togafalten auf seinen schmalen Schultern zurecht und straffte sich. Diese Spiele waren wahrhaft ein angemessener Auftakt für seine Amtszeit. Wann hatte es zum letztenmal zwanzig Löwen zugleich in der Arena gegeben? Nein, seine Frau konnte wirklich mehr als zufrieden sein. Er warf einen kurzen Blick hinüber auf ihr strenges Profil. Auch die Krokodile

waren wunderbar arrangiert. Er hatte doch gewußt, daß er sich auf Charikles und die Grünen verlassen konnte. Und der gute Apion war auch sehr behilflich gewesen. Eine nette Geste, ihm die fünf Nilpferde zu schicken. Angeblich auf seinem Besitz in Oberägypten gefangen. Julia würde wissen, wie man sich am besten bei dem Mann revanchierte. Doch, wenn man alles in allem betrachtete, war es durchaus ein erfolgreicher Tag. Erst der Umzug durch die Stadt, dann die Tierhatz. Und heute nachmittag würde es ein Wagenrennen geben.

Nervös tastete der frischgebackene Konsul in den Taschen seiner purpurnen Triumphaltoga. Wo war die Mappa? Wo hatte er sie nur wieder hingesteckt? Nicht auszudenken, wenn er nachher am Startmal des Wagenrennens stand und das Tuch nicht da war, um es als Startsignal ... Wo war die dreimal verfluchte Mappa nur hin?

Seine Frau Julia Anicina, aufmerksam geworden durch sein nervöses Gezappel, verfolgte seine Bemühungen eine Weile mit kühlem Blick, dann, ohne daß ein Wort zwischen ihnen gefallen wäre, griff sie unter seinen Sitz und zog das weiße Signaltuch hervor. Es war ihr schleierhaft, dachte sie wieder einmal, wie ein Mann mit seinem Stammbaum, der Bildung eines Seneca und dem Aussehen eines Julius Cäsar in kleinen Dingen so nervtötend hilflos sein konnte! Areobindus griff danach und tupfte sich die schweißbedeckte Stirn. Kunststück, dachte er voll Ironie, wenn man zwei Kaiser zu seinen Vorfahren zählte, dann war es einem vermutlich gegeben, immer zu wissen, wo man gerade sein Taschentuch hatte. Aber auch er sagte nichts.

»Haltung«, zischte Julia aus dem Mundwinkel, »das Volk beobachtet seinen Konsul schließlich.« Beobachten! Das Volk sah ganz woanders hin. Da! Endlich ging eines der Krokodile auf den angebotenen Kadaver los. Leider waren sie ja nicht dazu zu bringen gewesen, sich mit den Flußpferden einen Kampf zu liefern. Überhaupt die Flußpferde! Lagen nur in dem künstlichen

See herum, walzten die Seerosen platt und taten nichts für ihr Geld als zu blasen. Immerhin schien es den Pöbel zu beeindrucken. Dort nämlich schaute das Volk hin, nicht auf seinen Konsul. Der war ohnehin nur dazu gut, die Spiele auszurichten und sich dabei zu ruinieren. Areobindus suchte nach einem passenden Klassikerzitat, fand keines, ärgerte sich, wünschte sich in die Ruhe der Bibliothek auf seinem Landsitz zurück und wurde von seiner Frau mit einem energischen Fußtritt ermahnt, sich nicht in die Mappa zu schneuzen.

Er steckte das Tuch weg und fing beim Wiederaufrichten den besorgten Blick des Tiereinkäufers der Grünen auf, Charikles, der neben dem Zirkusmeister Asterios stand. Jovial lächelte er hinüber und winkte lässig mit der Hand.

Charikles' Züge entspannten sich. Doch, doch, der Konsul schien zufrieden, dachte er. Es war nicht leicht gewesen, die hochgespannten Ansprüche Areobindus' – oder vielmehr seiner Frau – zu befriedigen. Schon als die Hälfte der Schiffsladung Strauße tot im Hafen ankam und der Rest atemberaubend nach den Kadavern seiner Artgenossen stank, schien sich eine Katastrophe anzubahnen. Es war eine unglaubliche Arbeit, die Tiere wieder soweit sauber zu bekommen, daß die verwöhnte Zwergentruppe sich bereit erklärte, sie zu besteigen.

Und auch die großen schwarzen Affen aus Afrikas geheimnisvollem Inland waren ein Reinfall gewesen. Gott allein mochte wissen, wie dieser ägyptische Großgrundbesitzer an sie herangekommen war, ein wahrhaftiges Juwel für einen Spieleorganisator. Aber sie hatten alles Fleisch verweigert, das man ihnen anbot. Er, Charikles, hatte es persönlich mit dem feinsten Filet versucht. Die mächtigen Tiere dämmerten dennoch nur in ihren Käfigen dahin, kaum ein Zähnefletschen war ihnen zu entlocken gewesen.

Schließlich hatten sie sich darauf beschränken müssen, die schwarzen Riesen in goldenen Ketten als Zwischennummer vorzuführen. Aber auch so war das Schweigen bei ihrem Gang um die Arena noch andächtig genug gewesen. Was hatte Gott sich nur dabei gedacht, derartige Kreaturen zu schaffen? Sie wurden gleich nach der Vorführung in den Gehegen unterm Eingang getötet. Charikles beneidete die Sklaven nicht, die ihre Kadaver zu den Abfallgruben vor der Stadt schaffen mußten.

Der Sand in der Arena rötete sich. Immer weniger der mächtigen Katzen liefen herum. Die Jäger wagten sich hinter ihren Verschalungen hervor und gingen in Gruppen auf die letzten Überlebenden los. Dann kamen die Reinigungstrupps. Das Publikum applaudierte und wandte sich den Getränke- und Imbißverkäufern zu. Leben kam in die Ränge, die summten wie ein Bienenstock.

Mittagszeit. Doch ein bedeckter Himmel sorgte dafür, daß die Sonne die Zuschauer nicht recht wärmte. Nur das durch die weißen Wolken gefilterte Licht wirkte heute womöglich noch greller. Vielleicht der Grund dafür, das Kaiser Anastasios bisher den Spielen ferngeblieben war. Der alte Mann, so hörte man, litt in letzter Zeit an einem Augenleiden und mied vielleicht die blendende Helle, die die Augen tränen machen konnte und die Lider rötete. Am Nachmittag zum Wagenrennen würde er erscheinen müssen, schon um die Dankesrede des neuen Jahreskonsuls vor dem Rennen entgegenzunehmen und um danach die Sieger mit Lorbeer zu krönen.

Charikles schlenderte durch den aufgewühlten Sand und gab persönlich Anweisungen, wie einige der Kadaver zu entfernen seien, damit alles zügig ablaufen konnte. Seine geliebten Renner nachher, die – Sensation des Tages – wieder von Porphyrios für die Grünen gelenkt werden würden, sollten eine perfekte Sandbahn vorfinden. Er konnte nicht widerstehen und sah noch einmal in den Stallungen vorbei, um sich zu versichern, daß der junge Hengst in bester Form war. Seine Augen waren klar, das schwarze Fell spiegelte nur so, und alle seine Bewegungen zeugten von der Lust zu laufen.

»Brr, he, ist gut, Jungs!« Porphyrios rieb seinen vier Rennern die Beine, flüsterte Liebkosungen in ihre Ohren und war so begierig wie sie, in die Arena hinauszukommen. In solchen Augenblicken hätte Charikles ihn küssen mögen!

»Fliegt nur so, meine Schätze, fliegt!« rief er beflügelt, eilte wieder hinaus und prallte im Aufgang zu den Rängen gegen die Schulter eines Mannes im Harnisch.

»Verzeiht mir«, er stutzte: »Justin?« fragte er dann zögernd und musterte ehrfürchtig die Paradeuniform. »Justin aus Tauresium?«

»Charikles? Das ist doch Charikles!« antwortete der Angesprochene.

»Justin! Das gibt's doch nicht! Wie lange ist das schon her?« Die beiden Männer begrüßten sich herzlich. »Und jetzt erzähl mir nur noch, daß das da dein Sohn ist. Wann hat Lupicina denn den bekommen?« Charikles wies auf einen jungen Mann, der neben ihnen von einem Fuß auf den anderen trat. Mit seinem runden Bauerngesicht unter den drahtigen hellen Haaren sah er Justin tatsächlich sehr ähnlich.

»Petrus Sabbatius, sag guten Tag«, wies Justin den Jungen mit gutwilliger Brummigkeit an. »Er ist der Sohn meiner Schwester aus Tauresium«, fuhr er an Charikles gewandt fort und legte dem Jungen den Arm um die Schultern. »Ich habe ihn hergeholt, damit etwas aus ihm wird. Wie aus mir«, fügte er stolz hinzu. »Er spricht noch nicht so gut Griechisch, seine Muttersprache ist Latein, wie die meine.«

»Nun, damit hat er ja die besten Voraussetzungen, es mal zu etwas zu bringen in der Verwaltung«, erwiderte Charikles herzlich. In der Stadt verständigte man sich allgemein in Griechisch, aber die Sprache der Gerichte und der Verwaltung war, in Wahrung der römischen Tradition des Reiches, das Lateinische, und es zu beherrschen war für jede höhere Karriere unabdingbar.

»Ich habe so manchen Haudegen gesehen, der auf seine alten Tage versuchte, Latein zu pauken, um es noch ein Pöstchen weiterzubringen. Sum, es, est, sumus, estis, sunt«, deklinierte er zum Scherz und erntete von dem Jungen ein herzliches Lachen. »Hat dich doch noch der Familiensinn gepackt, alter Haudegen. Oh, warte einen Moment, da will jemand was von dir.« Er wies auf einen Mann in einer vornehmen blauen Seidentunika, der vom Ehrenbalkon unterhalb des Kathismas, der Kaiserloge, eifrig zu ihnen herüberwinkte.

»Oh«, sagte Justin, »das ist nur Proclos.«

»Der kaiserliche Traumdeuter? Den kennst du?«

Justin und sein Neffe grinsten sich an ob der offensichtlichen Bewunderung.

»Ich hab dir doch gesagt, aus mir ist ein wenig was geworden«, bemerkte Justin. »Man kann es hier zu etwas bringen dieser Tage.« Schweigend gingen sie einige Schritte nebeneinander her, ehe Justin fortfuhr. »Proclos vertraut mir und, ich darf mir schmeicheln, auch ein paar andere wichtige Leute. Selbst Celer, der Magister Officiorum.« Der Stolz in seiner Stimme war unverkennbar. »Inzwischen habe ich das Kommando über die Exkubitoren, damit befehle ich die einzige Garde im Palast, die mehr kann als hübsche Uniformen tragen.«

»Gratuliere«, sagte Charikles.

»Außerdem trage ich den Titel eines Vir clarissimus und habe das Recht, in einem von zwei Pferden gezogenen Sesselwagen durch die Straßen von Byzanz zu reisen! Mein Büro im Palast ziert ein kleiner Altartisch mit dem Kaiserbild, und ich darf goldenes Schreibgerät von zwanzig Pfund auf meinem Arbeitstisch beanspruchen!« Zufrieden schwieg Justin nach dieser Aufzählung. Wahrhaftig, was konnte ein Mann mehr vom Leben verlangen, der aus einem kleinen Bergbauernhof bei Tauresium stammte und mit einer ehemaligen Prostituierten verheiratet war?

»Da, jetzt kommt er sogar herunter!« Charikles staunte.

Der großgewachsene Mann mit den flammendroten Haaren kam inmitten einer Schar Eunuchen auf sie zugeeilt.
»Justin«, zischte Proclos mit der Stimme eines Mannes, der andeuten möchte, daß er flüstert, ohne dabei an Durchsetzungsvermögen einzubüßen. »Ich muß Euch dringend allein sprechen.«
»Wieso?« entgegnete der Soldat seelenruhig. »Steht Jupiter gerade in Opposition zur Sonne oder so? Nichts für ungut«, grinste er dann und schlug Proclos auf die Schultern, daß dessen blaue Tunika erbebte. Voll Interesse sah Charikles, daß sie über und über mit eingewebten figürlichen Darstellungen der Sternzeichen geschmückt war.
Proclos lächelte unfroh zurück und fuhr sich nervös mit der Hand durch die Haare, die sofort wieder zurück in die Stirn fielen. Er rümpfte die Nase und blinzelte, ein nervöser Tick, wie Charikles im Verlauf des Gesprächs feststellen konnte.
»Nein, äh, die Sache beschäftigt mich selber, es ist …« Er warf einen Blick auf die Eunuchenschar, wischte sie mit einer Handbewegung weg und blickte dann betont besorgt auf Charikles und Petrus Sabbatius.
»Ein alter Freund«, warf Justin, mit dem Kinn auf Charikles weisend, ein und verzog keine Miene, bis Proclos ihm schließlich verärgert den Arm um die Schulter legte und ihn beiseite zog. Petrus Sabbatius nickte Charikles aufmunternd zu.
»Es geht um einen Traum des Kaisers«, zischelte Proclos.
»Sicher doch«, murmelte Justin.
Proclos ignorierte das. »Anastasios träumte vor einiger Zeit, wie er mir mitteilte, er hätte einen Adler gesehen, der auf dem Dach des Magnaura-Palastes ein Nest baute; drei Eier legte er hinein. Ich deutete das«, Proclos zog die Nase kraus und blinzelte, »dahin, daß er versuchen sollte, eine Dynastie zu gründen. Und drei Neffen hat er ja, Hypatios, Pompeios und Probos.«
»Wie Gott es gefügt hat«, ergänzte Justin fromm und zwinkerte Charikles zu, der schmunzelnd beiseite sah.

»Genau.« Proclos war bereits zu sehr auf seine Geschichte konzentriert, um empfänglich für Ironie zu sein. »Also fiel es dem Kaiser ein, ein Gottesurteil herbeizuführen, welcher von ihnen seine Nachfolge antreten sollte, wenn es denn nun einmal soweit sei.« Nun war es an ihm, sich zu bekreuzigen. Als er Justins geduldigen Blick sah, fuhr er fort: »Er lud die drei also zum Abendessen ein, das muß, laßt mich überlegen, ja, es muß inzwischen drei Tage her sein und …«

»Die Neffen also.«

»Wie? Ach ja, die Neffen, wirklich ärgerlich.« Rümpfen, Blinzeln. »Also: Anastastios lud sie alle drei zum Abendessen ein und bat sie dann unter einem Vorwand, über Nacht zu bleiben. Drei Betten waren für sie vorbereitet, und in einem, ihr versteht, lag ein Ring mit dem kaiserlichen Bildnis. Ist das soweit verständlich?« Justin, Charikles und Petrus Sabbatius nickten. »Nun, langer Rede kurzer Sinn, die drei Neffen, nun ja, jedenfalls«, er wedelte erklärend mit den Armen und rümpfte die Nase, »am Ende war es auf alle Fälle so, daß maximal zwei der Betten benutzt waren. Fragt mich jetzt bitte nicht, wer und wie, aber: Das Bett mit dem Ring war unberührt. Und jetzt ist die Stimmung schlecht, wie ihr euch denken könnt. Anastasius hat mich um ein Tageshoroskop gebeten. Aber mit dem Aszendenten kann ich ihm eigentlich nicht unter die Augen treten. Vielleicht könnt ihr mit ihm sprechen, er mag euch.« Haarezurückstreifen, Blinzeln. Dann schaute er Charikles an, als nähme er ihn erst jetzt überhaupt wahr. »Und Ihr seid beim Zirkus, hm?«

Charikles nickte ehrerbietig.

»Dann wollen wir hoffen, daß Ihr heute für gute Unterhaltung sorgt, wir können wahrhaft etwas Stimmung gebrauchen. Seid Ihr bei den Grünen?« Wieder senkte Charikles ehrerbietig den Kopf.

»Gut das. Der Kaiser mag die Grünen. Sie haben nicht die schlechte Angewohnheit«, Naserümpfen, Blinzeln, »die Söhne unserer Senatoren zu verprügeln wie die Blauen.« Damit ging er.

»Kommst du, Justin?«
Charikles sah Petrus Sabbatius' Augen schmal werden, als der Traumdeuter die Blauen schmähte. Ein Fan also, dachte er. So, so. Davor schützte offenbar auch die Garde nicht. Nach diesem Rennen würde er vermutlich mit seinen Kumpanen »Nika« schreien und sich mit Porphyrios in den Straßen herumprügeln. Es mochte eine gute Übung für Armenien sein. Oder Mesopotamien, oder wo auch sonst der nächste Krieg stattfand. Er war zu alt für so etwas. »Nun«, antwortete er diplomatisch, »dann werde ich wohl mal wieder zu meinen Pferden gehen.« Und er bot Justin die Hand zum Abschied.
Der ergriff sie zerstreut. »Ah ja, das Rennen des Konsuls Areobindus.« Justin schaute zu der Ehrenloge hinauf. »Auf ein Wort noch, Charikles, aus alter Freundschaft.« Er zog ihn zu sich heran und sprach leise und ernst. »Laß dir keine Flausen ins Ohr setzen von Areobindus und den anderen vornehmen Senatoren, die eurem Stall Geld spenden. So lang kann der kaiserliche Ahnenstamm seiner Frau gar nicht sein, daß er damit bis auf den Thron reichen könnte. Heutzutage genügt es nicht mehr, aus einer alten Familie zu stammen und sich mit dem Geld seiner Ahnen ein paar Zirkusclaqueure zu kaufen. Nur wer tüchtig ist, kann es in diesem Staat zu etwas bringen!«
»Ja«, unterbrach ihn Charikles höflich, »das sagtest du bereits.«
Justin nickte und hielt inne. Doch es war alles gesagt, und sie verabschiedeten sich.

Wer beging die Morde im Zeugma?

»Da, es ist soweit«, murmelte Asterios, der Zirkusmeister der Grünen. Tatsächlich, auch in der Kaiserloge entstand Bewegung. Charikles, auf seinen Platz zurückgekehrt, schaute ebenfalls zum Kathisma hinüber; die bronzene Quadriga auf ihrem

Dachsims zeichnete sich schwarz gegen den grellen Himmel ab. Eine Figur wurde sorgsam auf den Thron geführt und der Libellarius trat vor, die rituelle Stimme seines kaiserlichen Herrn zu spielen. Areobindus, die Mappa in der Hand, warf einen Blick auf seine Gattin und erhob sich.

»Ruhm und Ehre unseren dreimal mächtigen Kaiser!«, erklang es da unerwartet von den Rängen links des Kathisma.

»Wer zum Teufel«, zischte Asterios und beugte sich vor. Es waren die Ränge seiner Partei. Dort saßen die Claqueure, die Porphyrios heute mit ihrem Beifall über die Ziellinie tragen sollten. Und die Sprecher. Sicher, sie hatten das traditionelle Recht zur Anrufung des Kaisers, aber …

»Doch nicht jetzt!« Der Zirkusmeister war außer sich. Was für ein Skandal. Julia Anicina, deutlich erkennbar hinter dem geschnitzten Gitter ihrer Damenloge, war zornig aufgestanden. Doch es war zu spät.

»Ruhm und Ehre unserem dreimal mächtigen Kaiser«, nahm das Volk von Byzanz im überlieferten Wechselgesang den Ruf des Sprechers auf, und die Litanei nahm ihren Lauf.

»Gott schütze ihn im Namen des Vaters, und des Sohnes, und des heiligen Geistes …« Dumpf kam das Antwortmurmeln, fast nur am Rhythmus kenntlich.

»Den Behüter des Glaubens, den Spender des Lichts …« Charikles ertappte sich dabei, wie seine Lippen die traditionellen Sätze mitformten.

»… den Hüter der unendlichen Weisheit …« Areobindus, stellte er aus den Augenwinkeln fest, hatte sich wieder hingesetzt. In der Kaiserloge wurden die Köpfe zusammengesteckt. Da trat der Libellarius erneut vor, hob die Arme und sprach die übliche Formel. Sie endete: »Was ist euer Begehr?«

»Die kaiserlichen Beamten tun uns Unrecht. Der Stadtpräfekt tut uns Unrecht in großem Maße.« Der Sprecher der Grünen stand auf seiner Bank und intonierte die Klage.

»Welches ist das Unrecht, das euch geschah?« antwortete der Libellarius. Asterios ließ sich auf seinen Sitz zurückfallen und bedeckte das Gesicht mit den Händen.
»Diese Narren«, knirschte er, »diese verflixten Narren. Wir hätten gewonnen heute.« Dann sprang er plötzlich auf. »Bringt den keiner diese Idioten zum Schweigen?« brüllte er. Um sie herum zischte es, und Charikles biß sich auf die Lippen.
»Unsere Freunde sind zu Unrecht für den Mord an Kalopodios ergriffen. Nicht wir haben den Fellhändler ermordet. Die Blauen haben es getan.« Asterios hob die Hände zum Himmel, als wollte er sagen: »Na bitte, wußt ich's nicht. Da habt ihr, was ihr wolltet!« Unruhe erhob sich im Hippodrom, einzelne Rufe wurden laut, schrille Pfiffe ertönten.
»Wer hat den Fellhändler im Zeugma ermordet?« war noch einmal die Stimme des Libellarius zu hören.
»Wir haben den Fellhändler nicht ermordet, die Grünen waren es!« Das war der Sprecher der Blauen, der nun ebenfalls stand. Seine Parteigenossen um ihn herum spendeten ihm donnernd Beifall.
»Wer hat den Fellhändler im Zeugma ermordet, wenn nicht ihr?« erwiderte der Grüne prompt. »Wer beging die Morde im Zeugma, wenn nicht ihr? Wer tötete etwa den Sohn des Epagathos?« fuhr er außerdem fort.
»Ihr selbst tötetet den Sohn des Epagathos«, kam prompt die Erwiderung von seiten der Blauen. Die ersten Gegenstände flogen zwischen den Tribünen der Parteien hin und her. Im Publikum gab es erregte Diskussionen.
»Laßt die Grünen frei. Ergreift die blauen Mörder«, skandierten die Hilfstruppen von Charikles' Parteigenossen. Sah er da richtig? Doch der runde Helm ließ keinen Zweifel: Porphyrios hatte sich, noch in voller Montur für das Rennen, unter die Streitenden gemischt. »Laßt die Grünen frei!« Charikles konnte in dem allgemeinen Tumult seine Stimme nicht ausmachen, doch er sah

seinen weit geöffneten Mund, die überschäumende Begeisterung des Jungen.

»Mörder, Mörder, Mörder!« Es war kaum noch zu entscheiden, wem der böse Refrain galt. Der Libellarius war zurück ins Kathisma getreten und beriet offenbar mit dem Kaiser und den ihn umgebenden Beamten. Eine Flasche flog gegen die Brüstung und zersprang dicht neben Charikles. Er hob den Arm, um nicht von den Scherben im Gesicht getroffen zu werden. Die jungen Burschen gegenüber, die sich um den Sprecher geschart hatten, führten inzwischen wahre Veitstänze auf. Sie trugen alle die langen hunnischen Schnurrbärte und die seltsam weitärmligen Gewänder, stellte Charikles bitter fest, wie sie derzeit in der ersten Garde der grünen Straßenschläger die große Mode waren. Asterios starrte sie so wütend an wie einen Trupp fremder Eingeborener, der eben in seine Inszenierung eingebrochen war, um sie in einen heidnischen Jahrmarkt zu verwandeln.

Der Libellarius stand wieder an der Brüstung des Kathisma, er hatte Mühe, sich Gehör zu verschaffen.

»... bleiben in Haft ...«, glaubte Charikles schließlich zu verstehen, und dann, klar und deutlich: »Sie sind ergriffen, sie sind verurteilt. Kein Mensch kann sie vor ihrem Los bewahren.« Da traf ihn ein Stein am Kopf! Der Libellarius blutete! Ein Schreckensschrei ging durch die Ränge der besseren Zuschauer, als der Beamte zusammenknickte und gebückt in den Schutz des Kathisma zurückhastete. Doch andernorts stiegen schrille Schreie der Erregung auf. Ein weiterer Steinhagel traf das Kathisma, Tumult entstand in der Loge. Charikles glaubte das bleiche Gesicht des Kaisers zu sehen und seine Greisenhand, die an der Stirn das Blut zurückhielt. Die Prunkgewänder verschwanden hinter der Tür zum Palast.

Eine Weile war das Kathisma leer, Ziel fauler Äpfel, weiterer Steine und gemeiner Schmähungen. Einige der kühnsten Streiter auf beiden Parteiseiten suchten es zu erklettern, andere ließen sich über die Brüstung der Sitzreihen auf die Kampfbahnen hinab, um dort ihren Feind zu suchen. Bald war die Sandbahn schwarz von Menschen im Handgemenge. Da öffneten sich die Bronzetore unter dem Kathisma, und Truppen marschierten heraus. Sie hielten die Schilde über ihre Köpfe, um sich gegen den Hagel aus Steinen und Unrat zu schützen, der von den Sitzreihen auf sie niederging, und zogen die Schwerter blank. Asterios packte Charikles am Handgelenk.

»Schnell, bevor die Ausgänge völlig blockiert sind.« Sie drängten sich gegen den Strom der flüchtenden Besucher zu den Niedergängen durch und stapften durch den Sand auf die Nekrapforte zu, das frühere Tor für den Abtransport der toten Gladiatoren, durch das heute die Athleten und Tierwärter mit ihren Schützlingen kamen. Die Kämpfe wogten noch auf der anderen Seite der Spina, doch war das Geschrei groß, und die Rufe »Zu den Gefängnissen!« verhießen nichts Gutes.

»Diese Narren werden heute abend noch einen guten Teil Arbeit leisten«, keuchte Asterios, als sie die Stallungen im Unterbau des Hippodroms erreichten. Ihre Schritte hallten auf den verlassenen Steingängen. »Es würde mich nicht wundern, wenn die Stadtpräfektur noch vor Mitternacht in Flammen aufginge.« Charikles bekreuzigte sich unwillkürlich. Flüchtig mußte er an Justins Warnung denken. Sollten das wirklich mehr sein als die blutigen Rangeleien pubertätstrunkener Rennfanatiker? Dann gnade ihnen Gott!

»Herr im Himmel«, murmelte er, während er voranhastete, »laß es nicht so schlimm wie vor fünf Jahren werden.« Asterios brummte zustimmend. Dann kamen sie zu Porphyrios' Boxen. Die Pferde standen noch komplett im Geschirr. Nervös durch das Fehlen ihres Lenkers und verschreckt durch das feindliche Summen und Dröhnen des Kampflärms, der durch die dicken Mauern bis zu ihnen drang, hatte Purros sich bereits mit beiden Vorderhufen in den langen Zügeln verfangen. Wann immer

Cursor aufgescheucht zur Seite scheute, mußte er gefesselt hinterher stolpern.

»Sohn Gottes«, rief Asterios erregt, »das gute Tier kostet tausend Solidi. Es kann sich den Hals brechen! Sorg hier für Ordnung, Charikles. Mit Porphyrios rede ich, sobald ich das Bürschlein erwische. Also so was nenne ich schlichtweg, äh, unverantwortlich.« Weiter vorne, wo der Ausgang war, hörte man Metall auf Metall klirren, als würde gekämpft. »Mach voran, Charikles«, wandte Asterios sich noch einmal um, ehe er weiterhastete. »Und wenn du hier fertig bist, dann geh nach Hause. Und schließ die Türen! Wir sehen uns morgen!« Damit war er fort.

Charikles fluchte. Ebenso unruhig wie die Pferde, lauschte er auf den drohenden Lärm. Entfernte er sich? Kam er näher? Fahrig griff seine Rechte an den Gürtel, dorthin, wo früher sein Schwert gehangen hatte. Doch da war nichts. Als Cursor wieder einen seiner Sätze machte und den gefesselten Purros, der schmerzhaft aufwieherte, damit beinahe zu Fall brachte, riß Charikles sich zusammen. Er nahm das hoffnungslos verknotete Zügelknäuel, strich den vieren beruhigend über die Hälse und sah sich um.

»Gut, Alter, gut. Das bekommen wir schon wieder hin. Laßt mal sehen, wo hat Porphyrios denn sein Messer gelassen, damit ich dich freischneide, hm?«

Charikles

»Ich sehe was, was du nicht siehst, und das ist rot.« Anastasia musterte den Raum mit ihrem ernsten Blick, nahm dann den Finger aus dem Mund und deutete auf den Krug mit eingelegten Oliven auf dem Bord über dem Ofen.

»Gut, Anastasia, prima«, lobte Theodora ihre kleine Schwester. »Du hast Augen wie ein Adler.«

»Wie ein Adler«, wiederholte die Kleine entzückt und lachte.

Wieder ein wunderbares Wort für ihre täglich größer werdende Sammlung.
»Kannst du auch etwas Blaues sehen?« rief Leukippa vom Herdfeuer herüber. Die Nachbarin aus dem dritten Stock war oft bei ihnen zu Besuch, um in ihrer Gegenwart ihren Handarbeiten nachzugehen. Sie hieß im Haus allgemein die Frau des Seidenhändlers, was sicherlich ein unverdienter Ehrentitel war. Ihren Mann jedenfalls hatte noch niemand gesehen. Berchidda fragte nicht danach, wie sie sich ohnehin kaum für die Angelegenheiten der Nachbarschaft interessierte; vielleicht war sie Leukippa deshalb als Gesellschaft recht. Die anderen Frauen der Straße mieden Berchidda entschieden.
»Ach, Leukippa, das ist doch Babykäse!« protestierte Theodora. In der Tat, Anastasias Finger deutete bereits auf die azurblaue Rohseide, die auf Leukippas Schoß lag, um wieder aufgetrennt zu werden. Leukippa wickelte den dünnen Faden vorsichtig auf Holzstäbe und legte ihn beiseite. Sie verwebte ihn später mit feiner Baumwolle zu halbseidenen Stoffen, die bei den Byzantinern sehr beliebt waren und auch weit erschwinglicher. Daß Leukippa die teure Seide überhaupt besaß, grenzte an ein Wunder, denn der edle Stoff durfte nur in wenigen Grenzstädten importiert und nur von lizensierten Händlern vertrieben werden. Fast alles ging in die königlichen Manufakturen, die ein Monopol für die Verarbeitung besaßen. Die azurne Pracht auf Leukippas Schoß war zumindest zweifelhafter Herkunft und vermutlich höchst illegal. Was Berchidda und ihre Töchter nicht kümmerte. Vermutlich noch ein Grund, warum Leukippa ihre Gesellschaft der anderer vorzog.
»Genau«, lobte nun auch sie, »der Stoff ist blau. Mit offenen Augen siehst du alles. Aber was ist, wenn du sie zumachst, was siehst du dann?«
Theodora seufzte. Erwachsene konnten manchmal wirklich Fragen stellen, doch Anastasia antwortete prompt: »Traumfische

und Muster!« Dann ging sie hinüber in ihre Ecke, um den Geburtstag ihrer Puppe weiterzufeiern.

Theodora setzte sich zu Füßen der beiden Frauen nieder, verfolgte mit den Augen die Reflexe des Feuers auf Mamas Haaren, lauschte dem Schnarchen der alten Baucis neben dem Herd und wartete darauf, daß Leukippa wieder eine ihrer Geschichten von damals erzählte. »Als ich noch mit meinem Mann die Seidenstraße langzog«, so begannen sie meistens. Sie mußte sich nicht lange gedulden.

»Warst du schon einmal in Palmyra, Theodora?« fragte Leukippa, ohne von ihrer Handarbeit aufzusehen.

Erwartungsgemäß schüttelte das Mädchen den Kopf. Natürlich nicht, sie war ja noch nie aus der Stadt herausgekommen!

»Eine prachtvolle Stadt war das damals, mitten in der Wüste gelegen und strahlend vor Marmor und buntbemalten Säulen. Jedenfalls in dem Teil, der noch stand.« Leukippa hielt einen Augenblick inne, um mit ihren kräftigen Zähnen einen Faden durchzubeißen. »Der offizielle Osthandel ging ja schon lange über Batnae, aber hübsch war's trotzdem noch. Dort soll früher einmal eine Königin geherrscht haben, die kluge und überaus schöne … na, jetzt fällt mir doch der Name nicht mehr ein.« Hilfesuchend schaute sie zu Berchidda, die ihrerseits dasaß und alte Wäsche flickte. Aber Theodoras Mutter schüttelte nur den Kopf. Geschichten, Namen, ihr war das alles einerlei. Sie hatte ihre eigenen Geschichten, die erzählten von der Erschaffung der Welt durch die Große Mutter und waren von tiefster Bedeutung. Das hier, das war bunter Kram für Kinder, und wenn ein Name fehlte – was sollte es. Theodora wippte ungeduldig mit den Füßen. »Na, ist ja egal«, nahm Leukippa den Faden ihrer Erzählung wieder auf. »Jedenfalls sagte mein Mann damals zu mir, Leukippa, sagte er …«

»Es brennt, Herrin!« Philemon stürzte herein. Er atmete sichtlich und mußte gelaufen sein. »Es brennt in der Nähe des Hippodroms. Und es heißt, die Blauen haben den Kaiser erschlagen.« In die folgende Stille hinein hörte man Anastasias Stimme, die friedlich ihrer Puppe ein Geburtstagslied summte. Das Holz knackte im Feuer.

»Papa?« fragte Theodora.

Philemon zuckte die Schultern. »Ist noch nicht zurück. Ich hab versucht, über die Mese zum Hippodrom zu gehen, aber da waren Barrikaden. Und auf der andern Seite, beim ›Bacchus‹, ist großes Geschrei.« Seine abwehrende Handbewegung machte klar, daß es eindeutig hieß, einem alten Mann wie ihm zuviel zuzumuten, wenn man ihn da hinausschicken wollte. Wieder war es still. Doch diesmal meinten alle, in der Ferne so etwas wie Rufe und Kampflärm zu vernehmen.

»Vielleicht«, schlug Leukippa vor und räusperte sich, »vielleicht ist es besser, ihr kommt mit zu mir hinauf, bis Charikles wieder da ist.« Sie sah die Kinder an und dachte an die Unruhen vor fünf Jahren, bei denen das Hafenviertel unten am Cotoscalium-Kai in Flammen aufgegangen war. Zahlreiche Geschäfte und Erdgeschoßwohnungen waren damals geplündert und zerstört worden, und die Bewohner fanden am nächsten Tag nur qualmende Balken, Scherben und nach dem Urin der Randalierer stinkende Aschehaufen.

»Theodora, weck Baucis! Anastasia!«

Die Kleine protestierte, als Leukippa sie an der Hand von ihrem Spielplatz wegholte. »Neeeiiiiiin! Meine Puppe!«

Doch Leukippa zog sie mit sich und drückte sie der schlaftrunkenen Baucis in den Arm.

Theodora schaute von der Treppe aus zurück zu ihrer Mutter. Sie wußte, Berchidda dachte zunächst nur an ihren kostbarsten Besitz: die Schlange. Sie würde sie in ein Versteck bringen und beten. Ihre Mutter hatte vor nichts mehr Angst als vor großen Menschenansammlungen. Das bunte Leben der Stadt, das Theodora so genoß, war für Berchidda nur das graue Meer.

Und nun war es in Bewegung geraten und mußte beschworen werden.
Bei Leukippa lehnten sie sich alle weit aus den Fenstern. Der Alte hatte recht gehabt, es brannte vor den Toren des Hippodroms, sie konnten den Feuerschein gut erkennen. Die Mese war nicht einsehbar, doch das Scheppern und Klirren, das von dort kam, ließ keinen Zweifel darüber, was in der Geschäftsstraße gerade vor sich ging. Jetzt stieg auch aus anderen Vierteln Rauch auf.
»Das Zeugma«, rief Leukippa.
»Und der Hafen«, flüsterte Baucis und zeigte auf die schwarze Qualmwolke, die dort in den grauen Abendhimmel stieg. Die zunehmende Dunkelheit ließ sie die hier und da aufblakenden Flammen um so besser erkennen. Es sah faszinierend aus, fand Theodora.
Eine Horde Jugendlicher bog johlend in ihre Straße ein, mit Hunnenbärtchen und weiten Ärmeln, nicht zu verkennen. Sie zogen die Köpfe zurück. Holzknüppel ratterten an Hausfassaden entlang, ein liegengebliebener Topf irgendwo ging klirrend in Scherben. Siegesgesang kam näher, wurde wieder leiser, verklang. Leukippa verschloß die hölzernen Fensterläden, während ihre Haussklavin den Herd anschürte.
»Nehmen wir erst einmal einen Becher Wein und machen es uns gemütlich«, schlug sie mit aufgesetzter Fröhlichkeit vor. Auch die beiden Mädchen bekamen ausnahmsweise etwas von dem warmgemachten Würzwein. Kichernd zogen sie sich zwischen zwei Stapel mit bunten Stoffresten zurück und nippten an dem sonst verbotenen Getränk. Theodora zeigte Anastasia, wie man aus schmalen Stoffstreifen vielfarbige Bänder flocht, und sie frisierten sich gegenseitig die Haare. Zwischendurch war das laute Trappen vieler Füße im Gleichschritt zu hören, Kommandos klirrten herauf, Geschrei.
»Was war das?«
»Nichts Wichtiges, Schatz, mach dir keine Sorgen.«

Theodora machte sich keine Sorgen. Niemand, der eine Göttin zur Mutter hatte, mußte das. Mama würde einfach ihr Lächeln lächeln, ein paar geheime Worte sagen, und dann wäre alles gut. Noch schöner allerdings wäre es, wenn sie sie dabei in den Arm nehmen würde. Entschlossen umschlang sie selbst die kleine Schwester und kuschelte sich an sie. »Wir sind in einem unsichtbaren Land«, flüsterte sie Anastasia zu, »niemand kann uns sehen, weil Mami uns unsichtbar gemacht hat.« Anastasia war begeistert, und Theodora spann ihre Geschichte weiter, von der goldenen Schlange erzählte sie, die am Eingang zum Land in einer Höhle lebte, von der Felsenquelle dort ... Kein Erwachsener kam, um sie zu ermahnen, doch endlich schlafenzugehen. Ihre und Anastasias Haare waren wunderschön mit Bändern geschmückt. Sie war ganz herrlich, diese Nacht.

»Theo?« murmelte Anastasia, schon fast im Schlaf, »was heißt ›herumhuren‹?«

»Wieso?«

»Weil Maria sagt, daß Mama herumhurt.«

Ein kleiner Seufzer, der gleich darauf verriet, daß Anastasia eingeschlafen war, enthob Theodora einer Antwort. Was immer herumhuren war, es war bestimmt nichts Nettes. Theodora kreuzte die Finger, sprach einen Fluch, der der Bäckerstochter Maria die Pest an den Hals wünschte, und lächelte befriedigt, als ihr die Lider heruntersanken.

»Die Präfektur brennt«, hörte sie noch jemanden sagen, dann spülte ein wunderbarer Traum mit tanzenden Flammen zwischen weißen Marmorsäulen sie fort.

Als am nächsten Morgen Nieselregen in die zischende Asche fiel und drei Häuser in der Straße nicht mehr da waren und als sie dann Marias Vater an ganz schwarz verkohlten Beinen aus den Trümmern seiner Bäckerei zogen, da war Theodora doch etwas beklommen über den Erfolg ihrer Verwünschung. Aber sie schob trotzig das Kinn vor und dachte, daß es nun einmal so war mit der Göttin, und Maria hätte ja auch nicht das mit dem Herumhuren sagen müssen. Allerdings war ihr eigener Vater auch noch nicht zu Hause.

Der Kaiser, es war überall angeschlagen, lebte durchaus und war nur an der Stirn getroffen, und es gab eine Amnestie für alle, die jetzt ihre Barrikaden verließen, was sie auch taten. Und die Präfektur hatte auch nicht gebrannt, nur der Marmor der Säulen davor war ein wenig angeschwärzt.

»Wie sie das nur immer schaffen«, sagte eine Frau in der Menge davor. »Ich brauche manchmal Stunden, um mein Kochfeuer ordentlich in Gang zu bringen, Stunden, sage ich. Und diese Nichtsnutze stellen sich einfach irgendwohin, machen einen Aufstand, und zack, schon fackeln sie dies ab und das …«

Niemand hörte ihr zu. Vor der Präfektur stand Theodora mit ihrer Mutter und Anastasia, um herauszufinden, ob Charikles bei den heute nacht Verhafteten war, was er aber nicht war. Dann gingen sie wie die ganzen anderen Frauen, die auch jemanden suchten, der nicht heimgekommen war, zwischen den Barrikaden und überall da herum, wo es unordentlich aussah. Es regnete immer noch, Anastasia nieste, und dort überall war ihr Vater auch nicht, und auch nicht auf der Mese. Als das Hippodrom dann freigegeben wurde, lag Papa nicht im Sand und auf den Rangen, aber unten bei den Boxen fanden sie ihn: mit einer scharfen Scherbe in der Hand, weil Porphyrios sein Zügelmesser in den Kampf mitgenommen hatte, und mit eingeschlagenem Schädel. Und das hätte doch nicht sein dürfen.

Berchidda weinte natürlich nicht, deshalb sagte Theodora zu Anastasia, daß sie das auch nicht müßten. Sie ließen Charikles heimbringen. Als er da lag auf dem Bett und Baucis ihn gewaschen hatte, während Anastasia in der Ecke kauerte und darauf wartete, daß einer seiner Zehen vielleicht wieder anfangen würde, sich zu bewegen, da brachte Theodora den Korb mit der heiligen Schlange und schaute ihre Mutter erwartungsvoll an. Sie waren allein, jetzt konnte sie doch endlich anfangen, alles wieder in Ordnung zu bringen. Ihre Mutter gab ihr eine Ohrfeige, Anastasia weinte jetzt doch, und Theodora bekam zum erstenmal eine Ahnung davon, daß vielleicht nichts mehr in Ordnung kommen würde, nie wieder.

Im Herzen des Hippodroms

»Äh, äh, nun ja.« Asterios haßte Aufgaben wie diese. Es war schon schlimm genug, den Müttern verunglückter Wagenlenker beibringen zu müssen, daß ihre Söhne nie wieder einen Zügel würden halten können. Aber gleich drei weinende Frauen, das war wirklich zuviel verlangt. Er wich den unerträglich ernsten Blicken dieser beiden Gören aus und tastete nach dem Geld in seiner Tasche, einem beruhigend prallen Lederbeutel voller Goldsolidi. Areobindus verstand sich wirklich darauf, Leute für einen Posten zu empfehlen! Philippus, der neue erste Stallmeister der Grünen, war gleich mitgekommen, um sein ihm zustehendes Domizil zu betrachten. Doch nun musterte er angelegentlich seine Fußnägel und wartete darauf, daß Asterios weitersprach und ihm zu seinem Recht verhalf.

»Tja«, seufzte der tief auf. »Das ist natürlich alles sehr traurig, ja. Aber«, er machte eine Pause, »ich bin sicher, ihr findet bald etwas Besseres, etwas Neues, jedenfalls ...« Der Satz erstarb, und beide Männer wünschten, die Frauen würden ihnen den Gefallen tun und einfach das Feld räumen. Doch Berchidda schwieg und schaute nur. Was schaute sie eigentlich so? »Wenn ihr dann also ...« Asterios deutete mit beiden Handflächen aufwärts stoßend einen Aufbruch an. »Die beiden Sklaven werden wir schon verkaufen. Oder willst du sie behalten, Philippus?« Er wandte sich zu seinem Begleiter um, doch der schüttelte den Kopf.

»Gehören meinem Mann.« Es war der erste Satz, den er von Berchidda hörte.

»Ja, aber, dein Mann ist nun mal, äh, tot, nicht?« versuchte Asterios es begütigend.

»Ich nicht erben?«

Da hörte doch alles auf! Sprach noch nicht einmal richtig Griechisch und wollte ihm mit juristischen Spitzfindigkeiten kommen! Dafür hatte ihn Areobindus wahrhaftig nicht bezahlt.

»Nun ja, was heißt eigentlich ›Mann‹. So richtig verheiratet«, setzte Asterios an und lächelte zuckersüß, »so richtig verheiratet wart ihr doch wohl eigentlich nicht, nicht wahr? Der hiesige Pfarrer«, holte er zum Schlag aus, »hat jedenfalls nichts von einer Trauung erwähnt.« Das sollte sie ihm erst einmal aus dem Weg räumen. »Und damit wärst du eine Konkubine, wie man so schön sagt, und die erben bekanntlich nichts.« So, Punkt. Jetzt dürfte wohl alles gesagt sein. Philippus war zu einer schön geschnitzten Holztruhe getreten und hob mit zwei Fingern den Deckel an, um beiläufig den Inhalt zu überprüfen.

»Nicht hier geheiratet.«

Was trat das Weib so nahe an ihn heran? Er konnte sie nun beinahe riechen. Sie roch irgendwie ... Asterios wurden die Knie schwach. So nahe. Sie mußte sich gut anfühlen, diese Frau, weich, warm.

»In Hafen weit weg geheiratet«, hörte er ihre dunkle Stimme. Er spürte seine Reaktion auf sie in den Lenden, und seine Gedanken galoppierten eine Kreisbahn, schwindelerregend. Es drängte ihn, sie an sich zu drücken, die störende Tunika beiseite zu nesteln und ... Seine Finger trafen in dem Stoff auf etwas Hartes. Die Börse! Asterios atmete auf und trat zurück. Ihre gelben Augen tanzten noch immer mit seinen Gedanken, aber er stand wieder auf sicherem Boden. Nein, dafür hatte Areobindus ihn nicht bezahlt. Schnell sah er sich um. Doch Philippus war endgültig in den Inhalt der Truhe, alte, gut gepflegte Waffen, vertieft, und die Sklaven standen wie vorher mit hängendem Kopf. Die Augen der Frau, diese Bernsteinaugen, hatten wieder den alten, ruhigen Blick. Besonders schön, dachte Asterios, ist sie eigentlich nicht. Und er wischte sich erleichtert die Stirn. Wenn nur die beiden Mädchen ihn nicht so unentwegt anstarren würden.

»Nun ja, weit weg ist keine so genaue Ortsangabe, nicht wahr«, hörte er sich selbst sagen. Endlich hatte er seinen Atem wieder unter Kontrolle. »Da müssen wir wohl leider davon ausgehen, daß ein Nachweis der, äh, ehelichen Verbindung nicht erbracht werden kann.« Er war auf dem richtigen Weg, spürte er. Philippus trat wieder zu ihm heran und ließ seinen Blick über die kleine Versammlung schweifen. »Also«, hob Asterios zum Schlußwort an. »Ihr könnt noch bis morgen früh bleiben, weil ich ein freundlicher Mann bin. Nein, nein, nein, man muß gerecht sein«, fügte er, an Philippus gewandt, hinzu, der Anstalten machte, ihn zu unterbrechen, und leiser: »Ich werde persönlich dafür sorgen, daß hier nichts wegkommt.« Dann wandte er sich wieder den Frauen zu. »Für die Beerdigung werden die Grünen bezahlen, ihr schuldet uns dafür nichts. Und morgen früh seid ihr nicht mehr da. Ja?« setzte er hinzu, doch als er die Augen der Töchter sah, drehte er sich um und ging, ohne eine Antwort abzuwarten. Draußen holte er noch einmal tief Luft und schaute in den nun langsam aufklarenden Himmel. Das halbe Hippodrom in Unordnung, Porphyrios verletzt, die nächsten Rennen schon morgen mittag und dann auch noch das. Was für ein Tag. Müde tätschelte er Philippus die Schulter. Wir haben's nicht leicht, sollte die Geste sagen, wir haben's nicht leicht. Dann gingen sie gemeinsam die Straße hinab.

Baucis machte sich anderntags stumm und entschlossen an die Arbeit. Sie weckte ihre Mädchen und badete sie im bereitgestellten Zuber. Die frisch gewaschenen Haare wurden gebürstet, bis sie schwarz und glänzend über die Schultern fielen. Theodoras Haare reichten schon fast bis zum Po, und sie war stolz auf das Lob, das Leukippa reichlich und mit vom Weinen geröteten Augen spendete.

»Mein Gott, so hübsche Kinder«, schluchzte die Nachbarin, »und dabei all das Elend.« Sie hatte auf Baucis' Bitten an Blumen gekauft, was um diese Zeit auf dem Markt zu bekommen war, und wand nun in ihrer Rührung Kränze daraus. Baucis zog ihren Mädchen die weißesten Tuniken an, die sie finden konnte, und band ihnen selbst die Sandalen. Anastasia hatte aufgehört zu weinen. Sie ging auch nicht mehr zu Papa ins Cubiculum, hatte sie doch beschlossen, daß er nur eben auf einer seiner Reisen war und bald wieder heimkehren würde.

Baucis drückte Berchidda und ihnen die üppigen Kränze aufs Haar und schärfte ihnen ein, daß dies ein wichtiger Tag war. Warum dies so sei, sagte sie nicht, aber es käme alles darauf an, daß sie den Leuten im Hippodrom gefielen. Da gingen sie nämlich jetzt hin. Und sie sollten lächeln und die Hände heben, so.

Baucis ergriff die rund gepolsterten Kinderhändchen Anastasias und hob sie hoch, als wollten sie Ringelreihen spielen. Der Kleinen gefiel das Spiel, sie lachte und zog Baucis und ihre Mutter im Kreis herum. Berchidda blieb ernst. Leukippa und Baucis hatten lange auf sie eingeredet und ihr Sinn und Notwendigkeit dieses Bittgangs zu erklären versucht. Sie wiederholte die Anweisungen stumm immer wieder in ihrem gebrochenen Griechisch. Nun gut, wenn es so wichtig war, dann würde sie hinausgehen, auch wenn sie sich vor den grauen Wogen der Menschen fürchtete. Und danach würde die Göttin für sie alle sorgen. Äußerlich ruhig verfolgte sie die Lektion. So sollten sie die Arme halten. Und lächelnd voranschreiten. Dann würde alles gut werden. Leukippa schneuzte sich heftig in ihr Taschentuch, als sie die drei so stehen sah.

»Ihr müßt los, viel Glück. Diese Grünen müssen einfach ein Einsehen haben. Macht's gut, meine Engelchen.« Sie kniete sich hin und umarmte jedes der Mädchen. »Sie werden euch bestimmt behalten.« Anastasia nickte eifrig, ohne zu verstehen, und Berchidda schob sie hinaus.

Sie gingen den Weg zum Hippodrom eilig; Theodora, die sich am besten auskannte zog die unsichere Mutter und Anastasia nervös hinter sich her. Am Eingang meldete sie sich bei den Stellvertretern der Zirkusparteien, dort, wo die Bittsteller des Tages notiert wurden, die vor dem ersten großen Rennen ihr Anliegen in der Arena vortragen durften, und dolmetschte, was Berchidda ihr fetzenhaft von Leukippas Anweisungen zuflüsterte. Man schrieb sie auf eine Liste und ließ sie ein. Hin und her geschoben in der großen Gruppe der Bittsteller, wurden sie irgendwann barsch angewiesen, sich bereitzuhalten. Ein alter Mann mit nur einem Arm war noch vor ihnen dran, trat aus dem Torschatten, während der Sprecher seiner Partei sein Begehren ausrief, und wurde von der Arena verschlungen. Sie blinzelten ihm unsicher nach.
Dann schubste sie jemand nach draußen. Sprachlos staunten die Mädchen die bunten, brechend vollen Ränge an, auf denen das Leben tobte. Wie anders sah das vertraute Treiben doch aus, wenn man ihm selbst entgegentreten sollte! All die geballte Neugier dort draußen würde sich bald ihnen zuwenden, mit der Gewalt einer Flutwelle über sie hereinbrechen! Sie merkten kaum, daß sie fröstelten in ihren dünnen weißen Tuniken, so ganz ohne Mäntel. Es war ein sonniger Januartag, aber kühl nach dem Regen. In dem sauber gewaschenen Himmel zog nur ein einziges Krähenpärchen seine ersten klammen Kreise.
Dann waren sie dran, und die Sandbahn dehnte sich endlos. Theodora sah, wie Anastasia neben ihr gehorsam ihre dicken Ärmchen hob und mit erwartungsvollem Lächeln auf die Tribü-

ne der Grünen zutrippelte. Den Kopf hatte sie anmutig zur Seite geneigt, so, wie sie es früher bei Papa getan hatte, wenn sie etwas von ihm wollte, Süßigkeiten oder ein neues Spielzeug. Mit aller Koketterie ihrer vier Jahre versuchte Anastasia zu gefallen.

»Magdalena, Frau des Charikles, oberster Tierwärter der Grünen, bittet die Grünen um Versorgung für sich und ihre Kinder«, hörte Theodora die Stimme des Ausrufers in ihrem Nacken. Sie trieb sie hinaus, Schritt für Schritt in den großen Raum, der ihr noch niemals so leer vorgekommen war. Fast taumelte sie, ihr schwindelte, und die erhobenen Hände griffen unwillkürlich nach Halt. Konnte es so schwer sein, einen Fuß vor den anderen zu setzen, oder zog die Last der fremden Blicke einen tatsächlich aus dem Gleichgewicht?

Und galt das Lachen etwa ihnen? Sie schaute nach dem wirren Alten, der vor ihnen entlanggetapst war, aber sie konnte ihn nirgends mehr entdecken. Nein, außer ihnen war im Augenblick niemand mehr in der Arena, es gab nur noch sie – und dieses Gelächter.

Aus den Augenwinkeln, ohne den Kopf zu wenden, damit niemand glaube, sie interessiere sich dafür, schielte Theodora nach den Tribünen. Da saß ein vornehmer Mann unter einem Purpurbaldachin, höher als die anderen. Er sprach gerade mit der elegant gekleideten Frau neben sich und bemerkte sie gar nicht.

Die anderen Zuschauer waren weniger vornehm. Böse Mienen maßen sie, Kommentare wurden gegeben, die sie in der allgemeinen Brandung des Lärms nicht verstand. Manche winkten abwehrend in ihre Richtung, andere schlugen sich auf die Schenkel. Nichts Freundliches sah Theodora, woran ihr Blick hätte haften bleiben mögen.

Da flog etwas und traf Anastasias Arm. Es zerplatzte und besudelte auch den Saum von Theodoras Gewand. Faules Gemüse! Aber man hatte doch sicher nicht auf sie gezielt! Das durfte doch niemand? Anastasia hatte nur leicht geschwankt, dann erneut

die Hände gehoben und ihr Mädchenlächeln aufgesetzt, aber Theodora sah, wie die Unterlippe ihrer kleinen Schwester zitterte. Gleich würde sie in Tränen ausbrechen.
Noch immer zogen die Steinmauer des Hippodroms und die Gesichter darüber an ihnen vorbei, wie die Kaimauer an einem scheidendem Schiff, dem aus dem Hafen nur Haß und Verachtung nachgerufen wurde. Oh, sie würden hinauslaufen auf das große graue Meer. Mutter hatte recht gehabt, sie waren ein furchterregendes Meer, diese anderen, und dort würden sie sinken und von den eisigen Wellen zerdrückt werden. Theodora fühlte schon, wie es sie zusammenpreßte; bald würde sie brechen, zerbersten, zu nichts zusammengedrückt sein und hinausgespült werden mit der grauen Flut. Mama! Wo war Mama, warum hielt sie sie nicht fest?
Aber Berchidda umklammerte mit beiden Händen den Korb mit der Schlange.
»Mama?« flüsterte Theodora. Schreien konnte sie nicht mehr, denn das Weinen schnürte ihr die Kehle zu. Berchidda ging hinter ihr. Theodora spürte ihre Schritte, sonst hörte sie keinen Laut, und keine Hand legte sich schützend auf sie. Da wußte sie, daß auch ihre Mutter im grauen Meer ertrunken und fort war wie Papa, für immer.
Die Große Göttin war so tot wie eine gestürzte Statue. Vielleicht hatte Papa doch recht gehabt, und er war jetzt wenigstens im Himmel bei den lieben Englein? Die lieben, lieben Englein! Theodora machte ein Geschäft mit dem alten Mann und betete voll Inbrunst. Wie ging das noch? »Vater unser, der du bist im Himmel«, murmelte sie leise. Wieder kam etwas geflogen, Essensreste. »Geheiligt werde dein Name.«
»He, Hübsche«, dröhnte es von den Rängen.
»Dein Reich komme«, flüsterte Theodora.
»Willst du nicht mich mal um was bitten?«
Anastasia ließ die Hände fallen und zog die Schultern hoch. Der

Rotz lief ihr bis auf die bebenden Lippen. Mutter hätte ihn abwischen sollen.
»Dein Wille geschehe«, ach zum Teufel mit dir! Theodora nahm die zitternde Kleine in den Arm und wischte ihr die Nase. Keine Schutzengel kamen herangerauscht, sie mußte das Geschäft als gescheitert betrachten, auch gut. Trotzig duckte sie sich unter das Hohnlachen. Es sah so aus, als würden sie jetzt auf der Stelle sterben oder alleine zurechtkommen müssen. Ausführlich lästerte sie Gott und alle seine Heiligen, Schritt für Schritt, und es half, die Wut half. Sie konnte jedenfalls gehen.

»Wer ist das da?« fragte Justin im Kathisma seinen Neffen, »die Familie des armen alten Charikles?«
Petrus Sabbatius nickte gelangweilt. »Die Grünen haben sie rausgejagt, weil der Amtsnachfolger sie nicht wollte. Snobs eben.« Uninteressiert kaute er an einem Krabbenkeks und betastete den Verband über seinem Auge.
Sein Onkel sah die Geste und zog die Augenbrauen zusammen. »Ich hab Celer gesagt, du hättest dich beim Training verletzt«, knurrte er, »eine der dümmsten Lügen meines Lebens.« Angewidert spuckte er aus. »Mußt du dich auch mit diesem Zirkuspöbel herumtreiben. Ach, vergiß es«, fügte er hinzu, als Petrus aufbegehren wollte. Eine Weile herrschte Stille.
»Onkelchen«, versuchte es Petrus dann. »Sie sind nützlich, vergiß das nicht.« Begütigend legte er Justin die Hand auf die Schulter. »Und sie fressen mir aus der Hand.«
»Paß nur auf, daß sie nicht eines Tages dich fressen«, entgegnete Justin.
Aber Petrus Sabbatius lachte nur. »Keine Angst, ich weiß genau, wozu ich sie brauche. Schließlich«, fuhr er fort, »haben wir beide noch viel vor, was Onkel?« Er grinste.
Justins Kopfnuß streifte nur knapp seine Locken und war auch eher liebevoll gemeint. Er drehte sich wieder zur Arena um und

dachte über vieles nach. Wie klein die Frau mit den beiden Mädchen da unten aussah. Und daß der Friede mit Persien offiziell in zwei Jahren auslief. Auch der kleine Hof bei Tauresium fiel ihm ein, wo seine Schwester vielleicht sogar noch lebte. Was Charikles wohl an dieser Frau dort gefunden hatte? »Petrus«, murmelte er, »sei so nett, geh zu deinen nützlichen blauen Freunden und sag ihnen, sie sollen was für die drei da unten tun. Ich zahle nachher.«

Petrus Sabbatius war erstaunt, sentimentale Launen sahen seinem Onkel nicht ähnlich. »Wird schon seinen tiefen Sinn haben«, seufzte er, aber so leise, daß der Alte es nicht hörte. Einer seiner Kameraden von der Leibwache sah auf und zog fragend die Augenbrauen hoch, aber Petrus winkte ab und ging weiter bis an den Rand der Balustrade. Dort winkte er einem seiner Freunde.

»Leonidas, hei, du, sag deinen Leuten, sie sollen die drei da nehmen.« Er wies mit dem Kinn auf Berchidda und ihre Töchter, die eben das Ende der Spina erreicht hatten und zum zweitenmal die volle Länge der Sandbahn vor sich sahen. »Mein Onkel zahlt.« Leonidas knabberte nachdenklich an seiner Unterlippe. »Und ach, Leonidas!« Der Angesprochene schaute auf. »Laß es nicht zu teuer werden, hm?« Ein Lachen war die Antwort.

»Erledigt«, meldete Petrus Sabbatius nur, als er wieder neben seinem Onkel stand.

»Hm.« Justin machte eine Pause. »Petrus«, meinte er dann, »ich habe lange über unsere Pläne nachgedacht, über unsere Familie und so.«

»Ja?«

»Ich möchte, daß du dich ab heute Justinian nennst. Und hör auf, an dem Verband rumzufingern!«

Theodora trug Anastasia beinahe, als sie sich endlich wieder ihrem Ausgangspunkt näherten. Sie zitterte vor Anstrengung und

Panik und sehnte sich nach nichts weiter als einem einsamen Winkel, um endlich weinen zu können.

»Nein, nein, meine Kleine, du hast es nicht falsch gemacht«, tröstete sie ihre Schwester und starrte dazu angstvoll auf die seltsame Gruppe, die am Ausgang auf sie wartete. Da war ein Bär, ein knapp mannshohes grauschwarzes Tier. Als sie näher kamen, sah Theodora, daß die hellen Flecken auf seinem Fell nacktgescheuerte Stellen waren. Er trug einen Maulkorb, von dem eine Kette in die Hand eines kleinen Mannes mit Schnurrbart führte. Der sah ähnlich verkommen aus wie sein armes Tier, und der modische Hunnenbart, den die jugendlichen Zirkusdraufgänger zu tragen pflegten, wirkte an ihm verhungert und überdimensional.

Neben beiden stand ein Mann, wie Theodora ihn allerdings noch nie gesehen hatte. So muskulös war nicht einmal Porphyrios und so groß gewiß auch nicht. Die Ledermanschetten an seinen Handgelenken hätten Mama gut und gerne als Stiefel dienen können!

»Ich bin Leonidas«, sprach er sie ohne Umschweife an. »Der Stallmeister der Blauen. Das hier«, er wies auf den kleinen Mann neben sich, »ist Akakios, der Bärenwärter. Er hat zugestimmt, dich, Magdalena, zu heiraten und auch deine Töchter bei sich aufzunehmen.« Der kleine Mann blinzelte. »Willkommen bei den Blauen«, schloß Leonidas seine Rede. Er sah ihnen allen flüchtig in die Augen und ging auch schon.

Theodora, Anastasia und Berchidda blieben allein mit dem Bären und dem Mann Akakios, der sich nervös die Lippen leckte und schließlich mit einer Art Brummlaut den Bären an der Kette zog und lostrottete. Offenbar erwartete er, daß sie ihm folgten, denn er drehte sich ein- oder zweimal zögernd nach ihnen um. Also gingen sie ihm nach, die beiden Mädchen eng aneinandergedrückt.

Akakios kicherte und murmelte zuweilen etwas, ob zu sich oder dem Bären, war nicht zu verstehen. Hinter ihm herrschte Schweigen, den ganzen Weg um das Hippodrom herum, in dessen Innerem Hornsignale die nächsten Rennen ankündigten. Die langvertrauten Häuserzeilen schauten auf die Mädchen hinunter, als hätten sie sie noch nie gesehen.

Auch die Klänge aus dem guten alten »Bacchus« waren mit einemmal auf einen fremden, nie gehörten Ton gestimmt. Aber Theodora hatte auch nicht ernsthaft erwartet, daß noch irgend etwas wie vorher sein würde.

Als Akakios das erstemal innehielt, standen sie vor den Terrassen, die das Südende der Rennbahn trugen: dem Herz des Hippodroms, dort, wo Papa ihnen immer verboten hatte hinzugehen. Ihre Neugierde auf das Innere war mit einem Schlag verschwunden. Doch nun ging es hinein, enge Holzstiegen hinauf, dunkle Gänge, halb Straßen, halb Flure entlang. Irgendwo drinnen schrien Tiere, es roch scharf.

Theodora wußte bald nicht mehr, um wie viele Ecken sie schon gebogen, wie viele kleine Stiegen sie schon hinaufgeklettert waren. Weiter vorne erhellte weiße Glut das Halbdunkel dieses Labyrinths, ein Bäckerofen oder eine Schmiede vielleicht.

Noch einmal stiegen sie aufwärts. Theodora sah einen Stall mit gefleckten Schweinen, nebenan kauerte eine Frau vor einer Kochstelle und stillte ihr Kind, während sie mit einem Stecken im Topf rührte. Dann kam eine verschlossene Tür, hinter der laute Musik zu hören war, dann ein Hühnerstall, eine weitere Wohnung, dunkel und still, und dann die Tür, durch die sie schließlich traten.

Ein schlichter Raum mit Bretterwänden und einem sandigen Fußboden wartete dahinter auf sie, es gab keine Möbel, keinen Schmuck. Der Bär, der sich auszukennen schien, hoppelte durch eine Öffnung ins nächste Zimmer. Theodora folgte ihm in der Hoffnung, dort die eigentliche Wohnung zu finden. Doch da war nur eine zweite Kammer wie die erste, fensterlos, nichts weiter. Das Tier hatte sich in der Ecke ihr gegenüber niedergelassen, saß da wie ein Mensch, leckte sich die schwarze Schnauze feucht und blinzelte sie an. Theodora machte kehrt und rannte zurück.

Sie hätte vielleicht nie mehr aufgehört zu laufen, wenn sie nicht schmerzhaft gegen jemanden gestoßen wäre.

»Hallo.« Zwei Arme hielten sie fest, und sie schaute in das Gesicht, zu dem die leise Stimme gehörte. Hellbraune Augen, umrahmt von dunklen Ringen der Müdigkeit, fettige Haare, die blond sein mochten, und zart geschnittene Züge.

»Ich bin Komito«, sagte das Mädchen, denn ein Mädchen war es eigentlich noch, stellte Theodora fest und faßte Vertrauen, »des Akakios' Tochter. Willkommen. Ihr müßt müde sein.«

Unter einem kleinen gemauerten Herd, den Theodora zuvor übersehen hatte, entfachte sie geschickt ein Feuer. In seinem Schein wurde nun auch das bescheidene Holzbord mit den wenigen Küchenutensilien sichtbar, das daneben im Sand stand. Und weiter hinten ein dunkler Haufen, zu dem sich wohl die Schlafmatten stapelten. Komito kochte ihnen Suppe, achtete darauf, daß sie aufaßen, und wischte ihnen die Münder ab. Wie eine energische Puppenmutter beschäftigte sie sich mit den beiden und gönnte ihnen keine Besinnungspause. Sie führte sie auch zu dem Gemeinschaftsabtritt am Ende der Straße und wartete davor, bis sie fertig waren.

»Kommt hier nie alleine hin, und niemals nachts!« ermahnte sie die beiden Mädchen.

»Warum?« fragte Anastasia schüchtern, doch Komito scheuchte sie nur energisch wieder nach Hause, flocht ihnen strenge Zöpfe für die Nacht und legte sie schließlich auf ihre Matten. Als sie den Mädchen die Finger für ein Nachtgebet faltete, sprachen beide artig mit. Sie kannten den Text ja, von Papa.

Berchidda saß noch immer neben dem Ofen, wo sie sich vor einer Stunde niedergelassen hatte, und sprach kein Wort. Komito legte ihr zögernd die Schlafmatte dorthin und wünschte eine gute Nacht. Als Berchidda sich nicht rührte, schlich sie selbst noch einmal zu den beiden Mädchen und drückte ihnen einen Gutenachtkuß auf die Stirn. Dann ging sie ins Nebenzimmer, wohin ihr Vater schon vor einiger Zeit verschwunden war.

Jenseits der letzten Kochglut gab es nun nichts mehr als Schwärze. Theodora lauschte auf das Knacken des Holzes und die tiefen, tränenschweren Atemzüge Anastasias, die ihr beide Arme fest um den Hals geschlungen hatte. Ihr schlafwarmer Kindergeruch war das einzig Vertraute hier. Die Zudecke miefte stockig und kratzte. Und der Boden unter ihren Hüften war hart. Wie liebevoll hatte Baucis sie immer auf ihre weichen Matratzen gebettet! Wäre sie nicht dieselbe Theodora gewesen, die heute ohne zu blinzeln übers graue Meer gefahren war, dann hätte sie jetzt vielleicht geweint. So aber wußte sie, daß niemand da war, ihm auf diese kindliche Weise zu verkünden, daß die Welt nicht in Ordnung war, im Himmel nicht und nicht auf Erden in diesem stillen Haus, in dem ein Schluchzen, das ahnte sie instinktiv, ein ganz und gar falsches, ja, ein gefährliches Geräusch gewesen wäre. Wer wußte schon, welche Monster einen hier trösten kamen.

Theodora starrte in die Schwärze der Verbindungstür, bis ihr dunkle Funken vor den Augen tanzten und sie spürte, wie ihr Körper dem Schlaf entgegensank. Der Bär, dachte sie noch, er grunzt. Dann schlief sie ein.

Der Kuß der Musen

Anderntags erwachte Theodora mit Flohbissen. Doch die neue Schlafstatt war nicht die einzige Veränderung in ihrem Leben. Da an das Geld für die Schule, auf die Charikles sie geschickt hatte, nicht mehr zu denken war, verbrachte sie viel Zeit in ihrem finsteren Zuhause. Bis ihr Akakios eines Abends mit zittrigen

Fingern über die Wange fuhr und murmelte: »Weiß wie Eselsmilch.« Danach mied sie die beiden Zimmer, sooft sie konnte. Doch draußen warteten die Kinder auf sie, denen sie damals, an der sicheren Hand ihres Vaters, so sehnsüchtig beim Reifentreiben und Kieselwerfen zugesehen hatte. Und: nein, sie wollten nicht mit der Neuen spielen.

Sie kam anfangs täglich mit blauen Augen und aufgeplatzten Lippen nach Hause. Die Kräutermedizinen und Heilsprüche ihrer Mutter wies sie allerdings barsch zurück; es war Komito, der sie erlaubte, ihr liebevoll nörgelnd die Wunden zu versorgen. Theodora, die statt Lesen und Schreiben nun Stehlen und Sichschlagen lernte, wußte nicht, wie Berchidda es schaffte, sich einzureden, daß sich ihr Leben nicht verändert hätte – und sie wollte es auch nicht wissen. Wann immer die Mutter sie in der alten Sprache anredete, kniff Theodora die Lippen zusammen und drehte ihr den Rücken zu. Mutter und Tochter redeten kaum mehr miteinander, und die religiösen Unterweisungen, zu denen Berchidda sie weiterhin aufforderte, entfielen, da Theodora sich verweigerte.

Berchiddas kleine Gemeinde hingegen kam auch weiterhin, um ihren besonderen Akt des Gotteserlebens zu praktizieren. Und Akakios, der eines Tages mit seinem Bären in der Tür auftauchte, als Porphyrios kurz vor der Erleuchtung stand, war weniger überrascht als – nach kurzem Überlegen – höchst erfreut über das Treiben, das sich ihm da enthüllte. Allerdings konfiszierte er die der Göttin dargebrachten Geschenke, mit deren Hilfe Berchidda bei Sophia eine neue Schlange hatte kaufen wollen, da die alte das Klima der neuen Behausung nicht vertragen hatte und eingegangen war; Theodora wurde vielmehr zum Weinholen in die Eckkneipe geschickt.

Danach setzte sich der Kult der Großen Göttin mit einigen kleinen Veränderungen fort. Akakios schnitzte die grobe Holzfigur einer Frau, zwischen deren übergroßen, grellrosa bemalten Brüsten sich eine Schlange ringelte, und stellte sie am Fußende der Bastmatte auf, die in den nächsten Jahren Berchiddas Tempel werden sollte. Das Beten vorab und auch der Fußkuß zum Ende wurden beibehalten, weil sie eine ganz besondere Atmosphäre schufen, wie Akakios es seinen Saufkumpanen anpries. Statt des Geschenks verlangte er eine Gebühr, die an ihn selbst abzugeben war.

Wer mochte, konnte sich anschließend aus den Haaren seines Bären noch die Zukunft lesen lassen; er betrieb dies als kleines Zubrot zu seinem Verdienst beim Zirkus schon seit Jahren. Doch Akakios' Geschäfte florierten erst, seit er eine Göttin seine Gemahlin nennen konnte. Theodora dagegen lernte, daß die Bäckerstochter Maria seinerzeit Recht gehabt hatte und ihre Mutter eine Hure war. Und, was noch schlimmer war, eine der billigsten der ganzen Stadt, so daß ihr Essen im wesentlichen aus einer mageren Mahlzeit am Abend bestand.

»Hast du eine Ahnung, was die Mädchen im ›Bacchus‹ für einen Akt verlangen? Und sie haben ein eigenes Zimmer dabei!« ereiferte sie sich wie so oft, wenn sie ihrer Stiefschwester beim Kochen half.

»Theo«, nörgelte Komito, »die Erbsen in die linke Schale, wie oft soll ich's noch sagen!« Und sie schob ihre Ärmel zurück und griff nach der nächsten Schote. Theodora fuchtelte aufgeregt mit dem Messer herum.

»Wenn ich das machen würde, dann nicht unter zehn Folleis, das ist klar.« Das Mädchen hatte damit voller Stolz eine Summe genannt, die etwa dem Gegenwert eines warmen Abendessens entsprach. Unter den Kinderbanden des Viertels galt das als ein Vermögen.

»Wenn du das machen würdest, wärst du eine Sünderin, der Herr sei deiner Seele gnädig.« Komito bekreuzigte sich mit feuchten Händen und gab Theodora vorsorglich eine Ohrfeige. »Kaum elf Jahre alt und schon solche Reden.«

Theodora konzentrierte sich schmollend auf die Erbsen, konnte sich aber ein leise gezischtes »Du mußt reden« doch nicht ganz verkneifen und sah nun belustigt, wie ihre ältere Stiefschwester sich mit stummer Wut über das Gemüse hermachte.

»Ich bin noch Jungfrau, ich habe meine Reinheit vor Gott noch nicht verloren, ich nicht! Und das werde ich auch nicht«, brach es da unvermittelt aus Komito heraus. »Eines Tages wird ein guter Mann kommen und dann …« Sie verstummte ebenso plötzlich, wie sie begonnen hatte. An einen ehrlichen Ehemann für eine vom Schaugeschäft wie sie mochte Komito eigentlich selbst nicht glauben. »Du wirst schon sehen, wie das ist, am Theater«, fuhr sie statt dessen fort. »Nach der Vorstellung kommen sie dann und flüstern dir Versprechungen ins Ohr, ziehen dich in die Ecken und drücken dir Münzen in die Hand.« Trotzig preßte sie die Lippen zusammen. »Ich habe schließlich für euch zu sorgen, wo Papa alles in den ›Bacchus‹ trägt.«

»Und wie machst du's dann?« fragte Theodora erstaunt.

»Ach«, Komito winkte ab. »Mit der Hand, mit dem Mund, je nachdem. So, die Schüssel Erbsen ist voll. Sind noch Schoten da, Theo?« Sie schaute hartnäckig auf den Boden.

Theodora staunte und ließ die Pause länger werden. Daß man dafür Geld bekommen sollte! »Und mit äh, ihm?« fragte sie schließlich leise und wies mit dem Kinn Richtung Schlafzimmer. Es widerstrebte ihr vollständig, zu Akakios Vater zu sagen. Zu Theodoras Bestürzung vergoß Komito stumme, heiße Tränen auf das schartige Messer, das nun in ihrer Hand zitterte. »Laß nur«, murmelte Theodora verlegen, »ich mach schon.« Mit schlechtem Gewissen zog sie der Älteren behutsam das Schneidwerkzeug aus den Fingern und nahm den nächsten Haufen in Angriff.

Komito starrte in ihren Schoß. »Glaubst du«, begann sie mit erstickter Stimme, »glaubst du, ich wüßte nicht, daß ich der letzte Dreck bin, der Schandfleck auf Gottes Schöpfung? Glaubst du, ich gehe nicht jeden Sonntag zur Beichte und flehe bei den Mönchen um Vergebung für meine Seele? Glaubst du das?« Sie wischte sich energisch die Nase mit dem Ärmel ab und schniefte. Dann sah sie auf. »So ist nun mal mein Leben, so war es, solange ich denken kann. Morgens stehe ich auf und hole Wasser, mache Feuer, wasche, putze, koche, schufte mich ab. Dann gehe ich ins Theater, versorge euch. Spät dann – kommt Papa. So ist das eben, harte Arbeit von früh bis nachts. Und ich tue sie geduldig, Gott ist mein Zeuge. Und ab heute«, Komito stand auf und wischte sich die Finger an ihrer Tunika ab, »wirst du mir dabei helfen.«

»Ich, ich soll mit zum Theater?« Theodora vergaß über der aufregenden Nachricht das eben Gehörte. Statt dessen stieß sie einen Freudenschrei aus. »Du nimmst mich wirklich mit?« Fast wäre sie vor Begeisterung herumgehüpft wie ein kleines Kind.

»Ja. Du bist alt genug, denke ich.« Das kam nicht ohne einen Hauch von Gehässigkeit über Komitos Lippen. »Und du hast viel von deiner Mutter. Du wirst wirken auf der Bühne; sie werden dich mögen.«

»Ich werde ein Star!« Theodora war Feuer und Flamme. Sie half Komito sogar freiwillig, die Erbsen beiseite zu stellen und das Geschirr zu spülen. Doch ihre Gedanken waren nicht bei der Sache.

»Soll ich mir das Haar irgendwie richten? Was meinst du? Krieg ich dein Kleid mit der bunten Borte? Wann hast du's eigentlich entschieden? Was muß ich tun?« Die Fragen sprudelten nur so aus ihr heraus.

»Theo, das ist doch noch ganz schmutzig! Spül's noch mal. So.« Komito stellte das tropfende Tongeschirr aufs Holzbord, band sich die Schürze ab und richtete sich auf. Sie betrachtete ihre kleine Schwester, wie sie sie bei sich immer nannte, die mit vor Eifer roten Wangen vor ihr stand. Mit der schon jetzt hüftlangen Haarflut, die sich rabenschwarz über ihren Rücken ergoß, den

Augen wie Schwarzkirschen und dem feinen Gesichtchen einer Elfenbeinfigur war sie weit schöner als ihre Mutter, fand Komito. Und doch war sie ihr auf undefinierbare Weise ähnlich. Ein unbestimmtes Etwas war da, ein Fluidum, das einen zum Zittern brachte, wenn man sie ansah. In ihrem nachtdunklen Blick war etwas ebenso Uraltes, Mächtiges wie in dem bernsteinfarbenen Berchiddas. Komito, obwohl eine Frau, vermeinte zu spüren, was die Männer fühlen würden, die ihm standhalten mußten. Oh, sie hatte viel zuviel von ihrer Mutter, das arme Ding.

War es da wirklich recht, sie mit auf die Bühne zu nehmen, fragte sie sich wie schon so oft. Hastig bekreuzigte Komito sich wieder einmal. Dann seufzte sie. Was hatten sie schon für eine Wahl? Früher oder später würde ein Mann auf der Straße Theodora ein eindeutiges Angebot machen, oder irgendein Opfer ihrer kleinen Diebereien würde drohen, andernfalls die Polizei zu holen – und Theodora würde mit ihm gehen. Nein, entschied Komito, dann lieber unter ihrer Aufsicht am Theater. Morgen, morgen würde sie es den Mönchen beichten. Und wie Gott es dann fügte, so war es recht.

»Laß das braune Kleid an, Theo. Und komm, wir müssen los.« Sie legte der Kleinen ihren abgetragenen gallischen Kapuzenmantel um und versuchte ein Lächeln.

»Aber damit sehe ich wie ein Kind aus«, protestierte Theodora. Doch Komito würdigte sie keiner Antwort.

Das Theater, in dem Komitos Truppe beheimatet war, gehörte den Blauen und war eines der ältesten der Stadt. Es lag ganz an der Spitze der Landzunge, über die Byzanz sich erstreckte, am Abhang der ehemaligen Akropolis der griechischen Mutterstadt, die lange existiert hatte, bevor Kaiser Konstantin gekommen war, um hier sein neues Rom, die Hauptstadt der christlichen Welt, zu erschaffen. Von dem antiken Städtchen war nicht viel übrig: ein bewaldeter Hügel mit bemoosten Marmortrüm-

mern zwischen Pinien, Eichen und Olivenbäumen, in deren Wipfeln der Wind vom Goldenen Horn rauschte, die Reste eines Artemistempels, in dem einsam eine Kapelle stand, und schließlich das kleine Theater selbst, von dessen obersten Rängen aus man einen wunderbaren Blick auf den tiefblauen Bosporus und das Palastviertel hatte, das sich ihm mit seinen schimmernden Terrassen und Gärten öffnete.
Wenn frühmorgens, kurz nach Sonnenaufgang, die ersten Theaterbegeisterten kamen, um sich ihre Plätze für die Vormittagsvorstellung zu sichern, dann konnten sie am rosaverhangenen Horizont über dem Wasser die Prinzeninseln aus dem Dunst hervortreten sehen. Fischerboote strebten den Häfen zu, und die ersten mächtigen Handelssegler lösten sich von den Kais, um ihre Waren an die Häfen des Mittelmeers zu tragen.
Spät dann, wenn für die letzte Vorstellung alle Fackeln brannten, brachte die Abendluft im Sommer die Erinnerung an die Wärme des Tages, im Winter eine schauern machende Mahnung an die Kühle des Erdreichs, und sie trug die Gerüche des Wäldchens herbei. Harz, Piniennadeln, Thymian und Rosmarin verwoben sich mit dem Rauch der Feuer und den schwülen Parfums der Besucherinnen zu einem Teppich, der in der Dunkelheit schwebte und über die Lichter der Paläste zum Meer driftete, wo der Leuchtturm von Anastasios' Privathafen grüßte. Wer dann applaudierte, so schien es, der spendete seinen prasselnden Beifall der Stadt und der Nacht selbst.

»Das ist Petrus, unser Impresario«, flüsterte Komito. Sie wies auf den korpulenten Mann, der das Grüppchen Schauspieler auf der Skene, dem Bühnenraum, gerade mit weitausholenden Gebärden herumdirigierte. Seine imponierende silberfarbene Haarmähne leuchtete in der Sonne.
»Und der da?« Theodora flüsterte unwillkürlich ehrfurchtsvoll zurück. Das zweigeschossige Bühnenhaus mit seinen schönen

korinthischen Säulen zur Rechten und das imponierende Rund der leeren Zuschauerreihen zur Linken beeindruckten sie zutiefst.

»Der Langhaarige? Das ist Serapion, er gibt heute abend die Medea«, erwiderte Komito leise.

»Serapion? Der Serapion, der berühmte Tragöde aus Antiochia?« Theodora erhielt umgehend einen Eindruck von der hervorragenden Akustik der Anlage. Denn ihr aufgeregtes Flüstern war, da sie aus dem schmalen Durchgang zwischen Zuschauer- und Bühnenraum auf die Skene herausgetreten waren, überdeutlich und bis zum letzten Rang hinauf zu hören.

Sie errötete, während der derzeitige Star der byzantinischen Bühnen sich zu ihnen herumdrehte, sein hüftlanges braunes Haar elegant über die Schulter zurückschwang und sie mit sorgfältig geschminkten Augen von oben bis unten musterte. Sein Zeigefinger mit dem überlangen, spitz zugefeilten Fingernagel wies anklagend auf Komito.

»Da ist ja unsere ›Amme‹. Wie nett, daß du die Zeit gefunden hast, an der Konzeption unserer heutigen Vorstellung teilzunehmen.« Sein Ton war affektiert, und die harte Betonung auf »nett« ließ keinen Zweifel daran, wie wenig freundlich die Bemerkung gemeint war.

Komito verzichtete auf eine Rechtfertigung. Sie duckte sich nur unter der folgenden Flut seines beißenden Spottes und drückte sich, Theodora immer fest an der Hand, an Serapion und Petrus vorbei zur Orchestra, dem halbrunden Bühnenvorbau, wo das übrige Ensemble und die Musiker sich unbeschäftigt fläzten und den Vorfall zu genießen schienen.

»Den Hocker«, zischte sie Theodora zu, »gib mir den Hocker.« Und Theodora reichte ihr verstört den kleinen dreibeinigen Sitz, den sie mitgebracht hatten. Komito ließ sich betont artig darauf nieder, zog ihren Umhang fest um sich und war bereit, dem weiteren zu lauschen.

»Einen Arsch wie ein Bräugaul«, rief Serapion ihr hinterher und kam in den Genuß, ihr Gesicht mit den niedergeschlagenen Augen hochrot anlaufen zu sehen. »Die Titten reichen kaum für eine glaubwürdige Amme. Aber der Arsch macht das wett, was, Petrus.« Der Impresario strich sich nur sorgfältig über seine Silbertolle und lächelte. Hinter sich allerdings hörte Theodora das unterdrückte Gekicher von Komitos Kollegen, und ihre Wut stieg. »Und was ist denn das da«, fuhr Serapion mit seinem kleinen Auftritt fort. Aufmerksamkeit gewohnt, tänzelte er vor ihnen auf und ab, um plötzlich, mit der großen Geste dessen, der coram publico einen Mörder überführt, auf Theodora zu deuten. Sein flammender Blick der Anklage fixierte sie, und der Boden tat sich unter ihr auf.

»Ich ... Petrus meinte, daß sie vielleicht ...«, setzte Komito an, doch Serapion beachtete sie gar nicht.

»Hm, laß mich überlegen. Es atmet, es muß ein kleines Tierchen sein.«

»Ein Eichhörnchen vielleicht«, kam ein Vorschlag aus den Reihen der Musiker.

»Nein, ich glaube nicht«, sagte Serapion und tat, als dächte er angestrengt nach. »Es hat nämlich keinen Schwanz!« platzte er schließlich heraus. »Oder?« Und er versuchte keckernd, ihr hinten das Kleid hochzuheben.

»Laß das!« Es sollte ein Fauchen sein, doch es wurde nur ein Quieksen daraus.

»Oho! Es hat gequakt!« Serapion spielte den Erstaunten. »Freunde, ich glaube, wir haben da einen Frosch. Wenn wir heute abend Aristophanes spielten, könnten wir sie über die Orchestra springen lassen. Komm, mein Fröschchen, hüpf schön, hüpfhüpf.« Dazu klopfte er ihr immer wieder aufmunternd auf den Po, und Theodora bemerkte zu ihrem Entsetzen, während sie jedem Klaps auswich, daß er sie tatsächlich um den halbrunden vorgelagerten Bühnenraum herumtrieb. Einige klatschten und lachten zu der Vorstellung.

Theodoras Wangen glühten. Es war Petrus, der dem Treiben schließlich ein Ende setzte.

»Du hast doch noch einen zweiten Sohn gesucht für deine Medea heute, Serapion.«

»Als Sohn? Das da? Mit den Haaren?« Serapion zog Theodora an ihrer langen Mähne zu sich heran, fast hob er sie von den Füßen. Petrus' nicht unbeträchtlicher Bauch war direkt vor ihrer Nase, als sie da so hilflos zwischen den beiden Männern zappelte. Sie sah aus den Augenwinkeln, daß Komito sich auf die Lippen biß, doch griff ihre Schwester nicht ein. »Schneiden wir es ab«, sagte Serapion und streichelte versonnen die glänzende Flut, die aus seiner Faust herunterhing. »Ich könnte mir eine Perücke für meine nächste Iphigenie daraus machen. Ich zahle auch gut«, wandte er sich mit erhobener Stimme an Komito, die nicht reagierte. Petrus lächelte noch immer gelassen, schüttelte aber sacht den Kopf. Serapion verzog das Gesicht und ließ sie los. »Dann eben nicht. Binden wir es halt zurück, was? Wer legt heute schon noch Wert auf große Bühnenkunst, wie? Was sollen schon solche Details!« Er warf die Arme hoch, als flehe er die Götter um Erleuchtung in dieser schweren Frage an. Offensichtlich hatte er sich aufs Schmollen verlegt, und während Theodora sich zurück in Komitos Arme flüchtete, gingen die beiden Männer auf der Skene vor dem Bühnenhaus hin und her. Man sah Petrus beschwichtigend auf seinen Star einreden, bis er schließlich zu dem verlassenen Grüppchen auf der besonnten Orchestra hinüberwinkte, knapp und bestimmt. Die Proben konnten beginnen.

Komito als Amme nahm zusammen mit Theodora und einem Knaben Aufstellung vor der Mitteltür. Jemand drückte ihr Gewänder in die Hände.

»Verhaltet euch still«, gab Komito ihnen schnell ihre geflüsterte Anweisung. »Und wenn ich mich euch zuwende, tretet ihr jeweils einen Schritt vor und hebt mir die Arme entgegen. Ich lege euch die Kleider hinein.«

»Was muß ich sagen?« flüsterte Theodora zurück.
»Nichts. Wir haben keinen Text.«
Ein hübscher dunkelhaariger Junge, der den Jason spielen sollte, schlenderte lässig aus der Seitenkulisse auf die Gruppe zu und blinzelte Theodora an. Vor ihnen zwängte sich Serapion fluchend in seine Kothurne mit den fast zwanzig Zentimeter hohen Plateausohlen.
»Scheiße auch, meine Zehen!« Dann richtete er sich auf und war jeden Zoll eine fremdländische Zauberin, die, zerfressen von Haß und Liebe, dem Mann gegenübertritt, der sie für eine andere verstoßen hat. Theodora sah ihn an und spürte förmlich, wie der billige Fetzen in Komitos Fingern sich in das heimtükkisch vergiftete Hochzeitsgewand verwandelte, das Medea Jason gleich für seine neue Braut überreichen würde.
Der Dunkelhaarige sprach seine Auftrittsverse. Dann setzte Serapion als Medea ein.

Ich bitte, Jason: Was ich vorhin sprach zu dir, vergib mir.
Billig ist es, daß du
meinen Zorn erträgst, nachdem wir Liebes uns so viel getan.

Theodora stellten sich die Haare auf ob der schmerzerfüllten Süße dieses Flehens, in dem die ganze Sehnsucht nach der vergangenen Liebe lag. Die Müdigkeit der vielfachen Demütigungen war darin, und zugleich, eingehüllt in all die Echtheit des Gefühls, lauerte schon die Bosheit dahinter, die ihre Rache ahnt und wittert, die in der Vorfreude auf die Genugtuung jubiliert mit einem Glücksgefühl, das nur der blinde Jason für echte Wärme halten konnte. Am liebsten hätte Theodora ihn gewarnt. Doch die gefährliche Sirene sang ihr Lied weiter:

Ich gebe nach, bekenne, daß ich's schlecht gemacht.
Oh, Kinder, Kinder, kommt zu mir, verlaßt das Haus.
Oh, kommt, umarmt ihn, küsset ihn und …

Theodora, verführt von der süßen Rede, hatte unwillkürlich einen Schritt nach vorne gemacht, um dem Befehl zu gehorchen.

»Was soll das werden«, kreischte Serapion mit seiner normalen Stimme los und stakste wütend auf seinen Kothurnen zu ihr hinüber, »eine Tanzeinlage?« Schmerzhaft schlugen seine Fingerknöchel auf ihren Kopf. »Das Ganze noch mal, weil unsere Madonna hier sich wichtig machen muß. Und Althea«, er winkte der gealterten Blondine, die die Szene vom Seiteneingang her verfolgte, »heute abend die Kothurne eine Nummer größer. Wie oft muß ich das eigentlich noch sagen. Schließlich spiele ich nur die Frau, oder?« Und mit wiegenden Hüften ging er zurück an seinen Platz.

Sie begannen erneut.

Althea brachte Theodora am Ende der Proben in Petrus' Büro, um den Kontrakt zu signieren. Komito wartete vor dem Bühnenhaus auf sie. Mit verschränkten Armen ging sie auf der inzwischen leeren Skene auf und ab, der Hall ihrer Schritte verfing sich zwischen den Säulen.

Als Theodora herauskam, tappte sie merkwürdig schief auf ihre Stiefschwester zu.

»Theo, Kleines, alles in Ordnung?« Komito stürzte auf sie zu und umarmte sie. »Na?«

Theodora wischte sich den Mund und starrte auf ihre feuchte Hand. »Es klebt«, stellte sie fest, »und es schmeckt widerlich. Mit schreckgeweiteten Augen wandte sie sich der Älteren zu. »Komito, da kommt was raus, wenn man …« Die streichelte mitleidig ihre Wange.

»Ich weiß, Schatz, ich hätte dir das sagen sollen. Aber ich dachte, so wäre es vielleicht leichter für dich.«
Theodora hörte kaum zu, sie spuckte hektisch aus, es würgte sie, und Tränen stiegen ihr in die Augen.
»Tief Luft holen!« mahnte Komito. »Warte, ich habe ein Tuch. So, das haben wir gleich.« Vorsichtig wischte sie der widerstrebenden Kleinen die Lippen und die spermaverklebten Finger. »Das macht Petrus mit jedem, weißt du. Es ist die Gegenleistung dafür, daß wir hier unser Auskommen haben.« Theodora übergab sich. Komito rieb ihr den gebeugten Rücken und fuhr fort. »Jeder ist einmal an der Reihe, immer am selben Tag, weißt du. Leo zum Beispiel, der vorhin den Jason gegeben hat, er ist donnerstags dran. Althea am Freitag. Hebe, das ist die Flötenspielerin, ist mittwochs fällig …«, sie zögerte, »und ich samstags.«
»Und Serapion?« fragte Theodora. Es hätte ihren Haß auf ihn gemildert, hätte sie sich vorstellen können, daß auch er vor Petrus' makelloser Prophetengestalt kniete und ihm die blütenweiße Tunika hob.
Doch Komito schüttelte den Kopf. »Serapion kann sich aussuchen, wo er spielt. Der ist über so was hinaus.«
»Das werde ich auch einmal sein«, sagte Theodora. Sie hustete in einem erneuten Würgeanfall, doch ihr Ton war grimmig entschlossen. »Bald schon.«
»Was redest du da, Lämmchen.« Komito schüttelte den Kopf. »Wir können froh sein, daß er dich genommen hat. Das sind fünf Folleis für jede Vorstellung, bei der er dich einsetzt.« Sie begann im Geiste zu rechnen, was das für ihren kleinen Haushalt bedeutete. »Wirklich«, plapperte sie weiter, um ihr schlechtes Gewissen zu übertönen, »es ist ein Glück. Wo du doch noch ein Kind bist. Du bist …«
»Dienstag«, ergänzte Theodora ihren Satz. »Ich bin Dienstag.«

Auftritt Theodora

Flammendrote Wolkenfetzen schwammen über den Abendhimmel, als Komito und Theodora sich wiederum auf den Weg zum Theater machten; die »Medea« war die Schlußvorstellung des heutigen Spieltages. Komito hielt kurz an dem kleinen Pavillon gegenüber der Pforte zur Rennbahn. Er beherbergte das Milion, den Meilenstein, von dem aus alle Entfernungen im Reich der byzantinischen Kaiser gemessen wurden. Dieser Meilenstein war ganz mit Gold überzogen, und wie viele arme Leute wischte Komito gerne mit dem Finger über die schimmernde Oberfläche und wünschte sich Glück – das Glück, das das verheißungsvolle Gleißen des Edelmetalls ihr zu versprechen schien. Sie lächelte, als sie ihre Finger nach der Berührung sacht aneinanderrieb.

»Komm schon, Komito.« Theodora trat ungeduldig von einem Fuß auf den anderen. Ihr Lampenfieber trieb sie voran; auf keinen Fall wollte sie zu spät kommen. Der mächtige Leib des Hippodroms ragte dunkel neben ihnen auf. Unter den Arkaden der Mese brannten bereits die Hängelampen, schickten ihren gelben Schein über die abendlichen Flaneure und zündeten Feuer in den spiegelnden Flächen der Kupferwaren. Aus den Tavernen klangen Musik, Lachen und das Klacken der Würfel. Am Geranion-Brunnen auf dem Platz zwischen Hagia Sophia und Hagia Eirene machten sie ein letztes Mal Toilette.

»Scht.« Eine Katze, die dort bedächtig getrunken hatte, bleckte kurz die Zähne und verschwand dann wie ein Strich in der wachsenden Dunkelheit. Klagend miaute sie aus der Ferne. In den umliegenden Gärten antworteten ihre Artgenossinnen.

Komito feuchtete sich die Haare an und strich sie sich glatt aus der Stirn zurück, ehe sie den Schal wieder darüberlegte. »Laß mal schauen, ich glaube, der Kholstrich ist verlaufen. Verdammt, man kann fast nichts mehr sehen.« Prüfend rieb sie an

Theodoras Gesicht herum. »Wir Statisten haben nachher zusammen nur eine Garderobe, ein Gedränge, sag ich dir. Und immer ist die Schminke aus, die man gerade braucht. So.« Zufrieden trat sie einen Schritt zurück. »Merk dir, es ist immer besser, gleich fertig hergerichtet am Theater zu erscheinen.«
Theodora suchte ihr Spiegelbild in dem stillen Brunnen zu erhaschen. Doch die unzähligen Kerzen, die den Eingang der nahen Basilika Hagia Sophia warm erhellten, waren das einzige Licht auf dem Platz. Erst wenige Sterne waren erschienen und ließen ihre Flämmchen auf dem Wasser tanzen. Theodora sah nur den Umriß ihres eigenen Schattens, dunkel und kaum zu ahnen.

Es sei; und sie zu überreden glaub ich wohl,
wenn sie gesinnt ist wie die andern Frauen auch.

Jasons wohlklingende Stimme trug über die Köpfe der Zuschauer. Doch es war Medea, die die Nachtluft zum Vibrieren brachte und dafür sorgte, daß jeder, der sie hörte, die Finger um die Kante seines Sitzes krümmte in Erwartung des Unheils.

Bei dieser Mühe will ich selbst dir Hilfe leihn,
will ihr Geschenke senden, die, ich weiß gewiß,
von allen auf der Erde weit die schönsten sind.
Ein feingewebtes Festkleid, einen Kranz aus Gold.
Die sollen ihr die Kinder bringen.

Julia Anicina nickte bei jedem Vers zustimmend mit dem Kopf. Sie und ihr Gatte, der Senator Areobindus, saßen auf den geschnitzten Sesseln der Ehrenreihe, die für Honoratioren direkt auf dem Orchestrion aufgestellt worden war, das heute abend nicht bespielt wurde. So mußte Euripides klingen!
»Spürt ihr das nahende Verhängnis«, flüsterte sie und neigte sich

ihrem Nachbarn und Gast zu. »Bald wird die Braut in giftigen Gewändern sterben, und ihr Vater, König Kreon, wird sich töten. So geht es Königen«, sie schenkte ihm einen tiefen Blick, »die nicht wachsam sind.« General Vitalian an ihrer Seite antwortete mit einem unbestimmten Grunzen. Areobindus beobachtete sie mit besorgt gerunzelter Stirn.

»Willst du nicht dem Stück lauschen, Liebes«, zischelte er dann seinerseits. »Ich habe schließlich teuer dafür bezahlt.«

»Ich meinerseits habe die Klassiker immer für lehrreich gehalten«, entgegnete seine Gattin, ehe sie in beleidigtes Schweigen versank, und Areobindus seufzte. Der interessierte Blick, mit dem Vitalian ihn daraufhin maß, entging ihm.

Und auch der Aufmerksamkeit zweier anderer Beobachter wurde er nicht gewahr.

»Wer ist der Bursche neben dem Senator?« fragte Justinian, der seinen Onkel und Tante Lupicina wieder einmal nur ungern zu so einem Anlaß begleitete.

»Der mit der Narbe?« Justin hatte Mühe, seine Stimme zu einem angemessenen Flüstern zu dämpfen. Lupicina zischte und sah mit entschuldigendem Lächeln um sich. Justin beugte sich über seine Frau, um ihm zu antworten.

»Das ist Vitalian, General, stationiert in Thrakien. Sammelt verdächtig viele hunnische Söldnertruppen und erzählt jedem, der es hören will, Kaiser Anastasios verbreite die Ketzerei. Anastasios überlegt bereits, ob er ihn um des lieben Friedens willen auf den Posten des Magister militum per Thraciam hinaufloben und ihm den Oberbefehl geben soll.«

»Vitalian, eh?« Justinian pfiff anerkennend durch die Zähne. »Au, schlag mich nicht, Tante.« Er rieb sich scherzhaft das Handgelenk. Zu seinem Onkel fuhr er leiser fort: »Ich wußte, wer er ist, aber ich hab ihn noch nie gesehen. Er soll mal bei einer königlichen Jagdgesellschaft einen Bären mit bloßen Händen erlegt haben, stimmt das?«

Justin nickte. »Hab die Geschichte auch gehört. Hat er vermutlich mit Gottes Hilfe geschafft, der rechtgläubige General.« Die beiden lächelten sich an.

»Aber was will Areobindus mit Vitalian? Der vornehme Senator wird den gotischen Haudegen doch kaum seiner Tischgespräche wegen schätzen?«

»Ich glaube nicht, daß er ihn überhaupt schätzt«, erwiderte Justin, »Areobindus und einfache Leute wie wir …« Er machte eine vielsagende Geste, die Justinian mit einem Blecken seiner Zähne quittierte, und fuhr dann fort: »Vitalian ist ein Unruhestifter. Er behauptet, Anastasios sei ein monophysitischer Ketzer und Schwachkopf. Und seine Soldaten hören ihm zu.«

»Dann …«, setzte Justinian an, doch seine Tante Lupicina unterbrach ihn.

»Ihr seid diejenigen, die jetzt zuhören werden. Gleich kommt die beste Stelle.« Justin nickte seinem Neffen begütigend zu. Beide lehnten sich zurück und schenkten ihre Aufmerksamkeit wieder der Bühne.

Serapion war zu der Stelle seines Monologs gekommen, an der die beiden Söhne der Medea die Gewänder aufnehmen sollten, um ihren Vater zu begleiten.

Doch nun ihr Kinder, geht hinein ins reiche Haus.

Da, da war es, das Stichwort. Doch Theodora bewegte sich nicht von ihrem Platz und hob auch nicht die Arme in Erwartung der Gabe. Sie stand wie festgenagelt. Dort drüben in den Reihen, da saß das Publikum, und alle Augen, spürte sie, und es schüttelte sie bei dem Gedanken, alle Augen waren nun auf sie gerichtet. Plötzlich sah sie sich wieder durch den Sand der Rennbahn schreiten, und das Frösteln auf ihrer Haut war das des kühlen Januarmorgens, an dem sie mit erhobenen Armen die Grünen um ihr Schicksal angefleht hatte.

»Das graue Meer«, flüsterte sie unhörbar. Es würde sie verschlucken.

Komito, die die steigende Spannung spürte, suchte ihr unauffällig auf den Fuß zu treten, doch Serapion preßte zwischen zusammengebissenen Zähnen hervor: »Wehe, du bewegst dich.« Aus den Augenwinkeln beobachtete er sein Publikum. Oh, er kannte es gut, es hatte wohl bemerkt, daß die Pause viel zu lang wurde, gleich würde es unruhig werden. Er mußte die Kleine in Bewegung setzen, jetzt. »Was ist«, zischte er fast unhörbar, »hat Petrus dir das Gehirn rausgefickt? Oder hast du Angst?«

Theodora löste den Blick von den Zuschauern und schaute ihn an.

Dann sah das Publikum von Byzanz, wie Medeas Sohn vortrat, seine kurze gefältelte Tunika hob, der Mutter wie dem hochverehrten Publikum einen kleinen, blassen, appetitlich gerundeten Hintern präsentierte und dann durch die mittlere Bühnentür hinausflitzte, ehe eine fassungslose Medea auf wankenden Kothurnen sie packen konnte. Sie entfloh auf einer Woge schäumenden Gelächters.

Areobindus verwandelte sein Kichern eilig in ein Räuspern, als er das entsetzte Gesicht seiner Gemahlin sah. Justin schlug sich auf die Schenkel.

»Das war der beste Teil des Abends! Die Kleine hat Feuer, wie du in deinen besten Jahren.« Damit drückte er seiner Frau einen begeisterten Kuß auf die Wange.

Lupicina schob ihn indigniert beiseite und rückte ihre Stola zurecht. Sie wurde ungern an ihre Zeit beim Schaugeschäft erinnert. »So ordinär bin ich nie gewesen.« Doch ihre Bemerkung ging in dem Aufruhr allgemeiner Heiterkeit unter.

Theodora schlug die Bühnentür hinter sich zu und stand im Halbdunkel. Wohin jetzt, damit Serapion sie nicht zu fassen bekam? Rechts von ihr ragten die Umrisse des Krans aus dem

Schatten, mit dem bei Götterszenen die Darsteller der Unsterblichen vom Himmel beziehungsweise vom Dach des Bühnengebäudes herabgelassen werden konnten. Dahinter gab es nur ein paar Kammern mit gebrauchten Requisiten, eine Sackgasse. Vor ihr lag die Treppe, an deren Ende Petrus' Büro auf sie lauerte. Also nach links. Sie hetzte weiter. Da war eine Garderobe, da noch eine. Der Lärm von der Bühne wurde lauter, jemand hatte die Tür geöffnet und verfolgte sie, sie mußte ... Da schloß sich eine Hand um ihr Handgelenk und zog sie mit einem entschlossenen Ruck beiseite. Eine Tür klappte hinter ihr zu.

»Das ist sie, Simon.« Das war eine tiefe, rauchige Stimme, die langsam und amüsiert sprach. Verdutzt sah Theodora sich nach dem Sprecher um. Vor ihr stand nur ein Mädchen in ihrem Alter, ein überschlankes, zerbrechlich aussehendes Wesen, das von der Last der brennendroten krausen Locken, die seinem Kopf entquollen, fast zu Boden gedrückt zu werden schien. Ihre großen grünen Augen blickten engelsklar und unschuldig. Doch als sie erneut den Mund öffnete, war da wieder diese skandalöse Stimme, sämig, zweideutig und genußvoll, ein Klang wie die Berührung einer Pfauenfeder, mit der eine Lebedame ihren Kavalier kitzelte.

»Ich bin übrigens Antonina«, fügte das Mädchen hinzu, und dann, überraschend kindlich: »Und ich bin schon sechzehn.« Sie konnte, wenn sie nicht sprach, unmöglich älter als zwölf sein!

»Und ich bin Simon, hallo. Das ist Hebe.«

»Ich heiße nicht Hebe«, quengelte eine Stimme. Theodora sah erst jetzt, daß auf einem bunten Haufen Kostüme am Boden jemand saß.

»Alle meine Freundinnen heißen Hebe«, antwortete der Mann, den Antonina vorhin offensichtlich angesprochen hatte. Er stand jetzt auf, schob Kostüme und Freundin mit dem Fuß beiseite und kam nach vorne.

»Willkommen im Reich des Mimus!« Mit einer spöttischen

Geste wies er auf die enge Garderobe, in der sie sich drängten. Ein Tisch mit einem tönernen Kerzenleuchter und ein paar billigen Tiegeln gab Gelegenheit zum Schminken, dann war noch Platz für zwei wackelige Hocker und eine Menge Krüge billigen Weines, die meisten davon leer. Hinten an der Wand lehnte ein Priapus, ein fast mannshoher Phallus, gekrönt von einer filzigen Perücke.

»Was«, setzte Theodora an, doch Simon unterbrach sie.

»Pst, sie kommen.« Mit einer schnellen Bewegung schob er sie unter den Tisch und hängte einen löchrigen Narrenumhang über die Kante. »Hebe! Antonina!« Als die Tür aufgerissen wurde, waren alle drei damit beschäftigt, sich anzukleiden.

»Ist sie hier?« Serapion war als Medea nie furchterregender.

»Wer?« fragte Simon und sah mit seinen überraschend hellen Augen unschuldig auf.

»Was?« fragte Hebe.

»He«, sagte Antonina gedehnt und hielt sich die Hände vor die nackten Brüste. Dann waren sie wieder allein.

»Kannst rauskommen.« Theodora krabbelte unter dem Flickenkleid hervor und musterte die kleine Gesellschaft, die eben einen noch vollen Weinkrug unter großem Hallo aufteilte.

»Also wie gesagt, willkommen«, nahm Simon seine Begrüßung wieder auf. »Nimm einen Wein.« Theodora nahm den Becher stumm entgegen. »Du hast Glück, wirst bewirtet von der besten Komikertruppe des östlichen Reiches. Wir spielen auf allen Bühnen. *Die Giftmischerin*, *Die sündige Bäuerin*, *Der Hahnrei von Byzanz*, wir geben die Schwänke, die die Leute kennen und lieben.« Zufrieden tätschelte er den Priapus. »Und so eine kesse Kleine wie dich könnten wir noch brauchen, was, Antonina?«

Die Rothaarige lachte und ließ ihre Hüften kreisen. »Ist viel besser als Medea und dieser ganze Scheiß. ›Dazu bered ich schwerlich ihn, doch sei's versucht‹«, deklamierte sie. »Hah, wenn ich

eins meiner Couplets singe, dann gehen die Leute mit. Und ihre Geldbeutel auf«, fügte sie hinzu.
»Und wann lutscht ihr Petrus den Schwanz?« fragte Theodora.
Eine Pause entstand. Simon und Antonina sahen sich an. Dann lachten sie schallend. Als sie sich wieder etwas beruhigt hatten, sagte Simon sachlich: »Sie am Montag und ich sonntags.« Dann prustete er wieder los: »Und Hebe ist bei mir angestellt. Sie arbeitet die ganze Woche, was, Hebe?«
Die Angesprochene warf mit einer falschen Nase nach ihm. »Altes Ekel.«
»Jetzt aber mal zum Geschäftlichen: Bist du interessiert? Zwei Folleis pro Vorstellung, Trinkgeld und sonstige Zuwendungen darfst du behalten.« Antonina ging, ach was, sie wogte zu ihr und legte den Arm um Theodoras Schultern.
»Sag ja, Mäuschen, wir werden uns prächtig amüsieren.« Und irgendwie glaubte Theodora das auch.
»Petrus«, fragte sie, noch etwas zögerlich. Antonina winkte ab.
»Der beruhigt sich wieder. Notfalls fährst du eben eine Sonderschicht.«
Theodora verzog das Gesicht bei dem Gedanken. Aber das anheimelnde Chaos der Garderobe war stärker. Dies könnte ein echtes Zuhause für sie werden.
»Wann soll ich denn anfangen?« Ein seltsames Gefühl, plötzlich zu diesen Menschen mit ihren erwachsenen Reden und ihren so ganz erwachsenen Gewohnheiten zu gehören. Vorsichtig nippte sie an dem Wein, den sie noch immer in der Hand hielt. Dann nahm sie entschlossen einen großen Schluck.
»Bravo«, rief Antonina und klatschte in die Hände.
»Anfangen? Sofort«, sagte Simon. »Wir treten heute abend noch auf einer Hochzeit in Sykai drüben am anderen Ufer auf. Das Boot wartet schon am Neorion-Kai. Da ist dein Kleid. Und mal dir die Lippen an.« Er warf ihr einen bunten Fetzen zu.
»Ja, aber ...«, wollte Theodora einwenden, während sie das

Kostüm trotz des Weinbechers in ihren Händen zu fangen versuchte. Es war ein durchsichtiges lila Baumwollkleid, gefärbt mit falschem Purpur und einer arg ramponierten Glasperlenstickerei, die ihr bestes tat, im Lampenlicht zu glitzern. »Ich weiß ja gar nicht, welches Stück! Wir haben nicht geprobt und ...«

»Oh, mach dir nichts draus«, schnurrte Antonina, »das meiste ist reine Improvisation. Stimmt's, Simon? Ich singe ein paar Couplets, und dann kommen Simon und du als *Die Nutte und der brave Mönch*. Du versuchst ihn zu verführen, und er schlenkert mit seinem kleinen Spielzeug herum«, sie zeigte auf den Priapus, »und tut so, als müßte er sich's verkneifen. Zeig möglichst viel Bein und Busen, und wenn's gerade paßt, dann tritt ihm kräftig in den Hintern, das mögen die Leute.« Hebe lachte kreischend auf ihrem Kleiderhaufen und fiel hintenüber.

»Komm schon, Süße«, Antonina half ihr auf. »Du mußt heute nacht noch die Flöte blasen. Gott«, fügte sie an Simon gewandt hinzu, »hoffentlich muß sie in dem Boot nicht wieder kotzen.«

Simon war mit den Gedanken woanders.

»Meinst du, ich könnte die Leute mit dem Priapus segnen, wenn ich ihn schwenke, und dann fallen kleine Hostien raus? Das wäre doch ein Lacher!«

»Komm schon, großer Meister.« Antonina zog auch ihn hoch. Ihre zu Theodora hin verdrehten Augen signalisierten, daß Simon wohl zu Ideen dieser Art neigte.

»Also gut«, seufzte das verkannte Genie, »gehen wir. Aber nicht ohne eine Gabe für den heiligen Porphyrios.« Porphyrios? Irritiert bemerkte Theodora in einer Nische neben der Tür die kleine Statuette eines Mannes in Rednerpose, der Theaterrequisiten unter seinen Füßen zertrat. Nein, das war nicht ihr Porphyrios.

»Oh, Heiliger der Schauspieler«, intonierte Simon mit falscher Inbrunst und vergoß ein paar Tropfen Wein. »Heil dir, der der du all deine Kollegen lehrst, niemals für einen Mächtigen zu spielen, was der nicht hören will.« Er rülpste.

»Wieso, was hat er denn gespielt?« wisperte Theodora Antonina ins Ohr.

»Er hat sich vor einem Heidenkaiser zum Christentum bekannt«, gab diese zurück, »auf offener Bühne. Kopf ab«, sie deutete den Vorgang mit der Hand an, »kein Szenenapplaus.« Antonina lachte rauh. »Wenn unser guter Simon nicht gut aufpaßt, wird er es mal umgekehrt machen und von einem heilig empörten Mob während der Vorstellung erschlagen werden. So«, sie klatschte in die Hände. »Jetzt müssen wir aber wirklich los.«

Verwirrt stand Theodora im Chaos des allgemeinen Aufbruchs. Ihr wirbelte der Kopf. Eben noch hatte sie draußen auf der Bühne vor Serapion gestanden, und jetzt …

»Kannst du mal mit anfassen?« Jetzt half sie dieser Hebe, oder wie sie heißen mochte, Musikinstrumente in einen Sack zu stopfen. Bald würde sie in einem schwankenden Boot auf dem nächtlichen Goldenen Horn sitzen.

»Träumst du, oder was?«

Theodora schaute in Antoninas so unglaublich grüne Augen. Wie schön sie war! »Nein, ich habe nur überlegt … Ach was. Ich komme.« Theodora dachte zurück an den Moment, als sie ihre Tunika gehoben und der Menge ihren Hintern präsentiert hatte. In dem Augenblick, als das Gelächter aufgebrandet war, war der Bann ihrer Angst gebrochen gewesen. Sie hatten alle genau so reagiert, wie sie es gewollt hatte, sie hatten gejohlt!

Probeweise wiegte Theodora sich in den Schultern, wie sie es so oft bei den Huren im »Bacchus« gesehen hatte, faßte sich an die Brust und setzte provokativ ein Bein vor. Simon sah es, stieß Hebe und Antonina an, und alle drei pfiffen und johlten. Theodora paradierte vor ihnen auf und ab wie die erfahrenste aller Straßenhuren. Das graue Meer war keine Gefahr mehr für sie, o nein. Sie würden ihr aus der Hand fressen!

Auf dem Pfad aus Seide

Die Sonne schien überraschend warm durch die breiten Blätter der Feigenbäume und ließ sie durchscheinend leuchten. Im leichten Wind, der die Zweige wiegte, malten sie Muster aus tanzenden Sonnenflecken und gelben und grünen Schatten auf die rissige, lehmige Erde. Die nahe Macchia summte von Insekten, es brummte und zirpte in den verblühten Zistrosen. Einige braune Esel zupften mit harten Lippen an den wilden Anissträuchern, starrten auf den Horizont und wackelten mit den Ohren. Einer schrie klagend.

Das war Theodoras Weckruf. Das erste, was sie bemerkte, war der intensive Duft des Feigenlaubs, der sie einhüllte. Wie eine Wolke von Rosen und Muskat. Theodora schnupperte. Das zweite, was ihr auffiel, waren die intensiven Rückenschmerzen. Stöhnend richtete sie sich auf den Ellenbogen auf. Ringsum lagerten ihre neuen Gefährten und schliefen, wie die Jünger im Garten Gethsemane. Simon schnarchte, der Esel schrie erneut. Es mußte schon fast Mittag sein.

»Ohhh.« Theodora ließ sich wieder zurückfallen. Gott, was war diese Hochzeit für ein Gelage gewesen! Und die Vorstellung erst. Noch nicht darin geübt, die kleinen Rangeleien nur anzudeuten, Schläge und Püffe der scheinbar übelsten Art zu erhalten und dabei lässig herumzutänzeln, hatte sie einige harte Hiebe tatsächlich so eingesteckt, wie sie ausgeteilt worden waren. Zaghaft hob sie das Kleid aus Purpurimitat über ihre Schenkel und inspizierte die blauen Flecken. Kleine Glasperlen rieselten vom Saum auf ihre Haut.

»Nicht übel, aber die Knutschflecken an deinem Hals sind noch besser: dun-kel-rot.« Antonina war erwacht und hängte sich verspielt ein Stengelchen Lavendel in den Mundwinkel. »Wieviel hat der Kerl dir bezahlt, der sich da gestern abend festgesaugt hat?«

Theodora tastete nach dem Lederbeutelchen um ihren Hals und atmete erleichtert auf; es war noch immer gefüllt. »Zehn Folleis«, sagte sie stolz.

Antonina spuckte ihren Stengel aus. »Nicht schlecht für den Anfang, Kleine.«

»Ich bin schon elf«, protestierte Theodora. »Und du?«

»Sechzehn«, antwortete Antonina, »sagte ich doch schon, oder?« Und damit langte sie zu Simon hinüber und kitzelte ihn mit dem Lavendel an der Nase. Sie lachte, als Simon im Schlaf nieste. Ein Sonnenfleck ließ ihre rote Mähne aufflammen, in der Laub, Klee und Gräser hingen; sie sah unter den Bäumen wie eine Waldnymphe aus, in ihrer grünen Tunika mit der verblaßten gelben Rankenstickerei an den Säumen. Und sie sah keinen Tag älter als zehn aus.

»He, Hebe!« Simon kiekste, dann räusperte er sich. »Wer ist der Kerl zwischen deinen Beinen?«

Wenig später klopfte sich die ganze Truppe den Staub aus den Kleidern, zupfte sich das Laub aus den Haaren, und jeder machte mit knurrendem Magen Kassensturz.

Theodora riß die Augen auf, als sie den Haufen Münzen in Antoninas Hand sah. »Ist das dein Tarif? Das ist ja viel mehr als im ›Bacchus‹.«

Antonina lächelte selbstgefällig. Dann strich sie sich lasziv mit den Händen über ihre zerbrechlich schmalen Hüften. »Dieser Alabasterleib hat eben seinen Preis, was, Leute? Nein, aber im Ernst: Der Typ gestern hat mir unters Kleid gegriffen, und ich habe derweil in seinen Beutel gelangt. So einfach ist das. Du beschäftigst sie ein wenig und«, sie schnippte mit den Fingern und ließ in Zauberkünstlermanier eine Münze dazwischen erscheinen. »Bitte sehr.«

Theodora staunte.

»Scheiße«, erklang es da von Hebe, die hektisch ihr Bündel

durchsuchte, »so eine gottverfluchte Scheiße auch.« Alle Gesichter wandten sich ihr zu. Hebe schaute mit Tränen in den Augen von ihrer Sucharbeit auf und feuerte ihren Beutel ins Gebüsch.

»Dieser Scheißkerl, der sich vorhin so schnell verdrückt hat. Er hat mein Geld mitgenommen. Hat einfach ein armes Mädchen beklaut.« Schluchzend fluchte sie weiter, während Simon sie zu trösten suchte. Antonina zuckte nur die Achseln.

»Du mußt eben aufpassen«, klärte sie Theodora auf. »Am besten, du schaffst dir eine Sparbüchse an. Schau!« Mit diesen Worten setzte sie ihren Fuß auf einen der unteren Äste des nächsten Feigenbaums und hob provozierend den weiten Saum ihrer Tunika hoch. Darunter kamen zierliche rote Stiefelchen mit einem kleinen geschwungenen Absatz zum Vorschein. Sie umschlossen das zarte Fußgelenk bis halb hinauf zu Antoninas glatten Waden. Eine komplizierte Schnürung mit Bändern und Lederschlaufen hielt sie eng am Bein. Es war feinstes Leder aus Antiochia, stellte Theodora fest, aber an der Spitze schon arg abgewetzt und grau.

»Die hab ich gebraucht gekriegt«, stellte Antonina klar, »von einem Verehrer. Die Männer sind ganz heiß drauf, sag ich dir, und außerdem ...« Sie nahm eine ihrer Münzen und ließ sie hinter den Stiefelrand fallen. »Siehst du? Die perfekte Sparbüchse.«

Dann kam Simon mit Hebe im Arm herüber. Sie sammelten ihre Requisiten auf und machten sich auf den kurzen Marsch zurück nach Sykai, um dort zu frühstücken.

Die kleine Stadt auf dem Byzanz gegenüber gelegenen Ufer des Goldenen Horns war berühmt für die sie umgebenden Feigenbaumhaine, für die nahe Kirche mit der wundertätigen Reliquie und für die ausgezeichneten Fischlokale am Hafen, die an den Wochenenden zahlreiche Besucher aus Byzanz anzogen. Eine Flotte von Ausflugsbooten mit bunten Wimpeln drängte sich dann an den bescheidenen Kais von Sykai.

Die vier Schausteller waren an diesem Mittwochmittag die einzigen Gäste an den langen blankgescheuerten Tischen des »Fröhlichen Delphins«. Der Hafen war leer bis auf ein paar Fischerboote und Scharen langhalsiger Kormorane, die auf ihren Teil der Beute hofften. Simon, Hebe, Antonina und Theodora bissen herzhaft in ihren frisch gegrillten Tintenfisch. Sie rissen große Stücke noch heißen Fladenbrots ab, um die köstliche Tunke aus Olivenöl, Knoblauch und Petersilie bis zum letzten Tropfen aufzuwischen, und wärmten sich dabei am Grillfeuer. Simon warf einem besonders mutigen Kormoran, der sich herangewagt hatte, ein Stück von seinem Teller hin.

»He«, rief er dem Wirt zu, der neben ihnen an dem qualmenden, zischenden Grill stand und eifrig seine Fische wendete. »Gib uns doch noch ein paar von den Makrelen. Das ist heute ein Festtag.« Er hob seinen Becher aus billigem blauem Glas und prostete Theodora zu. »Auf unsere Neue«.

»Auf dich«, riefen Hebe und Antonina. Theodora hob ihr Glas ebenfalls, Tränen der Rührung traten ihr in die Augen. Hebe stupste Simon mit dem Ellenbogen an.

»Na«, sagte der verlegen, »nimm noch etwas von der Fischrogenpaste.« Damit schob er ihr den Teller mit der rosa Masse hin. »Armeleuteessen, aber gesund.« Und er strahlte sie gutmütig an.

»Seht mal, Delphine.« Versonnen kauend schauten alle aufs Meer, bis der zweite Gang kam.

Als auch die Makrelen schließlich bis auf den letzten Bissen verschlungen und die Fischköpfe in den Mägen der gewissenhaft schluckenden Kormorane gelandet waren, wischte Antonina sich die fettigen Finger an ihrem Kleid ab und fragte: »Was ist, kommt noch jemand mit zu den Persern?« Dann klärte sie die erstaunte Theodora auf, daß das persische Reich hier, außerhalb der Mauern von Byzanz, seine Handelsniederlassung betrieb. Es war ein Gebäude wie eine Festung, nahe dem leerstehenden alten Theodosios-Palast gelegen, der auf diesem Ufer die Einfahrt ins Goldene Horn bewachte und dessen Besatzung auch stets einen wachsamen Blick auf den benachbarten Handelsposten der ewigen Kriegsgegner ihres Kaisers gerichtet hielt. Zu viele verführerische Dinge waren dort gestapelt, die auf dem freien Markt nicht oder nur sehr teuer zu erwerben waren. Die begehrten Damaszenerklingen etwa oder die Seide. Keine war so glatt und schwer wie die in Persien gewebte. Ein Jammer, daß die Straßen aus dem Land der Serer fast alle durch das Reich des persischen Großkönigs führten! Und die Zölle des Kaisers machten die Gewebe dann vollends unerschwinglich. Doch eine kleine, verheißungsvolle Quelle des Luxus floß hier, in Byzanz. Für diejenigen, die sie anzuzapfen wußten.

»Ist er nicht hübsch?« gurrte Antonina und ging mit wiegenden Schritten auf die persische Torwache zu. »Ich liebe diese ondulierten Bärte!« Und sie machte Miene, ihm in die Bartlocken zu greifen. Seine Hand fuhr hoch und packte ihr Handgelenk. Theodora schrie auf. Sie fand die braunhäutigen Männer mit dem düsteren Blick und der fremdländischen Uniform eher beängstigend. Hoffentlich würde er Antonina nichts antun! Doch zu ihrer Beruhigung sah sie Antonina sich an den Wächter schmiegen, der sie festhielt, ohne daß ihr etwas geschah. Und nach kurzer Zeit schienen die beiden handelseinig zu sein und verschwanden im Gebüsch. Theodora wandte den Blick zögernd dem zweiten Wächter zu, der ihn starr erwiderte. Das Weiße seiner Augen, stellte sie fest, war gelb verfärbt. Nun ja. Theodora machte einen Schritt vorwärts.

»Na?« Antonina wand sich vergnügt ein rosafarbenes Seidenband von der Breite einer Hand durch ihre wilden Locken, probierte Frisuren und posierte zufrieden für ihre Freundin, die nachdenklich auf ihr kirschrotes Band sah. »Wie war's?«
»Schmeckt auch nicht anders als Petrus.« Die beiden prusteten los. Eng umschlungen schlenderten sie zurück zum Hafen, wo

Simon und Hebe bereits für ein Boot gesorgt hatten und an dessen Bordwand gelehnt fröstelnd auf die beiden Abenteurerinnen warteten. Auf der Rückfahrt wehte ein frischer Wind: Doch sie ließen ihre leuchtenden Bänder in den grauen Himmel flattern und hielten ihre Hände in die weißsprühende Gischt. Es war wahrhaftig eine Lust zu leben!
»Eines Tages wird mein ganzes Kleid aus Seide sein«, schrie Antonina in den Wind. »Ich werde reich sein! Ja!«
»Ich mach dich reich«, rief Simon, der im Heck saß, fröhlich zurück. »Wenn wir erst unsere große Tournee machen, werden wir alle steinreich. Ihr werdet schon sehen, bald brechen wir auf. Nie mehr Petrus, nie mehr Sonntag, Montag …«
»… und Dienstag«, fiel Theodora ein.
»Genau. Das Paradies des Ostens wartet auf uns!« Simon schüttelte begeistert den Kopf, wie trunken vom Wind und von seinen Träumen. »Wir gehen auf Tour, nach Antiochia!« Die Mädchen nahmen es wie einen Kampfruf auf.
»Nach Antiochia!« schrien sie im Chor, so laut sie konnten. Die Seidenbänder flatterten als Fahnen voran.

Ketzerei!

Wieder zurück auf dem festen Boden des byzantinischen Straßenpflasters, rückten die Träume von der großen Freiheit zunächst in weite Ferne. Theodora mußte in die zwei düsteren Kammern ihres Zuhauses zurückkehren, wo der Bär sich kratzte, Mama fleißig ihre Kunden empfing und Akakios fröhlich rülpsend versoff, was sie verdiente. Komito würde zweifellos mit saftigen Ohrfeigen auf die säumige Streunerin warten, da war Theodora sich sicher.
Es war schließlich Antoninas Vorschlag, sie mit einer kleinen Gabe aus dem Verdienst der Nacht milde zu stimmen, und sie

beschlossen, daß ein saftiges Stück Fleisch, seltener Höhepunkt ihrer Familienspeisekarte, Theodoras Ausbleiben ausreichend rechtfertigen würde. Die beiden Mädchen kämpften sich mit den Ellenbogen durch das lebhafte Treiben am Neoria-Kai mit seinen großen Magazinen und durchquerten das Perama-Viertel auf der Via Neoria, die genau auf die Hagia Sophia zuhielt. Auf halbem Weg kannte Antonina eine günstige Metzgerei. Sie fanden sie in einer kühlen überdachten Ladengasse, die etwas unterhalb des Niveaus der Hauptstraße lag, von der einige Stufen dorthin hinunterführten. Hier gab es nur Metzgereien, alle Geschäfte zur Straße hin offen, geschmückt mit den blicklosen Köpfen der frisch geschlachteten Tiere, die so schon von weitem das Angebot des Tages verkündeten. Antonina steuerte auf einen von Fett getränkten und zahllosen Beilscharten gekerbten Tisch zu. Eine Reihe Schafsköpfe lag darauf, die wolligen Stirnen nach unten, die Hälse mit den gähnenden Schlagadern den Kunden leuchtend rot entgegengereckt. Die abgezogenen Körper hingen hinten im Laden von der Decke. Herz, Lunge und andere Eingeweide dagegen schwammen in fliegenumsurrten Tonschüsseln auf dem Boden.

Theodora zählte zweifelnd ihre verbliebenen Folleis, während Antonina ihr beteuerte, daß sie sicher ein, zwei Koteletts würden heraushandeln können. So traten sie ans Ende der langen Warteschlange. Der Metzger stritt gerade mit einem Kunden.

»Und Jesus war gewißlich ewig da, schon vor dem Anfang aller Zeit«, verkündete er gerade mit Inbrunst. »Zwei, drei, vier Stück vom Filet. Darf's noch etwas sein?«

Die grauhaarige Dame, die er bediente, nickte, doch der Mann hinter ihr, ein Handwerker mit rotem Gesicht, widersprach lauthals: »Er wurde von einem Weib geboren, wie kann er da ewig sein! Nein, die göttliche Natur wurde erst da hinzugefügt und ...«

»Das kann man doch nicht trennen wie Fleisch und Knochen: göttlich und menschlich«, protestierte der Metzger und fuchtelte aufgeregt mit zwei Lendenstückchen herum, die er wie zur Veranschaulichung seiner metaphysischen Arithmetik dem Widersacher vor die Nase hielt. Aus der Schlange hinter dem Handwerker kam zustimmendes Gemurmel.

»Das ist monophysitische Ketzerei! Maria hat aber nur den Menschen geboren, nicht den Gott!« kam da lauthals eine Matrone dem bedrängten Handwerker zu Hilfe. Kampflustig stemmte sie die Hände in die Hüften und sah sich um. Die beiden Hausfrauen vor Theodora und Antonina berieten sich kopfschüttelnd.

»Theotokos, Theotokos«, hielt ein hämischer Rufer dagegen, der sich lieber in die Menge duckte, »sie ist die Gottesgebärerin!«

»Ketzerei, Ketzerei! Huch«, schrie die Matrone und warf die dicken Arme in die Luft, um den Stoß aufzufangen, den sie aus der Menge erhalten hatte. Die Hausfrauen waren sich nun einig und stimmten ihr lauthals zu.

»Das lasse ich mir in meinem Laden nicht bieten!« schrie der Metzger. »Unser Kaiser selbst ist meiner Meinung.«

Da traf ihn des Handwerkers Faust. Die Dämme brachen, und eine allgemeine Prügelei setzte ein. »Nieder mit Anastasios, dem monophysitischen Ketzer auf dem Thron!«

»Sie hat den Gott geboren«, keuchte die alte Dame mit den Filets, gewürgt von den waschwassergeröteten Händen der Matrone.

»Hat sie nicht«, erwiderte diese, »au verflucht, das Weibsbild kratzt.«

»Gott starb für uns am Kreuz!« rief der blutende Metzger und wehrte sich mit einem Hüftknochen und dem schweren Fleischermesser gegen mehrere Angreifer, deren Schlachtruf hieß: »Es war nur der Sohn, nur der Sohn!«

»War er nicht!« Da gingen die Eingeweideschüsseln zu Bruch. Theodora und Antonina, dicht an die Wand gedrängt, um den Stößen und den schleimigen Blutlachen auf dem Boden auszuweichen, angelten unauffällig nach den zu Boden gefallenen

Filets der alten Damen und machten sich aus dem Staub. Wieder zurück auf der Via Neoria, untersuchte Antonina besorgt ihre roten Stiefelchen.

»Puh, heute ist es aber mal wieder schlimm«, seufzte sie. »Wenigstens sind die Schuhe heil.«

»Um was ging es da eigentlich gerade?« fragte Theodora.

»Lebst du hinter dem Mond?« entgegnete Antonina und blies sich eine Haarlocke aus der Stirn, als sie Theodora verwundert ansah. »Alle Welt streitet sich doch, ob die Monophysiten oder die Orthodoxen recht haben.« Als Theodora immer noch verständnislos dreinsah, versuchte sie, es ihr zu erklären. »Es hat irgend etwas damit zu tun, daß Jesus, als Sohn Gottes, irgendwie gleichermaßen Mensch wie Gott ist, zwei Naturen, ja genau, zwei Naturen, sagen sie immer. Und die Monophysiten behaupten jetzt, daß diese zwei Naturen ganz verschmolzen sind, und die Orthodoxen sagen, das wären sie nicht, nicht ganz. Verschmolzen, meine ich.« Sie hielt inne, um das Gesagte zu überdenken. »Oder war es umgekehrt, und die Monophysiten …« Sie schüttelte den Kopf. »Ist ja auch egal. Jedenfalls: Wenn einer sagt, daß Gott am Kreuz gestorben ist, Gott, verstehst du, und nicht Jesus, dann ziehst du besser den Kopf ein und verschwindest. Denn die sind in der Minderheit. Was habe ich gesagt!« Antonina wies auf den Trupp Soldaten, der unter der Führung seines Offiziers an ihnen vorbeimarschierte und in die Fleischergasse einschwenkte. »Wir gehen besser schnell.«

Am nächsten Sonntag stimmte der Vorsänger in der Theodosioskirche mit klarer Stimme den Hymnus »Drei mal heilig« an. Der Lobpreis Gottes füllte den Raum bis an die lampenrußgeschwärzte Holzdecke, hallte von den ziselierten Säulen der Seitenschiffe wider und brach sich an den glitzernden Mosaiken der Apsis, wo ein schwarzes Kreuz auf goldenem Grund die Gemeinde an die Allmacht Gottes gemahnte.

Die Gläubigen lauschten ergriffen, auch der Kaiser hatte inmitten der Weihrauchwolken den geschmückten Kopf gesenkt. Achtzig Jahre war er und vom Alter gebeugt. Stumm betrachtete Anastasios seine Hand, welche die Buntglasfenster grün färbten, daß sie wie eine bleiche Klaue aussah. Ich bin nicht jung, nicht stark, dachte er. Und doch lag eine Spannung über ihm, und sein Rücken in dem goldbestickten Umhang straffte sich, als die Engelsstimme laut und rein die Worte intonierte: »… der für uns am Kreuz gestorben ist.«
Da erhob sich ein Zischen aus den Bänken, es wisperte und tuschelte auf den Balkonen, wo die Frauen saßen, undeutliche Stimmen riefen Protest, und die ersten Ängstlichen drängten zur Tür. Der Sänger, im allgemeinen Lärm fast nicht mehr zu hören, brach unsicher ab, holte dann Luft, um erneut, und lauter diesmal, anzusetzen, und gab nach wenigen Tönen wiederum auf. Hilflos schaute er zu seinem Kaiser, der die Zusatzformel für den heutigen Gottesdienst befohlen hatte. Als er sah, daß Anastasios, von seinen Eunuchen und Leibwächtern umgeben, eilig durch die Seitentür der Kirche hinausgeleitet wurde, tupfte er sich mit dem Saum seines Meßgewandes die Stirn, warf noch einen letzten Blick auf den Tumult und entfloh ebenfalls. Ihm folgte der mächtige Klang des Chorals, gesungen diesmal von der Gemeinde selbst. In Trotz und Einigkeit standen sie in den Bänken und schmetterten ihr »Drei mal heilig« so, wie sie es von ihren orthodoxen Vätern gelernt hatten.
Die Flügel des Palasttores hatten sich kaum hinter der eiligen Prozession des kaiserlichen Gefolges geschlossen, da öffneten sie sich wieder, und die Truppen der Garde strömten aus. Und doch wollte der orthodoxe Choral nicht verstummen. Die ganze Nacht war er zu hören, in allen Straßen, allen Vierteln. Und wo er erklang, da brannten wenig später die Häuser der Monophysiten. Aus der Prügelei im Metzgerladen war ein Aufstand geworden.

Als sich anderntags die Führer der Orthodoxen in der Theodosioskirche versammelten, war die Stimmung so gespannt, daß die Gardisten mit Gewalt versuchten, die Menge auseinanderzutreiben. Sie warfen sich gegen die verbarrikadierten Türen, zogen, als das Holz splitternd nachgab, ihre Schwerter blank und metzelten sich durch bis zum Altar. Erst der Pfarrer, das erhobene Kreuz in den zitternden Händen, brachte sie am Eingang der Sakristei zum Stehen. Doch zu spät, hinter ihnen lagen nur Leichen.

Tausend Tote, tobte das Gerücht durch die Gassen, tausend Tote! Der Kaiser mordet die Rechtgläubigen! Die Monophysiten flohen vor der Empörung ihrer Gegner durch die Tore oder drängten sich im Hippodrom und hoben die Hände flehend zum Kathisma, damit ihr Kaiser ihnen Schutz gewähre. Dort fand der orthodoxe Mob sie gegen Mittag. In den Straßen wurde der Geruch nach verbranntem Fleisch unerträglich.

Auch das Herz des Hippodroms schlug an diesem Tage heftiger. Aufgebrachte Banden durchstreiften die dunklen gewundenen Korridore auf der Suche nach monophysitischen Ketzern. Türen wurden aus den Angeln gerissen und schreiende Frauen an den Haaren aus ihren Verstecken geholt.

»Wo ist Akakios?« fragte Theodora angstvoll und drückte ihre Schwester Anastasia an sich. Ein schriller Schrei ließ sie alle zusammenzucken. Erstmals wäre ihr die Anwesenheit des Mannes und seines Bären recht gewesen.

Komito kniete mit dem Rücken zu ihnen am Herd und rührte innerlich zitternd, aber entschlossen ihren Kornbrei um. »Wir sind keine Monophysiten, wir haben mit all dem nichts zu tun«, formulierte sie ihren Standpunkt.

»Vielleicht wissen sie ja ein paar schlangenanbetende Heiden auch zu schätzen«, gab Theodora giftig zurück. »Du glaubst doch nicht, daß dieser aufgebrachte Mob ...« Ein scharfes

Krachen unterbrach sie, dann drang ein beißender Geruch herein.

»Was ist das, Theo?« wimmerte Anastasia.

»Das ist … Rauch! O Gott, es brennt! Komito!« Die beiden sahen sich an. Alles, praktisch alles hier unter dem Hippodromshügel war aus Holz!

»Schnell, raus hier.«

»Wo ist deine Mutter?«

»Soll sich um sich selbst kümmern«, schrie Theodora. Sie nahm Anastasia Huckepack, trieb Komito an, die ihre Habe in einem Umhang zusammenzuraffen suchte, und trat die Tür auf. Eine dicke Qualmwolke drang herein und nahm ihnen fast den Atem. Ihr Korridor war leer, doch am Ende der Treppe verstopfte eine schreiende, panikerfüllte Menge den Weg.

»Zurück zum Bordell!« keuchte Theodora.

»Was willst du …«

»Es ist zweistöckig«, unterbrach sie Komitos Frage. Durch die dunklen Zimmer tasteten sie sich zu der kleinen Wendelstiege vor, die im Inneren des Etablissements nach unten führte. Es wurde heißer, sie mußten jetzt näher am Brandherd sein. Als sie wiederum dem Ausgang zuhasteten, fraßen sich über ihren Köpfen die ersten Flammen durchs Gebälk.

»Papa!« schrie Anastasia auf, als herabregnende Funken ihr Haar versengten.

»Halt dich fest. Aaah!« Theodora glaubte, gellend zu schreien, als der Mann nach ihr griff, doch aus ihrer schmerzenden Kehle kam kein Ton. Dafür spürte sie die Schärfe der Klinge auf ihrer Haut. »Porphyrios«, flüsterte sie mit letzter Kraft, ihr schwindelte. Der Wagenlenker ließ sein Messer sinken und sah sie prüfend an. Die Glut der Wände ringsum färbte ihre Gesichter in der Dunkelheit rot.

»Theo?« murmelte er schließlich. Erleichtert aufschluchzend sank sie in seinen Armen zusammen.

»Hol uns hier raus, Porphyrios, bitte ...«
»Was ist da los«, begehrte eine aufgebrachte Stimme hinter Porphyrios zu erfahren.
Der Wagenlenker wandte sich um. »Sind keine Monophysiten«, bellte er seiner Bande zu, »alles in Ordnung. Los, lauft!« fügte er an Theodora und Komito gerichtet gebieterisch hinzu. »Und laßt euch hier nicht mehr blicken.« Und flüsternd: »Ich kann euch jetzt nicht helfen.«
»Aber, das Feuer ...« Theodora schaute fassungslos zurück. Ein Stoß ließ sie weiter in die Richtung taumeln. Dann hieß die Verzweiflung sie rennen. Ein Keuchen verriet ihr, daß Komito hinter ihr war. So schnell sie konnten, hetzten sie den verwinkelten Gang entlang, kein Ziel vor Augen. Da brach krachend neben ihnen eine Seitenwand ein und zeigten ihnen ein brennendes Ladenlokal und dahinter Tageslicht, die Tür zur Straße, jedoch verhüllt von einem Vorhang durchsichtiger Flammen, die gierig und zischend hinaus an die Luft leckten.
Tränen der Wut traten Theodora in die Augen, als sie die Freiheit so nah und doch unerreichbar vor sich sah. Wieder knackte es; die verdampfende Feuchtigkeit in den Balken sang in der Hitze. Da, da waren Bottiche. Sie standen in einer Gerberei.
»Los, Komito!«
»Was ist das?«
»Urin. Zum Behandeln des Leders.« Theodora tauchte die protestierende Anastasia unter und schwang sich dann selbst in die Brühe.
»Bereit, Komito?« Ein ängstliches Nicken war die Antwort. Dann brachen sie durch.
Sie taumelten in die Arme der ebenfalls flüchtenden Menge auf der Straße. Zu schwach, um noch Widerstand zu leisten, wurden sie mitgetrieben.
»Zum Hippodrom«, schrie es immer wieder zornig. »Zum Kaiser.«

Theodora drückte Anastasia an sich und griff nach Komitos Hand. Sie mußten zusammenbleiben! Die Brandwunden schmerzten höllisch.

... Kaiser sein dagegen sehr

In der Villa des Senators Areobindus stand seine Gemahlin Julia Anicina und rang die Hände, während ihr Gatte ruhig seine Bücher sortierte, aus den Regalen holte, was er mitzunehmen gedachte, und alles in eine Reisekiste packte.

»Areobindus, das darfst du mir nicht antun!« Hilflos griff sie seinen Reiseumhang und hielt ihn fest umschlungen. »Areobindus, hör doch!« Sie lauschten beide. Der Innenhof, auf den das Studierzimmer des Senators sich öffnete, war friedlich, nur das Plätschern des Springbrunnens war zu hören und gelegentlich das Klatschen eines Fisches in der Piscina, der nach einer Mücke sprang. Doch in den Abendhimmel stiegen unübersehbar die Qualmwolken der Brände. Und in der Luft lag ein dumpfes Brummen, wie von fernen Trommeln. Der Mob feierte auf dem Forum Konstantini; Fackeln beleuchteten die mächtige Säule mit der Axt Noahs darin.

»Hörst du?« Julia Anicinas Augen leuchteten hoffnungsvoll. »Ich habe Marcellinus hingeschickt, er sagt, sie rufen nach dir. Er sagt, sie wollen einen neuen Kaiser.« Triumphierend sah sie ihn an. »Ach, so hör doch!« Beinahe ekstatisch trat sie ans Fenster. Tatsächlich wurde der Lärm nun lauter, rhythmische Sprechchöre klangen dumpf herüber, schwollen an und wieder ab.

Areobindus zuckte nur die Schultern. »Sie morden, Julia.«

Wütend feuerte Julia Anicina seinen Umhang in eine Ecke. Ihre hektischen Schritte auf und ab nahmen unbewußt den Rhythmus der fernen Chöre an. Da unterbrach sie eine Sklavin mit der Ankündigung eines Besuchers.

»Ah, Asterios, endlich!« Julia Anicina ging mit ausgestreckten Händen auf den Zirkusmeister der Grünen zu und begrüßte ihn wie einen alten Freund.
Wie hatte sie ihn gestern noch genannt, fuhr es Areobindus durch den Kopf, »diesen schmierigen kleinen Mann«? Er zwang sich, ruhig weiterzupacken.
»Asterios, so helft mir doch, ihn zu überreden!« Der Zirkusmeister stand hilflos zwischen den Ehegatten, die keinen Blick tauschten. Seine Finger unter dem Mantel spielten nervös mit der Börse.
»Wir, wir haben ein kleines Vermögen ausgegeben«, fiel es ihm ein. Erschrocken über den eigenen Mut, zu sprechen, fügte er sofort ehrerbietig hinzu, »dank der Großzügigkeit Eurer werten Gemahlin, natürlich. Und eh, ich meine ...« Julia Anicina nickte ihm aufmunternd zu. »Also, alles ist bestens. Die Leute verlangen nach Euch. Meine Männer leiten die Chöre. ›Areobindus‹, ›Areobindus‹, so rufen sie. Wir haben die Sache genauso gut im Griff wie unsere Spiele, äh.«
»Und bei euren Rennen, bester Asterios, wißt ihr da auch schon im voraus, wer gewinnt?« Es waren die ersten Worte, die der Senator zu dem Zirkusmeister sagte. Areobindus hatte sich umgedreht und sah Asterios an. Dieser begann zu schwitzen.
»Nein, äh, natürlich nicht, ich meine ...«
»Eben. Da gehen zwei Wagenlenker an den Start. Und niemand weiß, wer am Ende gewinnt. Anastasios lebt, er sitzt in seinem Palast wie die Spinne in ihrem Netz, und ich werde den Teufel tun, mich hinaus auf die Straßen zu begeben und zu sehen, wen der Plebs am Ende bevorzugt.«
»Oh, du Feigling«, brach es da aus Julia Anicina heraus. In ihrer Wut hatte sie völlig vergessen, daß es Zeugen für ihren Ausbruch gab. Sie stürzte sich auf ihren Mann und hämmerte mit ihren Fäusten gegen seine Brust. »Du elender Feigling. Mein Vater war ein Kaiser, meine Mutter und meine Großmutter waren

Töchter von Kaisern. Sogar deinem Vater hat man den Thron schon einmal angeboten. Und du hast nicht denn Mumm, dich auf einen Schild heben zu lassen und dir zu nehmen, was dir zusteht. Du ...« Ein Schluchzen erstickte die ihm zugedachte Beschimpfung, ein letzter zielloser Schlag traf sein Kinn.
Mit einer Hand schob Areobindus seine Frau sanft von sich, mit der anderen rieb er sich den Kiefer, der erstaunlich weh tat. Sein abschätziger Blick traf Asterios, der schwitzend von einem Fuß auf den anderen trat.
»Ich werde das Reich nicht für solche Träume in den Bürgerkrieg stürzen. Und: ja, ich will auch nicht der Narrenkönig einer Nacht sein, den der nächste Morgen mit seinem Haupt zwischen den Füßen begrüßt. Was mich betrifft, ich freue mich auf mein Landgut. Marcellinus!« Sein Leibsklave erschien und nahm die Reisetruhe auf. »Leb wohl, Julia.« Asterios knapp zunickend, verließ der Senator Areobindus das Zimmer.
Julia Anicina sank auf dem Ledersessel vor ihres Gatten Schreibtisch zusammen. Nach einer Weile bemerkte sie, daß ihre Finger mit einem seiner Bücher spielten; es war eine Ausgabe der Werke Kaiser Mark Aurels. Sie feuerte sie gegen die Wand.
»Ich, äh«, begann Asterios.
»Bist du immer noch hier?«
»Meine Männer müssen bezahlt werden, Herrin, ich hatte Auslagen und ...«
»Geld, Geld«, brauste sie auf, »könnt ihr Krämerseelen denn an nichts anderes denken?« Sie winkte ihn hinaus. Allein zurückgeblieben, ließ sie ihre Finger über die glatte Porphyroberfläche der Schreibtischplatte gleiten. Porphyr war der Stein der Kaiser, nur ihm standen Statuen aus dem blutfarbenen Stein Ägyptens zu, porphyrverkleidet war das Gemach, in dem die oströmischen Kaiserinnen die Thronfolger gebaren, und mit Porphyr ausgelegt waren auch die Tritte, auf denen der Kaiser sich Gott näherte, von der Schwelle der Hagia Sophia bis zu seinem Platz, vom

Eingang des Chrysotriklinums im Palast bis zu seinem Thron unter dem schwebenden Kreuz. Schon ihr Großvater, Kaiser Valerian III., hatte an diesem Schreibtisch gesessen und dort seine Edikte unterzeichnet. Und nun gehörte er ihrem Gatten, der hier seine erbaulichen Traktate aufschlug. Wieder packte sie die Wut, und sie weinte still. Wie sie ihn haßte! Aber, in diesem Augenblick schlug Julia Anicina mit der Faust auf den Tisch, sie würde ihr Ziel erreichen, sie würde Kaiserin werden. Es stand ihr einfach zu!

Da fiel ihr Blick auf das Faß mit der silbernen Tinte, das sie ihm zum letzten Geburtstag für besondere Anlässe geschenkt hatte. Sie tunkte den Griffel ein, fand ein Stück Pergament und schrieb. Es war der Entwurf für die Wandinschrift der neuesten von ihr gestifteten Kirche. O ja, sie stiftete Kirchen, wie jede Kaiserin das tat. Und dieser würde sie ihr Siegel aufdrücken. »Wer hörte nicht von Julia«, schrieb sie, »jede Stadt, jedes Land ruft es aus, daß sie den Ruhm ihrer Eltern durch gute Taten vermehrt.« Den Rest verwischten die Tränen.

»Mist, Mist, Mist«, murmelte Asterios immer wieder, während er sich mit den Ellenbogen einen Weg durch die feiernde Menge auf der Mese zwischen Konstantinsforum und Hippodrom bahnte, die in Abständen den Namen Areobindus' skandierte. Er durfte gar nicht daran denken, wie kurz vor dem Eskalieren die Situation stand. Wo immer er einen seiner Agenten traf, packte er ihn an seiner Tunika und hieß ihn, sich nach Hause zu scheren. Das lief alles aus dem Ruder, da der Senator das Heft nicht in die Hand nehmen wollte. An jeder Ecke konnte man ein Messer in den Bauch gerannt bekommen! Nervös tastete er nach seiner Börse, ließ dann hastig die Hand sinken und sah sich um. Wehe, wenn einer mitbekam, wieviel Geld er in so einer Nacht mit sich herumschleppte.

Aber es führte kein Weg daran vorbei, er mußte ins Hippodrom.

Dort hockte Porphyrios mit seiner Mannschaft und versuchte durch Sprechchöre, den Kaiser zum Erscheinen zu bringen, damit die Menge seine Abdankung fordern konnte. Jemand mußte ihn zum Aufhören bringen, jetzt, wo Areobindus gekniffen hatte. Wenn Anastasios das erst erfuhr, würde er seine Elitetruppen schicken und in der Stadt klar Schiff machen, und dann verlor er, Asterios, seinen besten Wagenlenker, und wenn jemand plauderte, vielleicht auch seinen Kopf. Daß man auch niemand anderen schicken konnte. Doch es half nichts.
»He, Platz da!« Schnaufend und schwitzend drängte er sich weiter. Vor der kaiserlichen Bibliothek am Ende der Mese hatten Plünderer Scheiterhaufen aus Büchern errichtet. Sie beleuchteten das große Tor zur Rennbahn in unheimlichem Rot.

Im Inneren des Hippodroms kochte es. Porphyrios und seine Männer waren auf die Ehrenlogen unterhalb des Kathisma geklettert. Irgendwie hatten sie es geschafft, ein paar riesige Trommeln dorthin hochzuhieven, auf denen sie lautstark und hypnotisch ihre Rhythmen schlugen und die Menge in ihren Bann zogen. Ein paar junge Goten mit langen blonden Mähnen zogen ihre Tuniken aus und zeigten die schweißglänzenden Körper mit den blauen Tätowierungen in einem wilden Schwertertanz. Keuchend traten sie nach der Darbietung an die Rampe, hoben die Klingen und schrien der Menge zu: »A-na-sta-sios. A-na-sta-sios!« Dumpf wurde der Ruf unten aufgenommen, angetrieben und aufgewiegelt vom Trommelschlag und von den gereckten Fäusten. Die Menge wollte Blut sehen.
Theodora und Komito standen eingekeilt in der Nähe der Spina, deren glatte Mauern sie nicht zu erklettern vermochten. Anastasias Kopf baumelte über die Schulter der Schwester.
»Sie ist ohnmächtig geworden«, schrie Theodora Komito ins Ohr, »wir brauchen Wasser.«
»Ich weiß nicht, wo wir das kriegen sollen!« Verzweifelt sah

Komito sich um. Rings um sie ragten dicht an dicht Schultern, Köpfe, Hälse. Die Hitze der nahen Körper und der Schweißgeruch benahmen ihnen den Atem, ihre Hirne dröhnten von den Trommelschlägen.

»Ich weiß es nicht. Vielleicht ...«

Die wild tanzenden kleinen Figuren auf dem Geländer der Loge flimmerten und loderten vor ihren Augen hin und her wie eine Fata Morgana. Da fiel ein Lichtstrahl aus dem Kathisma auf sie.

»Aaah!« Ein Stöhnen ging durch die Menge. Der Kaiser, der Kaiser kam! Alles drängte nach vorn.

»O Gott, sie zerquetschen uns. Sie bringen uns um, Komito!« Theodora spürte, wie die schweißnasse Hand der Schwester aus ihrer gerissen zu werden drohte.

Justins soldatische Schritte hallten durch die leeren Korridore. Er blieb vor einer hohen zweiflügeligen Holztür stehen, aus deren üppiger Schnitzerei Tiere scheu hervorlugten wie Wild aus dem Wald, wenn der Treiber es jagte. Zwei Silentiarii mit silbernen Stäben als Zeichen ihres Ranges bewachten die Pforte. Sie hielten sich stets in der Umgebung des Kaisers auf und hatten für die angemessene Ruhe im Umkreis seiner göttlichen Person zu sorgen. Doch dem unziemlichen Lärm, der aus dem Hippodrom bis hier herüberdrang in die hohen Hallen des Daphne-Palastes, konnte ihre Autorität keinerlei Einhalt gebieten. Als wären sie sich ihres Versagens bewußt, standen sie zaghaft da und machten keine Anstalten, dem Kommandanten der Leibgarde den Zutritt zu verwehren.

Justin durchquerte entschlossen den Vorraum des runden überkuppelten Badezimmers, der durch dunkelgrüne Seidenvorhänge abgetrennt war. Inmitten einer Schar Eunuchen kam Proclos auf ihn zugeeilt. Sein Flammenhaar schien heute Gefahr zu verheißen.

Hinten in dem runden Becken aus Jaspismarmor, aus dem nach Rosenwasser duftende Dampfwolken aufstiegen, saß Anastasios, ehemaliger Silentiarius, achtzig Jahre alt, weißhäutig und dürr und noch immer von Gottes Gnaden Kaiser des Oströmischen Reiches.

»Justin«, zischte Proclos mit der Stimme eines Mannes, der andeuten möchte, daß er flüstert, ohne dabei an Durchsetzungsvermögen einzubüßen. »Es ist jetzt ganz sicher ein ungünstiger Zeitpunkt.«

»Im Gegenteil: Es gibt keinen besseren«, antwortete der alte Soldat ruhig. »Entweder er geht jetzt hinaus, oder er ist seinen Thron los.«

»Anastasios badet«, antwortete Proclos gereizt, und ich werde ihm nicht raten, diesem, diesem, diesem Pöbel gegenüberzutreten.« Er wischte sich die Haare aus der Stirn und blinzelte, als sie sofort wieder zurückfielen.

»Wieso nicht?« fragte der Soldat. »Nichts für ungut.« Er schlug Proclos auf die Schultern, daß die gestickten Sternzeichen auf dessen Gewand zu tanzen begannen, schob ihn beiseite und schritt energisch in das Bad.

Die parfümierten Dampfschwaden ließen ihn nach Luft schnappen. Weißlich wie ein toter Fisch und von den Wellen verzerrt, leuchtete der Körper des Kaisers ihm entgegen. Anastasios' Kopfhaut dagegen unter dem schütter gewordenen feuchten Haar schimmerte so heftig rosa wie ein frischgekochtes Krustentier. Justin bemühte sich um den nötigen Respekt und versuchte, seinen Blick nicht von dem goldenen Tritonskopf an der Wand gegenüber zu lassen, aus dessen weit geöffnetem Mund das Wasser ins Becken plätscherte. Er verbarg seine Hände, wie das Zeremoniell es vorschrieb, in einer Falte seines Mantels und wartete auf eine Erlaubnis zu sprechen. Sie kam nicht. Justin räusperte sich.

»Allerheiligste Majestät«, leierte er ungeduldig, »Gott schenke

Euch viele Jahre. Tausend Jahre dem Verteidiger des Glaubens, dem strahlenden Sieger, dem …«

»Hast du schon einmal so eine wunderbare Perle gesehen?« unterbrach ihn da eine Greisenstimme, verfremdet durch den Hall, den die hohe Kuppel erzeugte.

Justin hustete und sah vorsichtig nach unten.

»Ihr rosafarbenes Licht, als leuchtet in ihrem Inneren eine Lampe, ganz unvergleichlich.«

Justin sah bestürzt auf die Perle, die sein Kaiser so versonnen zwischen den Fingern drehte. Hatte sein Kaiser vor Angst den Verstand verloren?

»Diese Perle schwamm einst in einer Muschel auf dem Meer umher«, fuhr Anastasios fort, »bewacht von einem verliebten Seehund. Bis ein Fischer sie sah und es seinem König Perozes meldete.«

Eine Pause entstand, und Justin hörte das Wasser von den schwarzen Marmorwänden tropfen. Himmel, draußen mochte bereits das Hippodrom brennen!

»Der König drängte den Fischer, die Perle zu holen. Da kraulte dieser hinaus zu der Muschel und nahm sie sich. Er will zurück zum Land, hat es schon fast geschafft, da erspäht ihn der Seehund und …«

»Majestät!« Justins Stimme war drängend, doch Anastasios fiel ihm ins Wort.

»Während der Fischer blutend untergeht, rollt die Perle Perozes vor die Füße.« Anastasios hielt sie hoch, als hätte er sie eben aus dem Sand geklaubt. »Allerdings verlor er sie dann, im Kampf gegen die hephtalitischen Hunnen.« Anastasios' Stimme wurde unsicher, als wäre er sich des Endes seiner Geschichte nicht gewiß.

Justin ging neben dem Becken in die Knie, nahm seinem Kaiser mit aller Ehrfurcht die Perle aus der Hand und flüsterte: »Und wenn Ihr sie behalten wollt, mein Gebieter, dann müßt Ihr jetzt mit mir kommen.«

Anastasios seufzte.

Wenig später war er angekleidet und auf dem Weg zum Kathisma.

»Was hat der Kaiser vor«, zischte Proclos, der gemeinsam mit Justin und einer ausgesuchten Leibwache unter Justinians Befehl hinter dem alten Anastasios her hastete. Die Mäntel der Soldaten flogen, während der alte Mann durch die Korridore fegte, als wäre er nicht der Greis, den sie zu kennen glaubten.

»Ich weiß es nicht«, zischelte Justin im selben Ton zurück. »Aber das Tempo ist gut. Warten wir es ab.«

Auf dem Absatz der Wendeltreppe vor der Loge hielt Anastasios inne. Er nahm behutsam das Diadem, Zeichen seiner kaiserlichen Würde, von seinem Haupt und fuhr sich einmal durch sein schütteres Haar, daß es zerzaust von seinem Kopf abstand. Wie eine Wolke von silbrigem Dunst schwebte es im Fackellicht um seinen Kopf, ein Heiligenschein. Mit offenen Mündern starrten die beiden Männer von den tiefergelegenen Stufen zu ihm hinauf. Sie sahen sich an. Dann verschwand ihr Kaiser durch die offenstehende Tür nach draußen, und sie stürzten ihm über die enge Stiege nach.

Das große Maul des Lärmes schluckte sie augenblicklich. Unwillkürlich hielt Proclos sich den Zipfel seines Umhangs vors Gesicht.

»Das schafft er nie«, brüllte Proclos Justin ins Ohr.

»Wetten daß doch?« entgegnete dieser.

Der Mob tobte. Doch als der zittrige alte Mann mit dem wirren Haar und dem mitleidheischenden Lächeln an die Balustrade trat, da wurde es still. Fast konnte man das leise Klirren von Gold auf Marmor hören, als Anastasios sein edelsteingeschmücktes Diadem behutsam vor sich auf die Brüstung legte.

»Der Kaiser«, wisperte es unten, »der Kaiser!« Die Menge wogte und flüsterte wie ein Wald im Nachtwind. »Unser Kaiser ist da!«

Es gab nicht wenige, die sich hinknieten und sich bekreuzigten. Theodora hörte den Mann neben sich ein Gebet murmeln. Es wurde wieder still. Dann kamen die ersten überraschten Rufe: »Das Diadem!« »Er trägt sein Diadem nicht!« Unruhe machte sich breit. Ein Kaiser ohne Diadem, was hatte das zu bedeuten? Da breitete Anastasios, mit schiefgelegtem Kopf, die Arme aus wie ein Christus, der seine Wundmale zeigt. Demut lag in dieser Geste, die Bitte um Milde und eine allumfassende Liebe zugleich. Sie wußten nicht, bat er für sich oder für sie, die verlorenen Seelen seiner Schafe. Wie etwas Höheres stand er vor ihnen im strahlenden Licht der Türöffnung hinter ihm. Und die Kinnladen sanken ihnen herunter.

»Mein Gott, seht ihn euch an, den guten alten Mann.« Die Frau, die da gesprochen hatte, schluchzte vor Rührung. »Sieht er nicht aus wie ein Prophet?« Und sie schneuzte sich in ihr Taschentuch.

»Steinigt ihn, den monophysitischen Ketzer!« Der Schrei kam aus der Gruppe um Porphyrios. »Nieder mit Anastasios!«

Die Parolen wühlten das Volk auf wie Wind ein Kornfeld, und wieder setzte das Murmeln ein. Doch andere Stimmen erhoben sich aus dem Tumult.

»Wie gut er ist!« erklang es. »Seht, das Lamm!« Und plötzlich ertrugen sie es nicht mehr, daß ihr guter, ihr gnädiger Kaiser sich so erniedrigen sollte, daß er seiner Krone entbehrte.

»Aufsetzen«, lautete die neue Parole, die wie ein Lauffeuer durch die Reihen ging. »Aufsetzen, aufsetzen!« Der Lärm war ohrenbetäubend.

»Theo?« murmelte Anastasia benommen. Theodora spürte die Bewegung in ihren Armen.

»Anastasia? Oh, Anastasia, mein Süßes, mein Mäuschen. Du lebst.« Heftig drückte sie die Kleine in dem allgemeinen Freudensturm an sich. »Komito!« schrie sie nach der Stiefschwester. »Komito!«

»Aufsetzen!« brüllte es ringsum. Das ganze Hippodrom berauschte sich an diesem Ruf.
Grimmig blickte Porphyrios über das kaiserfreundliche Wogen. Er nickte seinen ratlos herumstehenden Genossen zu, den Tanz fortzusetzen, und hob gerade entschlossen das Trommelholz zum Schlag, als Asterios ihm in den Arm fiel.
Überrascht hielt der Wagenlenker inne. »Wo kommst du her?«
»Frag nicht.« Mit zerfetzten Kleidern, das Gesicht blutverschmiert, stand sein Zirkusmeister vor ihm.
»So, Schluß, Jungs. Packt die Trommeln ein und geht nach Hause.«
»Aber wir können noch …«, wollte Porphyrios einwenden.
»Nichts können wir«, fiel Asterios ihm ins Wort. »Areobindus ist fort. Die Sache ist gelaufen. Und die Frau zahlt keinen Folleis.«
»Mist!« Wütend donnerte Porphyrios das Holz in die Trommel, daß sie dröhnte. Einen Moment stand er still. »Aber einen guten Kampf lasse ich mir nicht nehmen.«
Ein Wink genügte, und seine martialischen Tänzer verschwanden mit ihm zusammen wie von Geisterhand von der Balustrade, um ihr Mütchen anderswo in der Stadt zu kühlen. Über ihnen griff Anastasios unter dem brausenden Jubel der Menge zu seinem Diadem und setzte es sich aufs Haupt.
»Dieser verdammte alte Hund!« flüsterte Proclos bewundernd. Unauffällig übergab er Justin einen Goldsolidus, den der zufrieden grinsend einsteckte.

Die erste Schlacht

»Daß ihr euch nicht schämt, ihr billigen Theaterhuren!« Die alte Frau bekreuzigte sich heftig und spuckte aus. Die Spucke landete harmlos im heißen Julistaub, und vier kleine Füße in roten

Schnürstiefelchen setzten tänzelnd darüber hinweg. Zwei schmale Mädchenhüften wiegten sich aufreizend im selben Takt, als sie weitergingen. Ein Paar grellrot geschminkter Lippen wölbte sich mokant, eine blasse Schulter hob sich, um lässig den viel zu durchsichtigen Baumwollstoff noch etwas weiter heruntergleiten zu lassen. Das Licht warf noch einige provozierende silberne Reflexe auf einen langen Seidenvorhang schwarzer Haare, die der Alten die Galle überlaufen ließen. »Bedeckt wenigstens euren Kopf! Flittchen!«

»Bedeck du dir lieber das Gesicht«, schallte es zurück, »bevor noch jemand erschrickt!«

»Also, das ist doch … Eine Unverschämtheit ist das!« Empört suchte sie Zustimmung bei den umstehenden Passanten. Theodora und Antonina auf ihrem morgendlichen Gang zur Probe hinterließen den Bürgern von Byzanz eine Menge Gesprächsstoff.

Wenig später saßen sie breitbeinig auf der ersten Sitzreihe des Theaters, fächelten sich mit ihren Kleidersäumen Luft zu und warteten darauf, daß Serapion mit den Proben für seinen morgigen Auftritt als Ödipus fertig würde.

»Er ist schon ein Genie«, sagte Theodora und wies auf den Tragöden. »Schau dir die Gestik an.« Fasziniert verfolgte sie die eleganten Linien, die seine Hände in die Luft zeichneten. Sie waren verhüllt von überlangen Ärmeln, die wie die Schleier eines Tanzmädchens jeder seiner Bewegungen folgten und sie höchst anmutig aussehen ließen. Hofdamen und Gecken ahmten diese Tracht der Schauspieler nach. Doch noch niemanden hatte sie die ausdrucksvolle Hülle so perfekt zur Wirkung bringen sehen wie den Antiochier dort unten. Eine Nereide und ihr Fischschwanz mochten ähnlich harmonieren.

»Pah!« Antonina war wenig beeindruckt. »Er ist ein Schwein.«

»Das schließt einander ja nicht aus«, entgegnete ihre Freundin.

»Eher im Gegenteil, schätze ich.« Antonina seufzte gekünstelt. »Denn hier kommt ein netter Kerl, der wohl immer ein mittelmäßiges Talent bleiben wird.« Sie wies auf Simon, der eben aus dem Bühnengebäude trat, mit den Blicken das Besucherrund absuchte, winkte und zu ihnen herüberkam. Sie mußten lachen.

»Ist irgend etwas?« Simons Begrüßungslächeln verschwand, und er runzelte die Stirn.

»Nein, nein«, schnurrte Antonina und streichelte ihm die Schulter, »wir haben dich nur gerade gelobt.«

»Ja«, kicherte Theodora, »das auch.« Und der nächste Lachanfall brach über den ratlosen Simon herein.

»Gut, gut«, meinte er irritiert, »ich habe nämlich prachtvolle Neuigkeiten für uns, äh, wo ist Hebe?«

»Hier«, erklang es kläglich hinter ihnen, »entschuldigt, daß ich zu spät bin.« Hebe stand da, als wünschte sie sich unsichtbar. Ihr Haar war streng zurückgekämmt und aufgesteckt, dennoch war der ungesunde schmutzige Grünton darin deutlich zu erkennen.

»Hebe!« Die beiden Mädchen flatterten aufgeregt um die Freundin herum. Wie oft hatten sie sie schon gewarnt, sich die Haare nicht mit zerstoßener Geranienwurzel zu färben!

»Ich wollte doch nur was gegen mein Straßenköterblond unternehmen«, jammerte Hebe.

»Geranienwurzeln?« Simon riß sie ohne Vorwarnung in seine Arme und küßte sie. »Geranienwurzeln! Götterkind! Nach dem Gelage gestern dachte ich schon, es läge an meinen Augen.« Und er schob ihr beide Hände unters Kleid. Antonina betrachtete gelangweilt ihre Fingernägel.

»Sollten wir nicht langsam mit den Proben beginnen?« Theodora wurde ungeduldig. »Und was sind das für Neuigkeiten, die du berichten wolltest?«

»Leo«, japste Simon, als Hebe ihn zu Atem kommen ließ. »Leo kommt auch gleich. Er ist noch bei Petrus drin. Donnerstag.« Er zuckte vielsagend die Achseln.

Als endlich alle Mitglieder seiner kleinen Truppe versammelt waren, machte Simon sich mit großer Geste an die Verkündung seiner frohen Botschaft. »Der magere Juli ist vorbei«, rief er. »Bald beginnt der August der ›Glücklichen Schiffe‹, und die Getreideflotte kommt aus Alexandria ...«
»Wie jedes Jahr«, warf Theodora dazwischen, »wo soll da der Witz sein?«
»All die knackigen ägyptischen Matrosen«, hauchte Antonina genießerisch, »mit der ganzen Heuer in der Tasche.« Und sie warf sich in Pose.
»Vergiß die Matrosen, Nina«, lachte Simon. »Dieses Jahr mischen wir ganz groß mit.« Er machte eine Kunstpause. »Wir geben die Nummern zwischen den Wagenrennen im Hippodrom.« Stille. »Oh, umarmt mich bitte nicht alle auf einmal.«
»Wir haben die Pausennummern?« flüsterte Theodora. »Wir haben«, wiederholte sie fassungslos, »die Pausennummern!«
Sie schrien begeistert lachend und tanzten über die Sitze, daß Serapion unten auf der Bühne ärgerlich in seinem Trauermonolog innehielt und sich die Augen beschattete, um zu sehen, wer da seine Konzentration störte.
»Maul halten, ihr blöden Zotendrescher«, brüllte er hinauf, daß die Krähen, die zwischen den verlassenen Sitzreihen nach Krümeln suchten, erschrocken aufflogen. Als Antwort kam von Leo ein krachender Furz.

Ein Furz, so abwehrmächtig wie der Donnerkeil,
den einstens Vater Zeus, der Götter erster
mit Ingrimm auf der Feinde Vielzahl schleudert.
So furze ich, und erzner Klang zerschmettere
die Fremden, die uns drohen überall
mit dieser edlen Waffe hier aus meinem Arsch.

Es war sein Textpart aus der »Charition«, dem Stück, das sie zu proben gedachten. Als Sklave Stupidus half er seinem Herrn auf seine Weise, dessen Schwester Charition aus den Händen der Barbaren zu befreien – mit der eben zitierten Taktik.

Theodora spielte die Rolle der Prinzessin Charition, die von den Fremden verschleppt und gezwungen wird, als Priesterin der Selene Menschen zu opfern. Eine dieser Altarszenen, bei denen der zu opfernde Jüngling nicht stillhalten will, bis Theodora ihn mit einem Striptease hypnotisiert, bei dem sie nur den silbernen Mond in ihrem Haar und einen kleinen Hüftgurt anbehielt, war der Höhepunkt des Stücks. Vielleicht hatten sie es ihm zu verdanken, daß sie für die Hippodrom-Feierlichkeiten anläßlich der »Glücklichen Schiffe« ausgewählt worden waren.

»He, was ist, Theo, schläfst du?« Simon sah sie tadelnd an, und Leo wiederholte seinen Text:

Herrin Charition, sieh zu, wenn du kannst, etwas von den Weihgaben der Göttin mitgehen zu heißen.

Theodora zierte sich mit großer Geste:

Bewahre, schweig! Wer der Rettung bedarf, der sollte sie
nicht mit einem Tempelraub
von den Göttern erflehen. Der Besitz der Göttin
muß unberührt bleiben!

Und Simon antwortete prompt:

So berühr ihn nicht. Ich mach das schon.

Er las ihren Text stumm in Rollenbuch mit und nickte. Seine Lippen formten leise jedes Wort. »Theo, Schätzchen«, rief er dann, »ich hab eine Idee.«

Theo drehte sich nach ihm um, die Hände in die Hüften gestemmt. Antonina auf ihrem Zuschauerplatz verdrehte die Augen zum Himmel. »Könntest du dich nicht an dieser Stelle langsam ausziehen und …«
»Simon!« erklang es im Chor, »halt's Maul!«

Johannes Lydos, Sohn vornehmer Eltern aus Philadelphia, stand an eine Säule des Meilenstein-Tempelchens gelehnt, ließ die Mittagsflaneure auf der Mese an sich vorüberziehen und betrachtete liebevoll die zwölf Goldsolidi in seinem Beutel. Er konnte sein Glück kaum fassen. Erst vor einem Jahr war er von der Universität abgegangen und nun schon Beamter geworden! Als guter Freund seiner Eltern hatte ihn der Praefektus praetorio zusammen mit tausend anderen neuen Exceptores in die Präfektur aufgenommen. Er erhielt als Lohn die Annonae, das waren Lebensmittel- und Sachbezüge, dazu neun Solidi im Jahr, nicht gerechnet die ganzen Bestechungsgelder, die nach Tarif für alle Amtshandlungen fällig wurden. Das war für so einen kleinen Schreibassistenten, wie er es als Exceptor war, zwar noch nicht viel.
Aber! Triumphierend lächelte er vor sich hin. Nach drei Jahren schon konnte er Augustalis werden, dann würde er als Schreiber bei Gerichtsfällen herangezogen, das bot ganz andere Möglichkeiten. Und in neun Jahren konnte er Adiutor sein, mit tausend Solidi im Jahr und dem Doppelten an Bestechungssummen, wenn er fleißig war. Mutter war so stolz auf ihn! Und um das Maß des Glückes voll zu machen: Als er, um dem Präfekten für die Protektion angemessen zu danken, ihm ein Preisgedicht schrieb, in dem er ihn mit dem strahlenden Apoll verglich, da erlaubte der Präfekt ihm in seiner Güte, sich für jede Gedichtzeile einen Goldsolidus aus der Amtskasse zu nehmen – als Belohnung.
Behutsam zählte Johannes Lydos noch einmal nach: neun, zehn,

elf, zwölf. So viele Verse hatte sein Gedicht. Wahrhaftig, er stand am Anfang einer vielversprechenden Karriere. Blieb die Frage, wie er diesen Abend angemessen beging.

»Kommt ihr beiden Hübschen jetzt, oder was?« Die beiden jungen Männer pfiffen durchdringend auf den Fingern nach ihren heutigen Eroberungen. Sie fühlten sich in der vornehmen Atmosphäre des Augusteion-Forums mit der mächtigen Fassade des Senatsgebäudes und dem betäubenden Duft der umliegenden teuren Parfumläden nicht recht wohl. Lieber wollten sie noch in den »Bacchus« zum Würfeln und wippten ungeduldig auf den Fußspitzen, als die beiden Mädchen sich vor einem Schaufenster länger aufhielten.

Antonina winkte ihnen mit einer langsamen, lasziven Geste, sich zu beruhigen, und Theo warf ihnen eine flüchtige Kußhand zu, dann drehten sie sich wieder um zu der ausgestellten Seidenrobe in der Auslage, die selbst jetzt am sonnigen Mittag von zahlreichen silbernen Hängelampen ausgeleuchtet war, was die Ware schimmern ließ wie Zauberdinge.

»He, solche wie euch gibt es für zwei Folleis an jeder Ecke.« Mit einer obszönen Geste verabschiedeten sich die beiden Kavaliere und verschwanden in der Menge. Theodora stemmte die Hände in die Hüften und setzte zu einer saftigen Schimpfkanonade an, doch Antonina hielt sie zurück.

»Sind doch nur Sklaven. Schau bloß!« Andächtig zwirbelte sie eine ihrer langen Locken zusammen und zog sie über ihre Oberlippe. Das tat sie immer, wenn etwas sie völlig fesselte. Heute war das eine bodenlange seidene Frauentunika in der Farbe reifer Pfirsiche. Der Saum war ausgestellt, so daß sie sich üppig um die Füße bauschen mußte, und die Ärmel wurden zu den Knöcheln hin so weit, daß jede Handbewegung sie wie eine Schleppe mitführte. Antonina probte bereits die anmutigen Gesten, die sich damit ausführen ließen. Eine reichbestickte Borte schmückte die

Vorderseite des Kleides vom Halsausschnitt bis zum Boden, Bienen, Papyrus und Palmen im ägyptischen Stil tummelten sich dort, steif von Gold. Der Hals selbst war umstickt in Purpur, Kirschrot und Gelb, als habe die Trägerin einen üppigen Halsreif aus Rubinen, Granaten und Bernstein um. Und in der Tat zierten Bernsteine als Blüten auch die umstickten Säume. Eine Stola, üppig mit Edelsteinen besetzt, gehörte ebenso zu dem Gewand wie ein goldener Gürtel.

»Wie wunderbar das zu deinem roten Haar aussehen würde«, wisperte Theodora. Doch tatsächlich sah sie sich selbst in der Robe, sah den Glitzerschal sich um ihre üppigen Flechten legen, die sie mit goldenen Nadeln aufstecken würde. Und dazu ein Mantel aus echtem Purpur, nicht das billige Zeug aus ihrer Theatergarderobe, das immer rote Flecken auf ihrer Haut hinterließ, wo sie geschwitzt hatte, nein, die königliche Farbe der Purpurschnecke mußte es sein, die Tropfen für Tropfen aus dem Ozean gewonnen wurde. Und darunter würde sie ein plissiertes Gewand aus ägyptischer Baumwolle tragen, so fein, daß es fast durchsichtig war und unter dem seidenen Saum hervorquoll wie Meerschaum auf den Wogen ...

»Drei Folleis, Süße«, flüsterte eine Stimme nahe an ihrem Ohr. Theodora roch Schweiß und schob den Sprecher weg, ohne ihn anzusehen. »Verpiß dich!« Was mochte das Kleid kosten, tausend Solidi, zweitausend?

Antonina strich sich träumerisch über ihre eigenen Gewandärmel. »Schau, ich hab mir das Seidenband von dem Perser damals als Saum am Ärmel eingearbeitet. Wie findest du's?«

Theodora betrachtete die verschossene rosa Seide, die in den letzten drei Jahren nicht eben an Glanz gewonnen hatte. Antonina hatte sie an die Ärmel einer schlichten braunen Wolltunika mit lederner Schnürung am Ausschnitt angesetzt, wo sie Schweiß und Fischsoße aufsaugte und langsam ausfranste. »Ärmlich«, kommentierte sie knapp.

»Ha, ha, ha«, machte Antonina, »Ärmel, ärmlich. Sehr witzig. Du stehst hier nicht auf der Bühne, meine Liebe.«
Theodora achtete gar nicht darauf. Eines Tages, beschloß sie, eines Tages würde sie in diesem Geschäft einkaufen. Wenn sie aus Antiochia wiederkam, berühmt und reich war. »Antiochia«, murmelte sie versonnen.
»Was?« Antonina war immer noch verärgert.
»Antiochia. Wenn wir von unserer großen Tournee zurück sind, dann werde ich hier hineinrauschen und mich von diesen hochnäsigen Eunuchen bedienen lassen.« Damit deutete sie mit dem Kinn auf den Geschäftsinhaber, einen fetten persischen Kastraten, ganz in grüne Seide gewickelt, der bereits besorgte Blicke aus der Ladentür nach der ungebetenen Kundschaft warf.
»Ach was, Antiochia«, erwiderte Antonina unwirsch, zeigte dem Perser einen dicken Kußmund und zog die widerstrebende Theodora hüftwackelnd mit sich fort. »Simon versäuft das Reisegeld doch jeden Tag aufs neue. Wir könnten alle längst bis Indien gekommen sein, wenn wir nur etwas genügsamer wären, nicht wahr?« Und mit einem Aufkreischen zog sie Theodora an einen Stand mit winzigen bronzenen Handspiegelchen, deren Griffe schuppige Eidechsenschwänze waren, während die Tierchen selbst die polierte Spiegelfläche in ihren Füßen zu halten schienen. Es waren billige Imitationen syrischer Arbeiten, Massenware, doch mit fünfzehn Folleis das Stück für Theodora noch immer unerschwinglich.
»Sind die nicht entzückend?« Und sie begann, mit dem Verkäufer zu verhandeln.
»Woher du immer das viele Geld hast«, murrte Theodora.
»Oh, Kunden«, antwortete Antonina zerstreut. Sie war beschäftigt. »Man muß eben ein Auge dafür haben.«
»Ach!« Theodora warf einen zweifelnden Blick auf das Stopfloch am Ellbogen von Antoninas Tunika.
»Ja. Zum Beispiel«, sie blickte flüchtig auf, »der da.« Theodora

folgte ihrem ausgestreckten Finger. Ein junger Syrer mit schweren Lidern und lang in die Stirn fallenden Locken spazierte zögerlich zwischen den Arkaden des Augusteion entlang. Sein schüchternes Lächeln schien niemand Bestimmtem zu gelten.

»Das ist doch noch ein Student, frisch aus der Provinz«, urteilte Theodora abwertend.

Antonina widersprach. »Viel zu gute Schuhe«, bemerkte sie knapp. »Und die Toga hat er neu gekauft, blütenweiß, ach Gottchen. Kleiner Akademiker mit großen Träumen, wenn du mich fragst. Aber ich wette, er hat eine Beamtenstelle. Los, geh hin.« Sie schubste die Freundin in Richtung Straße.

»Und du?«

»Wir treffen uns später im ›Bacchus‹«, rief Antonina und winkte nonchalant. »Viel Spaß!«

Viel Spaß, viel Spaß, murrte Theodora innerlich. Aber sie schaltete automatisch auf ihren wiegenden, provozierenden Bühnengang um, als sie sich dem Jungen näherte, stemmte eine Hand in die Hüfte und warf sich das pechschwarze Haar mit einer Kopfbewegung über die Schulter, von der es verführerisch herabfloß. Ihre Lippen glühten, und die schwarzen Augen in dem blassen Gesicht leuchteten unergründlich und geheimnisvoll, als sie ihn ansprach: »Na, Lust auf einen blasen?«

Johannes Lydos konnte die zauberhafte Erscheinung und das ordinäre Angebot erst nicht miteinander vereinen. Er lächelte freundlich verwirrt und starrte dabei das schönste Mädchen an, das er je gesehen hatte. Der elfenbeinfarbene Teint und die rußschwarzen Brauen darauf – wie Schwingen. Johannes' Herz schlug wie die Flügel eines aufgeregten Nestlings. Sie war wahrhaftig eine Göttin, wie sie da auf ihn zuschwebte – und sie sprach wie die schlimmste Hafenhure. Als ihr dunkler Blick ihn traf, begannen seine Knie zu zittern. Er bat sie ohne Umschweife, mit ihm in die Thermen zu gehen.

Theodora kaute auf ihrer Unterlippe herum und musterte ihren

Fang von oben bis unten. Sie hatte nicht vor, ihm auf die Nase zu binden, daß sie tatsächlich noch mit keinem Kunden richtig geschlafen hatte. Kleinere Dienste im Stehen an der Theatermauer oder in einem Gebüsch, das war ihr erprobtes Metier. Aufreizend nestelte sie an ihrem Ausschnitt herum, um ihn bei Laune zu halten, während sie nachdachte. Er sah gar nicht schlecht aus, registrierte sie, war höflich und reinlich vermutlich auch, er roch sogar nach einem Parfum. Er war noch nicht betrunken, und brutal wirkte er auch nicht. Vermutlich, dachte sie, kriege ich kaum eine bessere Chance, es sauber hinter mich zu bringen. Laut sagte sie: »Das wird aber was kosten.«

Johannes, der mit derartigen Situationen nicht vertraut war, errötete, nickte dann und holte, sorgsam darauf bedacht, den Inhalt seiner Börse zu verbergen, einen Solidus heraus, um ihn Theodora zu zeigen.

»Ich dachte mir, wir gehen ins Zeuxippos-Bad.« Theodora war viel zu perplex über den Anblick des Goldes, um zu protestieren.

Von der Pracht der Thermen beim Palast, für Johannes etwas täglich Vertrautes, für Theodora überwältigend neu, bekamen sie beide wenig mit. Johannes stürmte hastig voraus, um einen Bademeister zu finden, der die nötigen Vorbereitungen traf.

Theodora zog sich nervös aus, mietete mit dem von Johannes gespendeten Kleingeld Handtücher, Seife und Öl, schlüpfte in die bereitgestellten Holzsandalen und tappte in die Baderäume. Sauber und duftend dann betrat sie die Halle mit dem großen Schwimmbecken, in der die Stimmen Hunderter Besucher widerhallten. Antike Heroen und Götter aus Marmor standen überlebensgroß und ungerührt in dem Getriebe aus Badegästen, Touristen, Kranken mit ihren Betreuern, die hergekommen waren, um ihre Badekuren durchzuführen, aus Hetären auf Kundenfang, Politikern, die die Stimmung erkunden wollten, Propheten, die ein Publikum suchten, und Greisen auf den

Marmorbänken, stoisch auf ihre Stöcke gestützt, um noch so viel pralles und nacktes Leben wie möglich zu sehen, ehe das Ende kam. Als Theodora, nur von ihrem Haar verhüllt, an ihnen vorüberging, bekreuzigten sie sich.

Theodora bestaunte die Fußbodenmosaike mit Krokodilen, Nilpferden und Booten im Schilf, auf denen Männer Fische fingen und Enten jagten, sie bestaunte die Fresken mit Nereiden und spielenden Nymphen an den Wänden und starrte mit offenem Mund zu den vergoldeten Stuckornamenten an der hohen Decke empor, wo sich das ohrenbetäubende Plätschern und Geplauder ringsum brach. So fassungslos war sie ob der Fülle, daß sie ganz vergaß, ihre Hüften zu schwenken, bis Johannes sie selbstvergessen dastehend entdeckte und eilig in den von ihm gemieteten kleinen Baderaum zog.

Ein Becken, mehr eine Wanne, mit türkis- und goldfarbenem Mosaik leuchtete ihnen entgegen, aus dem der heiße Wasserdampf aufstieg. Kerzen, Konfekt und Wein waren an seinem Rand verteilt. Theodora glitt hinein, ohne das alles eines Blickes zu würdigen, und ihr Haar schwebte wie eine Wolke um sie.

»Erst das Geld«, sagte sie.

Johannes Lydos legte eine Münze zwischen ihre kleinen feuchten Brüste. Dort schimmerte er, rund und golden. Der Solidus, ein echter Solidus! Ihr Solidus. Theodora konnte es kaum glauben, sie hatte noch nie zuvor einen berührt. Sie hörte Johannes' erregtes Keuchen, als er es wagte, seinen Mund auf ihren Hals zu drücken und von dort zu den Spitzen ihrer Brüste zu gleiten, die rosenfarben glühten. Der sachte Widerstand an seinen Lippen ließ ihn erschauern, fest schloß er sie um die Knospen, sog daran. Die Sensation durchschlug seinen Körper bis in die Zehenspitzen; er packte sie.

Theodoras Hand griff nach dem Schatz auf ihrer Brust und hielt ihn fest umschlossen. Ein Solidus, ein ganzer Solidus!

»Davon stand nichts in den Sternen, vermute ich!« Proclos, der Traumdeuter, biß sich verärgert auf die Lippen bei dieser Bemerkung Justinians. Der Neffe des Generals wurde entschieden zu frech.

»Pfeift euren Jagdhund zurück, Justin«, fauchte er daher. »Sonst sorge ich dafür, daß Kaiser Anastasios ihn als Ruderer auf das erste Schiff schickt, das sich Vitalian entgegenstellen muß.« Er blinzelte, wischte sich das rote Haar aus der Stirn und wies über die Brüstung auf das, was ohnehin alle betrachteten, die auf dem Balkon über dem kaiserlichen Hafen zusammengekommen waren: die Flotte des aufständischen Generals Vitalian, die lautlos, majestätisch und ungehindert in das Goldene Horn einfuhr, um die Stadt zu erobern und Anastasios seinen Thron zu nehmen.

Amanthios, der kaiserliche Kämmerer, schüttelte fassungslos den Kopf. »Wie hat er nur so viele Schiffe zusammenbekommen, ohne daß wir etwas erfuhren?«

»In der Tat, schwer zu glauben, daß Ihr etwas nicht wißt.« Das war Proclos' bissige Stimme.

Der Eunuch fuhr herum. »Was wollt Ihr damit sagen, Traumdeuter?« Sein Ton war beiläufig, dennoch bereitete er einem Gänsehaut, und Proclos fiel es zu spät ein, daß man den Kämmerer mit dem kahlen Schädel und den kalten Augen besser nicht ohne Not reizte. Während man Eunuchen doch allgemein nachsagte, daß sie etwas von einer Frau hatten, so erinnerte ihn Amanthios am ehesten an eine Schlange. Wieder einmal schob er seine Haarsträhne beiseite und sah blinzelnd aufs Meer, während Amanthios' Blick in seinem Nacken kribbelte.

»Es sind jetzt schon über zwanzig, seht!« sagte er erregt.

Justin warf seinem Neffen einen schnellen Blick zu, ehe er wieder grimmig auf die Schiffe des Verräters sah. Seine Hände auf der mit Füllhörnern und Blumenamphoren geschmückten Marmorbalustrade waren zu Fäusten geballt. »Er muß sie im Schwarzen Meer gesammelt haben«, murmelte er so leise vor unterdrückter

Wut, daß fast nur Justinian ihn verstand, »und das schon seit Monaten. Verdammt!« Er schlug mit der Faust auf den Sims.

Alle schwiegen. »Proclos«, überlegte Justin schließlich laut, »erinnert Ihr euch noch an die Vorführung dieses Professors aus Athen? Er hieß wie Ihr, wenn ich nicht irre. Und sein Wunderwerk nannte er …«

»… das griechische Feuer, ja«, ergänzte Proclos den Satz. »Es war eine Mischung aus Schwefel, Steinöl und …«

»Es ist ein Geheimrezept«, unterbrach Amanthios den Traumdeuter, den seine alchimistische Begeisterung mitzureißen begann. »Es ruht in der königlichen Schatzkammer. Ihr solltet Euch besser nicht dem Verdacht aussetzen, es zu kennen.« Amanthios trat ruhig einen Schritt an den Traumdeuter heran und sah ihm in die Augen. Proclos wurde es heiß.

»Ich kenne es nicht«, haspelte er erschrocken drauflos, »nicht weniger als Ihr oder, oder, oder jeder andere, der bei der Vorführung dabei war, zum Teufel noch mal! Ich habe nichts gesagt, was Ihr nicht auch …« Sein Gesicht war so flammendrot wie sein Haar.

»Funktioniert es?« fragte Justin knapp, ohne sich nach den Streithähnen umzudrehen. Ihre Köpfe schnellten zu ihm herum.

»Was habt Ihr vor?« schnappte Amanthios.

»Justinian!« Justin hatte zu seinem alten Kommandoton gefunden, und sein Neffe trat sofort an seine Seite. »Wie Proclos vorgeschlagen hat«, und er machte eine spöttische Reverenz in Richtung des Traumdeuters, »wirst du auf das erste Schiff gehen. Als Kommandant. Ich leite die Flotte.« Mit diesen Worten war er schon auf dem Weg, die Freitreppe hochzusteigen, die hinter ihnen zum Magnaura-Palast führte. Sein roter Mantel wehte im Seewind.

»He, Moment, was habt Ihr vor?« rief Proclos ihm nach. Doch der alte General war bereits zwischen den pfauenförmig geschnittenen Hecken verschwunden und sein Neffe mit ihm.

Amanthios beantwortete an ihrer statt die Frage des Traumdeuters.

»Er wird ihn verbrennen.« Und er wies mit dem Kinn auf Vitalians Schiffe. Proclos pfiff anerkennend durch die Zähne.

»Mut hat er, das muß man ihm lassen. Aber«, er wiederholte unbewußt Justins Frage, »funktioniert es denn, das griechische Feuer? Wenn ich nicht irre, gab es damals bei der Vorführung ein paar, äh, Unzulänglichkeiten.«

»Befragt die Sterne, Proclos. Ich für meinen Teil gehe zum Kaiser.« Amanthios raffte mit ausdrucksloser Miene seine Seidengewänder um sich. Kein Laut war zu hören, als er davonglitt.

»Dreh dich um, Mädchen«, keuchte Johannes gerade in höchster Ekstase, »ich bitte dich, ich flehe dich an, o Gott …«

»Das kostet aber extra!« Theodora hatte den Satz noch nicht beendet, als sie den zweiten Solidus auf ihrer Haut fühlte. Hastig schloß sie ihn in die andere Faust und stellte sich auf alle Viere. Wie ihre Mutter einst vor Charikles im Sand Sardiniens kniete sie da, in jeder Faust ein Goldstück, und biß die Zähne zusammen.

»Ja, ja, o ja!« Johannes griff planschend nach Theodoras Hüften und hob sich ihr tropfendes Gesäß entgegen. Er schrie, als er in sie eindrang.

»O Gott, ich bin ein Gott. Ich bin ein Gott!«

Da schlugen die ersten Geschosse von Vitalians Katapulten hinter den Mauern von Byzanz auf das Pflaster.

Die Menschen in dem kleinen Ausflugsboot schrien vor Panik, doch gingen ihre Schreie im Rauschen der Bugwellen und im Knarren der Riemen von Vitalians mächtigen Vierruderern unter. Von der Invasion der großen Schiffe auf dem Goldenen Horn überrascht, hatten sie ihr zierliches buntbemaltes Gefährt nicht mehr rechtzeitig an ein rettendes Ufer bringen können und tanzten nun hilflos im Kielwasser der schnell vorbeiziehenden Dromonen. Die verängstigten Insassen sahen ohnmächtig zu, wie sie, samt ihrem plötzlich spielzeugklein wirkenden Segel, unter die Ruderstangen des Flaggschiffs gerieten. Durch die Öffnungen in der Bordwand sahen sie die Ruderer nackt im roten Fackellicht schwitzen, sie hörten die Trommelschläge der Schlagmänner und die gellenden Kommandos. Es war wie ein Blick in das Fegefeuer, ehe die nächste Welle ihr Boot wieder hinausschleuderte. Ihre Schreie verhallten ungehört, und über ihre Köpfe hinweg zogen die Katapultgeschosse schwarze, zischende Bahnen.

Auch das schlankere Dromos, das sich jetzt vom Neorion-Kai löste und mit schnellem Ruderschlag der Mitte des Meeresarms zustrebte, schien auf der Flucht zu sein. Vielleicht wollte es der Zerstörung entgehen, die ihm im Hafen, hilflos angekettet, drohte. Doch war es eine kopflose Flucht, denn sie führte ja tiefer ins Horn hinein. Das schnelle Kriegsschiff eilte, mühsam gegen den Wind anrudernd, mit aller Kraft in eine Sackgasse, die sichere Vernichtung nur aufschiebend. Vitalians Kommandeure verfolgten das Manöver kopfschüttelnd und beschlossen, das Dromos zu ignorieren. Von dort konnte keine Gefahr drohen.

Unbehelligt brachte Justinian sein Schiff in eine Position in sicherer Entfernung zu der gegnerischen Flotte, die jetzt längsseits gegangen war und den Beschuß der Stadt verstärkte. Der Wind zerrte und zog an dem halbmast gesetzten roten Wimpel über ihm, als er an Deck stand, breitbeinig und allein, hinter ihm nur die gähnende Leere des breiten Kampfdecks.

»Kommandant?« Es war der Kapitän, der sich ihm zögernd näherte. »Die Männer sind unten und werden langsam unruhig. Sie fragen sich, warum wir keine Entertruppen an Bord haben.« Er schaute über die Planken, auf denen sich die Bewaffneten drängen sollten, gut gepanzert und an ihre dröhnenden Schilde schlagend. Er betrachtete zweifelnd die Enterbrücke, die verwaist in den Himmel ragte, ein schwärzliches Gestell, dessen scharfer Eisenschnabel sich krachend in das feindliche Deck schlagen und es festhalten sollte, während die Soldaten darüberhasteten. Es war festgezurrt, und in seinem Schatten lagerten nur ein paar ärmlich gekleidete, ihm gänzlich unbekannte Handwerker mit Lederwämsen.

»Noch nicht einmal die Kampftürme sind besetzt. Und warum haben wir kein Segel dabei?«

Justinian antwortete, ohne die zusammengekniffenen Augen vom Manganen-Turm an der Einfahrt ins Horn zu lassen. »Wir werden uns auf keinen Enterkampf einlassen, Kosmas.«

»Werden wir nicht?«

»Nein. Und die Segel haben wir weggelassen, damit sie nicht brennen.«

Die Antwort verwirrte Kapitän Kosmas, doch ehe er weitere Fragen stellen konnte, kam plötzlich Leben in seinen Kommandanten.

»Da, die rote Flagge auf dem Turm. Das ist das Signal! Mein Onkel ist in Stellung.« Hochzufrieden wandte er sich um. »Kosmas, Befehl an die Ruderer: höchste Schlagfrequenz, bis wir auf Katapultdistanz am Feind sind. Dann Halt.«

»Katapultweite, höchste Geschwindigkeit«, wiederholte Kosmas gehorsam. Er drehte sich um und bekreuzigte sich. Das brachte sie unter die Geschosse Vitalians, der sie binnen kurzem zerschmettern würde.

Das Wasser um Justinians Dromos rauschte auf, kaum daß der Befehl gegeben war, und vier Ruderreihen pflügten mit Macht das schäumende Grau. Sie konnten bereits die Siegesgesänge von Vitalians Entermannschaften hören, als der Rumpf des Schiffes zitternd verhielt.

»Macht das Katapult klar!«

»Katapult klar«, erscholl es wenig später von Kosmas' Leuten. Das angespannte Holz ächzte.

Dann trat Justinian an die fremden Handwerker heran. Er schlug dem Ältesten auf die Schulter. »Jetzt zeigt, was ihr könnt. Ihr wißt, der Kaiser wird euch und eure Familien königlich versorgen. Wenn er morgen noch Kaiser ist. Es liegt an euch.«
Die Männer nickten eifrig, und ihr Anführer schickte sich an, etwas zu sagen, während er mit zitternden Fingern eilig Beutel und Kästen öffnete. Doch es kam nur ein Lallen heraus. Schaudernd sah Kosmas über Justinians Schulter hinweg die hellroten Stümpfe frisch abgeschnittener Zungen in den feuchten Mundhöhlen.
»Du und ich, wir gehen besser beiseite«, sagte Justinian und zog den Kapitän fort. »Was sie dort treiben, ist geheim, und besser ist, wir sehen es nicht.«
»Teufelswerk«, flüsterte Kosmas und schlug erneut das Kreuzzeichen.
»Nein«, lachte Justinian grimmig, »Wissenschaft. Aber mit etwas Glück wird sie unserem Freund Vitalian dort drüben die Hölle auf Erden bereiten.« Angespannt lehnte er sich über die Reling.
»Fertig?« schrie er zum Katapult hin. Der verabredete Schlag auf eine Kupferglocke antwortete ihm.
»Katapult abfeuern!« Der Katapultarm fuhr krachend hoch, sein Geschoß flog bis dicht vor die feindlichen Schiffe und schlug dort ins Wasser. Daneben! Enttäuscht sackte Kosmas zusammen. Doch was war das? Eine Flammenwand fauchte vor der Bordwand des Gegners auf, sie hörten die Ruderleute schreien, die von der vollen Hitze getroffen wurden. Dann fing das Segel im Funkenflug Feuer und brannte lichterloh.
»Aber, aber …«, Kosmas verlor die Fassung. »Ich habe doch gesehen, wie es im Wasser aufschlug, im Wasser. Ich habe die Fontäne sicher gesehen.« Ein weiteres Geschoß fauchte über seinen Kopf hinweg und setzte drüben das Meer in Brand. Dann ein weiteres und noch eines. Bald trennte ein treibender Vorhang

aus Feuer sie von Vitalian, dessen Schiffe hektisch versuchten, sich von den gefährlichen Flammen abzusetzen. Holz splitterte, als zwei der Riesen sich bei ihrem Wendemanöver ineinanderbohrten. Ein drittes entfernte sich mit brennenden Ruderreihen. In Panik wurden qualmende Segel eingeholt.

»Wir haben den Wind im Rücken«, nickte Justinian grimmig, »wir treiben sie hinaus auf den Bosporus. Und dort wartet mein Onkel auf sie.«

»Und wenn der Wind dreht«, warf Kosmas ein, »sitzen wir wie Ratten in der Falle.«

»Wenn«, antwortete Justinian. Er betrachtete die schwimmenden Trümmer des zuerst getroffenen Schiffes, die auch im Wasser nicht aufhören wollten zu brennen. Einige davon, bemerkte er, waren Matrosen, menschliche Fackeln, die gellend schrien, ehe sie von den Kielen der flüchtenden Schiffe untergepflügt und endgültig gelöscht wurden.

»Ruderkommando«, rief Justinian. »Setzen wir uns ein wenig ab.«

Als hätte der Horizont ebenfalls Feuer gefangen, glühte ein prachtvolles Abendrot am Himmel auf.

»... ja, und da habe ich ihn so beeindruckt, daß er mich gleich als Assistent zu sich in die Präfektur geholt hat.« Johannes Lydos lehnte sich entspannt in der Wanne zurück und nippte an seinem Wein. »Das ist keine einfache Aufgabe, ich meine, wir leiten da schließlich auch den Geheimdienst und so. Bei uns gehen täglich Spione und Informanten ein und aus.« Falls seine junge Begleiterin, und sie war sehr jung, fiel ihm auf, wie sie da mit feuchten Haaren im Wasser lag und versonnen mit den Zehen wackelte, falls seine Begleiterin also nicht den gebührenden Respekt vor seiner Person haben sollte, er selbst war sich seiner Bedeutung an diesem Abend gewiß.

»Und in neun Jahren werde ich Adiutor sein, verstehst du ...« So wäre es sicher noch endlos weitergegangen, hätte die Unruhe aus der nahe gelegenen großen Halle ihn nicht dazu getrieben, nachzusehen, was es gäbe. Durch die offene Tür schlug der aufgeregte Lärm in die dämmrige Kammer.

Theodora spuckte das Wasser, das sie spielerisch in ihren Mund hatte laufen lassen, in einem hohen Strahl aus und stieg aus der Wanne. Etwas von einer Schlacht, hörte sie von draußen. Zerschlagen genug, dachte sie, fühle ich mich jedenfalls. Aber in ihren noch immer fest geschlossenen Fäusten lag der Schatz, den sie erobert hatte. Nach einem hastigen Blick zur Tür suchte sie ihre Kleider zusammen.

Theodora verließ das Zimmerchen und die Thermen, ehe ihr Kunde sie vermissen konnte. Als sie mit feuchten Haaren auf die Straße trat, wurde sie augenblicklich von den Menschenströmen erfaßt, die aufgeregt hierhin und dorthin drängten Die Gerüchteküche brodelte, die Speicher am Neorion-Hafen, hieß es, brannten. Ein thrakischer General soll die Getreideflotte abgefangen und angezündet haben. Und wirklich lag in der Luft ein Geruch nach Rauch. Doch Theodora kämpfte sich mit den Ellenbogen durch in Richtung nach Hause und dachte nur an das, was jetzt in den kleinen roten Stiefelchen sicher verwahrt ruhte. Zwei Solidi, dachte Theodora, und ihr Herz schlug heftiger als das jedes anderen Menschen in Byzanz. Zwei echte Solidi, die wirklich ihr gehörten.

»Hier«, sagte sie andächtig und legte mit feierlicher Geste die beiden Münzen, eine nach der anderen, vor Komito aufs Bett. Ihre Mutter und Akakios, dessen hatte sie sich zuvor versichert, waren mit dem Bären auf einem Jahrmarkt in Psamathia und würden erst spät in der Nacht nach Hause kommen. Anastasia hockte auf der Schlafmatte gegenüber und spielte mit ihrer aus einem alten Unterkleid gebastelten Puppe. Sie sang leise. In der Luft lag immer noch der Geruch nach dem jungen Holz, mit dem ihr Zuhause nach dem großen Brand neu errichtet worden war. Es war viel zu frisch und harzklebrig, und nachts arbeitete es knackend, daß man manchmal aus dem Schlaf aufschreckte.

»Ich wollte sie nicht mit in den ›Bacchus‹ nehmen. Verwahre du sie.« Damit schloß sie die Hand ihrer sprachlosen Stiefschwester über den schimmernden Scheiben. »Von der einen kaufst du uns was zu essen, etwas Kuchen vielleicht für Anastasia, ja?« Ihr Gesicht leuchtete bei dem Gedanken. »Die andere ist für Antiochia.«

»Antiochia«, schnaubte Komito, »das sind so Träume!« Doch sie schnaubte mit Andacht. »Wie geht's dir?« fragte sie unvermittelt und schaute Theodora in die Augen.

Die verfiel in eine ihrer Theaterposen, stemmte sich die Hand in die Hüften, warf das Haar zurück und rief: »Hei, du hättest mich mal sehen sollen!« Dann sank die Hand wieder herunter, und sie sah aus wie die hilflose Fünfzehnjährige, die sie war. »Ich weiß nicht.« Ihre Lippe begann zu zittern. »Ich bin so glücklich, glaube ich.« Und dann lag sie in Komitos Schoß und weinte. Heftige Schluchzer schüttelten sie, und ihr heißer Atem ging in Stößen.

»Was hat Theo?« Anastasia ließ ihre Puppe liegen, kam herüber und kuschelte sich ebenfalls an Komito.

»Theo ist traurig, weil sie schon erwachsen ist, mein Liebling«, erklärte Komito ihr.

Anastasia nickte ernst. Sie war seit langem davon überzeugt, daß es nur Vorteile hatte, ein Kind zu sein.

»Man bekommt Geschichten erzählt, und wenn man nicht mehr laufen mag, wird man getragen«, erläuterte sie mit eindringlicher Stimme ihre Weltsicht. Theodora mußte unter Tränen lachen und nahm die kleine Schwester in den Arm. »Weißt du was, Theo, heute erzählt Komito mal uns beiden eine Geschichte.« Sie umarmte Theodora. »Ich hab dich lieb, Theo.«

»Ich hab dich auch lieb, Kleines«, murmelte Theo und weinte erneut.

Komito strich ihr mechanisch über den Scheitel, wieder und wieder, während sie ihr Märchen erzählte, das Theodora, wie sie nur zu gut wußte, doch nicht mehr trösten konnte. Sie konnte förmlich spüren, wie es unter ihren Händen im Kopf des Mädchens arbeitete. Sie war dabei, den harten Panzer wieder aufzubauen, den sie auf der Bühne und in den Straßen zu tragen pflegte. Komito kannte ihre Stiefschwester gut und war überzeugt, daß es nicht eigentlich ihre verlorene Jungfernschaft war, um die sie da weinte. Das Erlebnis in den Thermen hatte sie abgeschüttelt wie das Wasser aus ihren Haaren, und was davon zurückgeblieben war, das war viel zu tief unter der frivolen, aggressiven Theatermaske verborgen, die sie täglich mit ihrer Schminke auftrug. Und niemand, nicht einmal sie, würde Theodora jemals Tränen um das vergießen sehen, was dort verborgen liegen mochte. Nein, das kleine bißchen Zuneigung, die sie füreinander hegten, war es, das Theodora schwach machte und hilflos schluchzen ließ.

Als Akakios und Berchidda mit dem Bären heimkehrten, fanden sie die drei Mädchen eng umschlungen eingeschlafen.

Byzanz bei Nacht

Sklave, was blinzelt dein Auge so erheitert? Herauf zu mir!
Komm, komm herein du Schuft!
ierher mit dir, was läufst du herum?
Wo ist die Mitte deines Hemdes? Die Mitte!
Ich will dich schon in allem zu bedienen wissen!

Theodora riß sich wie in Ekstase an den Kleidern und stöhnte, während sie quer über die Bühne und zurück Simon zu erhaschen suchte. Dieser, als armer Sklave, der vor den lüsternen Nachstellungen seiner Herrin flieht, hopste mit komischen Verrenkungen vor ihr davon, machte obszöne Hüftbewegungen, wies dann mit dem Daumen auf Theodora und schüttelte wild den Kopf, ehe er wieder quiekend davonstob. Das Publikum trampelte und schrie vor Lachen, doch auch die aufmunternden Rufe aus der ersten Reihe halfen nichts: Sklave Simon flüchtete galoppierend in die Kulissen, und die klagende Theodora stolperte halbnackt hinterher. Ende des zweiten Aktes.

Keuchend hastete Theodora in ihre Kabine: »Wo ist der Schleier für die Wiedererkennungsszene? Ich brauche noch Puder, es geht gleich weiter, los, los!« Eilig zog sie sich um. Hebe, noch in der kalkweißen Schminke der von ihrer Herrin aus Eifersucht gemeuchelten Sklavin, kaute seelenruhig auf ein paar Mandeln herum und kraulte einen auffallend häßlichen Straßenköter.

»Solltest du nicht draußen neben deinem toten Geliebten unterm Baum liegen?« nuschelte Theodora undeutlich, die Haarnadeln im Mund. »Und was ist das da?« Sie wies auf den Hund. »Es stinkt!«

Hebe ignorierte die erste Frage. »Das ist der Star in der nächsten Nummer. Er kann zum Beispiel erkennen, ob eine Frau noch Jungfrau ist. Wenn nicht, bellt er dreimal.« Der Hund blaffte Theodora an, die kurz mitzählte.

»Das hast du ihm eingesagt.«

»War wohl nicht schwer zu erraten, nicht mal für ‘nen Hund.«

Theodora warf spielerisch ihren Puderpinsel nach der Freundin und spurtete zu ihrem nächsten Auftritt. Wenig später zeigte donnernder Applaus das Ende der Vorstellung an. Laute Rufe holten Theodora mehrfach an den Rand der Orchestra, wo sie sich verneigte und die ihr zugeworfenen Geschenke, Münzen, billige Amulette und Blumen, artig aufsammelte, für die Fans noch einmal den Hintern schwenkte und verschwand. Antonina trat auf und begann mit ihrem Gassenhauer von der Liebe der Matrosen, während die Kulissen abgebaut wurden.

»Irgendwelche Einladungen?« Theodora schminkte sich mit der gleichen professionellen Konzentration ab, mit der sie ihre Auftritte hinter sich brachte. Sie war nun sieben Jahre beim Theater und mittlerweile das, was in manchen Kreisen als stadtbekannt galt. Es war jetzt stets ihre Truppe, die während der »Glücklichen Schiffe« im Hippodrom auftreten durfte, und Petrus konnte sie nicht selten für horrende Summen an andere Theater der Stadt ausleihen. Für die Blauen war »ihre Theodora« so etwas wie ein Symbol geworden: der saftigste Hintern und das gefährlichste Mundwerk von ganz Byzanz. Es gab Priester im Hafenviertel, die von der Kanzel gegen sie predigten.

»Mhh«, antwortete Hebe, die lesen konnte und die Billetts durchging. »Phlabios Anastasios, das ist der Vorjahreskonsul, bittet dich zu einer kleinen Orgie. Du möchtest Freundinnen mitbringen. Klingt nicht schlecht, wenn du mich fragst. Das hier lag dabei.« Sie hielt eine prall gefüllte Ledergeldbörse hoch.

»Vorjahreskonsul …« Theodora überlegte. »Gibt es sonst nichts?«

Hebe blätterte. »Doch hier: Justinian, Offizier der Leibwache, private Feier. Sein Onkel ist ein hohes Tier bei Hof. Er selbst dirigiert, soweit ich weiß, die Schlägertrupps unserer Blauen. Ein echter Fan, vermutlich.«

Theodora zog die Augenbrauen hoch. »Sein Onkel sollte die Feier geben. Lag da etwas bei?« Hebe hielt vielsagend eine glühend rote Mohnblüte hoch. Theodora seufzte. »Dann also Phlabios. Ach, er ist über sechzig. Das dürfte weniger anstrengend sein als eine Horde betrunkener Offiziere.«

»Wilde Offiziere?« fragte Antonina, die eben hereinkam und sich auf einen Hocker warf. »Das ist jetzt genau das, was ich brauche.« Sie lachte ihr rauchiges Lachen, zog die hochhackigen Bühnenschuhe aus und massierte sich die Füße.

Hebe drückte ihr das Wachstäfelchen mit Phlabios' Adresse in die Hand. »Pech gehabt. Heute stehen Exkonsuln auf der Speisekarte.«

Antonina stöhnte. »Da wird keiner unter siebzig sein. Mist!« Sie überlegte. »Theodora«, gurrte sie dann einschmeichelnd, »Schätzchen!«
»Denk an Antiochia«, gab Theodora ungerührt zurück.
»Was hab ich von Antiochia, Geld und Ruhm«, klagte Antonina pathetisch, »wenn ich mich nicht ein bißchen amüsieren darf! Na gut«, sie resignierte und begann, sich energisch die knisternde rote Mähne zu bürsten, »aber vorher gehen wir im ›Bacchus‹ feiern, einverstanden?«
»Bleibt nur die Frage, wie wir durch die Verehrermassen durchkommen«, fügte Hebe hinzu. »Da draußen sind ein, zwei Legionen Fans, die Theo in ihren Allerwertesten kneifen wollen, um glücklich zu sterben.«
Theodora zuckte die Schultern, legte etwas Lippenpomade auf und gab sich in den fleckigen Spiegel hinein einen glühend roten Kuß.
»Brecht den Vordersten mit einem Tritt die Rippen, und dann durch«, kommandierte sie. »Wer ein Geldstück hochhält, wird mitgenommen. Ach, und Hebe: Laß den Hund hier!«

Sie saßen im »Bacchus« bereits beim dritten Wein, als endlich Simon an ihren Stammtisch trat. Die Bedienung ließ sich lachend von ihm auf den Hals küssen, und einige der Soldaten in ihren kurzen Tuniken, die hier Stammgäste waren, schauten von den blankgescheuerten Tischen auf und winkten ihm zu.
Bestens gelaunt stellte Simon seiner Truppe den Fremden vor, um dessen Schultern er seinen Arm geschlungen hielt. Es war ein Mann mit jungem Gesicht, aber schon silbernen Haaren. Die noch schwarzen Brauen standen streng über ebensolchen Augen, zwischen denen eine hagere Aristokratennase hervorsprang. Seine Kleidung allerdings war ärmlich, der gallische Kapuzenmantel über der Tunika war aus fleckiger Wolle und vielfach geflickt, als hätte er seinen Träger schon auf vielen Reisen

begleitet. Das unruhige Licht der Lampen, die aus dem Rebengerank der Pergola herunterhingen, warf tiefe Schatten auf seine eingefallenen Wangen, als er nähertrat.

»Das ist mein guter Freund Keleos«, verkündete Simon leutselig. Keleos ließ seinen dunklen Blick von einem zum anderen gleiten und lächelte nicht.

»Wann hast du ihn kennengelernt, Simon?« fragte Antonina, »vor fünf Minuten?«

Simon überhörte die kühle Reaktion und schob Keleos auf die Bank zu den Mädchen. »Macht doch mal Platz für meinen Freund! So.« Er selbst setzte sich gegenüber.

»Wieviel hast du schon wieder getrunken?« zischelte Hebe ihm unüberhörbar zu. Simon ignorierte auch das und begann mit der für ihn typischen Begeisterung, ihnen seine neuesten Pläne zu entwickeln.

»Mein Freund Keleos hier«, erklärte er, »ist nämlich ein sehr gelehrter Mann. Ein Gespräch mit ihm, und man kriegt tausend Ideen, sag ich euch. He!« Mit geübter Geste bestellte er zwei Becher Wein. »Neulich etwa, stimmt's, Keleos«, und er schlug dem noch immer stummen Mann zustimmungheischend auf die Schultern, »neulich hat er mir was von den griechischen Göttersagen erzählt. Toller Stoff das, ah, da kommt ja der Wein. Hm, ein guter Tropfen aus dem Nildelta!« Er schnupperte an der dunklen Flüssigkeit in seinem Tonbecher mit dem Traubenrelief, prostete Keleos zu und nahm einen tiefen Schluck. »Pah!« er spuckte aus, »schlimmer als alter Falerner. He, Mädels, damit kann man ja Holz beizen.« Er winkte die Bedienung herbei und begann eine längere Debatte.

Hebe kaute auf einer Haarsträhne herum, Antonina nestelte an einem Kleiderband, und Theodora musterte den Fremden.

»Also, die Göttersagen«, nahm Simon schließlich den Faden seiner Erzählung wieder auf. »Da ist dieser Göttervater, Zeus. Und der hat eine Liebschaft nach der anderen.« Simon gestikulierte mit beiden Händen. »Io, Europa, Leda, stimmt doch, Keleos, oder?« Er wartete die Antwort gar nicht ab. »Und da ist er immer als Tier oder so gekommen, um sie, und so weiter. Da hatte ich die Idee. Eine Wahnsinns-Nummernrevue fürs nächste Mal im Hippodrom: Theo als Leda, für den Zeus, der sie als Schwan besteigt, nehmen wir eine Ente, das wird ein Riesenlacher. Und Antonina als seine eifersüchtige Frau jagt mit einem Besen hinter der Ente her und drischt schimpfend auf sie ein.« Er sah sich beifallheischend um.

»Und ich sehe mich schon als Europa!« Antonina rekelte sich genüßlich. »Keleos«, hauchte sie über den Tisch, »das hast du doch nur vorgeschlagen, um mich mit einem Stier zwischen den Schenkeln zu sehen, stimmt's?« Sie bekam keine Antwort und verzog in dem allgemeinen Gelächter den Mund.

»Ich glaube, dein Freund mag uns nicht«, konstatierte Theodora in die folgende Stille.

Da sprach Keleos zum erstenmal. Er hatte eine kultivierte, angenehme Stimme. »Es war Simons Vorschlag hier, nicht meiner«, erklärte er und verstummte wieder. Eine Pause entstand.

»Der Mann hat Humor«, stellte Theodora fest. »Vielleicht sollten wir ihn einbauen.«

»Natürlich kommt er mit nach Antiochia!« verkündete Simon frohgemut. »Ich habe schon alles mit ihm klargemacht. Er liefert die Geschichten, ich die Pointen.«

»Du hast ihm erzählt, wir gehen nach Antiochia?« Antonina wollte ihren Ohren nicht trauen. »Jetzt?«

»Warum nicht?« Schuldbewußt setzte er erneut das Weinglas an. »Lang kann's nicht mehr dauern, bei unserem Erfolg.«

»Du meinst bei meinem Erfolg!«

»Ich würde sehr gerne mitkommen«, fügte Keleos ernst hinzu und hielt sich an seiner Ledertasche fest, als hätte er darin bereits sein Reisegepäck mitgebracht.

Antonina lachte schrill. »Antiochia! Dein lieber Freund Simon

hat bereits dreimal das Reisegeld nach Indien und zurück versoffen.«
»Antonina!« Theodora war ärgerlich. »So darfst du nicht reden!« Sie war nicht gewillt, die Hoffnung aufzugeben, daß sie eines Tages aufbrechen würden. Wenn sie berühmt genug waren, um Petrus endlich den Rücken kehren zu können. Wenn sie Geld genug für die Reise und den Freikauf von der Zirkusgilde hatten, der sie für ihr Leben angehörten. Wenn ... Der Exkonsul fiel ihr wieder ein, der mit seinen Freunden zusammen auf ein wenig Unterhaltung wartete. Sie stand auf, trank den letzten Schluck und strich ihr Gewand glatt.
»Die Pflicht ruft, was, Schätzchen?« Auch Antonina erhob sich und gab ihr zur Versöhnung einen Kuß auf die Wange. »Ohne dein leuchtendes Vorbild würden wir alle am Hungertuch nagen.«
»Ich gehe noch heute nacht zu Petrus und rede mit ihm«, hörten sie Simon hinter sich schwadronieren. »Er und die Blauen müssen uns freigeben, er ...« Dann waren sie durch den rebenverhangenen Eingang hinaus auf die Straße getreten.
Gegenüber ragte die lange Wand des Hippodroms schwärzer auf als die Nacht. Es gab Theodora immer einen Stich, wenn sie hier stand, wo sie als Kind an der Hand ihres Vaters entlanggehüpft war. Dort war die Mündung der Gasse, in der sie ihre Kindheit verbracht hatte, da das Fremdenheim, vor dem damals der Einsiedlermönch gegen den »Bacchus« wetterte, dort die Nekra-Pforte, das Tor zu den Stallungen des Hippodroms, durch das früher die gefallenen Gladiatoren hinausgetragen worden waren und das auch ihr Vater an jenem Januartag nicht mehr lebend erreicht hatte.
Er würde, dachte sie bedrückt, es sehr mißbilligen, daß sein ehemaliges Stammlokal jetzt auch das ihre war. Er würde trauern, daß sie nicht mehr zur Schule ging, um Schreiben und Lesen zu lernen, daß sie auf der Bühne stand. Und Anastasia würde er auf

den Arm nehmen und fragen, ob sie ihre Gebete auch brav gelernt hätte. Theodora schluckte.
»Findest du nicht auch, daß es auffallend still ist?« fragte Antonina.
Theodora driftete durch ihre düsteren Gedanken in die nächtliche Gegenwart. Tatsächlich, stellte sie fest und lauschte der Stille nach, die ungewöhnlich war für Byzanz. Aus dem »Bacchus« drang der gedämpfte Lärm der Zecher heraus, doch ansonsten war nichts zu hören, kein vielsprachiges Stimmengewirr, kein Gesang, selbst die Zikaden in den Bäumen schienen verstummt zu sein. Und statt von vergnügungssüchtigen Matrosen und Aristokratensöhnen heimgesucht zu werden, dehnte sich die Hippodrom-Straße vor ihnen gähnend leer in die Dunkelheit.
Plötzlich näherten sich Marschtritte, ein scharfes Kommando erklang, und Waffen klirrten auf Schilder. Theodora stellten sich die Haare auf den Armen auf, die Geräusche erinnerten sie an einen schlimmen Tag.
Im Gleichschritt fegte die Truppe vorbei, auf deren Rüstungen und weißen Mänteln das letzte Mondlicht schimmerte, ehe die Wolken ihn ganz verhängten. Theodora und Antonina drückten sich an die Hauswand des nächsten Mietshauses und ließen sie passieren.
»Kaiserliche Leibwache«, flüsterte Antonina, »Elitetruppen.«
»Wo sie bloß hinwollen?« Die Feier dieses schnittigen Offiziers Justinian, ging es Theodora durch den Kopf, würde damit wohl ausfallen. Pech für Antonina. Warum, dachte sie gleich darauf, denke ich nur so einen Unsinn? Laut fragte sie: »Was ist bloß los?«
»Habt ihr es noch nicht gehört, ihr dummen Dinger?« Die Stimme kam aus dem Fenster neben ihnen. Durch die fest verriegelten hölzernen Fensterläden drang nur unerleuchtete Schwärze, und doch schien in dem Raum dahinter jemand am Fenster zu

stehen und zu beobachten. Und dieser jemand redete zu ihnen mit heiserer, unterdrückter Stimme.

»Der Kaiser ist tot«, flüsterte er, »und sie schlachten seine monophysitischen Freunde. Geht nach Hause, ihr törichten Kinder, verriegelt eure Türen. Geht heim.« Dann war es still, nichts regte sich mehr hinter den Ritzen der hölzernen Läden.

»Antonina!« Theodoras Stimme klang unsicher in der Finsternis. »Vielleicht sollten wir die Party ausfallen lassen, was meinst du?«

Gleich darauf spürte sie Antoninas warme Arme um ihren Hals und einen flüchtigen Kuß auf ihrer Wange. »Geh heim, Süße«, wisperte Antonina. »Die Party findet bestimmt nicht statt.«

»Ja, aber …«

»Und schließ dich mit deinen Schwestern ein.«

»Und du?« wollte Theodora noch fragen, doch das energische Klappern von Antoninas Absätzen entfernte sich bereits Richtung Mese.

Der Tod eines Kaisers

»Ist er tot?« Es war der Traumdeuter Proclos, der in die Stille des kaiserlichen Cubiculums hinein flüsterte. Niemand antwortete ihm. Er stellte sich auf die Zehenspitzen, um über die gepanzerten Schultern der Generäle hinweg einen Blick zu erhaschen auf das Lager, wo Anastasios, ehemaliger Silentiarios und durch Gottes Gnaden Kaiser des Römischen Reiches, seinen schweren Tod starb. Über dem Marmarameer tobte ein heftiges Gewitter. Mit solcher Wucht warfen sich die Böen gegen die geschlossenen Fenster, daß Zugluft die schweren gewebten Vorhänge bewegte und die goldenen Löwen darauf zu leben schienen. Blitze ließen den spiegelnden dunklen Marmor der Wände grell aufleuchten, und die folgenden Donner hatten seit Stunden die

Schreie des Greises übertönt, der mit wirrem Haar im Nachtgewand durch die Zimmer raste, Fenster aufriß, um auf das Toben der Elemente draußen zu starren, und kreischend von Gottes Strafe für seine Ketzerei phantasierte.

»Er schlägt mich«, schrie Anastasios verzweifelt in Sturm und Regen hinaus, »er schlägt mich mit flammender Peitsche. O Goooott.« Der nächste Blitz trieb ihn wieder in die Korridore zurück.

Sein Gefolge war immer dicht hinter ihm. Mit ruhigen Schritten und schweigend folgten sie dem Toben des Kaisers durch die Räume, all die Kämmerer, Gewandmeister, Leibgardisten, Silentiarii und Vorleser. Und mit ihnen gingen die großen Generäle der Garden, Celer und Justin, der Traumdeuter Proclos und Amanthios, der Kämmerer. Sie waren schnell gekommen, hastig gerufen von ihren Vertrauten. Und sie warteten auf einen Tod, der einen von ihnen auf den Thron heben mochte. Wenn sie die Gunst der Stunde nicht versäumten.

Noch atmete Anastasios. Er lag nun, Stunden später, auf den goldbestickten Purpurkissen seines Bettes, die knochigen Hände angstvoll zitternd erhoben, und seine Lippen arbeiteten lautlos, während er auf etwas unvorstellbar Grauenhaftes zu lauschen schien, das keiner außer ihm hören konnte. Die Menschen in dem dunklen Ring um sein Bett blickten stumm auf sein Martyrium hinab.

»Justinian?« sagte ein kühle Stimme. Erschrocken drehte der junge Gardist sich um. Er hatte gar nicht gehört, wie die schwere geschnitzte Tür des Cubiculums hinter ihm sich geöffnet hatte. Und doch stand der Oberkämmerer Amanthios vor ihm. Sein kahler Schädel schimmerte in dem kaum beleuchteten Gang.

»Könnten wir ein paar Schritte tun und einige Dinge besprechen?« fragte Amanthios verbindlich. Justinian weckte seinen Kollegen, der sich verschlafen aufrichtete und seine Stelle an der Tür einnahm, und folgte dann dem Eunuchen.

Der lange Korridor war leer und still, bis auf das Echo ihrer Schritte. Links gingen Fenster auf einen Innenhof, dessen Bäume in den Formen phantastischer Tiere beschnitten worden waren. Ein Blitz erhellte ihn hektisch zu einem Kabinett zerfetzter Schatten. Rechts begleitete sie ein Wandmosaik mit Szenen einer Jagd auf Hirsche und Wildesel. Ja, dachte Justinian, da drinnen liegt der getroffene Hirsch, die Jagdhunde haben seinen Schweiß gewittert, und die Jagd ist eröffnet.
»General Celer, der Euer Vorgesetzter ist«, unterbrach Amanthios sein Schweigen, »spricht nur das Allerbeste über Euch. Ihr seid ein zuverlässiger Offizier. Es scheint, daß ihr Euch von dem zeitweiligen, nun, Gerangel zwischen ihm und Eurem Onkel Justin nicht beeinflussen laßt.« Er blieb stehen und wandte sich zu Justinian um.
Der betrachtete seine Stiefelspitzen auf dem Marmorboden, wo honiggelbe und grüne Fünfecke sich zu einem komplizierten Muster aus Girlanden und Sternen verschlangen. Darunter, das wußte er, lag namenlose Schwärze. Denn tief unter der Pracht der Magnaura, wie unter fast allen Gebäuden des Palastbezirks, gab es lange, endlose Verliese. Nicht alle waren numeriert und den Justizbeamten für Verhöre zugänglich; die Mehrzahl sogar war eher als Privatbesitz zu bezeichnen, vertrauliche Winkel, in denen man durch vertrauliche Personen seine rein vertraulichen Geheimnisse deponierte, bis sie aufhörten, deinen Namen zu rufen. Auch Amanthios, das war gewiß, hatte dort seine Kammern. Justinian hatte bisher noch niemals in jemandes Vertrauen oder Mißgunst so hoch gestanden, daß er diese Bezirke kennengelernt hätte. Das einzige, was er sicher wußte, war, daß man stets mehr Leute in diesen Palast hatte hineingehen sehen, als wieder herauskamen. Das Reich des Schmerzes, wie er es bei sich nannte, war bisher nicht mehr für ihn als eine dunkle Schreckgestalt, die einen hinter jeder Ecke überfallen konnte. Doch der Zeitpunkt war gekommen, das wußte er, da sich das ändern würde,

so oder so. Tatsächlich war er den Verliesen vielleicht noch nie so nahe gewesen wie in diesem Moment. Der Boden unter seinen Füßen fühlte sich bröckelig und hohl an.

»Ich«, antwortete er schließlich in der langsamen, bedächtigen Art eines einfachen Soldaten, die er von seinem Onkel gelernt hatte, »ich bin ein Gardist, ein Mann des Kaisers. Nichts anderes ist mein Ehrgeiz.« Er schaute den Oberkämmerer mit seinem runden Kindergesicht offen an.

Der studierte, was er sah, das schlichte blonde Kraushaar, die naiven, von Natur aus freundlichen Züge, den halb offenstehenden Mund eines Jungen, der noch staunen konnte und die Freuden des Lebens liebte. Langsam nickte Amanthios. »Ich hätte da einen Auftrag. Dieser Beutel«, er nestelte eine Börse aus den Falten seines Gewandes, »dieser Beutel muß an den Senator Phokas gehen. Bringt ihn persönlich, sagt nichts, nur, wer Euch den Beutel gab. Habt Ihr verstanden?«

Justinian nickte ernst und verneigte sich. Als er sich wieder aufrichtete, war er allein im Korridor. »Verfluchte Schlange«, murmelte er. Dann schlenderte er zurück zu seinem Kollegen vor der Tür des Cubiculums. Er warf die Börse dabei probeweise in die Luft und pfiff anerkennend, als er beim Fangen ihr Gewicht schwer in seiner Hand spürte.

»He, Ioannes!« sprach er den Gardisten an. »Du weißt doch, wo der Senator Phokas wohnt, oder?« Der Angesprochene nickte verwundert. »Bring ihm das von mir. Sag nichts, nur, von wem du das Ding hast, klar?«

»Klar, Justinian. He!«

»Was?« Mit klopfendem Herzen hielt Justinian inne.

»Du schuldest mir was.«

Drinnen steckte eben Proclos dem Kaiser ein goldenes Kreuz in die erstarrten Finger. Celer und Justin, die Kommandeure der beiden im Palast stationierten Garden, standen sich zu beiden

Seiten der Leiche gegenüber. Im Schatten am Kopfende ragte der kahle Schädel Amanthios' auf. Der Senat mußte einberufen werden, um über die Thronfolge zu entscheiden, denn Anastasios starb kinderlos und hatte keinen seiner Neffen als seinen Nachfolger bezeichnet. Doch alle Anwesenden wußten, daß der Senat nur eine Stimme unter vielen war. Wenn er im Großen Triklinon beriet, würde er umgeben sein von den Truppen der Garden, deren Waffen mehr als nur beiläufig klirren würden, und wen immer sie auswählten, er mußte sich danach auf dem Paradeplatz beim Goldenen Tor den Truppen des Heeres stellen, damit sie ihn auf den Schild höben und akklamierten. Dann warteten im Hippodrom die Massen auf ihn, von den Vertretern der Zirkusparteien zu absoluter Hysterie aufgepeitscht. Dort pochte das Herz der Stadt, und seinen Rhythmus gaben die Blauen und Grünen an. Nur wer alle drei Proben bestand, wer sich der Unterstützung der Senatoren, der Heereskommandeure und der Zirkusfraktionen sicher war, der durfte nach der Krone greifen, ohne sein Leben zu riskieren. Die Männer standen reglos, doch ihre Boten hetzten fieberhaft durch die Stadt, klopften an Villen, Schenken und Kasernen und mobilisierten ihre Getreuen. Ein schon lange im geheimen gesponnenes Netz sollte ihnen in den nächsten Stunden Sicherheit geben, wenn sie den entscheidenden Schritt auf das dünne Seil zur Macht taten.
»Der Senat muß einberufen werden.« Das war Celer. Niemand widersprach. »Meine Truppen sichern die Chalké, die Eingangshalle, gegen, nun, Unruhen.« Ein leiser Schauer lief durch die Reihen, und Seide raschelte. General Celer hatte ihnen soeben mitgeteilt, daß der Palast in seiner Hand war. Keiner der Anwesenden konnte ihn ohne seine Zustimmung verlassen. Es war eine offene Drohung gewesen.
»Meine Truppen«, fügte Justin hinzu, »haben im Großen Triklinon Aufstellung genommen.«
Damit waren die Fronten abgesteckt. Man einigte sich auf eine

gemeinsame Abordnung beider Garden an den Senat. Dann gingen alle auseinander, ohne die blasse Leiche in den blutroten Kissen noch eines Blickes zu würdigen. Sie alle hatten es eilig, den nächsten Schritt zu tun.

»Wir sitzen hier in der Falle«, kommentierte Justinian zähneknirschend den Bericht seines Onkels, »verdammt. Hoffentlich ist mein Bote noch raus.«

»Was für ein Bote?« verlangte Justin alarmiert zu wissen.

»Oh«, Justinian grinste, »ich habe Senator Phokas bestochen, morgen mit seiner Fraktion für dich zu stimmen.«

»Bist du des Wahnsinns, Junge? Mit welchem Geld?« Justin war aufgebracht.

»Mit dem von Amanthios«, entgegnete Justinian. Sein Onkel stutzte, dann mußte er lachen. »Der verfluchte Hund. Dabei kann er als Kastrat doch gar nicht auf den Thron.« Justin marschierte zur einen Wand des Korridors, machte eine Paradedrehung auf dem Absatz und marschierte zurück bis zur anderen Wand, wo sich das Ganze wiederholte. Justinian schaute ihm demonstrativ lässig auf sein Schwert gestützt zu.

»Er wird schon einen Strohmann in der Hinterhand haben«, warf er ein.

»Kann er vergessen«, knurrte Justin, »das Heer lehnt ihn ab. Ich hab mit den Offizieren verhandelt. Wir müssen nur aus dieser Mausefalle raus und ins Hippodrom kommen.« Ohne in seiner Wanderung innezuhalten, entwarf er seinem Neffen Stück für Stück in seiner bedächtigen und trockenen Art den Schlachtplan, nach dem sie beide vorzugehen hatten. Justinian lauschte mit wachsender Nervosität, aber auch Bewunderung.

»Und dann die Kleidung. Was ist, Junge, schwitzt du etwa?« Zum erstenmal sah Justin auf.

»Wie? Unfug!« Justinian straffte sich. Er versuchte, nicht an das, was unter seinen Füßen lag, zu denken. »Wieso die Kleider?« fragte er, um seinen Onkel abzulenken.

Geduldig wiederholte Justin: »Wegen der Krönung. Kein Diadem, keine Chlamys, keine Krönung – ist das klar? Ohne die Reichsinsignien wird niemand den neuen Kaiser anerkennen. Auf die Details, mein Junge, auf die Details kommt es an!«
Mit leicht zitternden Fingern wischte Justinian sich die Stirn. Die Details, wie oft hatte sein Onkel ihm das schon vorgebetet. Delegiere nie etwas Wichtiges, wenn du es nicht selbst tun kannst, behalte immer alle Fäden in der Hand und: achte auf die Details. Manchmal, wenn er nach den nächtlichen Streifzügen und Saufgelagen mit seinen Freunden vom Zirkus in sein Quartier gekommen war, hatte sein Onkel dort auf ihn gewartet und ihn diese Glaubenssätze abgefragt wie einen Schulstoff. »Treib dich nicht herum«, hatte der Onkel ihn ermahnt. »Ich treibe mich nicht herum, Onkel«, hatte er gehorsam geantwortet. »Weißt du, was du von diesen Leuten willst?« »Ja, ich weiß, was ich von ihnen will.« »Du benutzt sie nur.« »Ich benutze sie nur, Onkel.« »Achte auf alles, was du sagst und tust! Achte auf alles, was sie sagen und tun! Alles ist wichtig, jedes Detail!« »Ich achte auf jedes Detail, Onkel. Kein Wort kommt ohne eine Absicht über meine Lippen. Kein Lachen, kein Schulterklopfen, hinter dem sich nicht ein Zweck verbirgt. Da ist nichts, was ich nicht bestimme, Onkel.« So antwortete er mit weinschwerem Kopf und müde, während die Freude an den rauhen Späßen der Zirkusgesellen, die Lust an ihren Feiern und der Gewalt in ihm verblaßte. »Ich habe alles im Griff, bis ins Detail.« Er hätte es aufsagen können, wenn man ihn aus tiefstem Schlaf holte. Es begann, ihm in Fleisch und Blut überzugehen. Und jetzt, in der Gefahr, in der Schlangengrube dieses Palastes und seiner Intrigen, die sie verschlingen konnte, kaum daß sie einen Schritt taten, begann es ein vertrautes, sicherheitspendendes Halteseil zu werden. Er wischte sich mit dem freien Unterarm den Schweiß von der Stirn.
»Ich werde darauf achten, Onkel.« Dann machte er sich mit zwei Mann auf den Weg zur kaiserlichen Kleiderkammer. Gott,

betete er im stillen, steh uns bei in unserem Tun. Gib uns bis morgen nicht aus deiner Hand, und ich will gerne auf die Details achten. Nur laß uns diese Nacht überleben, nur diese Nacht.

Die Magnaura-Glocke läutet

Theodora erwachte vom Knarren der Scharniere. »Komito?« fragte sie schlaftrunken. »Komito, bist du das?« Doch zu ihrem Erstaunen war es Antonina, die sie flüsternd ermahnte, leise zu sprechen.

»Mein Gott, wie kommst du hierher? Wie spät ist es?« Theodora spürte ihr Herz rasen. Ihre Familie hatte es gestern abend stundenlang nicht gewagt, sich schlafen zu legen aus Angst, nicht lebend wieder aufzustehen, so wild hatte der Lärm durch die Gänge getobt. Selbst der Bär war nicht aus seiner Ecke zu bringen gewesen, und Theodora hatte an den stumm bewegten Lippen ihrer Mutter gesehen, daß sie zu ihrer Großen Göttin betete, was nicht mehr sehr oft geschah. Schließlich hatte die Erschöpfung sie auf ihre Lager geworfen. Sie konnte nun langsam Komitos und Anastasias noch im Schlaf verhärmte Gesichter im roten Schimmer der Kohlenglut erkennen. Als sie selbst versuchte, sich aufzurichten, spürte sie die schmerzhafte Schwere ihrer eigenen Arme und Beine. Wie sehr Furcht doch die Kräfte aufsog! Wie ich es hasse, mich zu fürchten, dachte sie. Und doch ließ Antoninas rätselhafte Gegenwart erneut Beklommenheit in ihr aufsteigen.

»Wie sieht es draußen aus?« fragte sie mit trockener Kehle und tastete unwillkürlich nach dem Wasserkrug. »Geht es dir gut?« Antonina beantwortete ihre Fragen mit einem nachdenklichen Schnalzen der Zunge, das »so là-là« bedeuten mochte. Sie sah Theodora beim Trinken zu und nahm dann dankend selbst einen Schluck.

»Die meisten Straßen sind wieder ruhig. Aber im Zeugma und in Psamathia liegen sie mit durchschnittenen Kehlen auf dem Pflaster. Gott, hab ich mir die Schuhe versaut.« Sie hockte sich nahe dem Küchenofen hin und unterzog ihre Stiefel im Licht der Glut einer kurzen Inspektion.

»Zwecklos«, gab sie es schließlich auf, »zu düster. Also, da ist Militär auf den Straßen, so viel hast du im Leben noch nicht gesehen, Schätzchen.«

»Antonina!« Theodora richtete sich auf den Ellbogen auf, »warum bist du hier?« Es sah ihrer Freundin gar nicht ähnlich, um den heißen Brei herumzureden.

»Oh, es hat ein wenig Ärger gegeben, im Theater. Hast du noch einen Schluck? Danke.« Antonina wischte sich burschikos das Kinn und fuhr fort. »Wahrscheinlich dachten sie, sie könnten im Bühnenhaus ein bißchen plündern.« Ihre samtige Stimme im Dunkeln klang so leichthin und frivol, als spräche sie einen ihrer Theatertexte. Fast erwartete Theodora, daß sie gleich beginnen würde, ein Couplet zu trällern, und es dauerte lange, bis sie begriff, was Antonina ihr dann mitteilte.

»Petrus? Tot?« fragte sie ungläubig. »Ja, aber wie hat Simon ...«

»Simon hat damit nichts zu tun«, unterbrach Antonina sie leicht gereizt, »das hab ich dir doch erklärt. Er war nur zufällig da, weil er mit Petrus über unsere Reise reden wollte.« Sie ließ in einer resignierten Geste die Hände sinken. »Stockbesoffen, du kennst ihn ja. Ich schätze, er hat nicht mal was von den Unruhen bemerkt, während er vom ›Bacchus‹ zum Bühnenhaus wankte.« Antonina lachte wieder ihr rauhes, dunkles Lachen. »Und jetzt schlottert er vor Angst.«

»Was hast du überhaupt dort ...« Theodora war verwirrt.

»Schau, Schätzchen«, unterbrach Antonina sie, »mach doch jetzt keinen Aufstand. Die Sache ist eben dumm gelaufen. Und du wolltest doch sowieso nach Antiochia, oder? Gerade du. Und Petrus kann uns jetzt nicht mehr aufhalten. Theo!« Antonina klang werbend, »wir sind frei heute nacht. Eine günstigere Gelegenheit kommt nicht mehr.«

Antiochia! Allein der Name entfaltete sich in Theodoras Gedanken wie eine Blüte und ließ Bilder in ihrem Kopf entstehen, Bilder in Silber und Azur, mit warmem Wind auf ihrer Haut und Glöckchen am Geschirr ihrer Kutsche. Heiter wie ein kretisches Fresko stand es vor ihr: Antiochia!

»Aber werden die Blauen uns nicht verfolgen lassen?« Die Glöckchenklänge erstarben.

»Wozu? Petrus kann sie uns nicht mehr hinterherhetzen. Und wer wird bei dem Berg Leichen morgen nach dem Tod eines einzelnen fragen. Oder nach uns?«

»Aber …« Antonina nahm Theodoras Hände fest in die ihren. »Theo«, flüsterte sie eindringlich, »ich schwöre dir, Simon ist kein Mörder.«

Ein eigenartig metallischer Geruch stieg Theodora in die Nase. »Was ist das?« schnupperte sie.

»Oh, verflucht, das ist das Blut an meinen Schuhen!« Wieder fingerte Antonina an ihren Stiefeln herum. »Na, ist jetzt nicht zu ändern. Ich muß los.« Sie drehte sich noch einmal zu der Freundin um. »Simon organisiert einen Ochsenkarren und packt unser Theaterzeug zusammen. Wir erwarten dich zur Messezeit am Nymphäum beim Valens-Aquädukt. Du kommst doch? Theo?«

Theodora nickte zögernd in die Finsternis. Dann flüsterte sie mit klopfendem Herzen: »Ich komme.«

Alles war still nach Antoninas Abschied, und es war noch fern der Morgendämmerung. Dennoch arbeitete Theodora fieberhaft, tastete nach den wenigen Besitztümern, die ihr gehörten, und hielt bisweilen erschrocken inne, um doch nicht mehr zu hören, als den eigenen schnellen Atem. Die Arbeit war rasch getan: Sie besaß exakt zwei Unterkleider, Haarbänder, eine neue Wolltunika, ihren Kapuzenmantel, das plissierte Kleid aus billiger

Seide, das ein Liebhaber ihr überlassen hatte, und ein paar bescheidene Silberschmuckstücke von Verehrern, darunter Flakons und ein Ring mit ineinandergelegten rechten Händen, Zeichen ewiger Treue, die nur eine Nacht gehalten hatte. Alle diese Schätze legte sie auf ihre Schlafdecke und knotete sie entschlossen zu einem Bündel.

Erst als sie ihre heimlich gehorteten Münzen in die Hand nahm, setzte sie sich und dachte kurz nach. Liebevoll schob sie die schwer verdienten Solidi auf ihrer Handfläche hin und her. Sie schimmerten selbst in dem geringen Licht ihrer Kammer verheißungsvoll. Ihr Fahrgeld nach Antiochia! Schnell entschlossen schob sie drei davon in ihre Stiefel zurück, den Rest drückte sie Komito in die Hand und schloß der Schlafenden sacht die Finger darum. Dann schmiegte sie kurz ihre Wange an Anastasias schlafwarmes Gesicht. Wie gut die Kleine roch! Theodora schluckte und wandte sich zum Gehen. Sie würde wiederkommen und …

»Wo willst du hin?«

»Mutter!« Erschrocken drehte Theodora sich zu der schattenhaften Gestalt im Türrahmen um.

»Das erlaube ich nicht!« Berchidda zog sich ihre Schlafdecke um die Schultern wie ein Senator seine Toga, ehe er zur entscheidenden Rede ansetzt. Mit dem schwarzen Haar um das blasse Gesicht sah sie ihrer Tochter ähnlicher denn je.

»Mutter!« Die alte Gereiztheit schwang bereits wieder in Theodoras Stimme mit.

»Du hast eine Aufgabe, Kind, du bist nicht irgend jemand.« Berchidda versuchte vergeblich, ihre Stimme gebieterisch klingen zu lassen. Oh, warum war sie nicht Umma? Die Alte hätte die richtigen Worte gefunden! »Die Große Göttin erwartet von dir …«

»Was?« fauchte Theodora unterdrückt und zog ihre Mutter mit hinaus auf den Korridor, wo sie lauter sprechen konnten. »Was erwartet die Göttin von mir, hm?« Ihre Stimme bebte vor unterdrückter Wut.

»Mein Volk braucht dich.« Berchidda fuhr unbeirrbar fort.

»Ach«, brach es aus Theodora heraus, »meinst du die Handvoll ärmlicher Ziegenhirten, die irgendwo im Mittelmeer auf einer Insel hockt, deren Namen du nicht mal kennst? Jedenfalls nicht in einer zivilisierten Sprache? Da bin ich aber erleichtert, das ist ja mal wirklich eine Aufgabe!« Sie schrie beinahe. Und unwillkürlich verfiel sie in die Bühnengestik ihrer Rolle als betrogene Ehefrau, lief auf und ab und gestikulierte übertrieben. Theodora bemerkte es, doch die Scham darüber machte sie womöglich noch wütender.

»Da bin ich wirklich froh, weißt du. Ich dachte schon, ich sollte deine Nachfolge hier antreten und die Beine breit machen, damit Akakios was zu saufen hat.« Sie blieb dicht vor Berchidda stehen und ertrug das bernsteinfarbene Starren von deren Augen.

»Ich bin eine Priesterin«, begann diese, doch die Tochter winkte ab.

»Ja, klar, und jeder heruntergekommene Penner freut sich darüber, daß er es deshalb bei dir für nur fünf Folleis kriegt.«

»Eine Priesterin«, wiederholte Berchidda mit zitternder Stimme, »und der Akt ist heilig, denn ...«

»Einen Scheißdreck ist er!« kreischte Theodora dazwischen. Sie bebte am ganzen Körper.

»... er offenbart die Große Mutter in ihrer ganzen Macht. Wir sind mächtig, Kind, ja. Deshalb«, erleichtert fiel Berchidda ein überzeugender Beweis ein, »deshalb küssen sie uns zum Abschied den Fuß, verstehst du?« Fast bittend sah sie ihre Tochter an.

Theodora faßte es nicht. »Allerdings«, begann sie leise und wurde immer lauter, »allerdings küssen sie dir die Füße, wer würde das nicht, wenn es einem so viel Geld spart. Und Akakios sollte dir sein Leben lang die Sohlen lecken dafür, daß du so willig seinen Wein finanzierst. Nein, jetzt rede ich, Mutter.« Sie hob abwehrend die Hand. »Und hör mir auf mit dem Scheiß von der Macht. Ich habe gesehen, wie mächtig du bist! Asterios hat uns wie Hunde auf die Straße gejagt, im Hippodrom haben sie uns mit Unrat beworfen! Dachtest du, das hätte ich vergessen?« Der ganze Zorn ihres enttäuschten Kinderglaubens brach auf und traf Berchidda mit voller Wucht.

Hinter roten Schleiern der Wut sah Theodora sich unter dem Schlangendreifuß im Hippodrom sitzen und ihre einfältigen Beschwörungen murmeln. Sie bemerkte gar nicht, wie ihr die Tränen über die Wangen liefen. »Und Papa ist tot«, fuhr sie fort, »und ich bin nie dazu gekommen, ihm zu sagen, daß ich ihn liebhabe, weil du mir ja so wunderbar erklärt hast, was für ein Narr er sei!«

Berchidda schüttelte den Kopf: »Er hat dich nie gekannt, er wußte nicht annähernd, was du bist.«

»Er hat mich geliebt«, weinte Theodora laut heraus, »er hat mich ›Gottesgeschenk‹ genannt. Und Anastasia nach dem Kaiser, den er so verehrte. Er hat uns geliebt«, wiederholte sie, und in der folgenden Pause schwang das »und du nicht« unüberhörbar und endgültig wie eine erzene Glocke.

»Er war schlimmer als ein Narr, viel schlimmer!« Auch in Berchiddas Stimme lag jetzt Bitterkeit. »Er war ein Mörder. Er ließ mich über die Leichen all meiner Leute gehen, als er mich mit sich nahm. Deiner Leute, Theodora!«

»Das ist nicht wahr, es ist einfach nicht wahr. Das glaube ich nicht.« Theodora schüttelte so heftig den Kopf, daß ihre Zöpfe peitschten. Berchidda sah ihr nur stumm zu. Sie hob die Hand, wagte aber nicht, die Zurückzuckende zu berühren, und zog nur ihre Decke wieder fester um die nackten Schultern.

»Und wenn es wahr wäre«, fragte Theodora nach langer Pause in bösem Ton, »warum bist du dann mit ihm gegangen?« Sie war nicht bereit, die Mutter freizusprechen.

»Ich hatte eine Aufgabe«, antwortete Berchidda weich, »das goldene Kind, dich ...«

»Ach ja, richtig«, fiel Theodora sarkastisch ein, »ich mußte ja unbedingt geboren werden! Für die gute Sache.«

»Du warst für mich immer etwas Besonderes.« Berchidda trat nahe an ihr Kind heran. »Dich habe ich alles gelehrt, was ich weiß.« Ihr Blick wurde tief, und Theodora schwindelte es. Sie sank, sie wußte nicht wohin. Wie schön wäre es, sich anzulehnen, den Duft der vertrauten Haut wieder tief einzuatmen wie damals ... Da stieß sie die Mutter mit beiden Händen hart vor die Schultern.

»Wage es ja nicht«, schrie sie, »deinen billigen Hokuspokus bei mir anzuwenden. Ich bin nicht einer deiner Freier.« Erschrocken über die eigene Tat wich sie zurück.

Berchidda war gegen die Wand getaumelt. Ihre Hände tasteten fassungslos über die Bretter. »Ich habe dich alles gelehrt, was ich weiß«, wiederholte sie mechanisch. Umma, wimmerte es in ihr, Umma, ich verliere sie, was soll ich tun, Große Göttin?

»O ja, vielen Dank«, antwortete Theodora sarkastisch. Wie plötzlich erwacht wischte sie sich die Tränen vom Gesicht. Nervös tastete sie in ihrem Bündel nach einem Taschentuch und nahm schließlich den Ärmel, während sie weitersprach. »Deshalb bin ich ja eine der besten Kurtisanen von Byzanz. Danke, Mutter. Aber ich werde nicht wie du als die letzte Hafenhure enden, die für den Abschaum die Beine breit macht und sich damit tröstet, es sei für einen guten Zweck, nein, ich nicht.« Heftig stieß sie mit dem Zeigefinger immer wieder gegen ihre eigene Brust. »Ich werde es mir teuer bezahlen lassen, ich werde es zu etwas bringen, und wenn sie mir die Füße küssen werden, dann deshalb, weil sie wissen, daß ich sie darunter zerquetschen könnte.« Mit diesen Worten nahm sie ihr Bündel auf. »Geh mir aus dem Weg!«

Als Berchidda immer noch wie erstarrt vor ihr stehenblieb, schob

sie sie kurzerhand zur Seite und ging. Hinter ihrem Rücken blieb es still. Erst an der Treppe glaubte sie ein Murmeln zu hören, das sie an die geheime Sprache ihrer Kinderrituale erinnerte. Sie wischte das Bild einer zum Kreis gewundenen Schlange beiseite, die sich selbst in den Schwanz biß.
»Kinderkram«, murmelte sie und setzte den Fuß auf die Stufen.

Draußen stand der Nachthimmel in jenem durchsichtigen Dunkelblau über den Straßen, das er annahm, kurz bevor es hell wurde. Die ersten verschlafenen Vögel pfiffen bereits vereinzelt in ihren Käfigen auf den Balkonen. Antonina hatte recht gehabt, es waren unglaublich viele Soldaten unterwegs, und im Licht ihrer Fackeln bewegte Theodora sich sicher durch die verwüsteten, noch regennassen Straßen, auf denen Trümmer und Scherben durcheinanderlagen. Türkisfarbene Streifen und ein blasses Purpur wie ausgeblichene Fahnen kündigten schließlich die Morgendämmerung an, als Theodora vor den Wasserspielen am Nymphäum stand und mit der Hand Kühlung für ihr erhitztes Gesicht schöpfte. Schon als Kind hatte sie diese Fontänen geliebt, die ihr Wasser aus Faunsgesichtern oder großen Muscheln spuckten, in denen Nymphen saßen und unschuldig mit vergoldeten Bällen spielten. Ein mächtiger Flußgott hütete den Zufluß vom Aquädukt und schwang seinen goldglänzenden Dreizack in die Morgenluft.
Lächelnd tätschelte Theodora sein gewaltiges Knie, wie sie das früher so oft getan hatte. Wie glatt der weiße Marmor wurde, wenn man ihn benetzte. Und wie leuchtend sich in dem milchigen Gewölk des Steins dann feinste farbige Adern abzuzeichnen begannen. Ihre Gedanken folgten ihnen wie Straßen. Theodora war wieder so fasziniert wie als Vierjährige.
Als sie schon langsam begann, sich Sorgen um die Freunde zu machen, rumpelte endlich der Ochsenkarren die schmale Lykos-Straße heran und hielt vor ihr. Theodora warf energisch ihr

Bündel hinauf und stieg ein, ohne sich noch einmal umzudrehen. Der Flußgott winkte ihr einen ungesehenen Gruß. Ihr klobiges Reisegefährt fuhr rumpelnd durch die stillen, von allen Unruhen unberührten Straßen der Vorstadt Blachernai mit ihren Sommerpalästen und verschlafenen Bauernhöfen. Nur einige magere Hunde folgten ihnen bellend und suchten spielerisch in die Radspeichen zu beißen.

Sie passierten ungehindert das Charisius-Tor der mächtigen Landmauer, als die Glocke des Magnaura-Palastes zu läuten begann und alle Menschen der Stadt aufrief, zum Zeichen der Trauer reglos zu verharren, denn Anastasios, Imperator des irdischen Reiches, hatte Gott den Tribut aller Menschen gegeben. Das mächtige Byzanz verstummte für wenige Minuten. Und der Ochsenkarren jenseits des Tores holperte weiter auf seinem Weg.

Buch 2
Aus dem Osten das Licht

Nirgends war eine Frau jeder Art der Lust so unterworfen. Mit zehn oder mehr jungen Männern auf der Höhe ihrer Kraft, die selber Wollust als Tagewerk betrieben, ging sie oft zu einem gemeinschaftlichen Mahl und schlief dann bei sämtlichen Gästen die ganze Nacht hindurch. Wenn aber alle genug davon hatten, suchte dieses Weib noch deren Sklaven auf, etwa dreißig an der Zahl, und schlief bei jedem einzelnen von ihnen. Auch dann bekam sie dieses Schandleben nicht satt.

(Prokopios: Anekdota, Buch IX)

Gastspiel in Bithynien

»Verdammter Nebel«, keuchte Simon. Er stapfte wütend durch den Schlamm, der kalt in seine Sandalen quoll, und versuchte, die Ochsen anzutreiben, damit ihr Karren aus dem zähen Morast freikam. »Es hat hier gar nicht neblig zu sein«, protestierte er laut vor sich hin. »Es ist schließlich September! Trockenzeit!« Auch den Sprühregen, der nun schon seit Tagen mit stiller Gleichmäßigkeit auf sie niederging, hätte es eigentlich um diese Jahreszeit nicht geben dürfen. Doch eine Laune der Natur wollte es, daß sie tatsächlich im Nirgendwo des Fruchtlandes zwischen Prusa und Pergamon von diesem Unwetter überrascht und festgehalten wurden.

Keleos unter seiner ledernen Kappe, die dunkel vor Feuchtigkeit glänzte, stemmte sich stumm und klaglos von hinten gegen den Karren und drückte. Simon fluchte und richtete sich auf. Er entkorkte die Flasche, die er am Lederriemen mit sich trug, nahm einen tiefen Schluck Wein und verkündete: »Absteigen, Mädels! Wir kommen nicht weiter!«

»Absteigen?« Antonina starrte ungläubig auf den zerfurchten Boden, in dem ihre roten Stiefel zweifellos bis zum Anschlag versinken würden. Auch Theodora warf mißmutige Blicke auf die Landschaft. Wasser sammelte sich und tropfte schwer vom Weinlaub, das der Regen leuchtend grün gewaschen hatte. Die langen Reihen der Reben verschwanden schon nach wenigen Metern im Dunst. Jenseits des Weges standen alte Olivenbäume, die grauen, verwachsenen Stämme hinter den Regenschleiern einander zugeneigt wie tanzende Schwestern, sich mit knorrigen Zweigarmen umschlingend. Und dahinter …

»Hat der Berg eigentlich hier zu sein?« erkundigte sich Theodora beunruhigt. »Du hattest nichts von einem Berg gesagt, Simon.«

»Welcher Berg?« Die Antwort gab der Nebel, der sich für einen Augenblick lichtete, um die Umrisse eines Gipfels sichtbar werden zu lassen.

»Verdammt!« Für einige Augenblicke war nichts weiter zu hören als das Grieseln der sprühfeinen Tropfen auf dem Laub und das Schnauben der unwilligen Zugochsen.

Antonina, die nun doch abgestiegen war, schob seinen Kopf beiseite und nahm sich Simons Flasche für einen großen Schluck. »Wenn es doch nur der Olymp bei Prusa wäre«, seufzte sie. »Wie gerne würde ich es dafür in Kauf nehmen, im Kreis gefahren zu sein.« Sie schüttelte sich fröstelnd. »Erinnert ihr euch auch an die herrlichen Thermalquellen?«

An diese Quellen dachten in dem Augenblick vermutlich alle. Nach Nikomedeia und Nikaia war Prusa die dritte Stadt, in der sie haltmachten, um ihre Reisekasse aufzufüllen, und die erste, die nicht so nahe an Byzanz lag, daß sie nach wenigen Vorstellungen wieder aufgebrochen waren, aus Furcht, ihre Zirkuspartei könnte ihnen doch noch Häscher nachschicken und sie gewaltsam heimholen lassen.

Theodora lächelte Simon mitfühlend an. Sie entwickelte im Verlauf der Reise nicht nur ihm, sondern allen in der Truppe gegenüber ein ganz neues Gefühl der Verbundenheit, das über die früheren gemeinsamen Scherze und Zechereien hinausging. Sie hatte, so sah sie es, diese Menschen als ihre neue Familie erwählt, mit der sie einen langen und nicht ungefährlichen Weg zurücklegen wollte, und konnte sie nun nicht mehr ohne eine gewisse Rührung betrachten. So mußten sich die Soldaten fühlen, die im Krieg ihr Zelt miteinander teilten, dachte sie, oder junge Löwen, die gemeinsam im Rudel auf Jagd gingen. Sie alle miteinander waren ihr lieb, nicht nur Antonina, die sie schon immer als ihre Freundin betrachtet hatte und an die sie sich jetzt noch enger anschloß.

Oft gingen sie nach der Vorstellung händchenhaltend oder eng umschlungen die Straßen der neuen Stadt erforschen, ein schönes, lebensprühendes Paar. Theodora genoß es, Teil von etwas so Begehrenswertem zu sein. Und sie ertappte sich dabei, wie ein schmerzhafter Stich von Eifersucht spürbar wurde, wenn Antonina einmal allein zu einem ihrer Streifzüge aufbrach oder wenn sie sie lachend mit Hebe an einem Wirtshaustisch antraf und die zwei vertraut miteinander aussahen. Oder wenn Antonina Keleos mit ihren grünen Augen verfolgte, was sie oft tat, stumm und intensiv, ohne einen Grund dafür zu nennen.

Dennoch war es in Prusa eine wunderbare Zeit gewesen. Die mondäne kleine Bäderstadt hatte für jede Form der Unterhaltung etwas übrig und ein zahlungskräftiges Publikum dazu. Besonders ihre kleine Revue in der Vorhalle der Thermalbäder war ein voller Erfolg gewesen. Wie Aphrodite dem Meer waren sie gemeinsam einem Bassin entstiegen, und mit am Leib klebenden Seidenkleidern sangen sie das Schlußcouplet. Einige junge Galane hatten sich sofort danach wieder mit ihnen ins Wasser fallen lassen. O ja, es waren überaus erfolgreiche Abende.

Simon hatte mit Keleos in einem Bottich voll eisenhaltigen heißen Wassers gesessen, tief die metallisch riechenden Dämpfe eingeatmet und den Mythen und Erzählungen des neuen Freundes gelauscht. Seine runden, herabhängenden Bärenschultern hatten geglüht, und an seinen rotblonden Wimpern um die wasserhellen Augen hatten kleine Tröpfchen gehangen, während er nachdenklich ins Leere starrte: »Auf Anraten Hannibals gegründet, sagst du?«

»Ja«, nickte Keleos und atmete ebenfalls tief aus, während er sich zurücklehnte.

»Das wäre eine Idee«, murmelte Simon. »Vielleicht sollten wir ein Stück zu Prusas Stadtgeschichte einüben.« Er geriet in Fahrt. »Ich sehe da einen wunderbaren Sketch vor mir ...«

»Halt's Maul, Simon!« erklang es da fröhlich im Chor. »Hast du schon wieder eine deiner genialen Ideen?«

»Puh!« Theodora wedelte mit der Hand vor ihrer Nase herum. »Was ist das für ein Gestank?«

»Eisen«, klärte Simon sie auf. »Kommt rein, ist hervorragend für die Gesundheit. Keleos hier hat's mir erklärt. Und wißt ihr, was er noch ...«

Antonina strich ihm mit lasziver Geste das nasse Haar aus der Stirn. »Laß gut sein, Simon. Bestell uns lieber Wein.«

»Gott, ist das eng hier!« Hebe strahlte alle mit rosigem Gesicht durch den aufsteigenden Dampf hindurch an. »Man könnte meinen, daß wir stecken bleiben.« Doch es schien sie nicht im geringsten zu stören.

Auch Theodora lehnte sich genießerisch zurück. Selbst Keleos schien, soweit sie das durch die weißen Schwaden beurteilen konnte, entspannt zu sein. Dann kam der Wein, und Theodora legte den Kopf auf den Bottichrand und schaute dem Deckenmosaik zu, wie es langsam über ihnen zu kreisen begann. Ein paar Nymphen spielten dort an einer Quelle, sie spielten Ringelreihen, und langsam meinte Theodora, die Musik dazu zu hören. Es war eines von Antoninas Liedern. »Drum will mein Lieb ich leiden« summte sie leise mit und nahm einen weiteren Schluck. Es war ein wunderschön trauriges Lied, und die Tränen der Rührung, die über ihre Wangen liefen, waren fast kühl auf der vom Bad erhitzten Haut. Theodora lächelte. Was für ein Abend, was für Freunde sie besaß.

In diesem Moment liebte sie sie alle.

Der Regen schien nicht nachlassen zu wollen. Und die Tropfen, die heute von Simons Wimpern perlten, waren unangenehm kalt.

»Ich wünschte auch, es wäre der prusische Olymp«, murmelte Hebe, die geschlafen hatte und eben erst unter der Plane hervorkroch. Sie flocht sich die wirren Haare und sagte sehnsuchtsvoll: »Von dort oben konnte man an klaren Tagen Byzanz sehen.«

»Eben«, antwortete Theodora knapp und vielsagend und griff dann entschlossen dem Zugtier ins Geschirr. »Auf mein Kommando!«

»Aber hier ist so schrecklich viel … Landschaft«, versuchte Hebe sich noch zu rechtfertigen, ehe sie eingeschüchtert an das ihr zugewiesene Rad trat und schob.

»Willst du nicht mithelfen, Prinzessin?« giftete Simon Antonina an, die sich mit seiner Weinflasche demonstrativ abseits gestellt hatte.

»Ich bin nun mal kein Naturkind«, hauchte sie mit ihrer rauhen Stimme provozierend. »All das hier …«, sie wies mit vager Geste auf das sie umgebende strotzende Grün und beendete ihren Satz nicht.

»Wir hätten wirklich die Küstenstraße nehmen sollen«, suchte Theodora ihr beizustehen. »Ich weiß nicht, ob es eine so gute Idee war, hier …«

»Jahrmärkte«, knurrte Simon durch die zusammengebissenen Zähne, während er mit aller Kraft zog. »Ich hatte Jahrmärkte vor mir gesehen. Ländliche Erntefeiern, Weinfeste.« Sein Gesicht lief rot an. »Es muß hier in der Ebene riesige Grundbesitze geben, verstehst du? Weinberge und Olivenhaine, die du in Tagen nicht durchqueren kannst. Und dazwischen die reichen Villen, die Landadligen, die in der Einsamkeit nach ein bißchen Kultur nur so hungern, die …«

»Meinst du vielleicht die?« erkundigte sich Antonina und wies auf eine Gruppe von Gestalten, die sich aus dem Dunst löste und auf sie zutrat.

Es waren ganz offensichtlich Bauern, kleine dunkelhaarige Männer, in schlichte kurze Kittel gekleidet und barfuß. Einige wiesen mit dem ausgestreckten Finger auf die Fremden und sprachen aufgeregt miteinander, die übrigen starrten sie an. Die Schauspieler richteten sich auf und warteten. Simon räusperte sich.

Hebe hängte sich ängstlich an seinen Arm, und Theodora trat näher. »Verstehst du, was sie sagen?«
Simon schüttelte den Kopf, hilfesuchend sah er zu Keleos, der ebenfalls stumm verneinte.
»Soviel von unserem Gelehrten«, konstatierte Antonina. »Muß sich wohl um einen altbithynischen Dialekt aus der Zeit Hannibals handeln. Prost!« Damit hob sie die Flasche erneut.
»Vielleicht sollten wir was sagen«, drängte Theodora laut flüsternd.
»Die starren mich so an«, verkündete Hebe ängstlich.
»Vielleicht halten sie dich für ein Schaf und wollen dich besteigen«, meinte Antonina.
Hebe schniefte: »Du bist so gemein, wenn du betrunken bist.«
»Ich? Betrunken?«
»Wir haben jetzt keine Zeit für Streitereien«, kommandierte Simon. »Theo, sing ihnen was aus deiner Salome-Nummer, ich werde den Prolog dazu sprechen.« Doch weder die große Geste, mit der Simon daraufhin zwischen die Gruppen trat und sich verneigte, noch die laute Vortragsstimme, mit der er um die Gunst des werten Publikums für ihre bescheidenen Künste bat, rief eine Reaktion bei den Bauern hervor. Simon wickelte sich schwungvoll in eine imaginäre Toga und trat zurück, um Theodora Platz zu machen, die nach einem zweifelnden Blick ergeben die Schultern zuckte und mit ihrem Auftrittslied begann. Wiegenden Schrittes ging sie dazu auf und ab, winkte neckisch mit dem Finger, blinzelte, tänzelte zum Refrain und verstummte schließlich in wachsender Verzweiflung vor dieser Mauer reglosen Schweigens: Ihr Publikum blieb sichtlich kalt.
»Simon«, zischte sie aus dem Mundwinkel und suchte ihr Lächeln nicht verrutschen zu lassen, »tu was.« Wie damals im Hippodrom stieg – angesichts der Menge, die nicht auf sie reagierte und die sie nicht durch ihre Provokationen beherrschte – die alte Kinderpanik in ihr auf. Doch Simon antwortete nicht.

In die plötzliche Stille hinein erklangen da die streitenden Stimmen von Hebe und Antonina, die, einander beschimpfend und schubsend, hinter dem Ochsenkarren sichtbar wurden.
»... und immer hast du mehr Geld als wir«, keifte Hebe gerade.
»Ich kann eben singen, Kind, dafür zahlen die Leute!« entgegnete Antonina mit gelassenem Spott.
»Nicht mal du kannst gleichzeitig singen und jemandem einen blasen!« antwortete Hebe.
Da klatschte Antoninas Ohrfeige auf ihre Wange. In der Gruppe der Bauern regte sich etwas, das anfängliche Getuschel wurde wieder lauter. Ein alter Mann wies auf die beiden Frauen und kicherte.
Simons Blicke wanderten aufmerksam zwischen den beiden Gruppen hin und her. »He, Antonina«, rief er, »mach das noch mal!«
»Was?« gab Antonina zurück, »das?« Und sie ohrfeigte Hebe erneut.
»Oh, du Schlampe, das hast du absichtlich gemacht«, kreischte Hebe. Sie drang auf Antonina ein, die beide Arme zu ihrem Schutz hob und die Flasche verlor. Ihr bithynisches Publikum taute immer mehr auf; es war eindeutig, daß die Darbietung der streitenden Frauen sie sichtlich amüsierte. Simon nickte heftig mit dem Kopf.
»Ich wußte es, es klappt. Theodora, die Eifersuchtsszene aus *Die untreue Winzerin*, schnell!« Und bald war die ganze Truppe damit beschäftigt, sich gegenseitig laut klatschende, aber schmerzlose Ohrfeigen zu verpassen, sich unter großem Fuchteln vermeintlich an den Haaren zu ziehen und unter viel Geschimpfe mächtige Fußtritte auszuteilen, die den Getroffenen quer über die improvisierte Bühne zu schicken schien, ehe er sich mit der Nase kurz vor dem Schlamm wieder fing. Keleos hüpfte aufgeregt um sie herum und suchte, so wie Simon es ihn in den letzten Wochen gelehrt hatte, die passenden Geräusche durch

Klatschen auf seine Schenkel und Ploppen mit dem Finger im Mund zu erzeugen. Nur der gut gezielte Tritt, mit dem Antonina Hebe kurz vor Schluß der Szene mit dem Gesicht voran in den Morast beförderte, der war echt und würde einen schmerzhaften blauen Fleck hinterlassen. Doch die Auseinandersetzung wurde unterbrochen, als der alte Bauer auf Simon zutrat, ihm auf die Schulter klopfte, eifrig und lachend Unverständliches verkündete und sie dann alle gestenreich und unmißverständlich in sein nahe gelegenes Dorf einlud.

Als sie dort ankamen, hatte der Regen endlich aufgehört, und die grauen Wolken gaben den Blick auf die ersten Sterne frei. Noch unsicher saßen die fünf inmitten des fremden Geplauders, lächelten höflich nach allen Seiten und suchten sich neugierigen Händen zu entziehen, die ihren Schmuck oder Besonderheiten ihrer Kleidung betasten wollten. Heißhungrig nahmen sie die angebotenen Tonschüsseln mit Kräutergrütze entgegen.

»Laßt es euch schmecken!« Das war der erste griechische Laut, den sie hier hörten. Überrascht wandten sie sich dem hühnenhaft gebauten Mann zu, der sich gelassen ihnen gegenüber am Feuer niederließ. Er nickte lächelnd, als einige Dorfbewohner ihm zur Begrüßung auf die Schulter schlugen, und antwortete in ihrer Sprache. Sein weißblondes Haar schimmerte im Licht des Feuers wie eine Aureole, das Gesicht hingegen, sahen sie nun, war zerfurcht und von tiefen Narben übersät. Er mußte ein ehemaliger Soldat sein, vermuteten sie. Der Fremde bestätigte es ihnen. Jenseits der Donau, in einer Gegend, deren Namen sie sofort wieder vergaßen, war er beheimatet gewesen, ehe er von byzantinischen Truppen gefangengenommen und gegen eine Verpflichtung zu zehn Jahren Kriegsdienst wieder freigekommen war, um gegen die Hunnen zu kämpfen.

»Wilde waren das, so etwas habt ihr noch nicht gesehen«, meinte er, während er kaute.

»Danke, mir reichen schon diese!« Antonina wies mit dem Kinn auf ihre Gastgeber.
Der Germane nickte. »Meine Kameraden und ich, wir sind nach dem Ausscheiden aus der Armee hier angesiedelt worden. Haben alle ein Stück Land bekommen, Saatgut und Steuerfreiheit für ein Dezennium. Vor fünf Jahren dann gab es Unruhen. Warum, weiß ich nicht, ich habe die Sprache damals noch nicht gut genug verstanden. Und eines Abends, als ich von meinem Feld kam, lagen alle meine Freunde mit durchgeschnittenen Kehlen vor ihren Hütten. Mich hat wohl die Fürsprache meiner Frau gerettet, sie war aus dem Dorf. Und schwanger.«
»Wo ist sie jetzt?« warf Theodora ein und tätschelte Hebe die Hand, die sichtlich an Appetit verlor.
»Bei der Geburt des Kindes gestorben. Ich fühle mich inzwischen sehr wohl hier.« Und er sah Theodora lange in die Augen.
Hebe widmete sich vielsagend wieder ihrer Grütze, und Antonina girrte: »Theo als Bäuerin. Du wirst bezaubernd aussehen, wenn du den Hühnerstall ausmistest, Schatz!«
Simon löste sich aus einer Gruppe Jugendlicher, denen er das Jonglieren mit seinen mit Getreidespreu gefüllten kleinen Lederbällen beizubringen versucht hatte, und setzte sich zu ihnen.
»Wir wollen nach Pergamon«, eröffnete Simon das Gespräch, während er sich niederließ, und reichte ihrem neuen Bekannten einen frischen Krug Wein.
»Starke Brühe«, erläuterte er den Frauen, »sie gären ihn in fest eingegrabenen Tonkrügen, dahinten zwischen den Hütten.« Und er wies in die Dunkelheit.
»Den Weg dahin würde er immer finden«, erläuterte Antonina und lehnte sich mit dem Kinn auf seine Schulter, während sie dem Germanen einen aufreizenden Blick zuwarf. »Aber nach Pergamon … Ist die Narbe von einem Schwert?« wechselte sie das Thema und machte Miene, mit ihrem Finger daran entlangzufahren. Nun wandte er seinen Blick ihr zu.

»Ich kann euch den Weg zeigen«, sagte er zu Simon, ohne Antonina aus den Augen zu lassen.

»Schließ dich uns doch an«, warb Simon freundlich. »Eine Kraftnummer könnten wir noch gut gebrauchen. Du kannst doch bestimmt Ketten sprengen?«

Jemand begann, auf einer Rohrflöte zu spielen. Die Töne klangen tremolierend durch die Nacht, und Simon, in bester Weinlaune, drängte die noch immer beleidigte Hebe vergebens, sich mit ihrem Instrument anzuschließen. Sie ging bald zum Schlafen in den Wagen, und auch Theodora folgte ihr, während die Männer weiterfeierten. Der Lärm des kleinen Gelages drang noch lange zu den in Wolldecken eingemummelten Mädchen, die still jede für sich den Nachthimmel betrachteten. Alles war schon ruhig, als Antonina leise zu ihnen hereinkletterte. Da sie bemerkte, daß Theodora noch wach war, schlüpfte sie zu ihr und kuschelte sich an sie.

Sie hob ihre Hand und betrachtete im Mondlicht einen Ring an ihrem Finger. Es war eine plumpe Arbeit aus Kupfer, mit einem Stein darin, glatt und quellend, wie versteinertes Hirn, dessen matter Bräune auch der Mond keine Funken entlocken konnte. »Er hat ihn mir geschenkt«, flüsterte sie. »Ein Blutstein. Soldaten tragen so was als Talisman, sagt er.« Sie machte eine Pause. »Bist du böse?«

Theodora schüttelte leise lachend den Kopf. »Es war nur so eine flüchtige Idee. Ich stellte mir vor, wie das wäre, wenn ich jeden Morgen aus der Hütte käme, und die Sonne beugte mir den Nacken. Da wäre der Brunnen, das Feld, meine braunen Füße in den Sandalen auf den staubigen Wegen. Es gäbe nur die Arbeit, Tag für Tag, und abends seine feste Umarmung. Alles hätte seinen Platz … Ich weiß schon«, wehrte sie Antoninas Einwand ab, »es war nur so ein kurzer Gedanke.«

Antoninas Hand kam durch die Dunkelheit herüber und streichelte ihr die Stirn. »Du wirst deinen Platz schon finden, auch ohne dich selber völlig aufzugeben«, murmelte sie. »Es gibt solche Orte.« Beide hingen stumm ihren Gedanken nach.

Im Reich des Asklepios

»Schaut nur, der Fluß kommt unter dem Gebäude durch!« Hebe wies mit ausgestrecktem Finger auf den roten Riesenbau der pergamenischen Thermen, deren überdachte Vorhalle tatsächlich quer über den Selinus gestellt war. Friedlich floß er durch sein künstliches Gewölbe, über dem die täglichen Markt- und Badegeschäfte abgewickelt wurden; selbst eine Kirche war hineingebaut. Doch niemand in der Truppe achtete auf sie, alle starrten zu der marmornen Königsstadt hinauf, die sich vierhundert Meter über ihnen auf dem Steilgipfel zwischen den beiden Flußbetten erhob wie ein von der Sonne gebleichtes Korallenriff. Darunter ergoß sich die Häuserflut des modernen Pergamon mit seinen Holz- und Ziegelbauten über die künstlichen Hügelterrassen, die die alte Stadtmauer des Königs Eumenes schon längst überschwemmt hatte und vor ihnen in die Ebene hinausleckte. Menschenmengen schoben ihren kleinen Reisetrupp die Straße entlang, und sie bemerkten kaum, wie ihr Ochsenkarren inmitten des bunten Treibens der Läden das funktionslos gewordene alte Stadttor passierte.

Diese Hauptstraße, die sich in großen Biegungen den steilen Berg hinaufwand, war die einzige, die den Namen Straße noch verdiente. An ihr entlang wucherte die Wohnbebauung in und zwischen den antiken Ruinen ebenso wild wie dicht; und wo die alten Steingassen und Nebenstraßen unter Mietshäusern und Hinterhöfen verschwanden, blieben nur lehmige Trampelpfade, um sich zwischen den Bauten hindurchzufinden. Hier schöpften die zahlreichen Bewohner in Brunnen und Hofzisternen ihr Wasser, denn auch das alte System der Aquädukte funktionierte nicht mehr. Und der Verfall der einstigen Kanalisation hatte die Stadt nicht schöner werden lassen. Schmutz und Lärm waren vermutlich das einzige, worin das neue Pergamon das alte übertraf, verläßliche Zeichen dafür, daß das Leben unvermindert und unbekümmert weiterging.

»Beeindruckend, ganz beeindruckend«, murmelte Simon, der die Augen nicht von den Tempelterrassen lassen konnte, und prahlte mit dem von Keleos bezogenen Wissen: »Zeusaltar, Trajanstempel, Demeterheiligtum, Bibliothek. Alles Ruinen heute, alles Ruinen. Wußtet ihr«, fragte er unvermittelt, »daß das Wort Pergament von Pergamon stammt?« Antonina feilte hingebungsvoll an ihren Fingernägeln, während Hebe sich mit einem gequälten »Ach, Simon« an ihren Freund hängte, der sich aber dadurch nicht abhalten ließ, mit seiner frisch erworbenen Bildung zu protzen: »König Ptolemaios von Ägypten war eifersüchtig, daß die pergamenische Bibliothek größer war als seine eigene in Alexandria, klar, und hat die Ausfuhr von Papyrus hierher verboten. Da brauchten die Pergamener was anderes zum Schreiben und erfanden das Pergament, stimmt's?« Mit einem leichten Nicken bestätigte Keleos die Richtigkeit von Simons Erzählung. »Alle Herren von Pergamon waren begeisterte Förderer der Kultur auf allen Gebieten ...«, fing Simon mit Schwung wieder an.

»Also ich«, ließ Theodora sich da unter der Plane mit Nachdruck vernehmen, »habe jetzt Hunger.«

Ein beleidigtes Schweigen entstand, in das hinein Keleos' schüchterne Stimme zu Simon sagte: »Einige waren übrigens auch geübte Giftmischer, falls dich das interessiert. König Attalos III. zog Heil- und Giftpflanzen als Lieblingsbeschäftigung und probierte sie an überführten Verbrechern aus ...«

»Tatsächlich?« fragte Simon eifrig. Sofort war die jüngste Schlappe vergessen. »Hebe, Theodora, habt ihr das gehört? Wir werden morgen die *Giftmischerin* geben, sage ich euch. Ich muß nur das Skript noch ein wenig überarbeiten. Ich hab da schon so eine Idee.« Versonnen wanderte sein Blick über die Hänge Pergamons. »Ist das alte Amphitheater oben am Berg eigentlich noch in Betrieb?«

So schaukelte ihr Karren dem Fremdenheim der heiligen Thekla entgegen, wo sie alle gemeinsam eine billige Unterkunft fanden und die Ochsen in den Stall stellten. Hebe eilte zum Magistrat, um mit dem Eparchen und den zuständigen Beamten über einen Auftritt ihrer Truppe zu verhandeln, Keleos verschwand wieder einmal für eine seiner unbekannten Erledigungen, seine Ledertasche wie immer dabei, und Theodora, Antonina und Simon suchten das ihnen in der Herberge empfohlene Gasthaus auf. Aus dem »Munteren Zicklein« drangen Gerüche, die seinem Namen alle Ehre machten. An einem Spieß überm offenen Feuer drehte sich dort ein Braten, gespickt mit Kräutern, der von Honigglasur nur so glänzte. Bis der gar wäre, da waren sie sich einig, würden sie gerne warten. Simon zog sich sofort mit einem großen Krug Wein, einer Lampe und Schreibzeug an einen schmuddeligen Holztisch in der hintersten Nische zurück, um die »Giftmischerin« für pergamenische Verhältnisse neu einzurichten. Theodora sah von ihrem Tisch aus, wie seine Lippen Worte formten und die Feder über den Papyrus fuhr, während Antonina ihr gegenüber mit dem Finger in den Weinpfützen malte und unternehmungslustig mit den Füßen wippte, die Augen auf der Suche nach etwas Interessantem. Doch es sah nicht danach aus.

An den Wänden hingen ungelenk bemalte Holztafeln, Bilder der umliegenden Landschaft, Stilleben mit Trauben und Fleischstücken, die eine Fliege keine Sekunde täuschen konnten, naive Heiligenbilder, wie von Kinderhand gemalt. An den Tischen darunter Männer, die dort saßen, als wären sie da zu Hause, was sie vermutlich auch waren: Die Selbstverständlichkeit ihrer Bewegungen und ihre Vertrautheit mit der Bedienung verriet die Stammgäste aus dem Viertel, die hier jeden Abend beim Wein an ihren altgewohnten Tischen saßen. Der viele Erinnerungskrimskrams, der herumstand, bemalte Flaschen, gravierte Kupferteller und Andenkenmünzen aus Pilgerorten, mochte von ihnen mitgebracht und aufgestellt worden sein, den geliebten Ort zu schmücken und noch weiter in Besitz zu nehmen. Einen Tisch nahe dem Tresen schmückte eine Tonglocke zum Herbeirufen des Wirtes mit der Inschrift »Die Getreuen«.

Die Wirtin kehrte gerade, da wenig los war an den Tischen, den Schmutz von den Holzbrettern, blieb hier und da stehen, um mit aufgekrempelten Ärmeln und gerötetem Gesicht ein wenig zu plaudern, und fegte schließlich alles durch die geöffnete Vordertür. Von draußen herein drang freundliches Tageslicht, das den Qualm der Öllampen beschien, wie er in weißen Schlieren im Zimmer hing.

»Ah, Damen aus der Hauptstadt, das sehe ich doch sofort!« klang es da von einem Nachbartisch nahe am Feuer. Unisono reckten Antonina und Theodora ihr Kinn dem Sprecher entgegen und ließen einen langsamen hochmütigen Blick unter ihren gefärbten Wimpern hervorrollen.

»Ach jaaaa?«

»Der Stil, das Flair, bin selbst von da, darf ich?« Ohne eine Antwort abzuwarten, setzte ihr neuer Bekannter sich zu ihnen und begann zu erzählen. Es war klar, daß er sich in Pergamon bisher weidlich gelangweilt hatte. Dabei, versicherte er, war er in Wahrheit ein bedeutender Mann, nämlich der Bote, der das Bildnis des neuen Kaisers nach Pergamon gebracht hatte, damit es hier aufgestellt und ihm nach alter Sitte gehuldigt werden konnte als dem neuen Herrn der Stadt. Oder jedenfalls war er der Gehilfe des Beamten, der den Beamten begleitete, der das Elfenbeintäfelchen mit dem Kaiserkonterfei hierhergeleitet hatte. Und er hatte die Krönung in Byzanz selbst gesehen, die Ak-

klamation, und mehr als das, einfach die ganze unglaubliche Geschichte.
»Ich war dabei im Palast, während draußen der Mob tobte. Und draußen, das war Krieg auf den Straßen, Krieg, sage ich euch, ich meine, wer sich nicht in seinem Haus eingesperrt hatte und wimmerte, der zog über die Plätze, um zu plündern. Das Hippodrom kochte, fünfzigtausend, ach was, hunderttausend Leute waren da, viel mehr, als reinpaßten, der Sand war schwarz von Menschen. Und sie standen da und schrien und riefen nach dem neuen Kaiser. Alles, was brennbar war, brannte. Und wir im Palast«, er machte eine Kunstpause, »eingesperrt! Belagert!« Eindringlich sah er erst Theodora, dann Antonina in die Augen und lehnte sich dann zufrieden mit der Wirkung zurück. »He, Wirt, mehr Wein. Ich sage euch«, fuhr er fort, »da ist so manchem alten Soldaten der Schweiß auf der Stirn gestanden. Sogar General Justin hat gezittert, ich hab's mit eigenen Augen gesehen. Aber der alte Haudegen hat das knallhart durchgezogen. Er und General Celer standen sich ja wie Wölfe gegenüber, mit gebleckten Zähnen und gesträubtem Fell sozusagen. Und sein Neffe Justinian, immer hin und her gewuselt. Immer hin und her und die Fäden gezogen und …«
»Justinian?« fragte Antonina und warf Theodora einen schnellen Blick zu.
»Ja«, setzte ihr neuer Bekannter gerade an zu erklären, »der Neffe des …«
Doch Antonina ignorierte ihn. »Ist das nicht der nette Offizier, Schatz, der dich letzthin zum Abendessen einladen wollte?«
Theodora nickte betont gelangweilt. »Der Blumenliebhaber, ja. Aber wir sind dann nicht gegangen, wenn du dich erinnerst.«
Antonina nickte ihrerseits versonnen, und es dauerte eine Weile, bis ihr Gefährte wieder Tritt fand in seiner Erzählung. »Dann hat Celer einen Thronkandidaten rausgeschickt ins Hippodrom. Und sie haben ihn aus dem Kathisma gepustet, kam blutend

zurück, und der Mob tobte. Dann schickte Justin einen Mann raus. Den hätten sie fast getötet. Und Justinian immer rum und Geld verteilt und mit den Zirkusparteien verhandelt. Schließlich sagte der Alte, Justin: ›Ich gehe selbst!‹ Und wie er das sagt, da hört man, daß sie im Zirkus seinen Namen brüllen. ›Justin! Justin!‹ donnert das da, wie Brandung. Da konnte Celer nichts mehr machen. Vielleicht hat er ja gehofft, daß sie ihn auch zerfetzen würden, wenn er erst mal rauskäme. Aber Justinian hat da schon die ganzen kaiserlichen Kleider angeschleppt, den Mantel und das Diadem. Weiß der Teufel, wo er das herhatte; das war jedenfalls ein Streich! Auf der engen Wendeltreppe zum Kathisma hat der Alte sich das Zeug übergezogen, in letzter Sekunde, beinahe wäre er noch die Stufen runtergefallen, weil er sich in der Schärpe verhedderte. Aber als er dann raustrat, sah er jeder Zoll wie ein Kaiser aus. Und sein Neffe in Uniform hinter ihm, ganz der strahlende Thronprinz, ich meine, wer waren denn schon seine Eltern. Prost!«

Erneut hob er seinen Becher und ermunterte auch Theodora und Antonina, vom süßen Wein zu nehmen. Wenig später kamen die Teller mit dem dampfenden Fleisch, herrlich mürbe und gut gewürzt, in der Tür erschien ein leidenschaftliches Abendrot, und langsam begann die Erzählung die beiden Mädchen gefangenzunehmen. Die vertrauten Straßen von Byzanz und das Hippodrom erstanden wieder vor ihren Augen. Und sie folgten dem Königsboten auf den Wegen seines Berichts.

Justin und sein Neffe lehnten an der Brüstung des Kathisma, umwogt von den jubelnden Getreuen in Gardeuniformen. Die würdigen Senatoren, die ihnen und den Ereignissen hinterhergehetzt kamen, fanden nur noch bedrängte Stehplätze an der Rückwand der Loge. »Justinus Basileus! Justinus Basileus!« dröhnte es ohrenbetäubend zu ihnen herauf und ließ nicht mehr zu als vielsagend geworfene Blicke und hochgezogene Schultern.

Doch deren gab es viele. Herrisch wickelte man sich in seine Togen und starrte mit fest zusammengebissenen Zähnen geradeaus, als dort vorne der Sohn eines namenlosen Ziegenhirten mit theatralischer Geste die ihm angetragene Würde des Kaisertums zunächst ablehnte und damit die Erregung der Menge auf den Siedepunkt trieb.

Handwerker in kurzen Tuniken fielen dort im Sand auf die Knie, Priester beteten murmelnd mit flatternden Stolen, jugendliche Zirkusanhänger ließen ihre weitärmligen Geckengewänder wehen und kreischten, daß ihre Hunnenbärtchen vor unterdrückter Hysterie zitterten. »Justinus Basileus!« Da endlich fügte sich Justin in sein Schicksal. »Ihr habt es nicht anders gewollt«, schien seine Haltung auszudrücken, »so gebt mir denn die Last zu tragen.«

Ein hünenhafter Gote, Godila, der Campidoctor des ältesten palatinischen Regiments, drückte Justin einen Schlangenreif in die Haare, dann wurde er auf den Schild gehoben und grüßte Volk, Armee und Reich als oberster Kriegsherr. Die Truppen im Hippodrom, zu Füßen der Kaiserloge, hoben wie ein Mann ihre Feldzeichen und Fahnen, und mit Triumphgebrüll feierte Ostrom wieder einmal seine glorreiche Macht und Größe.

Da kam Bewegung ins Kathisma, neue, flammende Farben drängten sich zwischen den militärischen Prunk: Der Patriarch war angekommen, geleitet von einer militärischen Schildwache und umflattert von den höchsten Klerikern der Stadt. Hatte man doch gemeinsam in der Sakristei der Hagia Sophia auf diesen Moment gewartet, in vollem Ornat, die Hände um die goldenen Insignien verkrampft, mit Schweiß auf der Stirn den Geräuschen jenseits der schweren Holztüren nachlauschend, nicht wissend, ob Plünderer sie aufreißen würden oder ob die schwere Hand der Garden sie schließlich herausklopfte zum Palast. Wie war man aufgesprungen, als der rituelle Satz gesprochen wurde, wie flog man mit wehenden Seidengewändern zum Großen Triklinon und weiter, durch die dunklen Korridore und Treppen hinauf, hinaus, ins Licht und zu ihm, dem Stellvertreter Gottes auf dem Thron, ein Orthodoxer, endlich, endlich! So würde denn die Ketzerei ein Ende nehmen! Und das Gefolge des Patriarchen intonierte, während er mit vor Genugtuung zitternden Händen den Schlangenreif durch das Kaiserdiadem ersetzte, inbrünstig den Hymnus »Dreimal heilig« ohne den verfluchten monophysitischen Zusatz. Und die weihevolle Messe der Macht vollzog sich.

Der Libellarius, die kaiserliche Stimme, trat vor und begann: »Imperator Caesar Justinus victor semper Augustus ...«

Das Volk antwortete im rituellen Rhythmus: »Überfluß für die Welt. Herrsche, wie du gelebt hast ...«

»Sollte Celer das nicht eigentlich verlesen?« erkundigte sich Justin aus dem Mundwinkel bei seinem Neffen. »Wo ist der Magister officiorum?«

»Leichte Beinverletzung«, flüsterte Justinian ebenso unauffällig zurück. »Nichts Ernstes, nur ein kleiner Tritt.« Er straffte sich und sah in die Menge.

»Ehre sei Gott in der Höhe ...«

»Hast du dir vom Primiscrinus die Akten der Präfekturfinanzen aushändigen lassen?« zischelte Justinus weiter.

»Durch die Entscheidung Gottes, durch die gemeinsame Wahl sind wir zur Kaiserwürde gelangt und flehen nun die himmlische Vorsehung an ...«, klang die klare Stimme des Libellarius in die Stille des gezähmten Steinrunds.

»... und die Kartei der Geheimagenten, du weißt, wichtig ist jedes ...«

»... Detail. Ich weiß, Onkel, ich achte darauf.« Justinian schlug sich mit der flachen Hand auf den Umhang. »Der Schlüssel zur Kartei ist hier.«

»... Überfluß für den Staat. Himmlischer König, beschütze die Welt. Justinus Augustus, du wirst siegen. Lang lebe der neue

Konstantinus. Wir sind Knechte des Kaisers«, hallte der Wechselgesang der Menschen herauf. Weihrauchwolken quollen aus dem Kathisma und senkten sich langsam in den Sand. Ein neuer Hymnus stieg auf.

»Für die Truppen: ein Donativ von fünf Goldstücken und einem Pfund Silber«, so verlas der Libellarius. Und er schickte sich an, die unaufhörliche Fürsorge des Kaisers für jeden einzelnen seiner Untertanen unter Beweis zu stellen. Die Anrufung Gottes beendete diesen Teil, und während die beschenkte Menge noch kniend intonierte: »Kaiser, du bist würdig der Dreieinigkeit, würdig des Reiches, würdig der Stadt«, brach Justin mit großem Gefolge auf zur Hagia Sophia, um der Krönungsmesse beizuwohnen.

Der Kämmerer Amanthios würde ihn dort im Mutatorium erwarten, um ihm das kaiserliche Diadem vom Kopf zu heben, nur um es gleich wieder zurück in seine Hände zu legen, damit er, Justinus Basileus, es Gott auf seinem Altar darbringen konnte. Wenn Justinian das zufriedene Grinsen seines vorbeiziehenden Onkels richtig deutete, dann freute Justin sich diebisch auf diesen Moment. Wie er durch die Palastkorridore schritt, als hätte er sein Leben lang nichts anderes getan, als über Purpurstein zu wandeln!

Doch da traten schon die Ordonnanzen an ihn heran. Fieberhaft kritzelte Justinian Befehle auf Wachstäfelchen und teilte sie mit hastigen Anweisungen aus. Dann schloß er sich im Laufschritt der weißen Formation der Senatoren in ihren makellosen Togen an, die erregt diskutierend hinter dem kaiserlichen Gefolge zurückblieb. Es war nicht unwichtig, zu wissen, was hier gesprochen wurde. Wer war zum Beispiel der zierliche Dunkelhaarige, der da so umdrängt wurde? Richtig, Areobindus, fiel es ihm ein. Er schien noch einer der Gelassensten zu sein. Noch ehe Justinian aufschließen konnte, hörte er den Namen Vitalian. Der alte General, er würde wohl nie Ruhe geben. Justinian notierte sich in Gedanken, ihn diesmal für ein wirklich hohes Staatsamt vorzusehen. Dann waren sie an der Chalké, und die riesigen erzenen Tore der Eingangshalle öffneten sich auf die ihrem neuen Herrn entgegenfiebernde Stadt.

Antonina und Theodora saßen mit leuchtenden Augen da und leckten sich das tropfende Fett von den Fingern. Sie konnten es sehen, das ganze Gold des Altars, wie der Kirchenschatz im Schein der tausend Kerzen auffunkelte, als Justinus sein Diadem zwischen die übrigen edelsteinbeladenen Kostbarkeiten legte, um dem Allmächtigen als sein Knecht zu huldigen. Wie die Seidenroben im Licht der Flämmchen funkelten, wie der Weihrauch köstliche Schleier über die strahlenden Geschmeide zog! Die Stimme des Vorsingers würde so glockenrein in den goldenen Himmel der zahllosen Lüster aufsteigen, als wäre sie aus einem noch edleren Metall gegossen, und ihr erster Ton würde in den Smaragden und Rubinen des Hochaltars ein tiefes Glühen entzünden, wie ein heiliges Feuer, das alles in ein Bild überirdischen Glanzes schmolz.

In Theodoras Erinnerung glühte selbst die halbverwelkte Mohnblüte, die damals bei Justinians Einladungstäfelchen lag, als wäre sie ein Edelstein. Und sie brauchte kein Wort mit Antonina zu wechseln, um deren Gedanken zu erraten: So hauchfein schien der Schleier, durch den hindurch sie all das beinahe ein wenig berührt hätten, beinahe …

Ein hoher Schrei riß sie aus ihren Gedanken. Zu Füßen des kreischenden Serviermädchens lag Simon auf dem Fußboden und röchelte. Die Feder hielt er noch in der Hand, der Wein aus seinem beim Sturz umgerissenen Becher lief über die bekritzelten Papyri und tropfte mit Tinte vermischt auf ihn hinunter.

»Simon!« Hastig liefen sie zu ihm und suchten ihn aufzuheben. Seine Wimpern zitterten ziellos wie kleine Insekten um die verdrehten Augen, aus denen sie das Weiße des Augapfels anglotzte.

»Er atmet nicht!«

»Ein Arzt, wir brauchen einen Arzt!« Einige Gäste wollten zupacken und ihnen helfen, den Freund zu tragen. Doch Simon begann, in wilde Zuckungen zu verfallen. Er schlug um sich, röchelte und spuckte Schaum. Verlegen standen die Helfer herum. Als Simon, schwer atmend und mit kaltem Schweiß bedeckt, zur Ruhe kam und in eine tiefe Ohnmacht gesunken schien, warf die Wirtin sie eilig hinaus. Ein paar späte Zecher wiesen ihnen vor der Tür den Weg zu einer nahen Praxis. Sie halfen den beiden jungen Frauen tragen und machten sich dann stumm davon, als sie in der zunehmenden Dunkelheit vor dem fremden Haus standen. Drinnen brannte kein Licht, und auf ihr dringendes Klopfen öffnete sich nur ein Fenster im dritten Stock.

»Der Doktor ist beschäftigt. Könnt ihr zahlen?«

»Ja!« wollte Theodora bereits rufen.

»Nein«, murmelte Antonina ihr ins Ohr und wies den leeren Beutel vor, den sie eben aus Simons Kleidern genestelt hatte.

»Aber unser ganzes schönes Geld aus Prusa«, flüsterte Theodora erregt. Von oben schwieg es bedeutungsvoll. Die fassungslose Theodora konnte mit Mühe erkennen, wie Antonina in der Dämmerung die Schultern zuckte und die Geste für Trinken machte.

»Du kennst Simon doch«, sagte sie nach einer Weile leise. Ein vernehmlicher Knall vermeldete, daß die Fensterläden wieder geschlossen worden waren.

»Nein«, antwortete Theodora und sah auf den stöhnenden, volltrunkenen Simon hinunter. Erbitterung stieg in ihr auf. »Aber ich beginne, ihn kennenzulernen.«

»Hier können wir ihn jedenfalls nicht liegenlassen, faß mit an!« Keuchend und fluchend schleiften sie den Bewußtlosen durch den Straßenschlamm bis in ihr Quartier.

Dort fand sie Stunden später die heimkehrende Hebe. Fassungslos starrte sie auf ihren verschmutzten, reglos daliegenden

Freund, dessen Brust nur manchmal ein tiefer Seufzer hob. Ein schwarzes Blutrinnsal lief aus seinem Mundwinkel. Wütend wischte Hebe es beiseite. »Und ihr habt einfach nichts gemacht? Wie konntet ihr …«, brauste sie auf.

»Wir haben unser gemeinsames Geld jedenfalls nicht versoffen«, antwortete Antonina ruhig von ihrem Lager aus.

»Du, du mußt reden«, zischte Hebe und baute sich vor ihr auf, »wo du doch immer Geld hast, von dem keiner weiß, woher es kommt. Du hast Geld, du willst es bloß nicht rausrücken!« Kreischend steigerte sie sich in ihren Zorn.

»Hebe, Hebe, bitte«, versuchte Theodora zu vermitteln, doch die zeigte nur mit erregt zitterndem Finger auf Antonina.

»Die hat Geld, die hat Geld, sag ich. Los, Antonina, zeig uns doch mal deine Stiefel!«

»Das ist doch lächerlich«, konterte die Beschuldigte gelassen und räkelte sich. Doch Theodora senkte die Augen. Es stimmte, sie konnte es nicht leugnen, Antonina schien immer über Geld aus geheimen Quellen zu verfügen. Andererseits: es war doch undenkbar, daß sie es Simon vorenthielte, wenn … Theodora räusperte sich und sah die Freundin an. Zu fragen allerdings wagte sie nicht. Antonina erwiderte den Blick, ihr Mund verzog sich verächtlich. Dann schnürte sie ohne ein weiteres Wort ihr rechtes Stiefelchen auf, hielt es demonstrativ in die Höhe und drehte es um. Nichts. Ein Flusen schwebte lautlos zu Boden.

»Das Asklepieion!« fiel es Hebe plötzlich ein. »Davon hat Simon doch dauernd erzählt, erinnert ihr euch. Einer von diesen Tempeln. Ein Heilzentrum.« Mit plötzlicher Energie klammerte sie sich an diese neue, verrückte Idee.

Theodora und Antonina sahen sich noch immer in die Augen.

»Vielleicht ist er ja noch in Betrieb!« setzte Hebe hoffnungsvoll hinzu.

»Ruinen, alles Ruinen«, zitierte Antonina spöttisch über die Schulter, ohne Theodoras Blick auszuweichen.

»Aber was!« Hebe war schon wieder ganz hoffnungsvoll. »Ich habe hier noch kein altes Gebäude gesehen, in das nicht ein neues hineingebaut worden wäre.« Mit aller Energie klammerte sie sich an die Idee. »Bestimmt ist da heute eine Praxis oder ein heilkundiges Kloster oder ein Krankenhaus oder …« Schon war sie hinausgehastet, um die Ochsen anspannen zu lassen.

»… oder ein Milchladen«, ergänzte Antonina den Satz der Davoneilenden. Lächelnd stand sie auf, noch immer Theodora zugewandt. »Kommst du mit, es herauszufinden, Schätzchen?«

Dein linker Schuh, dachte Theodora. Sie dachte es so laut, daß man es beinahe hören konnte. Aber sie sprach es nicht aus. Dann kam Hebe zurück und trieb sie an, Simon in den Stall zu bringen.

Der heilende Gott

»Also, ein Milchladen ist es nicht«, kommentierte Antoninas aufreizende Stimme in der Dunkelheit.

Vor ihnen ragte schwarz die Silhouette einer Tempelruine. Schon der Weg hierher war mehr als beschwerlich gewesen, ihr Wagen holperte über den unbeleuchteten, wurzeldurchzogenen Pfad, aus dem Reste der ehemaligen Pflasterung als kantige Hindernisse herausstanden. Mehrfach blieb er im zähen Lorbeer- und Zistrosengestrüpp hängen, das zu beiden Seiten wucherte und sich um die verirrten Räder schlang. Unter den Propyläen blieben die Ochsen vor den Resten einer Freitreppe stehen. Ein weiter Platz tat sich vor ihnen auf. Der weiße Marmorboden warf einen blassen Widerschein des Mondlichts zurück, und sie konnten die Nachtluft spüren, die über die kühlen Steine wehte. Nach allen Seiten, so weit das Auge sie in der Dunkelheit erfassen konnte, ragten Säulenhallen in die Schwärze. Ein Nachtvogel schrie.

»Wohl niemand zu Hause«, murmelte Theodora unbehaglich und ließ den Blick über die verfallenen Säulen gleiten. Simon wälzte sich stöhnend unter der Plane.

»Quod erat demonstrandum«, setzte Antonina an. »Können wir den Unfug jetzt endlich abblasen und …«

»Aber da ist doch ein Licht!«

»Hebe, also nun wirklich«, setzte Antonina an, »Hoffnung ist ja schön und gut, aber …«

Aber da war tatsächlich ein Licht. Gelb und blakend zeichnete es ein warmes Fenster in die Nacht, verschwand, kehrte klein und flackernd wieder und kam nun mit hallenden Schritten auf sie zu. Die drei Mädchen griffen nach einander.

»Nein, das ist nicht wahr«, sagte Antonina. Es klang beinahe gelassen, doch ihre Fingernägel gruben sich tief in Theodoras Arm. Dann war das Licht bei ihrem Wagen.

»Keleos!« Theodora schrie es beinahe.

Der erstaunte Reisegefährte hob seine Fackel und beleuchtete nacheinander ihre Gesichter. Sie begannen hysterisch zu kichern. Gott, was für eine Angst sie gehabt hatten, und wie albern, jetzt so zu lachen, sie sollten wirklich …

»Simon ist krank«, sagte Theodora unvermittelt und kam sich töricht vor.

Doch Keleos nickte nur. »Kommt.« Er ergriff die Zügel der Ochsen.

Theodora konnte das Gebäude nicht gut erkennen, in das er sie führte, doch schien die große Halle, in die sie alle traten, weitgehend intakt zu sein. Ein kleines Feuer in der Ecke erhellte sie schwach und ließ die Decke des Raumes hoch über ihnen im Dunkel. Keleos trug Simon, legte ihn aber nicht an dieser Raststelle ab, sondern ging weiter bis vor einen Sockel, der einmal eine Statue getragen haben mochte. Theodora unterdrückte einen weiteren Schrei, als ein zweiter Mann dahinter hervortrat. Der helle, fast weiße Umhang über dem ebenfalls weißen griechischen Chiton gab ihm ein seltsames, fast priesterliches Aussehen.

»Antonina«, zupfte sie die Freundin aufgeregt am Ärmel, »meinst du, das ist ein alter Heiler? Ein …« Vor Aufregung versagte ihr die Stimme.

»Ein Heidenpriester des Asklepios, der hier in den Ruinen überlebt hat?« antwortete Antonina mit ihrer vertrauten rauchigen Stimme. »Kaum, Schätzchen. Es sei denn, er hätte das Geheimnis des ewigen Lebens entdeckt.« Und mit einem Seitenblick auf Hebe, die aufgeregt ihren Gewandsaum zwischen den Fingern verknotete, fügte sie hinzu: »So viel Ruinenromantik kann nicht gesund sein. Kommt, sehn wir ihn uns an. Mich interessiert doch zu sehr, mit wem unser unbekannter Freund Keleos sich so herumtreibt.«

»Das ist Alexander von Tralles«, stellte Keleos den Fremden vor, der sich bereits über Simon gebeugt hatte, um ihn zu untersuchen. Alexander tastete über die schweißige, kalte Stirn des Kranken, prüfte mit kritischen Fingern die Beschaffenheit der Haut, zog die Lider herunter, schnupperte an seinem Atem und betrachtete die Zunge. Schließlich legte er den Kopf auf Simons Brust und lauschte dem hastigen Herzschlag. Dann begann er, seine Kleider hochzuschieben und mit vorsichtigen, aber festen Griffen die Glieder des Kranken abzutasten. Simon stöhnte sacht, Hebe seufzte.

»Alexander ist Arzt«, fuhr Keleos fort. »Er ist auf dem Weg nach Ephesos und hat hier in Pergamon Station gemacht, um, um …«

»… um die Wirkungsstätte des großen Arztes Galen kennenzulernen«, unterbrach Alexander von Tralles ihn mit ruhiger Stimme. »Er stammt aus Pergamon und hat einige Jahre hier am Ort gewirkt. Ein Anfall von Ruinenromantik, fürchte ich.«

»Ruinenromantik«, echote Theodora gedankenlos. »Wer hatte das Wort eben schon benutzt?« Sie versuchte angestrengt, darauf zu kommen, um die Wirkung der ruhigen, dunklen Stimme abzuschütteln, die eben zu ihr gesprochen hatte. Sie schien ihr genauso fest, sicher und doch behutsam wie die schlanken Hände auf Simons Leib.

Alexander schaute auf. Er hatte sehr kurz geschnittenes, langsam ergrauendes Haar. Die ausgeprägte Höckernase und das mehr als energische Kinn machten ihn nicht schön. Man hätte ihn eher für einen Gladiator als für einen Arzt halten mögen. Seine Augen standen eng und seltsam schief zueinander. Auch die Stirn schien irgendeine Unebenheit zu verunstalten. Man suchte nach der Ursache dieses Eindrucks und bekam sie doch nicht richtig zu fassen, während einem langsam bewußt wurde, daß man ihn anstarrte, diesen Alexander von Tralles.

Wie konnte jemand eine solche Stimme haben und dabei so – häßlich sein? Ja, häßlich war das Wort, das Theodora für ihn einfiel. Alexander mußte das in ihrem Gesicht lesen können. Na und, dachte Theodora und verschränkte die Arme. Doch Alexander hielt mit ruhigen Fingern Simons Handgelenk und zählte im Geist den Puls mit, während er gelassen die kleine Gesellschaft musterte, die ihn umgab. Trotzig warf Theodora den Kopf auf, als sein Blick über sie wanderte, und bereute die Geste sofort. Denn Alexander von Tralles lächelte.

»Ein Arzt«, klang es entgeistert in die Stille. »Wir haben tatsächlich im Asklepieion einen Arzt gefunden.« Das war Hebe, die den Sachverhalt langsam zu begreifen und mit aufkeimender Begeisterung draufloszuplappern begann. »Es ist ein Wunder, nicht wahr! Ein Wunder!«

Das »Wunder« konzentrierte sich wieder auf seinen Patienten, ohne sie weiter zu beachten. Es war Keleos, der die Frauen sanft in Richtung des Feuers schob und sie bat, den Arzt seine Arbeit in Ruhe tun zu lassen.

Nur Hebe blieb zurück. Sie hielt sich am Rande des Lichtscheins und sah einsam zu den beiden Männern hinüber, die sich um Simon kümmerten. Ihr blondes Haar schimmerte im unruhigen Licht, der Kopf war sehnsuchtsvoll geneigt.

»Schau dir die an!« Antonina nickte Theodora bedeutungsvoll zu. »Sie hofft wohl auf die verschönernde Wirkung der Ruinenromantik.«

»Sei nicht unfair, sie hängt wirklich sehr an Simon und sorgt sich«, verteidigte Theodora sie.

Antonina schnaubte. »Siehst du die Kopfhaltung und die Gestik?« Sie wies mit dem Kinn darauf und bändigte verärgert die eigene rote Mähne. »Die Auftrittsfigur der Iphigenie aus dem zweiten Akt.«

Theodora sah genauer hin und mußte ihrer Freundin recht geben: Auch sie erkannte die Pose wieder. Ob ihr das selber auch so ging, daß das Theater das Leben überwucherte? Zum Beispiel das gereckte Kinn vorhin, in wie vielen Schwänken hatte sie nicht so dagestanden? Andererseits: wem schuldete sie schon so etwas wie Wahrhaftigkeit? Außer vielleicht: sich selbst? Die Flammen vor ihren Augen tanzten.

»Alexander tut, was er kann«, unterbrach Keleos ihre Gedanken, als er wieder herüberkam. »Simon hatte vermutlich einen epileptischen Anfall. Wenn wir ihn mit einem Ziegenhorn beräuchern könnten, wüßten wir mehr, Epileptiker erleiden darauf unfehlbar einen Anfall, sagt Alexander, aber er ist sich auch so ziemlich sicher.«

»Die heilige Krankheit!« wisperte Hebe ehrfürchtig.

»Na ja«, kommentierte Keleos verlegen, »heilig wohl kaum; dazu hat eigentlich Hippokrates schon alles Nötige gesagt. Für Alexander ist keine Krankheit heilig. Man kann allerdings«, fügte er tröstend hinzu, als er Hebes enttäuschtes Gesicht sah, »sagen, daß sie heilig ist, weil das Gehirn, aus dem sie stammt, etwas so Kostbares und quasi Heiliges ist.«

»Nicht in Simons Fall«, entgegnete Antonina knapp. »Was schaust du mich so an, Theo? Oder soll die Zahl der Trankopfer,

die er sich ins Hirn kippte, ein Hinweis darauf sein, daß er es als Tempel verstand?«
Keleos sah einen neuen Streit zwischen den drei Frauen heraufziehen und nahm seine Zuflucht zu den Fakten. »Alexander wird ihm zunächst den Kopf einreiben und ihn in warme Tücher wikkeln. Später will er dann die verderblichen Körpersäfte ableiten, die sich festgesetzt haben, durch Abführmittel – er hat da eigene Pillen aus Lorbeer und Nieswurz entwickelt –, Schweißtreiber und Schleimlöser. Und er möchte ihn die Nacht hierbehalten. Dies«, er wies vage auf die sie umgebende Halle, »waren früher die Inkubationsräume. Alle Heilung suchenden kamen hierher, um in der ersten Nacht einen Traum von Asklepios gesandt zu bekommen, der etwas über die Natur ihrer Krankheit verriete. Seine Statue stand dort drüben auf dem Sockel. Und das Brunnenhaus steht auch noch, um Heilwasser zu schöpfen. Alexander hält viel von Bädern. Halten wir die Traditionen ein.« Er lächelte, als heische er ihr Einverständnis für einen kleinen Scherz. »Gehen wir nach Hause und sehen morgen nach, was diese Nacht gebracht hat.«

Theodora strich sich die Haarsträhnen aus dem Gesicht und schaute zu Pergamons Burgberg hinauf. Sie atmete bereits schwer und fragte sich, was sie so unternehmungslustig hatte machen können. War es dieser unglaubliche Tag mit der klaren Luft, durch die hindurch man alles, auch Fernstes, glaubte berühren zu können? Oder dieser übermütige blaue Wind, der die Haut prickeln ließ, so daß man vergaß, wo man aufhörte und die Welt anfing? Es wehte einem direkt durch den Kopf, bis man gar nicht mehr sicher war, ob man in Pergamon stand oder in den zugigen, weißgekalkten Räumen eines hellen Traumes. Schlafwandlerisch war sie durch die Straßen auf den Gipfel zugegangen, doch jetzt bog sie durch ein halbverfallenes Propylon auf eine weite Terrasse ein. Auch hier gab es Tempel und einen Altar, nach all der Zeit jeglicher Farbe bar, von Wind und Wetter weißgebleicht. Eine Baustelle zu Füßen der Altartreppe lag ebenfalls verlassen: Ein verwitterter Holzkran ragte über Seile, Bretter und Marmorblöcke, den alten Mörtel noch an allen Ecken, doch nie an ihren neuen Platz gesetzt.

Theodora schlenderte weiter und entdeckte an der Nordostseite ihrer Terrasse etwas Ähnliches wie ein Theater: Neun Reihen mit Steinsitzen boten dort Zuschauern Platz, gut tausend Leute, schätzte sie geübten Auges, mochte die Anlage fassen. Aber wo war die Bühne? Was für ein Schauspiel, fragte sich Theodora, während sie sich auf einem der windgeschützten Plätze niederließ, wurde den Menschen hier geboten?

In ihrem Kopf zog eine bunte Reihe Bilder vorbei, lose verwoben: Antonina in ihren roten Stiefelchen, Keleos, die Lampe erhoben, der bewußtlose Simon, Säulenreihen, Hebe, ganz in Tränen aufgelöst, mit einem weißen Ziegenbock am Strick, lange Prozessionen von Menschen mit Fackeln … Man konnte es nicht nachdenken nennen, nur ein passives Treiben in Impressionen und die Ahnung von Zusammenhängen, die jenseits lagen, jenseits dieses wunderbaren Tages mit seinem Wind, diesem Wind, der einen die Wange an den warmen Stein lehnen hieß, der Schleier von Sonnenlicht verteilte, in dem die Kristalle im Marmor blinkten, winzig kleine Spiegelflächen, nach denen die Finger tasteten, landschaftsgroß plötzlich vor dem an die Steinlehne gedrückten Gesicht. Hatten Steine einen Geruch?

»Hier bist du also!« Mit einem freundlichen Nicken ließ Keleos sich auf einem Sessel in einiger Entfernung nieder. Er klopfte auf seinen Beutel, um anzudeuten, daß er die von Alexander verlangten Kräuter – Dill, Ysop und den Essighonig – auf dem Markt bekommen hatte, legte dann ebenfalls den Kopf zurück und machte keine Anstalten zu gehen.

Theodora beschloß, nicht zu antworten. Genaugenommen verlangte seine Anrede ja gar keine Antwort, oder? Sie war während ihrer Reise noch nie mit Keleos alleine gewesen, jedenfalls nicht so bewußt, und fühlte sich in der unerwarteten Gesellschaft beklommen.

»Weißt du«, hörte sie Keleos sagen, »wo du hier sitzt?« Und er umriß mit großer Gebärde die Terrasse mit all ihren Gebäuden.

»Auf meinem Arsch, denke ich«, gab Theodora zurück. Sie hörte selbst, wie aufgesetzt, albern und unreif ihre Aggression klang, und sah ihn nicht an. War doch sein Problem, wenn er sie ansprach.

Keleos lächelte. »Es ist der heilige Bezirk der Demeter, der großen Muttergottheit, und …«

»Muttergottheit!« In Theodoras Kopf läuteten sämtliche Alarmglocken.

»Ja«, antwortete er, verwirrt ob ihres aggressiven Tones, »Demeter. Sie hütete das Korn und die Schöße der Frauen. Sie regierte die Fruchtbarkeit und das Leben. Doch gehörte sie der Unterwelt, eine chthonische Göttin, die mit Ähren und Schlangen aus der Erde stieg und der seltsame Opfer gebracht wurden.«

»Schlangen«, murmelte Theodora nur schwach. Es mußte doch bitte ein Zufall gewesen sein, der sie ausgerechnet hierher getrieben hatte. Es gab doch keine Stimme des Blutes oder so?

»Was ist so schlimm an Schlangen«, fragte Keleos freundlich.

Doch Theodora winkte nur ab. »Was hattest du eigentlich gestern nacht in diesem Tempel verloren?« erkundigte sie sich in forderndem Ton, um ihn abzulenken.

»Oh, äh, ich kenne Alexander von früher, aus der Rhetorikschule in Tralles, ich stamme aus Ephesos, das liegt ganz in der Nähe. Und als ich ihn hier überraschend traf und er mir von seinem Plan erzählte, das Asklepieion zu erforschen, da …«

»Erforschen?« unterbrach ihn Theodora. Sie hatte die unglückseligen Schlangen der Demeter vor Augen, und es verlangte sie dringend nach Oberwasser. »Ihr habt dem Gott bei der Gelegenheit nicht zufällig einen blütenweißen Widder geopfert, nein?«

Keleos rutschte unbehaglich auf seinem Sitz hin und her. »Das ist heutzutage nicht mehr üblich«, setzte er vorsichtig zu einer Antwort an und verstummte. Unbehaglich betrachtete er Theodora von der Seite. Seine Unruhe kam nicht von ungefähr. Wenn es schon lange keine Heidenverfolgungen gegeben hatte, dann deshalb, weil die Heiden, oder Hellenen, wie man sie nannte, offiziell für ausgestorben galten. Überbleibsel wie die Anrufung des Bacchus bei der Weinkelter oder die ausgelassene Feier der Brumalien, der ehemaligen Saturnalien, wurden großzügig übersehen. Wenn hinter einer Scheinwand, in irgendeinem Geheimzimmer, noch ein letzter heidnischer Altar gefunden wurde, wie einmal mitten in der Akademie in Alexandria, dann war das ein wahrhaftiges Ereignis, das beträchtliches Aufsehen erregte. Die Götzenbilder wurden öffentlich verbrannt, die Priester aber lediglich gedemütigt und getauft. Dann ging man zur Tagesordnung über. Mochte auch manchem Bauern der Unterschied zwischen Isis, Demeter, Ischtar und Maria nicht so ganz klar sein: Hauptsache, er erwies ihr die Ehre in der Kirche. Heidentum, das waren nur noch die kulturelle Verbundenheit der Oberschicht mit der philosophischen Tradition der Antike auf der einen Seite und das Treiben der Wahrsager, Flüchebeleger und Amulettverkäufer auf der anderen – wie es etwa in den Hinterzimmern des Hippodroms stattfand.
»Oh«, meinte Theodora gedehnt und mußte beinahe lachen. »Du würdest nicht glauben, was heutzutage so alles üblich ist.«
Er sah sie aufmerksam an, doch sie sprach erst nach einer Weile weiter. »Du hast dir gedacht, reise mit ein paar Idioten vom Zirkus, die sind zu blöd, es zu bemerken, stimmt's?«
Jetzt grinste auch Keleos. »Nicht ganz«, antwortete er. »Ich dachte eher, reise mit ein paar Idioten vom Zirkus, denen ist das«, er zögerte, »scheißegal«, ahmte er dann Theodoras bewußt ordinären Sprechstil nach. Nun lachten sie beide. Zum erstenmal während der nun schon monatelangen Reise war ihr Keleos

so etwas wie vertraut. Auf ihr Nachfragen erzählte er, daß er nach Karrhai wollte, einer Stadt nördlich von Antiochia, in der es noch eine große heidnische Gemeinde geben sollte.

»Ich habe ein paar heilige Bücher für sie dabei, schau!« Und er zog ein Bündel Papyrusrollen aus seiner stets so wohlgehüteten Ledertasche. Die Lederhüllen, in denen sie steckten, waren speckig und abgegriffen, die Holzgriffe glänzten vom vielen Gebrauch, und der Papyrus selbst wirkte fleckig und bröselig, als er ihn in der Sonne ausrollte. »Sind sie nicht wunderschön? Dies hier«, er rollte eines auf und fuhr liebevoll mit den Fingern die Zeilen entlang, »stammt ursprünglich hier aus der Bibliothek von Pergamon, ehe Antonius sie als Geschenk für Kleopatra nach Alexandria bringen ließ und …«

»He, hör auf. Mit deinem verdammten Cicerone-Wissen kannst du Simon beeindrucken.« Theodora hatte sich abrupt wieder zurück auf ihren Sitz gelehnt und die Arme vor der Brust verschränkt.

Keleos blinzelte sie irritiert ob des Stimmungsumschwungs an. Theodora schaute weg. »Kannst du eigentlich lesen?« fragte er schließlich. Doch er wurde keiner Antwort gewürdigt. »Nein, natürlich kannst du das nicht.« Keleos kam zu ihr herüber und beugte sich über sie. »Simon liest dir deine Theatertexte vor und Hebe die Billette deiner Verehrer. Unpraktisch, oder?«

»Was geht's dich an!«

»Das hier könnte dich interessieren.« Mit diesen Worten zog Keleos einen anderen Papyrus aus seiner Hülle. »Es ist ein Disput über die Liebeskunst. Hier, er beginnt mit den Worten einer Kurtisane, die sagt …«

Theodoras Schlag fetzte die Schriftrolle zu Boden.

Ohne Kommentar hob Keleos sie auf, rollte sie sorgfältig ein, schob sie in den Lederköcher und verstaute sie wieder in seinem Beutel. Dann drehte er sich zu ihr um. »Du hast recht, wir sollten mit etwas Einfacherem anfangen.« Damit bückte er sich und

malte mit dem Finger ein deutliches Alpha in den Staub. »Das ist der erste Buchstabe des Alphabets, es ist zugleich der letzte deines Namens, schau.« Und er schrieb daneben: Theodora.
Fasziniert betrachtete sie die Reihe von Zeichen vor sich.
»Du könntest Kontrakte damit unterzeichnen. Und du könntest sogar lesen, was darin steht. Du kannst auf den Steuerlisten nachsehen, wie der reichste Mann am Ort heißt. Und vielleicht kannst du ja einmal meine Schriftrolle …«
»Halt den Mund!« fauchte Theodora. Aber es klang beiläufig. Sie kauerte sich neben ihn. »Wie geht der zweite Buchstabe?«
Keleos lächelte wieder einmal und malte das Beta vor ihren Füßen auf.

Brief in die Provinz

Julia Anicina an den edlen Apion
Sei gegrüßt, Freund, und nimm meine Wünsche für Dein Wohlergehen. Wenn es auch schmerzt, Dich fern zu sehen, wie so viele unserer Getreuen heute, so tut es doch wohl zu erfahren, daß Du die Reise gut überstanden und alle Deine Güter unversehrt und unangetastet vorgefunden hast. Nicht all den unsrigen erging es so!
Wahrhaftig, die neuen Herren haben Byzanz aller beraubt, die edel, wahrhaftig, gut und schön waren. Sie hausten in unseren Reihen und schickten einen großen Geist um den anderen in die Verbannung. Mein Mann, unfähig, das Elend noch länger mit anzusehen, zog sich auf unsere Landgüter in Kappadokien zurück. Doch ich weiß, daß er gewiß mit mir leidet. Gott steh mir bei, ich bin nicht stolz auf meinen alten Namen! Aber daß der Thron der Welt, des Reiches, dem nach göttlicher Fügung und glorreicher Tradition die Macht auf Erden einzig zusteht, regiert wird von einem Mann, der im Ziegenstall

eines Barbarendorfes das Licht der Welt erblickte, das kann nicht SEIN Wille sein, niemals! Justin! Justinian! Sogar die Namen gaben sie sich selbst. Und der eine kann den seinen noch nicht einmal schreiben!

Ich sage Dir dies im Vertrauen und weil ein persönlicher Bote den Brief überbringt: Justin befiehlt dem Römischen Reich und siegelt kaiserlich auf den Edikten, die seine Hand mit goldener Purpurtinte doch nicht einmal selbst unterzeichnen kann; er kann den eigenen Namen nicht krakeln – und lesen, was darüber steht, kann er schon gar nicht. Sein Neffe liest ihm alles nochmals vor. Irgendein findiger Beamter schnitt ihm eine Schablone, die, auf den Papyrus aufgelegt und kindlich nachgefahren, ein schwungvolles »Justinus Basileus« unter jedes Schriftstück zaubert. Da sitzt er da, der alte Ziegenhirt, inmitten der goldenen Pracht unserer Paläste, und malt, die Zunge konzentriert zwischen die Zähne geklemmt, seine Schablone aus, malt aus!

So findige kleine Diener wie der, der diese schuf, sieht man jetzt allerorten. Aus unbekannten Löchern krauchen sie, aus namenlosen Familien, vergessenen Provinznestern, und ziehen zu Hofe. Dort macht man neue Männer aus ihnen, bestallt sie mit neuen Würden, steckt sie in neue Tuniken, gibt Geld, mit dem sie neue Häuser kaufen und ihren neuen Luxus genießen – so neu, daß dir die frischen Farben grell in die Augen stechen. Und ihre neuen Methoden im neuen Amt lassen dich eine Zeit erahnen, so neu, daß du sie gerne nicht erleben möchtest.

Einer von ihnen ist ein gewisser Johannes der Kappadokier – was für ein Name. Er liebt die Orgien, die barbarische Pracht. Sein unersättlicher Schlund wird das Meer um Byzanz bald leergefressen haben, seine Diener schleppen von den Märkten alles, was gut und teuer ist, in seinen Palast. Ja, Du hast richtig gehört, in seinen Palast. In den Thermen belästigt er die

Jugend beiderlei Geschlechts, er zieht grölend durch die nächtlichen Straßen. Seine Eltern kennt er nicht, auch nicht die Klassiker, wozu auch? Er wurde durch Justinians Fürsprache Numerarius im Finanzbüro der Präfektur und versieht ein Amt, in dem er außer seinen niederen Instinkten nichts benötigt. An die Türen der Vornehmen klopft dieser Hund und wagt, die Steuern anzumahnen. Senatoren sollen die Einnahmen ihrer Landgüter vor ihm offenlegen! Wir Patrizier sind die Säulen des Staates; wer hätte je davon gehört, daß wir ihm Rechenschaft ablegen? Wenn man ihn freundlich belehrt, er solle sich nach altem Brauch an die Bauern und Handwerker halten, die die Peitsche des Steuereintreibers wohl benötigen, dann grinst er mit offenem Gefallen einem frech ins Gesicht. In den Provinzen muß er hausen wie eine ekle Krankheit.

Ein Neffe meines Mannes berichtete, er wurde dort von ihm aufs Amt bestellt, und als er jegliche Verpflichtung vornehm von sich wies und ihm mit großer Haltung kundtat, daß er nichts zu versteuern hätte, da wurde er gegen jedes Gesetz dort festgehalten. Er hat bis heute nicht darüber gesprochen, was im Keller jener Amtsstube mit ihm geschah. Aber kurz darauf kamen die Schergen des Kappadokiers in sein Haus, traten die Türen ein, drohten der verschreckten Dienerschaft mit ihren Waffen und gingen zielstrebig zu jener Vertäfelung, hinter der er seine Edelsteinsammlung aufbewahrte. Oh, Apion, es war eine wunderbare Sammlung. Ein Karneol war dabei, der den sagenhaften Thron König Salomons geschmückt haben soll. Und eine Jaspisgemme, die das Gewand des Äneas zierte, als er nach dem Fall Trojas italischen Boden zum erstenmal betrat. Und die unschätzbare Smaragdtiara hätte unsere Jüngste bei ihrer Hochzeit als Geschenk erhalten!

Es gibt wenig, Freund, was einen in solchen Zeiten freuen kann. Sicher, die Monophysiten werden zusammengetrieben und mit Feuer und Schwert aus der Hauptstadt verbannt. Mögen sie in die syrischen Wüsten kriechen und ihr Leben in Elend beschließen; unser neuer Bischof hat davon gepredigt, und er hat recht. Ich habe gleich eine neue Kirchenstiftung getätigt. Auch ist unser aller lieber Freund Vitalian – Du erinnerst Dich des tapferen Generals, der dem Ketzer Anastasios mit seinen Schiffen entgegentrat? –, General Vitalian also wurde zum Magister militum praesentalis ernannt und zog mit aller Pracht am Hofe ein, wo er die vorzüglichen Ehren genießt, die er verdient, und wir seine erfrischende Anwesenheit.

Allerdings ist er an ebendiesem Hofe stets unter den wachsamen Augen des Kaiserneffen Justinian. Und ich weiß nicht, ob das ein Vorteil ist, wenn man das grausige Schicksal des armen Amanthios bedenkt, den kein Lebender mehr sah seit der Nacht, da Justinian ihn zu einem Versöhnungsessen einlud. Das Palastviertel ist ein Labyrinth, in dem sich schon so mancher verirrt hat, und der stets lächelnde, stets schulterklopfende Justinian mit seinem runden, rosigen Gesicht, der sich immer freundlich und verbindlich gibt, ist einer seiner fürchterlichsten Bewohner, denk an meine Worte. Er hat sich den abseits gelegenen Hormisdas-Palast zum Wohnsitz erkoren und haust dort mit seinen Garde- und Zirkusfreunden wie die Spinne am Rande des Netzes. Das blöde Volk bemerkt natürlich nichts und staunt und gafft nur, wie er den alten Bau so prächtig herrichtet. Im Zirkus wird er von seiner Clique stets begrüßt wie ein Zeus.

Aber reden wir von Erfreulicherem. Es gibt ja noch junge Männer, die der Aufmerksamkeit eines Gönners wert sind, der ihre schönsten Begabungen wecken, ihre Anlagen zu veredeln und zu fördern weiß und von denen das Vaterland sich künftig nur wird das Beste erhoffen dürfen. Ein solcher Mann ist, will mir scheinen, Prokopios aus Caesarea, der Dir diesen

Brief überbringt und den ich deiner Gastfreundschaft aufs wärmste empfehle. Er stammt aus angesehener Familie, hat die besten Rechtsschulen besucht, unter anderem in Berytus, und harrt nun der Karriere, die seiner würdig ist. Doch wo ist in dieser sündhaften Stadt Platz für einen noblen Mann, wo der Zirkuspöbel unter der schützenden Hand des Thrones in den Straßen rasen darf und Analphabeten die Krone tragen? Ich habe dem Prokopios daher geraten, behutsam zu Werke zu gehen, die Sache zunächst fern der Hauptstadt zu betreiben und sich nicht jetzt schon unter die Bittsteller um ein Amt einzureihen bei einem Kaiser, der die Unwürdigen bevorzugt und die Gebildeten verschmäht. Ich versprach ihm dafür eine Mission, die ihm wie auch uns Ruhm einbringen kann, so sie delikat und geschickt erledigt wird: eine Mission zum Lakmidenkönig Mundhir II., um die beiden Offiziere freizuhandeln, die dieser heidnische Araber kürzlich gefangennahm. Ich weiß, der Kaiser plant eine eigene Mission dorthin, mit Unterstützung eines ihm nahestehenden Presbyters. Doch ist er auf die Vermittlung der ihm wohlgesinnten Araberstämme der Ghassaniden unter seinem Protegé Arethas angewiesen. Dieser König einer Horde Reiterkrieger ist allerdings Monophysit, und das wiederum bereitet dem orthodoxen Presbyter Bauchschmerzen. Kurz: die Sache stagniert, und wer jetzt beherzt ist, der kann den Ruhm für sich einheimsen. Ach, ich sehe uns schon mit den Geretteten durch die Straßen von Byzanz zur Hagia Sophia ziehen und dort einen Dankgottesdienst abhalten; anschließend gibt's Gauklerspiele, von denen der Plebs noch lange sprechen wird. Apion, ich verlasse mich darauf, daß Du dem jungen Mann eine gute Ausrüstung, die richtigen Führer und Kontakte verschaffst. Ich muß wohl nicht betonen, wie wichtig diese Expedition für unsere Sache werden kann. Der Verwalter meiner Güter bei Gaza ist angewiesen, Dich finanziell in jeder Hinsicht zu unterstützen.

Und meine Gedanken weilen ohnehin stets bei meinen lieben Freunden. Lebe wohl.
Eh ich es vergesse: Ein Cousin von mir wird diesen April Suffekt-Konsul und benötigt für die Spiele zum Amtsantritt noch Nilpferde und Löwen. Löwen, hörst Du, Apion? Keine seltsamen Affen diesmal, bitte.

Zufrieden legte Julia Anicina die Feder aus der Hand und studierte das Geschriebene. Wahrhaftig, jedes Wort war wahr und so gefährlich, daß ihr das Papier in den Fingern brannte. Schnell faltete sie die Botschaft, siegelte sie und steckte sie in ihr Gewand. Als ihr Mann eintrat, lächelte sie ihn von ihrem Stickrahmen am Fenster aus an. Hinter ihr glänzte die mächtige Platte ihres Schreibtischs makellos spiegelnd und leer.

Nach Antiochia

Simons Tränen tropften auf das Heilamulett, das er mit zitternden Fingern hielt, und selbst die Tränen rochen nach Wein. Ärgerlich wandte Antonina den Kopf ab, als sie sah, wie er inbrünstig den geschnittenen Chalzedon gegen seine schmutzige Tunika drückte. Der durchsichtig schimmernde grünlichblaue Stein zeigte eine Chnoubis, eine löwenköpfige Schlange im Strahlenkranz, die gegen Simons Alkoholiker-Magenleiden und seine Epilepsie helfen sollte. Alexander von Tralles hatte sie ihnen zum Abschluß der Kur überreicht, und der Schausteller gab sie niemals aus der Hand. Trotzdem war er abgemagert, das Gesicht faltig geworden, und seine Haut sah ungesund gelb aus, was daran liegen mochte, daß er sich an die zusätzlich verordnete Diät ebensowenig halten mochte wie an das strikte Alkoholverbot, das Alexander ausgesprochen hatte.
Aus den Augenwinkeln konnte Antonina verfolgen, wie er er-

neut den Weinschlauch an den Mund hob, und ihre Wut wuchs. So würde ihn keine magische Gemme der Welt davor bewahren, weiter Blut zu kotzen!

»He!« Sie riß an den Zügeln, um den widerspenstigen Ochsen zur Raison zu bringen, und dachte mit Ingrimm daran, was die Lederriemen dabei wohl an ihren zarten Händen verbrachen. Voller Schwielen und Risse würden sie sein, noch ehe Ephesos hinter ihnen zurückblieb; direkt geschäftsschädigend war das für eine Kurtisane mit Anspruch.

»Jetzt hör endlich auf zu jammern, verflucht noch mal«, fauchte sie Simon an, »davon kommt sie auch nicht wieder.«

»Hebe«, wimmerte Simon vor sich hin, wie Antonina zum Trotz.

Nun wurde auch Theodora aufmerksam. Sie saß, wie neuerdings öfter, mit Keleos zusammen und übte das Lesen. Zwischen Pergamon und Ephesos hatten sie das gesamte Alphabet durchgenommen, und wenn sie in der Stadt mit all ihren atemberaubenden Aktivitäten auch nicht viel zum Lernen gekommen war, so konnte sie doch jetzt, auf der breiten Heeresstraße nach Osten, bereits ihren Namen und den ihrer Freunde schreiben. Bis sie an die kilikische Pforte kämen, wo ihr Kurs nach Süden abbog, würde sie, da war sie zuversichtlich, fließend lesen können. Und in das Stadttor Antiochias würde sie die Nachricht von ihrer aller Ankunft eigenhändig ritzen.

Keleos, der so lange als Fremder neben ihr hergereist war, schien ihr nun fast der Vertrauteste ihrer Gruppe zu sein. Noch hatte sie es nicht aufgegeben, ihn immer wieder vor den Kopf zu stoßen. Doch da er sich nicht davon beeindrucken ließ, wich die Wut über seine Geduld langsam der Neugier auf diesen anderen Menschen, die er zu ihrem Erstaunen erwiderte.

Erst zögernd, dann freimütig wie selten in ihrem Leben erzählte sie über ihre Mutter, über Komito und die kleine Anastasia. Ob sie ihre Familie vermisse, hatte er sie da gefragt, wie sie sich ihr Leben vorstelle in der Zukunft, ob sie das Meer liebe und ob sie jene ferne zartblaue Gebirgskuppe, die sich am Horizont abzeichnete, ebenso schön fände wie er selbst. Theodora wunderte sich. Auf was für Ideen dieser Mensch kam! Noch kein Mann hatte sie nach etwas anderem als ihrem Preis gefragt. Und wenn, dann war er meist nur zu schüchtern gewesen, sich direkt zu erkundigen. Aber Keleos: niemals. Er stahl nicht eine Berührung, und wenn sein dunkler Blick sie verlegen machte, dann deshalb, weil sie es nicht gewohnt war, einem Mann offen und ohne Maske ins Gesicht zu sehen. Theodora begann, sich daran zu gewöhnen, daß er da war. Nachts drang beruhigend der Lampenschein aus seinem kleinen Zelt herüber, wenn er einsam und grillenumzirpt in seinen seltsamen alten Büchern las.

Simon schlief seit seiner Erkrankung bei ihnen im Wagen; und seit Hebe fort und damit Platz genug war, hatten Antonina und sie es aufgegeben, dagegen zu protestieren. Nur daß nach Ephesos sein Jammern Antonina in den Wahnsinn trieb.

»Streitet ihr schon wieder?« erkundigte Theodora sich und wollte aufstehen. Sie wurde jedoch unsanft wieder auf ihren Sitz katapultiert, als Antonina energisch die Zügel anzog und der Wagen abrupt hielt.

»Was zum Teufel ist nur in dich ...« Doch Antonina spreizte nur nervös die erhobenen Finger, als könne sie kein weiteres Wort ertragen, und wies dann mit einer scharfen Gebärde auf Simon, der die ganze Aufregung nicht bemerkt zu haben schien.

»Hebe«, winselte er noch immer. »Wie schön sie aussah, auf dem Steinsofa in der Nische, zwischen all den seidenen Kissen. Und das Buntglasfenster warf blutrotes Licht auf ihre weiße Haut, blutrot. Die Frühlingsgöttin auf dem Fresko war nicht schöner als meine Hebe.« Er schluchzte.

Antonina warf Theodora einen vielsagenden Blick zu, verdrehte die Augen gen Himmel und sprang dann vom Wagen. Fieberhaft durchsuchte sie die umwickelten Bündel, die dort kreuz und quer lagerten. »Wo hab ich bloß ...«

»Was machst du da eigentlich?« Theodora beugte sich hinüber. »Kann der alte Narr nicht endlich einsehen, daß er sie los ist?« platzte Antonina heraus. »Da half es eben nichts, ihr vorzuwinseln, daß laut irgendeiner von Keleos zitierten Autorität ...«
»Laut Asklepiades«, warf Keleos ein und zog sich auf Theodoras vernichtenden Blick hin aus der Diskussion zurück.
»... Beischlaf angeblich gut gegen Epilepsie sei«, setzte Antonina ihre Tirade unbeeindruckt fort. »Sie hatte nun mal genug von der Krankenpflege und deshalb in dem Bordell angeheuert. Dieses Monster von Arzt aus Tralles hatte die Hände auf ihren Titten. Und dich«, rief sie mit erhobener Stimme zu Simon hinauf, »hat sie mit einem Arschtritt zur Tür hinausbefördern lassen. Nur falls du's vergessen hast: Du lagst mit dem Gesicht in ihrem Fußwaschbecken, und Dame Venus grinste von ihrem Säulchen auf dich hinunter. War das ein Volksauflauf an der Straßenecke! Verdammt!« Ihr hoffnungsloser Blick glitt über Klee, Lavendel, Heidekraut und Disteln. Hier und da buckelte ein Wacholder- oder Stechdornstrauch stachelig vor sich hin. In viel zu weiter Ferne erst markierten Steineichen und wilde Obstbäume den Flußlauf des Mäander und versprach ein Nußbaumhain kühlen Schatten. »Wenigstens«, murmelte sie, »war's ein marmornes Fußwaschbecken. Und Hebe hat jetzt ein regelmäßiges Einkommen. Ich Idiotin!« schrie sie inbrünstig in den blauen Himmel und zerrte an ihrem Gepäck.
»Antonina, ich habe gefragt, was zum Teufel du da treibst!« Jetzt kam auch Theodora vom Wagen herunter und überließ es Keleos, den niedergeschmetterten Simon zu trösten. Antonina hatte gefunden, was sie suchte, und hievte es keuchend vom Wagen.
»Was ich hier treibe? Das treibe ich«, sie schnaufte, »zurück nach Ephesos treibe ich, jawohl.« Verzweifelt versuchte sie, das pralle Bündel mit ihrer Habe irgendwie zu schultern.
»Verflucht, ich sehe mich noch unter dem Olivenbaum an der Arkadiane sitzen, abends nach der Vorstellung. Die untergehen-

de Sonne färbte die marmornen Säulenreihen rosa« – Antonina wurde nahezu pathetisch –, »und dazwischen flammten die Fakkeln auf, eine nach der anderen, bis die Arkaden ein einziges Lichtermeer waren.« Sie schaute zum leeren Horiziont, als könnte sie die Silhouette der Stadt durch ihre heißen Wünsche wieder heraufbeschwören. »Überall Spaziergänger, Flaneure, Verehrer. Das Parfum aus den teuren Läden duftete bis zu mir herauf. Einer hat mir sogar das geschenkt, jawohl, das hier.« Triumphierend hielt sie einen kleinen mitternachtsblauen Glasflakon hoch, entstöpselte ihn und tupfte sich etwas vom Inhalt auf den Nacken. Ein starker Duft nach Weihrauch, Sandelholz und Rosen wehte zu der sprachlosen Theodora hinüber. »Vier Vorstellungen pro Tag, und sogar Schmuck haben sie auf die Bühne geworfen. Und erst die Meeresfrüchtepasteten in dem Lokal hinter der Agora. Ich liebe Meeresfrüchte, ich könnte darin baden. Ich hätte das jeden Tag haben können.« Ihr anklagender Finger wies auf die Freunde. »Und ich werde es haben.« Sprach's, drehte sie sich um und stapfte los. Wütend fummelte sie dabei an der schlecht geknoteten Last auf ihrer Schulter herum, aus der sich etwas löste und glänzend in den Staub fiel.

Mit wenigen Schritten war Theodora dort und hob es auf. Es war ein Pokal, der Jäger und Hunde zeigte, die einen verletzten Eber verfolgten, alle fein und detailliert getrieben aus purem Gold.

»Wo hast du das her?« Sie bekam keine Antwort. »Wo hast du das her?« wiederholte sie. Antonina betrachtete ihre Fingernägel. »Was frag ich eigentlich noch.« Theodora wurde in ihrem Zorn immer lauter. Sie kannte den Becher ja nur zu gut. Der Hausherr persönlich hatte ihnen beiden damit den Wein eingeflößt bei jener eleganten Feierlichkeit, wie er es nannte, in seiner Hügelvilla in Ephesos, gleich gegenüber von Hebes Bordell. »Deshalb hast du mich bei der Orgie damals sitzenlassen, um dieses verdammte Scheißding aus dem Haus zu schmuggeln?«

Wütend stieß sie mit der Fußspitze gegen den Becher, den Antonina sofort schützend mit beiden Händen festhielt. »Mir tun zwei Tage lang alle Körperöffnungen weh, weil Madame nach ihrem großen Auftritt verschwindet und mich hängen läßt.«

Theodora fehlten die Worte.

»Ich habe eben ein tief eingewurzeltes Bedürfnis nach dem Schönen«, replizierte Antonina.

Fassungslos sah Theodora sie an, die ganz ruhig vor ihr zu stehen schien. Nur die zitternden Finger, mit denen sie ihre brennend roten Locken zu festen Strähnen drehte und über die Oberlippe zog, verrieten ihre Hysterie. »Diese Vorliebe hätte uns alle eine Hand kosten können, wenn man es bei uns gefunden hätte.« Nun brüllte sie fast. »Du bist wirklich das Letzte! In Pergamon hast du Simon mit dem Geld hängen lassen, in Ephesos mich, und … und … und dauernd hackst du auf Keleos herum!«

»Ich hacke nicht auf deinem Keleos herum!« schrie Antonina. »Werd selig mit ihm. Endlich ein Mann, der deine Mutter versteht.«

»Er ist nicht mein Keleos«, keifte Theodora zurück.

Stille trat ein, in der ein Milan über ihnen schrie.

»Sie liebt mich nicht mehr«, hörten sie Simon im Wagen jammern, dann Keleos' beruhigendes Murmeln, das nicht zu verstehen war.

»Schnauze!« Antonina winkte ab, als seien bei Simon eh alle Bemühungen vergebens, und vermied es, Theodora anzusehen, als sie wieder ihr Bündel anhob.

»Du hast bei fünf Vorstellungen gefehlt.« Der Vorwurf in Theodoras Stimme klang bitter.

Antonina blieb erneut stehen. »Fünf Vorstellungen! Ich bitte dich, nachdem dieser Mönch Steine auf die Bühne geworfen hatte? ›Sünde!‹ ›Sünde!‹«, ahmte sie affektiert das Geschrei des religiösen Eiferers nach, und dann wieder gelassen: »Hätte ich mich von ihm zerschrammen lassen sollen?«

Theodora schüttelte ärgerlich den Kopf. »Wir hätten gar keine fünf weiteren Vorstellungen bekommen, wenn er nicht diesen Skandal gemacht hätte. Seit wann bist du so zimperlich?«

»Ich zimperlich?« Antonina lachte ihr vertrautes rauchiges Lachen. Doch es klang bitter. »Aber um dieses Bordell für uns aufzureißen, war ich immer noch gut genug, was? Glaubst du, das war 'ne einfache Übung? Verdammt.« Sie hieb ihre kleine Faust gegen den Wagen. »Verdammt, verdammt, verdammt. Ich hätte dort bleiben sollen. Unsere schlichte Hebe war am Ende gar nicht so dumm.«

»Dortbleiben, ach ja?« brauste Theodora auf. »Uns im Stich lassen? Wer wollte denn immer nach Antiochia? Ihr wolltet das doch, du und«, Theodora wies ohne hinzusehen auf den Wagen hinter sich, »dieses, dieses Wrack da! War das vielleicht meine Idee? Sollen wir das jetzt abblasen oder was?«

Antonina schaute mißmutig in die angewiesene Richtung und dann auf Keleos, der mit fragendem Gesicht näher kam, sich hinter Theodora stellte und ihr beruhigend die Schulter drückte.

»Auf das junge Glück!« Damit nahm Antonina Theodora den Goldpokal aus der Hand, hob ihn spöttisch, als wollte sie den beiden zuprosten, und steckte ihn dann wieder zu ihren Sachen. Ein letzter Blick zurück galt dem Horizont, hinter dem Ephesos, für sie als Fußgängerin unerreichbar, schon drei Tage versunken war. »Gott, werde ich die Stadt vermissen. Aber schön«, ihr knisterndes Lächeln verhieß nichts Gutes. »Fahren wir also nach Antiochia.«

»Zu welchem Zweck?« fragte der Wachposten barsch. Theodora nickte Antonina bedeutungsvoll zu. Sie hatten viel Zeit gehabt, sich die Antwort auf diese Frage zu überlegen in dem langen Jahr, das ihre kleine Truppe seit dem Abschied von Ephesos nun herumzog. Ihrem Wagen, ihrer Ausrüstung und ihren Gesichtern sah man jeden Tag davon an. Simon und der Ochse klapperten mit ihren Knochen um die Wette, die Löcher in Theodoras ehemals bunter Tunika boten nicht mehr nur reizvolle Einblicke, und das wilde Haar um Antoninas mit allzu billiger Schminke weißgetöntes Gesicht ließ starke Zweifel aufkommen, ob es jemals wieder einen Kamm passieren lassen würde.

Nicht daß es nur Mißerfolge gegeben hätte: In Laodikeia zum Beispiel hatten sie ein begeistertes Publikum gehabt, in Apameia allerdings war die Reaktion so kurz nach der großen Geburtstagsfeier für die Stadtheiligen eher lau gewesen und die Ausbeute mager. In Ikonion hatte es diesen alten Richter gegeben, der ohne Theodora nicht mehr leben wollte und seine Gemmensammlung für sie verkaufte. Daß er sie hinterher aus der Stadt jagen ließ: was sollte es. Tarsos hatte dann selbst Simon wieder auf der Bühne gesehen, und es war fast wie in alten Tagen. Mit einer seiner genialsten Ideen, der Nummernrevue *Die Geliebten des Zeus*, landete er endlich den echten Renner, von dem er immer geträumt hatte: Dreimal am Tag füllte sich das Stadion, um Theodora mit nichts als einem brennendroten Schleier bekleidet und der Gans zwischen ihren Beinen als Leda mit dem Schwan zu bewundern. Die Männer schnatterten anzüglich, wenn sie auf der Straße an ihnen vorüberging, und so mancher bot ihr an, wenn sie seine Danae würde, dann wie Zeus als Goldregen über sie zu kommen. Es waren gute Zeiten in Tarsos, bis Antonina das mit den betrunkenen jungen Adligen passierte. Aber darüber wurde nicht gesprochen.

Nun, nach einer langen Durststrecke entlang der kilikischen Küste, während der sie so tief gesunken waren, die Gans für ihre Zeus-Nummer und auch das eine oder andere gestohlene Huhn zu schlachten, standen sie vor den Toren Antiochias. Hinter ihnen bildeten die Ochsenkarren der Bauern, hoch beladen mit Gemüse, eine lange Schlange. Schwerbepackte Kamele pendelten mit den Köpfen und kauten mit gelben Zähnen an ihrem Zaumzeug. Buntbemalte Wägelchen, von Maultieren gezogen, transportierten die reisenden Kaufleute, die ihre Sklaven und Verwalter losschickten, die Torwachen zu bestechen, damit endlich etwas voranginge, herrgottnochmal. Wasserverkäufer mit Schläuchen, behende Jungs mit Tabletts voll leuchtender, saftiger Melonenschnitzen und bettelnde Kinder turnten durch die Menge. Fremdenführer boten mit gellendem Geschrei ihre Dienste an, Herbergen hatten ihre Werber hierhergeschickt, und Zuhälter mit salbenglänzenden Locken und breiten Goldketten auf der braunen Haut hielten Ausschau nach Mädchen vom Land, die sich vielleicht von ihnen beschwatzen ließen. Antiochia hatte seine Tore weit geöffnet. Doch nicht für alle.

»Wir sind fahrende Gaukler, wir wollen ...«

»Das wollen zur Zeit alle, Süße«, unterbrach die Wache sie barsch und wies mit dem Kinn auf den Strom der Reisenden. Theodora und Antonina folgten seiner Bewegung und erblickten, was sie schon längst hätten sehen sollen: Der Mann neben ihnen in der Schlange übte beim Warten das Jonglieren mit geschnitzten Holzkeulen. Weiter hinten machte ein Mädchen Tanzschritte, ihre Lippen bewegten sich beim Vorsagen der Schrittfolgen, während sie ihren Zugochsen fütterte. Im Schatten des Tores wedelte sich eine fette Matrone mit einem bunten Federfächer Kühlung zu und ließ ihre Hundetruppe Männchen machen; sie verwöhnte abwechselnd sich selbst und ihre vierbeinigen Lieblinge mit Keksen und wartete. Leuchtend rot geflammte Gewänder, ein durchdringender Geruch und das zernarbte Gesicht desjenigen, dem einmal eine Nummer danebengegangen war, verriet die Profession einer Gruppe Männer, die aufgeregt mit der anderen Wache verhandelten: Feuerschlucker. Und den Karren, der eben rumpelnd nach Antiochia hinein passieren durfte, schmückte auf der Rückseite ein gemalter Reigen lächelnder Theatermasken; sie schienen Theodora und Antonina zu verspotten.

»Alle wollen sie beim Magima-Fest auftreten«, klärte der Wäch-

ter sie auf, »das ganze Gesindel.« Und er spuckte zur Bekräftigung in den Staub.
Theodora schaute darüber hinweg, ließ ihren Blick in die Ferne schweifen, wo Palmen sich über lange Reihen von Zwiebelbeeten neigten, holte tief Luft und spielte dann ihre Trumpfkarte aus: »Wir gehören zu den Leuten von Makedonia, der Tänzerin.«
Antonina ergriff unwillkürlich ihre Hand. Makedonia war eine Legende, die berühmteste Tänzerin des Ostens, die Perle Antiochias, das ihren Besitz zäh und erfolgreich gegen das Werben der anderen Metropolen verteidigte. Und sie gehörte zu der hier besonders mächtigen Zirkuspartei der Blauen. Theodora erinnerte sich daran, daß Porphyrios ihr früher von der wilden Zeit vorgeschwärmt hatte, die er als Fahrer für die Blauen in Antiochia verbracht hatte, und dachte mit Schrecken daran, was geschehen würde, wenn jemand von der Partei sich über sie erkundigen würde. Petrus' Gespenst würde sie noch am Ziel einholen, wenn das geschähe. Nein, sie durften mit niemandem von den Blauen wirklich in Kontakt kommen. Nur als Schlüssel für dieses Schloß hier sollte Makedonias Name dienen. Theodora betete beinahe, während der Wächter tatsächlich beeindruckt schien, zugleich mißtrauisch das abgerissene Trüppchen musterte und mit einem Kollegen konferierte. Antonina schmiegte sich mit einem Schatten ihres früheren verschlingenden Lächelns an ihn heran. Ein wenig von dem Duft aus Weihrauch, Sandelholz und Rosen war noch da.
»Mit Makedonia muß es ja schwer bergab gehen, wenn sie jetzt schon so was wie euch braucht!« Der Soldat steckte einen scherzhaften Knuff seines Kameraden ein für diese Respektlosigkeit vor dem Star, lachte und winkte sie mit hochmütiger Lässigkeit weiter. Sie durften passieren.
»Das geht hier ja schlimmer zu als abends auf der Mese!« In der Tat war das Gedränge in Antiochias Straßen unbeschreiblich.

An jeder Ecke schienen professionelle Witzeerzähler und Akrobaten die Leute an sich ziehen zu wollen, so daß inmitten der stehenden Menschentrauben einfach kein Durchkommen war. »Da vorne ist ein Fremdenheim, Keleos!« kommandierte Theodora vom Bock aus. Keleos, der den Ochsen am Zaumzeug vorwärtszuziehen suchte, nickte nur angestrengt. Antonina beugte sich unauffällig hintenüber und raffte unbemerkt eine Handvoll glänzender brauner Datteln von einem Marktstand. Sie kaute gierig und schnell, mit offenem Mund, und spuckte die Kerne auf die Passanten. Zweifelhaft, ob sie jemals zu Boden fielen.

»Keine Zimmer? Was soll das heißen, keine Zimmer?« Es war bereits die fünfte Herberge, die Theodora und ihre Freunde abwies. Schon wurden die Fackeln und Öllampen längs der Arkaden angezündet, doch der Lärm auf den Straßen ließ um keinen Deut nach. Musik und lautes Lachen drangen aus der Schankstube, die Menge hinter ihnen schob und stieß und summte ohrenbetäubend, ihr Ochse brüllte vor Durst, und langsam verloren sie die Nerven.

Theodora wollte gerade den Wirt an seiner speckigen Tunika packen, als er ihr zuvorkam und ihr die Tür knapp vor der Nase zuschlug. »Probiert's doch in Daphne.«

»Daphne?«

»Eine Vorstadt, zirka acht Kilometer weiter südlich, hübscher Blick, Heilquelle, ehemaliger Apollotempel«, klärte Keleos sie knapp auf.

Theodora biß sich auf die Lippen. »Eine Vorstadt? Ich habe mich nicht nach Antiochia hineingelogen, um jetzt wieder rauszugehen«, knurrte sie. Eine Reihe ägyptischer Tänzerinnen in kurzen gefältelten Schurzen drängte sich hinter ihnen durch; die breiten Oberarmreife blitzten, die langen schwarzen Zöpfe mit den Goldschnüren darin peitschten im Rhythmus der Bewegungen scharf an ihr vorbei, und die grelle Flöte des den Zug abschließenden Orchesters schrillte ihr ins Ohr, daß sie Sterne sah. Um ein Haar hätte sie sich auf die saubere, wohlgenährte, propere, unerträglich gutaussehende Truppe gestürzt.

»Die Schauspieler aus Byzanz, die heute morgen eintrafen?« Die tiefe Stimme ließ sie herumfahren. Vor ihnen stand eine Frau mit einer Haut so dunkel, daß sie das letzte Abendlicht aufgesaugt zu haben schien. Um so heller leuchteten dafür ihre Ohrringe, goldene Strahlen, die ihr in Büscheln bis über die Schulter herunterhingen, wie Blitze des Zeus, und das auffallend längliche Oval des Gesichts noch betonten. Über einem leuchtenden Seidengewand mit Mohnblumen darauf trug sie einen Überwurf aus bunten Perlen, der sich wie ein glitzerndes Fischernetz über sie legte und das Kleid bis zu den Knien eng an ihre überschlanke Figur preßte. Ihr Umhang in glühendem Rot, Blau und Gold zeigte ein kompliziertes Flechtmuster, das sich in ihren Armreifen wiederholte. Mohnblumen schmückten die schwarzen Zöpfe, die mit edelsteinbesetzen Stäben zu einem festen Knoten zusammengesteckt waren. »Meine Herrin Makedonia erwartet euch. Nennt mich Euphrosyne.« Mehr nicht, kein Wort. Eine langfingrige Hand hieß die vier erschrockenen Schausteller, ihr zu folgen. Eine Gruppe gleichgewandeter Frauen hinter ihr, die sich auf ihren Wink den Byzantinern an die Seite stellten, ließ jeden Gedanken an Flucht im Keim ersticken.

Mit vor Angst tauben, zitternden Beinen setzte Theodora sich in Bewegung. Sie sah Antonina zu ihrer Rechten, ahnte Keleos und Simon, der von dem Freund gestützt werden mußte, hinter sich und wiederholte nur immer den einen Gedanken: Laß sie nichts von Petrus wissen, bitte, bitte, nichts von Petrus. Mein Gott, sind das echte Smaragde da auf dem Armband?

Von Antiochia sah sie wenig. Am linken Orontesufer gelegen, schloß sie auch die große Flußinsel ein, die neben dem Palast des Gouverneurs von Syrien das große Hippodrom trug, von dem

Theodora seit Byzanz geträumt hatte. Dort wollte sie auftreten und vom Beifall umrauscht werden, dort stand das große Tetrapylon, gekrönt mit den von Elefanten gezogenen Triumphwagen, das Keleos ihr manchmal beschrieben hatte und von dem sie begrüßt werden wollte, wenn sie nach ihren Vorstellungen zum Feiern in die Stadt zog. Doch ihr Weg führte sie in die Außenbezirke, wo lange Reihen Mietshäuser sich rechts und links der Straße hinzogen, neu gebaut nach dem jüngsten Erdbeben, so neu, daß sie noch nach Farbe und jungem Holz rochen und der Bauschutt davor noch nicht wieder fortgeräumt war.
Die Mauern Antiochias waren weit gespannt, sie schlossen den fast fünfhundert Meter hohen Gipfel des nahen Berges Staurion und weite Flächen grüner Hänge, Haine und Parks mit ein. Und dorthin, bergauf nämlich, lenkten die stummen Begleiterinnen schließlich ihre Schritte, und Theodora folgte. Das dichte Gedränge der Neubauten blieb bald hinter ihnen zurück, es wurde grün, Vogelgezwitscher erklang, und hinter einer Platanenallee tat sich ein Villenviertel vor ihren staunenden Augen auf. Gleich zu ihrer Linken erhob sich ein prachtvoller Komplex. Eine erste zinnenbewehrte Terrasse wurde von zwei Bronzelöwen bewacht, dahinter links und rechts der Freitreppe lagen zwei lange Fischbecken, umgeben von in Form geschnittenen Bäumen. Danach erhob sich eine zweite Terrasse, deren hohe Mauer ein weithin leuchtendes blaues Mäanderband aus glasierten Ziegeln trug. Hinter dem Tor dieser zweiten Mauer konnte man Gebäude ahnen, doch blieb alles verborgen, nur einige Sykomoren überragten die Zinnen. Der Duft von Zitronenbäumen hing in der Luft und lockte.
Sie bogen zwischen den Bronzelöwen auf die Marmortreppe ein. Es folgten Treppenfluchten, Säle, ein Bilderrausch von Mosaiken, Räume, Lichter – Theodora nahm nur wenig davon wahr. Dann kam der Innenhof. Die Säulen des Umgangs waren ägyptisch, schwellend wie Blütenknospen, die platzen wollen, und in

Lotosblüten-Kapitelle auslaufend. Ein Feigenbaum würzte die Luft, ein plätschernder Wasserstrahl schmeichelte dem Ohr, das Auge hielt sich an dem aufgespannten Leinendach fest, unter dem eine vergoldete Ruheliege, ein Bronzetisch auf einem geschnitzten Zedernholzfuß und ein Berg Kissen warteten. Alle waren aus weißem Leinenzeug, das im Lampenlicht leuchtete. Der weitere Hof war schon beinahe völlig in Dunkel getaucht, nur schemenhaft konnte man darin eine Gestalt erkennen, die sich bewegte. Es mochte ein Tanz sein, doch es gab dazu keine Musik. Fast lautlos, nur begleitet vom eigenen keuchenden Atem, sprang und kreiselte sie am Rande des Lichtscheins entlang. Ein Sprung war zu erahnen, ein leiser Schrei beim Aufprall, dann weitere, vom Tapptapp der nackten Füße synkopisiert. Verharren, ein Sturz, nein; in zitternder Spannung wies ein gestrecktes Bein in den Himmel, ein Arm griff in die Sterne, sank herab, schleifende Drehungen, ein blitzschnelles Huschen von links nach rechts, ein Klatschen, ein hoher Schrei, mit dem der Körper dort sich selbst antrieb, ein schwarzes Kreiseln im Dunkeln, dann Stille. Schließlich wurden Schritte hörbar, gelassen, ohne jeden Rhythmus, und Makedonia trat ins Licht. Sie übergab ihrer Dienerin ein paar Hanteln, ließ sich das Gesicht mit Handtüchern abtupfen und hob die Hände, um in ein Baumwollgewand gehüllt zu werden, das in milchweißen Wolken ihren Körper ohne Gürtel und Schnallen umfloß. So nahm sie auf der Liege Platz und musterte ohne Begrüßungsworte ihre Gäste. Möglich, daß ihr Haar mit Gold bestäubt war, jedenfalls überstrahlte die üppige Krausmähne mit ihrem leuchtenden Bernsteinton mühelos den goldfarbenen Halbmond, den sie sich wie eine Artemis über die Stirn gesteckt hatte, um beim Training die fliegenden Strähnen aus dem Gesicht zu halten. Auch ihre Haut war dunkel, heller als die ihrer Dienerinnen, und doch dunkler, als die Haare es für möglich scheinen ließen, ein satter Bronzeton. Um so schockierender waren dann die großen grünen Katzenaugen, die aufmerksam unter der Goldpuderschicht auf den Lidern hervor die klägliche Besucherschar betrachtete. Makedonia griff in eine Obstschale, zerpflückte mit ihren langen spitzen Fingernägeln eine Feige und kaute sie ungeniert. Die Nägel, konnte Theodora sehen, waren ebenfalls goldfarben bemalt und mit kleinen Edelsteinsplittern besetzt. Über die Handinnenflächen zogen sich kleine, indigofarbene Ornamente. Theodora ließ den Blick zurück zu dem Gesicht mit der hohen, gewölbten Stirn gleiten, das eine königliche Nase in trägem Schwung zerteilte. Doch die Augen Makedonias ruhten auf ihr, und so wich ihr Blick aus. Die Lampe, die von der Mitte des Zeltes herunterhing, bemerkte sie, war geformt wie ein seltsames Tier, mit schrecklichem Kopf und umringelt von einem schuppenbewehrten Schweif.

»Ein Seeungeheuer«, erläuterte Makedonia überraschend. »Es lebt in vielen syrischen Legenden. ›Und die Keule schnellte aus der Hand des Bal / Wie ein Adler aus seinen Fingern. / Sie traf den Schädel des Fürsten Jamm. / Zwischen die Augen des richtenden Flußes. / Jamm brach zusammen und stürzte zur Erde. / Seine Gelenke zitterten. / Seine Gestalt zerknitterte«, rezitierte sie.

»Interessant«, ließ Keleos sich vernehmen. »Könnte das den trojanischen Mythos um Perseus' Kampf mit dem Seeungeheuer beeinflußt haben?«

Makedonia lächelte ihn katzenfreundlich an. »Möglich.« Das Lächeln dauerte an, nun schon einen Moment zu lange. »Ich mag es nicht, wenn man meinen Namen benutzt«, fügte sie unvermittelt, immer noch lächelnd, hinzu.

Sie bekam von der schreckensstarren Gruppe keine Antwort. Nur Simon hustete ein wenig in die Stille.

Makedonia schaute von einem zum anderen. »Gut. Nachdem das jetzt geklärt wäre: Nehmt Platz und bleibt zum Abendessen.« Sie klopfte einladend auf die Kissen zu ihren Füßen.

»Euphrosyne!« Ein Klatschen ihrer Hände, und die Dienerinnen türmten Köstlichkeiten auf den Tisch, die allen die Augen übergehen ließen. »Ich esse abends gerne leicht«, erläuterte Makedonia, als knoblauchduftende Spieße mit Garnelen aufgetragen wurden. »Nehmt von der Zitronensauce. Und verzeiht das Brot, aber die Bäckergilde streikt derzeit, wie immer, wenn die Fünfjahressteuer ansteht, und meine Sklavinnen backen notgedrungen selbst.« Kommentarlos riß Antonina die dampfenden weißen Fladen auseinander und stopfte sie sich in den Mund. Sie schmeckten köstlich nach Sesam und Kreuzkümmel. »Ach ja, und kostet das hier.« Damit angelte sie mit spitzen Fingern nach einigen purpurn leuchtenden marinierten Granatapfelkernen. Sie schob sie Theodora in den Mund und wischte ihr zart die zurückbleibenden Tropfen Fruchtsaft ab. Mit einer bedächtigen Bewegung fuhr sie dabei die Linie von Theodoras Unterlippe entlang. »Es ist eine Spezialität meiner Heimatstadt.«
»Wo liegt deine Heimatstadt?« fragte Simon, der nach dem dritten Wein etwas von seiner alten Leutseligkeit wiedergewann. Doch er erhielt keine Antwort.
Einige Gänge später diskutierte Simon mit Keleos die Möglichkeit, eine Bearbeitung von *Perseus und Andromeda* zur Aufführung zu bringen, mit Theodora, die, nur von ihren nassen Haaren eingehüllt, an einen Felsen gekettet steht, während Keleos als Perseus mit dem Meeresungeheuer ficht. Er suchte sich bei Makedonia zu erkundigen, ob so etwas im hiesigen Cäsars-Theater wohl ankäme.
Makedonia lachte zum erstenmal. »Das Ungeheuer könntest du gut und gerne selbst spielen.« Antonina lächelte knapp zu dem allgemeinen Gelächter. »Aber deine beiden Mädchen«, fuhr Makedonia fort und wandte sich Theodora zu, deren schwarze Haare sie wie prüfend zwischen ihren langen Fingern wand, »die können, wenn du sie unbedingt naß präsentieren willst, beim Magima-Fest mitmachen.« Theodora roch einen Hauch von

Schweiß und Zimt aus dieser Hand, die so nah und doch ohne ihren Körper zu berühren mit ihr spielte. »Wißt ihr das nicht?« hörte sie Makedonia sagen, »die Tänzerinnen schwimmen nachts ganz nackt in den Zisternen. Es ist ein großartiges Schauspiel, wenn man es richtig beleuchtet. Auch meine Truppe wird dabeisein und, wenn ihr es möchtet, auch ihr. Ich könnte eventuell auch im Theater beim jüdischen Viertel etwas für euch arrangieren.«

Jetzt war Simon wieder ganz in seinem Element. In glühenden Worten schilderte er Makedonia, die sich wieder zurückgelehnt hatte und wählerisch ein Tablett mit Orangenschnitzen durchsuchte, die Vorzüge seiner Truppe. »Antonina hier singt wie eine Nachtigall, und du solltest Theodora als Leda sehen, eine Künstlerin ...«

»Das würde ich gerne.«

Die Worte wurden in Theodoras Ohr gehaucht, für niemanden sonst hörbar, und auch sie selbst war nicht sicher, ob sie je gesprochen wurden. Aus unerfindlichen Gründen wurde Theodora rot. Es gab doch fast nichts, was nicht jeder Pöbel schon von ihr auf der Bühne zu sehen bekommen hätte. Und in Byzanz war sie berühmt dafür, keine Scham zu kennen. Ihr Blick wanderte über Makedonias abgelegte Trainingsgeräte, ihren muskulösen Körper und ihre Begleiterinnen mit der strengen Eleganz einer Korenreihe. Und ihr kam der Verdacht, daß Makedonia unter Kunst etwas anderes verstand als Simon.

Wenig später sang Simon. Und als sie Makedonias Haus verließen, waren sie für das Zisternenfest gebucht, hatten eine Empfehlung für den Impresario des Theaters am jüdischen Viertel in der Tasche und eine Sklavin mit Fackel an ihrer Seite, die sie zu einer Herberge geleiten sollte, in der Makedonias Name ihnen die verschlossenen Türen öffnen würde.

Die Tänzerin selbst stand oben auf der Mauer und sah dem ärmlichen Zug nach, ihre Dienerinnen neben ihr aufgereiht wie

Priesterinnen, die düster auf die Stadt starren, deren Untergang sie prophezeiten. Euphrosyne trat näher an ihre Herrin heran. »Ist es wirklich klug, sich mit diesem Ungeziefer einzulassen, bloß wegen der hübschen Dunkelhaarigen?« Nur die Zikaden gaben ihr eine Antwort. Euphrosyne schüttelte mißbilligend den Kopf. »Zügelt Eure Amouren, Herrin, ich rate es.«

Theodora pfiff vergnügt, während sie sich die feuchten Haare auskämmte, und wiegte sich im Rhythmus der von draußen hereindringenden Musik. Nein, das Training mit Makedonias Mädchen war wahrhaftig kein Vergnügen gewesen und hatte ihr überdeutlich vor Augen geführt, daß sie über keine besonderen Fertigkeiten verfügte. Aber zum Teufel, wozu auch, wenn man aussah wie sie. Sie schürzte die Lippen und warf ihrem Spiegelbild einen Kuß zu. Dann drehte sie die spiegelnd schwarze Mähne zu einem festen Knoten und befestigte sie mit goldenen, tatsächlich echt goldenen Stäbchen, wie sie es bei Euphrosyne und den anderen gesehen hatte. Makedonias Großzügigkeit machte es möglich.

Theodora ging vom Pfeifen zum lauten Gesang über. Wie eine Göttin mußte sie ausgesehen haben, als sie mit den anderen durch das Fackelmeer zwischen den Becken schritt, sich dann mit einer Bewegung der sonnengelben Seidenwolke entledigte und nur mit breiten Goldbändern um Arm- und Fußgelenke bekleidet in die nachtschwarzen Zisternen sprang, wo sie sich gemeinsam wie die Nereiden wanden und die Spiegelbilder der Sterne auf dem warmen Wasser zum Tanzen brachten, während ein verborgener Chor seinen sirenenhaften Gesang anstimmte. Gäbe es die Götter der Heiden noch, Theodora war sich sicher, so wären sie in dieser Nacht herabgestiegen, um sie an den Himmel zu versetzen.

Eine Sklavin klopfte und trat mit gesenktem Kopf ein. »Herrin, der Mann ist wieder da.«

»Welcher Mann?« fragte Theodora, ohne sich umzusehen. Wo waren nur die Schläfengehänge aus den gehämmerten Goldplättchen, die Makedonia ihr durch einen Boten verehrt hatte. Bienen waren darauf abgebildet gewesen. Abwesend wühlte sie auf dem Schminktisch herum.

»Der, der auch gestern und vorgestern da war, Herrin. Er trägt eine vornehme Toga und läßt dir dies überreichen.« Damit gab sie Theodora ein winziges Elfenbeinkästchen. Die klappte es neugierig auf, schnupperte an dem darin enthaltenen Duftharz und pfefferte es zu ihrem übrigen Kram.

»Vorgestern Wein, gestern Ringe, heute Spezereien. Ich könnte mich daran gewöhnen. Sag ihm dasselbe wie immer: Er soll warten.« Damit wandte sie sich wieder ihrer Suche nach dem Schmuckstück zu, und die Tür fiel hinter ihr ins Schloß. Aber die Schläfengehänge blieben unauffindbar.

»Simon!« Mit einer tänzelnden Bewegung, noch ganz im Rhythmus der Festmusik von draußen, stand sie auf und öffnete die Tür zum Nebenzimmer. »Simon, hast du … Wer zum Teufel ist das?« unterbrach sie sich selbst, als sich eine kleine Blondine hastig an ihr vorbeidrängte. »He, Moment!« Theodora sang nicht mehr. Was die Unbekannte auf ihrem Kopf getragen hatte, das war beinahe sicher ihr Schläfenschmuck gewesen. Sie rannte zur Garderobentür und schaute den Gang hinauf und hinunter. Er war leer, natürlich, mit so einer Beute hätte sie auch gesehen, daß sie Fersengeld gab. »Verdammter Mist!« Sie knallte die Tür zu und ging zurück zu Simon, der auf einer Liege lag und mühsam zu ihr hinaufblinzelte. Seine Augen mit der überraschend hellen Iris waren von blutigen Adern durchzogen. Was er ihr sagen wollte, ging in Lallen unter. »Simon, verflucht, was hast du dir nur dabei gedacht?« Theodora war beinahe versöhnlich gestimmt. Bis sie die offene Holztruhe an der Rückwand entdeckte. Diese Truhe enthielt ein paar bescheidene Leinenbeutel mit ihrem Verdienst der letzten Tage, der nicht unerheblich war, und dem Erlös der Geschenke, Makedonias und anderer Verehrer, die sie im berühmten Viertel der Gold- und Silberschmiede Antiochias zu Bargeld gemacht hatten. Eine kleine Last goldener Solidi sollte dort liegen, doch sie lag dort nicht. »Simon!« Sie schrie es.

»Sie sieht Hebe so sehr ähnlich«, brachte Simon da undeutlich heraus, und Weintränen kullerten seine mageren Wangen hinunter. »Meine Hebe, mein Süßes.« Und er nahm einen erneuten Schluck.

Theodora schleuderte einen Hocker nach ihm und kümmerte sich nicht darum, daß er Simon schmerzhaft an der Schulter traf und sein Becher in Scherben ging. Wein und Tonsplitter ergossen sich über die verfleckte Tunika. Theodora tobte weiter, schlug das Geschirr vom Tisch, rüttelte ihn, schlug ihn. Doch er wimmerte nur nach Hebe und mehr Wein.

»Antonina!« brüllte Theodora da. Sie mußte es der Freundin sagen, mußte ihre Wut teilen oder platzen. »Antonina!« Sie öffnete die Tür zum ersten Schlafzimmer, schritt dann über knirschende Scherben entschlossen zur anderen. »Antonina, weißt du, was Simon …« Satz und Zorn erstarben ihr über dem Anblick von Antonina und Keleos, die verschlungen auf einer Matratze lagen und erschrocken zu ihr hochstarrten. Theodora schnappte nach Luft. Dann drehte sie sich um und rannte zurück in ihr Schminkzimmer. Antoninas kehliges Lachen verfolgte sie.

Fieberhaft suchte sie zusammen, was noch Wert hatte. Das Kästchen, die Ringe, wo es einwickeln? Ja, das Tuch mochte gehen. Sie prüfte ihr seidenes Auftrittsgewand mit den Fingern und warf es sich dann über den Arm. Das Schminkbrettchen zum Anrühren des Rouge, es war Malachit, also her damit.

Hektisch sah sie sich um. Da stand Keleos an der Tür. »Theodora, bitte.«

Sie warf nach ihm, was ihr in die Finger kam. »Streng dich nicht an, du gehörst mir schließlich nicht. Bloß weil ich mit dir geredet habe, mußt du dir nicht einbilden, daß ...« Ein Schluchzen wollte ihr den Hals zuschnüren, und sie verstummte.

»Theodora, sie war so einsam und verwirrt. Sie ...«

»Antonina? Verwirrt? Der Witz ist gut!« Der bestickte Haarschleier, die Türkisbrosche, hatte sie alles? »Gratuliere, du hast dir die größte Hure des östlichen Mittelmeeres ausgesucht, das muß der Neid euch beiden lassen.« Sein erneutes »Theodora« hörte sie auf dem Gang. Instinktiv schlug sie den Weg zum Bühnenausgang ein. Vorne würde zuviel Gedränge sein. Das Pack konnte sie, alle konnten sie. Wohin wollte sie eigentlich? Zu ihrer Überraschung stand die Antwort für sie fest, ohne daß sie groß darüber nachgedacht hätte. Sie würde zu Makedonia gehen, dort würde sie, das sagte ihr ein deutliches Gefühl, vorerst willkommen sein. Sie war noch nie bei einer Frau gewesen, aber die Frauen, die sie bisher gekannt hatte, hatten auch kein Geld besessen. Diese hatte mehr als genug davon. Und ihre Scheu vor Makedonias Rätselhaftigkeit und ihrem überlegenen Können würde sie schon überwinden. Theodora schritt aus.

»Ah, der Stern meiner Augen, die Flamme meines Begehrens, meine scheue Hindin, da zeigt sie sich endlich!« Verwirrt hielt Theodora inne, schon stand der Mann, der sie so angesprochen hatte, vor ihr und versperrte ihr den Weg. Mit großem Schwung verneigte er sich, daß die breiten goldenen Ketten auf seiner Brust klirrten und seine Lapislazuli-Ohrgehänge fröhlich tanzten. Eine edelsteinbesetzte Kapsel umschloß das geflochtene Ende seines Bartes, der, das konnte Theodora auf die kurze Distanz riechen, ebenso betäubend parfümiert war wie sein sorgsam in Locken gelegtes Haupthaar. Aus einem gar nicht unangenehmen Gesicht lächelten sie zwei murmelrunde schwarze Augen munter an.

»Du bist ...«, fragte sie mißtrauisch.

»Der Spender der edlen Gabe, die ich in deiner anbetungswürdigen Hand sehe«, antwortete er und wies auf das Elfenbeinkästchen, das, nur eilig in Tuch eingeschlagen, aus ihrem Bündel ragte. »Ich bin der Hund, der den Mond anheult in den einsamen Nächten ohne dich. Ich bin der, der mit dem Laub um die Wette deinen Namen murmelt, wenn die Mittagsbrise über die Wälder des Berges Staurion fährt. Ich bin der, der dein Abbild in allen Gesichtern vergebens sucht, die so überflüssig diese Welt bevölkern. Ich bin«, er trat einen Schritt näher, und seine Stimme wurde zu einem Flüstern, »der, der dich auf Händen tragen und in den Himmel heben wird, so du es ihm gestattest. Ich ...«

»Hast du ein Haus?«

Er lachte laut. Nein, häßlich war er wahrhaftig nicht. »Ich besitze einen Palast, in Pentapolis, wo ich zu Hause bin, wo ich, um genau zu sein, der Gouverneur bin. Gern will ich dir alles, was ich dort besitze, zu Füßen legen, meine Holde, meine Aphrodite. Was ich dir bis dahin zu bieten habe, ist dieser Wagen, in dem wir reisen werden.« Der Fremde wies mit einer Handbewegung auf sein goldbeschlagenes Reisegefährt, dessen seidene Vorhänge sich im Nachtwind bauschten.

Theodora konnte die kostbaren Elfenbeinintarsien des Inneren sehen, eine pfauenförmige Lampe baumelte von der Decke und hüllte die Kissen in sanften Schimmer. Goldtroddeln hingen von den Fensterrahmen, Edelsteine flammten hier und da auf den Gerätschaften auf, mit denen das reisende Schatzkästlein ausgestattet war. Mit einer einladenden Drehung seiner Hand wiederholte er die Einladung. Theodora kam näher. Sandelholzgeruch und köstliche Aromen hüllten sie ein. Die Weinpokale auf dem kleinen Reisetisch waren doch tatsächlich perlenbesetzt.

»Ich habe«, flüsterte es hinter ihr, »auch einen kleinen Imbiß vorbereitet. Kretischen Wein, Pfefferfeigen und Oliven, dazu Zickleinbraten mit indischen Gewürzen, die den Gaumen und die Sinne reizen. Koste.« Und er schenkte ihr von dem granatfarbenen Wein ein.

Theodora trank in tiefen Zügen und seufzte. Sie konnte den

Druck jeder einzelnen Perle vom Becherrand auf ihren Lippen spüren.

»Na, wie gefällt dir das?« flüsterte er feucht in ihr Ohr und hauchte einen Kuß auf ihren Nacken. Theodoras Gesicht glühte, von der frischen Wut ebenso wie vom Wein. Sie spürte seine Hände von ihren Hüften höher wandern. Theodora nahm noch einen Schluck und holte tief Atem. Warum nicht, fragte eine Stimme in ihrem Kopf. Hier war Geld, hier war kein Rätsel. Für ihn mußte sie nicht singen und tanzen können. Sie leerte ihren Pokal bis zur Neige, warf ihn hinter sich und stieg ein.

Die Einsiedler

Theodora hob den Kopf, um sich umzusehen, doch schloß sie die Augen sofort wieder vor der grellen Sonne. Nein, das war nicht möglich, das konnte nicht wahr sein. Es war sicher nur ein böser Kater oder ein schlechter Traum nach zuviel Wein. Deshalb tat ihr Kopf auch so weh und war ihre Kehle so trocken und ausgedörrt. Sie mußte nur nach der Silberkaraffe mit dem gekühlten Quellwasser greifen und – doch ihre Finger ertasteten nur Sand. Das war es auch, was sie gesehen hatte, Sand. Sand, der unter einer bösartigen Sonne grell glitzerte und über dem die flimmernde Luft zu kochen schien.

Dieser Schweinehund! Wenn sie nur den Weindunst in ihrem Schädel loswürde. Dann wäre es vielleicht zu begreifen, daß der Mistkerl sie einfach aus seinem Reisewagen geworfen hatte, einfach so, halbnackt, wie sie war, wie sie sich die meiste Zeit in der Bruthitze dieses protzigen Ebenholzkastens herumgefläzt hatte. Wozu sich anziehen, er fiel ja doch bei jeder Gelegenheit über sie her. Oder vielmehr, so war es gewesen, bis – hatten sie gestritten? Sie konnte sich nicht erinnern, was sie gesagt hatte. Sicher, sie hatte sich die letzten Wochen fürchterlich gelangweilt und viel zuviel getrunken, die meiste Zeit jedenfalls. Deswegen wußte sie jetzt auch nicht, wo sie war. Wie hatte die letzte Stadt geheißen, wo die Diener sie herausheben mußten und sie vor die Herberge kotzte? Gaza? Theodora war nicht sicher. Dieser Schweinehund! All die Geschenke, die er ihr gemacht hatte! Fast der ganze Wagen hatte praktisch schon ihr gehört! Und dann warf er sie hinaus wie einen abgelutschten Knochen nach dem Essen. Nicht einmal ihre Kleider hatte er ihr gelassen oder ihre Sachen. Empört über diese besondere Ungerechtigkeit rappelte Theodora sich zum Sitzen auf und musterte mit brummendem Schädel die Gegend, die nicht aufhören wollte zu tanzen. Da waren die blaue Faust dieses Himmels und endlose Bodenwellen, mal gelber Sand, mal graues Geröll, kein Umriß eines Hauses, keine Mauer, nicht die Silhouette einer einzigen staubigen Palme, die den eintönigen Horizont unterbrochen hätte. Ihr Elfenbeinkästchen hatte er mitgehen lassen, der Hund, die Ringe, das gelbe Prachtgewand und sogar ihre goldenen Haarnadeln! Schwankend richtete sie sich auf und wischte sich die Ameisen von den Schenkeln. Auch stehend blieb die Aussicht dieselbe. Langsam, ganz langsam wurde es Theodora klar, daß nicht die goldenen Haarnadeln ihr Problem waren, sondern die Frage, wie weit es zum nächsten Brunnen wäre. Ihre Zunge, die noch sauer nach Wein schmeckte, klebte am Gaumen, und die Lippen begannen bereits aufzuspringen. Theodora zog die Fetzen, die von ihrem Untergewand übrig waren, um sich und wankte, da es ohnehin egal war, auf die tiefstehende Sonne zu. Sie wußte es nicht, aber sie irrte durch die Wüste des Sinai – in Richtung Ägypten.

Pelagius erwachte in seiner Mönchszelle, als ein lauer Wind wehte, der einer Ahnung von Kühle so nahe kam, wie das in dieser Schlucht inmitten der Wüste möglich war. Es war der letzte Atem der Nacht, die bald, das wußte er, mit einem Schlag weggebrannt sein würde. Durch das löchrige, lehmverschmierte

Astgeflecht, das die Wände der Kammer bildete, schlüpfte eine Eidechse und verharrte mit pochendem Hals, als Pelagius die Beine von seiner Liege schwang und sich vor das schlichte Holzkreuz kniete, um seine Morgenandacht zu verrichten. Ihr Kopf zuckte sacht zu seinen Gebeten. Pelagius griff nach seinem Knotenstock, und sie verschwand.

Der Mönch duckte sich durch die Tür und betrachtete das Tal. Es war ein schmaler, überraschender Felseneinschnitt im sandigen Wüstenboden, durch den früher einmal, bei einem der seltenen Gewitter, ein Sturzbach an Regenwasser geschossen sein mochte. Seit ihre Gemeinschaft sich hier angesiedelt und über die Länge des Risses und auf seine verschiedenen Terrassen verteilt ihre Hütten gebaut hatte, war hier kein Fluß geflossen. Eine zähe Palme zeigte an, wo die bescheidene Quelle der Laura, ihrer Hüttengemeinde von Einsiedlern, stand. Ihr Gemeinschaftsraum für Unterweisungen und Gebete, ein heller kleiner Steinkubus, wurde von ihren Wedeln beschattet, und ein kleines Gemüsebeet bildete seinen Garten.

Pelagius prüfte den Sonnenstand; die Schattengrenze hatte sich bereits bis zur Hütte Flavianus' des Schweigers zurückgezogen. Wenn er die Talsohle eilig durchschritt und sich an den Aufstieg machte, konnte er in ihrem Schutz bis zu der Höhle unterm Rand gelangen, wo er die nächsten Tage in Fasten- und Bußübungen zu verbringen gedachte. Pelagius stieß seinen Stock in die Erde und marschierte los, ein Gebet auf den Lippen, das um Verzeihung bat für die Sünde, sich der Sonnenglut entziehen zu wollen, die der Herr ihm als Prüfung gesandt haben mochte. Doch ungewaschen, ungefrühstückt und mit der Aussicht, die nächste Zeit aufrecht kniend und betend, ohne weitere Nahrung als die bisweilen von einigen vorbeischauenden Brüdern gespendeten Wassertropfen, zu verbringen, ließ ihn sich nicht allzu schlecht fühlen.

Stunden später, als er die Höhle von Skorpionen befreit, seinen

Kopf von unreinen Gedanken gereinigt und seine Knie auf den harten Fels gesetzt hatte, schwebte sein Geist in den gemurmelten Gebeten wie Weihrauch im Kirchenlicht der Buntglasfenster. Vor dem Höhlenausgang flimmerte die gleißende Welt. Und aus ihr heraus trat wie durch einen silbernen Vorhang die Versuchung des Teufels: Ein nacktes Weib sprang herein, schwarzgebrannt von der Sonne, mit nichts als ihren zotteligen Haaren, sich darin einzuhüllen. Und sie trat auf ihn zu und berührte ihn, um schmutzige Gedanken in ihm aufzurühren. Pelagius bekreuzigte sich und betete lauter. Er dankte Gott, daß er seinen Jünger dieser Prüfung für wert erachtete, und jubelte dem Fürsten der Finsternis seine Zuversicht entgegen. Seine Kreatur wand sich unter den geschleuderten Segenssprüchen gräßlich am Boden und krächzte in ihrer abscheulichen Höllensprache. Pelagius rief den heiligen Antonius an, der solche Anfechtungen überstand, und erwartete, die Ausgeburt des Bösen dort zerschmelzen, zerdampfen, in den Boden fahren oder sonstwie sich spektakulär auflösen zu sehen. Es blieb aber nichts als eine arg zerschundene Gestalt, die sich nun auch nicht mehr rührte. Beklommen und des eigenen Sieges nicht mehr ganz gewiß, bewegte er die steifen, eingeschlafenen Beine und ging zu ihr hinüber. Es war tatsächlich ein Weib, die Haut aufgesprungen und versengt, die Augen tiefliegend wie bei einem Totenschädel, und was sie flüsterte, das verstand er nun, war »Wasser«.

Pelagius' Enttäuschung wich dem Mitgefühl. Schamhaft zupfte er ihre verfilzten Haare zurecht, damit sie einen schicklichen Anblick böte. Dann rannte er den Abhang hinunter, daß es unter seinen Sandalen nur so staubte. Pelagius schwenkte seinen Stock. »Flavianus, Symeon, Agapet«, schrie er, »ein Wunder, ein Wunder, schnell!« Sein in zehn Jahren ungeschnittener Bart flatterte hinter ihm her, eine Flagge der Begeisterung.

Drei Wochen später strich sich Symeon, der unter den Brüdern als eine Art Abt fungierte, nachdenklich über seinen schmutzigen Bart und sprach zu Pelagius: »Sieh, es ist nicht gut.«
Und Pelagius schaute und sah, daß das Tal belebt war. Brüder, die sonst lange abwesend in ihren Büßerhöhlen weilten und von denen man zur Fastenzeit oft nicht wußte, ob sie lebten oder schon gestorben waren, lagerten um den Gemeinschaftsraum und gaben ihren hackenden und jätenden Brüdern Ratschläge für die Gartenarbeit. Andere, die sonst ihre Tage damit verbrachten zu beten und ihr rebellisches Fleisch mit Ruten zu schlagen, versuchten sich darin, das Schöpfrad des Brunnens zu reparieren, das ein wenig unruhig lief, und schauten zum Gemeinschaftsraum hinüber, in dem Theodora Wohnung genommen hatte. Seit sie wieder bei Bewußtsein war, pflegte sie sich selbst nach den Anweisungen des kräuterkundigen Bruders Agapet, dessen Gesellschaft und weiser Rat seither ungemein begehrt waren. Kein Kraut im Umkreis von Hunderten von Metern, das nicht ausgerupft und zu Agapetus getragen worden war, um sich zu erkundigen, ob er es gebrauchen könne und welcher Region des – kaum wagte man es auszusprechen – Körpers es wohl zuträglich sei. Pelagius schüttelte kummervoll sein Haupt.
»Vielleicht, daß sie zur Einkehr bereit ist? Dem Abt Zosimos begegnete seinerzeit ein Weib wie sie, dem er seinen Mantel lieh, ihre Blöße zu bedecken. Sie ging in die Wüste und nährte sich von drei Broten, siebenundvierzig Jahre lang, geißelte sich und betete ohne Unterlaß zur Gottesmutter.« Wieder sahen beide zu dem umlagerten Haus hinüber.
»Etwas sagt mir«, antwortete der Abt, »daß dieses Weib hier zur Entsagung nicht geschaffen ist.« Nachdenklich schweifte sein Blick über das Gewimmel seiner Asketen. »Ich glaube, ich werde sie wegschicken. Da ist ein Freund aus alten Tagen, der sicher mehr mit ihr anfangen kann.«
Pelagius schaute fragend zu seinem geistigen Führer auf. Er

wußte wie alle, daß Agapet, bevor er erleuchtet wurde und in die Wüste ging, ein reicher und gelehrter Mann gewesen war, der sogar an der Akademie unterrichtet haben soll. Aber Näheres war ihm nicht bekannt.

»Wohin wollt Ihr sie senden, Vater?«

»Zu Timotheus, dem Patriarchen von Alexandria. Er sammelt Altertümer und streunende Katzen. Vielleicht interessiert ihn auch dieser Fund.«

Am Strand der Welt

»Ich habe versagt, verdammt!«

»Nicht doch, junger Freund, ihr dürft nicht so streng mit euch sein.« Begütigend klopfte Apion dem jungen Gelehrten auf die Schulter. Er war in bester Laune und bereit, alles zu vergeben. Schließlich war Kapitän Kosmas Indikopleustes von einer seiner berühmten Indienfahrten zurück und hatte Elfenbein, Aloe, Gewürznelken, Moschus und Sandelholz für ihn an Bord. Pfeffer aus Malabar und Rubine aus Ceylon lagerten jetzt in seinen Speichern und machten ihn einmal mehr zum reichen Mann, da war es leicht, großzügig zu sein. Vergnügt blinzelnd hob Apion die Hand über die Augen und schaute zum Leuchtturm hinaus, um den sich die glasgrünen Wellen drängten, von einer leichten Brise gekraust, die eben auch eine Flotte schlanker Liburner in den Eunostos-Hafen trieb. Das Leben war wunderbar.

»Machen wir uns doch nichts vor!« Prokopios bestand auf seinem Leiden. Unter dem Silberreif an seiner Hand ballten sich die Finger zur Faust und hieben auf die alexandrinische Kaimauer. »Nicht mal vorgelassen hat mich der Mistkerl. Der Fürst sei beschäftigt, hieß es. Und ich, aus einer der besten Familien Syriens, Absolvent der Hochschule von Berytus mit Auszeichnung, Günstling der Enkelin von Kaisern und außerdem Abgesandter des mächtigsten Reiches der Welt«, er hob anklagend beide Hände, um sie dann fassungslos wieder herabfallen zu lassen, »ich darf auf einem Teppich sitzen, Tee mit Minze schlürfen und ein paar braungebrannten Lümmeln mit Schärpen dabei zusehen, wie sie sich mit ihren Schwertern die Zehennägel reinigen!« Der junge Mann zitterte vor Empörung.

»Nun, nun«, suchte Apion ihn zu beruhigen. »Sie sind ein schwieriges Volk, diese Araber, es war eine schwierige Mission. Ich habe Euch gleich gewarnt.«

»Aber ich hätte es schaffen müssen«, verbiß sich Prokopios in seine Position.

Kopfschüttelnd dirigierte Apion den Verzweifelten weiter. Die befestigte Promenade endete bald, die Magazinbauten blieben zurück, und ihre Füße traten in losen hellen Sand, weiße Lilien duckten sich unter dem Wind und mischten ihren betäubenden Geruch mit der Seeluft. Eine Horde Sklavenkinder verfolgte kreischend in der Ferne ihre Spiele, das Meer donnerte in gleichmäßigen Bewegungen heran und zog sich kraftvoll zurück. Prokopios, stellte Apion fest, bemerkte nichts von alledem, völlig in seine Selbstanschuldigungen vergraben. Wo hatte Julia Anicina sie nur immer her, diese fast krankhaft ehrgeizigen Jünglinge? Auch dieser war wieder ein Prachtexemplar: gutaussehend, schlank und nervös wie ein Rennpferd aus Mauretanien, von edler Abstammung und dabei glühend vor Begierde, Karriere zu machen und die Welt von der eigenen Bedeutung zu überzeugen. Er hatte sie in Byzanz zu Dutzenden gesehen, angereist aus ihren Heimatstätten, ständig am Hofe, angemeldet zu Audienzen bei irgend jemandem, der für sie wichtig werden könnte, und in ihren besten weißen Togen vor verschlossenen Türen herumlungernd, Lobgedichte kritzelnd, Begrüßungsreden repetierend, Bestechungssummen heimlich auszählend, wie ein Rudel Junglöwen, das zu gerne auch an den gejagten Kadaver möchte und doch vor jedem Grollen der Alten zurückschreckt. Cancellarius wären sie zu gerne, Magister oder Procurator. Und wer weiß, Träume können fliegen, vielleicht wird man eines Tages ja ein Vir clarissimus, illustris oder spectabilis? Wie man hörte, hatte der Kaiserneffe Justinian jetzt auch die neuen Ränge eines Vir gloriosus und magnificus angeregt. Ja, warum sollte man da nicht hingelangen, wo es doch jetzt so viele schafften, und sich das Recht erwerben, das kaiserliche Bildnis in seinem Büro aufzuhängen, ein goldenes Schreibgerät zu führen und den Wagen mit weißen Mauleseln über die Mese ziehen zu lassen? Apion schüttelte erneut und heftiger den Kopf, als er den melancholischen Blick sah, den Prokopios, nun zunächst in seinen schönen Hoffnungen enttäuscht, der Brandungslinie zuwarf.

Schön sah er aus, der trauernde Jüngling. Sosehr Apion auch seine Ideale mißbilligte, so wenig konnte er sich doch dem Anblick entziehen. Die schwarzen Haare standen in zwei Wirbeln über der Stirn und fielen von da in zugleich lässigem wie sentimentalem Schwung über die Schläfen. Wenn er sie in seiner Nervosität mit allen zehn Fingern zurückstrich, was er häufig tat, schlossen sie sich wie Rabenschwingen um seinen Kopf, um bald wieder nach vorne zu fallen. Die schwerlidrigen Augen, wie ein paar Kohlebecken mit Funken verborgener Glut, versprachen so viel. Die starken Brauen darüber, die wie Flügel diese Augen beschatteten, ließen ihn kühner aussehen, als er war. Ob es eigentlich das Aussehen war, fragte Apion sich, das Julia Anicina zu ihren jungen Schützlingen hinzog? Wenn ja, dann blieb das vermutlich ungesagt, die erotische Anziehung unausgesprochen, das ganze versteckte, unterirdische Feuer wurde in die Kanäle der Karriereplanung geleitet. Apion lachte leise. Dann legte er Prokopios Caesariensis den Arm um die Schulter und drückte ihn aufmunternd.

»Mut, mein Freund! Schaut, es wird sich alles richten, wenn ihr nach Byzanz zurückkehrt. Euer Vater wird Euch ein nettes Amt kaufen, das Geld dazu hat er doch, unsere Freundin Julia soll

Euch die passende Frau dazu aussuchen, und so wird es dann Jahr für Jahr aufwärts gehen. Ich verschiffe demnächst eine Ladung Löwen und Nilpferde nach Byzanz. Wenn Ihr wollt, dann nehmt das Schiff, und Ihr werdet sehen: Alles wird gut.«
Prokopios lebte auf unter dem Zuspruch. »Ja«, nickte er nachdenklich, »wenn Vater nur nicht so stur wäre. Am liebsten würde ich Richter werden, das ist besser als Anwalt, oder Professor an der Universität. Die Lehrstühle werden vom Kaiser selbst besetzt. Ich habe gehört, daß dort noch viele Heiden lehren sollen, was dem Kaiserneffen ein Dorn im Auge ist. Vielleicht, wenn man ein Gesuch einreicht und darauf hinweist …«
Apion nickte höflich und schweifte in Gedanken ab, um die Zahl der neuen Rubine in seinen Magazinen zu schätzen. Prokopios' Erzählungen über die universitären Angelegenheiten plätscherten an seiner Seite dahin. Die westliche Nekropole kam in Sicht und grüßte mit ihren Baumwipfeln einladend herüber.
Da hieb sein Begleiter klatschend die Faust in die offene Linke. »Aber zuerst muß ich Julia Anicina beweisen, daß ich würdig bin!« Apion seufzte, doch Prokopios gönnte ihm keine Pause. »Erzählt mir mehr von den Blemyern«, forderte er.
»Ich weiß wirklich nicht, ob …«
»Wenn dort eine Expedition hingeht, will ich dabeisein!«
Apion resignierte vor so viel heldischer Entschlossenheit. »Die Blemyer beunruhigen Oberägypten seit jeher durch ihre Überfälle. Kaiser Diokletian sah seinerzeit keinen anderen Weg, als ihnen eine Summe Goldes zu bezahlen und ihnen auf der Insel Philae einen Tempel der Isis einzurichten, in dem Ägypter, Blemyer und Römer Seite an Seite die Göttin verehren und Priester stellen sollten. Es ist heute der letzte heidnische Kult auf ägyptischem Boden, soweit ich weiß. Zwar sind die Priester keine Frauen mehr, wie früher üblich, aber sie tragen noch deren Kleider.«

Apion lebte auf bei dem amüsanten Gedanken, aber Prokopios winkte ungeduldig ab. Ihn interessierte nur die politische Situation. »Was ist heute mit den Überfällen?«
»Nun, die Blemyer nehmen, ohne zu geben. So richtig ruhig haben sie sich nie gehalten, vor allem die Gegend um Oasis leidet sehr unter ihnen. Aber jetzt hat sich eben diese neue Chance eröffnet. Ihre Nachbarn und Konkurrenten, die Nobaden, haben an den Bischof von Alexandria Boten geschickt und um geistliche Unterweisung gebeten. Wenn man sie für den christlichen Glauben und für Byzanz gewinnen könnte ...«
»... stecken die Blemyer zwischen den Nobaden im Süden und Ägypten im Norden in der Klemme«, vollendete Prokopios triumphierend den Satz. Eifrig neigte er sich zu Apion. »Es sollte unbedingt ein Vertreter des Kaisers bei diesen Verhandlungen dabei sein. Das ist keine rein geistliche Angelegenheit. Ich ...«
Apion hob begütigend beide Hände. »Ich habe schon für alles gesorgt. Heute abend sind wir bei Timotheus, dem Bischof, eingeladen. Sprecht mit ihm, überzeugt ihn. Ihr werdet sehen, er ist ein sehr verständiger Mann. Und bis dahin«, er ergriff Prokopios' Hände, die während seiner Rede mit aufgeregten Gesten das Gesagte zu unterstreichen gesucht hatten, »Fassung, junger Freund. Seht diesen schönen Tag!« Weit ausholend umfaßte er den wolkenlosen Himmel, die bienenumsummten Blüten, in deren Kelchen sich der safranfarbene Blütenstaub dick und üppig klumpte, und das jadegrüne Meer, mit dessen krausen Wellen ein springender, gischtversprühender kleiner Wind spielte.
Mißtrauisch Apions Geste folgend, die Augen gegen die Sonne zusammengekniffen, ließ Prokopios seinen Blick über den fremden Strand schweifen. Da sah er die schmale braune Gestalt am Wasserrand. Ihr unglaublich langes schwarzes Haar umwehte sie spielerisch und verbarg eifersüchtig ihr Gesicht. Keine Hand erhob sich, es beiseite zu streichen, solange er auch hinschaute.
»Prokopios?« unterbrach Apion da seine schweifenden Gedan-

ken, »hört Ihr mir zu? Es gibt da einige Themen, die Ihr im Umgang mit Timotheus unbedingt vermeiden solltet.« Der Ägypter nahm die Finger zu Hilfe. »Da wären erstens seine Katzen …« Prokopios fuhr sich über die Stirn. Katzen! Er atmete tief ein und schenkte Apion wieder seine konzentrierte Aufmerksamkeit, brummte zustimmend, nickte und fragte. Bald regte er an, umzudrehen und zurückzugehen, damit sie sich vor dem entscheidenden Abendessen noch frischmachen konnten. Das unbekannte Mädchen war fort, was lag auch daran. Aber ihre Tentakelsträhnen wehten seltsamerweise in jedem zitternden Blatt, in jedem flatternden Schal noch immer über den Strand.

Das Gastmahl

»Ja, Isis, ja Sekhmet, ihr seid meine Allerliebsten. Das gefällt euch, hm. Jaa, da streckt ihr euch, aahh.« Timotheus, Patriarch von Alexandria, streichelte seine Lieblinge und ließ sie dann von seinem Schoß springen. Die beiden Katzen dehnten sich, bukkelten und suchten sich dann einen Sonnenfleck auf der Fensterbank, in dem sie sich, drei Stockwerke über dem Treiben der Straßen, genüßlich zusammenrollten. Es waren große sandfarbene Tiere mit kurzem Fell und langen, kräftigen Schwänzen. Die runden Ohren und ihre goldenen Augen gaben ihnen das Aussehen von Löwinnen. Wenn sie auf ihren hohen muskulösen Läufen durch die Zimmer strichen, hatten sie nichts von einer Schmusekatze an sich. Arrogant, distanziert und dann wieder überfallartig zärtlich, waren sie schwierige Hausgenossen und fesselten doch durch ihre perfekte Schönheit Timotheus' Aufmerksamkeit stets aufs neue.

»Seltsam, was, daß ein christliches Oberhaupt seinen Haustieren Heidennamen gibt?« fragte eine Stimme in ordinäremTon. Theodora war eingetreten, und Timotheus dachte sich einmal mehr, wie sehr sie seinen Katzen ähnelte, genauso vollkommen, genauso spröde. Kaum hielt man sie für gezähmt, da kratzte sie überraschend, und man konnte nur erstaunt die Striemen besehen und seinen Ärger zähmen. Er lächelte. Genau wie bei seinen Katzen war es gut, ihr nicht zu sehr zu zeigen, wie stolz man auf sie war.

Wie sie wieder mit provozierendem Hüftschwung durchs Zimmer promenierte: das personifizierte schlechte Gewissen. Eigentlich hatte sie es doch schon länger aufgegeben gehabt, ihn einer erotischen Neigung zu ihr zu überführen. Timotheus fragte seinen Gott, was dieses Mädchen erlebt haben mochte, daß es ihr so schwerfiel, eine einfache Zuneigung als solche zu akzeptieren. Stolz lauschte er dem Schnurren seiner Katzen. Mit Strenge und Beharrlichkeit hatte er ihnen beigebracht, nicht die Hand zu beißen, die sie streichelt. Sollte das bei einem verwilderten Menschen nicht ebenfalls gelingen?

Was hatte sie überhaupt wieder angestellt, daß sie so herumstrich, aufreizend und trotzig und seinen Zorn herausfordernd? Ach ja, fiel es ihm ein, sein Assistent hatte beim Frühstück darüber berichtet.

»Nun, meine Tochter«, begann er und tat ihr den Gefallen, aufdringlich väterlich zu erscheinen. »Ich habe gehört, im Viertel von Rhakotis wurden gestern ein paar arme Mönche vom Lande belastigt?« Es war eigentlich keine Frage, und Theodora antwortete nicht. Sie ging umher und strich über die Möbel, Vasen und Bücher, als suche sie nach etwas Geeignetem zum Werfen, wenn der Zeitpunkt da wäre. »Stell dir vor, sie begegneten einer Horde betrunkener junger Burschen in Begleitung einer, nun, einer jungen Frau. Etwas eingeschüchtert von deren lautem Treiben drückten sie sich in einen Türeingang und riefen Gott als Zeugen an, daß sie dieses sündige Wesen mißbilligten. Da kam die Frau zu ihnen herüber und setzte sich zu ihnen. Sie klagte, sie sei ein gefallenes Geschöpf, ein Sumpf der Schande, aber sie wolle

sich bessern.« Timotheus legte seinen runden Bauernkopf schief und sah sie freundlich an. Theodora wich seinem blauen Blick aus. »Die Mönche«, fuhr er fort, »waren glücklich, das zu hören.«
»Glücklich!« unterbrach ihn Theodora, »ich kann dir sagen: Die sabberten förmlich.«
Timotheus ignorierte das. »Sie sprachen der Gefallenen Mut zu und forderten sie auf, Buße zu tun und Gott ihre Seele zu offenbaren. Da hob die Frau unter dem Gejohle ihrer Gefährten ihr, äh, Gewand und verkündete, ihre Seele säße hier, und die Mönche …«
»… rannten, jawohl, sie zischten ab, zurück in ihre Wüstenlöcher.« Theodora warf sich auf einen Stuhl, lachte böse und brach plötzlich in Tränen aus.
Timotheus ging behäbig zu ihr hinüber und strich ihr über den wirren Scheitel. Unwillig zuckte sie beiseite, doch er ließ sich nicht beirren.
»Eines Tages wirst du schon aufhören«, preßte sie pampig heraus. »Du wirst aufhören, mich zu mögen, und weggehen. Keleos ist auch weggegangen. Alle gehen sie weg.« Ein Schluchzen schüttelte sie.
»Alle Menschen gehen eines Tages fort.« Timotheus' Stimme war ruhig und unerschüttert. »Sie sind fehlbar, und sie sind sterblich. Gott ist es, der nicht geht.« Er erhielt lange keine Antwort, aber das Schluchzen wurde langsam leiser.
»Ach, Timotheus«, kam es schließlich, »du bist viel zu nett zu mir. Ich habe das gar nicht verdient. Ich …« Plötzlich traurig gestimmt, sah Timotheus auf seine dicken, von früherer harter Arbeit verformten Finger in ihrem seidigen Haar. »Ich begreife nicht einmal die Schriften, die du mir gegeben hast.«
»Hast du Schwierigkeiten, sie zu lesen?« fragte er freundlich. »Wir können das Lesen noch üben, wenn du willst.«
»Nein, das ist es nicht, ich meine, ich begreife sie einfach nicht.« Wieder kam etwas vom alten Trotz durch, und reuig lehnte sie

gleich darauf ihren Kopf an ihn. »Ich kann ja verstehen, daß bei euch Monophysiten Maria wichtiger ist als bei den Orthodoxen, daß ihr sie mehr verehrt.«

»Das hätte deiner Mutter sicher gefallen«, suchte Timotheus ihr entgegenzukommen.

»Mama, ja.« Theodora lächelte. Daß ihr Freund in der Lage war, ihrer Mutter zu verzeihen, hatte auch sie selbst ein wenig mit dem alten Groll versöhnt. »Aber«, fuhr sie fort, »warum es so wichtig ist, wie genau Jesus jetzt menschlich und göttlich zugleich ist, und ob er ein bißchen mehr das eine oder das andere ist, das will mir nicht in den Kopf. Ich habe in Byzanz die Menschen über dieser Frage sich gegenseitig massakrieren sehen. Ein Saustall in den Straßen, und alles ungeklärt. Was soll das?«

»Kannst du dir vorstellen, daß ein Mensch so gut ist, so perfekt und in Gottes Willen gefügt, daß er sich dem Göttlichen angleicht und so seine würdige Wohnung wird?« fragte er Theodora.

Sie schüttelte heftig den Kopf; all ihre Erfahrung sprach gegen diese Annahme. »Der Mensch ist ein Schwein!« verkündete sie, »das kannst du mir glauben.«

Timotheus unterdrückte einen Kommentar. »Nun, dann ist es doch einleuchtender, wenn nun aber ein Gott in Menschengestalt unter uns wandelt, daß der allmächtige Vater in seiner Gnade ihm ein Stuck seiner Göttlichkeit geschenkt, sie ihm eingepflanzt hat, damit sie das Menschliche ganz ergreift, blendet, ja auslöscht in diesem überwältigenden höheren Glanz.« Timotheus hielt inne, ergriffen von dieser Vorstellung.

Auch Theodora schien dieser Idee der Selbstauflösung nachzulauschen. Hatte sie doch vorhin am Meer gesessen, wo die Sonne ein glitzerndes Netz über das Wasser gelegt und die Brandungswellen ihre gläsernen Körper vor ihr aufgebaut hatten, so durchsichtig und doch intensiv in der Farbe, daß sie sich gewünscht hatte, ein Meergott erscheine daraus und zöge sie mit sich fort.

Das Wiegen der Algen wäre sie dann oder das Flüstern des Sandes, wenn der letzte Tropfen darin versickerte.
»Jesus ist Gott«, bekräftigte Timotheus seine Überzeugung mit einer Formel, die zu gewagt für jedes Konzil gewesen wäre, jedoch seinem innersten Glauben entsprach. »Gott wurde in Bethlehem geboren; das leidensfähige und ewige Wort litt und starb für uns im Fleische.«
»Dieser Mensch war ein Gott«, murmelte Theodora abwesend. »Wie Mama?« setzte sie dann hinzu und schüttelte bereits den Kopf, ehe Timotheus sein »nun, äh« stottern konnte. Sie umschlang seine füllige kleine Gestalt unerwartet heftig. »Es will nicht in meinen dummen Kopf, Timotheus. Vermutlich kann ich mir nicht vorstellen, was ein Gott überhaupt sein soll. Aber du bist gut«, setzte sie eilig hinzu. »Du bist so gut zu mir.« Sie schwankte zwischen Lachen und Weinen.
Timotheus schaute auf die Sitzende hinab, deren Scheitel er noch immer streichelte, und wußte nicht, ob er sich über diesen Ausbruch freuen sollte. Sie schien von einem Verständnis der wichtigsten Fragen noch weit entfernt. Und doch ... Vor allem aber spürte er in ihr den Drang, etwas zu lieben, etwas ganz und gar zu umarmen und sich verschlingend zu eigen zu machen. Es war eine Kraft, die förmlich die Luft um dieses Mädchen zum Vibrieren brachte. Er haderte noch mit sich, ob er sich selbst diesem Bedürfnis stellen und es dann auf seinen Herrn und Gott zum allgemeinen Heil lenken sollte. Manchmal träumte er geradezu ekstatisch davon. Aus einer solchen Liebesfähigkeit wurden Heilige gemacht! Dann wieder zögerte er. War er stark genug dafür? Dieses Mädchen würde harte Kämpfe kämpfen.
»Deine Haare sind ganz verstrubbelt«, bemerkte er mit betont heiterer Stimme.
»Ich war am Meer«, bekannte Theodora sühnebereit.
Timotheus hob wie tadelnd die wirren Strähnen. »So kannst du dich heute abend unmöglich bei meinem Empfang sehen lassen.

Geh zum Friseur.« Damit ging er zu der kleinen Zedernholztruhe unter dem Kreuz und holte einen bestickten Leinenbeutel heraus, den er ihr zuwarf. »An der Ecke Via Canopus, Via Mareotis soll ein sehr exklusiver griechischer Laden sein, habe ich mir sagen lassen.«
Theodora fing den Beutel geschickt auf und lachte ausgelassen. Sie zog die Börse auf und zählte nach. Da zog wieder eine Wolke des Mißtrauens über ihr Gesicht. »Willst du mich heute abend verkuppeln?«
Timotheus seufzte. »Ich will, daß du dir selber ganz gefällst.« Als er sie verwirrt sah, setzte er hinzu. »Natürlich bin ich nicht frei von der Sünde der Eitelkeit. Wenn Gott so etwas Schönes geschaffen hat, dann soll dem auch rückhaltlos Lob gezollt werden, finde ich.« Theodora umarmte ihn und sprang wie ein Kind aus dem Haus. Timotheus beschloß, zu warten und zu beten.

Am Abend bereute Theodora ihre aufwendige Frisur. Der Grieche hatte wahre Wunder an ihr vollbracht, wie schwere Seidenfäden strömte ihr Haar weich und glänzend über ihren Rücken. Sie hatten einvernehmlich auf die Kräuselschere verzichtet und die Fülle nur unterhalb der Schulterblätter zusammengenommen, locker geflochten, nach innen umgeschlagen und dann in einem komplizierten Geschlinge von Zöpfen wieder über ihre Stirn gewunden, so daß ihr Gesicht streng und frei aus einer Last von Haaren heraustrat, die phantastisch zu sein schien. Doch was hatte sie von der Pracht, wenn sie ausgerechnet den langweiligsten Gast der Runde dazu brachte, ihr nicht von der Seite zu weichen?
Johannes Philopomos, das christliche Haupt der hiesigen Universität, der ihr gegenübersaß, hatte vorhin wenigstens eine spannende Geschichte darüber zum besten gegeben, wie sie hinter einer Scheinwand inmitten der Universität einen heidnischen Tempel entdeckt hatten. Darüber hinaus schien er ein zwar sehr

farbloser, aber dabei zurückhaltender und höflicher Mann zu sein. Der reiche Gutsbesitzer Apion liebte das Leben und das gute Essen, er griff kräftig zu, ohne aber gegen die guten Sitten zu verstoßen, lauschte höflich, wenn auch ohne großes Interesse, und begrüßte jeden neu aufgetragenen Gang mit lautstarker Begeisterung. Theodora kannte Männer wie ihn. Wenn sie vom gutartigen Schlag waren, dann war leicht mit ihnen auszukommen.

Aber sie mußte neben diesem unerträglichen Kosmas Indikopleustes sitzen. Hätte sie nicht schon von Timotheus gewußt, daß er der berühmte Indienfahrer und Geograph sei, sie hätte es binnen weniger Minuten aus seinem eigenen Mund erfahren, gemeinsam mit sämtlichen Details seiner letzten zwanzig Reisen. Eben klärte er sie darüber auf, wie wichtig der richtige Zeitpunkt für die Abfahrt sei: »Wir also von Berenike nach Bab el Mandeb und weiter nach Ocelis. Jeder Fetzen Segel war gesetzt, es ist nämlich unabdingbar notwendig«, sein Finger fuhr auf den Tisch nieder wie ein Kormoran auf einen Fisch, »vor dem 31. August in Ocelis abzufahren, um den Südwestmonsun ausnutzen zu können, meine Schönste. Für die Rückfahrt«, nun schob er seinen Pokal wie ein Schiff über den Tisch, »macht man sich den Nordwestmonsun zunutze und fährt im September, so wie ich es eben tat, um Apion ein paar Kleinigkeiten vorbeizubringen.« Die Männer lachten und prosteten sich zu. Theodora wählte lange zwischen mehreren Oliven in der Schüssel vor sich.

»Ah, Prokopios!« Apion stand auf, um seinen eintreffenden Schützling zu begrüßen. »Spät kommt er, aber er kommt.« Ein Lidschlag und ein leichtes Neigen des Kopfes sollten dem jungen Gelehrten zu verstehen geben, welchen der anwesenden Männer er als Gastgeber zu begrüßen habe.

Prokopios war verwirrt und außer Atem. Mit hochrotem Kopf, beschämt über das Zuspätkommen und im voraus verzweifelt über die vermeintlich verpaßte Chance, den Patriarchen für sich einzunehmen, stand er in der Tür und rang nach Luft. Die Dienerin, die mit einer neuen Amphore Wein hinter ihm die Treppe heraufgekommen war, suchte sich verlegen an ihm vorbei ins Zimmer zu winden. »Oh, äh, Verzeihung«, entschuldigte er sich bei der Sklavin und drückte sich an den Rahmen. Sein verzweifelt schweifender Blick suchte Halt und blieb an Theodora haften, sprang erschrocken weiter und kehrte zu ihr zurück. Die Welt drehte sich, und Prokopios sank zusammen wie das Opfertier, das den Schlag des Priesters erhalten hat.

»Prokopios Caesariensis, darf ich euch Timotheus vorstellen, den Patriarchen von Alexandria!« Die Welt stand doch still, stellte Prokopios erstaunt fest, er selbst stand auf seinen Beinen, und wenn Apion seinen Arm auch fest und unauffällig stützend umklammert hielt, so schaffte er es doch, seinen vorbereiteten Begrüßungsworten noch eine anmutige Entschuldigung für sein Zuspätkommen hinzuzufügen, und unter dem wohlwollenden Lachen der Runde glitt er, wieder Herr der Situation, an seinen Platz. Da wurden die Krammetsvögel aufgetragen.

»Habt Ihr auf Euren weiten Reisen außer Schätzen eigentlich auch neue Erkenntnisse betreffend die Geographie gewonnen?« Die Frage galt Kosmas Indikopleustes, der sie breit lächelnd entgegennahm. Es war seine Lieblingsfrage. Prokopios, der angeregt mit Johannes Philopolmos über Universitätsangelegenheiten geplaudert hatte, wandte sich dem neuen Thema nur zögernd zu. Denn neben Kosmas saß … er schluckte. Mit keinem weiteren Blick hatte er zu ihr hingesehen, die über Eck an seiner rechten Seite saß. Doch eines Löwen, der grollend an seiner rechten Wange die Zähne fletschte, hätte er sich nicht bewußter sein können. Eine Hitzewand stand dort, die über die Haut seiner rechten Körperhälfte Schauer jagte, eine Schweigewand, die doch sein ganzes Denken mit Beschlag belegte. Anwesender hätte die Ignorierte nicht sein können. Er hatte erwogen, sie mit den Worten »Kennen wir uns nicht?« anzusprechen, es aber zum

Glück wieder verworfen. Dann hoffte er, sie durch seine geistreiche Konversation mit den anderen Gästen zu beeindrucken, aber das schien vergeblich zu sein, sie wirkte recht unbeteiligt und hatte den ganzen Abend noch kein Wort gesagt. Ob sie ihn überhaupt bemerkte?

Theodora war verwirrt. An männliche Aufmerksamkeit bis an die Grenze des Zudringlichen gewöhnt, hätte sie erwartet, daß er unter dem Tisch die Hand auf ihr Knie legte. War ihm denn nicht klar, daß für eine Handvoll Münzen alles möglich war? Das hieß, ihr Blick wanderte unsicher zu Timotheus, genaugenommen stimmte das nicht mehr. Sich verkaufen, das sollte ja Vergangenheit sein. Was aber erwartete er dann von ihr? Und sie von ihm? Sie musterte jeden Zentimeter seines Gesichts und seines Körpers, als könnte sie dort eine Antwort finden. Da war eine Stelle unter dem Auge, direkt über den ausgeprägten Wangenknochen, wo erste zarte Lachfalten sich abzeichneten, die weich aussah und zu Berührungen einlud. Ob er oft lachte? Der schmale Mund unter der stark gebogenen syrischen Nase verriet nichts. Seine Mundwinkel schienen eher dauerhaft ein wenig verächtlich nach unten gebogen. Ihr verstohlener Blick wanderte weiter. Seine Arme gefielen ihr, muskulös, aber unbehaart und glatt, wie sie es noch bei keinem Mann gesehen hatte. Es wäre eine Möglichkeit, dachte Theodora, sich verzehrend zu wünschen, von diesen Armen umfaßt zu werden. Einen Moment spürte sie es deutlich: sein Nähern in ihrem Rücken, die Ahnung seines Duftes, noch ehe sein Körper sich an ihren preßte und sein Arm dazu, der ihre Oberarme an den Körper fesselte mit seinem entschlossenen Griff. Theodora schloß ihre Augen und bot ihren Hals dar. Dann kam sie zu sich und griff hastig nach dem Weinpokal. Doch niemand beachtete sie, auch er nicht. Noch immer sah er an ihr vorbei zu diesem Kapitän hinüber. Es war nur dieses verdammte Schweigen zwischen ihnen, so greifbar wie eine Mauer, das ihr dieses Gefühl der Verbundenheit gab. Es war so intim und offensichtlich wie eine Berührung, und doch war es nichts. Sie könnte aufstehen und gehen, ohne daß etwas geschähe. Die Sehnsucht nach seiner Berührung, sie war noch nicht mehr als die Ahnung einer Möglichkeit, ein Abgrund, an dem sie stand. Aber sie brauchte nicht zu springen!

»Meine Herren: Ptolemäus war ein Narr!« Mit eifrigen Gesten räumte Kosmas Indikopleustes Geschirr beiseite, um Platz zu schaffen für die Demonstration seiner Lieblingsidee. »Die Erde ist mitnichten eine Kugel. Glaubt mir, ich habe genug davon gesehen und all seine Thesen überprüft. Sie sind ein Nichts!« Er fegte mit dem Ärmel einen Haufen Brotkrümel beiseite. »Die Erde ist vielmehr ...«, triumphierend ergriff er ein Messer und hielt es wie einen Zeigestab in die Höhe, »... ein Rechteck, jawohl! Seht her!« Und er begann, mit dem Messer die Umrisse seiner Welt in das weiße Leinentischtuch zu zeichnen, die sich dort als Schattenlinien deutlich abzeichneten. »Sie ist ein Rechteck mit der Seitenlänge zwei zu eins, eine Insel im großen Ozean.« Alle beugten sich eifrig über das wachsende Bild und diskutierten. Prokopios, voller Abneigung dagegen, das antike Bildungsgut, das er an den Universitäten aufgesogen hatte, so einfach preiszugeben, machte zahlreiche Einwände. Doch Kosmas wischte seine Argumente kurzerhand vom Tisch. »Dies sind neue Zeiten. Wir müssen damit aufhören, das antike Wissen zu verchristlichen, wir müssen unser eigenes Wissen schaffen!«

»Solange es auf Fakten basiert«, warf Prokopios ein.

»Fakten, Fakten«, knurrte Kosmas Indikopleustes. »Überschätzt nicht die Fakten.« Er sah aus den Augenwinkeln, wie Timotheus dazu nickte, hieb das Messer in die Mitte seiner Weltkarte und verkündete: »Gott schuf diese Welt, das ist ein Faktum.«

»Aber wie erklärt Ihr für Eure viereckige Insel da die verschiedenen Klimazonen der Welt?« erkundigte sich Prokopios hartnäckig weiter, die Wangen ganz erhitzt von der Diskussion.

»Ganz einfach«, konterte Kosmas, »durch Höhenunterschiede.

Es gibt eine Neigung der Oberfläche von Nordwesten nach Südosten, seht Ihr: so.« Damit hob er den Tisch an einer Ecke etwas an. Die Gedecke und Schüsseln kamen ins Rutschen, Theodoras Weinbecher wurde von der Schüssel Krammetsvögel umgestoßen und ergoß sich über ihre Schenkel. »Ach, Entschuldigung.« Kosmas Indikopleustes machte einen Scherz über seinen eigenen Eifer, rief nach der Sklavin, das Unglück zu beseitigen, und fuhr in seinen Erläuterungen fort.

Doch Prokopios griff bereits nach seiner Serviette, beugte sich hinüber, durchstieß mit der Stirn die Mauer zwischen sich und Theodora, die mit für beide ohrenbetäubendem Krachen einstürzte, und verharrte über ihrem Schoß, dessen Duft er mit bebenden Nüstern einsog. Daß seine Finger mit dem Tuch an den Weinflecken herumwischten, bemerkten weder er noch sie, zu groß war der Schock. Fassungslos wie ein Wild, das plötzlich im Lauf der Pfeil durchbohrt, verharrte er.

Theodora sah auf seinen Nacken hinunter. Die schmale Furche hin zu seinem Rückgrat war ein Abgrund, doch sie brauchte nicht zu springen. Unendlich tief sah sie ihn dort unten auf dem Grund stehen, und die Wände des Erdrisses starrten sie schwindelnd an. Sie brauchte nicht zu springen, sie brauchte nicht. Es war ein tiefer Sturz, ein endloses Fallen, und ihre Hand landete sanft auf seinen Haaren. Die Gespräche gingen weiter.

Nach dem Essen, als die anderen Gäste sich zurückzogen, verschaffte Apion Prokopios die heißersehnte Audienz beim Patriarchen; er selbst verabschiedete sich. Timotheus war sehr freundlich, er lobte die Beschreibung der automatischen Uhr von Gaza, einem Meisterwerk der Kunst und der Technik, mit dessen literarischer Schilderung sich Prokopios bei ihm günstig einzuführen gedacht hatte. Wohlwollend klopfte er auf das schmale Pergamentbändchen, das Apion in Prokopios' Namen schon letzte Woche überreicht hatte. Wenn ihn der Umstand beunruhigte, daß der junge Mann das Äußere der Uhr mit ihren zahlreichen Statuen, Tierkreiszeichen und Medusenmasken exakt wiedergegeben, aber kein Wort über ihre Funktionsweise verloren hatte, dann ließ er sich das nicht anmerken. Es mußte ja nicht bedeuten, sagte Timotheus sich, daß die Ambitionen und Gedanken dieses Jungen rein oberflächlich waren. Kein Grund also, ihn argwöhnisch zu betrachten. Und doch fühlte Timotheus in seiner Gegenwart eine seltsame Unruhe, ja Furcht in sich aufsteigen.

Eine der Katzen kam und umschmeichelte Timotheus' Beine. Er beugte sich hinab, um sie auf den Arm zu nehmen und unter dem Kinn zu kraulen. Ihre Goldaugen schlossen sich genießerisch, um dann plötzlich wieder den fremden Gast zu fixieren. Eingedenk der Ermahnungen Apions suchte er das Tier, das nun laut in ihr Schweigen hinein schnurrte, zu ignorieren und setzte an, über die bevorstehende Mission ins Land der Blemyer zu sprechen. Doch Timotheus kam ihm zuvor. Mit trockenen Altmännerhänden knisternd über das Fell seines Lieblings streichend, murmelte er: »Es gibt zwei Sorten Katzen: solche, die sich streicheln lassen, und solche, die es nicht tun. Bei den Menschen ist es übrigens genauso.«

Prokopios hatte das Gefühl, daß etwas Bedeutungsvolles gesagt worden war, ohne es noch ganz einordnen zu können. Er wagte kaum zu hoffen, daß der Patriarch sich auf seinen Schützling bezog, das Mädchen – er zögerte sogar, ihren Namen zu denken – Theodora. Sein Magen zog sich kribbelnd zusammen, und er strich sich mit allen zehn Fingern die Haare zurück. »Nun«, versuchte er eine angemessene Antwort, »man kann sie aber doch zähmen; auch diese hier wirkt im Grunde ja recht wild und eigenständig.«

Timotheus nickte. »Ich habe sie angenommen und geliebt als ein Geschöpf Gottes, ja, und nun lieben sie mich, und ich trage die Pflicht, sie mit einem Teil meines Lebens immerfort zu hüten.

So ist das mit den Dingen, die man sich zähmt. Mein Mobiliar«, fügte er in leichterem Ton hinzu, »ist davon oft genausowenig begeistert wie mein Personal.«

Sie schwiegen. Eine zu lange Zeit verging.

»Die alten Ägypter«, fuhr Timotheus unverbindlich fort, »verehrten sie übrigens als Gottheiten, allerdings weiß ich nicht, unter welchem Namen.«

»Bastet«, antwortete Prokopios mit trockenem Mund.

Timotheus nickte: »Aha, ein Mann, der sich auskennt.«

»Sie soll auch auf Philae noch manchen Tempel schmücken«, suchte Prokopios nervös zum Thema zurückzuführen.

Timotheus lachte und gab seine Katze frei, die mit einem protestierenden Maunzen von seinem Arm sprang und in der Dunkelheit des Nebenzimmers verschwand, wo die Sklaven bereits abgeräumt hatten. »Ihr seid hartnäckig, junger Freund. Aber es ist gut. Und wie Ihr sagtet, es wäre auch für das Patriarchat von Alexandria nicht von Nachteil, dem ach so streng orthodoxen Kaiser vielleicht einen Gefallen zu tun. Nein, nein«, wehrte er einen beschämten Einwand Prokopios' ab, »ich habe Euch nicht mißverstanden, es ist gut.« Und er verabschiedete seinen Gast, dessen Augen darüber aufleuchteten, mit dem Versprechen, sich für ihn zu verwenden.

Sehr, sehr nachdenklich ging Timotheus danach zu seinem Schlafzimmer. Er hatte die Bewerbung dieses zweifellos hochgebildeten, aber dann wieder so unsicheren und sich ereifernden jungen Mannes abzulehnen; er sah nicht eben das Urbild eines Diplomaten in ihm. Ein Chronist – er dachte an die gefällige Beschreibung der Uhr von Gaza –, das mochte vielleicht aus ihm werden, wenn er die richtigen Gönner fand. Aber jetzt? Timotheus kam an der Tür Theodoras vorbei, die still und ungerührt die Nacht begrüßte. Nein, beschloß er, er würde, wenn er konnte, den jungen Mann nach Philae schicken, wo er es doch selbst so sehr wünschte. Philae war so wunderbar weit fort.

Prokopios stand unten auf der Straße und starrte in den Mond. Er dachte nicht an Philae oder einen anderen Ort dieser gänzlich nichtssagenden Welt. Sein fiebernder Kopf brütete bereits Ideen und Vorwände aus, dringende Gründe, warum er morgen wieder dieses Haus aufsuchen mußte, dieses Haus, wo sie wohnte, diesen einzig lebendigen Kern inmitten all der toten Häute des Lebens. Auf nichts anderes konnte er sich konzentrieren, nichts sonst konnte seine Wünsche ergreifen. Er würde nicht schlafen, das spürte er, sondern sich wälzen und die Momente zählen, quälend, einen nach dem anderen, bis zu dem, in dem sein Herz wieder schlagen, sein Blut wieder rauschen würde. Morgen.

Das geheime Zimmer

Am Rande des Viertels Rhakotis, schon fast im Schatten des großen Stadions gelegen, war eine ruhige Vorstadtstraße mit einem Metzger, einem Töpfer, der Werkstatt eines Spenglers, vor der sich die beschädigten Eimer, Schüsseln und Schalen stapelten, und einer kleinen gelbgestrichenen Bäckerei, die Zimmer in den beiden Stockwerken überm Laden vermietete. Von einem kleinen Raum in der Südwestecke des Lehmhauses aus schaute man auf staubige Dattelpalmen und Pistazienbäume, auf Zitronen- und Olivenbaumhaine, die lange Reihen von Zwiebeln, Salat und Kohl in den Gärten der Nachbarschaft umgaben. Ihre Wipfel ließen den nahe gelegenen Nilkanal als glitzerndes Band sichtbar werden, ein Feigenbaum schmiegte sein Laub ans Gemäuer und übertönte mit seinem Duft bisweilen sogar den Gestank des Unrats, der in Bergen am Rande der Pflanzungen hinter den Häusern lagerte.

Schilf wuchs neben dem fernen Brunnen, das rauschte bei jedem Windstoß. Ein Ochse, die Bastriemen um die geschwungenen Hörner gewunden, ging dort immerzu im Kreis und drehte das

Brunnenrad, dessen Holzzähne quietschend in die des Schöpfrads griffen. Die daran gebundenen Tonkrüge fuhren hinab, tranken das Wasser, fuhren hinauf und gaben glucksend ihre Last in eine Holzrinne ab, die sich bald kunstvoll verzweigte und jedem Beet und Feld sein Rinnsal zuführte. Die Räder ächzten, die Krüge stiegen, und die Hitze stand flimmernd über dem Staub.

Im Zimmer hing ein farbloser Stoffetzen von der Decke. Eine abgewetzte Kordel, die von ihm hinab zu einem Haken in der Wand führte, ließ einen erraten, daß er einmal den Bewohnern hatte Kühlung zufächeln sollen. Jetzt war er verschlissen und mit feinem weißen Mehlstaub bedeckt, wie alles in dem Zimmer, der billige Holztisch, der geflochtene Hocker, die Liege und selbst die Haut der beiden Menschen, die dort lagen und sich dösend von ihrer Liebe erholten.

Theodora fuhr mit dem Finger zärtlich über Prokopios' Rücken, verfolgte, wie die feinen Schweißperlen zu einem glänzenden Strich auf seiner braunen Haut wurden. Sie zog einen Querstrich darüber und lächelte über das »T«, das dort entstand. Prokopios brummte behaglich.

»Was treibst du da?«

»Ich schreibe ›Theodora‹. He, halt still, nicht.« Scherzhaft wehrte sie sich dagegen, daß er herumrollte und sie an sich zog.

»Ich gehöre dir doch ohnehin. Mmh, was ist das, wonach du da schmeckst, meine süße Aphrodite, Nektar und Ambrosia?«

»Schweiß und Mehl?« schlug sie lachend vor.

»Du bist so wunderbar schmutzig.« Theodora lachte erneut, doch eine unbehagliche Seite in ihr schlug an. Erneut rangelten die beiden, sie gewann und setzte sich rittlings auf ihn, um ihn hungrig und hingebungsvoll zu betrachten. Hinter ihnen lagen die Wochen der Werbung, voll verklemmter Magie, die erste heiße Leidenschaft, der erste Streit. Die Erleichterung war bald der beißenden Angst gewichen, als sie ihm erzählte, daß sie eine frühere Prostituierte war, und er weder maliziös noch mit verletzender Begeisterung reagierte, sondern mit Erschrecken. Theodora war in ihrem Schlafzimmer auf und ab gelaufen, hatte so laut geschrien, wie es eben möglich war, um nicht die Aufmerksamkeit ihrer Mitbewohner zu erregen, hatte geglaubt, jemand drehe ihr die Eingeweide aus dem Leib, und bitter jeden einzelnen Mann bereut, dem sie sich je hingegeben hatte. Dann hatte sie das Kinn gereckt und Prokopios verflucht mit allen Flüchen, die sie kannte, dann ihren Mut zusammengenommen und ihn aufgesucht. Sie erinnerte sich noch, wie grob, fast verzweifelt er sie umarmt hatte und wie sein aufgerissener feuchter Mund ihren zu bedecken suchte. Sie wollte ihn schon fast zurückstoßen, als sie begriff, daß es das erstemal war, daß er zu einer Frau kommen wollte, und nahm ihn in die Arme. Stück für Stück war es ihr auch gelungen, all die namenlosen Männer, die seit ihrem Geständnis unausweichlich mit ihnen beiden im Bett lagen, über die Bettkante zu stoßen; jetzt hielten sie nur noch einander, niemand war zwischen ihnen, für ihre Berührungen gab es kein Vorbild und kein Danach. Aber eine kleine Vorsicht war zurückgeblieben, und manchmal quälte sie die Frage, was er dachte. Seinen Körper kannte sie, jede Duftnuance, die sein Schweiß annahm, jedes Sträuben der feinsten Härchen, wenn sie darüber fuhr, jede Reaktion auf ihre Gegenwart, wie eben jetzt. Sie hob träge ihr Becken und nahm ihn in sich auf. Aber was ging in seinem Kopf vor?

Prokopios nahm ihr Gesicht in beide Hände. Noch immer hatte er es nicht oft genug angesehen, um zu begreifen, warum es so schön war. Er strich ihr die feuchten Strähnen aus der Stirn, während sie sich sacht bewegte. Sie schloß die Augen und preßte die Wange an seine heißen Hände. Eine Hieroglyphe, dachte er einmal mehr, wie er sie auf Timotheus' Altertümern gesehen hatte, ein heiliges Zeichen, das vielleicht meinen Namen schreibt, meinen. Er spürte ihre Zunge an seiner Handkante entlangspielen und seufzte.

»Meine Aphrodite, meine Isis.«
»Wirst du mich mitnehmen auf deine Reise?« Es war ein altes Thema zwischen ihnen, eine Geschichte, die sie sich gegenseitig zuflüsterten, wenn sie zusammen waren, daß sie nämlich gemeinsam den Nil hinauffahren würden, wie Cäsar und Kleopatra. Sie hielt in ihrer Bewegung inne, wie um seine Antwort abzuwarten, und sein fester Griff um ihre Hüfte forderte herrisch die Fortsetzung.
»Wir werden in einer bunten Barke fahren«, murmelte er, und sie griff die Erzählung auf: »Unter einem weißen Zeltdach werden wir liegen, und die Palmen ziehen am Ufer vorbei.«
Er nickte mit geschlossenen Augen. »Wir essen Trauben und trinken Wein mit Honig. Und in Karnak«, er zog sie herunter und umschlang sie, das weitere in ihr Ohr flüsternd, »trage ich dich auf meinen Armen durch die Sphingenallee in die Ruinen des Tempels. Über riesigen Lotossäulen und blühenden Büschen brennt dort der Himmel, und ich lege dich ab am Fuß des Altars, wo die Sonnenstrahlen schräg durch das verwitterte Dach fallen und deinen Körper streicheln, hier und hier und hier.« Sie kicherte unter seinen Berührungen.
»Und dann?«
»Dann? Dann werde ich deine Hände fesseln«, er rollte sie herum, packte ihre Arme und umfaßte ihre Handgelenke mit einem Griff. Sie wand sich wohlig. »Und dann werde ich …«
Es klopfte an der Tür. Erschrocken verstummten sie und drückten sich aneinander. Doch es war nur der Bäcker.
»Bald Sonnenuntergang. Ihr habt das Zimmer nur tagsüber gezahlt, also haut endlich ab.«
Lachend ließen sich die beiden auf die Liege zurückfallen und angelten nach ihren Kleidern. Theodora machte die Schüssel mit der Essiglösung bereit, um sich zu waschen.
Wenig später empfing sie der Abend in der warmen Gasse. Arm in Arm schlenderten sie auf Theodoras Zuhause zu. Als sie am

ehemaligen Serapionstempel vorbeikamen, sahen sie in der Ferne gegen den rosafarbenen Himmel als schwarze Silhouette Leute auf der alten Lehmziegelmauer stehen, die das Areal einstmals in Teilen umfaßte. Sie hackten mit Stöcken große Brocken daraus los und stießen sie hinab. Unten warteten Kinder und Frauen, die die heilgebliebenen Ziegel vom alten Mörtel befreiten und in Körben auf ihren Köpfen forttrugen.

Prokopios schnaubte mißbilligend, seine Mundwinkel senkten sich noch ein wenig tiefer herab. Wenn er auch Christ war, so schien ihm die grobe Mißhandlung von etwas ehemals Heiligem durch den Pöbel doch eine Beleidigung, die er nicht dulden wollte.

»Sie sind arm.« Theodora an seinem Arm zuckte die Achseln. Sie wollte weitergehen, aber Prokopios erregte sich. »Arm, arm, das ist noch lange kein Grund, gegen Moral und Anstand zu wüten.«

»Antonina und ich waren zu den schlimmsten Zeiten auch keine Engel.«

»Kann ich mir vorstellen«, knurrte Prokopios verhalten. Aber Theodora hörte es dennoch. Und hätte sie es nicht gehört, die plötzliche Steifheit seiner Haltung sagte ihr genug.

»Nein, ich glaube nicht, daß ein Patriziersöhnchen wie du sich das vorstellen kann!« Heftig machte Theodora sich los. »Du mit deinem verdammten Dünkel ...«

»Schön, schön, vielleicht bin ich dünkelhaft. Aber ... läßt du mich bitte mal ausreden«, unterbrach er einen heftig vorgebrachten Einwurf. »Wenn man dich hört, könnte man meinen, es wäre ein Grund, stolz zu sein, wenn man eine Prostituierte ist.«

»Ach!« Theodora fauchte. Sie trat einen Schritt von ihm fort und stemmte kampfbereit die Hände in die Hüften. »Und was ist es dann, deiner wohlgeborenen Meinung nach, häh, na los, spuck's aus.«

Wie sie dastand wie ein Fischweib und laut keifte! Errötend sah

Prokopios sich um und schämte sich zu Tode. Was mußten die Leute denken! Sie sahen ja aus wie eine Nutte und ihr Freier, wie übelstes Pack, das sich ums Handgeld stritt. »Theodora, bitte, können wir das nicht in aller Ruhe zu Hause …«

»In unserer Absteige, meinst du, wo ich deinen noblen Schwanz im stillen ficke.«

»Theodora!« Am liebsten hätte er sie geschlagen. »Du kannst doch nicht erwarten, daß ich meinen Freunden und Kollegen so ohne weiteres die Tochter eines Bärenführers und einer Hafenhure vorstelle als …« Er zögerte.

Theodora starrte ihm mit wutglühenden Augen ins Gesicht.

Prokopios schwieg. Schließlich preßte er heraus: »Ich liebe dich.«

Theodora hieb ihm die Faust auf die Lippen und siegelte das Bekenntnis mit ein paar scharlachroten Tropfen. Wie betäubt hob Prokopios die Finger an die Lippen, besah sich das Blut daran und wiederholte verwundert: »Ich liebe dich.« Plötzlich stürmisch umarmt wankte er einen Moment, ehe er sie wild umfaßte zu einem endlosen Kuß, der nach Salz und Eisen schmeckte.

Die Karawane zieht weiter …

Prokopios ließ den Brief sinken, den Timotheus ihm überreicht hatte, und sah aus dem Fenster. Er war dankbar dafür, daß der Patriarch von Alexandria sich taktvoll an einem Tischchen in seinem Rücken zu schaffen machte, und er so nicht gezwungen war, sein Gesicht zu beherrschen; es wäre ihm schwergefallen. Julia Anicina hatte, in ihrer korrekten Handschrift, wie üblich Gutes zu berichten. Die Behörden waren informiert, die Reise organisiert. Seinen Fehlschlag in Arabien mit keinem Wort erwähnend, was den Vorwurf für Prokopios allerdings lauter hallen ließ als Donnerschlag, erteilte sie ihm Ratschläge für die neue

Expedition zu den Blemyern, die sie gleich während dieser Wintermonate durchzuführen befahl.
»Meine Missionare stehen bereit«, hatte Timotheus an dieser Stelle eingeworfen, ein Zeichen dafür, daß er seinen Besucher doch fein beobachtete.
Prokopios bemerkte es kaum. Mit dem Tonfall dieser Briefstimme stand ihm auch die Schreiberin wieder vor Augen. Er konnte sich noch an jedes Detail seines Besuches bei ihr erinnern, an die aufwendigen Fußbodenmosaike mit den Schlachtenszenen, auf denen seine Augen geruht hatten, bis er sich getraute, sie anzusehen, an die rautenförmigen Einlagen aus Obsidian in der Wand, die das Licht der Lampen widerspiegelten. Auch hier hatte sein Blick lange verweilt und die Gönnerin gemieden, ihr einstmals schönes, strenges Gesicht, das große Augen beherrschten, früher sicherlich Gazellenaugen, die heute in eidechsengrün geschminkte Höhlen zurückgesunken waren. Von ihrem noch immer üppigen Mund liefen lange, harte Falten bis zum Kinn hinunter, die Bitterkeit tief eingekerbt hatte. Ihre Schminke war so sorgfältig wie ihr Lächeln gewesen, und ihre langen Ohrringe hatten entschlossene Kreise beschrieben, wenn sie sprach.
Eines, das wurde Prokopios schlagartig klar, eines würde er niemals zustande bringen: mit Theodora vor diese Frau hinzutreten, eingehüllt in die Würde ihrer kaiserlichen Ahnenreihe wie in ein dezentes Parfum, um sich von ihrer Verachtung zu Boden drücken zu lassen.
Unglücklich schaute er auf den Papyrus hinunter, der ihn so bald schon von seiner Liebsten trennen sollte – schlagartig meinte er, ihren Duft riechen zu können – und der zugleich seine heißesten Hoffnungen für die Zukunft bedeutete. Unschlüssig wandte er das Blatt hin und her. Mitnehmen konnte er sie auf keinen Fall, das war klar, so eine Expedition war nichts für eine Frau, und das würde sie auch einsehen. Romantische Ideen von bunten Barken und hellen Trauben waren eben etwas für Nachmittage im Bett,

und er persönlich würde sich leicht davon verabschieden können. Theodora traute er ebensoviel Realismus zu, allerdings … Der junge Gelehrte kaute auf seiner Unterlippe.
Mit einem gedankenlosen »Danke« nahm er den Becher Wein entgegen, den Timotheus ihm von der Seite reichte. Statt zu trinken, drehte er ihn zwischen den Fingern. Es war noch viel zu organisieren vor seiner Abreise, die Überlegungen stürmten heran, und er hielt sie nur mit Mühe zurück. Er würde, beschloß er, Theodora anbieten, seine Konkubine zu werden. Das gab ihr eine gewisse Sicherheit und … was konnte sie schon erwarten, bei ihrer Herkunft, versuchte er sich Mut zuzureden. Vor einem halben Jahr hatte sie nach ihrer eigenen Aussage noch im Hafen getanzt und, er schluckte, es mit jedem an der Kaimauer getrieben, der dafür zahlte. Prokopios trank einen Schluck, dann noch einen. Ja, er würde ihr das Fahrgeld und eine Wohnung in Byzanz geben, und nach seiner Rückkehr … Irgend etwas sagte ihm, daß Julia Anicina auch mit dieser Regelung nicht sehr einverstanden wäre. Sicher, falls sie eine passende Verbindung für ihn ins Auge faßte, war eine Konkubine weiter keine große Belastung, aber – und wieder erinnerte er sich an seine letzte Unterredung – es gab da etwas Besitzergreifendes in Julia Anicinas Wesen, das ihn fast sicher sein ließ, sie würde es mißbilligen; vielleicht war es die Art gewesen, wie sie mit ihren geäderten, von Ringen blitzenden Hand seine Wange getätschelt hatte, als sie ihm alles Gute wünschte. Prokopios nahm noch einen Schluck Wein. Vielleicht könnte er entschlossener auftreten, wenn er einen Erfolg mit nach Hause brächte? Es wäre möglich, er wurde sich dessen sogar immer sicherer, und ein unerklärliches Glücksgefühl überflutete ihn bei dem Gedanken. Ja, er würde Theodora anbieten, als sein Kebsweib mit nach Byzanz zu kommen, falls er siegreich von den Blemyern zurückkehrte. Bis dahin … Da trat sie ein.
Theodora küßte Timotheus auf die Wange und flog fast auf Pro-

kopios zu. Die Luft um sie schien vor Erwartung zu vibrieren, als sie vor seinem Sessel stehenblieb und ihr Begrüßungslächeln zu ihm hinunterschickte. Prokopios war nicht in der Lage aufzustehen. Wie schön sie war! Die schwarzen Strähnen flossen glänzend um ihre Hüften, und geistesabwesend wischte sie sich mit der flachen Hand die Haare aus dem Gesicht und zupfte sich einige von den Lippen, diesen Lippen. Er konnte die Wärme ihres Schoßes nahe seinem Gesicht durch den Stoff zu sich herüberstrahlen fühlen, die Glut griff sofort auf ihn über. Prokopios reagierte heftig auf sie, und seltsamerweise nahm er ihr das übel. Mit trotzig vorgeschobener Unterlippe saß er da, die zitternden Hände beide um den Weinbecher geklammert, und schaute wütend zu der Frau auf, die er so sehr begehrte. Wie sie schaute! Wer zum Teufel gab ihr das Recht, so zu schauen? Mit einer heftigen Bewegung warf er seine Haartolle zurück.

»Unser Freund aus Caesarea hat gute Nachrichten«, bemerkte Timotheus hinter ihnen sanft. »Er wird in den nächsten Tagen nach Süden aufbrechen.«

Niemand antwortete ihm.

»Ach, Vorsicht, lieber Prokopios, ihr habt den Wein verschüttet.« Timotheus schüttelte besorgt den Kopf. »Das wird üble Flecken geben, wartet, ich rufe Maria, daß sie sich darum kümmert.« Und er erhob sich, um mit schlurfendem Gang zur Tür zu gehen.

»Nein, verdammt, ich meine, danke, nein. Nein!« wiederholte Prokopios noch einmal, er schrie beinahe. Timotheus hielt inne. Theodoras Haare streiften ihn, als sie auf dem Absatz kehrtmachte und zur Tür hinausrannte.

Es dauerte über eine Woche, ehe Timotheus es wagte, das Thema »Gott« ihr gegenüber anzuschneiden. Theodora verbrachte die ersten Tage eingesperrt in ihrem Zimmer, wo sie mit nassem, vom Weinen verzerrtem Gesicht in den Spiegel starrte, die Zähne bleckte und Prokopios mit allen Schimpfnamen bespuckte, die sie kannte. Sie würgte und übergab sich. Sie dachte an den Ochsen am Brunnenrad und fühlte, wie er ihr mit dessen hölzernen Zähnen langsam die Eingeweide aus dem Leib zog. Sie warf alles, was sie greifen konnte, gegen die Wände und schrie sich heiser, während sie an Prokopios dachte, der auf einem Kamel den Nilkatarakten entgegenschaukelte. Sie sog wimmernd den Geruch ihrer Haut ein, ob seiner noch daran haftete. Sie zündete Strähnen ihres Haares an und sah stumm zu, wie die zischenden Flammen sich stinkend daran entlangfraßen. Sie verfluchte ihn in der Sprache ihrer Mutter.

Dann verließ Theodora für mehrere Nächte das Haus, von denen sie verwüstet, die grelle Schminke zerflossen und vor Trunkenheit lallend zurückkehrte. Man sprach nicht darüber. Dann kam Theodora zu Timotheus und vergrub ihr Gesicht zwischen seinen Knien, um zu weinen. Dem alten Mann traten die Tränen in die Augen, während er ihr über den Scheitel strich und ihr von Zuversicht, Liebe und Vertrauen sprach. Theodora schien nun beschlossen zu haben, alles, was sie davon besaß, auf ihn zu werfen. Gemeinsam lasen sie in der Bibel. Auf langen Spaziergängen sprachen sie darüber, was Gott wohlgefällig sei. Timotheus verfiel darauf, ihr vom Leben der Heiligen zu erzählen, und Theodora saß mit untergeschlagenen Beinen da und lauschte, während sie eine Matte für ihn flocht, webte oder spann, wie Maria es ihr beigebracht hatte. Vor den Mahlzeiten klangen Gebete durchs Haus, und abends in ihrem Zimmer hörte Timotheus sie singen. Theodora ging nicht mehr alleine aus, auf ihrem Haar lag ein Schleier, wenn sie ins Freie trat, und ihr Blick war auf den heißen Staub des alexandrinischen Pflasters gesenkt.

Der Patriarch von Alexandria betrachtete sie stolzer denn je, und doch war ihm bang in seinem Glück. Denn ihr stumpf gewordenes Haar wollte nicht wieder glänzen, und ihre Haut blieb unrein, körnig und dunkel unter den Augen. Der einstige Schimmer war weggeschmolzen. Äußerlichkeiten, beruhigte er sich, unter denen die eigentliche kostbare Persönlichkeit erst zum Vorschein kommen würde. Was sollte ihr auch so oberflächlicher Tand wie Schönheit, wenn sie erst in einem Kloster Gottes Ruhm vermehren half? Theodora hatte eine Zeitlang immer öfter von einem Kloster in der Wüste gesprochen. Als sie nun nicht mehr darauf zurückkam, war er erleichtert, wäre es ihm doch, gestand er sich, schwergefallen, auf ihre Gegenwart zu verzichten. Nach dem Grund für ihre Sinnesänderung fragte er nicht. Doch der war einfach: Theodora war schwanger.

In ihrem Eifer, eine gute Monophysitin zu werden, hatte sie zweimal verdrängt, daß sie ihre Tage hätte bekommen sollen. Sie betete und schob den Gedanken daran beiseite, fast überzeugt davon, daß Gott so reine Vorsätze wie die ihren nicht durch Probleme erschüttern würde. Durch glühende Willenskraft glaubte sie, so rein werden zu können, wie Timotheus sich das nur wünschen mochte. Sie wollte sich nicht fortpflanzen, sie wollte verschwinden, in die schöne Regelmäßigkeit des Tages, in die mönchischen Gesänge, in die grüne Stille der Innenhöfe eines weißgetünchten Klosterbaus.

Nach zwei Monaten des Spinnens, Singens und Betens mußte sie einsehen, daß die Realität sich nicht verdrängen ließ. Prokopios hatte sie den Schmerz gelehrt, Timotheus lehrte sie nun, ohne daß er es wußte oder wollte, die Qualen der Reue. Dennoch griff sie in seine Börse und ging mit dem Geld zu einer Kräuterfrau. Den guten Glauben an sie in seinen Augen war alles, was sie hatte; sie wollte ihn nicht verlieren. In der Nacht darauf wand Theodora sich in Krämpfen; sie würgte die bitteren Säfte, die sie erhalten hatte, als schwarzen Schleim durch Mund und Nase wieder hervor. Aber das Kind verlor sie nicht. Zitternd vor Erschöpfung lag Theodora an diesem Morgen auf ihrem Bett, das Haar verklebt auf der Stirn, das Bettzeug verschmutzt. Ihre eiskalten Füße wärmten die ersten hereinfallenden Sonnenstrahlen.

Was blieb ihr? Auf ihrem Nachttisch stand ein kleines Katzenfigürchen aus schwarzem Stein, der wie poliert glänzte. Das Tier trug glänzende Ohrringe und einen Halsreif aus gelbem Metall, ein Geschenk Timotheus'. Daneben lag die Börse mit dem Rest des von ihm gestohlenen Geldes. Theodora sah beides lange an. Dann stand sie auf, zog sich an, packte und legte Katze wie Börse in das Bündel. Über dem Fetzen Papyrus, den sie aus ihren Schulsachen gekramt hatte, verharrte ihre Hand lange. Sie schrieb »Es tut mir leid« und strich es wieder durch, sie schrieb »Ich mach es wieder gut«, »Ich darf nicht« und schließlich nur »Verzeih«. Dann zerknüllte sie alles und warf es aus dem Fenster. Sie war am Hafen, ehe einer aus dem Haus sie vermißte. Und daß dort am selben Nachmittag ein Schiff nach Antiochia auslief, war ein Zufall, den sie ruhig hinnahm, während sie die Passage bezahlte. Ihr Geld reichte dafür gerade aus. Als sie zwischen Pharos und dem Kap Lochias hindurch waren, griff der Seewind nach ihr, und Theodora zog den Schleier um ihre Haare fester.

Makedonia

Der azurne Mäander auf der Mauer um Makedonias Villa leuchtete unverändert. Euphrosyne öffnete auf ihr Läuten hin und ließ sie ohne Frage oder Vorwurf ein. Der Wind rauschte in den Zitronenbäumen. Makedonia war wieder beim Training, als sie den Hof mit dem großen Sonnensegel betrat. Doch sie ließ sich in ein weißes Leinentuch wickeln und kam mit ihren glöckchenklingelnden nackten Füßen herüber. Da standen sie einander gegenüber. Makedonia wippte ungeduldig auf den Ballen und griff dann nach einem Granatapfel, den sie mit ihren langen Fingernägeln heftig aufriß. Errötete Kerne sprangen über den Boden. Ohne ein Wort zu sagen steckte sich Makedonia eine der gläsern schimmernden Purpurbeeren nach der anderen in den Mund.

»Ich bin schwanger«, eröffnete Theodora übergangslos das Gespräch.

Makedonia zuckte die Achseln. »Von mir ist es nicht.« Sie grinste. Das Schweigen hielt an.

»Ich will nur das Fahrgeld nach Byzanz«, setzte Theodora erneut an. »Dort gehe ich zu meiner Familie und …«

»… verhungere!« vollendete Makedonia den Satz für sie. »Schau mich nicht so an, ich habe mich nach euch erkundigt. Nach dir und deinen beeindruckenden Freunden.«

»Erkundigt«, sagte Theodora entsetzt und suchte panikerfüllt mit Blicken den Hof ab. Sie sah bereits die Büttel der Blauen vor sich, die sie zurück nach Byzanz ans Theater schleppten. Sie wollte nicht mehr ans Theater, sie wollte heim, zu Anastasia und zu Komito, die sie zwar ohrfeigen, aber dann in ihre Arme schließen würde. Timotheus hatte unrecht gehabt, das wußte sie, seit sie auf dem Schiff so viel Zeit gehabt hatte, darüber nachzudenken: Die Sehnsucht nach ihren Schwestern war keine bloße Anfechtung, derer sie sich auf dem Weg der Berufung erwehren mußte. Es war ein Gefühl, dem sie folgen sollte. Und wer sonst blieb ihr denn noch? »Erkundigt also.« Ungebeten sank sie auf einen Hocker. Makedonia setzte sich ihr gegenüber. Ihr Lächeln war mehr mitleidig als triumphierend.

»Keine Angst, ich habe über Freunde nachgefragt, die Zirkusparteien wissen nichts davon.« Sichtlich zufrieden legte sie die leere Granatapfelschale beiseite und klatschte nach Wein. »Ich habe die saubere Bande, mit der du unterwegs warst, zwar damit bedroht, als sie plötzlich hier auftauchte und Ärger machen wollte, weil du verschwunden seist, aber … Sie hatten übrigens diese fixe Idee, daß du hier wärst. Was hat sie nur darauf gebracht?«

Theodora schnaubte verächtlich. »Müssen deine plumpen Anmachversuche gewesen sein.«

»Plump, eh?« Makedonia musterte sie eindringlich, dann warf sie den Kopf zurück und lachte laut. »Na, wenn das nicht der

Beginn einer großen Freundschaft ist. Euphrosyne!« Wieder klatschte sie in die Hände. »Zeig Theodora ihr Zimmer. Wer hätte gedacht«, setzte sie nach einem Moment hinzu, »daß du sie auf diese Weise nutzen würdest?«

Theodora erwiderte ihr schiefes Lächeln und stand auf. »Makedonia?«

Schon im Gehen, drehte sie sich nochmals um. Euphrosyne eilte einige Schritte voraus und blieb dann ungeduldig stehen. »Ja?«

»Meine Freunde, Antonina, Keleos und Simon. Was ist aus ihnen geworden?«

Die Tänzerin zuckte die Achseln. »Weitergezogen, glaube ich. Das heißt, der Silberhaarige war ja hier irgendwo zu Hause.« Makedonia stand ihrerseits auf, um sich an eine neue Trainingseinheit zu machen. Sie spreizte die Beine und ging wie probeweise mehrmals in die Knie, sorgfältig die Muskeln der Oberschenkel beobachtend und daran entlangstreichend. Voll konzentriert spannte sie sich dann in die Höhe und führte eine langsame Drehung aus. »Er hat übrigens eine Schriftrolle für dich hinterlassen, fällt mir gerade ein. Sie liegt irgendwo oben.« Auf einem Bein stehend hob sie das zweite an, entwickelte es nach oben, bis die angespannten Zehenspitzen in den Himmel zeigten, und preßte es dann an sich. Ihre Augen fixierten konzentriert einen Punkt hinter Theodora. »Sie müßte in deinem Zimmer liegen.« Theodora nickte stumm und ging.

»Makedonia?« Noch einmal wandte sie sich um und hörte Euphrosyne mißbilligend schnauben.

»Ja?«

Der Abstand zwischen ihnen war durch einige explosive Drehsprünge der Tänzerin größer geworden, so daß Theodora beinahe rufen mußte, wo sie gerne geflüstert hätte. »Danke!«

Makedonia war gerade dabei, sich so weit hintenüber zu beugen, daß ihr langer Zopf den Boden berührte, und konnte nicht antworten.

Fünf Monate später war Theodoras ehemals so flacher Bauch fest und vorgewölbt, und sie tastete immer wieder fassungslos über die kräftige Rundung. Makedonia hatte ihr fürsorglich vorgeschrieben, an denjenigen ihrer Aufwärmübungen teilzunehmen, die gut für sie waren, damit sie ihre Gesundheit und ihre Figur für die Zeit nach der Geburt in Schuß hielt.

»Die Seele pflegen, schön und gut«, murrte sie, wenn sie anfänglich Theodoras bejammernswerte Gestalt sah, und gab damit einmal mehr ihrer hartnäckigen Kritik an Timotheus Ausdruck. »Aber vom Körper verstehen sie nichts, diese Christen. Eines ohne das andere, das gibt es nicht.« Und sie verordnete ihrem Gast Badeöle und Essenzen.

Theodora begann, sich in ihrer Gesellschaft wohl zu fühlen. Sie verlor die Scheu vor Makedonias fremdartiger Perfektheit, vor der Talentiertheit ihrer Mädchen, die alle sangen, tanzten, ein Instrument beherrschten und Gedichte rezitieren konnten und dabei noch schön und schlank wie ein Hain junger Bäume waren oder wie eine Schar Nymphen, die ihre Artemis begleiteten. In dieser Rolle sah Theodora sie eines Nachmittags im Theater, und sie klatschte begeistert und trampelte mit den Füßen. Es war, als entwüchse sie dem Zwang, sich mit ihnen zu vergleichen, mit jedem Zentimeter, den ihr Bauchumfang zunahm. Als sie eines Tages sah, daß die faszinierenden Ornamente auf den Händen Makedonias und ihrer Frauen nicht tätowiert, sondern aufgemalt waren, da hielt sie der alten Inderin, die gekommen war, die kleinen Gemälde aufzufrischen, unbekümmert auch ihre Hände hin und bewunderte seither die Ranken, die ihre Finger hinaufzuwachsen schienen, als bewegten sie sich.

An den Nachmittagen, an denen keine Vorstellung war, ging Makedonia oft mit ihr spazieren. Einer ihrer Gänge führte sie zu dem Gipfel des Hügels hinter Makedonias Anwesen. Ein Punkt bot ihnen einen herrlichen Blick auf die Stadt und das Orontestal, zwei Pinien und etwas Gestrüpp beschatteten ihn, und einige umgestürzte kleine Säulen inmitten von weißen Marmortrümmern verrieten, daß hier einmal ein bescheidenes Tempelchen gestanden haben mußte. Sie ließen sich auf den trockenen Piniennadeln nieder, und da die Hitze selbst im Schatten fast unerträglich war, zogen sie ihre Kleider aus und legten sich darauf. Makedonias Sklavin hatte in einem Beutel Melonen mitgebracht, die sie nun aufschnitt, und die beiden aßen die tropfenden gelben Scheiben aus der Hand und lachten, als sie sich verklebt und verschmiert sahen. So vor aller Welt verborgen und doch alles zu ihren Füßen ausgebreitet, lagen sie dann auf dem Rücken und schauten in die Baumwipfel. Zufrieden ließ Theodora die laue Luft um die Kugel ihres Leibes streichen; die Haut war straff und glatt. Sie seufzte, Makedonia seufzte.

»Nackt daliegen und Melone essen. So stelle ich mir einen schönen Sommertag vor.«

Theodora widersprach ihr nicht. Im sonnenbeschienenen Geäst summte es.

»Was«, kam Makedonia nach einer Weile des Dösens auf ihr zuletzt geführtes Gespräch zurück, »was ärgert dich eigentlich so an dieser Schrift von Keleos?«

Theodora drehte sich zur Seite, hielt mit einem Arm ihren Bauch fest und stützte die andere unter den Kopf. Sie überlegte, ehe sie antwortete. »Daß sie behauptet, so eine Riesensache zu sein, vermute ich. Keleos hat sogar extra einen Brief dazugelegt und erklärt, daß es eine solche Beschreibung der eleusinischen Mysterien eigentlich gar nicht geben dürfe und daß ich da ein großes Geheimnis besäße. Aber wo ist das Geheimnis?« Sie entdeckte eine klebrige Stelle an ihrer Hand und leckte sie ab. »Ferkel herumtragen und vaginaförmige Kuchen verzehren, was soll das? Sie tun Dinge, und sie sagen Dinge und behaupten, das alles hätte eine tiefe Bedeutung, aber wo ist die? Wo ist die Gottheit, die sie anrufen? Erscheint sie mal, passiert mal irgendwas, das nicht inszeniert ist oder mehr als Gelaber – ›Siehe die Ähre‹ –

und so? Am Schluß treten sie auf eine hell erleuchtete Wiese.« Theodora machte mit der freien Hand eine wegwerfende Geste. »Ich habe beim Theater schon viele derartige Effekte gesehen. Ptolemaios, unser Beleuchter und Requisiteur, konnte dir erstklassige Sonnenauf- und -untergänge zaubern, eine beleuchtete Wiese bei Nacht wäre für ihn gar kein Problem gewesen.« Sie ließ sich wieder zurückfallen und massierte sich die Schulter. »Alles nur Tricks und Schauspiel.«

Makedonia kaute nachdenklich am letzten Stück Melone. »Ja, aber hast du denn nie erlebt, daß eine Inszenierung etwas bewirkt? Ich meine, du machst jeden Abend dasselbe, manchmal sitzt das Publikum nur da und sieht zu, und manchmal«, sie suchte nach Worten, »geschieht etwas. Du spürst es, sie spüren es. Es, es ist einfach da, in der Luft. Etwas geschieht.«

»Ihre Schwänze werden hart.«

Makedonia mußte lachen. »Nicht einmal du«, kehrte sie dann ernst zu ihrem Thema zurück, »kannst mir weismachen, daß das alles ist. Obwohl es auch dazugehört. Ja, sie kriegen einen Steifen. Und sie zerren an ihren Bärten, kneten ihre Lippen mit den Zähnen und zwirbeln sich vor Aufregung die Haare um die Finger. Sie ächzen und rufen, sie sind ergriffen, Theodora!« Makedonia redete sich in Feuer. Mit einem Ruck setzte sie sich auf ihre Fersen. »Etwas packt sie, und sie müssen mit. Sie weinen und lachen und fürchten sich und sind froh. Und das nur, weil du auf der Bühne ein paar trainierte und zurechtgelegte Bewegungen mit Armen und Beinen machst.« Sie hob zur Demonstration einen Arm und spulte ein paar routinierte Dehnungsübungen herunter. »Ein Erlebnis trägt sie, und es wird zu dir zurückgespült und hebt dich hoch, und du tanzt wie nie zuvor, und das, was euch alle, dich und das Publikum, festhält, das ist etwas …«, wieder fehlten ihr die Worte für das, was sie sagen wollte, »… etwas Höheres.«

»Ein Gott?« fragte Theodora spöttisch.

»Du mußt spotten, dich höre ich morgens und abends mit einem Gott reden. Willst du mir erzählen, daß dabei auch nur annähernd das passiert, was ich eben beschrieben habe?«

»Nein«, gab Theodora zögernd zu. »Es geschieht eigentlich überhaupt nichts. Ich lausche meiner Stimme und ... spüre, daß ich allein bin.«

Makedonia nickte ungeduldig und fing noch während ihrer letzten Worte wieder an zu sprechen. »Sag ich doch. Aber auf der Bühne spürst du's, stimmt's? Du mußt es spüren, denn du hast auch diese Aura. Nein«, wehrte sie einen Einwurf Theodoras ab, »erzähl mir jetzt nicht, daß das alles nur billiger Sex ist. Wo ich erst eine Kunst ausüben muß, meinen Tanz, da bist du sozusagen schon das Kunstwerk. Ja, du versetzt sie in Ekstase, aber es ist mehr, verstehst du, mehr als das! Du läßt sie etwas jenseits ihres Lebens sehen. Du könntest sie zu allem bringen, diese Menschen, zu viel mehr jedenfalls als dazu, die zehn Folleis für eine Nummer zu geben.« Aufgeregt hielt Makedonia inne und sah Theodora in die Augen, die verlegen zur Seite sah.

»Du klingst wie meine Mutter«, wehrte sie unsicher ab.

»Dann erzähl mir von deiner Mutter. Ist sie es, zu der du zurück möchtest?«

»Nein.« Theodora schüttelte den Kopf. »Ich will meine Schwestern wiedersehen, Anastasia und Komito. Ich ... sie sind auch beim Theater und hatten sicher kein leichtes Leben, während ich weg war. Komito war eigentlich meine Mutter. Mama war so beschäftigt damit, im Namen der Göttin alle zu lieben, daß für mich wenig Zeit blieb.«

»War sie eine Priesterin?« fragte Makedonia interessiert. Theodora warf ihr einen Seitenblick zu. Aus Makedonias religiösen Überzeugungen, soweit sie überhaupt welche hatte, war sie noch nicht recht schlau geworden. Makedonia sprach eigentlich stets nur über den Tanz, nichts sonst war ihr wichtig.

»Bei ihrem Inselvolk vielleicht. In Byzanz war sie nur eine ganz billige …« Unwillkürlich stockte sie. »Timotheus hat ihr vergeben«, fügte sie lieber fromm hinzu. »Dann will auch ich es tun.« Erstaunt sah sie, daß Makedonia vor Lachen fast zusammenbrach.

»Er hat ihr vergeben? Na, dann wußte er wohl kaum, was er tat. Er hat von deiner Mutter sicher ebensowenig begriffen wie von dir. Armes Lämmchen.« Mitleidsvoll strich sie Theodora über die Wange.

»He, laß das.« Der alte Straßentrotz kam wieder durch. »Ich werde Timotheus jedenfalls nicht enttäuschen, indem ich ein Leben wie meine Mutter führe.«

Makedonia war immer noch amüsiert. »Was willst du denn dann machen?«

»Jedenfalls nie mehr zum Theater.« Sie überlegte. »Ich kann spinnen und weben«, setzte sie vorsichtig an.

Doch Makedonia hörte ihr nicht mehr zu. Sie war aufgestanden, streifte ihr lockeres Plisseegewand über und brach auf. »Viel Spaß dabei«, sagte sie über die Schulter. »Wenn du verhungerst, schreib mir. Wenn du mit so verächtlichen Theatermenschen dann noch Kontakt haben willst, heißt das natürlich.« Ihre Dienerin stand auf, um der Herrin zu folgen.

»He, verflucht, warte.« Die verdutzte Theodora verhedderte sich in ihrem zinnoberfarbenen Leinenkleid. Makedonia war schon ein Stück den Hügel hinab, als sie endlich loskonnte. »Verdammt, du kannst doch wenigstens tanzen«, brüllte sie ihr, zwischen Wut und Verzweiflung, aus Leibeskräften hinterher. Etwas wurde zurückgerufen, zu undeutlich, um es genau zu hören.

»Und was kannst du?« verstand Theodora. Es hätte auch heißen können: »Und was willst du?« Vielleicht war aber auch etwas ganz anderes gemeint.

Am Mittag eines schönen Märztages des Jahres 520 wußte Theodora jedenfalls ganz genau, was sie weder konnte noch wollte: noch einmal ein Kind gebären. Sie schrie seit Stunden und verfluchte die Hebamme, die den guten Fortschritt lobte. Und alle um sie herum, die ihr Mut zusprachen, haßte sie für ihre Zuversicht. Wie konnten sie optimistisch sein, da sie selbst ja so litt? Sie hatte das Kind nicht gewollt und mit Makedonia lange über Adoptionen gesprochen, und nun, da es ihr solche Schmerzen bereitete, es zur Welt zu bringen, nur, um es danach wegzugeben, drohte die Verzweiflung über ihr ganzes bisheriges vergebliches Leben sie wegzuschwemmen.

Was hatte sie werden wollen, reich und berühmt? Die Füße hatte man ihr küssen sollen! Und dabei hatte es sie alle Kraft gekostet, am Leben zu bleiben. So wie jetzt, wo sie alle ihre Kraft aufbrachte, für nichts, für ein paar leere Hände danach. Sie warf ihr schweißüberströmtes Gesicht in den Kissen hin und her.

»Sie kommt.« Die Hebamme tastete ruhig über ihren Bauch. »Da kommt die nächste Wehe.«

»Nein, nein, nein«, schrie Theodora, und dann, als sie den Schmerz heraufsteigen fühlte: »Ja, ja, ja!«

»Jetzt pressen«, bekam sie das Kommando. Jemand drückte ihr einen gelben Jaspis, den Schutzstein der Gebärenden, auf die feuchte Stirn. Und sie preßte in die rote Explosion ihrer Schreie. Dann schrie jemand anderes, und Theodora sank zurück.

Später öffnete sie die Augen und sah Makedonia auf dem Sessel neben dem Bett sitzen, die Arme auf dessen vergoldete Widderlehnen gestützt und ein in schneeweißes Leinen verpacktes Bündel im Arm, auf das sie glücklich hinunterlächelte. Theodora hatte nicht gewußt, daß Makedonia so lächeln konnte. Sie sah zu, wie sie das Bündel wiegte. Es hatte etwas Besitzergreifendes, wie sie zögerte, es der Hebamme abzugeben, die kam und es nach nebenan zur Amme tragen wollte. Theodora ließ den Blick schweifen, über die geschnitzten Möbel aus Zedern- und Zitronenholz, deren Sandelholzeinlagen dufteten, wenn man daran rieb, über die kostbaren Toilettensachen vor dem Spiegel, die

blauen Glasflakons und Silberdöschen, über den spiegelnden Marmor an den Wänden und die seidene Bettwäsche unter ihren verstohlen sich bewegenden Fingern. Dann glitt ihr Blick zurück zu dem Bündel, sie vermied, es Kind zu nennen, das die Hebamme hinaustrug, und als es verschwand, versetzte ihr das zu ihrem Erstaunen einen Stich. Da stand Makedonia auf, um nach ihr zu sehen, und sie schloß die Augen wieder, als ob sie schliefe.
Als Theodora erneut erwachte, war sie allein. Mühsam setzte sie sich auf und schleppte sich zum Spiegel hinüber. Ihre Augen leuchteten ihr rot entgegen; beim Pressen mußten Äderchen im Augapfel geplatzt sein. Wie eine erzürnte barbarische Gottheit sah sie aus. Mechanisch kämmte sie sich, wusch sich, zog sich an. Es war still im Haus. Doch die ganze Zeit hing wie ein Damoklesschwert die Gefahr über ihr, diesen einen Laut zu hören, den sie, da war sie sicher, jetzt nicht ertrüge. Sie hatte das Kind in der Gewißheit ausgetragen, es nicht zu behalten, und war nun selbst erstaunt, wie schwer ihr der Abschied fiel. Doch ihr blieb nichts, als es zu ertragen. Mit einem Fluch auf Prokopios, der sie beide nicht gewollt hatte, schloß sie ihre Toilette ab.
Dann öffnete sie vorsichtig die Tür zum Gang. Niemand war zu sehen. Angespannt bis in die Fingerspitzen schlich sie sich hinaus, voller Panik, hinter einer Tür, an der sie vorbeiging, einen Schrei ihres – des Bündels eben zu hören, jemandem mit einem Stoffpaket um die Ecke kommen zu sehen, aus dem heraus sich ein kleines Ärmchen wände – eine Vorstellung wie ein Schlag ins Gesicht. Nervös glitt ihr Blick dahin. Irgend etwas von den herumliegenden Dingen könnte eine Windel, ein Spielzeug sein und sie ins Herz treffen. Theodora hastete ohne Abschied weiter.
Zurück blieb ein Fetzen Papyrus, herausgerissen aus Keleos' kostbarer Schriftrolle. Auf der Rückseite stand in Theodoras Kinderschrift »behalt es«. Ein »Bitte« hatte sie in ihrer plötzlichen Eifersucht nicht hinzuzusetzen vermocht. Makedonia

würde außerdem feststellen, daß ein wertvoller Armreif fehlte, der am Hafen Theodoras Passage bezahlte. Der Rest von Keleos' Manuskript, eine Kartusche aus billigem Emaille, die Prokopios in Alexandria für sie gekauft hatte, Timotheus' Katze und ein Seidenschal mit eingewebten Delphinen, ein Präsent Makedonias, wurden, sorgfältig gebündelt, auf hoher See über Bord geworfen. Theodora reiste mit keinem anderen Gepäck als dem Essen, das sie sich während der Überfahrt zubereitete. Bei gutem Wetter lagerte sie mit den anderen Passagieren um die öffentliche Kochstelle am Heck – unter Deck, wo sie alle in einem Lagerraum schliefen, war ihnen das Feuermachen untersagt – und spürte den Bewegungen des Schiffes nach, wenn es die Wellen durchschnitt. Zwischen ihr und dem Wasser war nichts als das Holz, das an ihrer Haut schabte. Ein Schwarm fliegender Fische sprang nahe der Bordwand vorbei. Überrascht stellte sie nach einigen Tagen fest, daß sie nicht unglücklicher war.

Wiedersehensfreude

»Gib mir mal die Petersilie rüber.« Komito strich sich die dünnen blonden Strähnen aus dem Gesicht. Sie war angestrengt damit beschäftigt, die Gerstenfladen zu kneten, und sah nicht auf, als Theodora ihr das würzig duftende Büschel reichte. In dem Verschlag unterm Hippodrom sah es wie immer aus: zwei Zimmer mit Böden aus Sand, die Feuerstelle, das Topfbord, die Matten der Schläfer, die am Tag zusammengerollt wurden. Nur der Bär fehlte. Komito hatte ihn verkauft, nachdem Akakios gestorben war, und mit dem Erlös hatten sie und Anastasia seither ihr Theatergehalt aufgebessert. Anastasia hatte Theodoras Platz am Theater auf der Akropolis eingenommen. Der neue Leiter dort hieß Damianos, Anastasia war Mittwoch, und wenn sie, das Gesicht geschminkt und üppig mit billigem Schmuck behängt, nach der Vorstellung hereinfegte, Komito und ihre heimgekehrte Schwester auf die Wange küßte und fröhlich verkündete, mit ihren Freundinnen noch in den »Bacchus« zu gehen, dann wünschte Theodora, ihr eigenes Leben möchte wieder so einfach sein.

»Erzähl mir noch mal, wie Pa... wie Akakios gestorben ist«, forderte sie Komito auf.

»Aber das hab ich dir doch schon hundertmal ... das Salz bitte. Na schön«, Komito seufzte. »Sie haben ihn im Hippodrom gefunden, er lag auf dem Rücken im Sand, zerschmettert, glotzte so in den Himmel. Er muß von ganz weit oben irgendwo runtergestürzt sein. Und das Seltsame war: Unter ihm lag eine Schlange, so eine harmlose kleine braune, wie sie vor der Stadt durch die Macchia kriechen und über die Müllhalden. Allerdings, hier in der Innenstadt hab ich noch nie eine gesehen. Sie war zerquetscht, er ist wohl draufgefallen.« Eine Schlange! Also hatte Mutter es, nach dem vergeblichen Versuch mit Porphyrios damals, nun doch noch geschafft, ihrer Göttin in Byzanz ein Opfer zu bringen. Theodora schüttelte sich bei dem Gedanken.

»Und Mama?« fragte sie schließlich.

»Verschwunden vom selben Tag an.« Komito war fertig und wischte sich den Teig von den Fingern. Sie schob mit einem Stock die Glut der Feuerstelle beiseite, legte die Fladen in den heißen Sand darunter und bedeckte alles wieder sorgfältig mit den roten Kohlen. »Jemand will sie am Hafen gesehen haben, danach. Aber was sollte sie schon auf den Schiffen. Ihre Kunden waren doch hier.« Theodora hatte dazu ihre eigenen Gedanken, aber sie sagte nichts. »Verdammt, mein Fuß ist eingeschlafen.« Komito streckte die Beine. »Was hast du eigentlich jetzt vor?« Die Frage war unvermeidlich. So wie die letzten Wochen konnte es nicht weitergehen. Das Geld für den Bären war verbraucht, der Lohn der beiden reichte ihnen selber kaum zum Leben. Und da Theodoras zaghafte Versuche, Arbeit als Spinnerin zu

erhalten, bisher erfolglos waren und sie nicht weiterhin hungrig von den Mahlzeiten aufstehen konnte, um der kleinen Anastasia, wie sie die jüngere Schwester immer noch bei sich nannte, nichts von dem gewürzten Erbsenbrei wegzuessen, von dem sie sich hauptsächlich ernährten, mußte bald etwas geschehen. Theodora wußte nur noch nicht, was. Die Straßen von Byzanz waren zwar noch immer dieselben, aber da sie die alten Kreise mied, waren die vielen Menschen darin ihr fremd geworden. Und manchmal dachte sie, sie war in der Sinaiwüste nicht so einsam gewesen wie auf im Trubel der Mese, ohne Geld, mit vergeblichem Appetit auf die in Weinblätter eingewickelten duftenden Pasteten und mit nichts als dem Vorsatz, eine gute Frau zu sein. Sie wich Komitos Frage lieber aus. Mit der eiligen Bemerkung, einen Spaziergang machen zu wollen, sprang sie auf.
»Theo, was soll das? Das Essen ist gleich fertig«, rief Komito hinter ihr her. Doch sie war schon draußen.

Auch im Hippodrom, stellte sie wenig später fest, war alles wie immer. Der Sand war noch derselbe, in dem sie als Kind Todesängste ausgestanden und als junges Mädchen hüftwackelnde Triumphe der Frechheit gefeiert hatte. Die steinernen Sitzreihen waren noch dieselben, die Krähen waren noch dieselben. Zwei ihrer Väter waren hier gestorben, der Schlangendreifuß stand noch auf der Spina und daneben … eine Gruppe Arbeiter zog ihre Aufmerksamkeit auf sich. Unter Stöhnen und Ächzen drehten sie die Kurbel eines Flaschenzugs, und ein kleiner Obelisk begann, seine Spitze in den Himmel zu richten. Mit einem Knirschen, das in der leeren Arena laut widerhallte, kam er schließlich in seiner Verankerung zu stehen. Theodora trat näher.
»Porphyrios?« fragte sie zögernd.
Der Wagenlenker drehte sich mit fliegenden Zöpfen um, ein bereitwilliges Lächeln im Gesicht, das kurz dem Erstaunen Platz

machte, um sofort wieder aufzublitzen. Er stürzte sich auf sie, hob sie spielend hoch und wirbelte sie herum. »Theodora! Die Schönste von allen ist wieder im Lande, ich hab's schon von Komito gehört. Wie geht's dir? Wie gefällt dir mein neuestes Ehrenmal?« Er setzte sie wieder ab.
»Du bist ein Hundesohn!« Es war mit ebensoviel Haß wie Sympathie gesagt. »Wer hat dich diesmal gekrönt, he?«
»Die Blauen natürlich, immer die Blauen«, antwortete er lachend. »Ah«, rief er über ihren Kopf hinweg, »da kommen ja meine vornehmen Bewunderer!« Theodora wandte sich um. Die beiden Männer in den militärisch kurzen purpurnen Tuniken und den reichbestickten Mänteln, die sich schulterklopfend um Porphyrios scharten, kannte sie nicht. Aber die Frau in der meergrünen Seidenrobe, die von üppigen Perlschnüren um ihren Körper gegurtet wurde, die war unverwechselbar. Von den goldenen Sandaletten über die dunkelviolette, goldgefranste Stola bis hin zu den hochaufgetürmten Locken, deren brandrote Fülle sich auch den perlenbesetzten Haarnadeln nicht zu beugen gewillt war, gab es nur eine, die so biegsam und lasziv und dabei so unverschämt kindlich aussah.
»Hallo, Theo«, sagte Antoninas rauchige Stimme.
»Hallo, Nina«, gab Theodora knapp zurück und schloß die trockenen Lippen.
»Du siehst gut aus, Schätzchen.«
Es war der blanke Hohn, und Theodora wußte es. Ihr Haar war struppig und ungepflegt, ihr Teint unrein, und ihre Augenringe sprachen von durchwachten Nächten und Geldsorgen. Als auch noch ihr Magen laut in die Stille knurrte, hätte sie morden können. »Sieht aus, als hätte sich deine frühere Sparsamkeit für die ausgezahlt«, ging sie bissig zum Angriff über. »Hast du deine Stiefel gegen das da eingetauscht? Oder hast du Simon in Zahlung gegeben?« Und sie wies auf die prächtige Robe ihrer früheren Freundin.

»Ach das.« Antonina tat unerträglich bescheiden. »Das verdanke ich mehr meinen anderen Talenten. Du weißt schon: das, was du auch mal gemacht hast, bevor du unter die Gelehrten gingst.«
Einen Moment lang glaubte Theodora, sie spiele auf Prokopios an, und wurde rot vor Zorn, doch dann begriff sie, daß Antonina ihn ja gar nicht kennen konnte. Sie mußte Keleos meinen. »Auch etwas, was du mir nachgemacht hast«, konterte sie.
»Also ich hab nur mit ihm gevögelt«, gab Antonina zurück. »Und das zu unserem größten Vergnügen, muß ich sagen.«
Theodora hätte ihr an die Kehle springen können wie damals. »War ja auch immer schon alles, was du konntest«, knurrte sie.
»Ach!« Langsam wurde Antonina laut. Als die Männer sich nach ihnen umsahen, dämpfte sie ihre Stimme mühsam wieder. »Und du kannst ja so viel mehr«, fauchte sie. Hat Makedonia dir das in ihrem Lesbenklub eingeredet, während sie dir einen ...« Eine Ohrfeige unterbrach den Satz.
»Du ordinäres Luder!«
»Du selbstsüchtige Schlampe!«
»Du selbstgerechte Kuh!«
Keuchend standen sie einander gegenüber. »Na komm schon, los, oder hast du Angst, deine Freier zu verschrecken?«, stachelte Theodora sie an.
»Das ist nicht mein Freier, das ist mein Mann.« Sie wies stolz auf den größeren der beiden.
»Ja, klar«, höhnte Theodora. »Und der andere ist der Kaiser.«
»Nein«, gab Antonina zurück, »nur sein Neffe. Aber der ist weit charmanter.« Und sie warf den Kopf zurück wie in alten Zeiten und lachte.
Theodora stand da wie betäubt.
»Tja, Schätzchen.« Antonina warf sich in Pose. Auf diesen Moment hatte sie gewartet. »Belisar, der größte Feldherr, den das Reich hat, das ist mein Mann. Er hat seine eigenen Truppen, sei-

ne eigene Verwaltung, sein eigenes – praktisch alles; wir sind fast so etwas wie ein eigener kleiner Staat, er und ich, und wir reisen von Schlachtfeld zu Schlachtfeld, aufregend ist das. Der andere ist Justinian.«

Die Neuigkeiten prasselte auf Theodora nieder, die zu träumen glaubte. Ihr fiel ein, wie ausgewaschen ihr Kleid mit dem verblaßten Rankenmuster war, wie zerzaust ihr Haar und wie abgemagert ihr Gesicht. Antoninas Triumph, das mußte sie ihr lassen, war wirklich und wahrhaftig perfekt.

Da brach Antoninas Redeschwall ab. »Du hast mich alleingelassen«, sagte sie unvermittelt in anklagendem Ton. Sie verzog das Gesicht wie ein gekränktes Kind.

Theodora schüttelte grimmig den Kopf. »Du hast uns alleingelassen.«

»Aber dich nicht. Nur ein bißchen vielleicht«, gab sie nach. »Jedenfalls bin ich nicht weggegangen.« Ihr Mann rief etwas Unverständliches zu ihr herüber, und sie winkte nervös lächelnd, ohne zurückzufragen. »Gleich, Schatz.«

Theodora wies mit dem Kinn zu ihm hinüber. »Hinter Ephesos jedenfalls sah es ganz so aus, als ob du gehen wolltest.«

Antonina winkte ab, als wollte sie sagen, solche Details seien nach all der Zeit nicht die Rede wert.

»Und von dem Goldbecher haben wir auch nie mehr was gesehen, wenn ich's mir recht überlege. Nicht mal, als wir alle hinter Tarsus drei Tage nichts Richtiges zu essen hatten.«

»Hätte ich vielleicht in meinen Lumpen losgehen und einem Goldschmied erklären sollen, ich wolle einen Teil meines Aussteuergeschirrs abstoßen, weil mir das Muster nicht mehr gefällt? Damit sie uns gleich verhaften, was?« Sie drehte sich heftig um, ging ein paar Schritte fort und stürzte dann erneut auf Theodora zu. »Jetzt hab ich Hunderte von solchen Bechern, wenn du partout einen willst, bitte. Glaubst du, ich laß mich von so einer Hungerleiderin wie dir beschimpfen?«

Theodora verschränkte die Hände. »Und so was war mal meine Freundin«, sagte sie mit vor Verachtung tiefer Stimme.

»Nur zu. Das macht mir doch nichts aus! Mir doch nicht!« Antoninas schmale Gestalt zitterte wie ein Schilfrohr.

»Klar, dir macht ja nichts was aus, du bist ja die ganz Harte. Du hast ja nicht mal gezuckt, als sie dich damals in Tarsos ...« Sie hielt inne, als sie in Antoninas Gesicht unter all der Schminke einen Ausdruck entdeckte, den sie dort noch nie zuvor gesehen hatte. Hilflos hob sie die Hände. Da schluchzte Antonina auf. Große Tränen rollten der früheren Gefährtin über die Wangen und hinterließen ihre Spuren im Puder. Es waren die ersten, von denen sie wußte. Antonina umarmte sie, und Theodora spürte, wie gegen ihren Willen auch ihr die Rührung die Kehle zuschnüren wollte.

»Ich hab dich so vermißt«, wisperte Antonina an ihrem Ohr, »richtig vermißt, ehrlich.« Eine Weile weinten sie beide. Die drei Männer an Porphyrios' Ehrenmal sahen unsicher hinüber. Schließlich riß Porphyrios lauthals einen Witz, der Antonina aus ihrem Gefühlsüberschwang auftauchen ließ. Schmollend nahm sie die wiedergefundene Freundin bei der Schulter und zog sie mit sich.

»Komm, Theo! Die können uns mal, jetzt, wo alles so schön wird, ach!« Sie strahlte Theodora begeistert an. »Wir werden einkaufen gehen müssen. Süße, du brauchst dringend ein paar neue Kleider. Wir sollten im Lampenhaus vorbeischauen, die sind am besten in solchen Fällen. Und übrigens, wo wohnst du? Wir haben ein paar wunderbare Gästesuiten, die genau richtig für dich wären. Gott, ich muß furchtbar aussehen.« Sie wischte sich die verlaufende Schminke ab. Theodora legte ihr schließlich den Finger auf den Mund und drückte sie im Gehen an sich. Antonina seufzte kindlich und legte den Kopf an Theodoras Schulter. Eine ihrer roten Haarsträhnen war lose, und Theodora steckte sie nebenher wie aus alter Gewohnheit wieder fest.

Lobet den Herrn

Die Gesänge der Priester stiegen mit den Weihrauchwolken zu Theodora und Antonina auf, die, wie es sich für Frauen schickte, auf einem der Balkone die Messe verfolgten. Geschnitzte Holzgitter schützen die, die wollten, vor lästigen Blicken, doch die beiden hatten sich an einer freien Stelle der Brüstung vorgeneigt, um das Geschehen besser verfolgen zu können. Das heißt, Theodora folgte der Messe, Antoninas Augen ruhten abwechselnd wohlgefällig auf ihrem Gatten, der vorne im kaiserlichen Gefolge stand, und auf den Schultern aller anderen ansprechend gebauten jungen Männer. Theodoras langer, nun wieder glänzender Zopf hing unter dem roten Schleier hervor über die Brüstung und in den freien Raum darunter, wie ein verheißungsvolles Glockenseil.

»Singt dieser Junge nicht wunderbar?« fragte sie Antonina verträumt und wies auf den Chorknaben, dessen glockenklare Stimme durch die Basilika hallte.

»Das ist doch noch ein Kind«, erwiderte Antonina.

»Ich meine ja auch nur, daß er schön singt!« Theodora klang ein wenig ungeduldig. Eine Weile sagte sie nichts mehr und versuchte sich zu sammeln, wie Timotheus es sie gelehrt hatte. Dann jedoch ruhte ihr Kopf wieder auf den auf der Brüstung gefalteten Händen, und sie trank die ganze Pracht ein, die sie dort unten sah. Die kostbare Altarwand, hinter der der Priester immer wieder verschwand, um singend wiederzukehren. Sie war ganz und gar vergoldet und strahlte überirdisch im Licht der zahllosen zuckenden Kerzenflämmchen, die alles in gelbes Licht tauchten. Noch aus den dunkelsten Nischen glomm der goldene Funke eines Mosaiks, die Fransen der Wandbehänge funkelten wie tropfendes Gold am Rand der purpurnen Gewebe, die schweren Leuchter trugen Gold und Edelsteine, die in allen Farben des Regenbogens leuchteten. Streifen von Tageslicht, von

Buntglasfenstern feuerrot und blau und gelb gefärbt, so daß sie mit dem Licht der Rubine, Saphire und des Bernsteins um die Wette glühten, verzauberten die aufsteigenden Weihrauchwolken, deren heiliger Duft zusammen mit der Hitze der Kerzen und Öllampen alles durchdrang.

Der Gesang setzte aus. Ein Niesen machte Theodora aufmerksam.

»Wer ist der Mann?« fragte sie Antonina und wies auf den Urheber des profanen Geräusches, der dicht hinter dem alten Kaiser und neben Belisarius stand, Antoninas Mann.

Antonina spähte über die dunkle Brüstung und runzelte die Stirn. »Der, der dauernd hersieht? Das ist Justinian, der Neffe des Kaisers. Du hast ihn neulich schon im Hippodrom bei uns gesehen.«

»Nein, ich meine den, der geniest hat, der ...« Doch der Blick des Mannes traf den ihren, und ihr wurde klar, daß Antonina ihr durchaus den richtigen bezeichnet hatte. »Kennst du ihn gut?« fragte sie zögernd und lehnte sich vorsorglich zurück. Antoninas Antwort war nur ein selbstzufriedenes Nicken, das Theodora aufs höchste alarmierte. »Hast du was mit ihm?«

»Ich? Ich liebe meinen Mann!« war die empörte Replik.

Theodora seufzte. Vorsichtig beugte sie sich wiederum vor und konnte nun erleichtert den Hinterkopf des Unbekannten mustern. »Wieso schaut er dann dauernd zu dir her?«

»Er schaut nicht zu mir, du Unschuldslämmchen, er schaut zu dir.« Damit griff sie demonstrativ nach dem Zopf der Freundin und holte ihn ein, wie eine Angelschnur, mit ausholenden, demonstrativen Bewegungen, die Theodora erröten ließen. Hastig versuchte sie, der Freundin ihr Spielzeug zu entreißen, doch die hielt ihr das abschließende Haarbüschel unter die Nase und sagte: »Hier hängt er dran, so sicher wie der Fisch am Haken! Hast du die Einladung von damals vergessen?«

Natürlich erinnerte sie sich des Einladungsbilletts mit der einzelnen glühenden Mohnblüte. Weil es am Tage ihres Abschieds von Byzanz eintraf, und vor allem, weil sie aus der Erzählung in der Pergamener Bar durch den Königsboten erfahren hatte, von wem diese Gabe an sie gesandt worden war. Mit den Rauchschwaden jener Vorstadtkneipe stand ihr auch wieder die dort beschworene Krönung vor Augen, Weihrauch wehte herüber, und die Glocken leuteten, während Justinian sich erneut zu ihr umwandte. Schlagartig fiel Theodora ein, daß die Säume des Kleides, das sie heute trug und das Antonina ihr im Lampenhaus persönlich ausgesucht hatte, große, leuchtend rote Mohnblumen zierten. Und ihre Wangen nahmen dieselbe Farbe an.

»Keine Sorge, Lämmchen!« Antonina tätschelte ihr den Arm.

»Ich werde ihn dir nachher vorstellen.«

Auf dem Vorplatz der Hagia Sophia eine Stunde später gab es kein Entrinnen; Belisarius schritt im Gespräch mit dem angekündigten Kaiserneffen heraus ins Sonnenlicht und schaute sich bereits suchend nach seiner Frau um. Ringsum strömten gesenkten Kopfes die Gläubigen über den Platz. Manche erwarteten kniend in der Nähe des Eingangs den Kaiser und den Patriarchen, um deren Segen für ihre Genesung zu erbitten. Mönche zogen in geschlossenen Gruppen unter dem Schutz ihres Kreuzes ab. Imbißverkäufer und Devotionalienhändler warteten gegenüber im Schatten der Eirene-Kirche mit ihren Waren auf. Belisars Feldherrnblick überflog sie alle auf der Suche nach Antonina. Die war von Theodora eilig zum Geranion-Brunnen gezogen worden. Hier saß Theodora auf der feuchten Umrandung und kräuselte nervös mit ihren ruhelosen Fingern die Oberfläche, so daß ihr Konterfei von dem unruhigen Wasser heute ebenso undeutlich zurückgeworfen wurde wie damals, als sie im Sternenlicht des Abends vor ihrer ersten Vorstellung hineinsah. Heute gab es keine Schminke zu überprüfen, nackt und zurückhaltend wandte sie ihr Gesicht dem fremden Mann zu, als Antonina zu sprechen begann.

»Darf ich Euch Theodora vorstellen, eine alte Freundin. Theodora, dies«, sie wies mit einer Geste auf den Neffen des Kaisers, die zeigen sollte, daß die Lockerheit ihrer Vorstellung ein Privileg war, das sie wohl zu schätzen wußte, »ist unser allseits geschätzter Petrus Sabbatius Justinianus, der Neffe unseres Geliebten Kaisers und Herrn Justin. Justinian«, nun vollführte sie eine große Geste in Richtung Theodora, räusperte sich und hatte ihre Stimme wieder völlig im Griff, »dies ist Theodora die Große, die Königin der Hippodrome, die ich Euch nicht erst vorzustellen brauche. Und wie Ihr seht«, spielte sie auf die Mohnblüten auf Theodoras Kleid an, »hat sie Eure huldvolle Gabe bis heute nicht vergessen.« Mit einem verschwörerischen Augenaufschlag trat sie zurück und schmiegte sich an ihren Gatten.

Justinian trat vor. »Ich wage kaum zu hoffen, daß Ihr Euch tatsächlich meiner damaligen Einladung erinnert.« Theodora schaute in das runde, schlichte Bauerngesicht, und der Boden unter ihren Füßen wankte. »Ich hoffe, sie vielleicht eines Tages erneuern zu dürfen.« Theodora schluckte, nickte, verschluckte sich und mußte husten.

»Die Spiele«, kreischte Antonina da begeistert dazwischen. »Ihr müßt die liebe Theo einfach für eure Konsularsspiele im Januar engagieren.«

Belisar lachte dröhnend. »Soll er sie den Löwen vorwerfen?« Belustigt zwinkerte er ihr zu und lachte sie dann mit zwei makellos weißen Zahnreihen an. Dankbar nahm Theodora die kameradschaftliche, von jeder Anzüglichkeit freie Geste an.

»Ich würde sie niemals in Gefahr bringen.« Das war Justinian. Es klang so ernst, daß Theodora aufschaute.

»Also abgemacht?« insistierte Antonina auf ihrem Vorschlag. Justinian hob die Arme wie ein besiegter Mann, der seine Niederlage zugibt.

»Ich arbeite nicht mehr fürs Theater«, brachte Theodora mühsam heraus. Antonina, das spürte sie sofort, hätte sie dafür am liebsten getreten. Es herrschte ein allgemeines Luftanhalten.

»Ich bedaure sehr, das zu hören«, erwiderte Justinian nach einer kurzen Pause. Er schien die herrschende Beklommenheit zu übersehen. »Und zum Trost und Ausgleich müßt Ihr mir einfach versprechen, meine Abendeinladung diesmal anzunehmen.«

Theodora nickte wieder, erst langsam, dann immer schneller. Das hier würde Timotheus gar nicht gefallen, fiel es ihr siedendheiß ein. Aber zum Teufel, nein, natürlich nicht, wies sie sich zurecht. Aber dies hier war, es war beinahe der Kaiser; ihm nahe zu sein war beinahe, als berühre man den Saum des Himmels, oder? Seine Einladung würde sie in einen gottverdammten Palast führen, das Spinnen hingegen an den Bettelstab. Und außerdem.

Noch einmal betrachtete sie den Mann vor sich und versuchte, sein Gesicht von den aufkeimenden Visionen von marmornen Zimmerfluchten, goldenen Badewannen und hymnenumwogten Prozessionen zu lösen. Es gelang ihr nur unvollständig, doch was sie sah, das gefiel ihr. Justinians Gesicht hatte sich die Milch-und-Blut-Schönheit eines jungen Bauernburschen erhalten. Doch um seine Augen herum lag ein Kranz von Lachfältchen, die einem das Vertrauen gaben, einem Mann mit Erfahrung und Humor, mit Wärme und Verständnis gegenüberzustehen. Es schien ein offenes Gesicht zu sein, zurückhaltend, doch von ruhiger Sicherheit. Wer in Gefahr geriet, es für allzu schlicht und simpel zu halten, der wurde, wie sie, von dem plötzlichen Charme seines Lachens wieder gefesselt, das genußverliebt und bodenständig das Leben zu umarmen schien. Und warum, dachten sich die so Angelachten dann, sollte man da nicht mithalten? Auch Theodora ging es nicht anders. Die Freude, mit der er ihre Zusage aufnahm, hielt sie für mehr als echt. Sie glaubte sogar zu bemerken, daß er leicht errötete.

»Aber ins Bett gehe ich mit ihm nicht«, zischte sie wenig später, als Antonina sich beim allgemeinen Aufbruch zurückfallen ließ und den Arm um sie schlang.

»Mußt du auch nicht«, gab die Freundin zurück, »bei den Preisen, die er für Auftritte zahlt. Aber ich würde es dir raten, er ist der designierte Thronfolger. Seit wann hast du übrigens was dagegen?«

»Erzähl ich dir später.«

Stolz drückte Antonina ihren Arm. »Hab ich dir nicht immer gesagt, daß aus uns mal was ganz Großes wird?«

»Falsch, das habe ich immer gesagt.« Theodora wurde langsam fröhlicher. Die Entscheidung war gefallen, und obwohl es die falsche schien, war ihr wunderbar leicht ums Herz.

Das erste Rendezvous

Zum Auftakt des Morgenoffiziums wurden die Tore des Palastes feierlich geöffnet. Unter den Augen der Offiziere vollzog sich die Wachablösung, ehe zwei Gardisten vortraten und die elfenbeinverkleideten Türflügel nach innen, die bronzebeschlagenen nach außen aufstießen. Im Thronsaal öffnete sich kurz darauf der Vorhang und gab den Kaiser unter dem sternbesetzten Baldachin den Blicken seines Hofstaats preis. Die Orgeln und Chöre setzten ein, und während Justin in Weihrauch eingehüllt wurde, sanken die Silentiarii, die Gardisten, die Beamten, Würdenträger und Bittsteller in die Knie, küßten den Boden und verharrten so in der Stellung der Proskynesis. Zwanzigmal wiederholten sie die vorgeschriebene Akklamationsformel, ehe sie sich aufrichteten und sich zu einer Prozession zu den Porphyrstufen des Throns reihten, auf deren oberster die Purpurschuhe des Kaisers ruhten. Alle hatten die Hände vor der Brust gekreuzt, die symbolische Andeutung ihrer Fesselung, ihrer Unterlegenheit und Ergebenheit gegenüber ihrem mächtigen Herrn. Im Wechselgesang mit dem Chor

priesen sie Justins Macht und Stärke, bis die Reihe an ihnen war, vorzutreten und seinen heiligen Leib dort zu küssen, wo ihnen ihr persönlicher Rang es gestattete: am Fuß, am Knie, an der Hand, auf die rechte Brust oder auf die Wange. Danach formierten sie sich wieder auf ihren genau bestimmten Plätzen, und der Kaiser, stets schweigend, erhob sich, verneigte sich vor dem Christusbild in der östlichen Nische des Thronsaals und wies mit einer Geste den Libellarius an, vorzutreten und vom Logotheten den allmorgendlichen Vortrag über die Staatsgeschäfte zu empfangen. Der Inhalt war ihm bereits wohlbekannt, die Entscheidungen im kleinen Kreis gefällt, und die Beschlüsse, die der Libellarius auf ein Winken seiner Hand hin dazu vortrug, wurden von den Männern des Kronrats, die in der ersten Reihe standen, nicht diskutiert, sondern mit rituellen Rufen zur Kenntnis genommen.
»Die Welt fällt nieder vor dem Zepter deiner Rechten und dankt Gott für diesen Beschluß.« Wieder erhob sich Gesang, ehe die neuen Botschafter vorgelassen wurden. Die Maschinerie des Zeremoniells lief wie geschmiert, die Maschinerie der politischen Entscheidungen schnurrte, gut dahinter verborgen, auf ihre eigene Weise.

Justinian schritt neben seinem Onkel über die Parkwege im Innenhof des Daphne-Palastes. Die Kuppel des Chyrsotriklinons leuchtete in der Morgensonne zu ihnen herüber. Aus der nahen Stephansbasilika erklangen die letzten Töne der Frühmesse, die seine Tante dort besuchte, von weit her über die Mauer drangen die Rufe der Polospieler, die über das neu angelegte Feld nahe dem Bukoleion-Palast jagten, und zwischen den Büschen war das harte Schleifen der Pfauenschwanzfedern über den frisch gesprengten Boden zu hören. Einer der Vögel stolzierte vor ihnen über den Weg und beschleunigte mit einem klagenden Schrei, als zwei Stiefelpaare dicht an ihm vorbeischritten. Tief atmete Justinian den Duft der feuchten Erde ein.

»Ich vertrage diesen Weihrauch einfach nicht; mir wird immer schwindelig davon.«
»Wirst dich daran gewöhnen müssen«, antwortete sein Onkel knapp. »Ist für heute abend alles vorbereitet?«
»Bis ins Detail«, nickte Justinian und hoffte, daß Justin die Spur von Ironie, die darin lag, verborgen blieb. »Ich habe die Einladung persönlich geschrieben und einen meiner Offiziere damit nach Blachernai geschickt.« Obwohl General Vitalian als Magister militum praesentalis der Chef aller in Byzanz stationierten Truppen und damit der Inhaber des höchsten militärischen Ranges war und sein Rat in allen Verteidigungsfragen Gewicht besaß, hatte er seine Wohnung doch nicht innerhalb des Palastviertels nehmen wollen. Die Vorstadt Blachernai am entgegengesetzten Ende von Byzanz, nahe der Landmauer, wurde zwar zunehmend zu einem Villenviertel, und die Reichen liebten die neue Mode, sich dort anzusiedeln, dennoch war die Entscheidung des Generals fast ein Affront. Es zeigte, wie tief der Graben zwischen dem Kaiser und dem alten Rebellen trotz der neuen Würden immer noch war.
»Wer wird dabeisein?«
»Meine beiden Offiziere, Sittas und Marcellinus Comes, außerdem Belisarius ...«
»Der Söldnerfürst?« unterbrach ihn sein Onkel sofort. »Ich bin durchaus nicht sicher, daß er uns gegenüber loyal ist.«
»Eben«, erklärte Justinian geduldig. »Sein Erscheinen wird die Sache ganz harmlos aussehen lassen. Und er ist populär. Wenn er dabei ist, werden die Menschen draußen nicht an einen Hinterhalt glauben wollen, denn sie verehren ihn als mutig und aufrichtig.«
Justins heiseres Greisenlachen verschreckte einen Pfau. »Langsam wirst du zu dem Mann, den ich mir gewünscht habe. Wird Marcellinus es machen?«
Justinian schüttelte den Kopf. »Nein, ich tue es selbst. Mir wird

er vertrauen, wenn ich ihm meine Begleitung für den Heimweg anbiete.«

»Hah«. Justins Schnauben verriet Zustimmung. Er tätschelte seinem Neffen die Wange. »Allerdings wird er das. Ich danke Gott täglich für dein Milchgesicht. Wer würde dem nicht vertrauen?«

Justinian biß sich auf die Lippen und lächelte dann sein sympathieerweckendes Lächeln.

»Ich habe gehört, du hast dir was Nettes vom Theater angelacht?« bemerkte Justin. »Wird sie auch dabeisein?« Und nachdenklich fügte er hinzu. »Deine Tante war auch eine Schönheit, zu ihrer Zeit. Und wie sie beim Tanzen die Beine warf ...« Sie sahen beide zur Basilika hinüber.

Justinian, der nicht wußte, wie er die Bemerkung einschätzen sollte, zögerte. »Nein«, schüttelte er schließlich den Kopf, »sie kommt später. Zum Gastmahl habe ich noch den Wagenlenker Porphyrios gebeten«, lenkte er rasch wieder zum Thema zurück, »damit ein wenig Leben in die Bude kommt. Vitalian ist ein Fan von ihm. Und Proclos, den Traumdeuter.« Er verschränkte die Hände auf dem Rücken, und die Männer wandelten weiter. »Vermutlich wird er uns alle wieder mit einem langen Vortrag über den Zusammenhang von Astrologie und Rennsiegen erfreuen.«

Und so war es auch.

»Saturn, Merkur und Venus haben Affinitäten zur blauen Partei; die Sonne, Mars und Luna zur grünen; Jupiter ist beiden gewogen. Von den Sternen verschafft derjenige, der über einem Mittelpunkt steht, der von wohltätigen Planeten in seinem Haus angeschaut wird oder der sich in diametralem oder trigonem Aspekt zu Jupiter befindet, der Partei den Sieg, der er entspricht. Der Aszendent und derjenige, von dem Luna sich entfernt, bestimmen den Wagenlenker, der den Himmel über den Ausgang des Kampfes befragt, so wie heute abend ihr, Porphyrios«, unterbrach Proclos seine Erläuterungen, um dem sichtlich gelangweilten jungen Mann zuzuprosten. »Der Abendstern«, fuhr er fort, »und derjenige, der sich Luna annähert, bestimmen den Konkurrenten.«

»Hah!« Von Porphyrios' Seite kam betrunkenes Gelächter, so laut, daß es selbst den Hochbetriebslärm im »Bacchus« übertönt hätte. Von den getäfelten Wänden des Speisezimmers hallte es unangenehm wieder, und die zwischen den Stehlampen aufgereiht stehende Dienerschaft starrte stumm geradeaus. »Einen schönen Gru...«, er rülpste, »... einen schönen Gruß an Senator Areobindus und seine Gemahlin. Aber wenn ich morgen gegen seine Krücke von den Grünen antrete mit meinen Rennern, dann hilft ihm kein Abendstern, dann mach ich ihn fertig.« Zustimmung heischend sah er in die Runde.

Es war Vitalian, der mit meckerndem Lachen zustimmte und Porphyrios aufmunternd zuprostete.

»Recht habt ihr. Wenn's drauf ankommt, dann helfen einem Mann nur sein Mut und seine Entschlossenheit, keine Sternkonjunktion. Klugheit, Wille«, setzte er seine Rede fort und sah die anderen Anwesenden an. Belisarius fing Feuer, als er das hörte. Heftig nickend hing er an den Lippen des Generals. Er als Söldnerführer rekrutierte seine Truppen aus den unterschiedlichsten Völkerschaften. Thraker, Gallier, Gepiden, Goten und Hunnen ritten dort Seite an Seite mit Laziken, Griechen, Persern, Ägyptern, Numidern, Arabern und vielen anderen, die neben ihren verschiedenen Sprachen und Waffen auch ihre Religionen und ihren Aberglauben mitbrachten. Er beherrschte diese bunt zusammengewürfelten Haufen durch sein Charisma, seine Ausstrahlung eines jugendlichen Kriegsgottes und durch die sichere Überzeugung, die er ihnen einflößte, daß ihn das Schlachtenglück nie verlassen könne. Belisar hätte es nicht so formulieren können, doch er wußte, wie wichtig dieser Glaube an die Fortuna eines Feldherrn neben dessen Begabung war. Beides hatte Alexander groß gemacht, und auch er wollte damit groß werden. Klugheit und Wille, das waren auch seine Götter. Für seine Männer aber war es wichtig zu wissen, daß alle Sterne am Himmel, alle Geister der Ahnen und alle Zauberkräfte ihrer Universen nie von etwas anderem flüstern werden als von Belisars unerschütterbarem Ruhm und Sieg. Bald diskutierten sie heftig. Justinian winkte nach mehr Wein, sah aus dem Fenster, wo die Sonne zu sinken begann, und wieder zurück in die Gesichter seiner Gäste.

Theodora hatte den Nachmittag in der Badewanne und vor dem Schminktisch verbracht. Die Wanne mit vergoldeten Löwenfüßen war ebenso ein Geschenk Justinians wie das zierliche Zypressenholztischchen, dessen Einlagen aus Elfenbein und Halbedelsteinen einen Hain voller exotischer Vögel zeigten. Antoninas Mägde polierten täglich gewissenhaft den darin eingelassenen Bronzespiegel. Doch heute wurden sie ungeduldig fortgewedelt. Antonina bürstete der Freundin persönlich das vielfach gesalbte und parfümierte Haar, während Theodora an verschiedenen ihr von der Händlerin dargereichten Duftflakons schnupperte.
»Nein«, entschied sie und gab ein silbernes Emaillefläschchen zurück. »Kein Weihrauch. Er kann Weihrauch nicht ausstehen«, erläuterte sie Antonina. Die Parfümverkäuferin zog eine kleine Onyxamphore hervor. »Bah«, winkte Theodora ab. Sie haßte Veilchenessenzen. »Hast du nicht etwas Frischeres, mit Sandelholz und Zitrone vielleicht? Schwer darf es ja sein, aber nicht süßlich! Was ist da drin?« Und sie wies auf einen smaragdgrünen Glasflakon in der Form eines Sphinxkopfes.
Antonina schüttelte den Kopf. »Übertreibst du nicht ein bißchen? Man könnte meinen, es sei euer erstes Rendezvous.« Mit mildem Spott betrachtete sie das von Blumensträußen, süßen

Gaben und Schatullen nur so überquellende Zimmer. Über einem Sessel bauschten sich Meter der feinsten türkisfarbenen Seide, mit Pfauenfedern über und über bestickt. Der Jasmin- und Moschusduft aus einem Set silberner, perlenverzierter Salbentiegel war überall zu riechen. Ein kleines Büchlein in mit Bernstein und Tigeraugen eingelegter Hülle enthielt eine Reihe von Gedichten auf ihre Schönheit, die sie Antonina gerne laut vorzutragen pflegte. Die Ohrringe mit den schweren Amethysten waren zu Theodoras Teint schlecht gewählt und blieben in ihrem Kästchen, was ihren Wert keineswegs schmälerte. Das Paar chinesischer Hündchen hatte Theodora weiterverschenkt, froh, daß er nie danach fragte. Aber die Sandalen mit den goldbeschlagenen Absätzen und Türkisen würde sie gerne tragen. Wenn es ihr nur gelang, ihre Garderobe für heute abend darauf abzustimmen.

»Richtig verabredet waren wir noch nicht«, erinnerte Theodora ihre Freundin. »Wir haben einen Spaziergang zu dieser Kirche gemacht, die er bauen läßt, Sankt Peter und Paul, glaube ich. Und einmal hat er mich dem Botschafter von Lazika vorgestellt. Der König dort, oder vielleicht sollte man besser Häuptling sagen, will vielleicht Christ werden, und sie haben vorgefühlt wegen einer Mission. Es war sehr lustig.«

»Ungeheuer«, bestätigte Antonina und unterdrückte ein Gähnen. Dann legte sie die Bürste weg und überließ der Friseuse das Feld. Die Sklavin machte sich geschickt an die Arbeit, die spiegelnd schwarze Flut aufzustecken. Eine andere betonte gerade mit Antimon Theodoras große schwarze Augen. Ein Bote kam mit einem riesigen Strauß Rosen.

»Was ist diesmal dabei?« erkundigte sie sich. Antonina öffnete das bestickte Samtsäckchen, das an dem Billett hing, und hielt wortlos eine vielreihige Perlenkette hoch, an der als Abschluß ein riesiger, perfekt geformter Perltropfen hing. Wieder schüttelte sie den Kopf. »Und dabei hast du deinen Hintern noch

nicht einmal auf die Bühne geschwungen, seit du hier bist, geschweige denn in sein Bett.«
»Nina, bitte!« Doch das Lächeln, das diese Worte begleitete, hatte etwas sehr Selbstzufriedenes.
»Vielleicht will er ja gar nicht«, neckte Antonina sie.
»O doch«, antwortete Theodora prompt und überzeugt. »Er will schon.« Sie hatte die kleinen Anzeichen dafür wohl bemerkt und war sich sicher, daß der Wunsch sogar sehr heftig war. Daß er ihm noch nicht nachgegeben hatte, rechnete sie ihm als Selbstbeherrschung und als Respekt ihr gegenüber hoch an. Mit heißen Wangen überlegte sie, was der Abend heute bringen mochte. Erstmals war sie in seinen Palast eingeladen, erstmals sahen sie sich abends.
»Du wirst dort vermutlich zunächst noch andere Gäste treffen«, bemerkte Antonina da, als hätte sie ihre Gedanken gelesen. »Wie wäre das hier?« Sie hielt ein meergrünes Gewand mit goldenen Kleeblättern darauf hoch.
Theodora winkte ab. Es machte sie zu alt und biß sich mit den Sandalen. »Wieso andere Gäste? Warum ist er nicht allein?«
»Meine Liebe, er ist der Neffe des Kaisers, der Thronfolger. Es ist praktisch unmöglich, ihn alleine zu treffen. Zunächst«, setzte sie hinzu, als sie Theodoras erschrockene Miene sah. »Ich versuche dich ja nur vorzubereiten. Du kennst das noble Pack noch nicht, das da herumschwirrt. Aber ich. Also.« Sie überlegte kurz, auf wen ihre Freundin an der Tafel Justinians stoßen mochte, und ging die Namen und Gesichter durch. »Sittas!« rief sie plötzlich, »der könnte da sein. Und du kennst ihn auch.«
Irritiert zog Theodora die Brauen hoch.
»Erinnerst du dich an das Dorf in Bithynien, wo ich mich mit Hebe geprügelt habe?«
Theodora nickte.
»Der Gote mit der attraktiven Narbe?«

Theodora nickte wieder. Natürlich erinnerte sie sich. Aber sie hatte nie seinen Namen gekannt.
»Nachdem wir da waren«, fuhr Antonina fröhlich fort und durchforstete nebenbei weiter den Kleiderschrank, »wurde es ihm dort wohl zu langweilig, und er verpflichtete sich für weitere zehn Jahre. Als er das erstemal zur Armee ging, war er ja gerade erst sechzehn gewesen. Justinian hat ihn an der persischen Front ›entdeckt‹ und ihn zum Offizier gemacht. Er sieht phantastisch aus in seiner neuen Uniform.«
»Schläfst du immer noch mit ihm?« Mit einer Kopfbewegung wies sie das sonnengelbe Kleid zurück, das Antonina hochhielt.
»Wie kommst du drauf?«
»Das Feuer, mit dem du von ihm sprichst, klingt nicht, als wäre es drei Jahre alt.«
Antonina lachte ihr rauhes Lachen. »Wie oft habe ich dir schon gesagt, daß ich meinen Mann liebe?«
»Dutzende Male. Und wie oft hast du ihn schon betrogen?«
»Dutzende Male. Aber was ändert das daran?«
Heiter begann Theodora, einen ihrer früheren Theatersongs zu summen. Langsam erinnerte die Atmosphäre ihres prächtigen Zimmers wieder an die lustigen Tage in ihrer gemeinsamen Garderobe.
»Das ist es!« Sie wies mit dem Finger auf ein blaues Kleid mit einem steif plissierten goldenen Untergewand, das ab dem Knie sichtbar wurde. »Dazu die Sandalen und die Perlenkette. Irgendwo müßte noch eine lila Stola mit Brokatborte rumliegen.«
Antonina ging gehorsam auf die Suche. »Johannes der Kappadokier könnte auch da sein«, bemerkte sie dumpf aus der Tiefe einer Truhe.
»Hast du mit dem auch was?« erkundigte sich Theodora.
»Bist du verrückt? Selbst ich mache vor Krokodilen halt. Außerdem ist mir sein Geschmack in diesen Dingen ein wenig zu unspezifisch. Ein Verschlinger. Ich kann dich nur warnen. Mit dem

Kappadokier tauscht man keine Küsse, allenfalls anonyme Billetts und«, sie raunte theatralisch, »Geheimnisse. Eine Beziehung auf Distanz, Schätzchen, viel Distanz. Er mag ja der perfekte Steuereintreiber sein. Aber er ist auch der perfekte Erpresser, Intrigant und Meuchelmörder. Und seine Foltertechnik ist anerkannt einzigartig.«
»Ich krieg ja eine Gänsehaut. Ist er auch eine von Justinians Entdeckungen?«
»Niemand ist vollkommen. Justinian holt sich gerne Leute aus einfachen Verhältnissen, aus der Provinz, wie er selbst.«
»Wie mich, meinst du wohl.« Antonina gab ihr einen liebevollen Knuff.
»Du siehst ja, wie weit man's bringen kann.« Theodora schaute in den Spiegel auf das prächtige Bild dieser schönen fremden Frau in dem Bronzerund, als blicke sie auf ein buntes Mosaik auf Goldgrund. Irgendwie glaubte sie Orgelmusik zu hören.

»Nein, mein Bester, ich kann Eure noble Gastfreundschaft beim besten Willen nicht länger beanspruchen.« Vitalian erhob sich, wehrte Justinians Einladungen ab und ließ seine alten Knochen demonstrativ krachen. »In meinem Alter feiert man nicht mehr bis zum Morgengrauen.«
»Nur nicht zu bescheiden sein, General!« rief Belisarius lachend dazwischen und hob prostend den silbernen Weinpokal. »Auf Euch, alter Haudegen!«
»Dann erlaubt, daß ich Euch begleite und sicher bei Eurer Eskorte am Chalké-Tor abliefere.« Justinian lächelte. »Meine Ordonnanzen können wir hierlassen, Ihr und ich, wir haben noch einiges zu bereden an diesem ersten Abend. Ich bin froh, daß die Feindschaft begraben ist.«
Der alte General nahm die ihm dargebotene Hand und ließ sich seinen Soldatenmantel umhängen. Die übrigen Gäste salutierten militärisch und sahen den beiden nach, die in den Korridoren

verschwanden. Bald hörte man ihre Schritte und ihr angeregtes Plaudern durch die Fenster aus einem nahen Hof. Und nacheinander brachen sie alle in die laue Nachtluft auf.

»Justinianus!« rief Theodora erstaunt, als er ihr alleine und mit großen Schritten entgegenkam. »Ihr seid ganz außer Atem und so aufgeregt. Ist etwas passiert?«

Er schüttelte heftig den Kopf und stieß hervor: »Nur die Freude, euch zu sehen.«

Sie lachte geschmeichelt, als etwas sie unterbrach. »Was ist das für Rufen da hinten?« Theodora versuchte, über seine Schulter hinweg etwas zu erkennen. »Was schreien sie da?«

»Ein Unfall«, erläuterte Justinian, der sich langsam wieder fing. »Eine Schlägerei, mitten im Palastviertel.« Er grinste sie jungenhaft an. »Vielleicht hat mein Onkel recht, und ich treibe mich zuviel mit den Fans der Blauen herum. Aber ich bin froh«, setzte er warm hinzu und nahm sie am Arm, »daß eine innere Stimme mir riet, euch entgegenzugehen. Hier entlang.«

Der leise Druck seiner Hand auf ihrem Arm tat ihr gut, und sie folgte ihm hinunter zum Hormisdas-Palast, zwischen blühenden Jasminsträuchern hindurch, die im Dunkeln betäubend dufteten. In der nächtlichen Stille konnte man hinter den Mauern das Rauschen des Meeres ahnen.

Als sie ans Tor kamen, drehte sich Justinian erneut lächelnd ihr zu und klopfte mit dem schweren Silberring, einer Schlange, die sich selbst in den Schwanz biß, einen bestimmten Rhythmus an die Eichenpforte. Die Türflügel öffneten sich wie von Geisterhand, und ein brennend roter Regen aus Mohnblüten ging auf sie beide hernieder, während sie hindurchschritten. Als das Tor sich wieder schloß, begann ein unsichtbares Orchester zu spielen. Hunderte von Buntglaslaternen erhellten das Atrium und ließen glühende Farbflecken über die Wasserspiele der Springbrunnen tanzen.

»Wie ich sehe«, sagte Justinian im Laternenlicht des Innenhofs und griff sanft nach der großen Perle ihrer Kette, die zitternd von Theodoras Atmen über ihr Dekolleté herabhing, »tragt ihr die Perle des Perozes. Sie gehörte einst dem Perserkönig und hat eine Geschichte. Wenn ihr wollt, werde ich sie euch beim Essen erzählen.«
»Ja«, war alles, was Theodora zu antworten vermochte.

Als sie gegen vier Uhr morgens in einer Sänfte durch das stille Palastviertel getragen wurde, hatte sie viel Stoff, darüber nachzudenken. Die Schritte der Eunuchengarde, die Justinian ihr mitgegeben hatte, klangen regelmäßig über das Marmorpflaster. Der Wind wehte bereits eine Ahnung vom Tag über das Meer heran, und die Vögel in den Bäumen und Büschen hatten mit ihrem Gesang begonnen. Noch ohne eine Spur der Dämmerung zu sehen, war man doch gewiß, daß das Licht kommen würde, und die Müdigkeit verflog. So ging es auch Theodora. Wach, aufgeregt und doch seltsam verhalten , wie träumend, saß sie in ihren Seidenkissen. Was war das für eine Nacht gewesen! Und wie linkisch hatte sie sich verhalten! Man hätte nicht glauben mögen, daß sie die publikumsgewohnte Mimin war, die immerhin fast die halbe zivilisierte Welt bereist hatte. Still und verlegen wie eine Jungfrau hatte sie sich benommen, und das nicht mit Vorsatz. Dieser Mann verunsicherte und beeindruckte sie zugleich mit seinem Verhalten. Und sie wußte immer noch nicht, was sie dazu sagen sollte.
»Ich will ganz offen mit Euch sein«, hatte er sich plötzlich nach dem Essen an sie gewandt, nein, nicht eigentlich plötzlich, aber unerwartet, das heißt, eigentlich hatte sie, wie sie da so Seite an Seite am Fenster standen und die Glühwürmchen in den Büschen bewunderten, eher mit Spannung darauf gewartet, daß er endlich etwas sagte, mit geradzu unerträglicher Spannung sogar, nach der langen Pause. Nur was er dann sagte.

»Ich will ganz offen mit Euch sein.« Justinian wandte sich seiner schönen Besucherin zu und sah ihr ins Gesicht. Dann verfolgte er mit dem Finger die Rille des Fensterrahmens. Theodoras Blick folgte dem seinen. »Mein Onkel, er …« Justinian stockte, schließlich machte er eine Geste, die alles um sie beide einschloß, den Palast, das Viertel: »All das hier, es hat mich gelehrt, den Menschen zu mißtrauen und …« Wieder hielt er schamhaft inne, als fiele das Geständnis ihm schwer. Theodora spürte das Bedürfnis, seine Hand in ihre zu nehmen und ihm zu helfen. »… und sie zu benutzen«, vollendete Justinian schließlich seinen Satz. Er hob beide Handflächen, als wollte er Einspruch abwehren, dann ergriff er ihre fahrig zwischen ihnen beiden herumirrenden Hände, die eine Berührung nicht gewagt hatten, und sah fest in die Augen. »Aber ich denke mir, nein, ich bin ganz sicher, daß es darüber hinaus einen Menschen geben muß, dem man vertraut. Ganz fest, versteht Ihr?« Er drückte ihre Hände fester, und Theodora nickte beklommen. »Man muß einfach, Theodora!« Unvermittelt ließ er sie los und begann, nervös auf und ab zu marschieren, während er es ihr zu erklären suchte. Theodora drückte sich an den Fensterrahmen und hörte zu. »Und man muß es einfach, und man muß es können«, beendete Justinian seinen Vortrag. »Treue, Theodora, Treue, verstehst du?« Wieder kam er auf sie zu. Theodora konnte sehen, daß er am ganzen Körper zitterte. Sein Blick und seine Stimme waren gleichermaßen dringend, voller Angst, nicht verstanden zu werden, nicht ausdrücken zu können, was doch so zweifellos wichtig für ihn war, und dabei voller Hoffnung. »Verstehst du mich?« flüsterte er, nahe der Fassungslosigkeit. Theodora nickte und senkte den Kopf. Sie spürte seinen Kuß auf ihrem Scheitel. Dann führte er sie ins Nebenzimmer.

Theodora hörte betrunkenes Lachen und schob die Vorhänge beiseite. Sie waren schon über das Forum Augusteum; sie konnte die Auslagen des Lampenhauses herüberschimmern sehen, die Tag und Nacht beleuchtet waren. Das Kleid, das sie trug, hatte dort gehangen. Sie mußte leise lachen. Noch immer war ihr die Zeit näher, in der Antonina und sie in ihren billig aufgedonnerten Lumpen vor dem Geschäft herumgelungert hatten, um den unfaßbaren Luxus zu bestaunen. Morgen wollte sie Komito und Anastasia dort ausstaffieren. Sie konnte ja die Amethyst-Ohrgehänge verkaufen. Das Milion kam schwankend in Sicht, der goldene Meilenstein, der auch ihre Abwesenheit von Byzanz vermessen hatte, jeden Meter davon, in jede Richtung. Und sie war in so viele Richtungen gegangen. Theodora befahl den Sklaven leise anzuhalten, stieg aus und ging zu dem Stein hinüber. Sacht fuhr sie mit dem Finger über die goldene Oberfläche. Komito hatte das vor jeder großen Vorstellung gemacht; es sollte Glück bringen. Nachdenklich rieb sie ihre Finger aneinander. Treue, hatte er gesagt. Das hätte auch Timotheus so sagen können. Und wie aufgeregt er gewesen war! Als würde das alles wirklich etwas bedeuten, als könnte sie – und ihr Herz klopfte bei dem Gedanken – ihm etwas wirklich Wichtiges und Wertvolles sein. Theodora träumte vage Bilder einer fernen Zukunft und fühlte sich erhaben, rein und gut.

»Das läßt sich unmöglich aus den Lehrsätzen des Pythagoras ableiten«, erklang es lallend. Schritte wurden hörbar. »Nein und nochmals nein!« Theodora zog sich rasch in Richtung ihrer Sänfte zurück, als die Gruppe angetrunkener Männer um die Ecke bog. Doch schienen die ebenso erschrocken wie sie selbst. Der vorderste kam ihr sogar bekannt vor; sie musterte das Kindergesicht und die penibel gepflegte Toga, und ihre leise Besorgnis wich der Erleichterung.

»Ich grüße dich, Johannes Lydos«, rief sie und trat wieder aus dem Schatten. »Schickt es sich für einen braven Exceptor, nachts herumzustromern?«

»Ich bin jetzt Augustalis«, kam postwendend die empörte Ant-

wort. Da erst erkannte er sie, die Schamröte stieg ihm ins Gesicht, als er sich an ihren Abend in den Thermen erinnerte, und eine andere Hitze kam dazu. Die kleine Nutte, tatsächlich, doch wie sie gekleidet war? Johannes Lydos kam aus dem Staunen an diesem so sehr frühen Morgen nicht heraus. Ihr Unterkleid funkelte im Fackelschein mit dem Meilenstein um die Wette. Ihr blasses Gesicht über dem Blau der Gewänder erinnerte an eine kostbare Elfenbeinschnitzerei, der Schimmer des frei fließenden Haares übertraf den ihrer Perlen bei weitem. Und ihre Augen: nächtliche Teiche, in denen zu versinken sicher keine Schande war. Im Morgenwind, mit den flatternden Strähnen, sah sie wie eine Nymphe aus, nicht dem Wald, Bäumen oder Quellen, sondern der Pracht dieser königlichen Stadt entstiegen. Johannes Lydos beschloß mit trockenem Mund, daß die Erinnerung angenehm und die Gegenwart höchst vielversprechend war. Was für eine Frau, die er da seinen Freunden präsentieren konnte.
»Äh« – wie hatte sie nur geheißen? – »darf ich dir, Euch, meine ich, meine Freunde vorstellen? Dies sind Alexander und Anthemios von Tralles. Anthemios ist ein berühmter Mathematiker und Baumeister. Er ist nach Byzanz gekommen, um große Dinge zu vollbringen, und ich habe ihm eben erklärt, daß Pythagoras …«
»Wie geht's Hebe?« unterbrach ihn da Theodora scharf und wandte sich an den Begleiter des so Vorgestellten. Sie hatte dem Arzt nicht verziehen, welchen Kummer er Simon in jenem Bordell in Ephesos zugefügt hatte. Auch Alexander von Tralles erinnerte sich ihrer.
»Pergamon, nicht wahr?« sagte er mit seiner seltsam berührenden Stimme und verneigte sich, und Theodora hatte das unbestimmte Gefühl, als hätte er sie an eine gemeinsame Liebesnacht damals in jenem verfallenen Heiligtum erinnert. Ihre Wut auf ihn verflog. »Hebe weilt noch in jenem Etablissement in Ephesos, denke ich«, gab er ihr die schuldige Antwort. »Und Euer kranker Freund?«

»In Antiochia, denke ich«, gab sie zurück, »mit einer neuen Hebe vermutlich.« Alexander lächelte. Wieder wunderte sich Theodora, wie ein Gesicht so häßlich sein konnte, und rieb sich die Gänsehaut von den Armen, die seine Stimme ihr verursacht hatte. Sein Bruder dagegen, lang und hager, mit graublonden Haaren um das Gelehrtengesicht mit der viel zu hohen Stirn, war in keiner Hinsicht aufregend.

»Alexander ist zu Besuch aus Rom, wo er bald berühmter sein wird als der große Galen, wenn er weiter so für sich die Werbetrommel rührt«, übertönte Johannes Lydos seine Enttäuschung, daß die beiden sich bereits kannten. »Und dies hier«, fuhr er fort und winkte den letzten seiner Bekannten aus dem Schatten ins Licht der Lampen des Milion, »ist ein guter Freund aus Caesarea, den wir gerade wegen eines kleinen Mißgeschicks in Oberägypten ein wenig aufbauen. Stimmt's?« Er legte dem widerstrebenden Mann brüderlich den Arm um die Schultern.

»Prokopios!« schrie Theodora.

Überrascht ließ Johannes Lydos den Arm wieder sinken. Vielleicht war dieses Mädchen doch keine so gute Wahl? Sie kannte entschieden zu viele Männer hier in Byzanz. Er zögerte sie zu fragen, ob sie sich ihrem kleinen Zug um die Häuser anschließen wolle, zumal Prokopios neben ihm völlig zu Stein erstarrt schien. Doch endgültig mit offenem Mund stand er da, als vier Spatharii, Angehörige der Eunuchen-Leibgarde, die nur der Kaiserfamilie zustanden, aus der Dunkelheit auftauchten und sich um Theodora scharten, die nickend einwilligte, ihnen zu folgen, und eilig, ohne Gruß, in einer nahen Sänfte verschwand. Johannes Lydos war bald nicht mehr sicher, ob sie überhaupt da gewesen war. Nur daß Prokopios noch immer dastand, bleich unter seiner sonnengebräunten Haut, und mit zusammengebissenen Zähnen in die Richtung starrte, in der sie verschwunden war.

»Kommt«, winkte Johannes Lydos seinen Freunden, »hier in der Nähe ist ein tolles Etablissement. Der ›Goldene Bacchus‹, eine richtige Halbweltkneipe, mit Zirkusvolk und echten Gaunern. Das muß man gesehen haben, wenn man einmal zu Besuch in der Hauptstadt ist.« Prokopios zog er am Ärmel hinterher.

Entscheidungen

»Ihr habt was?« Antonina konnte nicht glauben, was sie da hörte. »Halt still, verdammt, was hast du nur mit deinen Haaren gemacht!« Energisch hackte sie mit dem Kamm durch die verfilzten Spitzen.

»Au! Willst du das nicht die Sklavin machen lassen, sie geht weit zarter mit mir um!«

»Damit sie alles mithört und tratscht?« Antonina schüttelte den Kopf.

»Aber da gibt's nichts zu tratschen, ich hab's dir doch eben gesagt. Wir haben uns unterhalten.«

»Die ganze Nacht?« Statt einer Antwort seufzte Theodora nur.

»Und worüber bitte habt ihr euch bis vier Uhr früh unterhalten?« Antonina war immer noch mißtrauisch.

»Über dies und das. Und er hat mir seine Entwürfe für eine neue Gesetzessammlung gezeigt. Die will er umsetzen, wenn er erst Kaiser ist.« Theodora geriet in Feuer. »Er hat sich sogar meine Vorschläge angehört, verstehst du, er interessierte sich dafür. Und er findet auch, daß man …«

Antonina hörte gar nicht zu. »Gesetzestexte, früh um vier. Der Mann ist impotent!«

»Ist er nicht!« protestierte Theodora.

»Woher willst du das wissen«, wandte Antonina ein, »wo ihr schließlich nicht miteinander geschlafen habt. Halt still, da ist ein Knoten!«

»Er hat mich gefragt, ob ich ihn heiraten will. Auaa!« Theodora verzog das Gesicht.

»Als ob das ein Beweis wäre«, stellte Antonina sachlich fest, hielt aber in ihrer Tätigkeit inne. Sie legte den Kamm weg und hob prüfend Theodoras schweres Haar, ehe sie es dreiteilte, um es zu flechten. »Hat er zwischen all den Gesetzen, von denen ihr spracht, auch eines erwähnt, das die Heirat zwischen Männern von senatorischem Rang und Frauen aus unehrlichen Berufen verbietet? Nein? Das müßte er nämlich als erstes ändern, wenn er dich wirklich heiraten wollte.«

Theodora machte große Augen. Sie konnte sich nicht erinnern, daß das erwähnt worden wäre. »Aber du hättest ihn hören sollen. Er war so ernst, er ...«

»Hat er irgend was Definitives gesagt, Schätzchen«, unterbrach die Freundin sie. »Ich will dir ja nicht weh tun. Und es wäre ein toller Erfolg, wenn er dich zu seiner Konkubine machen würde, ehrlich. Aber dieses verquaste Geschwätz von Gesetzen und Heiraten, das macht mich besorgt. Ich wünschte, du hättest ihn aufs nächste Sofa abgeschleppt. Dann wüßten wir jetzt, woran wir wären. Also, was genau hat er dir gesagt?«

»Er hat gesagt, er erwartet meine Antwort bis zum Abend.«

»Hah«, lachte Antonina, »warum nicht gleich heute zum Mittagessen, was?«

»Weil der Bote erst abends kommt«, erklärte Theodora ernst. »Er hat mir das Papyrus und Siegelwachs gleich mitgegeben. Und diesen Ring, mit dem ich siegeln soll, damit er weiß, daß der Brief auch von mir ist. Hier ...« Mit einiger Mühe zog sie den dicken Goldring von ihrem Finger, den Justinian, der ihre Größe nur schätzen konnte, auf Verdacht hatte anfertigen lassen.

Antonina pfiff verblüfft: Er zeigte das kaiserliche Siegel, das allein Justin und Justinian vorbehalten war. »Sein Siegel, Theo«, sie umarmte die Freundin, »damit könntest du praktisch selbst Gesetze erlassen, Mensch, Mädchen, du könntest dem Patriarchen von Byzanz eine peinliche Liebeserklärung schicken und damit die christliche Welt erschüttern.« Sie kicherte, dann wurde sie wieder ernst. »Das ist sein Zeichen, damit hat er sich sozusagen in deine Hand gegeben.«

»Ja«, sagte Theodora, zwischen Frage und Bestätigung schwankend. Da kam eine Sklavin herein und meldete Besuch für Theodora an.

Antonina runzelte die Stirn. »Prokopios aus Caesarea? Kennst du den Mann? Und dann um diese Uhrzeit!«

»Nina, ich bitte dich, es ist heller Vormittag!« Nervös sprang Theodora auf und ging zum Fenster.

»Süßes.« Antonina stand neben ihr und strich ihr liebevoll über die Schläfen. »Mach keine Dummheiten, hörst du?« Theodora umarmte die Freundin heftig, vergrub kurz ihr Gesicht in den wilden roten Locken und nickte stumm. Ohne ein weiteres Wort ging Antonina wiegenden Schrittes zur Tür und winkte den ihr unbekannten Gast mit einer ironischen Geste herein, ehe sie verschwand.

Theodora und Prokopios waren allein. Unsicher drehte Theodora sich um, beide Hände hinter dem Rücken an den Fensterrahmen geklammert, und suchte nach einer formellen und möglichst verletzenden Begrüßung. »Du verfluchtes Schwein« hätte zumindest das zweite Kriterium erfüllt. Doch ehe sie noch ein Wort herausbrachte, stürzte Prokopios bereits auf sie zu, ging in die Knie und drückte sein Gesicht in ihren Schoß. Sie spürte seine heißen Tränen durch die Seide auf ihren Schenkeln, seine Arme, die sie verzweifelt umschlangen, und hob irritiert ihre Hände über seinen Kopf. Schluchzend und undeutlich bezichtigte er sich in den Stoff hinein aller Sünden, seiner Niederlagen, seines Unwerts. Er gestand die infamen Gedanken, die er vor der Trennung in Alexandria gehabt hatte, daß er sich eingeredet hatte, sie könne nichts beanspruchen, und weinte laut über die eigene Gemeinheit. Er stammelte von seiner Liebe, von seiner Reue und der Strafe, die es bedeute, ohne sie zu leben. Es schüttelte ihn ordentlich, und er preßte sein heißes Gesicht nur noch fester an sie. Prokopios beschwor ihre Nachmittage über der Bäckerei, nannte jeden Teil ihres Körpers und was er damit tun würde wie ein Besessener. Die Hände noch immer an die Fensterbank geklammert, wankte sie unter dem fordernden Griff seiner Hände, die sie noch fester packen wollten, unter ihre Kleider fuhren, nach warmer Haut suchten.

»Prokopios!« Ihr Atem ging schwer, ihr Blick irrte über die Zimmerdecke und senkte sich schließlich auf seinen Scheitel. Sie glaubte, daß ein Windstoß seinen Duft zu ihr herauftrüge, diesen so vertrauten Duft, und sie sog ihn tief ein. Ihr Körper drängte sich ihm längst entgegen, als endlich ihre Hände sich lösten und sacht auf seinen Nacken sanken.

»Wir werden wunderbare Kinder haben.« Schweißüberströmt lagen sie nach unzähligen Umarmungen auf der zerwühlten bunten Decke von Theodoras Bett und schmiedeten Pläne für die Zukunft. »Wir werden uns ein Häuschen nehmen, draußen in Blachernai, und ich arbeite bei Gericht.« Prokopios richtete sich auf den Ellenbogen auf und begann, mit dem Finger Linien um Theodoras Nabel zu ziehen. »Ich möchte eine schwarzhaarige Tochter haben. Und natürlich einen Sohn.« Er legte seine Hand auf Theodoras wieder perfekt flachen und glatten Bauch. »Besser, er weiß nicht, wieviel Spaß es gemacht hat, ihn und seine drei Dutzend Geschwister zu zeugen.«

Sie mußte kichern. Dann hielt sie inne. »Liebster?«

»Ja?«

»Ach nichts.« Sie schmiegte sich an ihn. »Erzähl mir von unserem Haus.«

»Um das Schlafzimmerfenster wird wilder Wein wachsen«, wisperte er in ihr Ohr. »Und ich werde dich jeden Morgen mit einem Kuß wecken.«

»Jeden Morgen, versprochen?«

»Versprochen.« Er küßte sie und zog sie an sich. »Es soll kein

Tag mehr vergehen, an dem wir nicht zusammen aufwachen und aneinandergeschmiegt einschlafen, so wie jetzt. Was für ein Narr ich gewesen bin.«

»Ich habe dich vermißt«, sagte sie und spürte Tränen in ihren Augen aufsteigen.

Er zog sie fast schmerzhaft an sich, bis sie sich beruhigt hatte. »Gute Nacht, meine Schöne«, flüsterte er dann, doch seine Hände machten klar, daß er keineswegs vorhatte, sie schon schlafen zu lassen.

Theodora schaute aus dem Fenster, tatsächlich, es dämmerte. Nervös tasteten ihre Finger nach dem Ring. Gott sei Dank, da war er noch.

»Was ist, wieso stehst du auf?« Prokopios kam ihr nach, umarmte die am Tisch sitzende von hinten und verbiß sich zärtlich in ihren Nacken.

Theodora schob ihn liebevoll zur Seite. »Laß das, sonst kann ich nicht deutlich schreiben.« Sie tunkte die Feder ein.

»Was wird das für ein Brief?« Er knabberte an ihrem Ohrläppchen. Theodora drehte sich zu ihm um, der sich mit Schwung wieder aufs Bett warf und eine einladende Pose einnahm. »Haben wir nichts Wichtigeres zu tun?« Er klopfte mit der Hand auf den freien Platz neben sich. Sie holte tief Luft.

»Justinian, der Neffe des Kaisers, erwartet heute abend eine Antwort auf die Frage, ob ich seine Frau werden will.« Sie sagte es nicht ohne Stolz. Dann wurde ihre Seele plötzlich leicht, die Entscheidung war gefallen. Sie glättete das Papier mit einem Schwung.

»Was wirst du ihm antworten?«

Völlig verblüfft wandte sie sich wieder dem Bett zu. »Nein, natürlich. Wir können ihn doch schlecht mit nach Blachernai nehmen, oder?« Sie lachte. »Dann wollen wir mal«, murmelte sie.

»Vielleicht …« Prokopios war aus dem Bett gesprungen. »Du

solltest keinesfalls zu schroff sein. Ich meine«, er übersah ihren irritierten Blick und das Lächeln darunter, das erst fragend, dann zweifelnd wurde. »Er ist immerhin der Neffe des Kaisers. Wir müssen auch an meine Zukunft bei Gericht denken. Du könntest ja eine hinhaltende Antwort geben. Vielleicht sollten wir, darf ich?« Und er nahm ihr die Feder aus der Hand, setzte sie an und hielt inne, um sich die genaue Formulierung zu überlegen.

Theodora war aufgestanden und zum Bett gegangen. Als sie sprach und er aufsah, war sie vollständig bekleidet. »Für dich«, sagte sie leise, »werde ich wohl immer die Nutte bleiben.«

»Was?« unterbrach er seine Konzentration. »Aber nein, Schatz, ich versuche nur …«

»Dann führ dich nicht auf wie mein gottverdammter Zuhälter!«

»Aber was hab ich denn jetzt schon wieder getan?« Er sah, daß sie vor Wut bebte und blickte zweifelnd auf die Feder in seiner Hand. »Begreifst du denn nicht, was das für eine Chance für uns bedeutet?«

Doch sie wich zurück, flüchtete zum Toilettentisch und begann hektisch, die diversen Schminktöpfchen auf- und zuzuschrauben. Er legte ihr die zitternden Finger auf die Schultern; sie wich seinem Kuß auf die Schläfe aus und puderte sich heftig die Stirn.

»Ich habe übrigens mit Alexander von Tralles geschlafen.«

»Nein, das hast du nicht«, antwortete er ruhig. Sie griff zum Rouge und verschüttete einen Teil des Pulvers.

»Hab ich doch, direkt zwischen den umgefallenen Säulen in diesem Heiligtum haben wir uns gewälzt und gevögelt wie die …«

»Hast du nicht«, unterbrach er sie sanft und versuchte, ihre Hände zu ergreifen.

Sie schlug ihn weg. »Aber mit Johannes Lydos hab ich's getrieben.« Vergeblich versuchte sie, einen geraden Lidstrich zu ziehen. Sie fuhr sich mit dem Holzstäbchen ins Auge, und die aufsteigenden Tränen verschmierten die Farbe wieder. Fluchend suchte sie ein Tuch zum Abtupfen.

»Theodora!« Seine Stimme war ganz Versöhnung. »Das ist doch alles schon Jahre her.«
»Woher weißt du das?« Sie sah im Spiegel, daß er hinter ihr blaß wurde. »Woher weißt du das?« wiederholte sie scharf. »Du hast ihn gefragt, stimmt's? Und Alexander hast du vermutlich auch gefragt. Und seinen armen Bruder auch noch.« Sie nahm das Töpfchen mit dem Lippenrot und knallte es an den Spiegel, daß es zerschellte. »Wie ist das abgelaufen, hast du bei jedem einzeln geklopft und diskret deine Frage vorgebracht, oder habt ihr in der Gruppe darüber diskutiert? ›Entschuldigt, Leute, aber hat jemand von euch meine künftige Exverlobte gefickt?‹ Raus!«
»Aber …«
Sie ließ ihn nicht mehr zu Wort kommen. »Raus hier, raus aus meinem Haus. Antonina!«
Dieser letzte Hilfeschrei aus Leibeskräften wurde überraschend schnell erhört. Antonina kam ruhig herein und bugsierte den vor Schreck und Schmerz völlig gelähmten Gelehrten nach draußen. Dort drückte sie ihm seine Kleider in die Hand, in die er noch immer fassungslos schweigend schlüpfte, und schob ihn persönlich auf die Straße. Da blieb er stehen und starrte auf das abendliche Treiben, als stünde darin geschrieben, was ihm zugestoßen war.
Antonina verschloß sorgfältig die Tür und lehnte sich einen Augenblick dagegen. Wenigstens war er nicht in ihren Armen in Tränen ausgebrochen. Dann gab sie Anweisung, dem Mann unauffällig bis zu seiner Wohnung zu folgen und seine Nachbarn zu befragen. Außerdem sollte er nie wieder vorgelassen werden.
Theodora fand sie über ihr Schreiben gebeugt. Sie las es über ihre Schulter und nickte. Einige Tränen ließen die Schrift hier und da verschwimmen, doch die mochte Justinian der Rührung zuschreiben, es war ja wahrhaftig ein großes Dokument, das den künftigen Kaiser und die ehemalige Schauspielerin miteinander verband.

»Treue«, murmelte Theodora, »Treue, hat er gesagt. Gott, ich schäme mich so.«
Antonina faltete das Papyrus, ließ das Wachs darauf tropfen, nahm Theodoras Hand mit dem Ring und siegelte es. »Ab jetzt, Lämmchen, soll es gelten. So gut es eben geht«, setzte sie augenzwinkernd hinzu.
Aber Theodora war nicht in Stimmung für derlei Trost. »Ich glaube, es ist mein Platz, Antonina, ich meine, er braucht mich so. Das ist doch eine Aufgabe, denke ich. Oder?«
Antonina antwortete nicht. Sie strich ihr nur übers Haar und brachte den Brief nach unten. Dann klopfte sie an der Tür ihres Mannes. Sie fand ihn über eine Karte des persischen Grenzgebiets gebeugt. »Wann mußt du gehen?« fragte sie nur. Statt einer Antwort nahm er sie in die Arme und vergrub seinen Kopf an ihrem Hals. »Ich werde diesmal hierbleiben«, sagte sie nach einer Weile und wickelte sich nachdenklich seine silberblonden Locken um die Finger.
»Ich soll ohne dich gehen?«
Da er sie erstaunt ansah, erklärte sie es ihm: »Unsere Sorgen haben ein Ende, Liebster. Ich werde im Palast verkehren, und ich werde wissen, was der Kaiser plant und denkt.« Sie erläuterte ihm, was eben im Zimmer oben vorgefallen war. »Theodora wird in Justinians geheimste Wünsche eingeweiht sein, ich in ihre und du in meine.« Sie küßte ihn leidenschaftlich.
»Der Kaiser und Justinian sind ungerecht mir gegenüber. Sie vertrauen mir nicht, trotz all meiner Leistungen«, klagte Belisar ihr sein Leid, wie schon so oft. »Sie schicken mich, ihnen eine Schlacht zu gewinnen, und wenn ich dann siege, begegnen sie mir mit Neid, Mißgunst und Mißtrauen. Was soll ich ihrer Ansicht nach denn tun?« Beschwichtigend fuhr sie mit den Fingern in seine Haare und kraulte langsam seine Kopfhaut, während er sich weiter beklagte. Daß dieser von so vielen Ängsten gepeinigte große Junge, der seine wilden Heerscharen mit einem tollküh-

nen Lachen und einem Blick seiner Augen regierte, der seine Feldzüge wie ein Stratege plante und wie ein Berserker gewann und der in seiner bunten Uniform auf den Straßen der Stadt von den Leuten bejubelt wurde wie ein Gott, daß dieses einen Meter neunzig große Kind, der Held der Schlachtfelder, nichts wollte, als von seinem Herrn geliebt werden, das erstaunte sie immer wieder. Aber für Antonina folgte daraus nur klar: Wenn er jenseits der Schlachtfelder sich hilflos fühlte, dann würde sie ihm Schlachtfelder und, wenn sie konnte, auch Siege verschaffen. Wenn er seinen reisenden Söldnerstaat brauchte zum Glücklichsein, dann würden sie sich gemeinsam darin einrichten. Und wenn er von seinem Kaiser geliebt werden wollte, dann würde sie auch das möglich machen, mit Geschick und Zähigkeit. Denn hatte er all dies, dann war er der Mann, der sie mehr hinriß als alle anderen. Keiner war ein strahlenderer Sieger, wenn er einer war, als Belisarius. Sie gab ihm einen abschließenden Kuß, um ihn dann wieder seinen Karten zu überlassen.

»Theodora wird nach diesem Tag vermutlich etwas zu essen brauchen.«

»Theo?« Er sah auf und nannte die Freundin seiner Frau bei ihrem Kosenamen. »Ein vernünftiges Mädchen. Sie wird Justinian bestimmt zähmen können.« Er nickte, wie zur Bekräftigung seiner Worte. »Sie sieht immer so traurig aus«, setzte er nachdenklich hinzu. »So schöne Frauen sollten nicht so traurig aussehen.« Antonina mußte lächeln. Soldaten! Sie waren wahrhaftig nicht zu Philosophen geboren.

Nur über meine Leiche

Theodora allerdings hatte keinen Appetit, diesen Tag und auch die folgenden nicht. Der Antrittsbesuch im Daphne-Palast, bei dem sie Kaiser Justin und seiner Gattin Lupicina, die sich als

Kaiserin Euphemia nannte, vorgestellt werden sollte, wurde deshalb zu Antoninas Sorge wieder und wieder verschoben, und als es endlich soweit war, sah ihr schmales, blasses Gesicht mit den tiefschwarzen Augen, das von schweren Schläfengehängen und einem dunkelvioletten Schleier gerahmt wurde, endgültig aus wie eine erlesene Schnitzerei aus Elfenbein und Gold. In ihrem dunklen Gewand glommen die Farben der hineingewebten Muster verhalten. Das düstere Feuer von Granaten brannte auf Gürtel und Spangen. Der grüne Umhang war dezent mit Goldfäden durchzogen.

»Mein Gott!« Antonina war begeistert. »Wenn ich krank bin, sehe ich immer aus wie ausgekotzt, aber du.« Theodora lächelte matt. »Ehrlich, Süße, du könntest einen Bischof verführen, so wie du aussiehst.«

»Das hast du selbst doch schon hundertmal gemacht.« Sie umarmte Antonina plötzlich heftig.

»Bete für mich, daß die Kaiserin es sich überlegt.«

»Beten, Mensch, Mädchen, hoffentlich kommst du von dem Trip bald wieder runter.« Sie drückte der Freundin einen Kuß auf die Wange und wischte dann sorgfältig die Lippenstiftspuren wieder fort. »Ich werd mal besser ihren Silentiarius bestechen, diesen Armenier, der ihr abends immer die Krampfaderfüße massiert. So ist's schon besser«, meinte sie, als Theodora lachen mußte. »Und jetzt verschwinde, Sittas wollte heute noch vorsprechen. Ja, ja, ich weiß. Bald werde ich ihn an deine Schwester abtreten, ich versprech's.«

»Nur über meine Leiche«, hörte Theodora es aus dem Nebenraum schallen, auch wenn Justinian versuchte, die keifende Stimme seiner Tante durch ein diskretes Räuspern zu übertönen. »Nur über meine Leiche, sag ihnen das.« Justin kam zurück, mit dem leicht schleppenden Schritt, den seine Beinverletzung ihm seit dem letzten Feldzug gegen den Perserkönig Kawades aufzwang. Er fläzte sich in einen Holzsessel, dessen Rückenlehne den kaiserlichen Adler zeigte, griff nach ein paar Trauben und betrachtete Theodora mit ungeniertem Interesse. Sie schlug die Augen nieder. Antonina hatte ihr eingeschärft, daß es nicht nur zwecklos, sondern geradezu fatal wäre, daran zu erinnern, daß Lupicina, nunmehr Euphemia, seinerzeit ebenfalls vom Theater gekommen war. Justin hatte sie geheiratet, als er noch ein kleiner unbekannter Offizier war und ihr im Verlauf seiner erstaunlichen Karriere die Treue gehalten. Es war der einzige als sentimental auslegbare Zug an ihm, der bekannt war. Von einem Kronprinzen erwartete er anderes.

»Ich hab dich in der *Giftmischerin* gesehen, glaube ich. War gar nicht schlecht, dieses …« Und er hob die Hände hoch zu seinen imaginären Brüsten und ließ sie anzüglich kreisen.

»Onkel, wir wollen heiraten.« Justinian stand kerzengrade, doch sie konnte durch die kleinen Goldperlen ihrer Schläfengehänge hindurch die Schweißtropfen auf seiner Stirn sehen.

»Heiraten«, Justin spuckte wiederwillig ein paar Traubenkerne auf den Boden, die von zwei Sklaven unverzüglich entfernt wurden. Ansonsten waren sie allein, was ein großes Privileg darstellte. Auch trug Justinus nicht die kaiserliche Robe oder hielt sich an sonstige Formalitäten einer Audienz, was man als private Geste, aber auch als Mißachtung seines Besuches werten konnte, der solchen Aufwand nicht wert war. »Heiraten«, wiederholte er das mißliebige Wort, »muß das denn unbedingt sein? Du hast ja gehört, wie deine Tante dazu steht.«

»Wir lieben uns«, warf Theodora leise ein.

»Wie?« fragte Justinus. Er kniff die Augen zusammen, legte die Hand ans Ohr, als hätte er nicht richtig verstanden, und zwang sie mit diesem Theater, den Satz zu wiederholen, der ihr nun selbst lächerlich und naiv vorkam.

»Wir lieben uns.« In welchem Theaterstück hatte sie ihn schon gesprochen?

»Hah, haha!« Justinus war offensichtlich amüsiert. Sein keckerndes Lachen ließ Justinian die Schamröte ins Gesicht steigen. »Liebe! Hört sie euch an, die Theaterhure. Daß dir die Zunge bis zum Boden hängt, Junge, das kann ich ja verstehen bei ihren Titten. Aber daß sie sich für etwas anderes interessiert als dein Geld, kannst du doch nicht im Ernst annehmen? Wie lange, glaubst du«, wandte er sich an Theodora, »wie lange es dauert, bis deine verdorbenen Instinkte wieder durchschlagen und du auf Streifzüge ausgehst, wie eine Messalina, häh?«

»Onkel, ich bitte dich, wir haben Pläne, für das Reich, Ideen, Ideale, die ...«

»Ja«, warf Theodora ein, »wir wollen Veränderungen, den Armen helfen, den Frauen ...«

»Ein gerechtes Steuersystem«, fing Justinian Feuer, »eine Gerichtsbarkeit ohne Willkür ...«

»Pläne, Ideale, Steuerreformen, hör mir doch damit auf«, unterbrach Justin ihn barsch. »Die Frauen, he! Sie«, er wies auf Theodora, »sie weiß genau, wer sie ist, nicht wahr? Jetzt hast du ihr vielleicht das Hirn verblasen mit deinen Ideen«, er zog das Wort voll Hohn in die Länge, »aber bald wird ihr böses Blut wieder die Oberhand haben.« Abrupt wandte er sich an Justinian: »Hat sie dir geholfen, Vitalian um die Ecke zu bringen?«

»Was?« fragte Theodora verwirrt.

Doch Justinian tätschelte ihr die Hand. »Ein Mißverständnis«, flüsterte er ihr zu, »keine Sorge.« Seinem Onkel sah er anhaltend in die Augen, der sich über das hilflose Zorngewitter darin weidlich amüsierte.

»Was meinst du, Kleine«, richtete er seine Aufmerksamkeit dann wieder Theodora zu, »wie lange wird es dauern, bis du dich wieder in eine läufige Hündin verwandelst?« Breit grinste er sie an.

»Keine Ahnung«, antwortete sie. »Wie lange hat's denn bei Eurer Frau gedauert?«

Justinian zerquetschte ihre Hand beinahe, doch es war zu spät, der Satz war gesagt. Im ganzen Zimmer war kein Laut zu hören.
Da, als die Anspannung ihr eben das erste Schluchzen aus der Kehle zu quetschen drohte, brach Justin in dröhnendes Gelächter aus, laut und derb, das lange genug anhielt, daß sie ihre Fassung wiedergewinnen konnte. »Sie ist mutiger als du, mein Junge!« Dann brach das Lachen unvermittelt ab. Wieder wandte der Kaiser sich seinen Trauben zu.
»Ihr habt's gehört«, sagte er mit vollem Mund. »Lupicina und ich, wir sind zu alt, um uns noch miteinander zu streiten. Nur über ihre Leiche.«
Justinian zuckte die Schultern. So würde es eben sein.

Und so war es. Fünf Jahre später starb Lupicina, die sich als Kaiserin stolz Euphemia genannt hatte, und eine Gesetzesänderung, der Justin nichts in den Weg stellte, ermöglichte die Heirat des Kronprinzen Justinian mit der ehemaligen Schauspielerin Theodora. Über die Hochzeitsnacht sprach sie nie, nicht einmal mit Antonina. Ein Erdbeben in Antiochia, das dreißigtausend Tote forderte, begrub wenig später die letzten Reste ihrer Vergangenheit.
Belisarius zog mit Antonina an den nächsten Kriegsschauplatz. In seinem Stab reiste, von Antonina für diese Stelle empfohlen, Prokopios mit, der die Hoffnung auf eine Anstellung in der Hauptstadt für immer aufgab.
Wieder ein Jahr später, am 4. April 527, wurde Justinian im großen Triklinon zum neuen Kaiser gewählt. Es war der erste Tag, an dem die Milane wieder über die Stadt zogen. Die Blauen feierten in allen Straßen. An seiner Seite stand, als er sich im Kathisma dem Volk präsentierte, die neue Kaiserin Theodora.
Es war das erstemal, daß sie den vertrauten weißen Sand der Arena aus dieser Perspektive sah. Vor ihr ragten die vertrauten Obelisken und der Schlangendreifuß seltsam klein und fremd

über die Umrisse der Spina. Da war das Volk von Byzanz, ein bunter Teppich von Gesichtern, die ihren Namen brüllten, wie schon oft, aber niemals war sie so sicher vor ihnen gewesen. Sie betastete die feste Marmorbrüstung, hörte das Klirren der Leibwachen in ihren reichverzierten Paraderüstungen, genoß das Flattern der kostbaren Stoffe und Bänder des Hofstaates um sich herum und das von Edelsteinen steife Gewand, das sie trug und sie in eine blitzende Bildsäule verwandelte.

Als Kind war sie mit nackten Armen durch diesen Sand gelaufen. Sie sah Anastasias zum Weinen verzogenes Kindergesicht, sah Simon, der, atemlos herumkaspernd, mit offenem Mund vorgab, sie zu bespringen, sah Hebe mit ihrer Flöte und Antonina, die mit geschürzten Lippen das Kleid von ihrer makellosen weißen Schulter rutschen ließ. Makedonia in ihrem Übungshof hielt in einer Pirouette inne und lachte sie an, ein steinewerfender Priester schrie »Schande«, »Schande«, und sie kniete sich Tausende Male vor gesichtslose Männer an der Wand eines Theaterkorridors. Ihre Mutter mit einer Schlange stand an einem Abgrund. Doch nun war alles gut. Sie schwankte.

»Ist etwas, Liebes?« flüsterte Justinian ihr ins Ohr. »Du hast so seltsam gemurmelt.« Warm drückte er ihre Hand. Sie schüttelte nur den Kopf und lächelte dankbar zurück. Nein, es war alles gut. Sie hatte von diesen dort drunten nichts mehr zu erbitten, nicht ihr Leben, nicht ihren Unterhalt. Dies war ein wunderbarer Moment, und sie wollte ihn genießen, ganz für sich allein. Unauffällig versuchte sie, ihre Hand aus der seinen zu ziehen. Doch Justinian hielt sie fest.

Buch 3
In Purpurschuhen

Einmal soll sie in einem vornehmen Hause während des Zechgelages vor aller Augen auf die Kante des Speisesofas gesprungen sein und hemmungslos die Kleider um ihre Füße emporgerafft und ihre Schamlosigkeit offen zur Schau gestellt haben. Obwohl sie mit drei Öffnungen ihrem Gewerbe nachging, machte sie der Natur bittere Vorwürfe, daß diese ihr nicht auch die Brüste so erweitert habe, um damit noch eine weitere Art Beischlaf halten zu können.

(Prokopios: Anekdota, Buch IX)

Ein Tag im Januar

Der 10. Januar 532 war ein kühler, wolkenüberfegter Tag. Das von zahllosen Feiern ermüdete Byzanz lebte in der frischen Brise wieder auf, die den Dunst der Gelage und Abfallhaufen aus den Innenhöfen und Gassen blies. Die Neujahrsumzüge waren durch die Straßen getobt wie in altrömischen Zeiten. Gräßliche Gestalten mit geschnitzten Holzfratzen und zottigen Ziegenfellen über der Schulter hatten getanzt, gegrölt und lärmend ihre Zimbeln, Schellen und Trommeln geschlagen, die Taillen kreischender Zuschauerinnen umschlungen und sie mit in den quirlenden Zug der Feiernden gezogen, über dem das Fackellicht wie roter Rauch in den Straßen stand. Das Hippodrom hatte gedröhnt von den Rufen der fünfzigtausend, die die Rennen zu Ehren der Ernennung des Jahreskonsuls und des Prätors bejubeln wollten. Ein warmer Regen von Essensspenden und Münzen war auf die Armen niedergegangen. Die Reichen feierten die Vota dagegen stets mit Gastmählern und verehrten sich gegenseitig Diptychen aus Elfenbein, in die ihre bescheidenen Wünsche füreinander eingraviert waren.

Natürlich war es auch wieder zu Ausschreitungen gekommen, die Fans der Rennställe, die den Sternen die Frage über Sieg oder Niederlage nicht überlassen wollten, hatten sich blutige Gefechte geliefert, anständige Bürger belästigt und dem offenen Straßenraub gefrönt. So mancher späte Heimkehrer von einem Gelage hatte seine Ringe samt Fingern, seine Begleiterin die Ehre oder das Leben verloren. Grüne und Blaue standen einander darin seit jeher in nichts nach. Die Grünen, ewig aufgehetzt von der unzufriedenen Partei der Senatoren und Großgrundbesitzer, die ihre Ställe finanzierte, provozierten, seit Justinian den Thron innehatte, wo es nur möglich war. Und die Blauen ließen ihrem

Unmut darüber freien Lauf, daß ihr Kaiser, der sie so verwöhnte, sich seit seiner Krönung einer Zurückhaltung, ja Neutralität befleißigte, die einem Anhänger ihrer Partei schlecht anstand. Sie rasierten sich die Vorderschädel, ließen die Zöpfe und Hunnenbärte wachsen und warteten auf ihre Stunde. Die schien vor ein paar Tagen gekommen zu sein, als beim zufälligen Zusammentreffen zweier feindlicher Cliquen eine ganze Ladenpassage in der Nähe der Präfektur in Flammen aufging und Stadtpräfekt Eudaimon mit seinen Truppen einen halben Tag brauchte, um wieder Ruhe ins Viertel zu bringen. Er empfahl seinem Kaiser, hart durchzugreifen. Und so fand man sich an diesem fröstelnden blauen Morgen in Blachernai wieder, auf einem öffentlichen Platz nahe der großen Landmauer, dort, wo sie an das Goldene Horn stieß. Zahlreiche Menschen waren auf der Via Drongarion entlang der Ufermauer aus der Stadt herausgepilgert, um dem Schauspiel beizuwohnen, wie sieben Fanatiker beider Zirkusparteien hingerichtet werden sollten.
Eudaimon ließ seinen Blick prüfend über die Menge gleiten. Einige Mönche des nahen Konon-Klosters fielen ihm auf, die auf einer Stange ein Emaildöschen mit irgendeiner Reliquie hochhielten und dumpf murmelnd beteten. Hier und da wehte der bunte Schleier einer vornehmen Dame aus einer der umliegenden Villen, die ihren Gatten zu diesem nachbarschaftlichen Schauspiel begleitete. Viel abgerissenes Volk aus der Stadt war da, für das der Tod auch jenseits des Hippodroms interessant war. Einige trugen noch immer ihre wilden Ziegenfelljacken und hielten die Zufallsgefährtin der letzten Nacht im Arm. Nach der Hinrichtung würden sie versuchen, noch rechtzeitig zu den Morgenrennen zu kommen, um vielleicht den blutig getrampelten Körper eines Wagenlenkers zu sehen. Eudaimon nickte den Henkern zu; es schien alles in Ordnung, keine auffälligen Haufen jugendlicher Schläger mit den typischen Frisuren und großsprecherischen weiten Ärmeln waren jenseits der blitzenden

Linie seiner gepanzerten Gardisten im Gedränge zu erkennen. Er hob die Hand.

Der erste Delinquent wurde vorgezerrt, sein Kopf auf den Block gelegt, seine Seele hastig Gott empfohlen und das Beil gehoben. Ein Grüner, ein Blauer? Egal, sein Blut floß rot, pulsierte spritzend aus der Halsarterie auf die Steine und floß den Zuschauern vor die Füße, die kreischend einige Schritte zurückwichen. Der Kopf mit dem aufgerissenen Mund, seltsam tot schon jetzt, da er noch warm war und kein Mensch zu sagen vermochte, was diese Augen vielleicht noch an letzten Bildern sahen, verschwand mit einem schnellen Griff nach seinen Haaren in einem Rupfensack. Das Beil fiel noch dreimal, die roten Pfützen dampften, die kopflosen Körper mit der scharlachroten Wunde wurden bereits von den Krähen beäugt, die wie jeden Morgen von den Prinzeninseln zur Stadt herüberflogen, sich auf den Müllkippen von Byzanz ihre Nahrung zu suchen. Sie legten die glänzenden schwarzen Köpfe schief und hüpften versuchsweise näher.

Eudaimon gab das nächste Kommando und behielt die Menge im Auge. Es war der kritischste Moment, jetzt hatten sie Blut gerochen. Nun, er würde ihnen etwas bieten. Ein rasch zusammengezimmerter Galgen aus frischem, noch feuchtem Holz wurde herbeigetragen und in die vorbereiteten Verankerungen gewuchtet. Die Soldaten schwankten unter der Last, die Scharfrichter gingen herum und überwachten das Einschlagen der Keile, mit denen die Konstruktion standfest gemacht werden sollte. Probeweise rüttelten sie an den Pfosten, wiesen hierhin und dorthin und lachten. Schließlich war alles bereit. Die letzten drei Verurteilten traten unter die Schlingen, die theatralisch synchron über den harzigen Querbalken geworfen wurden und vor ihren Gesichtern zu baumeln kamen. Ein Schrei ging durch die Menge, als sie ruckend hochgezogen wurden und ins Leere traten, ein weiterer, als der Galgen mit einem gequälten Quietschen sich neigte und zur Seite brach. Die drei bekamen Boden unter die Füße und blieben keuchend, die Finger um ihre Halskrägen geklammert, unter einem Gewirr von zerborstenen Balken liegen. Es roch scharf nach Urin.

»Ein Wunder!« Das war einer der Mönche gewesen. Eudaimon hatte doch gewußt, daß die Ärger machen würden. Ingrimmig verfolgte er, wie ein ehrfürchtiges Murmeln sich in der Menge breitmachte. »Ein Wunder«, »ein Zeichen Gottes«. Die Ausrufe häuften sich. Jemand forderte lauthals das Kirchenasyl für die Verurteilten. Wie auf Kommando erklangen die Glocken der nahen Marienkirche, und seine Soldaten mußten die Schilde heben, um das erste Andrängen der Menschen auf den Richtplatz zurückzuwerfen, die die Gestürzten in die Sicherheit eines Altarraumes entführen wollten.

»Nichts dergleichen«, brummte Eudaimon und gab dem Offizier, der sich fragend nach ihm umsah, das Zeichen durchzugreifen, worauf dieser ein Kommando brüllte und seine Leute klirrend in Kettenaufstellung brachte. Kirchenasyl war in solchen Situationen keine ungewöhnliche Lösung; es gab dem Kaiser die Möglichkeit, eine Begnadigung auszusprechen und so dem religiös erregten Volkswillen zu genügen. Aber Eudaimon dachte an die Leichen der Verbrannten und Erschlagenen, die die Straße hinter seiner Präfektur gesäumt hatten. Praktisch unter seinen Augen. Nein, er war nicht gewillt, hier Aberglauben und Milde walten zu lassen. Seine Stadt würde endlich zur Ruhe kommen. Der Galgen wurde eilig neu errichtet, die Stricke ausgetauscht, die hustenden und röchelnden, jämmerlichen Gestalten erneut auf die Beine gezogen. Unter Protestgeschrei und Pfiffen bereitete sich der zweite Hinrichtungsversuch vor. Zwei Blaue und ein Grüner standen erneut vor ihrem Tod, einen leuchtendroten Strich um den Hals und einen nichtssagenden Ausdruck im Gesicht. Es war seltsam, fand Eudaimon, wie unangemessen ihre Mienen waren. Mit diesen Gesichtern hätten sie auch an der Poststation stehen und auf einen Ochsenkarren warten können.

Vielleicht war ein wenig Angst darin zu sehen, sogar Panik, aber nicht die Dramatik, die man erwarten würde. Es gab offenbar nichts, folgerte Eudaimon, womit der Mensch dem großen Ende von allem den passenden Ausdruck verleihen konnte. Das machte ihm, fand er, die Arbeit leichter.

Doch Eudaimons Zimmerleute hatten sich von den Flüchen und dem faulen Gemüse, das durch die Luft flog, wohl allzusehr hetzen lassen. Als die drei Männer hochgezogen wurden, gab der Galgen erneut nach. Noch bevor er völlig zusammengebrochen war, knallte schon mit lautem Scheppern der erste Stein auf einen Schild. Aufbrüllend rückte die Meute vor.

»Im Namen Gottes, was?« höhnte Eudaimon ihr entgegen, doch er wußte, wann eine Schlacht verloren war. Die Kommandos seiner Offiziere hallten bereits über den Platz. Zusammenschließen, zurückgehen, die eigene Haut retten. Der erste Soldat warf verzweifelt die Arme hoch und ging in der über ihn hinwegtrampelnden Menge unter. Der Rest hatte die Schwerter blankgezogen und gab Schritt für Schritt nach. Eudaimon rammte einem brüllend auf ihn zustürmenden Handwerker den Schwertknauf ins Gesicht, daß er blutend zurücktaumelte.

»Sucht die Gefangenen zu bergen!« schrie er über das Chaos. Doch es war zu spät, ein Keil aus tobenden Zuschauern hatte sich zwischen seine kämpfenden Männer und den Galgen gedrängt. Er mußte zähneknirschend zusehen, wie die Gruppe schwarzgekleideter Mönche zwischen den Holztrümmern umherwuselte, Balken hob, Stricke löste und drei taumelnde Gestalten vom Platz schleppte.

Als sie wenig später die Ruhe wiederhergestellt hatten und durch das Tor zum Ufer eilten, konnten sie, inmitten einer applaudierenden Zuschauermenge, nur noch zähneknirschend zusehen, wie ein tanzendes kleines Boot die Verfolgten über das tiefdunkle Wasser hinweg zum anderen Ufer trug, zur Kirche des heiligen Laurentius, wo ihnen Asyl gewährt werden würde. Ehrfürchtig raunend lobten die Umstehenden den Mut der Mönche, die sich aufs Meer wagten, und das trotz des Meeresungeheuers, das seit Wochen die Bucht unsicher machte und schon zahllose kleine Fischerboote und Ausflugskähne umgestoßen und die Insassen mit dem mächtigen Schlag seiner Schwanzflosse untergepflügt haben sollte, daß sie nie wieder auftauchten. Eine Heimsuchung war es, eine Ausgeburt der Hölle, wie sie noch nie jemand in diesen Gewässern gesichtet hatte.

»Porphyrios«, hörte Eudaimon murmeln. Es war der Name, den die Byzantiner in Furcht und Respekt ihrem Ungeheuer verliehen hatten. Die entsetzten Gesichter seiner eigenen Männer verrieten ihm, daß es zwecklos sein würde, sie zu einer Verfolgung in einem ähnlich kleinen Kahn zu überreden. Mit wachsender Anspannung sah er dem kleiner werdenden Boot hinterher. Die weißen Schaumkronen leuchteten auf dem dunklen Hintergrund des erregten Wassers besonders hell. Und mehr als einmal glaubte einer, einen schwärzlich sich wälzenden Leib zwischen den Wellen zu sehen, der größer und größer aufwachsen würde, um in seinem mächtigen Strudel alles mitzureißen. Doch die Köpfe der fernen Figürchen tanzten über den Wellen unangetastet dahin. Eudaimon blieb nicht, bis sie das gegenüberliegende Ufer erreicht hatten. Wenn sie es schafften, dann würden sie doppelt heilig sein, und er mußte seinem Kaiser davon berichten.

Lang leben die Grünen und Blauen!

Areobindus trat in den Frieden seines Innenhofs und atmete auf. Hier war nur das Plätschern des Springbrunnens in seiner steinerne Schale zu hören. Er ging zu dem tanzenden Strahl hinüber und ließ sich von ihm die Pulse kühlen. Das Wasser floß weiter in eine ausgedehnte Piscina, die sich von seinen Füßen bis an die gegenüberliegende Säulenreihe des Wandelgangs erstreckte. Glänzende Fischleiber brachten darin hier und da die Seerosen und Wasserlinsen zum Schaukeln und verschwanden wieder zwischen den grünen Schleiern. Er entdeckte den Kopf einer Wasserschildkröte, der sich neugierig dem Besucher entgegenreckte. Das kantige breite Maul und der faltige Hals erinnerten ihn fatal an den Zirkusmeister der Grünen, diesen Asterios, der heute auf seinem Sitz gestanden und mit vor Empörung wabbelndem Fett die Parolen seiner Partei skandiert hatte. »Laßt die Gefangenen frei!« so war es den ganzen Tag gegangen, nach jedem Rennen brach der Tumult erneut los, Blaue und Grüne lösten sich in schöner Regelmäßigkeit darin ab. Kaum mehr jemand kümmerte sich um die Sieger, die von Kaiser Justinian dreimal bekreuzigt und mit dem Lorbeer gekrönt wurden. Im Gegenteil: Jedesmal, wenn der Imperator vortrat, einen der Glücklichen zu bekränzen, wurde das Geschrei noch lauter.

Areobindus war wahrhaftig kein Anhänger Justinians, aber er hielt es für unklug, daß der Kaiser sich geweigert hatte, durch seinen Libellarius zum Volk zu sprechen. Das Schweigen aus dem Kathisma heraus stachelte die allgemeine Wut nur noch mehr an, und als gegen Ende in einem unglaublichen Tumult die beiden verfeindeten Parteien sich gegenseitig segneten, da ahnte der Senator Unheil, und es zog ihn nach Hause. Der Ruf »Lang leben die menschenliebenden Grünen und Blauen«, der die Vereinigung des Pöbels feierte, klang ihm unheilverkündend in den Ohren.

Schritte rissen Areobindus aus seinen Gedanken. Er sah seine Frau zwischen den Säulen, wie sie einen Gast zur Tür brachte. Er hörte gemurmelte Worte, dann das Schlagen der Türen.

»Julia!« rief er sie an.

Erschrockenes Schweigen, dann eiliges Klappern von Absätzen über den Marmor.

»Hatten wir Besuch, Julia?«

Sie erschien am Becken, nervös das graue Haar zurückstreichend, das zu einem perfekten Knoten zurückgenommen war, über dem sich ein Tuff sorgfältig gelegter Locken erhob.
»Oh, das war nur Senator Origenes. Hätten wir gewußt, daß du zurück bist, hätte er dich sicher gern begrüßt.«
Areobindus bezweifelte das. Origenes war ein alter Unruhestifter. Als dem Senat vor kurzem das formelle Beratungsrecht über Staatsangelegenheiten mit dem Kaiser entzogen worden war, hatte er eine flammende Rede über die Tugenden der Republik und die Herrschaft der Tyrannei gehalten, die wild beklatscht wurde. Areobindus hatte sich stark zurückgehalten; die Beratungen waren ohnehin rein zeremoniell gewesen, eine Abfolge von Ritualen und Akklamationen, ohne Diskussionen und Entscheidungen. Daß auch dieser letzte Anschein politischer Mitsprache den Senatoren entzogen wurde, war sicher ein Affront. Aber er wußte aus zuverlässiger Quelle, daß Origenes sich hauptsächlich deshalb aufregte, weil er seinen Großgrundbesitz in Syrien widerrechtlich ausgeweitet und sich sogar ein paar königliche Domänen einverleibt hatte, gestützt auf eine Privatarmee, der die Verwalter und Bauern vor Ort schutzlos ausgeliefert waren, soweit er sie nicht einfach bestach. Es sollte eine Untersuchungskommission geben, so hatte Areobindus gehört. Und ein wenig politischer Trubel, hinter dem er sich verstecken konnte, käme dem Tyrannenfeind Origenes sicher gelegen.
»Was wollte er denn?« fragte Areobindus beiläufig. Hatte er bisher nichts Schlimmes geargwöhnt, so machten ihn die nervös sich verknotenden Hände seiner Gattin doch zunehmend unruhig.
»Ach, nichts.« Nach einer kurzen Pause plauderte Julia Anicina heftig drauf los. »Wir haben uns über die jüngste Gesetzgebung unterhalten, weißt du, und, und«, sie überlegte, »und die Handschrift dieses Flittchens, die sich ja überdeutlich darin abzeichnet.«

»Wovon sprichst du?« ging Areobindus ihrem Ablenkungsversuch auf den Leim.
»Na, von ihr natürlich!« Julia Anicinas Empörung klang echt. »Komm doch mit herein, mein Lieber, ich habe einen kleinen Imbiß zubereiten lassen. Von ihr natürlich. Es ist schon verblüffend, was alles geschehen kann, wenn man eine Prostituierte zur Kaiserin macht. Oder willst du mir erzählen, daß das nicht ihre Handschrift ist, wenn es jetzt plötzlich verboten ist, seine ehebrecherische Frau zu töten. Oder daß man, wenn man den Liebhaber seiner Frau umbringen will, erst drei von drei Zeugen unterzeichnete schriftliche Warnungen abschicken muß. Das ist doch absurd! Das hat sie doch extra für ihre Freundin, diese Antonina, entwerfen lassen. Damit ihr Gatte Belisar ihr nicht den hübschen Hals umdreht. Dann stärken sie rechtlich das Konkubinat und bestimmen, daß Sklavinnen, die von ihrem Herrn zur Prostitution gezwungen werden, frei sind.« Sie schnappte nach Luft.
»Was ist daran so schändlich?« fragte Areobindus arglos.
»Aber ich bitte dich, Liebster! Damit jetzt jedes Mädel, das mit seinem Los unzufrieden ist, zum nächsten Bischof rennt und heuchelt, es sei belästigt worden, um dann fröhlich-frei von dannen zu hüpfen? Wir werden bald kein Personal mehr haben.«
»Aber sicher nicht, weil ich ein Sittenstrolch bin.«
Julia Anicina ließ das unkommentiert. Sie hatten das Eßzimmer erreicht und nahmen sich auf den Speisesofas Platz. Auf ihr Klatschen hin wurde das erste Gericht aufgetragen.
»Austern?« wunderte sich Areobindus.
»Frisch aus Baiae, greif zu.« Das Messer in Julia Anicinas Hand zitterte sacht, als sie die Zitronen viertelte.
»Du hast mir nicht zufällig etwas zu sagen?«
»Was sollte ich dir zu sagen haben?« Julia kicherte nervös. Doch er bemerkte in ihrem Verhalten neben der Unruhe auch einen kaum verholenen Triumph.

»Nun, vielleicht, wenn du erfährst, daß es im Hippodrom heute äußerst unruhig zuging. Dein Freund Asterios war daran nicht unbeteiligt.«

»War er das?«

»In diesem Zusammenhang fällt mir ein, daß der Verwalter unserer hispanischen Güter mir unlängst schrieb, du habest dort eine größere Summe Geldes abgezogen. Eine gewaltige, um genau zu sein. Hast du Asterios ein paar neue Pferde spendiert? Oder ging alles für die Austern drauf?« Er bekam keine Antwort.

»Ich hoffe …«, setzte er erneut an.

Doch seine Frau unterbrach ihn schneidend: »Deine Hoffnungen interessieren mich nicht.« Sie ereiferte sich. »Deine und meine Hoffnungen gehen schon lange vollkommen getrennte Wege.« Sie knallte ihm die Zitronenstückchen auf den Teller. »Oh, keine Angst«, kam sie einem Einwand von ihm zuvor, »du bist schon lange kein Bestandteil meiner Pläne mehr, schon lange nicht.« Sie schlürfte eine Auster und kaute wütend.

»Worum geht's dir, Julia?« fragte er ironisch, »um Origenes' okkupiertes Land? Darum, daß seine Kollegen ihre Kredite wieder unreglementiert gegen Traumzinsen verleihen dürfen? Um höhere Brotpreise? Was wollt ihr, du und deine Freunde?«

»Stell uns gefälligst nicht als korrupte Idioten hin«, fauchte sie. »Und wenn du schon fragst: Es geht um die Würde des Senats, um die Rechte der alten Familien, ja. Aber auch um die Verelendung in den Provinzen, die der Kappadokier ausgeplündert hat. Um ermordete Beamte, deren Erbe der Staat mittels gefälschter Testamente für sich einzieht, um Kurialen, Adlige in öffentlichen Ämtern, die unter der Last ihrer städtischen Pflichtabgaben wanken und die Bäder und Theater verwaisen lassen müssen, weil kein Geld für sie bleibt im allgemeinen Ruin. Um das monophysitische Gesindel, das sich in Theodoras Gefolge überall ansiedelt. Es geht um den Tod von Religion und Kultur!«

»Um die Kultur also.« Areobindus beschloß, daß keines der glitschigen Tiere auf seinem Teller seinen zugeschnürten Hals würde passieren können. »Und deshalb wollt ihr hier ein Blutbad anrichten und das Schicksal dieser drei armen Narren in Sankt Laurentius ausnutzen, hab ich recht? Du, Origenes, und wer noch?« Er wartete. »Und wer noch, Julia?« Doch sie schwieg.

»Nun gut«, er stand auf. »Dann werden wir packen.«

»Nein!« Wild erhob auch sie sich und beugte sich ihm mit baumelnden Ohrgehängen über den Tisch entgegen. Ihre kleine Faust sauste zwischen den Tellern nieder, daß es schepperte. »Ich werde hier sein, wenn ...«

»Wenn was?« herrschte er zurück. »Wenn hier alles in Flammen aufgeht? Wir packen!« Er brüllte es. Es war das erstemal, daß er seine Stimme erhob, und die lauschenden Sklaven hinter der Tür zuckten zusammen und liefen los, den Befehl auszuführen, noch ehe er ihnen erteilt wurde.

In den Smaragdgärten

»Ach, Antonina, mit dir macht das Leben wenigstens Spaß!« Theodora setzte den letzten Federstrich unter die Gründungsurkunde zu einem Heim für Straßenmädchen, die sie und ihre Freundin ausgeknobelt hatten. »Wenn du nicht da bist, dann frißt mich das Zeremoniell auf, selbst hier in Pythia.«

»Ich bin auch lieber in deinem Kurbad als an der persischen Front, das kannst du mir glauben.« Antonina rieb sich den Rükken und drehte enttäuscht die Weinkanne um, der kein Tropfen mehr zu entlocken war. »Das ewige Geschrei der Verwundeten und der Gestank vom Verbandsplatz. Und jede Nacht in einem anderen Zelt, das ist kein Spaß, kann ich dir sagen.«

»Hast du viele Tote gesehen?« Antonina winkte ab. Theodora überlegte. »Was treibst du da eigentlich so den ganzen Tag?«

»Ich? Ich tigere im Zelt auf und ab und hoffe, daß mein Mann und kein feindlicher Sarazene abends die Eingangsplane aufreißt. Nein, im Ernst«, sie hob abwehrend die Hände. »Ich bin meist hinter den Linien, in den nächstgelegenen Städten, und organisiere den Nachschub.«

Theodoras Gesicht war ein einziges Fragezeichen.

»Ja, schau mich nicht so an. Mehl, Öl, Wein, Fleisch. Jedem Soldaten stehen davon bestimmte Rationen zu, als Teil ihres Solds. Wenn's damit knapp wird, werden sie verständlicherweise nervös. Und wenn man das die Hauptleute erledigen läßt, wird's teuer.« Sie rieb Zeigefinger und Daumen bedeutungsvoll aneinander. »Sie zweigen doch alle was für sich ab.«

Theodora staunte. Sie konnte sich die kapriziöse Antonina, die, obwohl sie um einiges zugelegt hatte, doch höchstens ein Viertel des Gewichts eines der angesprochenen Söldnerführer auf die Waage brachte, kaum bei harten Verhandlungen mit Hauptleuten und Stadtmagistraten vorstellen. Sie schüttelte den Kopf. Andrerseits … »Ich sehe dich förmlich, wie du aus deiner vergoldeten Sänfte steigst, hinter dir zehn wild blickende Hunnen, dir den Staub aus der Schleppe schüttelst und den städtischen Beamten die Preise für ihren Zwieback diktierst.«

»So ist es, Schatz. Und wenn sie nicht spuren, dann trete ich in meinen roten Stiefelchen beiseite, damit sie meine Argumente besser sehen können.« Antonina legte zufrieden die Füße in den angesprochenen Halbstiefeln hoch. Sie waren immer noch rot, doch von makelloser Qualität, aus samtweichem antiochischem Leder, mit goldenen Schnallen und Verschnürungen.

»Weiß Belisar eigentlich zu schätzen, was du für ihn leistest?«

»O ja. Ah, da ist ja der neue Wein.« Antonina nahm einen tiefen Schluck. »Im Moment allerdings. Theodora«, sie beugte sich vor. »Er ist völlig geknickt wegen der Abberufung. Das kann dein Mann uns nicht antun.« Theodora wollte abwiegeln, Belisarius war nicht offiziell in Ungnade gefallen, nur von seinem Kommando abgelöst. »Er kann nichts für die Niederlage am

Orontes«, setzte Antonina nach, »er hätte den Persern die Schlacht nicht mal angeboten. Aber seine Reiterführer haben gemeutert, und unterstützt hat sie dabei eben der Hermogenes, den dein Mann uns zur Kontrolle nachgesandt hat.« Empört warf sie sich gegen die Sessellehne zurück. »Wenn er den Rückzug auf Flößen über den Fluß nicht so brillant organisiert hätte, dann wären noch einmal so viele ertrunken, wie zuvor gefallen waren.«
»Stimmt die Zahl der Toten, die man so hört?« Theodora schauderte bei dem Gedanken.
Antonina zuckte die Achseln. »War schwer, sie zu zählen, viele trieben davon. Mein Gott, wie der Fluß stank. Das war vielleicht ein Ostern!« Beide tranken, und eine nachdenkliche Stille trat ein. »Weißt du, wie es die Perser machen?« Sie wartete die Antwort nicht ab. »Vor dem Feldzug, verstehst du, da ziehen sie alle an ihrem König vorbei durch den Thronsaal, einer nach dem anderen, in endlosen Reihen, und jeder einzelne Mann steckt einen seiner Pfeile in einen Korb, der dort bereitsteht. Sind die Körbe voll, werden sie versiegelt. Nach der Schlacht dann stehen sie wieder ihrem König gegenüber. Die Körbe werden geöffnet, und jeder zieht sich einen Pfeil heraus. Was in den Körben bleibt, das ist die Zahl der Toten. So mancher Feldherr mußte schon auf die Pfeile und dann ins Gesicht seines Kaisers sehen.« Wieder schwiegen beide, und jede hing ihren Gedanken nach.
»Theodora?« Antonina wollte noch einmal für ihren Mann bitten. Gib ihm ein Kommando, wollte sie sagen, damit er unsere Nächte nicht mehr damit vergeudet, mir die überlegene Schlachtaufstellung vor Antiochia zu erläutern, anstatt mich zu umarmen. Denn wenn er noch einmal sagt: »Ich hätte die Sarazenen nicht allein auf den linken Flügel stellen dürfen«, dann schreie ich.
»Ich tu, was ich kann, Engelchen.« Sie ergriff Antoninas Hand und drückte sie, da klopfte es.

Ein Mann trat ein, schmal und schwächlich, den die großen Edelsteine auf seinem Gewand schier zu erdrücken schienen. Sein Gesicht wurde ganz von einer vorspringenden Nase beherrscht, die so grotesk aussah, daß man darüber fast das funkelnde Paar Augen vergaß, das von Humor, Erfahrung und Intelligenz sprach.

»Ah, Narses, kommt herein.« Doch der Eunuch verbeugte sich nur formell.

»Darf ich meine Herrin daran erinnern, daß für diese Stunde die öffentliche Edelsteinspaltung angesetzt ist, zu der unser aller geschätzter Praefectus praetorio, Johannes der Kappadokier, geladen hat? Ihr hattet zugesagt zu kommen.«

Theodora seufzte und stand auf. Narses winkte einer Reihe von Zofen, die schweigend, mit vor der Brust gekreuzten Händen hereinkamen und sich nach einer tiefen Verneigung daran machten, Theodora Stola, Mantel und Schleier umzulegen, bis sie wie ein stoffgeschmücktes Kultbild aussah. Eine schob ihr flugs ein Lorbeerblatt in den Mund, gegen den Weingeruch, und Theodora kaute ergeben und spuckte die Reste in eine dafür bereitgehaltene goldene Schale.

Auf Narses' Klatschen hin trat die Leibwache ein, Zofen und Soldaten formten einen Zug, in dem jeder seinen genau berechneten Platz einnahm. Antonina als Hofdame durfte hinter Theodora zwischen den weißbemantelten Gardisten einherschreiten. Die Silentiarii schließlich wandelten ihnen voraus durch die Gänge, schwangen ihre goldenen Stäbe und verkündeten singsangend das Nahen der Kaiserin, damit jedes Gespräch verstummen und alles vor ihr in einen tiefen Knicks versinken konnte. So glitten sie dahin. Irgendwo hinter ihnen stimmte ein Kinderchor sein Loblied an. Mit kleinen, unauffälligen Handbewegungen wedelte Theodora die Weihrauchschwaden beiseite. Wenn Narses etwas davon bemerkte, so erwähnte er es nicht.

Für Theodora war ein Elfenbeinsessel in der ersten Reihe freigehalten worden. Und mit Bedauern sah sie neben ihrem Platz erwartungsvoll den Mann sich erheben und sie begrüßen, dessentwegen sie unter anderem so oft und gerne aus Byzanz in dieses Badestädtchen floh. Sofern man einen Zug von zweitausend Menschen Personal samt Gepäck als Flucht bezeichnen konnte. Es gab Höflinge, die lästerten, der letzte Sklave hätte Byzanz noch nicht verlassen, wenn die Vorhut des Zuges bereits Pythia erreicht hatte. Auch der Kappadokier, Justinians allmächtiger Kanzler, Steuereintreiber, Foltermeister und Geheimdienstchef, der sich nun tief vor ihr verbeugte, sollte sich schon derart geäußert haben.

Theodora lächelte angestrengt und nahm Platz. Johannes setzte sich ebenfalls und gab der Hoffnung Ausdruck, daß sie sich gut unterhalten möge. Theodora würdigte ihn keines Blickes. Vor ihr trat gerade der ob des großen Publikums aufs höchste nervöse Edelsteinschleifer ein und verbeugte sich tief.

»Ich denke«, bemerkte Antonina, »Ihr habt heute bereits Euren Spaß gehabt. Oder mußtet Ihr die Pfählungen wegen des guten Wetters verschieben?«

Johannes lachte dröhnend.

Der alte Juwelier hob den Smaragd, den er heute spalten sollte, um ihn ein letztes Mal gegen das Licht zu halten. Ein Seufzen ging durch die Menge der Zuschauer. Der Stein war von einer unglaublichen Größe. Sein grünes Feuer hatte vor Jahrhunderten auf der Stirn einer sagenhaften Gottheit geglüht, der ihre Anhänger in labyrinthischen Tempeln mit dem Blut von Jungfrauen huldigten. Heute war er in den Händen eines ausschweifenden Reichsbeamten, der seine Folterkammern hinter penibel sauberen Büroräumen betrieb.

»Er hat den Stein jetzt ein Jahr studiert«, flüsterte Johannes der Kappadokier Theodora zu. »Sagte, er müsse ein Gefühl für sein Wesen kriegen und so. Die Einschlüsse da, seht Ihr, die dunklen

Wolken?« Gegen ihren Willen mußte Theodora nicken. »Er nennt sie ›Gärten‹. Es müssen wahrhaftig Paradiesgärten sein.«

»Wo habt Ihr ihn gefunden, Johannes? In den Eingeweiden eines armen Provinzgouverneurs, den Ihr geschlachtet habt?«

»Jeder findet das Paradies dort, wo er sucht, werte Antonina. Tatsächlich stammt der Stein aber aus den Kleopatra-Minen in Zabara am Roten Meer, falls es Euch interessiert.«

Alle verstummten, als der Schleifer seinem Gehilfen ein Zeichen gab, die Drehbank in Betrieb zu nehmen. Der setzte sich mit untergeschlagenen Beinen neben den Tisch und nahm den Fiedelbogen auf, um unter eiligem Hin und Her die Spindel und den Diamantkopf darauf in Rotation zu versetzen. Sein Meister wartete, bis die Bewegung schnell und ruhig war, dann hob er den Stein und setzte ihn an. Auf seiner Stirn erschienen große, im Gegenlicht glitzernde Schweißtropfen. Die Spannung im Raum war mit Händen zu greifen, und als wenig später zwei Hälften mit einer spiegelnden Schnittfläche dazwischen leise kullernd auseinanderfielen, da ging das Seufzen einer glücklichen Brautnacht durch den Raum.

Applaus brandete auf, der Juwelier tupfte sich mit zitternden Händen den Schweiß ab. Während die beiden frisch geschnittenen Hälften in ein duftendes Öl getaucht wurden, das sie vor Sprödigkeit schützen sollte, erhob sich Johannes der Kappadokier und verkündete, daß die beiden Hälften dieses Steins, der, wie er ausholte, »Schlangen erblinden und den, der ihn unter der Zunge trägt, in die Zukunft blicken lassen« könne, zu Besätzen einer Gürtelschnalle geschliffen werden sollten, die er seiner geliebten Kaiserin als Zeichen seiner Huld verehren werde.

Theodora hatte das Gefühl, eine Schnecke sei in ihr Kleid gekrochen. Sie wollte von diesem Mann nicht beschenkt werden. Gerade als sie winkte, um einen ihrer Silentiarii die passenden Dankworte sprechen zu lassen, stürzte ein Bote ins Zimmer und kniete vor ihr nieder. Sie nahm den Brief entgegen. Ihr Gefolge

scheuchte alle anderen aus dem Zimmer. Nur Narses, Johannes und Antonina blieben. Sie las rasch, mit stumm bewegten Lippen, dann sprang sie auf.
»Ich reise sofort nach Byzanz. Kein Gepäck, kleine Eskorte. Narses, ich brauche eine paar zuverlässige Leibwächter.« Da war sie bereits aus dem Zimmer.
Johannes hob den Brief mit spitzen Fingern auf. »Die Stadt brennt«, stand da. »Alles ist verloren. Komm nicht, Liebste. Bleib, wo du bist.«

Nika!

Die Zeuxippos-Thermen waren ein rauchender Trümmerhaufen. Ein Teil der großen Kuppel über dem Bassin stand noch und schützte das schwarze Mosaikkreuz auf Goldgrund auf der Innenseite mit seiner Krümmung vor dem nackten Himmel. Wo das Lampenhaus gestanden hatte, war nicht mehr auszumachen. Das sonst so belebte Augusteion lag wie ausgestorben, die Fassade des Senats war qualmgeschwärzt, die mächtigen Säulen, die auch ein Aufstand nicht stürzen konnte, voller Ruß. Und noch immer stieg fetter Rauch aus den Fenstern. Die Chalké, das Palasttor samt Wachhaus und Eingangshalle, gab es nicht mehr. Inmitten der Berge von Ziegelsteinen standen nervös aussehende Palastgardisten, deren prächtige Uniformen mit ihren Vergoldungen und Federbüschen durch Schmutz, Blut, Dellen und in Fetzen flatternde Umhänge verunstaltet wurden. Sie standen Schulter an Schulter und ließen Theodora mit ihrer kleinen Eskorte von Eunuchenkriegern zögernd und mit düsteren Mienen passieren. Von links ragten die verkohlten Dachbalken der Hagia Sophia ins Morgenlicht. Die aufgeregten Rufe der Plünderer waren bis herüber zu vernehmen.
Fassungslos stand Theodora auf dem Platz vor dem riesigen,

Gott sei Dank unangetasteten Basilikenbau der Magnaura, in dem üblicherweise die Gesandten empfangen wurden, und atmete den Geruch von Rauch und Verwesung ein. Als der entschlossene Marschtritt gepanzerter Einheiten hörbar wurde, zuckte sie zusammen.

»Narses, habt Ihr das gehört?«

Der kleine Armenier nickte und befahl seinen Leuten, die Waffen zu zücken. Schritt für Schritt gingen sie weiter.

»Belisarius!« Erleichtert erkannte sie in dem Anführer des Trupps Goten, der um die Ecke bog, Antoninas Mann. Seine Männer hielten, die Lanzen aufgestemmt, hühnenhafte Kerle, deren blonde Pferdeschwänze im Morgenwind wehten. Belisar nickte nur knapp, nicht der joviale Volksliebling, als den Theodora ihn aus ihren gemeinsamen Byzantiner Tagen kannte, sondern der General vor einem Angriff, konzentriert und wortkarg, eine Seite, die bisher nur die fernen Provinzen an ihm zu sehen bekommen hatten.

»Euer Gatte, der Kaiser, ist im Daphne-Palast. Alles andere war zu unsicher.«

»Und die Garden?« Theodora war fassungslos.

Belisarius kaute auf etwas und spuckte es aus. »Hoffe, sie lassen uns raus, die Schweinehunde. Sind total nervös. Riegeln alles ab und warten, wer gewinnt. Laßt niemanden, den Ihr nicht gut kennt, näher als zehn Schritte an Euch heran.« Vergeblich suchte Theodora in seinen Augen nach einem Lächeln, das diese Worte als Scherz enttarnt und sie erleichtert hätte. Da war kein Anflug davon. Belisar salutierte und marschierte auf die Trümmer der Chalké zu. Theodora sah ihn halten, verhandeln und schließlich passieren. Seine Leute verschwanden einer nach dem anderen zwischen den Ruinen des Augusteions. In der Ferne wurde eine dünne Melodie hörbar, ein Kirchenlied, gesungen von einem unsicheren Chor; es schwebte über der Vernichtung.

»Aber das darf doch nicht wahr sein!«
Justinian zuckte die Schultern. »Immerhin halten sie das Bronzetor unter dem Kathisma und die Chalké gegen den Pöbel von draußen besetzt.«
»Ja, und uns damit ganz nebenbei gefangen wie die Mäuse.« Theodora ging in ihren Privatgemächern im Daphne-Palast hin und her, als wäre sie bereits ein Tier in der Falle. Sie wollte sich über die Palastgarde nicht beruhigen. »Das waren doch einmal deine Leute, du warst einer von ihnen!«
Justinian zuckte resigniert die runden Schultern. »Treue, Theo!« Man konnte glauben, der Kaiser stünde kurz davor zu weinen. Theodora ging hinüber und nahm ihn in die Arme. Sein rundes Bauernjungengesicht, stellte sie fest, war hager geworden wie das eines Asketen. Tröstend strich sie ihm über die blassen Wangen, auf denen sich ein Rest der früheren Röte als hektischer, scharf umgrenzter Fleck abzeichnete.
Das war nicht allein das Werk der letzten Tage. Seit er Kaiser war, hatte Justinian begonnen, sich zu verwandeln. Niemandem vertrauend als seiner Frau, lud er sich alle Arbeit auf, die er sah, um sie selbst zu tun, vom Größten bis zum Kleinsten. Er erließ Gesetze, griff in Prozesse ein, setzte Steuern fest, formulierte Briefe an Gesandte, studierte die umfangreiche Korrespondenz seines Geheimdienstes. Ohne Sinn für Maß und Bedeutung, konnte es vorkommen, daß er einen Ehestreit vor Gericht persönlich per Dekret entschied und eine persische Gesandtschaft dafür warten ließ. Er suchte zu entscheiden und zu lenken, bis ins Detail, »bis ins Detail«, wie er besessen flüsterte, wenn er nachts hinter verschlossenen Türen auf und ab wandelte, um nachzudenken und zu planen, während die Wachen, die Silentiarii, die Priester und Traumdeuter seines Gefolges um sein leeres Lager herum vor Erschöpfung eingeschlafen waren. Er aß, was Theodora ihm brachte, sah kurz von seinen Schriftrollen auf und schrieb gleich darauf weiter.

»Ich muß alles selbst tun, Theo«, pflegte er zu sagen und tauchte die Feder ein. Die schöne Zeit, da sie gemeinsam über seinen Entwürfen für die neue Gesetzessammlung gebrütet, diskutiert und sich heiß geredet hatten über die Frage der Gerechtigkeit, um sich danach über einer guten Idee in die Arme zu sinken, sie war längst Vergangenheit. Justinian war Kaiser und ihr heißgeliebtes Projekt Realität geworden. Er setzte eine Kommission unter dem Juristen Tribonianus ein, einem eleganten Mann, wie die meisten seiner Kollegen eine Entdeckung Justinians aus der Provinz, dem Theodoras ehrliche Sympathie gehörte, auch wenn er allgemein in dem Verdacht stand, ein Heide zu sein. Und seitdem die Kommission tagte, war Justinian ganz damit beschäftigt, sie und Tribonian zu überwachen und zu kontrollieren. Die Angst, etwas zu übersehen, fraß ihn auf.
Es war ein Wunder, fand Theodora, daß er am Tage der joviale, lächelnde Herrscher blieb, dessen schlichte Freundlichkeit ihm die Herzen sämtlicher Bittsteller und die Hoffnungen aller bei Hofe herumschleichenden Parasiten gewann. Wenn er lachend bei einem Bankett von seinem Kaisertisch aus in die Runde prostete oder wenn er jemandem den Arm um die Schultern legte, um ihn in eine vertrauliche Beratung zu ziehen, dann ahnte nicht einmal der engste Kreis seines Thronrates oder seiner Freunde, was für eine manische Persönlichkeit hinter seiner biederen Maske steckte.
Vielleicht wußte es der Kappadokier, dessen Spitzel ihre Augen überall hatten. Er war fast so gut informiert wie Justinian selbst. Gemeinsam spähten sie durch jedes Schlüsselloch im Reich, mit gierigen, übermüdeten, rotumrandeten Augen, und machten das Leben ihrer sämtlichen Untertanen gläsern, auch das Leben der Kaiserin, ihr Leben, selbst noch in Pythia. Sie wiegte ihn.
»Vertrauen, Theo, man kann niemandem vertrauen.«
»Pscht, pscht, pscht. Mir kannst du vertrauen.« Sie tröstete ihn wie ein Kind.

Doch er schüttelte trotzig den Kopf. »Es ist alles zu spät. Sie haben die Präfektur gestürmt und alle Gefangenen befreit. Meine ganze mühsame Arbeit. Und die da drüben lauern nur auf ihre Chance.« Zornig machte er sich los, ging ein paar Schritte auf die geschnitzte Eichentür zu und stieß sie auf. Dahinter lag ein Korridor, in dem Narses' Eunuchengarde Schulter an Schulter stand, jede Tür, jede Biegung und jeden Winkel im Auge behaltend. Wer ihn passieren wollte, der mußte sich durch ihre Waffen und die aus Möbeln eilig errichteten Barrikaden hindurchwinden. Die anderen Stockwerke des Gebäudeflügels hielten die Männer von Belisarius und Mundus, einem loyalen General aus Illyrien, der zufällig mit seinen Truppen in der Hauptstadt anwesend war und sich Justinian zur Verfügung gestellt hatte. Seine Bogenschützen auf den Dächern sicherten den Daphne-Hof. Die schweigende Rückfassade des Kathisma-Gebäudes hingegen war Feindesland, nur vorläufig noch verhielten sich die dort festgesetzten Palasttruppen neutral und ruhig. Doch war es nicht ratsam, den Hof zu durchqueren und die nervösen Hände auf den gespannten Bogensehnen beider Parteien unnötig zu reizen. Schräg über den Korridor, ehemals eine Flucht von Speise- und Empfangszimmern, war der Senat untergebracht samt allen Mitgliedern der Familie Kaiser Anastasios', deren man habhaft hatte werden können. Sie kauerten dort inmitten der Marmorpracht der Wände auf improvisierten Lagern, starrten hungrig auf die Fußbodenmosaike mit dem Motiv des »Ungekehrten Bodens«, wo appetitlich Hühnerknochen, Fischgräten, ausgelutschte Feigen, leergezupfte Trauben und Mandelschalen zwischen neckisch umherhuschenden Mäuschen und krabbelnden Insekten abgebildet waren und ihnen das Wasser im Munde zusammenlaufen ließen. Ihre Notdurft verrichteten sie in Weihrauchurnen und Blumenvasen und lauschten dabei den Schritten auf dem Gang in Erwartung ihrer kriegsbedingten Exekution.

Hin und wieder ließ der Kaiser einige von ihnen herausrufen, damit sie ihm beim Abendessen Gesellschaft leisteten, vorzüglich die Neffen des Anastasios, Probos, Hypatios und Pompeios. Sie folgten der Einladung schlurfenden Schrittes, mit ungepflegten Bärten, beschmutzten Kleidern und mit vom alten Schweiß klebriger Haut. Auf den Knien entschuldigten sie sich vor ihrem Kaiser und Herrn für ihr jämmerliches Aussehen und flehten ihn an, sie, seine Diener, in seiner Nähe und am Leben zu lassen. Sie wußten, der Pöbel würde sie draußen ergreifen und versuchen, sie auf einen Schild zu heben, um ihnen als neuen Herrschern zu huldigen. Und das mochte ihr Tod sein. Des Probos' Frau hatte weinend ans Palasttor geklopft, obdachlos, weil die Zirkusbanden ihr Haus anzündeten, wütend darüber, den Hausherrn nicht dort und willens zu finden, ihnen aufs Forum zu folgen. Justinian war angeekelt von ihrem schlechten Geruch und der Demut ihrer Bitten und bat sie lächelnd an seinen Tisch, um sie mit Wein, Wildbret und Früchten zu bewirten. So kehrten sie gestärkt, den Glanz der goldenen Kandelaber noch in den Augen und mit neuer zitternder Hoffnung erfüllt, in die Tristesse ihrer stinkenden Massenunterkünfte zurück.

»Die dort drüben«, wiederholte Justinian bitter, »diese Nattern, die auf meinen Tod lauern.«

»Ist ja gut, ist ja alles gut.« Theodora zog ihn erneut an sich und strich ihm beruhigend übers Haar. Angstvoll sah sie durch die offenstehenden Türflügel auf den Korridor hinaus.

»Ich habe Belisarius mit seinen Männern aufbrechen sehen. Bestimmt wird er gute Nachrichten mitbringen.« Ihr Gatte antwortete nicht, dumpf brütend lag er in ihren Armen. Auf den Gängen hallten die Kommandos. Und darüber lag, wie das Summen eines riesigen Bienenstocks, ein böses Brummen, so allgegenwärtig, daß man es beinahe nicht bemerkte: das ferne Toben des Hippodroms jenseits der Mauern.

Belisarius kehrte am Abend nicht mit guten Nachrichten zurück. Mißmutig löste er den Helmgurt, fläzte sich auf einen Sessel und verlangte laut nach Wein. Eine blutige Schramme verunstaltete seine Wange, und das linke Auge war geschwollen.
»Scheiße!« Mehr war zunächst nicht aus ihm herauszubekommen. Unruhig sah das Kaiserpaar ihm zu, wie er in langen Zügen den Falerner hinunterstürzte.
Belisarius' Goten hatten gerade damit begonnen, in langen, schildbewehrten Reihen den rauflustigen, plünderungsbereiten Pöbel über das Augusteion und die umliegenden Straßen zurückzudrängen, um die Ruhe in diesem Viertel wiederherzustellen, das stetig neue Brandschatzen und Plündern zu stoppen. Da geriet auf einmal aus der nahe gelegenen Hagia Sophia eine Prozession zwischen die feindlichen Parteien.
Der Patriarch hatte ebenfalls das Bedürfnis verspürt, die Stadt wieder zu befrieden, und statt zu Feuer und Schwert zu Gebet und Gesang gegriffen. In goldenen Gefäßen wurden auf langen Stangen einige der berühmtesten und wirkungsmächtigsten Reliquien mitgeführt und der verzweifelten Bevölkerung gezeigt, allen voran der wundertätige Gürtel der Jungfrau Maria. Wo der Gesang der Priester aufstieg, da verstummte der Kampflärm. Einige Menschen knieten laut betend im Staub, andere verhöhnten hinter dem sicheren Schutzwall der Priester in ihren prächtigen spitzenbesetzten Kleidern Belisars Soldaten mit gereckter Faust. Die gotischen Söldner bleckten die Zähne, nicht bereit, sich das bieten zu lassen. Wütend drängten sie, die Kommandos ihrer Hauptleute mißachtend, durch die Reihen der Priester zu ihren Feinden.
Schon geriet ein goldenes Kästchen mit Splittern und Nägeln vom Kreuz Jesu auf seiner langen Stange gefährlich ins Wanken, und das Volk ächzte. Zögernd verharrte die goldene Kapsel mit dem Haar Johannes' des Täufers und verursachte einen Stau. Ein Repetitor mit heiliger Last gebot damit gebieterisch wie mit

einem Feldzeichen den gepanzerten Doryphoren Belisars, beiseite zu treten. Ein Fausthieb streckte ihn nieder. Die mumifizierte Hand der heiligen Anna stürzte samt emailliertem Silberschrein zu Boden und wurde unter den entsetzten Augen der Byzantiner im allgemeinen Tumult zu Staub. Ein Aufschrei tierischer Wut stieg aus der Menge, die prachtvollen Gewänder der Kirchenmänner verloren sich im Gewoge der Kämpfenden. Schreiende Chorknaben mit blutig geschlagenen Mündern suchten rudernd dem Chaos zu entkommen, goldbestickte Stolen gingen in Fetzen, blütenweiße Untergewänder sogen Blut und Schlamm. Scheppernd rollte ein Weihrauchfaß in die Gosse und gab seinen glimmenden Inhalt frei.

Der Gesang war verstummt, die Kommandos der Doryphoren versuchten das allgemeine Geschrei zu durchdringen, doch vergebens. Als ein Trupp Goten einer Horde der wildesten Angreifer in eine enge Nebengasse nachsetzte, wurden die eingekeilten Männer von den Dächern herunter mit Dachziegeln und Steinen beworfen. Das Gedränge war zu eng, um auszuholen und die Angreifer mit gezielten Speerwürfen herunterzuholen. Mühsam die Schilde über die Köpfe haltend, droschen sie mit ihren Schwertern auf alles ein, was sie erreichen konnten. Schnell wurde die Straße unter ihnen glitschig von Blut. Da ergoß sich aus verschiedenen Fenstern ein Schwall heißen Wassers auf die Krieger, die aufbrüllten. Als eine der Frauen, die triumphierend ihre Tröge aus dem Fenster geleert hatten, mit einem gut geschleuderten Dolch in der Brust herabstürzte, sah die Menge rot.

»Aufstellung!« Belisarius biß die Zähne zusammen. »Nehmt die Verwundeten mit!« Es mußte doch möglich sein, sich aus dieser verdammten Gasse zu lösen!

Belisar schloß in Erinnerung an diese Szenen die Augen und rieb sie sich mit den Fäusten. Alle sahen ihn stumm an.

»Ich habe dreißig Mann verloren«, faßte er mürrisch das Desaster zusammen. »Im Straßenkampf haben wir mit den wenigen Truppen keine Chance.« Justinian und Antonina saßen wie erstarrt da. Es sollte keinen Schutz geben gegen den unbewaffneten Pöbel?

»Was quält Ihr Euch durch die Straßen?« fragte Theodora schließlich, »marschiert ins Hippodrom, das ist das Tritonshorn, durch das sie trompetengleich ihre Botschaft des Chaos verkünden. Wenn wir sie dort zum Schweigen bringen, verstummen auch die Straßen von Byzanz.«

Die beiden Männer sahen sie entgeistert an. »Dort sind an die achtzigtausend versammelt!«

Theodora zuckte ärgerlich die Schultern und wandte sich ab. Dieses Brummen in der Luft, es machte sie wahnsinnig!

»Nein!« Justinian hatte einen Entschluß gefaßt und griff zu Feder und Purpurtinte. »Es ist besser, wenn ich ihren Forderungen nachgebe.« Mit raschen, kratzenden Strichen verfaßte er ein Schriftstück, das die seit Tagen verlangte Absetzung des Stadtpräfekten Eudaimon, des Quästors sacri palatii Tribonianus und Johannes' des Kappadokiers, seines derzeitigen Praefectus praetorio, bestätigte. Mit weit ausfahrender Geste, die beinahe den Papyrus einriß, unterschrieb er und verlangte eine Eskorte, die den Libellarius mit dem zu verlesenden Dokument ins Kathisma begleiten sollte. Die Soldaten wurden von der Palastgarde aufgehalten, die nach langen Diskussionen nur den kaiserlichen Sprecher allein in die Loge ließ.

Dort stand der Mann zitternd an der Marmorbrüstung und verlas eine Botschaft, die im allgemeinen Toben wenig Gehör fand. Stöcke, Steine und faules Gemüse waren die Antwort. Asterios und Leonidas, die Führer und Sprecher der nunmehr vereinten Blauen und Grünen, kämpften sich zu der einsamen Loge durch und rieten dem Libellarius, flüsternd über die Brüstung gebeugt, sich dringend in Sicherheit zu bringen vor etwas, was sie selbst kaum mehr beherrschten. Niemand anderes als ein Kaiser könnte sich hier noch Gehör verschaffen, ein alter oder, und Leonidas zeigte sein strahlendes Gebiß in dem braunen Gesicht und legte seinen mächtigen Arm um den zufrieden grinsenden Asterios, oder eben ein neuer. Asterios nickte und tastete unwillkürlich nach seiner Börse. Dann machten sie kehrt, um die großen Sprechchöre erneut anzutreiben. Die Menge verschluckte sie. Um den Libellarius kümmerte sich niemand mehr. Beschmutzt und blutend konnte er nur wenig später seinem Kaiser berichten, daß die Mission ergebnislos verlaufen war. Das Kaiserpaar verbrachte eine nervöse Nacht.

Um die dunkelste Stunde weckten Justinian ein verzweifelter Schrei und Lärm auf dem Korridor. Die Wächter um sein Lager hoben die Waffen. Das Getrappel vieler Füße war zu hören, es klirrte, als würde eine Vase umgestoßen, dann der Ruf: »Er hat eine Waffe! Er hat eine Waffe!« Wieder der Schrei, der sich bald in ein langgezogenes »Neeeeiiin« verwandelte. Die Türen wurden aufgestoßen, und fackeltragende Soldaten schleppten ein Etwas zwischen sich herein und warfen es vor Justinian, der sich erhob, auf den Boden. Es war Hypatios, der Neffe des verstorbenen Kaisers Anastasios. Und was Belisar, der den Trupp begleitete, im unruhigen Feuerschein hochhob, um es dann mit einer verächtlichen Geste zwischen seinem Kaiser und dem Gefangenen zu Boden zu schleudern, war ein silbernes Obstmesser von der kaiserlichen Tafel. Theodora mit ihren Leibwächtern trat ein und drückte sich an die Wand.

»Das hatte er bei sich, er schlich auf dem Korridor herum«, verkündete Belisar. Justinian sagte nichts, Hypatios wimmerte.

»Damit habe ich nur die Tür aufgestemmt, nur die Tür.« Niemand antwortete ihm. »Ich, ich, ich, ich, ich wollte nach Hause.« Bei dem Wort kamen ihm die Tränen, und er schluckte. »Nach Hause.« Er weinte dicke Tropfen, die seine gerötete Nase entlangliefen. »Es ist doch ganz stumpf, Herrgott noch mal«, bäumte er sich plötzlich auf, dann verließ ihn die Energie wieder.

»Ganz stumpf, ganz stumpf«, winselte er nur noch leise vor sich hin. Belisarius zog ihn an seiner schmierigen Toga zu sich hoch. »Was glaubst du, womit ich schon alles Menschen umgebracht habe?«

»Ganz stumpf, ganz stumpf«, murmelte Hypatios nur weiter und wiegte seinen Kopf.

Belisar trat zu Justinian hinüber. »Er muß es bei einem der Abendessen gestohlen haben.«

Justinian stand noch immer schweigend da. Hypatios und sein Gefolge mochten es für kaiserlichen Zorn halten, Theodora wußte, es war der nackte Horror. Dieser nächtliche schleichende Attentäter, den er da vor sich zu sehen glaubte, es war der dunkelste seiner Alpträume. Leise stand sie auf und nahm seine Hand, die eiskalt war und sich um ihre Finger schloß wie ein Schraubstock. Langsam begann sie mit der anderen Hand, seinen Arm unter dem Gewand zu streicheln, auf und ab, auf und ab, bis sie glaubte, wieder Wärme in dem Fleisch zu spüren. Sie lauschte auf seinen Atem, wartete auf den Moment, da er tiefer und ruhiger würde. Sie war die erste, die das große Zittern spürte, das in Justinian aufstieg.

»Bringt sie um, alle«, hörte sie ihn zwischen zusammengebissenen Zähnen murmeln, immer wieder, und sie merkte, wie er Luft holte, den befreienden Satz hinauszuschreien.

Da packte sie seinen Arm fester und zog ihn zu sich herunter. »Nein«, flüsterte sie heiß in sein Ohr. »Nicht.« Justinian wankte wie unter einem Schlag, und Theodora sprach schnell weiter. »Sie verdienen deinen Schutz nicht, laß sie gehen. Schick sie hinaus, es ist die letzte Prüfung. Bald werden wir sehen, wer treu ist und wer nicht. Dann können wir gerecht strafen, mit Gottes Hilfe.« Der Hofstaat wartete ehrerbietig. Nichts war in der Dunkelheit zu hören als das unverständliche Wispern von Theodoras Stimme und der stete Wimmerton des am Boden liegenden Kaiserneffen.

»Geh«, sprach Justinian heiser. Er räusperte sich und wiederholte mit klarerer Stimme. »Geh!« Und an seine Wachleute gewandt: »Schickt sie alle nach Hause. Aber versichert euch, daß sie das Palastviertel verlassen.« Bald darauf weckten derbe Rufe die restlichen Senatoren. Schlaftrunken hüllten sie sich in ihre zerknitterten, beschmutzten Togen und tappten zwischen den Bewaffneten auf den Flur. Theodora und Justinian sahen ihre von der Haft gezeichneten Gestalten eine nach der anderen durch den Korridor wanken.

Da warf sich einer in die Türöffnung, wurde von den Wachen festgehalten, klammerte sich an den Türrahmen und brüllte.

»Justinian, mein Kaiser und Herr. Hypatios ist ein Narr, aber ich nicht!« Es war Pompeios, der zweite Neffe des Anastasios. Hastig sprach er weiter. »Da draußen wartet der Pöbel auf uns, er will uns krönen, wie er es mit Probos wollte. Sein Haus liegt in Trümmern, seine Dienerschaft ist tot. Herr, sie werden uns zwingen, den Purpur zu nehmen, gegen unseren Willen werden sie es tun. Sie werden uns dem Volk zeigen wie Opfer, und dann werden die Wölfe uns zerfetzen, oh, gnädiger Herr!« Die Soldaten bekamen ihn los und schleppten ihn ab. »Erspar deinen untertänigen Dienern dieses Los. Laß mich hier, laß mich hier!« Sie hörten ihn noch eine Weile über den Gang kreischen.

Belisar trat an Justinian heran: »Das war mehr als großmütig. Wer weiß, ob der Hund sich draußen noch so zieren wird, die Krone zu nehmen.«

»Wenn jetzt bekannt geworden wäre«, antwortete Theodora an seiner Stelle, »daß wir den Senat massakriert haben, dann hätten sie uns gestürmt, und die Palastgarde«, sie spuckte das Wort förmlich aus, »hätte tatenlos zugesehen. Wir werden stark strafen, wenn wir stark sind.«

Belisar sah sie an und antwortete nichts.

Der folgende Tag verging in bangem Warten. Dichter Rauch stieg auf, der von der Eirene-Kirche stammen mochte, aber sicher war man nicht. Als Justinian seinen Beschluß faßte, weigerte Theodora sich, ihn zu begleiten. Sie hatte einmal bittend vor der Menge im Hippodrom gestanden, und es war vergebens gewesen. Wenn sie dem Pöbel nicht frech dabei ins Gesicht lachen konnte, wenn sie nicht die Starke war, dann hielt sie es für zwecklos, ihm gegenüberzutreten. All das sagte sie Justinian, während er in die Purpurschuhe schlüpfte, sich das Diadem aufs Haupt setzte, Stola und Purpurmantel entgegennahm, aber sie tat es umsonst. Rasiert, gesalbt, gekämmt und eingekleidet, die smaragdbesetzte Schärpe umgelegt und die übernächtigten Wangen von den Perlen der Schläfengehänge gerahmt, war er zu seinem Opfergang bereit. Ohne Silentiarii, ohne Priester und Knaben mit Weihrauchbecken, ohne Leibgarde in blütenweißen, bodenlangen Mänteln, dafür dicht umgeben von tätowierten Goten mit wippenden Pferdeschwänzen und schartigen Lederpanzern, brach er auf ins Kathisma. Theodora sah sie durchs Fenster über den Hof gehen und Einlaß von der Palastseite begehren.

»Lehnt euch nicht zu weit hinaus!« mahnte Belisar und musterte kritisch die Dächer.

Sie werden ihn nicht durchlassen, dachte Theodora bitter, beinahe hoffte sie es. Sie werden ihn nicht durchlassen. Der Kaiser, ein Bittsteller bei seinen eigenen Soldaten. Doch das Wunder geschah, die Garde, die das Kathisma besetzt hielt, ließ ihn passieren.

Ein kühler Abendwind wehte Justinian im Zirkus entgegen. Der Himmel war noch immer glühend rosa, gesprenkelt von schwarzen Krähen in noch dichteren Schwärmen als üblich, die auf die umliegenden Ruinen herniederstießen. Auf den Rängen brannten zahllose Fackeln wie vom Himmel gefallene Pfingstflammen. Justinian sah auf den ersten Blick, daß hier mehr als die fünfzigtausend versammelt sein mußten, die das Stadion normalerweise faßte. Nicht nur die Ränge, auch der Sand war schwarz von Menschen, sie wimmelten über die Spina und hingen von allen Mauern und Vorsprüngen. Übereinandergetürmte Rennwagen, halb in Trümmern, improvisierten da und dort Abgänge von den Zuschauerreihen in die Arena hinunter. Er konnte Kochfeuer ausmachen, regelrechte Lager im allgemeinen Gedränge. Musikkapellen spielten auf improvisierten Trommeln und Flöten und forderten die Umstehenden zum Reigen auf, Chöre wehten über den Platz. Ein paar Spaßvögel hatten einen der Tanzbären aus seinem Käfig in den Ställen unterm Zirkus befreit und neckten das Tier derb. Die wenigsten, das sah er, waren bewaffnet. Die Schlägertrupps der Zirkusparteien mit ihren charakteristischen weiten Kleidern und den Hunnenbärtchen waren immerhin strategisch auf die Zugänge verteilt, sie trugen Schwerter, Dolche und dornenbewehrte Fausthandschuhe. Ansonsten gab es nur Knüppel, Keulen, ausgerissene Stuhlbeine, Sensen, Fleischerbeile, Schusterahlen und Steine, die in lose geschichteten Haufen bereitlagen. Zu welchem Zweck, das erfuhr Justinian, als er zu sprechen anhub.

Doch die erste Salve zersprang harmlos an der Brüstung, und als Justinian erneut sein »Volk von Rom« in den abendlichen Raum donnerte, da wurde es still im Hippodrom. Der Kaiser, der Kaiser war da! Es war ein Sonntag, der erste, an dem die Glocken der Stadt nicht zur Messe geläutet hatten. Nun wurde ihnen doch noch ihr Gottesdienst gewährt. Der Kaiser sprach zu ihnen! Atemlos lauschten sie den Worten der Verheißung. Justinian betete, beschwichtigte und beschwor: Auf das erhobene Evangelium in seiner Hand schwor er, daß es eine Amnestie für alle geben würde, schwor, alle billigen Forderungen geneigt anzuhören, bezichtigte sich selbst, durch zu langes Schweigen all dieses Leid und Chaos verursacht zu haben.

Die Menschen hörten zu, die Menschen schwiegen, die Menschen warteten. Stille herrschte im Volk von Byzanz.
Da kam der erste Ruf: »Schwein!«
»Lügner!«
»Du Esel hast gerade einen Meineid geschworen!«
»Du wirst deine Versprechen halten, wie du sie General Vitalian gegenüber gehalten hast!« Es folgte ein Spottlied, das Justinian schon kannte. Es hieß in etwa »Wer hat Vitalian im Palast ermordet?« und hatte über dreißig Strophen. Mühsam und vielstimmig kam der Gesang in Gang, doch immer klarer schallte es zu ihm hinauf. Nach der zweiundzwanzigsten Strophe ging Justinian, ohne sich noch einmal Gehör verschafft zu haben.

Der Purpur ist ein schönes Leichentuch

Senator Hypatios wurde von vielen Händen aus seinem Haus getragen. Er streckte die Arme noch nach seiner schreienden Frau aus, die hinter ihm her rannte, da wurde er schon auf einen wankenden Schild gehoben. Die Menge krönte ihn auf dem Konstantins-Forum, zu Füßen der großen Säule, mit irgendeiner goldenen Halskette, die sich fand. Unsicher lächelnd grüßte der frischgebackene Kaiser sein tobendes Volk. Senator Origenes, atemlos an den Ort des Geschehens geeilt, hob beide Arme in klassischer Rednerpose und ließ seine wohlklingende Stimme ertönen, um zu Vorsicht und Mäßigung zu mahnen. Kein Ton davon war im allgemeinen Lärm zu hören. Die Blicke der beiden Männer fanden sich über den Köpfen. Dann spülte der Zug sie ins Hippodrom.

»Domina!« In Narses' Ton lag einiges an Empörung. Obwohl er seiner Kaiserin treu ergeben war, fand er es doch höchst unschicklich, daß sie zum Thronrat erschien, auch wenn es eine improvisierte Sitzung war, Justinians Thron nichts als ein künstlich erhöhter Sessel, die Mitglieder übernächtigt und außer Narses, Belisar und General Mundus weiter niemand anwesend. Schweigend, aber entschlossen nahm Theodora abseits auf einem Stuhl mit Elfenbeinbeschlägen Platz. Seine Schnitzereien zeigten sie selbst, wie sie ihren siegreichen Mann und Kaiser am Stadttor begrüßte, umgeben von gefangenen Feinden. Die Männer diskutierten gerade die Möglichkeit, sich im Palasthafen einzuschiffen und mit möglichst viel Gold nach Herakleia Pontica zu entkommen, wo man abwarten könnte, wie die Situation sich entwickelt. Sie wurden von lautem Jubel aus dem Zirkus unterbrochen.

»Was ist das?«

»Mit Verlaub, Herr.« Das war Narses. »Meine Agenten melden, daß Hypatios heute morgen gekrönt wurde. Er dürfte im Kathisma eingetroffen sein.«

Justinian biß sich auf die Lippen. »Drei Schiffe, sagt Ihr? Und Eure Heruler könnten auf dem Landweg in Eilmärschen dorthin gelangen?«

General Mundus nickte beklommen. »Wenn wir uns durch die Stadt schlagen können.« Fragend sah er Belisar an. Der schnitzte mit seinem Messer an der Tischkante herum und sagte nichts. Belisar haßte Niederlagen, und dies hier drohte eine zu werden. Narses blickte aus dem Fenster.

Sie alle bemerkten nicht, daß Theodora aufstand und vortrat, und sahen erst überrascht auf, als sie zu sprechen begann: »Ob eine Frau unter Männern das Wort ergreifen darf oder sogar«, damit warf sie ihrem Oberkämmerer Narses einen bedeutungsvollen Blick zu, »wenn diese Männer nicht mehr weiterwissen, die Mutige spielen soll, darüber jetzt zu streiten ist doch sinnlos.«

Niemand widersprach. Ihr Blick glitt über die Wände hinter den aufmerksamen Männern. Passend zum Maskenmosaik des Fußbodens waren dort in halber Höhe, über einem bunten Band aus

Marmormosaiken, Theaterszenen dargestellt, Männer in exaltierten Posen, die Münder weit geöffnet, die Arme gen Himmel geworfen. Sie selbst hatte nicht viele große Monologe gesprochen, dabei waren nicht wenige der Frauenfiguren, die sie verkörpert hatte, Königinnen gewesen. »Deine Mitte sage ich«, hallte ihre eigene Stimme in ihrem Ohr. »Ich will dich wohl zu bedienen wissen.« Ihr heutiger Text würde anders lauten. Und sie hatte ihn klar vor Augen. »Wer in höchster Gefahr ist, für den gibt es nur eines, nämlich auf die beste Weise diese Gefahr zu bestehen. Meiner Meinung nach ist eine Flucht jetzt, zu diesem Zeitpunkt, das letzte, was wir tun dürfen, wenn sie uns auch in Sicherheit brächte.« Jetzt wachten auch die Generäle auf. Was sie sahen, war eine zierliche Frau mit einem blassen, unter dem Ornat des kaiserlichen Diadems schmal wirkenden Gesicht, das ganz von den riesigen schwarzen Augen beherrscht wurde, Augen, die einen einsaugten, während sie sprach. »Dem Tod kann keiner entgehen, der das Licht der Welt erblickt hat, aber für einen, der Kaiser gewesen ist, muß es unerträglich sein, die Zeit bis dahin im Exil zu leben. Ich für meine Person will nie von diesem Purpur lassen.«

Sie zog dramatisch ihren kaiserlichen Mantel enger um sich. Und jedes ihrer Worte war ihr bitterer Ernst. Sie hatte zu lange heimatlos auf den Straßen des Reiches gelebt, um für irgendeine Form der Romantik, die andere damit verbinden mochten, empfänglich zu sein. Wenn jemand sie gefragt hätte, wie sie damit zurecht kam, aus der bittersten Armut plötzlich in diesen überirdischen Reichtum hineinversetzt zu werden, so hätte sie geantwortet: problemlos. Sie hatte keine Schwierigkeiten damit gehabt, in weichen, von Seidenkissen überquellenden Betten aufzuwachen, umgeben von Dutzenden von Sklaven, drei Stunden Toilette zu machen mit Salben und Essenzen, deren Wert das Jahreseinkommen ihrer Truppe, ach was, eines Serapions, bei weitem überschritten, und sich danach in edelste Stoffe zu hüllen: Seide aus China, in Antiochia gewebt, in Tyros gefärbt, in Alexandria bestickt und in Byzanz für sie geschneidert. Daß ihr Körper wie ihre Gemächer mit Gold überzogen waren, daß die Edelsteine, die sie schmückten, aus drei Erdteilen kamen, daß Eis auf fernen Gipfeln geschlagen und auf Männerrücken, Eselskarren und Booten den weiten Weg verfrachtet wurde, nur um auf ihrer Tafel zu schmelzen, das war nie ein Problem für sie gewesen. Daß alles sich tief vor ihr verneigte, ohne ihre Erlaubnis weder sie ansehen noch mit ihr sprechen, noch sie berühren durfte – sie hatte es als erholsam empfunden. Daß dennoch alle sie belauerten, alle Mauern Ohren, alle Zimmer Augen und die Paläste mit ihren zahnstarrenden Mündern von Wachtoren auch dunkle Mägen hatten, von denen so mancher Ahnungsloser verschlungen wurde, noch ehe er schreien konnte ... so weit wollte sie jetzt nicht denken. Sie hatte ihre schmalen braunen Füße in den feinen Purpurschuhen aus babylonischem Leder immer sorgfältig gesetzt, so wie sie auf dem Weg zum Thronsaal oder zum Altar der Hagia Sophia stets nur auf die im Boden eingelassenen Rotunden aus Porphyr trat, niemals auf profanen Grund. Dorthin, wo die andere Seite des Lebens auf sie wartete, würde sie nie wieder freiwillig einen Schritt machen. Sie hatte zu viele von denen tief gedemütigt, die früher auf sie gespuckt hatten, um jetzt auch nur einen Fußbreit vor ihnen zurückzuweichen. Nein, sie für ihre Person wollte nie wieder von diesem Purpur lassen.

Theodora war entschlossen, und diese Entschlossenheit teilte sich ihren Zuhörern mit. »Ich will den Tag nicht erleben, an dem man mich nicht mehr mit ›Domina‹ grüßt! Wenn du dich, mein Kaiser, in Sicherheit bringen willst, bitte! Dies wirft keine Probleme auf! Wir haben Geld genug, da unten ist das Meer, und da liegen die Schiffe! Aber überlege gut, ob du nicht, wenn du erst in Sicherheit bist, den Tod einer solchen Sicherheit vorziehen würdest. Was mich betrifft, ich halte mich an die alte Weisheit:

Der Purpur ist ein schönes Leichentuch.« Sie schwieg, eine kleine Person, von der eine brennende Energie ausging.
Justinian ergriff ihre Hand, küßte sie und preßte sie innig gegen seine feuchtkalte Stirn.
In die beiden Generäle kam Leben. »Narses, wie groß ist Eure Eunuchen-Leibgarde?«
Der Praepositus sacri cubiculi zählte sie auf. Er hatte etwa sechzig Krieger, hochgewachsene Armenier, unter deren Lederpanzern sich bunte Seidenkleider blähten. Doch die Waffen, die sie darüber trugen, wurden mit Könnerschaft geführt. Mundus' Heruler waren ebenso wie Belisars Goten im Kampfeinsatz gehärtete Männer. Den Herulern, die vor über hundert Jahren aus Skandinavien kamen und unter ihrem heidnischen König große Teile Pannoniens eroberten, wurden grausame, barbarische Bräuche nachgesagt, und wer ihre brutale, entfesselte Wildheit im Kampf erlebt hatte, dem fiel es nicht schwer, sie zu glauben. Allein der Anblick der struppigen Krieger mit den roten und blonden Zöpfen, in die Vogelbälge und Fellstreifen, Perlen und geraubter Schmuck geflochten waren, hatte die Byzantiner bei ihrem Einzug vor Tagen ehrfürchtig und schaudernd raunen lassen. Dies waren keine Christenmenschen, Bestien waren es, das stand fest.
»Durchs Bronzetor unterm Kathisma werden sie uns nicht lassen«, grübelte Belisar. »Das halten die Garden von hier aus. Und das Eingangstor hat der Mob von innen verrammelt. Aber ich könnte mich mit meinen Männern durch die Chalké kämpfen, die Wachen dort sind wenige und rechnen nicht mit einem Angriff von innen heraus. Dann stürmen wir das große Tor vom Augusteum aus.«
Narses wiegte den viel zu großen Kopf. »Meine Agenten in der Menge können dafür sorgen, daß Ihr es unverschlossen findet.«
Mundus überlegte, seine Heruler durchs Kathisma zu schleusen und sie dort über die Brüstung auf die Ränge springen zu lassen.
»Nein«, Belisar schüttelte den Kopf, »sie würden euch einzeln

empfangen und totschlagen wie die Hunde, ehe ihr Platz habt, ein Schwert zu zücken. Wir dürfen uns nicht in den engen Räumen erdrücken lassen. Wir müssen in die Arena!« Belisar war als Verlierer aus Syrien abberufen worden, er hatte nicht vor, noch einmal einen Sieg zu verschenken.

»Gibt es denn keinen weiteren Eingang?«

»Das Nekra-Tor«, fiel es Theodora ein. Alle schauten sich um. »Es ist eigentlich nur ein Ausgang, die toten Gladiatoren wurden dort hinausgetragen. Aber das heißt nicht, daß nicht lebendig sein darf, wer hineingeht. Es führt zu den unterirdischen Stallungen, und die haben zahllose Ausgänge, etwa zum Bauch des Hippodroms.« Als sie die verwirrte Miene General Mundus' sah, mußte sie lachen. »So nennen wir Byzantiner die Holzterrassen an der Westseite des Hippodroms. Sie sind ein Labyrinth, durch das ich euch wohl führen könnte. Aber einige meiner Zofen werden das ebensogut wie ich erledigen; sie stammen von dort.«

Während die Generäle weiter berieten, nahm Theodora Narses beiseite. »Ihr habt Eure Agenten noch immer im Hippodrom?« Der Armenier nickte schweigend. »Dann solltet Ihr sie langsam zurückziehen. Aber vorher«, sie zog einen Ring von ihren Fingern, eine schwere Goldarbeit mit einer drehbar angebrachten Gemme darauf, deren eine Seite das in milchweißen Stein geschnitzte Bild eines triumphierenden Renngespanns zeigte, die andere Seite das Goldrelief einer Schlange, die sich selbst in den Schwanz biß. »Sucht einen Porphyrios bei den Blauen. Er wird dort sein, wo das Getümmel am dichtesten ist. Sagt ihm, Theodora wünscht, daß er sich und alles, was er liebt, aus diesem Stadion in Sicherheit bringt. Sagt ihm: um der alten Zeiten willen.«

Narses nahm den Ring und spielte mit dem Drehmechanismus, Rennwagen, Schlange, Rennwagen, Schlange wechselten die Bilder vor seinen Augen. Dann sah er auf. »Sonst noch ein Name?«

Theodora schüttelte den Kopf. »Niemand sonst.«

Während sich Belisars Truppen in einem schweigenden Karree auf dem Augusteion aufstellten und Mundus' Heruler, die Gesichter blau bemalt, Mann für Mann in den verwinkelten Stiegen unterhalb des Hippodroms verschwanden, sprachlos bestaunt von den zerlumpten Bewohnern dieser Dunkelwelt, tupfte sich Hypatios im Kathisma den Schweiß von der Stirn und beobachtete, wie der Grad der Trunkenheit im Stadion zu seinen Füßen immer weiter anstieg. Durch das offene Westtor wurden auf Karren erbeutete Weinfässer hereingebracht.
»Origenes?«
»Augustus?« entbot Origenes ihm die kaiserliche Anrede.
Hypatios winkte ab. »Sollten wir nicht langsam etwas unternehmen?«
Nun war es an Origenes, mit einer wegwerfenden Geste zu antworten. »Wir haben gewonnen, was wollen wir mehr? Sie sitzen in der Falle und müssen sich früher oder später ergeben oder fliehen. Warum unnötig Blut vergießen bei dem Versuch, sie auszuheben, wenn einfaches Abwarten genügt?«
Hypatios' Zähne mahlten aufeinander, schneller und schneller. Er musterte Origenes von der Seite, der flankiert von Asterios und Leonidas in die Menge winkte, dann den Tumult unterhalb der Loge. Jemand hatte den Tanzbären mit einer Fackel in Brand gesetzt, und das Volk, Männer, Weiber und Kinder, wogte lustvoll kreischend vor dem brullenden Tier zurück, das in seinem Schmerz mit den Pfoten um sich schlug. Der Qualm verbrannter Haare stieg herauf. Hypatios rümpfte die Nase und wandte sich ab. Sein Blick fiel auf einen Diener, der ergeben in der Ecke kauerte. Der frischgebackene Kaiser hätte viel darum gegeben, das gleiche tun zu dürfen. Er brauchte dringend eine Feder, Tinte und Papyrus!
Wenig später hetzte der Diener mit seiner Botschaft die Schneckentreppe zum Palastinneren herunter. Die Garde winkte ihn durch, und er trabte im Laufschritt durch die leeren Korridore.

Doch seine Schritte hallten entmutigend in den leeren Marmorgängen. Von Zeit zu Zeit stieß er angelehnte Türflügel aus dunklem Schnitzwerk auf und stand vor verlassenen Räumen, zertrümmerten Möbeln, Weinpfützen auf dem Boden, hastig auf einen Haufen geworfenem Kram, als hätte eine Soldateska gewütet oder jemand eilig gepackt. Endlich, nach unzähligen Zimmern, außer Atem und mit stechenden Seiten, traf er auf einen Sklaven, der ihn beschied, der Kaiser sei mit seiner Familie geflohen. Da stand er mit seiner nutzlosen Botschaft. Den Rückweg nahm er schlendernd, den ungewohnten, unbewohnten Luxus, der ihn umgab, genießend, die exquisiten Mosaike, die Wandgemälde mit den täuschend echten Vögeln, Büschen und Wildtieren, die Delikatheit der geschnitzten Vertäfelungen, den Glanz der Goldpokale, von denen er einen mitgehen ließ. Wieder im Innenhof angelangt, am Springbrunnen, zerriß er den Papyruszettel und machte sich davon. Hypatios' Beteuerungen, nur eine ihm aufgedrängte Rolle zu spielen, und seine flehentlichen Bitten, das Hippodrom zu stürmen, gingen in Fetzen, sogen sich treidelnd voll Wasser und versanken langsam zwischen den Seerosen.

Mundus war an langen Reihen nach Wasser brüllender, von Lärm und Rauch aufs äußerste erregter Tiere vorbei bis zum Nekra-Tor marschiert. Rüde drangen seine Männer hinaus in den Sand der Arena, schufen sich mit Schultern und Schwertknäufen Raum und formierten sich. Die Menschen um sie herum, trunken vor Siegesfreude und Wein, begriffen erst nicht, was die Gepanzerten unter ihnen wollten. Lallende Trunkenbolde beschwerten sich über das Geschubse, Weiber kreischten vergnügt und wollten sich den Neuen an den Hals werfen, die sie zurückstießen und blankzogen.

Das Schreien der ersten Getöteten ging im Gejubel der anderen unter, und die Heruler stiegen bereits über die erste Reihe Leichen, um die nächsten nun mit vor Nichtverstehen und Entsetzen verzerrten Gesichtern niederzumähen, als die übernächsten dahinter noch lachend tanzten und winkten. Der Tod reiste schneller als die Nachrichten über ihn, und wer, endlich begreifend, was da auf ihn zukam, aufheulte und verzweifelt versuchte, sich durch die träge protestierende Masse zu keilen, um ihm zu entkommen, dem drang nach dem ersten Schrei schon das Schwert in die Kehle. Äxte teilten ihm den Rücken, daß die Rippen krachend aufsprangen und die pulsenden Lungen freigaben, hackten ihm den Kopf vom Rumpf, aus dem ein Strahl von Blut die Umstehenden begoß, ehe der Torso schwer gegen sie sackte. Bald kämpften die Heruler aus erhöhter Position von einem Block Leichen aus. Die Waden rot gefärbt, die Stiefel rutschend in dem Blut, das der Sand nicht mehr aufsaugte, marschierten sie voran wie die Schnitter.

Auch Belisars Goten auf der anderen Seite zogen ihre Schwerter. Sie hatten am Orontes der persischen Garde der Unsterblichen gegenübergestanden und empfanden für diesen Pöbel nichts als Abscheu. Die ungepanzerten Glieder der Menschen vor ihnen waren ja so schnell durchtrennt, scharlachfarben klafften die Wunden an den verstümmelten Körpern, die vor ihnen zu Boden sackten. So tief drangen ihre Schwerter in das ungeschützte Fleisch, daß sie die Füße dagegenstemmen mußten, um sie für den nächsten Schlag frei zu bekommen. Kaum sahen sie dabei, wen sie trafen, da die in ihrem Horror Zurückdrängenden die hinter ihnen Stehenden niedertrampelten und mit einem Hieb auf ein solches zappelndes Knäuel gleich mehrere Menschen getötet wurden.

Glieder mit weiß herausstehenden Knochen flogen, von der Wucht des Schlages getrieben, durch die Luft und landeten klatschend im Sand. Eine junge Frau fing auf, was da auf sie niederfiel, es war ein Arm. Blutbesudelt drückte sie ihn an sich, ging in die Knie und schrie, bis ein Schwerthieb ihr die Zähne splittern ließ. Männer lagen auf dem Rücken, geschüttelt wie Epileptiker unter einem Anfall der heiligen Krankheit, während sie ihre quellenden Eingeweide umarmten und die durchtrennte Bauchvene rote Fontänen in einen Himmel schoß, den ihre aufgerissenen Augen nicht mehr sahen. Was Menschen gewesen waren, das wurde ein Haufen Fleisch, durch den die Goten, auf Blut und Eingeweiden ausrutschend, Schritt für Schritt sich kämpften.

Fünf Stunden hackten, hieben und stießen sie auf alles ein, was sich bewegte, und das Blut tropfte aus ihren Haaren.

Im Kathisma starrten Hypatios, Pompeios und Origenes wie betäubt auf die Speere einiger Palastgardisten, die die Zeichen der Zeit erkannt hatten und ihre drei Gefangenen vor sich her und die Wendeltreppe hinab trieben, entschlossen, sich mit diesem Präsent ihrem alten neuen Kaiser Justinian warm zu empfehlen. Sie trafen ihn im Innenhof, inmitten von Narses' Eunuchen-Leibgarde, die mit gezückten Schwertern über den Leichen jener Gardisten standen, die das Bronzetor unterm Kathisma weiterhin bewacht hatten. Man konnte das verzweifelte Wummern der Flüchtenden hören, die von drinnen dagegenschlugen, verfolgt von den tobenden Herulern, und flehten, aus der Arena des Todes entlassen zu werden.

Hypatios ging in die Knie und beteuerte seine Unschuld. Aus den Augenwinkeln sah er die Hand eines toten Gardisten über den Brunnenrand in das Bassin hängen, das seine entscheidende Nachricht barg. Doch die bleichen Finger fischten keinen Beweis heraus. Es war Theodoras Hand, die mit einer Bewegung sein Schicksal entschied: Er wie auch Pompeios wurden enthauptet, zerstückelt und in einen Sack gestopft. In letzter Sekunde zerrte der Henker noch die Krönungskette aus Hypatios' blutverschmierten Locken und wog sie befriedigt. Dann schnürte er den Sack zu und warf ihn ins Meer. Selbst von hier konnte man die Wolken von Krähen und Raubvögeln über der Stadt kreisen sehen. Justinian und Theodora waren nun stark, und ebenso straften sie.

Debatten zwischen Wänden mit Ohren

»Pst, nicht so laut, Prokopios, die Wände haben Ohren!« Peinlich berührt sah Johannes Lydos sich in der Schreibstube der Präfektur um. Alle seine Beamtenkollegen hatten die Köpfe über ihre Dokumente gesenkt; wie sie da in langen Reihen saßen, wirkten sie sehr beschäftigt, doch er wußte, daß sie den Streit aufmerksam verfolgten. »Gehen wir.« Er schloß sorgfältig seinen Schreibtisch ab, griff nach seinem Mantel, legte dem Freund den Arm um die Schultern und zog ihn hinaus in die wärmende Sonne eines Apriltages.

Prokopios redete die ganze Zeit über heftig auf ihn ein. »Es ist nicht gerecht, einfach nicht fair, verstehst du. Bei dieser Entscheidung kann es nicht mit rechten Dingen zugegangen sein. Nimm das jetzt bitte nicht persönlich, Johannes, aber es gab in dieser Sache nicht einen stichhaltigen Grund, mich zu übergehen.«

Sie waren zwischen den Säulen der Vorhalle stehengeblieben, gerade zwischen Licht und Schatten. Nervös kniff Johannes Lydos die Augen zusammen und schaute auf das mittägliche Treiben. »Hast du irgendwas zu besorgen? Ich meine, sonst könnten wir Anthemios auf seiner Baustelle besuchen, er ist so stolz auf sie wie ein Vater auf seinen Erstgeborenen.«

»Sicher.« Prokopios war irritiert. In seinem Redeschwall unterbrochen, mußte er erst einen Moment nachdenken. Mit allen zehn Fingern strich er sich die Haare zurück. »Ich wollte noch in Vergilius' Buchladen bei der Stoa Basiliké, mir eine Abschrift von Theophrasts ›Charakteren‹ abholen, aber …«

»Dann machen wir das zuerst«, entschied Johannes, »komm schon.«

Wieder in Bewegung, kam Prokopios, eifrig gestikulierend und ohne Augen für seine Umwelt, wieder auf sein eigentliches Anliegen zurück. »Ich meine, verdammt noch mal, Johannes, ich war bei den Kämpfen vor Dara dabei, was will man mehr von einem Geschichtsschreiber? Wenn der Kaiser eine Chronik darüber wünscht, dann bin ich genau der richtige Mann dafür, verstehst du? Ich war nie in meinem Leben mehr der Richtige für irgend etwas!«
Johannes packte ihn am Ärmel seiner Tunika und zog ihn über eine eklig riechende Blutpfütze, die aus einer Metzgerei geflossen kam. »Paß auf, mein Freund.« Dann schob er ihn an einer Gruppe spanischer Seeleute vorbei, die nicht gewillt waren auszuweichen.
»He!« Einen Moment sah Prokopios sich verwirrt um. Dann argumentierte er weiter. »Du weißt, ich schätze dich, Johannes. Aber mein Stil ist nicht schlechter als deiner. Und meine Erfahrung hätte für den Kaiser den Ausschlag geben müssen!«
»Vielleicht«, antwortete Johannes vorsichtig, »hat er befürchtet, daß deine Schilderungen allzu parteiisch für den ruhmreichen Feldherrn ausgefallen wären. Achtung, wir müssen hier links.«
»Was heißt parteiisch«, fuhr Prokopios auf, »er ist ein großer Mann, das steht fest. Belisar ist der größte Feldherr seit Alexander, und ohne ihn stünde Justinian verloren da.«
»Siehst du«, Johannes nickte nachdrücklich, »das meine ich.« Er hob den Zeigefinger. »Und gerade das ist es, was der Kaiser ungern hört. Er achtet doch so sichtlich darauf, daß Belisars Ruhm nicht in den Himmel wächst. Man sollte einem großen Mann nicht so oft von anderen großen Männern vorschwärmen. Ich zum Beispiel habe ein Lobgedicht auf ihn … Oh, guten Morgen, Origenes, ein wunderschöner Tag, nicht wahr? Hast du das gesehen?« zischte er, »kaum ein Jahr Verbannung, und schon wieder in Gnaden aufgenommen und in der Stadt.« Ungläubig schüttelte er den Kopf. Dann sah er Prokopios von der Seite an.

»Du hast wirklich Pech, daß es deine Gönnerin härter erwischt hat. Man sagt, Theodora persönlich habe ihre Einweisung ins Kloster befohlen?« Es war eine Frage, doch er fuhr ohne die Antwort abzuwarten fort. »Ja, ja, die Frauen.«

Prokopios' Zustimmung war ein unverständliches Knurren. Es fiel ihm schwer, sich das Zusammentreffen dieser beiden so unterschiedlichen Frauen vorzustellen, das er einstmals unter ganz anderen Auspizien geplant und erwartet hatte. Nun hatte es stattgefunden, aber es war dabei nicht um ihn gegangen. Das tat es nie. Seine Mundwinkel wiesen verächtlich hinab. »Ich«, knüpfte er wieder an seinen alten Gedankenfaden an, »ich habe es dem Kaiser nie am schuldigen Respekt fehlen lassen. Und ein Lobgedicht habe ich genauso verfaßt, das Belisar ihm überreichen sollte, leider vergeblich.« In der Erinnerung an die Enttäuschung zog er die Augenbrauen zusammen. »Dabei war es grandios, allein der geschickte Vergleich mit dem Sonnengott ...« Prokopios hing seinen trüben Gedanken nach.

Johannes Lydos wäre der erste gewesen zuzugeben, daß Prokopios' Werk ausgezeichnet gewesen war, schließlich hatte er es gelesen und einige der besten Wendungen sogar in sein eigenes Gedicht übernommen. Zunächst hatte es ihn ja gewundert, daß ihm ein offensichtlich für den Kaiser gedachtes Schreiben anonym überbracht wurde. Ein dezenter Duft nach Weihrauch, Sandelholz und Rosen verriet, daß die Hand einer Frau ihn hier begünstigte, indem sie die Bemühungen seines Konkurrenten vereitelte und das Schriftstück ihm statt dem eigentlichen Empfänger zuspielte. Wenn er die Augen schloß und die Nüstern blähte, konnte Johannes Lydos das Parfum noch immer riechen. In seinen kühnsten Momenten träumte er davon, daß die Kaiserin selbst, ihrer gemeinsamen Vergangenheit eingedenk, ihm diese Gnade erwiesen hätte. Als er seinen Amtseid als Adiutor vor ihr und Justinian ablegte, küßte er nach dem Fuß des Kaisers den der Kaiserin beinahe einen Moment zu lange.

Brüderlich legte er den Arm um Prokopios. »Gräm dich nicht zu sehr.«
Prokopios zuckte die Schultern. »Was heißt grämen. Das war die Chance meines Lebens. Jetzt entgeht mir die silberne Largitionsschale mit dem kaiserlichen Geldgeschenk, die du einstreichen wirst, alter Hund«, raffte er sich zu einem versöhnlichen Ton auf und boxte den Gefährten freundschaftlich in den runden Wohlstandsbauch. »Und das heißt, ich muß mit Belisar in den nächsten Krieg, während ihr es euch hier in Byzanz gutgehen laßt.«
»Nordafrika?« fragte Johannes Lydos mitfühlend.
»Nordafrika, wie es aussieht«, bestätigte Prokopios und verfiel erneut in seine düstere Stimmung. »Der Usurpator Gelimer wollte den alten König nicht freigeben, wie von uns gefordert. Nach neuesten Gerüchten«, Prokopios senkte seine Stimme und sah sich um, »ließ er Hilderich jetzt sogar hinrichten. Aber das ist eine vertrauliche Mitteilung, klar?« Johannes Lydos nickte. Wer ist vertrauenswürdig, wenn nicht ich, sagte seine Geste. »Ah, da ist Vergilius. Kommst du mit rein?«
Aber Johannes beschloß, lieber in den umliegenden Geschäften einen kleinen Mittagsimbiß für sie alle zu kaufen. Anthemios auf seiner Baustelle bekam ohnehin selten genug eine anständige Mahlzeit. Als Prokopios mit seiner Papyrusrolle wieder aus dem Laden trat, hatte Johannes derweil fetttriefende heiße Würstchen, Kümmelbrot und saftige Rettiche wohlverpackt in seinen Mantel eingeschlagen und schnupperte vorfreudig daran. Prokopios rollte derweil das Schriftstück aus und prüfte die Qualität im Tageslicht. Er bevorzugte die alte Form der Papyrusrolle gegenüber dem neueren, als Buch gebundenen Kodex. Mit weit ausgebreiteten Armen stand er lesend im Gedränge.
»Hör dir das an«, rief er, »Theophrast ist doch der feinste Beobachter.« Und er rezitierte: »›… der Unaufrichtige aber ist einer, der mit seinen Feinden, wo er sie trifft, zu reden, nicht ihnen

seinen Haß zu zeigen pflegt. Er lobt die ins Gesicht, die er heimlich angegriffen hat, und äußert sein Mitgefühl, wenn sie im Prozeß unterlegen sind. Er übt Nachsicht gegenüber denen, die schlecht von ihm reden, und gegenüber dem, was gegen ihn gesagt wird.‹ Beschreibt das nicht ganz klar einen gemeinsamen Bekannten, Johannes?«

Johannes Lydos schluckte. »Wen könntest du meinen?« fragte er vorsichtig.

»Na, Justinian natürlich!« Zustimmungheischend sah Prokopios auf.

Johannes holte erleichtert Luft. »Roll das besser ein, da, siehst du, der Wind wird dir deinen kostbaren Theophrast noch zerfetzen.«

»Ja, du hast recht, eine wunderbare Brise.« So machten sie sich auf den Weg zur Hagia Sophia.

Anthemios empfing die Freunde auf einer Baustelle, über der eine permanente Wolke Kalk- und Ziegelstaub hing. Sie schritten unter knirschenden Kränen hindurch, traten in Mörteleimer und wichen Arbeitern aus, die auf den nackten Schultern Bretter mit kleinen Pyramiden frisch gebrannter Tonziegel schleppten. Etwa kniehoch ließen sie die Umrisse des Neubaus bereits ausmachen; er würde, das wurde beeindruckend klar, über hundert Meter lang werden. Prokopios verhedderte sich in den straff gespannten Richtschnüren, mit denen die Maurer sich die Umrisse des nächsten Mauerstücks in den Raum gezaubert hatten, und beschädigte im Stolpern eine Verschalung. Er wischte sich gerade fluchend den feuchten Mörtel vom Mantel und versuchte, den lauthals schimpfenden Vorarbeiter zu ignorieren, als der Architekt sie entdeckte und freudig heranwinkte.

Auf dem Gelände des künftigen Narthex, einer die ganze Breite des Baus sich hinziehenden Vorhalle an der Westseite, hatten die Handwerker einen kleinen Unterstand gemauert. Hier köchelten bereits Linsen mit Petersilie auf einem Ofen, und die Würstchen wurden freudig dazugelegt. Lose Ziegel mit darübergelegten Brettern improvisierten Tisch und Stühle, auf denen die drei sich niederließen. Isidoros von Milet, Anthemios' Kollege beim Bau, entschuldigte sich damit, nach den Maurerarbeiten schauen zu müssen, und strebte hinaus in das Chaos, den Ameisenzügen der Arbeiter ausweichend, dahin, wo in einer fernen Ecke die prächtig lilafarbenen und weißen Gewänder einer kleinen Prozession wehten. Durch den Staub funkelten goldene Weihrauchgefäße, und ein Kyrie war zart in den Pausen des Baulärms zu hören.

Anthemios sah dem Kollegen kopfschüttelnd hinterher. »Immer dasselbe! Alle zwölf Ziegelreihen wird eine Reliquie mit eingemauert, müßt ihr wissen, die ganze Prozedur unter Gebeten und Weihesprüchen, das hält ganz schön auf, kann ich euch sagen. Und die Arbeiter verkrümeln sich währenddessen gern in einer schattigen Ecke und sind nachher dann nicht wiederzufinden. Isidoros hat damit nichts als Ärger. Na, wo ist denn ...« Er kramte zwischen den Werkzeugkisten herum und wurde schließlich unter dem reichlich mit Papieren beladenen Zeichentisch fündig.

»Ah, hier, echter Falerner, Leute! Gut gegen den Staub.« Er schenkte den Freunden ein, und bald waren sie in ein lebhaftes Gespräch über Anthemios' kühne architektonische Pläne vertieft.

Johannes Lydos konnte nur immer wieder den Kopf schütteln: »Fünfundfünfzig Meter hoch!«

»Und dreiunddreißig Meter im Durchmesser!« fügte Anthemios stolz hinzu. »Nur die Kuppel des Pantheons ist größer.«

»Aber wie soll das Gebäude sie tragen? Das sind doch die Umrisse einer Basilika, die ich hier sehe?« Prokopios wies auf die wimmelnde Baustelle.

»Nur äußerlich, hier!« Anthemios fischte nach den Bauplänen

und rollte sie vor ihnen aus. »Innen, innen wird sie ein ganz anderes Aussehen haben. Das Kernstück ist quadratisch, es ist ein zentralisierter Längsraum, seht ihr? Die Seitenschiffe sind unterteilt und auf die Mitte hin orientiert, um diesen Charakter zu stützen. Was zählt, ist diese quadratische Mitte, über der sich die Kuppel erhebt.« Anthemios kam ins Schwärmen.
»Auf nur vier Pfeilern, sehe ich das richtig?«
»Nein, sie ruht in der Längsrichtung außerdem auf zwei Halbkuppeln, die ihrerseits von den Konchen getragen werden; im Norden und Süden übernehmen die Schildwände einen großen Teil des Schubs. Schau, hier!« Er fuhr mit dem Finger über die wirren Linien der Zeichnung, die Prokopios und Johannes in ihrer zweidimensionalen Schematik nicht allzuviel verrieten über Schrägen, Schübe, Druck und Kraft.
»Aha«. Johannes Lydos verstand wenig von dem, was Anthemios von Tralles ihm mit einigen mathematischen Formeln auseinanderzusetzen versuchte, die Fachausdrücke flogen ihm nur so um die Ohren. »Trotzdem«, wehrte er sich beharrlich, »ich sage, so was muß einstürzen. Die Wölbung ist auch viel zu steil berechnet.«
Anthemios runzelte die Stirn. »Die Wölbung laß nur meine Sorge sein. Und was die Einsturzgefahr angeht: hepp!« Mit diesen Worten griff er nach einem Ziegel auf der Palette hinter sich, die als Ablage für sein Kochgeschirr diente, und warf ihn dem Freund zu.
Johannes fing ihn verwirrt auf und wog ihn dann überrascht. »Leicht!« verkündete er, »ganz erstaunlich.«
»Eine Sonderanfertigung aus Rhodos«, verkündete Anthemios gelassen, »hat nur einen Bruchteil des üblichen Gewichts.«
Der Ziegel ging von Hand zu Hand. Prokopios las die Inschrift laut vor: »›Gott hat den Bau gegründet, Gott wird ihm zu Hilfe kommen.‹ Ja dann.«
»Das ist also dein Konzept«, hieb Johannes in dieselbe Kerbe.

Anthemios gab auf und lachte. »Ihr Ungläubigen! Schaut, auf zwei Dinge kommt es mir an: Siehst du, wie das Dach über die Halbkuppeln zu der Zentralkuppel rhythmisch schwingend ansteigt? Und wie das alles nicht wie ein Hut auf das Gebäude draufgesetzt ist, sondern aus ihm erwächst? Schweben soll sie, verstehst du, schweben! Wenn das Licht erst durch den Fensterkranz am Kuppelrand einströmt, dann wird es aussehen, als laste sie nicht über einem, sondern als hinge sie an einer goldenen Kette vom Himmel herab!«

»Beeindruckend«, bemerkte Prokopios skeptisch. Doch er merkte sich den Ausdruck »an einer goldenen Kette im Himmel aufgehängt«. Vielleicht konnte er ihn ja einmal selbst benutzen.

»Ich glaube, die Linsen sind fertig.« Anthemios nahm den Topf vom Feuer und tat ihnen auf. Mit den Kümmelfladen die Bissen aufwischend, langten sie zu.

»Alles wird schweben«, rief Anthemios noch im Kauen und schwenkte seinen Löffel begeistert gen Himmel, »alles wird aufwärts streben. Und das Innere: lichtdurchflutet, beweglich. Bei jedem Schritt werden sich die Säulenreihen und Arkaden optisch voreinander verschieben, von jedem Punkt aus tut sich eine neue Perspektive für dich auf!« Er schaute auf das Chaos seiner Großbaustelle, als könnte er all die Pracht, die blinkenden Mosaiken, die silbernen Hängeleuchter, die edelsteinblinkenden Altäre und schweren goldbestickten Vorhangfalten schon jetzt dort erblikken. Wortlos reichte Johannes Lydos ihm einen halben Rettich.

»Man sagt, der Kaiser habe verlangt, daß es eine Kirche werden solle, wie es sie seit Adams Zeiten nicht gegeben hat.« Prokopios schnaubte vielsagend. Anthemios schenkte kauend nach und nickte. Was ihn betraf, würde es so sein.

»Und tatsächlich eine Reliquie alle zwölf Ziegelreihen?« Prokopios schüttelte ungläubig seinen Kopf. »Wo nimmt er die denn alle her?«

Anthemios hob die Hände, als wollte er den bösen Blick abwehren. »Also, ich sage dazu nichts, die Wände haben Ohren. He, da ist ja noch eine Honigmelone! Hat jemand Lust auf ein saftiges Stück?«

Ein Hagel von Goldstücken ging auf Theodora nieder, fiel klirrend auf die Stufen ihres Thrones und blieb in den Falten des Baldachins darüber liegen. Ihren Hofdamen stieg die Röte ins Gesicht, als sie zusehen mußten, wie dieser stinkende, halbnackte, nur in ein Ziegenfell gekleidete Gnom von einem Mönch ihrer Kaiserin die goldene Gabe ins Gesicht warf, die sie ihm darreichen ließ. Seine folgende Schimpfkanonade dann ließ sie erbleichen. Die Wachen schlugen die weißen Mäntel beiseite und ließen ihre Schwertknäufe sehen. Doch Theodora winkte ab.

Der Einsiedler Maras fuchtelte mit seinem Knotenstock und war noch nicht fertig.

»Hure Babylons«, dröhnte er, »läßt deinen feilen Leib in verderblichen Genüssen verfaulen.« So ging es eine Weile fort. Antonina saß gelangweilt neben der Freundin und untersuchte den Haarspliß in den Spitzen ihrer roten Locken. Theodoras Antwort war begütigend. Sie stand am Ende sogar auf, um den renitenten Besucher selbst an die Tür des Gemachs zu geleiten, eine unerhörte Geste, die vernehmliches Lufteinsaugen seitens der Hofdamen zur Folge hatte, bot ihm Unterkunft im Palast an und nahm demütig seinen Bescheid entgegen, daß er lieber jenseits der Stadtmauern dieses Sündenpfuhls von Stadt sein einfaches Zelt aufschlagen wolle. Sie bat um seinen Segen, den er ihr verweigerte, und wartete mit gesenktem Kopf, bis die Tür sich hinter ihm schloß. Sofort stürzten die Diener vor, das herumliegende Vermögen wieder einzusammeln, die Damen des Gefolges wedelten mit langen weißen Taschentüchern, tropften Parfum auf den Boden und hießen die Sklaven, die Fenster aufzureißen. Theodora entließ die aufgebrachte Schar.

»Aber sie hatten recht«, meinte Antonina in das entstehende

Schweigen. »Der Kerl hat schlimmer gestunken als eine Horde Ziegen. Eine Weile hatte ich Angst, du würdest ihm auch noch die Füße küssen. Und dann hätte ich ernstlich um deine Gesundheit gefürchtet.«
»Die Füße? Nein«, antwortete Theodora und betrachtete vergnügt ihre eigenen zierlichen Füße in den hellen Rehledersandalen mit Goldbeschlägen. Sie wackelte mit den Zehen. »Das bleibt mein Privileg.« Seit ihrem gemeinsamen Sieg im Nika-Aufstand hatte sie sich von ihrem Mann ausbedungen, daß das kaiserliche Vorrecht, die Prosky-nese, der Kniefall mit Fußkuß, auch ihr zugebilligt würde. Sie ließ sich gerne und oft so begrüßen und fühlte sich dabei – endlich, wie sie sich eingestehen mußte – ihrer Mutter überlegen. Deren Füße waren von Sklaven, Gebrauchtkleiderhändlern, Wahrsagern, Wasserträgern und Dattelverkäufern geküßt worden. Auf ihre Füße drückten nun Senatoren, Diplomaten, Offiziere und fremde Kleinkönige ihre Lippen. Theodora wußte fast nichts von dem fernen Stamm ihrer Mutter, der so auf Knien seiner Priesterin und Göttin gehuldigt hatte. Aber war es nicht ein enormer Unterschied?
»Einen Folleis für deine Gedanken, Theo«, riß Antonina sie aus ihren selbstzufriedenen Betrachtungen, und Theodora lachte. »Sag mir bloß«, fragte die Freundin weiter, »was daran so komisch ist. Warum nimmst du es auf dich, diesem monophysitischen Pack zu schmeicheln? Bewirft dich mit Gold!«
»Ach, weißt du, erst schmeißen sie, aber wenn man es ihnen dreimal anbietet, nehmen sie es in der Regel doch. Das ist ein recht befriedigender Moment.« Theodora lümmelte sich auf ihren Thron und legte den Kopf zurück. Sie betrachtete das Bild auf der Unterseite des Baldachins, eine Darstellung des Kosmos, deren Mittelpunkt sie war. Über dem Thron ihres Gatten war dasselbe Bild als Teil einer Mechanik installiert, die die Himmelskörper sich bewegen ließ und Datum, Uhrzeit und astrologische Konstellationen anzeigte.

»So befriedigend kann es nicht sein, daß es solche Szenen lohnt.« Antonina schüttelte den Kopf. »Du bist schließlich die Kaiserin. Wenn du mich fragst, ist das alles nur irregeleitetes schlechtes Gewissen, weil du diesem Timotheus damals die Geldbörse geklaut hast.« Theodora drehte ruckartig den Kopf und warf Antonina einen scharfen Blick zu. Die hob das Kinn: »Du wirst mir doch nicht erzählen wollen, daß er dich damals mit seinen Heiligengeschichten wirklich bekehrt hat, oder?«

Theodora seufzte. »Ich habe lange darüber nachgedacht, Nina. Da war schon etwas, damals, als ich diese Dinge von ihm hörte, eine Art Begeisterung, eine Ekstase, ein Gefühl, daß sich etwas ganz und gar anderes vor einem auftut, daß man plötzlich etwas begreift. Aber«, sie suchte nach Worten, die ihre Empfindungen ausdrücken könnten, »ich habe fast vergessen, was ich begriffen habe. Die Jungfrau Maria, wie er sie schilderte, als mehr denn nur eine Frau, sie erinnerte mich an die Göttin meiner Mutter.« Sie mußte lächeln. »Wenn man von der Jungfräulichkeit absieht.« Dann wurde sie wieder ernst. »Ich verstand diese Idee, ergriffen und verwandelt zu sein von etwas Größerem. Ich sehnte mich danach. Ich erinnere mich an dieses Gefühl selbst, verstehst du? An ein beglückendes Gefühl von Reinheit und Klarheit und Heimat.« Theodora zuckte resigniert die Achseln. »Sie hat irgendwie keinen Inhalt, und ich kann sie auch nicht wiederholen, aber ...«, sie dachte nach, dann schüttelte sie den Kopf, »ich bin nicht wirklich eine Monophysitin, du hast recht. Aber ich weiß, daß Timotheus gut zu mir war, so gut wie noch kein Mensch vorher. Ohne ihn gäbe es mich nicht mehr. Das weiß ich. Es hat mich etwas über Liebe und Loyalität gelehrt.« Sie unterstrich den Satz mit einer entschiedenen Geste. »Und deshalb werde ich mir jede Mühe geben, die notwendig ist.«

Antonina machte ein wenig überzeugtes Gesicht. »Du hast für die Monophysiten schon mehr als genug getan«, meinte sie zweifelnd. »Sie waren Verbannte und Verfolgte, und jetzt halten sie in Byzanz offen ihre Gottesdienste.«

»Ja«, erwiderte Theodora, »aber ihr Oberhaupt, Severus von Antiochia, wagt sich noch immer nicht hierher. Er vertraut uns nicht. Und wenn ich ihn nicht dazu bringe, sich mit Justinian an einen Tisch zu setzen, ist alles nichts wert. Deshalb werde ich Maras hier ein Kloster bauen.« Sie faßte den Entschluß, während sie sprach. »Er gilt als heilig, wenn er kommt, kommen alle.«

Antonina schüttelte ihre Locken und lehnte sich zurück. »Wenn man Heiligkeit dadurch erringt, daß man sich wochenlang nicht wäscht, dann war ich auf unserer Reise damals aber verdammt nah dran.«

»Und hast du auch Wundertaten vollbracht?«

»An scheintoten Männern? Na klar!« Sie kicherten.

»Um Himmels willen, Nina, mehr Dezenz bitte. Die Wände hier haben Ohren!«

»Oh, dann sollten wir wohl besser nicht über den blutjungen Liebhaber sprechen, den du unter deinem Bett versteckt hast?«

Theodora warf mit einem Purpurkissen nach ihr.

»Ach, Nina, ich werde dich vermissen.« Sie betrachtete die Freundin, als hätte sie sie lange nicht gesehen. War ihr das früher schon aufgefallen, daß Antonina älter wurde? Sie war immer noch mehr als zierlich gebaut, aber über den zarten Knochen wölbten sich jetzt doch rundere Formen, das Kinn war ein wenig schlaff, und die eidechsenschillernde Augenschminke konnte die Falten nicht mehr ganz verbergen. Und das Feuerrot ihrer Haare war über der Stirn von orangefarbenen und gelblichen Strähnen durchzogen, da, wo sie mit künstlicher Farbe gegen das Ergrauen angekämpft hatte. Verlebt, hätten Menschen vielleicht gesagt, die sie weniger liebten. Antonina hatte ihre exotische Schönheit nicht so zeitlos bewahrt wie ihre Freundin. Instinktiv strich Theodora ihr zart über die Schläfe. »Mußt du wirklich mit

zu den Vandalen? Bedenk doch, was für ein Klima in Nordafrika herrscht!«
»Pfeilhagel, Schwertblitz und Plünderungssturm, ja.« Sie machte eine Pause. »Es ist schon alles vorbereitet. Er braucht mich, weißt du«, fügte sie nicht ohne Stolz hinzu.
Theodora musterte sie interessiert. Sie war in all den Jahren nie recht klug geworden aus dem Verhältnis von Belisar und Antonina. Während ganz Byzanz rätselte, was der glorreiche Feldherr an seiner viel älteren Frau fand, fragte sie sich vielmehr, was Antonina so stark zu diesem Mann hinzog, den sie doch laufend betrog, daß sie ihm immer wieder in sämtliche Wüsten der Welt folgte. Sie wollte nicht fragen, denn sie kannte die Antwort: »Wie oft habe ich dir schon gesagt, daß ich meinen Mann liebe?«
»Es paßt mir nicht«, unterbrach Antonina ihre Gedanken, »daß ausgerechnet Johannes der Kappadokier die Verpflegung für uns stellt. Er war gegen diesen Krieg.«
»Wem sagst du das!« stimmte Theodora zu. »Wenn es nach mir gegangen wäre, hätte er sein Amt nach Nika gar nicht erst wiederbekommen. Aber in dem Punkt ist Justinian blind. Und du mußt zugeben, es scheint eine gute Idee zu sein, den Schiffszwieback in den Badeheizöfen der neuen Zeuxippos-Thermen zu backen. Nirgendwo hätte man so schnell den Proviant für fünfhundert Schiffe gleichzeitig fertig bekommen.«
»Ich sage ja nicht, daß er dumm ist, ich sage nur, daß ich ihm nicht traue. Paß ein bißchen auf, Theo, ja?«
Theodora nickte. »Und du auf dich.« Sie umarmten sich heftig.

Nur wenige Wochen später wurden die magentafarbenen Segel der Flotte aufgezogen. Auf dem Kai des Palastes stand der Erzbischof Epiphanios und segnete das Flaggschiff, auf dem Belisar und Antonina reisten. Ein junger Soldat wurde vor den Augen der Zuschauer getauft und ging unter ihrem Applaus an Bord, dem Unternehmen seinen Segen zu verleihen. Mit einem verlegenen

Grinsen nahm er neben dem Feldherrn und seiner Frau Aufstellung, die verkündeten, ihn an Sohnes statt zu adoptieren. Er erhielt den Namen Theodosios. Die Menge jubelte. Theodora, die davon nichts gewußt hatte, riß die Augen auf. Sie sah das nichtsahnend stolze Lächeln in Belisars Gesicht, sie sah Antoninas besitzergreifende Hände auf den jugendlich breiten Heldenschultern Theodosios', an den sie viel zu nahe gelehnt stand. »Nein, Antonina!« wollte sie rufen, »tu das nicht!« Doch es war nicht möglich. Sie sah, wie Antonina ihren Blick auffing, darin las und ihr lächelnd eine leichtfertige Kußhand zuwarf. »Nina«, dachte Theodora verzweifelt, »mach dich doch nicht unglücklich!« Doch als ihr Blick, der das Bild dieses verräterischen Familienglücks nicht mehr ertrug, ziellos über die Bordwand weiterglitt, entdeckte sie etwas noch Erschreckenderes. Dort hinten, zwischen Belisars Reiterführern, stand, verdeckt vom Pulk der winkenden und jubelnden Doryphoren Belisars, eine bekannte Gestalt. Ungewohnt sonnengebräunt, ungewohnt streng die Falten um den sinnlichen Mund, waren es doch noch dieselben weich auf die Schläfen fallenden Strähnen und melancholischen Augen, die jetzt so düster unter den geflügelten Brauen hervorschauten. Prokopios Caesariensis schien der einzige zu sein, der sich nicht auf den bevorstehenden Feldzug gegen die Vandalen freute.

Theodora bebte am ganzen Körper wie nach einem Schock. Wie kam er auf das Flaggschiff General Belisars? Was hatte er dort zu tun? Hatte er immer schon so schön und traurig ausgesehen? Die Leinen klatschten ins Wasser, die Schiffe richteten ihren Bug auf den Horizont. Sie begannen ihre Reise, und die Antworten auf Theodoras Fragen fuhren mit ihnen davon. Zurück blieben die plötzlich erwachten Erinnerungen, die mit quälender Intensität auf sie einstürmten. Theodora grüßte mühsam die Runde, lehnte sich dann schwer atmend in ihrer goldenen Sänfte zurück, zog die Purpurvorhänge zu und verbot sich ein Weinen. Die Wände hier hatten Ohren.

Vandalenbriefe

Prokopios an Anthemios von Tralles

Gesundheit und Wohlergehen, mein Freund! Drei Monate ist es nun her, seit wir Abschied nahmen, und endlich haben wir unseren Fuß auf afrikanischen Boden gesetzt. Im Moment lagern wir in Grasse, nicht weit von Karthago, im königlichen Palastgarten und essen uns an den köstlichen Paradiesäpfeln satt. So süß wie diese Götterfrüchte aß ich noch keine, Freund, während ich Dir also schreibe. Unser Vormarsch erfolgte geordnet und in Frieden, die Menschen begrüßen uns, die Postmeister laufen zu uns über und händigen uns ihre Pferde aus, Bürgermeister übergeben uns die Stadtschlüssel. Belisar läßt überall verkünden, daß er nicht gekommen ist, zu morden und zu brandschatzen, daß er keinen Krieg sucht, nur den Gewaltherrscher stürzen will, und die Libyer, die unter den Vandalen viel zu leiden hatten, verstehen diese Botschaft. Wie ein Sieger reitet er durch ein Land, das sich allein seinem Wort ergibt, was für ein Mann! Ich weiß, Johannes Lydos würde mich wieder schelten für dieses Lob, aber sag ihm: es ist so und nicht anders. Ich habe keinen Feldherrn von größerer Würde gesehen.

Das zeigte sich schon wenige Tage nach der Abfahrt in Abydos, wo eine Flaute uns tagelang zu ankern zwang. Zwei Hunnen töteten bei einem ihrer ausschweifenden Trinkgelage einen Landsmann. Sie sind ein wildes, zügelloses Volk, das wenig Disziplin und Moral kennt; solche Vorfälle wären an der Tagesordnung, wenn Belisar aus weniger edlem Holz geschnitzt wäre, als er es ist! Höre, er ließ die Schuldigen pfählen, dann hielt er eine Rede an seine Männer, die die Seelen aller berührte und wandelte. Ich will sie Dir wiedergeben. Nicht die Kraft allein, die Gerechtigkeit sei wichtig für den Sieg. Denn auf beiden Seiten kämpften fehlbare Menschen, und es sei Gott, der entscheide. Und dann sagte er, ich zitiere es wörtlich: »Tapferkeit kann ja nur im Verein mit Gerechtigkeit siegen.« Was für ein Satz, was für ein Mann! Mein Herz schlug ordentlich, als ich ihm lauschte. Hinter ihm ragten die gepeinigten Leiber der Gepfählten auf, aber ich glaube fest, mehr als der grausige Anblick waren es seine Ideale, die die Männer bezwangen. Dergleichen ist seither nicht mehr geschehen.

Bezwingen! Ja, vielleicht ist es das, was ich an Belisar so bewundere: daß er sein Schicksal bezwingt, das seinem unbändigen Willen nicht widerstehen zu können scheint. Ihm gelingt, was mir bisher nicht gelang. Ich wollte so oft, doch nie … genug, Du weißt, wie es mir erging und wie mir ums Herz ist. Doch die Nähe dieses Mannes scheint auch mich zu verwandeln. Als wir in Lilybaeum auf Sizilien ankamen, um mit Königin Amalasunthas Erlaubnis Proviant einzukaufen, da nahm er mich – ja, mich! – für einen Geheimauftrag beiseite. Offiziell sollte ich Lebensmittel anzukaufen suchen, inoffiziell mich nach den Kriegsvorbereitungen der Vandalen in Karthago erkundigen. Ich zitterte vor Erwartung und Anspannung ob dieser verantwortungsvollen Aufgabe. Mein Herz hetzte wie ein Jagdhund auf der Fährte. Und der Geist dieses Mannes inspirierte mich wahrhaftig! Was soll ich Dir sagen: Ich ging kaum von Bord, wie von günstigen Vorahnungen beschwingt, da traf ich einen Studienfreund von der Universität in Berytus, einen Menschen, den ich seit Jahren nicht gesehen hatte und hier am allerwenigsten erwartete. Und damit nicht genug: Er wußte mich einem Sklaven vorzustellen, der drei Tage zuvor aus Karthago nach Lilybaeum gekommen war! Mit nie gekanntem Elan griff ich mir den Mann, zog ihn beherzt auf mein Schiff und befahl, die Leinen zu lösen. Seinem verdutzten Herrn rief ich von der Reling aus zu, daß ich ihn sicher, heil und reich belohnt zurücksenden

würde, und warf ihm meine Börse zu. Was für ein Streich! Sag selbst, ob Du mir das je zugetraut hättest! Und Gott segnete ihn mit einem glücklichen Ausgang; der Mann wußte uns zu berichten, daß die Vandalen, keinen Verdacht schöpfend, an Kriegsvorbereitungen nichts getroffen hätten. Unter solch günstigen Auspizien also steht unser Zug. Morgen werden wir Karthagos Vorstädte erreichen, dort erwartet uns der Kampf, oder auch nicht: Vielleicht öffnet Belisars Name ja alle Tore wie von selbst. Ich bin so guten Mutes, Freund, wie ich es schon lange nicht mehr war.
Leb wohl. Prokopios Caesariensis.

Antonina an Theodora
Sei gegrüßt, meine Schöne. Habe ich schon erwähnt, wie langweilig Seereisen sind? Die erste Flaute erwischte uns gleich in Abydos, und die einzige Abwechslung, die geboten war, war die Pfählung von ein paar betrunkenen Hunnen, die randalierten und einen noch betrunkeneren Landsmann erstachen. Sie saufen ganz schön, diese kleinen gelben Männer, und das war auch wieder unser Glück, denn hätte ihr Anführer Aigan, der in Belisars Stab die Reiterei leitet, keinen so gewaltigen Kater gehabt an dem Morgen, hätte er der angesetzten Hinrichtung niemals zugestimmt, und dann wäre die Disziplin noch mehr beim Teufel gewesen, als sie es ohnehin ist.
Verdammt, diese Fliegen! Ich schlage förmlich um mich! Falls Du wissen willst, wie es ist in Libyen: heiß und voller Fliegen, die stechen können, ganz schrecklich. Wir liegen gerade in einem netten Garten herum und machen eine Obstkur, nach der die meisten hier allerdings die große Scheißerei kriegen dürften. Dabei geht es morgen in die erste wirklich wichtige Schlacht gegen die Vandalen.
Und da wir gerade von Scheiße sprechen: Habe ich schon erwähnt, daß der Kappadokier eine Ratte ist? Ich hatte von

Anfang an so ein Gefühl. Und siehe da: Seine mit so viel praktischem Charme in den Badeöfen gebackenen Gerstenzwiebäcke verdienen den Namen nicht, sind nämlich nur einmal gebacken und daher innen feucht und verdorben. Wir hatten schon während der Flaute in Abydos die ersten Toten, inzwischen liegt die Zahl bei über fünfhundert, und wir haben noch nicht einmal gekämpft. Von den Kosten für die nachträgliche Proviantbeschaffung ganz zu schweigen. Ich hab mir den Arsch aufgerissen, um unterwegs genügend Brot aufzutreiben. Hast Du schon mal versucht, eine Horde Hunnen und Germanen zum Kämpfen zu bringen, die Hunger oder Bauchschmerzen hat? Du kannst von Glück reden, wenn sie nicht Dich fressen! Belisar wird auch noch an Deinen Mann schreiben deswegen.

Wenn ich nicht so schlau gewesen wäre, unseren Wasservorrat in Glasamphoren zu lagern und diese in feuchten Sand zu stekken, dann hätten wir auf der Überfahrt zum Schimmelbrot auch noch Brackwasser gehabt. Bin ich nicht ein kluges Kind? Lob mich, Süße, ich kann es vertragen. Aber das nur nebenbei.

Ansonsten läuft es bislang lässig. Vor vier Tagen nahmen wir die Stadt Syllektos im Handstreich ein. Ein Vortrupp mit einigen Kommandeuren versteckte sich nachts in einer nahen Schlucht, um sich dann morgens unauffällig unter die zum Markt ziehenden Bauern zu mischen. Dort holten sie den Bischof und die Vornehmen zusammen und spielten so anschaulich mit ihren Schwertern herum, daß uns alles freiwillig übergeben wurde. Die Libyer wollen abwarten, schätze ich. Ihr Getreide haben sie uns jedenfalls günstig gelassen, und unsere Handmühlen mahlen wieder. Aber wenn sie einen Soldaten oder Troßsklaven allein auf ihren Feldern finden, wie er sich etwas nimmt, dann töten sie ihn und schneiden ihm den Kopf ab. Jeden Morgen, wenn wir jemanden vermissen, finden wir bald so eine kopflose Leiche in einem umliegenden

Ährenfeld oder einem Beet mit Kohl. Es geht das Gerücht, daß König – pardon, der Usurpator – Gelimer für jeden byzantinischen Kopf eine Prämie zahlt.

Meiner wäre im Moment nicht allzuviel wert, fürchte ich. Ich habe mir schon seit über einer Woche nicht mehr die Haare waschen können, und gallische Seife zum Färben ist auch nicht zu bekommen. Zu allem Überfluß ist mir auch noch das Zahnpulver ausgegangen. Man sollte doch meinen, daß es überall auf der zivilisierten Welt möglich wäre, Gerstenschrot, Salz und Honig zu bekommen, aber nein! Und meine Toilettensachen sind großteils auf den Schiffen zurückgeblieben. An Elan, Karthago im ersten Sturm zu nehmen, fehlt es mir jedenfalls nicht; dann kriege ich nämlich endlich mal wieder ein ordentliches Bad, am besten gleich in Gelimers Palast.

Ach, wenn mir wenigstens jemand ein Zelt mit einer Wanne darin aufstellen würde! Mein lieber Sohn wäre sicher gerne bereit, mir den Luxus eines entspannenden Bades zu verschaffen. Aber wir marschieren morgen gegen Karthago selbst und lagern hier heute nur provisorisch. Theodosios hat irgendwas von Kameraden geschwafelt und scharwenzelt ums Lagerfeuer herum. Er ist noch so romantisch, der Junge. Ich danke Dir übrigens für alle Deine guten Ratschläge und Ermahnungen zum Thema Mutterschaft, doch denke ich weiterhin, daß es die Aufgabe einer guten Mutter ist, ein inniges Verhältnis zu ihrem Sohn zu pflegen und sich nicht von ihm zu trennen, nicht wahr?

Bei Tisch sitze ich, so mir ein Tisch zur Verfügung steht, übrigens meist einem Spaßverderber namens Prokopios gegenüber, einem nicht mehr ganz jungen Gelehrten aus Caesarea. Manchmal denke ich mir, er hat einen heimlichen Kummer, den man ihm nachsehen muß, aber andererseits: Der Mann ist ein geborener Verlierer, das sehe ich auf den ersten Blick; und sich mit solchen Leuten abzugeben hat noch nie zu etwas

Gutem geführt, sage ich mir. Außerdem hat er mir inzwischen einmal zu oft erzählt, daß er an der höchst renommierten Rechtsuniversität von Berytus studiert hat.
Ich bedaure zugeben zu müssen, daß ich selbst ihn meinem Mann seinerzeit für seinen Stab empfahl. Ich hatte mir damals vermutlich doch mehr von ihm versprochen. Sicher, in Sizilien hat er einen wertvollen Informanten besorgt. Aber Du hättest sehen sollen, was er für eine Zirkusnummer daraus machte, den Mann an Bord zu zerren. Er hüpfte, gestikulierte und verhandelte laut schreiend über die Reling hinweg, so halsbrecherisch hinausgelehnt in seinem Eifer, daß die Schaulustigen zusammenströmten. Ganz Lilybaeum hörte schließlich zu! Vielleicht findet sich ja irgendwo im ruhigeren Byzanz eine Schreibstube für ihn und eine Adoptivmutter, die ihn hütet, so wie ich meinen teuren Theodosios hüte, den das Schicksal so freundlich war mir zu geben und – hoffentlich – zu lassen.
Dies schreibt Dir nach meinen Worten Eudokia, meine Sklavin. Sei brav. Antonina.

Prokopios an Anthemios von Tralles
Endlich finde ich die Zeit, Dir wieder zu schreiben. Seit ein gewisser Bonifaz, dem der vandalische Thronschatz anvertraut worden war, uns diesen gegen freies Geleit und eine reiche Belohnung ausgehändigt hat, bin ich mehr als beschäftigt, die Werte zu registrieren. Die Gattin Belisars, Antonina, geht mir dabei zur Hand. Und obwohl sie eine tüchtige Wirtschafterin ist, wünschte ich mir doch, sie ließe es. Nicht nur, daß ich den Verdacht habe, sie bringt vieles für Belisars und ihre private Kasse auf die Seite; das Weib ist mir einfach zuwider. Und wenn der gute Ruf einer Dame als etwas Kostbares gilt, das nicht durch üble Nachrede befleckt werden sollte, so ist an ihrem doch nichts mehr kaputtzumachen. Himmel, das

ganze Lager weiß, was sie mit ihrem Adoptivsohn Theodosios treibt! Sogar ihr Gatte weiß es, mein Belisarius, doch irgend etwas verschließt ihm Augen und Ohren dagegen, und ich kann nicht verstehen, wie dieser würdige und edle Mann sich solches antun lassen kann!

Stell Dir vor, erst vor wenigen Tagen erwischte er sie beide hier im Keller der Registratur, wo der Thronschatz lagert, in enger Umarmung, ihr Stöhnen hinter den Kisten war bis auf die Wendeltreppe hinaus gut hörbar gewesen, und Theodosios' Hose, als er sich eilig vor seinem Vater aufrichtete, war aufgeschnürt. Was für Beweise hätte es noch bedurft? Aber sie erklärt ihrem Gemahl frech ins Gesicht, sie hätten nur die Schätze nachgezählt, damit er nicht vom Kaiser um seinen Anteil betrogen werde, und er glaubt ihr! Er glaubt ihr! Das verstehe einer! Aber ich will lieber schweigen. Ein Zenturio, der einmal in ihrer Gegenwart eine anzügliche Bemerkung machte, wurde wenige Tage später wegen eines geringfügigen Disziplinarvergehens hingerichtet. Mehr sage ich dazu nicht. Aber dieses Weib ist den Tod eines edlen Mannes nicht wert. Und wenn ich sehe, welche Verderbtheit wir mit uns führen, dann kommen mir auch wieder Zweifel am Sinn dieses gerechten Krieges.

Ach Freund, der Krieg! Sechs Monate sind nunmehr vergangen, und sie haben mich eine Lektion gelehrt, die ich in Persien nicht fand. Aber hättest Du gesehen, was ich sah! Doch ich will der Reihe nach berichten. Ich verließ Dich in jenem paradiesischen Garten vor den Toren Karthagos, die sich uns tatsächlich am nächsten Tag öffnen sollten. Belisar siegte verdient, bereits sein Vortrupp rieb einen guten Teil der völlig verfrüht marschierenden Vandalen auf und zerstreute deren Nachschub, ihre Reiterei wurde von unseren Hunnen nahezu ausgelöscht, und das Kernheer, das beim Lager zurückblieb, griff in das Geschehen gar nicht ein. Ich war einer der ersten, die anderntags diese altehrwürdige Stadt betraten, denn mir oblag es, den diplomatischen Schriftverkehr, die Archive und die Steuerlisten sicherzustellen. Und da sah ich sie lagern, im Fackelschein: Rings um ihre Kirchen hatten sich die verbliebenen Vandalen gedrängt und hofften auf Gnade für sich und ihre Familien. Ihre hochgewachsenen Gestalten waren unverkennbar. Selbst wenn sie ihr leuchtendes Blondhaar unter Tüchern verborgen hätten, hätten sie sich doch nicht verstecken können zwischen den jubelnden Libyern, über die sie vor kurzem noch herrschten.

Wir nahmen ihren Palast zum Lager, während ihr König Gelimer mit den verbliebenen Getreuen in die Verzweiflung ritt, wohl wissend, daß, wer jetzt nicht um ihn weilte, tot oder gefangen war und nie mehr wieder bei ihm sein würde.

Drei Monate später stellte er sich zum letzten Treffen. Ein Lager bei Trikamaron barg alles, was den Vandalen auf dieser Erde geblieben war: ihre Schätze und vor allem ihre Weiber und Kinder, die dem Kampf zusehen mußten, der unmittelbar über ihr Leben entschied. So spornte Gelimer seine Krieger denn auch an: »Kämpft gut, oder ihr werdet diese nicht wiedersehen.« Und doch war kein Klagegeschrei aus dem Weiberlager zu vernehmen. Stolz standen sie da, nur ein paar Kinderarme mochten sich hier und da nach dem Vater ausgestreckt haben, ein kleines Schluchzen vom raschen Flüstern der Mutter beschwichtigt worden sein. Dann begann der Kampf. Zweimal wiesen sie uns ab, dann widerstanden sie unserem Fußvolk nicht länger. Und dann begann das Plündern.

Freund, das war schrecklicher als alles, was ich bisher gesehen habe. Das Schreien der Frauen gellt mir noch immer in den Ohren. Es muß König Gelimer Schauer über den Rücken gejagt haben, als er sein Pferd wendete und nach Numidien in Sicherheit hetzte. Er ließ alles zurück für die blutgierige Meute, die nun einrückte. Anthemios, ich habe Männer gesehen, mit denen ich beim Weintrinken gelacht und gewürfelt, ja, vernünftige Gespräche über die Welt und das Leben geführt habe, die sich nun auf diese Weiber stürzten wie Tiere, ihnen den Leib aufschlitzten, noch während sie sich an ihnen ergötzten, und in ihrem Blut badeten. Sie wühlten mit beiden Händen in Truhen und Schätzen, rafften und schleppten und töteten nebenbei, was sie fanden. Ich sah Hunnen, die junge Mädchen an ihren blonden Haaren hinter ihren Pferden her zu Tode schleiften, und biedere Kämpfer, gutmütige Männer, denen ich täglich auf den Schiffen zugesehen hatte, wie sie ihre Waffen reinigten und ihren harmlosen Vergnügungen nachgingen, die nun Säuglinge vor den Augen ihrer gellend schreienden Mütter in die Luft warfen und mit den Spitzen ihrer Speere »aufzufangen« suchten. Freund, ich habe zuviel gesehen.

Und als ein Abbild des Leidens seines Volkes gab König Gelimer nun nach drei Monaten der Belagerung auf und verließ den Berg, auf dem er sich mit den letzten Getreuen verschanzt hatte, als ein wandelndes Gespenst, dem die Augen entzündet im Gesicht brennen, das Zahnfleisch sich rot und geschwollen von den Zähnen zurückzog und dem die Rippen sich unter dem schmutzigen Fleisch abzeichneten. Er bat nur um ein Brot, einen Schwamm und eine Leier, damit das Unglück der Seinen zu besingen. Erschüttert gewährten wir es ihm. Er, Du und ich, wir werden uns bald sehen, falls meinem Feldherrn der Triumph, der ihm zusteht, gewährt werden wird. Übelwollende Geister unter seinen Offizieren haben ihn beim Kaiser verleumdet, er strebe den Thron in Karthago für sich an, auf dem er nach der Eroberung für einen Moment Platz genommen hatte. Und wieder ist es so, daß man dem starken Mann, den man aussandte, um zu siegen, eben wegen seiner Stärke, die er im Sieg mehr als bewies, mißtraut und lieber zu wünschen scheint, er wäre untergegangen und hätte die Sache, deretwegen man ihn geschickt, minder gut vertreten. Doch

mit Gottes Hilfe wird sich dies klären und wir uns alle bald und glücklich wiedersehen.
Vale, leb wohl. Prokopios Caesariensis

Antonina an Theodora
Liebste, ich schreibe Dir in Eile und Empörung. Es sind Gerüchte über meinen Mann im Umlauf, die einfach unerträglich sind, und ich schwöre Dir, nichts daran ist wahr! Sicher, er betrat nach der Eroberung Karthagos den Palast, was auch sonst? Und der Sessel, auf den er sich setzte, war vermutlich der Thron Gelimers, na und? Himmel, es war ein Stuhl, Theodora, einfach ein Stuhl. Er war müde, er hatte gekämpft und gewonnen, und er wollte sich hinsetzen, verflucht noch mal! Du kennst ihn doch fast so gut wie ich und weißt, daß es nicht seine Natur ist, mehr sein zu wollen als das, was er ist. Mich dürfen sie ja meinetwegen mit Schmutz bewerfen, eine Frau mit meiner Vergangenheit wird wohl nie die Anerkennung der Vornehmen gewinnen, aber Belisar ist über jeden Verdacht erhaben, das schwöre ich bei allem, was mir heilig ist, und bitte Dich, darin mit mir übereinzustimmen. Hat er seinem Kaiser diesen Krieg gewonnen oder nicht? Und wie überlegen er dabei war!
Vor der Eroberung Karthagos schickte er einen seiner Hunnen los; er ist angeblich aus einem besonderen Haus seiner Rasse, dem seit jeher das Recht zusteht, den Feind zuerst anzugreifen – da sieht man wieder, was für ein komisches Völkchen das ist. Jedenfalls ritt der hinaus, ganz alleine vor die Reihen der vandalischen Reiterei, die so verblüfft war, daß sie gar nicht auf die Idee kamen, den Mann abzuschießen. Aber wenn jemals jemand so geistesgegenwärtig gewesen wäre, könnte seine Familie ja wohl kaum auf eine so lange Tradition zurückblicken. Wie auch immer, er nahm da lässig einmal die Parade ab, erklärte die Vandalen für so gut wie tot – und das waren sie wenig später auch. So ging das.

Und ich konnte mich endlich in einem großen Marmorbad im Palast aalen. Ich hoffe, daß mir die Senatoren das nicht als politische Ambitionen auf den Thron auslegen. Ich will beileibe keine zweite Dido werden. Und darauf, daß ich mich aus Liebeskummer erhänge, könnten sie lange warten. Den restlichen Feldzug habe ich dann nicht mehr mitgemacht, ich zog das süße Leben in Karthago vor. Auch war Theodosios verletzt und bedurfte meiner Pflege. Aber es soll ja leichtes Spiel gewesen sein. Die Jungs kamen jedenfalls freudestrahlend und reich beladen wieder.

Jetzt stehen wir kurz vor der Heimreise, und ich weiß noch nicht, wie ich die auf einem Schiff mit diesem Exkönig Gelimer überstehen soll, sein andauerndes Leierspiel geht mir jetzt schon auf die Nerven. Er scheint nur elegische Balladen zu kennen und improvisiert dazu Texte von seinem eigenen Unglück, dabei kann er gar nicht singen. Ich könnte ihm ja einiges über Atemtechnik sagen, aber ich werde mich hüten, diesem Früchtchen auch noch Aufmerksamkeit zu widmen, sonst versucht er am Ende, mich zu irgendwas zu überreden. Das ist nämlich ein ganz Ausgefuchster: Bei Trikamaron hatte er es so eilig, gen Nubien zu flüchten, daß die Leichen seiner Landsleute noch nicht kalt waren, als er aufbrach. Also mußten wir ihn dort mühsam belagern; ich habe mir sagen lassen, daß die Stadt Medeos auf diesem Berg dort, Papua, glaube ich, nahezu uneinnehmbar sein soll. Ein Patt also, aber natürlich hatte er langfristig die schlechteren Karten. Allerdings war der erste Doryphor, den wir zur Belagerung hinschickten, von einem seiner eigenen Unteroffiziere erschossen worden, der stockbesoffen auf einen Vogel zielte und statt dessen den Armen in den Hals traf. Kein gutes Bild also, das wir zunächst da abgaben, aber darauf waren wir andererseits auch nicht angewiesen. Und dieser Heuchler hockte also da oben in seinem Felsennest und machte vor der Welt einen auf gefallener

König und verkannter Dichter, während er heimlich mit Belisar und mir über die Bedingungen seiner Kapitulation verhandelte; ich kann Dir seine Briefe zeigen, so ölig im Stil, Du sparst Dir die Handcreme, wenn Du sie anfaßt. Die Senatorenwürde und ein riesiges Landgut in Bithynien hat er sich schließlich gesichert. Dann verlangte er offiziell »nur ein Brot, einen Schwamm und eine Leier«, hah. Einige unserer Offiziere hatten doch tatsächlich Tränen in den Augen, als er so dahermarschiert kam und die Saiten zupfte. Ich sage Dir, er wird im Triumphzug ein prächtiges Bild abgeben! Aber wenn er bei der Überfahrt nicht still ist, dann werfe ich seine Scheißleier über Bord, das schwöre ich.

Ach, wie ich mich nach Byzanz sehne, und nach Dir, mein Liebes. Sei nett und sag Deinem verehrten Gemahl, unserem Kaiser und Sonnengott, daß ein Stuhl ein Stuhl und nochmals nur ein Stuhl ist und Belisar sein ergebener Diener. So wie ich die Deine bin.

Auf bald. Antonina

Vertrauen

Es war ein Labyrinth aus Gängen wie in einem ägyptischen Grab; sie hörte ihr eigenes Atmen im engen Korridor. Dann tat sich rechts in der Wand ein Raum auf, den zahllose Fackeln erhellten. Bis zur Decke stapelten sich dort kostbare Möbel, mit Gold beschlagene Schränke, Elfenbeinsessel, geschnitzte Schreine mit Silberziselierungen, die Edelsteine einfaßten. Alles war hastig ineinandergestellt, hier ragte ein Tischbein, dort eine Lehne heraus. Offene Ledertruhen mit Seilgriffen ließen ihren Inhalt sehen: schimmerndes Gold, Münzen aus aller Herren Länder, Schmuck mit funkelnden Steinen lag zu Knäueln verwirrt in Strohkörben. Goldene Statuetten, geschnitzte Elfenbeintäfelchen und silbergetriebenes Tafelgeschirr lehnten an der Wand, darübergehäuft ein Haufen bestickter Prunkgewänder. Schätze, die einen König reich gemacht hätten, häuften sich zur Decke und bildeten ein funkelndes Labyrinth.

Ihr Fuß stieß gegen ein Trinkhorn aus Bernstein, als sie den Raum betrat, es kreiselte knirschend über den Steinboden. Der Griff, sah sie, als es wieder zur Ruhe kam, war eine Schlange, die sich selbst in den Schwanz biß. Sie war ganz aus Gold, zischte Theodora an und glitt davon.

Lautlos, wie schwebend, ging sie durch die verwirrenden Schluchten aus Kleinodien, bog ab, bog wieder ab, bog erneut ab, so rasch und zügig, als kennte sie den Weg, den sie zu nehmen hatte. Da tat sich am Ende ein freier Raum auf mit einem Bett, in dem lag Antonina. Ihr rotes Haar wogte um ihren nackten Leib wie Seetang in den Wellen und hüllte sie ein, sie und den Mann, der sie umarmte. Die beiden wälzten sich auf dem Bett und tauchten ineinander.

Sie blieb stehen. Ganz fern war das Bett zwischen den glitzernden Wänden.

Das Gesicht des Mannes kam hoch, wie um Atem zu holen. Antonina warf den Kopf zurück und stöhnte unter seinem Stoß. Dann sah sie her, lachte mit perlweißen Zähnen und wies auf sie. Der Mann auf ihr schaute herüber, mit Prokopios' Zügen, und lachte ebenfalls. Sie, die vielleicht Belisar gewesen war, wurde Theodora, wurde jemand anderes und sah sich selbst, nein, Theodora, dort auf der Liege sich winden unter dem Leib Prokopios'. Das Bild wurde ferner, eine erotische Miniatur aus Elfenbein, sie schwebte zurück und sah sich schrumpfen dort auf der Liege. Da war das Bernsteinhorn, da die Türschwelle, hier blieb sie stehen und sah sich immer noch, so weit fort jetzt, daß nicht mehr zu entscheiden war, ob sie immer noch lachte, dort in der Umarmung, oder ob das, was sie hörte, ein Weinen war.

Die Tür hatte keinen Holzrahmen, rauh war der Putz unter

ihren Fingern, den sie nicht berührte, aber sah, grobkörnig und grau, klumpig dort, wo der Mörtel darunter aus den Ritzen zwischen den Ziegeln quoll. Es roch nach feuchtem Stein, und von unten herauf wuchs die Mauer in die Türöffnung, eine Reihe, noch eine, Mörtelkelle, Ziegel, Mörtelkelle, Ziegel. So verschloß sich die Tür. Das Schimmern und das Bett verschwanden hinter einer plötzlich weißverputzten Fläche. Dann traten aus dem Putz bunte Steinchen hervor, eins nach dem anderen, wie sich die spitzmäuligen Köpfe von Schildkröten aus dem Wasser heben, rasend schnell und in ungeheurer Zahl.

Sie formten ein Bild, das Bild eines Mannes mit Krone. Perlgehänge baumelten schwungvoll von seinen Schläfen, ein Nimbus umgab sein Haupt wie das eines Heiligen. Blutig und groß leuchtete eine Rubinbrosche auf seiner Schulter, die den goldgefütterten Mantel zusammenhielt, der ihn schwarzglänzend einhüllte. Er war umgegen von Wachen, umgeben von Priestern, umgeben von bunten Ornamenten auf goldenem Grund. Alle blickten sie streng an, nur der mit der Krone, der lächelte ihr zu und präsentierte ihr die goldene Schale in seinen Händen, aus der langsam Prokopios' blasser Kopf wuchs. Justinian lächelte ihr zu auf grauenerregende Weise, und sie hörte hinter der Mauer ihren Schrei.

Theodora wachte auf, ihre verschwitzten Finger tasteten über das Kopfteil ihres Bettes, die geschnitzten Säulen und Trauben, das Weinlaub und die fröhlichen Winzer dazwischen. Da war nur glattpoliertes Holz, kein Putz, kein rauher Stein. Sie öffnete die Augen weit in die nur sanft von ein paar Öllampen erleuchtete Dunkelheit. Sie war wach. Dort schimmerte der Spiegel matt im rötlichen Nachtlicht, und der grüne Seidenteppich vor dem Fenster bauschte sich leicht im milden Nachtwind. Sie schloß die Augen und öffnete sie angstvoll erneut wieder, um das Gefühl für die beruhigende Realität ihres Zimmers nicht zu verlieren. So leicht ließ sich der Traum nicht abschütteln.

Theodora setzte sich auf, angelte nach den persischen Lederpantöffelchen unter ihrem Bett und schlüpfte hinein. An ihrem Schreibtisch brannte ebenfalls noch Licht und ließ das silberne Schreibgerät schimmern. Sie ging hinüber, ihr Nachtgewand aus weißer ägyptischer Baumwolle umwallte sie. Dort auf der Alabasterplatte lagen noch die Briefe aus Karthago. Es war leichtsinnig gewesen, sie dort offen liegen zu lassen. Sie wußte ihre schlafenden Hofdamen im Vorzimmer, die mit ihren bewußtlosen Körpern die Schwelle schützten, sie wußte die Leibgarde mit ihren weißen Mänteln im Korridor paradieren und zwei Silentiarii an der Wand gelehnt dort über ihren Pflichten fast im Stehen einnicken. Aber was hieß das schon. Es war gut möglich, daß jemand hier hereinkam, während sie schlief und träumte. Beinahe tat sich der Kellergang mit offenen Augen vor ihr auf. Theodora wandte den Kopf ab und nahm, Ablenkung und Zerstreuung suchend, einen der Briefe auf. Bald saß sie da und las vertieft, was ihre Freundin ihr schrieb. Antoninas vertraute Stimme füllte ihren Kopf.

An einer Stelle mußte sie lächeln, dann lachen; sie nahm ein weiteres Schreiben und schüttelte unwillkürlich den Kopf. Antonina sprach mit einemmal lauter, nervöser. Die Freundin schien ihr plötzlich mehr als gewöhnlich besorgt, obwohl sie mit Rücksicht auf Spione wie immer das Entscheidende sehr zurückhaltend formulierte. Wenn man das abzog, was für Johannes den Kappadokier, Justinian selbst und diejenigen Beamten der Präfektur geschrieben worden war, die den Geheimdienst leiteten und die diese Schreiben alle mit Sicherheit zur Kenntnis erhielten, dann blieb genug übrig, um auf nackte Verzweiflung zu schließen. Warum war ihr das bisher nicht aufgefallen?

Theodora nahm einen anderen Brief aus dem Stapel, der vor ihr lag, ein offizielles Schreiben Belisars an seinen Kaiser, das von denselben Sorgen sprach. Ja, auch sie hatte ihre Spione, manchmal wunderte sie sich selbst, wie willig ihr Johannes Lydos in der

Präfektur zur Hand ging, wenn sie um Informationen nachsuchte. Auch hier wurde von dem vermaledeiten Stuhl gesprochen. Doch bei Antonina ging es um mehr. Noch einmal nahm sie die erste Botschaft der Freundin zur Hand; ihr Blick blieb an der Passage über Prokopios hängen. Wie geschickt ihre Freundin es dort verstanden hatte, ihr anzubieten, Prokopios als Liebhaber für sie in Byzanz zu installieren, wenn sie darauf verzichtete, sich gegen sie und Theodosios zu stellen, das hatte Theodora in seiner Unverschämtheit zunächst nur verärgert. Aber es war auch riskant gewesen, etwas, was Antonina gar nicht ähnlich sah. Und nun diese zweite, erregte Bitte. Unter der aufgesetzten Leichtfertigkeit wurde eine andere Antonina sichtbar, leidenschaftlich und verzweifelt. Und Theodora wollte ihr helfen.
Nunmehr völlig wach, schaute sie sich nach der Glaskanne mit Amethystelixier um – mildem Rotwein, in den ein großes Exemplar des Edelsteins eingelegt war. Der Trank, so hatte es ihr die alte Sophia erklärt, besänftige die Schlaflosen und verhülfe ihnen dazu, friedlich die Augen zu schließen. Theodora hatte das Exilier mehr als einmal an ihrem Mann erprobt. Sie fand es wie immer auf ihrem Nachttisch bereitstehend, schenkte einen blauen Glaspokal voll, hüllte sich in ihren Umhang und öffnete die Tür. Jede Begleitung ablehnend, machte sie sich auf den Weg zu Justinians Gemächern.
Niemand versperrte ihr den Weg, niemand drängte sich an ihre Seite, als sie eintrat, und als sie den blassen Mann mit den rotgeränderten Augen ansah, der da über seinen Manuskripten gekauert saß und mit einer wilden Kopfbewegung zu ihr aufschaute, da konnte sie es verstehen. Er machte ihr selbst Angst, dieser hagere Fremde, dessen Zähne unablässig aufeinandermahlten. Sie glaubte selbst auf diese Entfernung das Knirschen zu hören und spürte, wie die Härchen auf ihren Armen sich aufstellten. Und kurz flackerte die Idee auf, wie es wäre, wenn er sie plötzlich nicht mehr als seine Freundin und Vertraute betrachten würde,

wenn sie, durch irgend jemandes Einflüsterungen oder durch einen dummen Zufall, ein falsches Wort, ein falsches Lächeln zur falschen Zeit, auf einmal zu den Feinden zählen würde. Denn etwas anderes gab es nicht für Justinian, Freunde oder Feinde. Und wenn dann nicht mehr geschähe, was jetzt geschah, daß nämlich sein erschreckendes Gesicht sich verwandelte, ein Lächeln es entspannte und ein sehnsüchtiger Ausdruck in seine Augen trat, als wäre er ein Kind, das sieht, wie seine Mutter kommt, es aus der üblen Klemme zu befreien, in die seine bösen Spielkameraden es gebracht haben.

»Theodora! Liebste!« sagte er warm. Sie trat ein. Auf seinem Schreibtisch glomm das Goldkreuz mit den großen Bergkristallen, ihr Hochzeitsgeschenk an ihn.

»Ich habe dir etwas gebracht, gegen deine Schlaflosigkeit.« Behutsam stellte sie den Pokal ab und strich ihm über die Stirn. Das Glas warf einen zitternden blauen Lichtfleck auf die vor Justinian ausgebreiteten Unterlagen. Theodora erkannte auf den ersten Blick den Brief Belisars. »Was treibst du nur so spät in der Nacht noch?« fragte sie in nachsichtigem Ton. Justinians Gesicht und Haltung veränderten sich schlagartig wieder.

»Sie hintergehen mich«, murmelte er, »sie hintergehen mich alle. Er hintergeht mich!« Seine Stimme wurde lauter. »Belisar! Ich, ich habe ihn meinen Freund genannt, ich habe ihm ein Kommando gegeben, trotz seines Versagens in Persien, ich habe ihm zwanzig meiner wunderbarsten Zuchtstuten geschenkt«, Justinians Hände zitterten, »und ihm ist das alles nicht genug!« Verärgert sprang er auf und stieß die Schriftstücke vom Tisch. »Einen Thron will er haben, eine Krone. Am Ende gar meine!«

Theodora stand nur stumm da, während er erregt auf und ab ging. Als er innehielt, sagte sie nur leise: »Eine schwerwiegende Anschuldigung.« Nach einer Pause fügte sie hinzu: »Wer erhebt sie?«

»Alle!« Justinian kreischte es fast. »Viele«, verbesserte er dann. »Ehrenwerte Männer, gute Namen, manche bewährt ...«

Verzweifelt sah er sich nach ihr um. Sie stand immer noch da. »Ehrenwerter als er?« fragte sie, »bewährter als er?« Sie trat näher an ihren Mann heran. »Er war dir stets ein treuer Freund«, flüsterte sie.

Justinian ballte die Faust. »Darauf darf ich mich nicht verlassen. Er saß auf diesem Thron, er feierte dort ein Fest.«

»Ein Stuhl. Ein Fest.«

»Nein«, Justinian schüttelte heftig den Kopf.

»Weißt du es denn gewiß?«

Er stöhnte bei ihrer Frage. Mit wenigen Schritten war er bei der Wand und lehnte die heiße Stirn gegen den kühlen Stein. »Und dabei muß ich Gewißheit haben. Ich brauche sie, Theodora, du weißt, daß ich sie brauche, nicht wahr?«

Sie kam ihm nach und umarmte ihn von hinten, schlang die Arme um seinen Leib. »Nur Gott hat die letzte Gewißheit.«

Er schüttelte wieder heftig den Kopf. »Du weißt, daß ich sie brauche.« Er dachte nach. »Ich lasse ihn kommen, ich lasse ihn foltern«, flüsterte er dann. »Ich lasse jeden seiner Muskeln in Fetzen schneiden, bis ich es weiß. Ich werde in seinem Fleisch nach der Wahrheit graben.«

»Und wenn die lautet, daß er treu war? Dann hast du in einen Kadaver verwandelt, was Freundschaft und Vertrauen hätte sein können.« Sie schmiegte sich fester an ihn. »Es gibt so wenige, denen du vertrauen kannst. Du darfst keinen verlieren, das hast du nicht verdient.« Der Laut, der von Justinian kam, war ein verzweifeltes Ächzen. Theodora stellte sich auf die Zehenspitzen, um näher an seinem Ohr zu sein. »Stell ihn auf die Probe.« Sie drehte sanft seinen abgewendeten Kopf wieder zu sich her. »Laß ihm die Wahl, ob er Gelimer selbst nach Byzanz bringen und den weiteren Krieg anderen überlassen oder ob er in Afrika verweilen will. Dann werden wir die Wahrheit wissen. Bleibt er ...«

»... ist er ein Verräter«, vollendete Justinian mit trockenem Mund ihren Satz. Sie nickte.

»Und wir werden Mittel und Wege finden, ihn auszuschalten. Kommt er aber …« Justinian drehte sich um und sah sie gleichermaßen zweifelnd wie hoffnungsvoll an. »Ach, Theodora«, seufzte er und umarmte sie. Sie spürte seine Küsse auf ihrem Scheitel und heiße Tränen, die in ihre Haare fielen. »Ach Theo, es ist so schwer, ein guter Herrscher zu sein, wenn man auf alles achten muß. Aber du bist da«, seine Arme umklammerten sie zunehmend fester, »du bist da, und du bist so gut zu mir.« Theodora wußte, was nun kam. »Sei gut zu mir, Theo, bitte, hilf mir, hilf mir.« Aus der Bitte des Kaisers wurde ein Wimmern. Theodora ließ ihn los, da lockerte sich auch sein Griff und erlaubte ihr, vor ihm niederzusinken. Auf ihren Knien hob sie den Saum seines Purpurgewandes hoch, nestelte das Unterzeug zur Seite und fand seinen Phallus, der, hilflos ihr entgegennickend, sich aufzurichten suchte. Und sie nahm ihn in den Mund. Während sie über die Ironie des Schicksals nachdachte, daß sie als Kaiserin, auf dem höchsten Platz, den eine Frau in dieser Welt einnehmen konnte, in derselben Haltung da kauerte wie einst als billige Straßendirne, während sie das klar sah, ruhten Justinians ekstatisch zuckende Hände wie segnend auf ihrem Haupt.

Triumph!

Bis zuletzt überzeugt, daß es sich um eine Falle handelte, reiste Belisar mit seiner Gemahlin nach Byzanz zurück, Tag und Nacht umgeben von den treuesten seiner Doryphoren. Der Kaiser hielt ihn für einen Verräter, und Verräter, das lehrte die Geschichte, rief man zu sich, um sie zu eliminieren. Wenn einem General die anrüchige Wahl gelassen wurde zwischen einem Triumphzug in Byzanz und der Fortsetzung eines verlustreichen Wüstenkrieges, dann schien es ihm nicht nur das deutlichere Zeichen für den eigenen Dienstwillen zu sein, die Wüste zu wählen, es erschien ihm auch weit sicherer. Nur Antoninas stetes Zureden hatte es vermocht, ihn überhaupt zu dieser Reise zu bewegen.

Noch als Belisar vor dem Nike-Tor in seine Sesselsänfte stieg, vor der her ein feixender, ihn lässig grüßender Porphyrios seinen berühmten Rennwagen lenkte, trug er unter der wallenden weißen Tunika mit den aufgestickten Palmzweigen des Siegers einen Lederpanzer. Die Glücksgöttin auf dem Tor hielt ihr goldenes Füllhorn über ihn, und zwischen Angst und Hoffnung schwankend, schluckte Belisar. Sein Adamsapfel rutschte in der – wie ihm einfiel – ungeschützten Kehle schmerzhaft auf und ab. Ruckend wurde die vergoldete Sänfte angehoben.

Viel Landvolk war in den Vorbezirken der Stadt nahe der Mauer zusammengekommen, die ungewohnte Farbenpracht des Triumphzugs zu bestaunen, die ragenden Waffen, die Schätze in den offenen Kisten und Körben und die imponierenden Gestalten der gefangenen Vandalen, deren silberblondes Haar in der Frühlingssonne über dem Bosporus glänzte. Es war ein ganzes Volk, das da in Ketten vorgeführt wurde. Gelimer, ihr gestürzter König, ging ihnen voran, umgeben von seiner Familie. Seine treuesten Diener stützten ihn, er schlug dabei die Leier, sang alte Heldenlieder in seiner barbarischen Sprache und schämte sich seiner Tränen nicht. Viele Finger wiesen auf ihn, begleitet von murmelndem Staunen.

Nach dem Forum Bovis, auf dem sich heute einmal nicht das Vieh zum Verkauf drängte, wurde die Menge dichter. Die Ausblicke auf Bauernhöfe und Weinberge wurden seltener, die Häuser höher, die Straßen breiter und lärmender. Mit den ersten Heilrufen der Großstädter begann auch Belisars Unbehagen langsam zu weichen. Er wischte sich den Angstschweiß von der Stirn, lachte sein breites Lachen, das die Byzantiner stets so an ihm geliebt hatten, und winkte seinen Bewunderern.

»Heil dem Sieger«, erscholl es aus den Fenstern, von den Dächern und Balkonen. Die Tribünen unter den Säulenhallen der Mese, welcher der Zug zum Palastviertel folgte, waren voll besetzt. Gelimers Thron wurde bestaunt, der vielumstrittene, wie er hoch auf einem Podest vorüberschwankte und seine Goldbeschläge im Sonnenlicht blitzen ließ. Kostbare Reliquien aus den Kirchen Karthagos folgten, eingeschlagen in leuchtend violette Seide, schwer mit Goldtroddeln behängt. Sie sollten der neuen Hagia Sophia zugeführt werden und allen verkünden, daß der Segen Gottes und aller Heiligen auf diesem Kaiser allein ruhe, seinem gesegneten Stellvertreter auf Erden.

Musik und Marschtrommeln kündigten den bunten Lindwurm schon von weitem an; die Milane in ihren Nestern auf den hohen Sykomoren am Lykosbach schlugen aufgeregt mit den Flügeln. Kreischend kreisten die Krähen über den Dächern, wo heute die Schaulustigen saßen und ihnen die Krümel der Freiluftmahlzeit mißgönnten, mit dem sie das Ereignis feierten. Ihr Liebling, Belisar, er hatte es geschafft. Ein Regen aus Segenssprüchen, Blütenblättern, Reis und süßem Backwerk ging auf ihn nieder.

Porphyrios vor ihm zog die Zügel straffer und beruhigte die Pferde. Er war den Trubel gewohnt, in wenigen Wochen würden die Blauen ihm die nächste Siegessäule aufrichten, dann wäre der ganze Jubel wieder seiner. Daß er heute zur Stelle war, mit seinen berühmten Rennern, um einen anderen zu ehren, war einer der vielen Gefallen, die er Theodora schuldete. Was sollte es, Leonidas und Asterios waren seit Nika faulendes Gebein, er stand hier im Sonnenlicht. Porphyrios schüttelte sich die Zöpfe aus dem Nacken und winkte mit der Peitsche, bis Belisar ihn von seiner Sänfte aus zur Ordnung rief.

»He, Porphyrios, gedenke, daß du ein Mensch bist, Schlitzohr!«

Der Wagenlenker lachte dröhnend, und Belisarius stimmte ein.

»Heil dir Sieger!«

»Mögest du lange leben, Feldherr!«

Lautes Kreischen kündigte die Vorbeifahrt der Löwen auf ihren

Karrenkäfigen an. Ihnen folgten Leoparden an vergoldeten Lederleinen, geführt von Nubiern in maurischen Kostümen. Ihr geflecktes Fell verführte so manchen Mutigen dazu, die Hand nach ihnen auszustrecken, doch ein schneller Peitschenhieb des Aufsehers, gefolgt von einem furchterregenden Knurren zwischen gebleckten Dolchzähnen hindurch, ließ die jungen Männer schnell zurückspringen. Nach den Katzen zogen die Kamele mit wiegenden Hälsen vorüber. Ihre großen weichen Füße suchten lautlos auf dem ungewohnten Straßenpflaster ihren Halt. Schimmernde Brokatstoffe hingen über ihre plumpen Körper. Geritten wurden sie von ausgesuchten Vandalinnen, deren Zöpfe auf orientalische Art geflochten und verschlungen waren. Auf ihren nackten Schultern in den bestickten Miedern saßen Äffchen, vor ihren Schenkeln hingen Körbe mit Edelsteinen, die leuchteten wie Kirchenfenster im Sonnenschein. Sie sprengten Parfum über die Menschen und erfüllten, wo sie vorbeizogen, alles mit einem anhaltenden Wohlgeruch.

»Heil und langes Leben dir, prächtiger Sieger!« Die Byzantiner waren begeistert, als der Zug vor dem Augusteion ins Stocken kam und ins Hippodrom einbog. Die dort seit gestern abend auf den Rängen ausgehalten hatten, wurden reich belohnt. In langen Reihen zogen die Soldaten mit wehenden Wimpeln und blitzenden Feldzeichen zur Musik an ihnen vorbei, gefolgt von den prachtvollen Sklaven in Ketten und den herrlichen exotischen Tieren. Ohs und Ahs stiegen auf über den Kleinodien, die aus den Alabasterschreinen und Elfenbeintruhen quollen, und das Gold in den an Stangen getragenen Kisten blendete jeden, der hinsah. Auf dem Höhepunkt der Festlichkeit trat König Gelimer inmitten der Weihrauchwogen vor die kaiserliche Loge und warf sich in den Staub. Die Garde mit ihren flatternden weißen Mänteln öffnete das Bronzetor und ließ ihn ein, in Belisars Obhut und begleitet von einem kleinen Gefolge. Wenig später sah man oben im Kathisma, wie der besiegte König der Vandalen dem Kaiser und der Kaiserin mit einem Fußkuß huldigte. Es wurde kurz still, als anschließend der Triumphator Belisar das gleiche tat. Doch als dann Justinian seinem Feldherrn die Brust über dem Herzen zum Kusse darbot, brandete der Jubel lauter als zuvor.

Antonina, die züchtig verhüllt hinter Theodoras Stuhl stand, lächelte ihrem Gemahl glücklich zu.

Belisar strahlte atemlos zurück, und fast hätte man meinen können, er zwinkere ihr zu, ehe er sich mit untertäniger Verneigung an Theodora wandte. »Verehrte Herrin, Augusta, Hüterin des Glückes dieses Reiches, ich möchte Euch mit Eurer gütigen Erlaubnis ein Geschenk von den Gestaden Afrikas als Zeichen meiner Verehrung überreichen.« Er winkte auf Theodoras Nicken hin einem seiner Bediensteten, der sich aus seinem Kniefall erhob, vortrat und Theodora ein reich emailliertes Kästchen hinhielt, dessen bunter Schmelz, geschmückt mit zahllosen eingelegten Steinen, das himmlische Jerusalem zeigte, umflattert von Tauben. Theodora neigte sich vor und öffnete das köstliche Stück, das gehalten wurde von diesen überschlanken braunen Händen, von diesen muskulösen, von glatter Haut umspannten Unterarmen, und hob den Blick in Prokopios' schwarze Augen. Die Brauen waren noch immer so schwarz und dicht und standen wie ein kühner Flügelschlag über seinem Gesicht. Der Blick, den sie beschatteten, er schwankte so altvertraut zwischen zorniger Ablehnung und brennendem Hunger nach etwas, was er immer noch nicht gefunden hatte; und er griff nach ihr. Theodora sah die weiche Stelle gerade zwischen Jochbogen und Augenwinkel, wo sie ihn immer zu küssen pflegte. Einige Fältchen, in denen die Haut weniger gebräunt war und fädchenhell schimmerte, waren früher nicht dort gewesen und weckten in ihr den absurden Wunsch, sie mit ihren Lippen zu liebkosen. Theodora seufzte leise.

»Ach, Belisarius, was für ein wunderschönes Geschmeide!« Ohne daß ihre Hände zitterten und ohne den zurücktretenden

Überbringer eines weiteren Blickes zu würdigen, hob sie den breiten, perlenbesetzten Schmuckkragen heraus, den dunkel glimmende Rauchtopase säumten. In seiner Mitte hing eine Goldplatte an zwei Ketten, die das Kreuzzeichen aus Perlen zeigte, mit einem rundgewölbten, ziselierten Türchen in der Mitte, hinter dem sich, wie Belisar erläuterte, ein winziger Splitter vom heiligen Kreuz verbarg. Justinian selbst legte ihr das Kleinod um den Hals, Prokopios und Belisar traten beiseite, und so stand die Gruppe da und nahm die Akklamationen der Menschen entgegen.

Auf dem Platz zwischen der Baustelle der Hagia Sophia und der eben fertiggestellten Eirene-Kirche kam ihnen der Bischof von Byzanz, Epiphanios, mit seinem Zug aus Geistlichen entgegen, empfing sie unter seinem Baldachin und führte sie zum Gottesdienst in dem neuen Sakralbau. Theodora saß, umringt von ihren Hofdamen, neben Antonina auf dem Balkon, roch den Geruch von frischem Mörtel und Weihrauch, sah auf die Köpfe der Männer vor der goldenen Altarwand und wußte kaum, wie sie jetzt die Nähe der Freundin ertragen sollte. Sie brauchte gar nicht zu fragen: Natürlich war es Antoninas Idee gewesen, Prokopios mit dieser Aufgabe zu betrauen. Wie konnte sie ihr nur so etwas antun? Wollte sie sie alle umbringen? Vorsichtig neigte sie sich ein wenig vor und spähte nach Prokopios' schlankem Rükken. Da war er, dicht neben Belisar. Hoffentlich besaß er genug Verstand, sich nicht nach ihr umzusehen. Der betende Hofstaat, kniend mit gesenktem Kopf, bot zwar ein Bild der Andacht, aber durch den Weihrauch kreuzten sich die heimlichen Blicke der Höflinge wie Fäden, und der Unbedarfte blieb in diesem tödlichen Netz leicht zappelnd hängen.
Doch Prokopios' Rücken blieb ihr dauernd zugewandt, ein breiterer Rücken als früher, fiel ihr auf. Ob er gerne zugestimmt hatte, ihr das Schmuckstück zu präsentieren? Theodoras Blicke

wanderten zu ihrem Mann. Mit übernächtigtem Gesicht saß er da und starrte auf die Altarwand. Sie sah, wie seine Hände mit dem Kreuz an seinem Hals spielten. Er war in letzter Zeit zunehmend religiös geworden, verfaßte Meditationen und Gebete und beschäftigte sich mit theologischen Fragen. Sein Fasten und Wachen begann er als Bußübungen zu begreifen, und immer öfter fand sie ihn, wie letzte Nacht, mit ausgestreckten Armen und Beinen daliegend, das Gesicht auf dem Boden. Auch um ihre »Dienste« zu bitten, versagte er sich zunehmend und büßte sie regelmäßig durch Kasteiungen, ohne sich jedoch von der hilflosen Leidenschaft für sie lösen zu können. Wenn sie eintrat und ihn liegend vorfand, dann küßte er ihre Füße.

So wie in der heutigen Nacht, die sie fast bis zum Morgengrauen neben dem Betenden verbrachte, um sicherzugehen, daß er seine Meinung nicht in letzter Minute änderte oder andere Besucher ihn dahin gehend zu beeinflussen suchten. Theodoras Augen tränten vor Müdigkeit, den ganzen Umzug über hatte sie schon nur an eines gedacht, an Schlaf. Und selbst der Schock, Prokopios plötzlich gegenüberzustehen, war nicht bis ins Innerste gedrungen, wo die Übermüdung sie unempfindlich machte und ihr ein trügerisches Gefühl von Gleichgültigkeit und Unverletzlichkeit gab. Ihre Gedanken flossen klar, aber träge. An das Zimmer über der Bäckerei in Alexandria dachte sie, während der Gesang der Mönche aufstieg, an die Ochsen, die das Wasserrad drehten unter der Hitze, an den weißen Staub auf ihren verschwitzten Körpern, an die unendlichen Momente, an ein weinlaubumranktes Fenster, das es nie gegeben hatte. Der Schmerz und die Trauer von damals stiegen wieder in ihr auf, und gleich dahinter lauerte unerkannt ihr noch immer lebendiges Begehren, das sie für Wut hielt.

Sie wußte, daß sie einen Fehler machte, doch ihr Mund war schon zum Sprechen geöffnet. »Wer war der junge Mann, der jetzt dort neben Belisar sitzt und mir die Kette überreichte? Mir scheint, er hat seine Aufgabe mit weniger Anmut erledigt, als zu wünschen gewesen wäre.« Die Ohren aller Hofdamen waren gespitzt.

Antonina runzelte die Stirn unter ihrem Schleier. Wollte ihre Freundin den Mann umbringen? Doch sie antwortete so förmlich, wie die öffentliche Situation es erforderte: »Ach der, das ist Prokopios, ein ewig griesgrämiger Gelehrter aus dem Stab meines Mannes. Sicher ist Anmut nicht seine Sache, doch bitte ich, ihm zu verzeihen, da er als Rechtsberater gute Dienste leistet.« Sie räusperte sich. »Ich hatte, ehrlich gesagt, gehofft, Euch dazu zu bewegen, ihn in die Kommission aufzunehmen, die den Gesetzeskodex des Kaisers überarbeitet, da ich glaube, es wäre sein Wunsch, in Byzanz zu verweilen.«

Theodora sah die Freundin nicht an, während sie sprach. Wie raffiniert Antonina war, jeder würde nun vermuten, daß Prokopios Antoninas neuester Schützling wäre, und ihm ein Verhältnis mit ihr andichten. Sie selbst war trotz ihres Leichtsinns, ihn zu erwähnen, außer Gefahr, mit ihm in Verbindung gebracht zu werden. Mehr noch, sie würden sogar hier und da über ihn sprechen können, ohne daß es auffiel! Erleichtert atmete sie auf, eine Welle von Dankbarkeit für Antonina, die sie doch eben noch gehaßt hatte, durchflutete sie plötzlich. Dazu kam ein Gefühl ... sie wußte nicht, welches. Aber zum erstenmal seit langem sah sie dem nächsten Tag, ja den nächsten Stunden freudig entgegen. Zum erstenmal fühlte sie sich wieder lebendig.

»Nun«, antwortete sie langsam und gemessen, während ihr Herz hüpfte, »die Rechtsberatungen sind allein Sache des Kaisers, meines verehrten Gemahls. Mir obliegt es allenfalls, bescheidene Empfehlungen auszusprechen, und ich glaube nicht, daß ich das in diesem Fall guten Gewissens tun kann.« Der innerlich kichernde Triumph der Hofdamen um sie herum war förmlich zu spüren. Endlich hatte dieses Weib, diese Antonina, die verdiente Abfuhr erfahren. Es stimmte also, was man sich überall erzählte, daß ihr Gatte Belisar beim kaiserlichen Paar in Ungnade gefallen war, der Fußfall heute im Kathisma, als wäre er ein besiegter Feind und nicht der siegreiche Feldherr, hatte das ja überdeutlich gemacht. Jetzt hatte auch seine Frau den Nacken beugen müssen! Oh, die Kaiserin würde eine neue Vertraute benötigen, und man war mehr als bereit!

Freudige Erwartung zitterte unter den Schleiern, als das Kyrie angestimmt wurde. Antonina sang nicht mit, ihren leuchtend purpurn geschminkten Mund verzog ein sphinxfeines Lächeln.

Besuch bei einem Ungeheuer

»Er ist da, er ist da, Augusta!« Freudig erregt sprang Theodora von ihrem Thronsessel auf und setzte sich gleich darauf wieder. Sie zog ihren Purpurmantel glatt. Endlich kam er zu ihr, nach so viel Streit und Mißverständnissen. Als sie seine Schritte auf dem Gang hörte, prägte sie sich noch einmal ein, wieviel von den ersten Minuten dieser Begegnung abhing. Dann trat er ein. Aufrecht schritt er auf sie zu, und während ihr Hofstaat die Luft anhielt, reichte ihr Severus von Antiochia die Hand mit seinem Amethystring zum Kuß.

Der Patriarch von Antiochia war wahrhaft ehrfurchtgebietend. Er erinnerte sie, bemerkte Theodora mit einem leisen Bedauern, kein bißchen an Timotheus von Alexandria, großgewachsen und hager, wie er war, mit einer Nase, die Fleisch hätte schneiden können, und eng zusammenstehenden blauen Augen unter buschigen Brauen. Auch verströmte er nichts von der Milde des Alexandriners; Severus' Tugend war die seines Namens: Strenge. Sei es, daß die Jahre des Streites und der Verfolgung ihn so hatten werden lassen, sei es, daß diese angeborenen Eigenschaften es waren, die ihn diese Zeit hatten so erfolgreich überstehen lassen. Er war ihr auf Anhieb unsympathisch. Aber es war ihr fester

Vorsatz, an Timotheus zu vergelten, was, da hatte Antonina recht, doch nicht zu vergelten war.
Als sie sich aber nach der Begrüßung erkundigte, ob er eine Botschaft seines Freundes aus Alexandria für sie hätte – und sie tat es mit angehaltenem Atem –, da schüttelte er mißbilligend den Kopf. Das war eine weitere Enttäuschung. Sie, die niemals seit ihrem Weggang gewagt hatte, Timotheus zu schreiben oder ihn aufzusuchen, sondern nur gehofft hatte, ihn durch ihr Eintreten für die Monophysiten wissen zu lassen, daß sie ihn liebte und um Vergebung bat, hatte gehofft, er würde ihr durch Severus vielleicht ein Zeichen zukommen lassen. Antonina hatte sich darüber mehr als einmal lustig gemacht; vielleicht, argumentierte sie, hatte er die kleine Straßennutte, die seinen Geldbeutel mitgehen ließ, ja bereits völlig vergessen, oder ihm war gar nicht klar, daß wirklich sie es war, die jetzt auf dem Thron der Welt saß. Oder, und das schmerzte Theodora am meisten, er empfand ihr Verhalten als anmaßend: »Schau her, ich kann mit einem Fingerschnippen mehr für deine Leute tun als du mit deinem Lebenswerk.« Aber sie war Antoninas Vorhaltungen gegenüber hartnäckig geblieben und schwieg.
Und Timotheus, wie es zunächst schien, schwieg zurück.
»Nein, mein Freund Timotheus hat keine Botschaft für Euch, Augusta.« Er benutzte ihren Titel, doch das war auch alles, was er ihr an Ehrungen zukommen ließ. »Ich weiß, worauf Ihr wartet, ich weiß alles.« Er räusperte sich und holte tief Luft: »Ihr hofft, daß mein weichherziger Bruder Euch vergibt und liebend in seine Gnade aufnimmt. Aber«, donnerte er, predigtgewohnt die Stimme erhebend, »wie könnt Ihr erwarten, daß ein Mann Gottes Euch liebt, wenn sein Gott Euch nicht lieben kann!«
»Er denkt also noch an mich?« Theodoras Herz schlug schneller, »Siehst du!« sagte ihr rascher, triumphierender Blick zu Antonina, die Augen und Schultern hob. »Wie geht es ihm?« fragte sie atemlos, »Leben seine Katzen noch? Wie …«

Timotheus aber schüttelte zornig den Kopf. Was für frivole Fragen! »Ihr denkt nur an Euch selbst«, tadelte er.
Antonina räusperte sich. Ihrem – vermutlich wenig respektvollen – Kommentar zuvorkommend, suchte Theodora hastig das Gespräch fortzusetzen. Sie rechtfertigte sich: »Aber ich habe viel für unsere Glaubensbrüder getan, niemand muß sich mehr verstecken, ihr Gottesdienst ist frei, dem Einsiedler Maras baute ich ein prachtvolles Kloster und …«
»… und wart Ihr jemals dort, um zu beten?« fiel Severus von Antiochia ihr ins Wort und streckte anklagend die Hand nach ihr aus. Als ihm keine Antwort zuteil wurde, wies er um sich. »Statt dessen umgebt Ihr Euch hier mit eitlem Prunk, mit Huren und Wahrsagern.«
»Wahrsagern?« wandte Theodora sich ehrlich erstaunt an Antonina.
Die war angelegentlich beschäftigt, sich die Fingernägel zu reinigen. »Entschuldigung«, lächelte sie provozierend in die wartenden Gesichter. Schließlich wiederholte sie ihr Stichwort: »Wahrsager? Er muß die alte Sophia meinen, gute Güte, sie ist jetzt bald an die hundert Jahre, schätze ich. Wirklich Zeit, daß man sie verbrennt.«
Jetzt verstand Theodora. Sie hatte die alte Sophia vor einiger Zeit aus der Töpfervorstadt zu sich in den Palast geholt, eine sentimentale Geste, die die alte Frau versorgen und ihr selbst das Gefühl von ein wenig Heimat geben sollte. Nun huschte die alte Zauberin mit ihren nach wie vor rußverschmierten Haaren – Gott wußte, wo sie den Schmutz herhatte – durch die prunkvollen Gänge. Und die Goldsolidi, die ihr die Hofdamen und Wachoffiziere dafür zusteckten, daß sie ihnen Liebestränke braute oder die Zukunft aus den Knöchelchen las, prüfte sie noch immer mit den – nunmehr gänzlich schwarzen – Zähnen.
»Ah, Sophia! Sie ist eine alte Freundin der Familie«, suchte Theodora Severus zu begütigen, »sie sammelt Heilkräuter, tut

niemandem etwas zuleide und braucht jemanden, der für sie sorgt. Wenn Ihr sie erst kennenlernt, äh, wo ist sie, Nina?«
Antonina grinste. »Sie ist gerade bei Patriarch Epiphanios in den Thermen und liest ihm aus der Hand. Entschuldigung!« Sie schnippte demonstrativ etwas Nagelschmutz zur Seite, was ihr einen genervten Blick von Theodora einbrachte. »Er hat auch Huren gesagt, Theo«, fügte sie dann hinzu.
Der Patriarch stand da wie ein zürnender Apostel. Eine längere Pause entstand.
Theodora schloß die Augen. Dieses Gespräch war eine Katastrophe. »Patriarch, vielleicht machen wir besser einen kleinen Spaziergang.«

Theodora führte ihn, das Gefolge in gehörigen Abstand befehlend, so daß so etwas wie ein intimes Gespräch möglich wurde, durch die Gassen des Palastviertels zum Hormisdas-Palast hinunter. Dort hatte sie mit Justinian vor ihrer Heirat gelebt und ihn später als Geschenk erhalten. Monophysitische Mönche, denen sie dort Wohnung zu nehmen erlaubte, hatten die ihr ehemals so vertrauten Innenräume seither jeglichen Zierats beraubt und ihn in ein Kloster verwandelt. Die fröhlichen Teppiche und Wandbehänge waren entfernt, die luftigen Wandgemälde weiß übertüncht, und auf den bunten Fußbodenmosaiken standen statt der schönen Betten mit ihrer Last weicher Decken ihre einfachen, roh behauenen Liegen und Holztische. Dem Menschen war auf Erden Obdach, aber keine Heimstatt mehr gegeben. Es war, fand Theodora, ein Bild des Wandels, den ihre Liebe zu Justinian durchgemacht hatte.
Der Festsaal mit seinen wunderbaren Porphyrsäulen diente nun als Refektorium, in dem Severus gerührt die Hand des neuen Abtes schüttelte, der von der Verfolgung und Leidensgeschichte seiner Brüder in Palästina erzählte und Theodoras Großzügigkeit gar nicht genug rühmen konnte.

Theodora, die ein Einlenken witterte, sprach angeregt von ihren Plänen, vom Erlös aus dem Verkauf der ehemaligen Einrichtung ein Krankenhaus und eine Schule zu betreiben, von ihrem erfolgreichen Projekt, Straßenmädchen aufzulesen und im Metanoia-Kloster einem menschenwürdigen Leben zuzuführen, von ihrer Arbeit an einem Gesetzesentwurf gegen das Zuhältertum, von den Fremdenheimen für arme Reisende, die sie errichten ließ, und von ihrer Hoffnung auf ein kaiserliches Edikt, das die Monophysiten endgültig vor Verfolgung schützen sollte. Doch Severus blieb ihr gegenüber reserviert; sie spürte sein Mißtrauen geradezu körperlich.

Eifrig diskutierend, ohne doch zu einem Ziel zu gelangen, schlenderten sie so durch die Raumfluchten, die Gärten und schließlich zum nahe gelegenen Ufer hinunter: der hagere Geistliche mit seinem wehenden grauen Bart und dem Elfenbeinstab in der Rechten und die zierliche Kaiserin mit dem flatternden Seidenmantel, die ihm selbst auf ihren hochhackigsten roten Lederstiefelchen nur bis knapp unter die Achsel reichte.

»Man kann Euch nicht vorwerfen«, gestand sie ihm schließlich, »daß Ihr Euch für Eure Zwecke anbiedern würdet.«

»Es hätte keinen Sinn, falsche Wege zum Ziel zu gehen«, antwortete Severus gekränkt. »Und ich bin mir sicher, daß Ihr keine gute Christin seid.« Er sah ihr direkt in die Augen. Und diese dunklen Augen, sie beunruhigten ihn zutiefst. »Was ein Mensch nur aus Zuneigung zu einem anderen nichtigen menschlichen Wesen tut, das ist auf Sand gebaut.«

»Und doch sprach Jesus: ›Und hätte ich der Liebe nicht‹.«

»Er meinte etwas anderes, er meinte die Liebe zu Gott.«

»Doch was Ihr dem Geringsten unter meinen Brüdern tut, das habt Ihr mir getan.«

»Ich weiß, was ich weiß«, murmelte Severus angewidert. Diese ehemalige Hure, die in ihrem Körper das halbe Königreich empfangen haben mochte, wagte es doch tatsächlich, sich mit ihm auf einen Bibelstreit über die Liebe einzulassen. Timotheus mochte ihm da noch so wortreich erklären, daß die Liebe ihr Teil sei; er selbst erkannte ein Gefäß des Bösen wohl noch, wenn er es sah – oder roch. Denn dieser Duft, der von ihr ausging, das war doch kein Parfum? Seine alten Knie zitterten, seine Nerven flatterten wie vor einer Offenbarung, aber war sie Gottes oder des Teufels? Kein Zweifel, diese Frau war etwas Besonderes. Und schon das an sich war verwerflich genug.

»Was ist das für ein Lärm?« fragte er laut und suchte von seinen mißlichen Gedanken abzulenken. Theodora sah in die angewiesene Richtung, wo sich eine Menschenmenge um einen schwärzlichen Hügel am Strand versammelt hatte. Sie schickte ein paar Gardisten los, die mit der Nachricht zurückkamen, daß tatsächlich das Seeungeheuer Porphyrios, welches jahrelang die Gewässer um Byzanz unsicher gemacht hatte, heute morgen hier gestrandet und verendet sei. Einige Gelehrte seien eben auf die Nachricht hin gekommen, das Untier zu betrachten, und die ersten Schaulustigen strömten zusammen. Alle wichen verstummend zur Seite, als der Zug der Kaiserin sich näherte und die Silentiarii mahnend ihre silbernen Stöcke schwangen.

Was da vor ihnen am Strand aufragte, war ein schwarzglänzender, nach Fisch stinkender Fleischberg von gut fünfzehn Meter Länge und sechs Meter Durchmesser. Das riesenhafte Maul war geschlossen, doch gut zu erkennen. Geöffnet mußte es einem Tor gleichen, dem Eingang zur Unterwelt, der mühelos Boote und Menschen verschluckte. Tatsächlich schien das Maul den größten Teil des unförmigen Körpers einzunehmen und Verschlingen sein Hauptlebenszweck zu sein. Nun war es tot, und seine Haut wurde bereits stellenweise stumpf und runzelig. Seemöwen kreisten kreischend über dem Kadaver, und die Fliegen umsummten ihn wie Bienen einen Lavendelbusch, nur daß er unangenehmer roch. Theodora und ihre Damen hielten sich die Schleier vor die Nasen.

Ein mutiger Gardist legte seine Lanze zur Seite, suchte mit seinen Stiefeln auf dem glitschigen Hang Halt und stieg hinauf. Triumphierend verschränkte er die Arme. Seine Kollegen sahen erlaubnisheischend zu Theodora, die huldvoll nickte. Sie sah sich um und erkannte in der Menge Johannes Lydos, der eben einen seiner Sklaven mit einem Maßband losschickte, den Umfang des Ungetüms zu ermitteln, und sie ließ den Soldaten anweisen, dem Mann dabei zu helfen. Gehorsam raffte er seinen weißen Mantel und bückte sich nach dem hinaufgereichten Maßband.

Antonina berührte mit den Fingerspitzen die enorme Schwanzflosse des Wesens, die eigentlich gar nicht dem geringelten, stacheligen Seeungeheuer-Schwanz glich, wie er etwa damals auf der Lampe im Hause Makedonias dargestellt war. Er sah einfach aus wie bei einem Fisch, nur viel größer und nicht senkrecht, sondern waagrecht ausgerichtet. Ob es seitlich zu schwimmen pflegte?

Severus von Antiochia bekreuzigte sich. »Wahrhaftig, Gott erschafft seltsame Kreaturen.«

Theodora sah auf und bemerkte, daß er sie bei diesen Worten ansah. »Und doch sind sie alle seine Kinder«, antwortete sie.

»Iiih!« Abgelenkt schaute sie zu Antonina hinüber, die angeekelt und hektisch versuchte, den Fischgeruch mit einem parfümierten Taschentuch von ihren Fingern zu reiben. Dann drehte sie sich wieder nach Severus um. Der lächelte resigniert.

»Ihr müßt nicht glauben, daß ich ein Narr bin«, sagte er schließlich. »Und es ist nicht nötig, daß Gott mir eines seiner Wunder zeigt, damit ich sehe, was Ihr mir bietet, Augusta, mir und meinen Glaubensbrüdern.« Wieder machte er eine Pause; es kämpfte in ihm. »Wenn man Euch nur öfter beten sähe«, brach es da aus ihm heraus.

»… nein, keinesfalls bei Herodot erwähnt«, trug der Wind da einen Gesprächsfetzen herüber. Theodora, die die Stimme kannte, erschrak. Dort bei Johannes Lydos standen seine gelehrten Freunde, Anthemios und Alexander von Tralles, Isidoros von Milet und er, der gerade gesprochen hatte, Prokopios. Sie diskutierten gerade den unerhörten Fund. Als hätte er ihren Blick gespürt, sah er nun zu ihr hinüber. Möwengeschrei machte alles, was weiter gesprochen wurde, unhörbar. Sie waren inmitten des Lärms allein, und der Wind zerrte an ihren Haaren.

Auch Antonina hatte den Gelehrten mittlerweile entdeckt. Nachdenklich maß sie erst ihre völlig versunken wirkende Freundin, dann den Caesarienser, dann den Patriarchen, der noch immer nach Fassung rang. Und langsam entstand in ihrem Kopf eine Idee. »Ihr würdet ihr also vertrauen, wenn sie regelmäßig ins Kloster des Maras beten ginge?« fragte sie unschuldig. »Und dann ihren Wunsch erfüllen und Euch mit Justinian zu Gesprächen treffen?«

»Dort oder anderswo.« Er nickte. Dann wandte er sich plötzlich werbend an die Kaiserin. »Kommt mit mir nach Alexandria, Augusta, kommt mit zu Timotheus. Werft Euch vor ihm auf die Knie und beweist mir und allen die Heiligkeit Eurer Sache!«

Doch Theodora schüttelte den Kopf, löste ihren Blick langsam von Prokopios und sah dem Antiochier voll ins Gesicht. Leise, nur für ihn, antwortete sie: »Mein Mann respektiert meinen Glauben und ist bereit, mir und Euch dafür Zugeständnisse zu machen. Doch ich will offen zu Euch sein.« Sie machte eine Pause. »Sollte er etwas erblicken, das meine Aufmerksamkeit und Liebe von seiner Person ab und auf sich zieht, und sei es nur zu einem geringen Teil, so würde er es unnachgiebig verfolgen und töten, versteht Ihr?« Sie hatte flüsternd, aber eindringlich gesprochen. »Eure Abneigung gegen mich«, fuhr sie fort, »ist offensichtlich, sie ist Euer bester Schutz und das Kapital für Eure Sache, darum danke ich Gott dafür und hege die besten Hoffnungen für unsere gemeinsamen Gespräche. Aber Ihr begreift ...«

Severus nickte. Er wankte, und es wurde ihm mit einemmal klar, wie dünn der Boden unter diesen Palaststraßen aus solide wirkendem Marmor doch war. So dünn, daß er jederzeit einbrechen und selbst Kaiserinnen verschlingen konnte. Er selbst hatte doch, obwohl er den Titel eines Patriarchen trug, sein halbes Leben in Hinterzimmern von Herbergen, in den Kellern von Glaubensbrüdern, mit verhülltem Gesicht und leichtem, stets gepacktem Gepäck gelebt. Wie hatte er das nach all den Jahren der Verfolgung nur so schnell vergessen können? Severus schämte sich.
Antonina, die noch immer mit zusammengekniffenen Augen Prokopios fixierte und ihre Pläne spann, hatte von diesem Teil des Gesprächs nichts mitbekommen. »Also abgemacht«, sagte sie laut. »Theodora geht einmal wöchentlich ins Maras-Kloster zu, sagen wir, einsamer Meditation und büßt ihr schieres Sein …«
»Antonina!«
»… und Ihr sträubt Euch nicht länger und macht ihr weiter keinen Kummer.« Katzenfreundlich sah sie den Patriarchen an.
Severus verneigte sich zum erstenmal vor seiner Kaiserin, mit der er nun ein Geheimnis teilte. »Ich werde im Haus unseres Glaubensbruders Damian absteigen und Eure Nachricht erwarten, Augusta. Lebt wohl.«
»He«, rief Antonina mit nur halb gespieltem Erstaunen, während er ging, »ist das etwa der Phallus von dem Ding? Meine Güte, das taugt ja gut und gerne als Etui für einen Bischofsstab!«
»Antonina«, zischte Theodora entrüstet, »halt dein Schandmaul. Du machst mir alles im letzten Moment noch kaputt.« Sie sah dem straffen Rücken des davonmarschierenden Patriarchen nach.
»Ach was«, meinte ihre Freundin, »das hat er doch gar nicht mehr gehört. Und wenn: Durch den Kontrast kommst du am Ende nur vorteilhafter raus.« Sie legte gut gelaunt den Arm um Theodora, die nun auch lachen mußte. »Ist es nicht wunderbar«, fiel es Antonina da ein, »daß die Fahrt zu Maras' Kloster über das

Horn jetzt, wo dieses Untier tot daliegt, endlich sicher ist? Du solltest sie unbedingt einmal unternehmen.«
Erstaunt sah Theodora die Freundin an, die ohne weiteren Kommentar zufrieden vor sich hin grinste.

Visionen

Amalasuntha blickte von ihrem angefangenen Brief auf und sah aus dem Fenster. Zwischen den Bogensäulen unten im Innenhof spielte ihr zehnjähriger Sohn Athalarich, kreischend vor Vergnügen, mit seinem betagten Lehrer Fangen. Der schürzte seufzend die Tunika über seinen dünnen, blassen Gelehrtenbeinen und suchte seinem Schützling in die Piscina nachzusteigen, während ihn die adligen Freunde seines Schülers, kriegerische kleine Raufbolde, aus ihren Verstecken heraus mit ihren Schleudern unter Beschuß nahmen. Herzhaftes Männerlachen machte sie auf eine Gruppe ihrer Heerführer aufmerksam, die die Szene aus dem Schatten des Säulenumgang heraus verfolgten und sich augenscheinlich vor Vergnügen auf die Schenkel schlugen, derweil der Grieche Athalarich anflehte, doch endllich seinem Unterricht zu folgen.
»Wer ist das?« fragte Petrus interessiert. Er stand vom Bett im hinteren Teil des Zimmers auf, zog sich seine bestickte Tunika über und trat hinter sie, um Amalasuntha auf die Schulter zu küssen und dann einen Blick auf das Geschehen im Garten zu werfen.
»Ein griechischer Philosoph«, antwortete die Königin der Westgoten seufzend, »den ich zur Unterrichtung dieses Rackers geholt habe, der immerhin der Enkel des großen Theoderich ist, auch wenn man es manchmal schwer glauben kann.« Amalasuntha zog vorsichtig den Kopf zurück, sie wollte in dieser Situation nicht gesehen werden, die ebenso jämmerlich wie deutlich ihr ganzes Dilemma zusammenfaßte.

»Und der, der da applaudiert?« bohrte Petrus in der Wunde.

»Theudegiskus vermutlich, Theodahats Sohn.«

»Ah«, entfuhr es Petrus, und er reckte den Kopf.

Mißgelaunt zog Amalasuntha ihn zurück. Es gab Dinge, die sie dem byzantinischen Gesandten an ihrem Hof hier in Ravenna lieber nicht zu deutlich zeigte, auch dann nicht, wenn er ihr Liebhaber war. Sie ließ sich nur widerstrebend eine neue Liebkosung von ihm gefallen.

»Oder einer der anderen Adligen. So ziemlich jeder käme in Frage. Du weißt es doch.«

»Armer Schatz!« Petrus umarmte sie. Ihr Problem war ihm wohlbekannt. Der gotische Adel war gegen die Erziehung, die sie dem jungen Prinzen angedeihen ließ, sie wollten, daß er aufwuchs, wie es einem jungen künftigen Gotenherrscher ihrer Ansicht nach zukam: Er sollte mit einem Rudel gleichaltriger junger Adliger loslaufen, sich die Hörner abstoßen und lernen, was sie alle konnten: raufen, saufen, kämpfen und eine Horde wilder Männer in Schach halten, wenn Autorität gefragt war. Sie selbst war anderer Ansicht und strebte eine klassische Herrscherausbildung für ihren Sohn an, der immerhin einmal den Thron des Weströmischen Reiches, den Thron seines Großvaters Theoderich der Große besteigen sollte, ein Reich, das mehr von ihm fordern würde als die Anführerschaft einer Rotte fahrender Krieger. Der Konflikt war unausweichlich und ging sicherlich tiefer als das.

»Und außerdem«, fügte sie grimmig hinzu, »bin ich eine Frau.«

»Und ich kann dir gar nicht sagen, wie sehr ich diesen Umstand schätze«, versicherte ihr Petrus über ihren Hals gebeugt. Aus den Augenwinkeln las er dabei die wenigen Zeilen, die sie bisher zu Papier gebracht hatte.

»Meinem Vater hätte man diesen Ärger wegen derselben Sache sicher nicht gemacht!« klagte sie. Kaum zehn Jahre lag Theoderich nun in seinem Grabmal in Ravenna, und manchmal war ihr, als hätte sie erst gestern in dem runden Raum gestanden und zugesehen, wie der Steindeckel über seinen Sarg geschoben wurde. Sie vermißte ihn aufrichtig, ihre Gedanken wanderten.

»Auch ich«, unterbrach Petrus ihre Gedanken, »habe sie schon schwadronieren hören vom Weiber- und Philosophenregiment.«

»Wann?« fragte sie scharf zurück, »wen?«

»Oh, Theodahat hielt gestern abend eines seiner berühmten Bankette.« Petrus machte eine spöttische Handbewegung, und Amalasuntha lächelte; der Geiz ihres Vetters war sprichwörtlich. »Zwischen viel Gerülpse und Gegröle«, fuhr Petrus fort, »sprach man nach dem sechsten Wein gerne von Schwäche und Dekadenz.«

Amalasuntha schnaubte. Ausgerechnet ihr Vetter Theodahat mußte sich da vor dem byzantinischen Gesandten großtun. Er wartete doch nur darauf, daß sie aufgab, ihn heiratete und endlich ins zweite Glied zurücktrat. Doch diesen Gefallen würde sie ihm nicht tun, nicht, wenn sie es nicht mußte, begehrte sie innerlich auf. Aber wie lange würde sie sich hier noch halten können? Vor ihrer Tür und der ihrer Tochter Mathasunta standen Wachen, jede Nacht, aber konnte sie ihnen überhaupt noch trauen? Sie nagte an der Feder, an deren Spitze die Tinte längst getrocknet war. Und Athalarich … sie durfte sich nichts vormachen, aus ihrem Sohn würde kaum ein wahrer Herrscher werden.

»Woran denkst du?« fragte Petrus gerade und wurde von Rufen aus der Piscina unterbrochen.

»Herr, Herr, ihr versäumt die Lektionen zu Plinius, Herr!« Der Grieche fluchte, als ein gutgezielter Schuß klatschend die mitgeführte Papyrusrolle traf und ins Wasser schleuderte. Bei dem Versuch, sie zu retten, ließ er den Gewandsaum los, der sich umgehend mit der fischigen Brühe vollsog. Doch auch Plinius der Ältere war kaum noch zu retten, die Tinte zerfloß bereits in dunklen Schlieren.

Auf die Gefahr hin, doch noch entdeckt zu werden, reckte Amalasuntha noch einmal den Hals und sah gerade noch, wie ihr Sohn hinter einem Büschel Schilfkraut auftauchte und den gebückten klagenden Gelehrten in seinen Greisenhintern trat. Aus dem Säulenschatten klatschten Kriegerpranken gelassen Beifall; ein Gesicht ließ sich nicht erkennen. Amalasuntha seufzte. Sie rief eine Sklavin, den Kleinen einzusammeln und abzutrocknen, er war ja so anfällig für Erkältungen und hatte empfindliche Ohren. »Manchmal fürchte ich«, klagte sie Petrus ihr Leid, daß er von beiden das schlechteste mitbekommen haben könnte: vom Gelehrtentum die schwächliche Konstitution, von der Kriegerschaft die Zügellosigkeit, und daß keine weitere Tugend diese beiden Anlagen beherrscht.« Plötzlich ein wenig mutlos geworden, sank sie zusammen.

Sie könnte ein wenig Hilfe wahrhaftig gut gebrauchen, Hilfe, wie Byzanz sie bot. »Das Klima in Byzanz würde dir guttun«, schnurrte er gerade wieder an ihrem Ohr, und sie überließ sich seinen Liebkosungen und dachte nach. »Eine Frau wie du könnte prachtvoll leben am kaiserlichen Hof. Du hättest deinen eigenen Palast, du wärst die Sensation der Stadt. Und deinem Sohn stünden alle Universitäten des Reiches offen.« Er machte eine Pause. »Bitte Justinian um ein Schiff, eine Flotte, und laß mich dich dorthin holen, wo du hingehörst.« Über ihre Schulter hinweg sah er, wie sie zögerte, dann aber entschlossen die Feder ins Tintenfaß tunkte und schrieb.

»... und so bittet die Königin Amalasuntha uns denn um unsere Unterstützung«, schloß Justinian seinen Vortrag. Narses und der Praefectus praetorio, Johannes der Kappadokier, wiegten ihre Köpfe. Der Kaiser ließ sorgfältig das Pergament sinken und legte es zu den anderen Dokumenten, Amalasunthas harmlos klingendem Schreiben an die Kaiserin Theodora, in dem sie nach Neuigkeiten am Hofe fragte und damit um Unterstützung ihrer

Sache durch die Kaiserin bat, und Theodahats jüngerem Brief an den Hof, in dem er die baldige Heirat seiner Person mit Amalasuntha in Aussicht stellte.

»Nun, Herr«, hob Johannes an, der um das Treffen heute gebeten hatte. Er wußte, daß Theodora, die sonst gerne bei solchen Gelegenheiten anwesend war, bei ihrem Schützling, dem Patriarchen Severus, weilte und nutzte die Chance, ungestört für ein Eingreifen in Italien zu plädieren. »Die Chancen stehen selten günstig, die Sache ein für allemal zu unseren Gunsten zu klären.«

Justinian neigte zweifelnd den Kopf. Es war ihnen beiden klar, die Kaiserin würde diesen Ausführungen herb widersprochen haben. Denn wenn der Kaiser sich in Italien engagieren wollte, mußte er sich der Unterstützung des Papstes versichern, und das hieß: der seiner Gemahlin so verhaßten Orthodoxie. Und das wiederum lief all ihren Plänen zuwider, die tolerante Politik gegenüber den Monophysiten auszubauen, die die römischen Päpste nicht guthießen und bekämpften. Der Osten des Reiches und die Monophysiten oder der Westen und die Orthodoxen, so sah die Wahl für Byzanz aus, und für Theodora war klar, wie sie zu treffen war. Johannes der Kappadokier dankte nochmals im stillen seinem Gott, sie heute nicht dabei zu haben, und fuhr in seinem Plädoyer fort.

Justinian lauschte aufmerksam, fast begierig, und vergaß sein schlechtes Gewissen zunehmend. Theodora hatte ihm schon so oft beteuert, daß sie den Schwerpunkt des Reiches und der Herrschaft, seinen Kern und seine Zukunft, im Osten sah; er schrieb das ein wenig den Erfahrungen ihrer Reise zu. Für ihn war das anders; er träumte den großen Traum von der Wiederherstellung des Römischen Reiches in seinen glorreichen alten Grenzen, ohne Teilung, ohne zwei Reichshälften. Das war eine Vision! Was waren dagegen die Lebenserfahrungen einer fahrenden Schaustellerin?

Johannes der Kappadokier sah die Miene seines Herrn und lächelte. Er kannte Justinians Ambitionen und spielte auf ihnen wie auf einem Instrument.

»Sind wir nicht Römer?« fragte er mit gehörigem Pathos. »Sind wir nicht die wahren Erben Roms und die Goten nur Nachfahren eines Offiziers, den wir einst dorthin geschickt haben, einen Krieg für uns zu führen, und dem wir es bis auf den heutigen Tag erlauben, dort zu hausen? Warum, frage ich mich, warum? Sind wir großzügig oder dumm oder zu feige, wieder einzufordern, was rechtmäßig uns gehört?« Zufrieden registrierte er Justinians beifälliges Nicken bei diesen Worten. Obwohl er sie für vollkommen überholt hielt, diese Reichsidee, ja, obgleich er Politik auf der Basis solcher Theorien insgesamt für verfehlt und langweilig erachtete, agierte er doch als ihr lebhaftester Fürsprecher. Bot sie ihm doch nicht nur die Möglichkeit, seine Kaiserin zu ärgern, sondern war andererseits auch sein erwähltes Tor zum Reichtum.

Die Staatskasse, die von Kaiser Athanasios seinerzeit so wohlgefüllt an seinen Nachfolger übergeben worden war und die aufzustocken er selbst sich eifrig bemüht hatte, sie mochte von ihm aus gerne über den kaiserlichen Kriegen und Festungsbauten leer werden, seine eigene Kasse aber dachte er dabei entsprechend aufzufüllen. Die Vorsteher der königlichen Waffenfabriken, die Verwalter der Heeresstammrollen, die Eintreiber der Naturalsteuer fürs Heer und all die anderen, durch deren Hände die Beschaffungs-, Versorgungs- und Soldgelder für diesen Krieg flossen, sie waren auf seiner Seite oder in seiner Hand und bereit, dünne Rinnsale für ihn abzweigen, Rinnsale, die sich zu einem Goldstrom vereinigen würden. Schon im Vandalenkrieg hatte er ein Vermögen gemacht. Italien aber würde ihm das Vielfache einbringen. Er sah Gelage vor sich, er sah schöne Körper vor sich …

»Die Lage in Rom spitzt sich zu«, interpretierte er dem Kaiser derweil die widersprüchlichen Briefe, »Theodahat treibt seine

Base in die Enge, und weil ihr jeder Rückhalt im Adel fehlt, wird er über kurz oder lang gewinnen. Wenn wir sie jetzt ermuntern, Widerstand zu leisten …« An dieser Stelle hob der Oberkämmerer Narses die Brauen.

»Warum sollten wir sie dazu ermutigen?« fragte er behutsam.

»Sie hat nach Schiffen für ihre heimliche Abreise gefragt.«

»Damit wir ihm dann vorwerfen können«, erklärte Johannes rasch, »eine legitime Königin gestürzt oder, wer weiß«, er zögerte bedeutsam, »ermordet zu haben! Und das gibt uns dann die Möglichkeit«, hier schlug er mit der Faust auf den Tisch, »unsere Truppen nach Italien zu schicken und endlich den Fuß auf weströmischen Boden zu setzen. Als Friedensbringer«, fügte er hinzu.

Narses prüfte ob dieser unerwarteten Ausführungen unauffällig die Züge seines Kaisers und Herrn. Dann nahm sein kluges dunkles Gesicht ohne erkennbares Zögern wieder einen völlig neutralen Ausdruck an. Justinian zeigte kein Zeichen der Überraschung, eher trug seine Miene Anzeichen der Qualen, wie sie ein Kind verspürt, dem der verbotene Sesamkringel auf der Anrichte das Wasser im Munde zusammenlaufen läßt. Es war offensichtlich nicht das erste Gespräch dieser Art, stellte er fest, das die beiden miteinander führten.

»Und das können wir nicht«, fuhr Johannes überflüssigerweise fort, »wenn sie ihn einfach heiratet, und alles ist eitel Freude und Sonnenschein.«

»Was also schlagt ihr vor?« erkundigte sich Justinian mit schlechtem Gewissen. Aus den Augenwinkeln warf er einen Blick auf die Karte des Mittelmeers, die neben dem Stapel Briefe ausgebreitet war. Da war es, verführerisch blau und mit spielenden Delphinen verziert, das Mare nostrum, unser Meer, das sein Meer werden konnte, wenn er geschickt genug war, im richtigen Moment danach zu greifen. Hatte er die afrikanische Küste nicht schon wiedererobert? Und seine Festungsbauten begannen, sich wie ein schützender Gürtel um den römischen Limes zu legen, ein kriegerischer Panzer aus Stein. Theodoras Vorhaltungen klangen ihm im Ohr, und er sah schuldbewußt nach Syrien, Palästina und Ägypten, wo nach ihren Worten das Herz seines Reiches schlagen sollte. Er zögerte und spielte mit dem Ring an seinem Finger, einem Aquamarin, den ein Meeresungeheuer in seinem Maul zu tragen schien. Der blaue Stein der Heiligen Jungfrau sollte durch Verdunklung anzeigen, wenn jemand eine Lüge aussprach, und Justinian trug ihn stets bei politischen Beratungen. Doch Johannes der Kappadokier redete und redete, malte die Chancen eines Feldzugs in glühenden Farben, und der Stein blieb so rein und wasserhell wie zuvor. Justinian küßte ihn innig, um durch die Berührung seiner inneren Unruhe Herr zu werden. Das einzig verdunkelte, fiel ihm auf, als er wieder aufsah, war das Gesicht des Eunuchen, Narses. Doch der schwieg noch immer.

»Nur gesetzt den Fall«, hob Justinian an, »daß es zu diesem Kriegsfall käme. Welchen General sollten wir mit dem Auftrag betrauen?«

»Nun, er hat uns zwar schon ein paarmal enttäuscht, aber eine wirklich populäre Sache würde das Ganze natürlich erst, wenn Belisar ...« Justinian verzog das Gesicht, als der ungeliebte Name fiel. Belisarius residierte seit seinem Triumph in Byzanz wie ein auswärtiger Fürst auf Staatsbesuch. Wenn er im Kreise seiner Freunde und Doryphoren auf die Straße trat, liefen ihm die Bittsteller und Speichellecker zu wie einem Herrscher, Senatoren begleiteten ihn ins Bad, und Geschäftsleute hielten seine Handtücher, bis er Zeit für ein Gespräch mit ihnen fand.

»Belisarius!« All seine Abneigung lag in dem Ausruf. »Narses«, wandte er sich da überraschend an den kleinen Armenier, »Ihr habt Euch im Nika-Aufstand als tapfer und befehlsgewohnt erwiesen. Würdet Ihr dieses Kommando übernehmen?«

Die schmalen Hände des Eunuchen flatterten bei dem Angebot.

Nur einen Lidschlag lang ließ seine Antwort auf sich warten. Dann sah er auf. »Ich danke meinem glorreichen und immerdar strahlenden Kaiser und Herrn für diese Ehre«, begann er. »Ihr seid die Sonne dieses Reiches, und ich wende mich dankbar nach Euren Strahlen. Das Werk Gottes im Himmel verrichtet Ihr auf Erden, und Euch zu dienen ist mein Gebet.« Er räusperte sich. »Doch als treuer Diener glaube ich, das raten zu müssen, was dem Reich am besten bekommt, nämlich den besten Feldherrn zu schicken, den wir für eine Sache haben. Und das«, schloß er entschieden, »ist Belisar. Sollte der jedoch«, fügte er dann ruhig hinzu, »wider Erwarten sich der Aufgabe nicht gewachsen zeigen, wie Ihr es jetzt bereits zu fürchten scheint, würde ich mir zutrauen, sie aus seinen Händen zu übernehmen.«

Justinian lehnte sich mißmutig in seinen Zedernholzsessel zurück. Johannes dagegen suchte aufmerksam in Narses' Gesicht nach einer Erklärung für dessen Verhalten. Es wäre völlig absurd gewesen, jemand anderen als Belisar in diesen Krieg zu schicken. Warum also diese Vorbehalte? Was hatte der kleine Eunuch vor, was bezweckte er?

Doch Narses' dunkles Gesicht verriet nichts. Er war ein loyaler Diener seines Herrn; so erwartete man es von einem Eunuchen, der keine eigene Nachkommenschaft hatte, für die er einen unerwünschten Ehrgeiz entwickeln könnte, und der als Verschnittener für die Thronfolge nicht zugelassen war, die keinen Nachfolger duldete, dessen Körper in irgendeiner Form versehrt war, sei es, daß ihm eine Hand oder ein Auge fehlte – oder eben seine Männlichkeit. Nein, er war mit Sicherheit loyal, deshalb konnte er Justinian zu keinem anderen als Belisar raten. Aber niemand sollte den Fehler machen zu glauben, daß er deshalb keinen Ehrgeiz besaß.

Während er grübelte, war Johannes damit fortgefahren, seine Pläne für Amalasuntha zu entwickeln. »Macht ihr Hoffnungen«, hatte er gefordert, »laßt Petrus sagen, die Schiffe seien unterwegs. Aber unternehmt sonst nichts weiter.« Er suchte Theodoras Antwortschreiben an die Gotenkönigin heraus, das Amalasuntha in warmen Worten ihrer rückhaltlosen Unterstützung versicherte. »Das sollten wir auch abschicken. Es wird den richtigen Eindruck machen.«

Justinian sah auf die Handschrift seiner Frau hinunter und wurde rot vor Scham. Doch da lag sie, die Karte seines zukünftigen Reiches, seine Vision. Johannes schob sie wie in gedankenlosem Spiel auf dem Tisch hin und her. Er würde es wiedergutmachen, dachte er, und ihrem Schützling Belisar alle Vollmachten geben, wenn es erst einmal soweit war, das müßte ihr doch gefallen. Außerdem, wie kam sie dazu, ihm mit ihrer religiösen Schwärmerei solche Qualen zu bereiten, ihm politische Fesseln anzulegen wegen einer mystischen Neigung. Dazu hatte sie kein Recht! Er würde ihr erzählen, daß Gott des Nachts in seinen Träumen ihm so zu handeln befohlen hatte, daß das neue Rom sein Auftrag war, genau! Hatte er diese Stimme und ihre Botschaft, eine der vielen Stimmen, die ihn nachts plagten, nicht sogar tatsächlich auf einer seiner langen, qualvollen Wanderungen durch die Palastkorridore vernommen? Justinian wußte es selbst nicht genau zu sagen.

»Wir werden Petrus erneut als Botschafter hinbefehlen«, verkündete er, als die Stille ihn aus seinen Grübeleien riß. »Bringt ihn mir, Narses«, er nickte dem Eunuchen zu. »Ich werde ihn selbst instruieren und mich um die Details kümmern.« Dann faltete er den Brief seiner Frau. »Johannes!« Er reichte ihm das Schriftstück hinüber. »Sorgt in Euren Büros dafür, daß das hier korrekt gesiegelt wird.« Er lachte, als er das erschrockene Zögern seines Praefectus praetorio sah. »Glaubt nicht, ich kennte Eure Möglichkeiten nicht.« Dann fuhr er fort: »Ich werde ein gleichlautendes Schreiben aufsetzen und«, er überlegte kurz, »auch eines an Theodahat. Er wird genausoviel Ermunterung brauchen. Ich kenne ihn, er ist ein Mann, der nur wagt, wo er den Sieg vor Augen hat.«

Johannes griente zustimmend und beugte sich vor, das Schriftstück entgegenzunehmen; sein Schatten fiel über den kaiserlichen Aquamarin.
Auch Narses beugte das Haupt. Er war ein nüchterner Mann, Johannes' Lasterhaftigkeit lag ihm ebensowenig wie Belisars unbekümmerte Lebenslust und Justinians zunehmende Spiritualität. Bisher hatte er geglaubt, sich auf die Kaiserin verlassen zu können, auf ihren Verstand und ihre lückenlose Selbstbeherrschung. Aber Theodora war unruhig in letzter Zeit, Narses konnte sich nicht erklären, warum. Und diese rothaarige alte Hure, die mit ihrem eigenen Sohn schlief, war einfach viel zu oft um sie herum, viel zu oft, als daß es gut gewesen wäre. Narses hatte so ein Gefühl, daß er sich absichern sollte, um seine Stellung gegen den Kappadokier zu behaupten, falls seine mächtige Gönnerin Theodora einmal nicht mehr so einflußreich wäre wie jetzt. Narses überlegte und war zufrieden mit sich; er hatte seine Position heute gut und unauffällig behauptet. »Arme Theodora«, dachte er mit einem Anflug fast aufrichtigen Bedauerns, während er sich verneigte; die Gewichte begannen, sich zu verschieben. Sie hätte heute besser hier sein sollen.

Was tue ich hier?

Der Himmel über dem Goldenen Horn war flüchtig mit windzerpflückten Wolken bemalt. Kräftige Wellen schlugen gegen die bunten Aufbauten des kleinen Ausflugsboots und bespritzten bei jedem Aufklatschen seine aufkreischenden Insassen mit kühler Gischt. Sykai kam hinter den knatternden Wimpeln rasch näher, und daneben wurde der neue Klosterbau des Maras sichtbar, weiß mit glühend rosafarbenen Kuppeln, die unter einer friedlicheren Sonne zu liegen schienen.
Antonina hob gutgelaunt die Nase in die Brise und ließ ihre ge-

färbten Locken wehen, ihr breit gestreifter Schleier blähte sich hinter ihr wie ein römisches Segel. Die beiden anderen Hofdamen zogen zimperlich die geblümten Mäntel mit den Goldborten um sich. Die armenischen Wachen standen ehern, mit aufgepflanzten Speeren, und suchten den Seegang wie die Lächerlichkeit der Ausflugswimpel, die ihnen vor die Bärte wehten, gleichermaßen zu ignorieren.

»Warum haben wir nur kein größeres Boot genommen?« fragte Theodora verzweifelt und starrte auf das dunkelblaue Wasser mit den frischen Schaumkronen. Sie war überzeugt, daß ihr schlecht werden müßte. Eigentlich war sie beinahe sicher.

»Weil«, antwortete Antonina leise und geduldig, »du das Gefolge möglichst klein halten wolltest. Vergiß nicht, dies ist ein spontaner Ausflug.«

»Hatte ich vergessen«, murmelte Theodora. Und dann: »O Gott, mir ist übel.« Sie neigte sich unauffällig noch ein Stück weiter über die Reling. Doch ihr Essen saß fest und sicher da, wo es hingehörte, in ihrem Magen, und es blieb ihr nichts, als sich mit pochendem Kopf wieder aufzurichten.

»Du bist ja noch nicht einmal blaß«, bemerkte Antonina sachlich. Dann wandte sie ihr Gesicht mit geschlossenen Augen wieder der Sonne zu. »Ist das nicht herrlich? Nach Antiochia!« rief sie übermutig, machte ihren Schleier los und ließ ihn flattern.

»Ich bitte dich, Antonina, das haben wir doch hinter uns!«

»Nichts, mein Schatz«, klärte ihre Freundin sie auf, »hat man je hinter sich.« Sie strich sich ein paar widerspenstige Locken aus der Stirn und kniff gegen den Wind die Augen zusammen. »Hast du nicht auch den Eindruck«, fuhr sie fort, »daß alle Dinge sich im Kreis drehen?« Den hatte Theodora allerdings im Moment, und zwar taten sie es in ihrem Magen. Und er behagte ihr ganz und gar nicht, dieser Eindruck. Denn er ging einher mit dem Gefühl, ihr Leben und alles, was richtig war, oder jedenfalls festgefügt, zu verlassen und auf etwas Grundfalsches zuzusteuern, etwas, was eigentlich nicht sein dürfte, einen Irrweg, von dem aus sie nie wieder nach Hause finden würde. Unruhig rutschte sie auf ihrem Sitz hin und her.

»Du bringst uns noch zum Kentern«, mahnte Antonina sie, »entspann dich.«

»Ich weiß gar nicht, warum ich eigentlich hier bin«, maulte Theodora.

»Aber ich weiß es, Herzchen.« Antonina tätschelte ihr die Hand und setzte sich näher zu ihr. »Also hör Tante Antonina gut zu. Weil du todunglücklich bist, darum sitzt du hier. Nein, widersprich mir nicht«, wehrte sie den Einspruch der Freundin ab, »und keine Angst, sie können uns nicht hören, der Wind knattert doch in ihren Ohren. Komm her, ich erklär's dir.« Und sie zog die zaudernde Theodora an sich. »Weil es mit dem Zirkus nicht geklappt hat«, zählte sie an ihren Fingern auf, »und mit dem lieben Gott auch nicht. Weil die großen Ideale nichts gebracht haben und deine heilige Ehe genausowenig. Was bleibt einem da schon anderes als ein bißchen Liebe?« Sie küßte Theodora zur Bekräftigung herzhaft auf den Nacken.

»Aber ...«

»Ach, schau nicht so empört«, lachte Antonina, »daß man glücklich ist, das kann man sich nicht auf Dauer einreden. Da helfen auch keine Ideale, Süße, da verrät einen schon die schiere Physis. Ich zum Beispiel muß mir nur deinen gepuderten Teint ansehen, dann weiß ich schon, wie du dich fühlst.«

»Aber mit der Liebe hab ich es doch auch schon versucht«, protestierte Theodora schwach. Sie unternahm erst gar nicht den Versuch, Justinian vor Antonina oder sich selbst zu verteidigen. Eingesperrt in die Kerker seiner Schlaflosigkeit, war ihr das Mitleid mit ihm langsam aber sicher abhanden gekommen. Mit vor Müdigkeit geröteten Augen bewachte sie ihn nachts von einer Ecke seines Zimmers aus und empfand, wenn sie ihn da über seinen Schriftstücken sitzen sah, nichts als Haß, wenn sie an all das dachte, was er ihr verweigerte und verwehrte. Morgens, wenn wieder Lebensmut in ihn kam und sie sich dann zum Ausgleich bis lange in den Tag hinein in ihrem Bett räkelte, glühte sie in ihren geheimen Phantasien. Bei der Toilette danach badete, salbte, parfümierte, pflegte und betrachtete sie einen Körper, den niemand wollte und der ihr aus dem Spiegel entgegenflammte von Leben – unbemerkt, ungebraucht. »Die Liebe.« Sie überdachte alle ihre Ansätze dazu. »Es war der größte Reinfall von allen.«

»So wie ich dich kenne, hast du es mit der großen Liebe versucht, stimmt's? Das muß ja schiefgehen«, erklärte Antonina diktatorisch. »Da kenne ich mich aus. Nein, hör mir zu, ich sprach von ein bißchen Liebe, ein bißchen, hörst du, nicht mehr. Das brauchen wir doch alle. Mal ehrlich, wie lange hat diese niedlichen Brüste niemand mehr begehrt?«

»Nina, wirklich!« Theodora erschrak. Waren ihre Gedanken ihr wirklich so deutlich anzumerken. Lief sie etwa durch den Palast wie – wie hatte Justinians Onkel sie doch damals genannt? – eine läufige Hündin?

»Komm schon«, drang Antonina scherzhaft weiter in sie, »siehst du sie dir nicht manchmal an und denkst dir: Sie sind so weich und fest dabei, warum will niemand sie in seinen Händen wiegen? Und diese Linie hier unten, ist die nicht perfekt? Warum sollte sie niemand mit den Lippen nachfahren? Und warum auch nicht, Schatz, für Geilheit gibt's keinen Ersatz, das ist nun mal so. Deine Mama hätte dir was dazu erzählen können.«

»Laß bitte meine Mutter aus dem Spiel, Nina!« Dieses bißchen Liebe also! Das, mit dem Antonina sich täglich in wer weiß wie vielen Armen zufrieden gab. So weit also war sie gekommen. Hätte es für sie nicht ein wenig mehr Liebe sein dürfen? Und doch hatten sich ihre Brustwarzen bei Antoninas Reden zusammengezogen. Wie lange schon hatte sie niemand mehr umarmt? Sie schloß die Augen und dachte an Alexandria, an die verschwitzte Luft jener Kammer, und der Gedanke, daß zwei warme Hände ihre Schenkel auseinanderdrückten, ließ sie vergehen. Nein, das war nicht sie. Etwas wie ein Schmerzenslaut kam aus ihrer Kehle.

»Ihr ist sterbenselend«, wandte Antonina sich entschuldigend an die anderen.

»Haltet euch fest, wir stoßen gleich an den Kai!« Die Matrosen entrollten die Taue und warfen sie unter auffordernden Rufen einigen Müßiggängern am Anlegesteg zu. Sie wurden geschickt gefangen und durch die schweren Eisenringe in der Kaimauer gezogen. Krebse verschwanden im Rückwärtsgang in ihren Mauerspalten, Seetang blühte mit jeder leckenden Welle auf und sank welk in der Luft zusammen. Es roch nach Fisch. Ein Holzsteg schob sich ächzend über die Reling, Holz quietschte auf Holz im Takt der Dünung, die die Insassen nur zögernd aufstehen und schwanken ließ.

»Glaubst du, er wird da sein?« fragte Theodora flüsternd und klammerte sich haltsuchend an Antoninas Mantel.

»Mein Gott, Süße, ich habe ihm gesagt, du willst ihn sehen, da ist er losgegangen wie ein Rennpferd.«

»Du hast ihm gesagt«, entfuhr es Theodora, »daß ich … ich?« Ein Möwenschrei übertönte zum Glück ihren Ausruf.

»Wir sind da, edle Herrin!« erklang da die Stimme des Kapitäns. Sie reichte den Gardisten die Hand, damit sie sie an Land führten. Einen kurzen Moment glaubte sie, die feste Kaimauer schwanke unter ihren Füßen. Aber das konnten nur die Nachwirkungen der stürmischen Überfahrt sein.

Wenig später ließ Theodora die Wachen vor der vergitterten Eingangstür des Klosters warten und die Hofdamen mit Antonina vor der Tür der Zelle zurück, die Maras ihr als Meditationszimmer überlassen hatte. Sie lag abgeschieden am Rande der Gärten, in denen die Bewohner der nebenliegenden Zimmer tags arbeiteten. Einer davon hatte eine locker fallende Haartolle über der Stirn, eine syrische Hakennase und die brennenden

Augen eines Mystikers. Wären die anderen Brüder auf ihn angesprochen worden, wäre ihnen womöglich aufgefallen, und sie hätten bekennen müssen, daß er ihnen nicht näher bekannt war. Ein Neuer vielleicht, einer von den zahlreichen Adligen, die neuerdings, seit Theodoras Sympathien den Monophysitismus so populär gemacht hatten, mit einem Gelübde bei ihnen eintraten und ihren Namen hinter sich ließen. Wer sollte sich die vielen schwärmerischen Gesichter merken? Dieser hier war allerdings kein Novize, wenn er auch deren typische, unruhig suchende Art zeigte. Der Obergärtner hatte ihn eingelassen und dafür ein beträchtliches Trinkgeld bezogen. Der Neue sah auf, als der bunte Zug an ihm vorbeikam, ließ seine Harke fallen und ging rasch zu einem Nebeneingang der Gebäude. Kopfschüttelnd legte einer der Brüder das verwaiste Gerät beiseite.

Antonina war unterdessen bereits wieder auf dem Rückweg. Sie ließ sich eilends nach Byzanz übersetzen und in die Wohnung des Prokopios bringen, wo auch Theodosios, ihr Stiefsohn, bereits als Gast des Gelehrten wartete und die Vorfreude genoß. Keiner von beiden würde den abwesenden Hausherrn dort sehr vermissen.

Theodora schloß die schwere Tür vor Chryseis und Kalliste und drehte sich um. Mit dem Rücken an das Holz gelehnt, betrachtete sie ihr Refugium. Sie stand in einer einfachen Kammer, die ihr bekannt vorkam. Weiße Wände, eine Liege – nur der Fächer an der Decke fehlte, dafür hing ein Holzkreuz über dem Bett. Dieses Bett, es ließ so wenig Zweifel über den Zweck ihrer Zusammenkunft, daß ihr die Tränen in die Augen traten. Wie sollte sie ihm so … ja, was wollte sie eigentlich von ihm? Sie hätte ihm so gerne ihre Verachtung ins Gesicht geschleudert, ihn verletzt und beleidigt, glaubte sie. Und dann? Sich ausgezogen? Die Wut kämpfte mit der Verwirrung und kam zu keinem Ergebnis. Vielleicht sollte sie abwarten, ihn zuerst sprechen lassen und dann reagieren? Was könnte er noch sagen, nach allem, das ihr gefiele, überlegte sie, Selbstbezichtigungen unter Tränen, wie das letztemal? Oder vielleicht könnte sie ihm einfach befehlen, sie zu befriedigen, wie man es mit einem aus verschämter Lust gekauften Sklaven tat, nachdem man ihm aufgetragen hatte, einem Öl, Schaber und Handtuch ins Bad zu tragen? Aber das war ja alles lächerlich. Sie machte sich hier überhaupt vollkommen lächerlich. Die eigene Schamröte ließ sie an die dunklen Flecken auf Prokopios' Wangen denken, dort wo die Haut sich straff über die markanten Jochbögen spannte und, wenn er errötete, sich zu einem durchscheinenden, tiefdunklen Purpur verfärbte, unter dem man das Blut rauschen fühlen konnte, wenn man seine Lippen darauf legte. Wenn er zum Höhepunkt kam, war das so gewesen, wenn sie sich an ihn geschmiegt und ihm eine Obszönität ins Ohr geflüstert hatte, damit er nach ihr griff – und wenn er sich ihrer geschämt hatte.

Erneut aufgebracht öffnete sie die Augen wieder, entschlossen, keinen Träumen nachzuhängen, die es nicht wert waren, wiederholt zu werden. Durch das Fenster sah sie die Gärten, die Kohlbeete und Zitronenbäume mit den gebückt Arbeitenden dazwischen. Ihre beiden Hofdamen in ihren leuchtenden Kleidern hatten sich zu einem züchtigen Spaziergang entschlossen und gingen vorsichtig am Rand der Beete entlang. Eigentlich fehlte nur das raschelnde Schilf. Und der Ochse, fiel ihr ein, der Ochse, der das Brunnenrad drehte, das so ewig kreiste wie ihre Lust auf ihn. Ob Antonina recht hatte und sich wirklich alles wiederholte? Was könnte er sagen, daß eine Berührung möglich würde? Vielleicht gab es etwas, und dann konnte sie …

Die zweite Tür öffnete sich, als sie ein paar zögernde Schritte in den Raum hinein tat. Sein Anblick war immer noch ein Schock für sie, wie ein Schlag. Er hatte Erde an den Händen, fiel ihr auf. Und er ging auf sie zu, ohne anzuhalten. Was sie sagen wollte, wußte sie noch immer nicht, als sein Körper, ungewohnt schwer und kräftig, sie so plötzlich gegen die rauhe Wand preßte, daß sei beinahe aufschrie. Da war sein Geruch, dieser vertraute laue Geruch nach Salz und Wärme, der verriet, daß die Sonne ihn beschienen hatte, zart und flüchtig, wie auf herben Früchten. Seine Lippen verschlossen ihren Mund, nein, öffneten ihn, durchwühlten ihn und ließen ihn feucht und erschlafft zurück, wanderten weiter zu ihrem Hals, wo sein Biß ihr Schauer über die Haut jagte, zu ihren Brüsten und wieder zurück zu ihrem atemlosen Mund. Sie spürte den kalten Putz unter ihrer erhitzten Wange und erwog kurz und wirr, ob dies eine Vergewaltigung sei. Doch ihre Hände flatterten bereits über seine Haut wie aufgescheuchte Vögel, wirr, verschreckt, suchend. Und sie fanden die altvertrauten Orte, ließen sich nieder, streichelten, baten. Was er suchte, glühte ihm bereits entgegen, und sie führte und empfing ihn wie der Gläubige die Hostie. Fest von ihren Armen und Beinen umschlungen trug er sie schließlich aufs Bett.

Später mußte er sie aus ihren Haaren befreien, in denen ihr Gesicht tief vergraben lag. Vorsichtig streichelte er Strähne um Strähne der glänzenden schwarzen Flut beiseite, legte ihr Kinn frei, die Lippen, die zarten Wangenknochen. Ihre Haut hatte noch immer diesen faszinierenden Elfenbeinton, der einen, obwohl er so verletzlich hell leuchtete, an Gold und Bronze denken ließ, nie an Blässe. Ihre dunklen Augen verschlossen sich ihm, nur die sacht zitternde Unterlippe verriet, daß sie wach war, also ließ er seine Augen, Hände und Lippen über ihren Körper wandern, liebkoste ihre Wangen, die Linie um ihren Mund, ihre Ohrläppchen, die fragilen Bögen ihrer Schlüsselbeine, die Rundung ihrer Schultern. Keinen Zentimeter ließ er aus bei seinem Gottesdienst, verfolgte jede Ader auf ihrem Handrücken, leckte die Innenseiten ihrer Finger entlang, wo sich die hellere Haut der Handflächen mit der dunkleren des Rückens traf, saugte an den Spitzen, sog den Duft ihrer Armbeugen ein, nagte mit den Zähnen an dem weichen Fleisch ihrer Arme. Es war eine heilige Handlung, die sie mit angehaltenem Atem nicht zu unterbrechen wagte. Seine Küsse siegelten alles, was ihm gehörte, mit dem stummen Bekenntnis seines Begehrens. Seine Zunge betete auf ihrem Bauch, in kleinen Kreisen und breiten Strichen leckte er sie auf wie heilige Speise und versprach wortlose Unterwerfung. Sein Geschlecht, als er wieder in sie drang, suchte Lust und suchte Vergebung, suchte Liebe, mit einer Gewalt, die bereit war, sie ihr aus den Eingeweiden zu reißen. Er brauchte es nicht auszusprechen, und Theodora verstand, ohne daß ein Wort zwischen ihnen fiel.

Sie öffnete die Augen erst, als er keuchend an ihrer Schulter wieder zur Ruhe kam. Schweißperlen standen auf seiner braunen Haut und glitzerten. Durch das Fenster fiel ein gleißendes Lichtviereck auf den Fliesenboden vor dem Bett, hell und einladend. Sie hielt ihre Hand hinein und spürte die Hitze wie eine vertraute Last. Die Sonne draußen stand immer noch hoch am Himmel und entfärbte ihn mit ihrem Gleißen zu blassem Gold. Sie ließ die Weinblätter grün aufleuchten, die die Fensteröffnung umkränzten und in denen die Bienen unablässig summten. Theodora schaute ihn lange an. Dann liefen die Tränen über die Wangen, näßten ihr Haar und krochen ihr kalt in die Ohren, als sie dieses Weinlaub sah, das einmal ihr gemeinsames Haus hätte umranken sollen, und ihr bewußt wurde, daß dies hier alles war, was sie beide jemals haben würden. Lautlos weinend hob sie die Hand und malte mit dem Finger das »T« auf den Rücken, das ihren Besitz anzeigte. Prokopios zog ihre Hände an sich und verbarg sein Gesicht darin.

Buch 4
Der goldene Horizont

So wenig achtete sie ihren Körper, daß sie die Scham nicht wie die anderen Frauen an ihrem natürlichen Platze, sondern im Gesicht zu tragen schien. Bei ihren Liebhabern gab es vom ersten Augenblick an keinen Zweifel, daß sie nur einen widernatürlichen Umgang pflegte. Alle besseren Leute aber, die ihr auf offenem Markte begegneten, machten mit Absicht einen Bogen und gingen ihr aus dem Wege, um nur ja nicht den Eindruck zu erwecken, als hätten sie ein Kleidungsstück dieses Weibes berührt und sich dadurch befleckt. Wer sie sah, zumal bei Tagesanfang, deutete dies als übles Vorzeichen.

(Prokopios: Anekdota, Buch IX)

Vom Glück eines Mosaiklegers

Matthias war glücklicher in Byzanz, als er zu hoffen gewagt hatte. Froh, nach dem Tod seiner Frau die vertraute Werkstatt in Ravenna hinter sich lassen und den Verwandten Lebewohl sagen zu können, hatte er zunächst sehr verwirrt mit seinem Bündel am Neoria-Kai gestanden und auf das Vielvölkergewühl geblickt. Ägyptische Seeleute zogen da Arm in Arm vorbei, unverkennbar mit ihrem glatten schwarzen Haar und dem feinen Braunton der Haut. Juden und Syrer sah er vor den Magazinen und Perser in ihren bunten Kleidern und – Matthias staunte – roten Schuhen, sogar bei den Männern. Breitschultrige Heruler und Isaurier in Uniform drängten sich durch die Flaneure, Hunnen strichen sich über die langen Schnurrbärte, Griechen zeigten ihre glattrasierten Gesichter mit den vornehm parfümierten Locken. Araber schritten stolz in ihren weiten Gewändern, rothaarige Thraker sahen ihnen nach. Ein Trupp Hafenarbeiter aus Iberien, die drahtigen braunen Körper schweißgebadet, löschte eine Schiffsladung rosmarinduftenden Käses. Gepiden und Laziken vom Schwarzen Meer suchten staunend die großen Kirchen ihres neuen Glaubens auf, palästinensische Pilgermönche predigten in den Nischen der Häuser und Palais, und Bithynier boten lauthals die Früchte ihrer reichen Landstriche dar. Maurusische Sklaven mit schillernden Augen schleppten Steine, eine numidische Handelsdelegation mit Leopardenfellmützen suchte Kunden für ihre Ladung Wildtiere, deren Gebrüll vom Ladekai her über den Markt fegte und doch unterging im Geschepper und Geknatter der Ochsen- und Eselskarren, die sich von hier als endlose Schlangen in das Straßengewirr von Byzanz schoben.

Matthias hatte nicht viel mitgebracht in diesen unbekannten Teil der Welt, ein paar Kleider, ein paar Werkzeuge – Kelle,

Richtschnur, Winkelmaß, Zirkel und Setzwaage –, die kostbare Sammlung der Musterschablonen, die sein Großvater, sein Vater und er selbst entwickelt hatten, und das Schreiben der kaiserlichen Kanzlei, das den berühmten Meister einlud, Mosaikarbeiten im Inneren der Hagia Sophia auszuführen.

Matthias erhielt eine kleine Wohnung hinter der Universität, in einer stillen Gasse fernab der Buchhandlungen und Intellektuellentreffs, mit kleinen weinüberrankten Schenken, die er manchmal aufsuchte. Auch wenn er dort allein blieb mit seiner einfachen kurzen Tunika und den ewig mörtelverkrusteten Fingernägeln, waren sie ihm doch lieb, weil er dem vertrauten Latein lauschen konnte. Sein eigenes Griechisch reichte gerade, um beim Bäcker und Metzger seiner Straße einzukaufen, was er benötigte. Er kaute die Worte, eines nach dem anderen, wie zähes Fleisch. Gutwillig aber lachten ihn die Menschen an und packten ihm ein, worauf er wies. Sie waren an Fremde gewöhnt. Und manche Marktfrau steckte ihm eine unbekannte Frucht zu und lehrte ihn den Namen, den er schüchtern wiederholte, ehe er hineinbiß. Der Barbier, der ihn alle paar Wochen auf offener Straße bediente, war glücklich, den Kunden, der nicht weiter unterhalten werden konnte, in seiner eigenen Heimatsprache, kilikisch, beplaudern zu dürfen, solange die Rasur dauerte. Die fremden Laute vermischten sich in Matthias' Kopf mit den fremden Bildern, die er in den Straßen sah, und zurück in der Stille seiner Wohnung, formte er sie um zu phantastischen Rankengebilden, Blumengirlanden und geometrischen Architekturbändern, die er in prächtigen Farben auf den Wänden der neuen Kirche erstehen lassen wollte.

Matthias streifte manchmal am Abend nach der harten Arbeit noch durch die Viertel in der Nähe des Hafens, die er am besten kannte. Als ihn der große Sklavenmarkt hinter den Neoria-Magazinen anzog, gab er dem nach wie einer Laune, da er für einen weiteren Haussklaven neben der Magd, die seine Küche versorgte, keine Verwendung hatte. Es war ein Kontingent Gefangener aus dem Vandalenkrieg gewesen, die an diesem Abend erstmals angeboten wurden, Matthias hatte sie schon morgens beim Triumphzug gesehen. Doch hier in der Dunkelheit glänzte ihr goldenes Haar im Fackellicht wie die Goldmosaiken seiner Kirchen im Kerzenschein des Gottesdienstes. Er konnte sich nicht an ihnen sattsehen.

An diesem Abend ging er mit einem kleinen Mädchen nach Hause, dessen blaßblondes Flusenhaar neben ihm durch die Gassen leuchtete. Sie hatte einen guten Teil seiner Ersparnisse gekostet, und Matthias erschien sie wie ein Wunder. Die aquamarinblauen Augen standen weit auseinander über einem Stupsnäschen und einem breiten Mund, dessen Oberlippe um ein freches bißchen die Unterlippe überragte. Im Profil konnte man sie in einer kleinen, rosafleischigen Spitze hervorragen sehen, die sie sich immer wieder mit der Zunge befeuchtete. Matthias nannte sie Maria, wie die Tochter hätte heißen sollen, die seine Frau ihm sterbend tot geboren hatte. Maria sprach lange nicht, und als sie wieder Laute von sich gab, da sang sie erst nur leise vor sich hin. Erst als sie ihren eigenen Namen – und dann seinen – laut aussprach und damit das Schweigen in Matthias' neuem Heim zum erstenmal durchbrach, wurde ihrem neuen Vater bewußt, warum er sie damals mitgenommen haben mochte: Sie war in dieser Stadt so fremd- und sprachlos wie er selbst.

Doch nun lernte Maria, und sie überflügelte ihn rasch. Bald ging sie für ihn auf dem Markt einkaufen und kannte alle Straßen des Viertels. Sie war gut im Rechnen, das er haßte, und sie war eine zähe Verhandlerin, wofür er zu schüchtern war, und so überließ er ihr bald gerne seine Haushaltsführung. Sie aß mit Heißhunger Kirschen, lernte er, indem er sie beobachtete, ihr Haar trug sie gern als Zopf, aus dem bald so viele Strähnen abstanden, daß es im Gegenlicht wie ein diffuser Heiligenschein um ihren Kopf stand. Sie mochte die herrenlosen Katzen in den Kirchgärten und wusch sich nie die Hände, wenn sie sie gekrault hatte. Sie war schon zehn, was ihr niemand ansah, ihre Mundwinkel kräuselten sich, wenn sie lächelte, als kröche ihr Lachen verschämt ihre Wangen hinauf.

Er nahm sie oft mit auf die Baustelle, wo sie leise summend in einer Ecke saß und mit den vielfarbigen Steinchen aus buntem Marmor, Glasfluß und Halbedelsteinen spielte, die sie zu den Bildern legte, die sie aus seinem Buch kannte. Manchmal rührte sie ihm den Mörtel an; sie war inzwischen nahezu perfekt darin, die richtige Mischung aus Kalk, Marmorstaub, Wasser und Leinöl zusammenzustellen. Manche seiner Kollegen benutzten Eiweiß als Bindemittel, aber Leinöl, schärfte er Maria ein, war besser, es war durch nichts zu schlagen. An den einfachen Arbeitern vorbei, die die Wand aufrauhten, den groben Vorputz, das Statumen aus Kalkzement und Marmorschrot, aufbrachten und unter rhythmischen Gesängen mit ihren Kellen kerbten, schritt sie fröhlich grüßend vorbei und schleppte ihm den viel zu schweren Mörteleimer dorthin, wo er gerade konzentriert daran arbeitete, eine Vorzeichnung mit der feuchten Masse zu füllen.

»Siehst du das?« fragte er sie dann vielleicht und fuhr die roten Linien der Umrißzeichnung entlang. »Was ist das?«

»Ocker!« antwortete sie dann stolz, »aus Sinope am Schwarzen Meer. Das ist der beste.«

Und er lächelte gerührt. Sein Mädchen! Und wie schnell sie lernte. Matthias griff nach den Mosaiksteinchen ohne hinzusehen, sie waren in einer festen Ordnung hinter ihm aufgeschüttet, und er irrte sich nie in der Farbe.

»Rot?«

»Zinnober!«

»Grün?«

»Kupferoxid!« So antwortete sie ihm auf seine Fragen und nannte die Metalloxide, die dem Glas zur Färbung zugesetzt werden mußten. Blau bekam man durch Kobaltoxid, wußte Maria, Gold durch das Aufsetzen von Blattgold auf ein Glasstückchen, auf das dann eine weitere dünne Glasschicht gelegt und alles zusammen nochmals erhitzt wurde. Um das Goldblatt zu fixieren, schärfte Matthias ihr ein, nahm man Eiweiß oder eine Beize aus Knoblauchsaft, Bleiweiß, Bolus und ein wenig Urin.

»Iiih, Pipi!« hatte sie ausgerufen und albern gekichert, dann aber brav die Rezeptur auswendig gelernt. Manchmal fragte Matthias sich, ob sie schon den nötigen Ernst für die Sache besaß, manchmal, warum er sein Wissen eigentlich einem Mädchen weitergab. Was würde sie denn im Leben schon tun als heiraten und allenfalls einen weiteren Mosaikkünstler in die Welt setzen? Dann vergaß er diese Fragen wieder, froh, sich an ihrer Anwesenheit erfreuen zu können.

Manchmal, während er Glasstein für Glasstein in die feuchte Masse drückte und das Muster nicht kompliziert war, sah er zu dem spielenden Kind hinüber. Mal saß sie im Halbdunkel einer gewölbten Nische, mal ließ ein Lichtfeld aus einem der zahllosen Fenster ihr Haar aufleuchten. Und die Sonne flutete in der Hagia Sophia aus unzähligen Öffnungen in den riesigen Innenraum, ließ die Kuppel wie auf einem Polster von Licht schweben und verwandelte die Luft, die man in diesen Räumen atmete, in heiligen Dunst. Geschickt inszeniert wandelte man zwischen Licht und Schatten, Säulen und Bögen, die sich bei jedem Schritt verschoben und ein unheimliches Gefuhl der Lebendigkeit dieser Architektur erzeugten.

»Maria?« Wo war sie jetzt schon wieder. Einen Moment lang klopfte Matthias' Herz schneller. Doch da hüpfte sie, zwischen den Säulen des Seitenschiffs. Daß das Mädchen auch nie stillhalten konnte! Zappelnd und tänzelnd zerrte sie immer an seiner Hand, in Gedanken überall, nur nicht bei ihrem Weg, so wie heute, als sie herkamen. Tatsächlich war sie immer in Bewegung bei ihren Spielen, ihr Kopf mit dem schon wieder völlig aufgelösten Zopf neigte und drehte sich, wippte und nickte, und das

Licht tanzte darüber hin und warf seine bezaubernden Reflexe. Wie schön sie war, seine Tochter, dachte Matthias, schön in jeder ihrer Bewegungen. Nachdenklich ruhte sein Blick auf ihrem lebendigen Goldhaar und wanderte zurück zu der monochromen Fläche aus Glassteinchen mit dem eingeschlossenen dünnen Goldblatt darin unter seinen Fingern. Er hob den Kopf, um den Lichteinfall auf diese Stelle zu prüfen, dann begann er zögernd, die Steine beim Setzen unterschiedlich stark in den Nucleus genannten Feinputz einzudrücken, hauchfein waren die Unterschiede. Manche Steine drehte er in den Fingern, um sie schließlich in geneigter Position festzudrücken. Stück um Stück setzte er so auf die Wand, in dichter Ordnung, mit unregelmäßigen Fugen, um dann zurücktretend das Ergebnis zu prüfen. Ein goldener Horizont flimmerte ihm entgegen, von bisher unerreichter geheimnisvoller Tiefe und lebendigem, bewegtem Strahlen. Er war selbst überrascht. Ja, so mochte es gehen. Matthias nickte zufrieden, aufgeregt und überwältigt. Er suchte seine ruhelose Tochter, wo steckte sie nur wieder? Da, sie übte gerade auf dem zentralen Fußbodenmosaik »Nicht auf die Ritzen treten« und schäkerte mit ein paar Arbeitern, die mit einem Spitzhammer Marmorsteinchen für das Fußbodenmosaik schlugen.

Matthias mußte lächeln. Er ging zu ihr und strich ihr übers Haar. Es war wahr, in der Lebendigkeit lag ihre Schönheit, lag die Schönheit überhaupt. Und die, das hatte er eben zu seiner Freude erkannt, konnten auch seine Mosaiken erreichen.

»Wie wär's mit einem Mittagessen, Papa?«

»Was, wo du so schon so schwer bist?« Er hob sie gerade mit gespieltem Ächzen hoch, um sie zu küssen, da hörte er das Krachen. Gemeinsam eilten sie auf den Narthex zu und durch die Mittelpforte, die später dem Kaiser vorbehalten sein würde, nach draußen, gefolgt von allen anderen. Im Freien sahen sie noch das zerfaserte Seil des Kranes leer im blauen Himmel baumeln, der eben eine Palette Ziegelsteine auf das unfertige Dach des Vorbaus hatte heben wollen. Die Staubwolke legte sich, in der die Last heruntergekracht war. Zwischen Holz und Steinen sah man dort den Arm eines Mannes herausragen.

»Um des Himmels heiligen Willen!« Matthias bekreuzigte sich erschrocken. Er hatte die Papyri, die die blut- und staubverkrustete Hand noch umklammerte, wohl erkannt und wußte, wer da begraben war, noch ehe sie den zerschundenen Körper ganz freigelegt hatten. Er drückte Maria an sich, damit sie nicht hinsah, und ließ es zu, daß sich immer mehr Schaulustige zwischen sie und das Geschehen schoben.

Mit verzweifelt zerrauften Haaren stand Isidoros von Milet schließlich dort vorne vor den blutigen Überresten seines Kollegen. »Anthemios!« stammelte er fassungslos.

Anthemios. Der Name des Erbauers der Hagia Sophia machte die Runde, während seine Leiche auf einer eilig gebrachten Bahre fortgeschafft wurde. Jemand schüttete einen Eimer ungelöschten Kalks auf die blutige Stelle am Boden, und langsam wurden die Reihen der Zuschauer lichter. Isidoros stand noch immer da. Und die Arbeiter wisperten.

»Das war kein Zufall«, brummte der Maurermeister neben Matthias und wischte sich mißmutig über die Stirn. Ein langer grauer Mörtelstriemen blieb dort zurück, »kein Zufall war das, mehr sag ich nicht.«

»Warum kein Zufall?« fragte Matthias ahnungslos und wies auf das gerissene Kranseil. »Was soll so ein Unfall denn sonst sein?« Aber der Maurer verschwand in der Menge und blieb ihm die Antwort schuldig.

»Weißt du es denn nicht?« flüsterte statt seiner ein anderer Kollege, der hektisch immer wieder sein Metermaß auf- und zuklappte. »Er soll doch ein Verhältnis mit der Kaiserin gehabt haben. Mit der Hure Theodora«, setzte er hinzu und spuckte in den Marmorstaub.

»Wer?« fragte Matthias ungläubig zurück und erhielt als Antwort nur eine Bewegung mit dem Kinn, dahin, wo nur noch Isidoros vor dem Blut seines Freundes im Sand stand und die Hände vors Gesicht schlug.

Das Nest im Weinlaub

»Mein armer Liebster.« Mitfühlend strich Theodora Prokopios die Haare aus der Stirn und drückte je einen Kuß auf die beiden Wirbel darüber. Ein kühler Dezemberwind kam durchs Fenster und ließ die letzten rotgefärbten Weinblätter zittern, deshalb zog sie die Wolldecke über seinen nackten Körper und drückte sich fest an ihn. Mit Armen und Schenkeln umarmte sie ihn und schmiegte ihr Gesicht an seine Achsel. Mit keinem Zentimeter ihrer Haut wollte sie ihn vermissen, jetzt, wo sie wieder für kurze Zeit Gelegenheit hatte, ihn zu berühren.

»Erzähl mir von der Beerdigung«, murmelte sie.

»Sein Bruder Alexander war da, du kennst ihn ja.« Sie nickte zustimmend. »Und natürlich Johannes Lydos. Dazu einige Leute von der Universität. Niemand vom Hofe.« Prokopios schluckte die Tränen hinunter. Er löste die hinterm Kopf verschränkten Arme und umarmte sie. »Isidoros hat geweint, als der Priester fertig war.« Sie küßte ihm seine Tränen fort. Prokopios sah zu ihr hinauf. »Er hat dich nachher auch verteidigt. Genau wie ich.« Sie lächelte traurig auf ihn hinunter. »Natürlich«, seufzte sie und sank neben ihm zurück. Dann sagte sie nachdenklich: »Er hätte ihn so oder so getötet; es ging schon lange, irgend etwas wegen der Kuppel. Sie drohte einzustürzen, glaube ich. Mein Mann kam dann und sagte, er hätte einen Traum gehabt, in dem Gott ihm verraten hätte, wie die Statik neu gerechnet werden müsse.« Prokopios ließ einen Laut wie ein bitteres Lachen hören. »Anthemios fand das auch ziemlich lächerlich, glaube ich«, fuhr Theodora fort. »Vielleicht hat er es sich zu deutlich anmerken

lassen. Ich schätze, Justinian hat dann nur noch abgewartet, bis das Gebäude so weit fertig war, daß er auf seinen Architekten verzichten konnte ...« Sie schwieg.
»Dieses Gerücht, wird es dir schaden?« fragte er. Sie schüttelte den Kopf.
»Da er es kennt und mir bisher nichts geschehen ist, nein.« Sie streichelte ihm übers Haar. »Aber falls du Angst hast, können wir eine Weile vorsichtiger sein und uns nicht mehr so oft treffen«, bot sie an. Heftig schüttelte er den Kopf und zog sie an sich.
»Au«, lachte sie, »du brichst mir ja das Kreuz!«
»Ist dir nicht klar«, murmelte er an ihrem Hals, den seine Lippen gerade auf und ab fuhren, »daß ich viel lieber mit dir zusammen sterben als ohne dich leben würde?«
Sie lachte girrend, obwohl sie erschrak. Denn sie würden sterben, unausweichlich, wenn jemand von ihren Treffen erführe. Und Prokopios meinte es ernst, das spürte sie. Sie legte sich auf ihn, wütend fast, daß sie sich nicht in seinem Fleisch vergraben konnte, daß Haut und Knochen ihr schmerzhaft verwehrten, ganz mit ihm zu verschmelzen. Langsam wuchs er unter ihren Bewegungen in sie hinein, während ihre Finger über seinen Körper wanderten und besitzergreifend alles liebkosten. Mit Zähnen und Nägeln nahm sie sich, was ihr gehörte.
»Meins, meins, meins«, flüsterte auch er, hinein in ihr keuchendes »Ja«. »Ich liebe die Frau eines Kaisers.«
»Die Frau, die du liebst«, erwiderte sie, »gehört ganz und gar dir.« Sie stöhnte unter seinem harten Stoß, der sie taumelnd sich verlieren ließ. Aneinandergeklammert trieben sie durch eine glutverlorene Welt.
Viel später dann beugte er sich über sie und studierte ihre grazile Gestalt. Sacht strich er über ihren bebenden Bauch. »Ist dir eigentlich klar«, spann er seinen Gedankenfaden, »daß ein Kind von uns beiden auf den Thron dieses Reiches kommen würde?« Er schien die Idee witzig zu finden.

»Ein Kind von uns beiden«, ihre Stimme klang ungewohnt ernst, »würde dir, mir und sich selbst den Tod bringen und nirgendwohin gelangen als in ein frühes Grab.« Sein Lächeln wurde unsicher. »Es würde nämlich«, fuhr sie fort, »um die Stimmung wieder aufzufangen, »ganz genau wie du aussehen.«

»Wie ich, bist du sicher?« Die Vorstellung schien ihm zu schmeicheln. Angeregt lehnte er sich zurück. »Schade, daß wir es nie ausprobiert haben.«

Theodora fand, ihr Schweigen wäre mit Händen zu greifen. Sie ließ es lasten, bis sie selbst das Gewicht nicht mehr ertrug und in die Stille sagte: »Das haben wir.«

»Was?« Prokopios richtete sich auf. Seine Finger fuhren durch die Haare und strichen seine Tolle nach hinten. Er hatte sie wohl gehört, aber nicht verstanden, nein: Er hatte sie verstanden, aber er glaubte es nicht – und wieder nein: Er glaubte ihr sehr wohl, aber es war so unfaßlich, was er da hörte. Die Fragen drängten sich in seinem Hirn so, daß keine herauskam. Wann?, dachte er vor allem, doch es konnte ja nur eine Antwort geben. Und so war ihm schließlich fast, als kennte er die Geschichte schon, die sie ihm nun erzählte. Prokopios hörte schweigend zu, die Arme um die Knie geschlungen. Theodora saß im Schneidersitz neben ihm und malte hin und wieder zur Unterstreichung ihrer Worte wirre Linien mit dem Finger auf das Laken. Sie berührten einander nicht.

»War es ein Junge oder ein Mädchen?« fragte er schließlich.

»Ich weiß es nicht.«

»Du weißt es nicht?«

»Ich weiß es nicht.« Sie zuckte die Schultern und sprach nicht weiter. Er stellte eine andere Frage.

»War sie, ich meine, diese Makedonia, hat sie gut für ihn gesorgt?« Prokopios sah auf seine Hände.

»Sie war die Beste.«

»Wo ist er, es jetzt?«

»Es ist tot. Sie sind beide gestorben bei dem Erdbeben vor acht Jahren. Liebster!« Theodora hob den Kopf, um seinem Blick zu begegnen, und sah zu ihrer Bestürzung, daß ihm Tränen über die Wangen liefen. Seine aufeinandergepreßten Lippen bebten, als er sie anschaute, dann stürzte er sich in ihren Schoß, um hemmungslos zu weinen. Nachdenklich strich sie ihm über die Haare. Manchmal erstaunte es sie selbst, wie groß ihre Lust, ihm wehzutun, immer noch war. Daß er sich aber diesen Schmerz von ihr hatte zufügen lassen, ohne wütend auf sie zu werden oder sie anzugreifen, das überflutete sie plötzlich mit einem ungeheuer intensiven Gefühl der Zuneigung. Und während ihn das Schluchzen schüttelte, liebte sie ihn mehr als je zuvor.

Als er ruhiger wurde, bettete sie ihn wieder neben sich.

»Weißt du«, begann er nach einer Weile unvermittelt, »Anthemios war schon ein skurriler Kerl.« Sie lauschte abwartend und strich sein Haar. »Hab ich dir schon mal erzählt, wie er beinahe das Haus seiner Nachbarn in die Luft gejagt hätte? Nein?« fragte er erstaunt, als sie den Kopf schüttelte. »Der Skandal beschäftigte die ganze Universität. Anthemios«, fuhr er eifrig fort und setzte sich auf, um die Hände für Demonstrationen frei zu haben, »hatte da nämlich ein paar interessante Theorien über die Kraft des Dampfes, wenn man ihn unter Druck setzt, er«, wollte er Anthemios' Apparatur zur Dampfkraft erläutern, als er Theodoras Gesicht sah. »Schon gut«, lenkte er ein, »jedenfalls, der ganze Apparat explodierte und flog ihm um die Ohren. Die Erschütterung war so heftig, daß sie noch in der benachbarten Töpferei dachten, es wäre ein Erdbeben, so kamen ihnen die Töpfe von den Borden entgegen. Der Töpfer hat Anthemios sofort angezeigt. Und der hatte nicht einmal mehr ein heiles Bett. Was ist?« fragte er irritiert, als er sah, wie Theodora aus dem Bett kugelte und die Zudecke mit sich zog, um ihr verräterisch lautes Lachen zu ersticken. »Was ist daran so komisch?« Er wühlte mit einer Hand in dem zuckenden Deckenknäuel am Boden und legte

schließlich ihr lachendes Gesicht frei. »Immerhin weiß die Wissenschaft seither«, beendete er seine Ausführungen, »daß Erdbeben tatsächlich durch in der Erde eingesperrten heißen Dampf entstehen.«
Dann konnte er nicht mehr an sich halten und prustete ebenfalls los. Er ließ sich auf sie fallen, und sie liebten sich heftig ringend auf dem Boden, bis Theodora irgendwann »au« rief.
»Was ist das, zum Teufel? Was hast du da Hartes in deiner Tasche?« Sie angelte nach seinem Beutel unter ihrer Hüfte, in dem er manchmal etwas Wein und Kleinigkeiten zu essen mitbrachte. »Ist das ein Weinschlauch?« Ein kleiner Schluck, fand sie, würde ihm guttun. Sie ertastete statt dessen ein kleines Büchlein darin, unauffällig in speckiges Leder gebunden. »Was ist das?« fragte sie neugierig.
»Oh«, er lächelte stolz. »Das ist für dich, sozusagen.« Mit diesen Worten griff er nach dem Büchlein und blätterte darin.
»Für mich?«
»Wir haben die Brumalien, schon vergessen?« neckte er sie mit vom Weinen heiserer Stimme. »Und heute ist der Tag mit deinem Initial, der Tag für alle mit ›T‹ Beginnenden. Thekla, Timotheus, Theodora, Tausendschöne, Tiefgeliebte.« Seine Stimme wurde rauh, und er mußte sich räuspern. »Da gehört es sich, daß ich ein Geschenk habe für …«
»… tich«, ergänzte Theodora. »Was ist es? Was ist es?«
»Ich weiß ja«, erklärte er es wie einem braven Kind, »daß ich dir nichts schenken darf, was bei dir gefunden werden könnte. Deshalb dachte ich, ich lese dir etwas vor. Was hier drin ist«, und er küßte sie auf die Schläfe, »das kann niemand entdecken.« Er hielt einen Moment inne. »Ach, Liebste«, flüsterte er. Theodora küßte ihn auf den traurigen Mund. Eine Ewigkeit später sagte er: »Es ist der Bericht eines antiken Autors über Sardinien; deine Mutter stammt doch von da. Also hör zu.« Mit gewohnter Rhetorstimme hob er an.

»Pst, sprich leiser«, mahnte sie ihn. »Man kann dich draußen hören.« In gedämpftem Ton fuhr er fort. Und Theodora kuschelte sich an ihn, zog die Decke bis ans Kinn und lauschte.

Neuigkeiten

Byzanz litt unter der Junihitze und schlimmen Nachrichten. Die ganze Stadt summte wie ein Bienenkorb. Prokopios konnte weder in die Thermen noch zum Bäcker gehen, ohne davon zu hören. Egal, ob er auf dem Markt Milch oder Obst kaufen wollte, seine Sandalen reparieren oder seinen Bart scheren lassen wollte, ein Pfund Meinung bekam er mit dazu. Auf den Foren standen die Honoratioren und diskutierten, an den Brunnen debattierten die Handwerker und Hausfrauen, während sich ihre Eimer füllten, in den Kneipen führten die Cliquen der Zirkusanhänger beim Wein das große Wort der Empörung, und die Graffiti an den Mauern des Hippodrom wurden immer zahlreicher.

Auch Prokopios' Kollegen und Freunde standen vor den Buchhandlungen um die Universität beieinander und diskutierten den prekären Fall: Daß man das nie gedacht hätte! Daß das doch ein unglaublicher Fall sei! Prokopios, der gerade aus den Zeuxippos-Thermen kam, ölduftend und mit feuchten Haaren, die in der stechenden Sonne nur laue Tropfen über seine Schläfen sandten und viel zu schnell trockneten, schickte seinen Leibsklaven mit Handtuch, Schaber und Ölfläschchen nach Hause und stellte sich zu dem aufgeregt argumentierenden Kreis dazu.

»Was ist denn so unglaublich?« fragte er harmlos und genoß die aufgeregten Antworten.

»Das weißt du nicht?« »Ja, lebst du denn hinter dem Mond?« »Wie kannst du fragen?« überschlugen sie sich. Jedermann in Byzanz hatte doch davon gehört! Johannes Lydos, den es in diesen Zeiten nicht an seinem Schreibtisch hielt, warf dem Freund

einen strengen Blick zu. Gab es andere Nachrichten als diese? Der Patriarch Epiphanios war gestorben und in einer großen Prozession über die Mese beigesetzt worden. Zahllose Heiligenstatuen gaben ihm wankend auf ihren Sänften das letzte Geleit, die lärmenden Ochsenkarren fuhren einen Tag lang nicht, und Gesang stieg aus jeder Kirche der Stadt. Die Kaiserin Theodora hatte als seinen Nachfolger den allseits geachteten Anthemios I. ausgewählt, was zunächst ein Wunder zu sein schien bei ihren bekannt monophysitischen Neigungen. So hatten alle gedacht und aufgeatmet, und in den Häusern der Monophysiten war es still gewesen. Und jetzt stellt sich doch heraus, daß dieser Anthemios ein heimlicher Monophysit immer gewesen war! Auf der Kanzel hat er es eingestanden! Ein Bubenstück war das! In gewisser Weise konnten die Byzantiner ihren Respekt vor so viel Gerissenheit ja nicht ganz verleugnen. Aber was sollte jetzt aus der rechtgläubigen Christenheit werden? Diese letzte Frage kam von einem jungen Studenten, dessen farbenprächtige Tunika vom Saum bis zum Knie die gewebten Bilder der Apostel zeigte, ein Schmuck, den die Kirche – monophysitisch wie orthodox – aufs schärfste verurteilte, der aber bei den rechtgläubigen und schmuckliebenden Byzantinern nach wie vor einfach zu beliebt war. Alle zwölf Propheten jedenfalls bebten vor Empörung über den jüngsten Frevel gegen ihre Religion.
Prokopios lächelte still und amüsiert. Das hatte sie getan, seine Liebste, sein Mädchen, wie er sie manchmal nannte, um sie zu ärgern, wenn sie wieder einmal über ihr fortgeschrittenes Alter von fünfunddreißig Jahren klagte. Wie stolz er auf sie war! Der Streit selbst ging ihn kaum etwas an, er hatte keine Position darin. Was für eine Aufregung um Zweitrangigkeiten! So ging es ihm in der letzten Zeit mit den meisten Fragen des Lebens; sie schienen ihm ein Traum zu sein, die Zeiten in der Kammer mit Theodora dagegen die einzigen, in denen er wach war. Dort lag er dann in ihrem Duft und erzählte ihr von seinen großen und

kleinen Erlebnissen in den Straßen, in den Tavernen und Amts- und Schreibstuben der Stadt, ein steter Strom von Worten, der ihr gemeinsames Leben ausmachte. All das Zufällige, das ihm geschah, zum Beispiel während seiner öffentlichen Vorträge zu den Feldzügen des Belisar, verwandelte sich dabei durch ihr Zuhören in ein Geschehen mit Form und Inhalt. Sein Alltag war ihm daher auch nicht lästig, im Gegenteil, er nahm ihn heiterer und gelassener als jemals, das Gefühl der Unwirklichkeit ließ ihn leicht und unverwundbar hindurchschweben.

»Prokopios?« Von seinen Kollegen gefragt, was er denn von der ganzen Sache hielte, zuckte er nur die Schultern und war schon beinahe in Gefahr, für einen Ketzer gehalten zu werden, als er sich schließlich mitten in der Debatte verabschiedete. Pfeifend schritt er aus. Heute war wieder einer der Tage, heute setzte er nach Sykai über, und das würde er ihr mitbringen: die Geschichte ihres Triumphes, den Duft nach Zitronenöl auf seiner frisch geschabten Haut und den nach Seewind in seinem Haar. Es war Leuchtkäferzeit. Vielleicht würden sich ein paar davon heute in der rosenfarbenen Dämmerung an ihr Fenster verirren, bevor sie sich trennen mußten.

Theodora war heiter erwacht und hatte bis in den Mittag hinein gebadet. Sie wußte den Kaiser beim Festgottesdienst zum Tag der Apostel, den Anthemios I., ihr Patriarch, wie sie ihn bei sich nannte, in der Hagia Sophia hielt und dem auch Severus von Antiochia beiwohnte. Sie erinnerte sich noch gut an die Tränen in seinen blassen Augen; der strenge Alte hätte sie vor Dankbarkeit am liebsten geküßt. Das Leben war wunderbar, dachte sie und sank noch ein wenig tiefer in die Mischung aus lauem Wasser, Milch, Honig und Rosenöl. Sie konnte aus dem Fenster über die grünen Wipfel der Innenhöfe sehen und sich einbilden, in ihrer Wanne direkt unter dem Himmel zu liegen.

Als ihr ein Bote des Praefectus praetorio namens Leo gemeldet wurde, stand sie nur widerwillig auf, doch am Ende siegte die Neugierde. Leo war alles andere als ein Bote von Johannes dem Kappadokier, auch wenn er offiziell als Cornicularius in dessen Präfektur angestellt war. Er hatte lange Jahre in Persien als Spion gearbeitet; vor vier Jahren dann, beim Friedensschluß, war er mit den sieben athenischen Professoren zusammen zurückgekommen, die ins persische Exil gegangen waren, nachdem Justinian die letzte heidnische Hochschule seines Reiches, die Athener Akademie, hatte schließen lassen. Niemand wußte, was sie am Hofe des persischen Königs gesucht hatten – vielleicht den idealen Staat? –, jedenfalls fanden sie es nicht und kehrten heim, Leo mit ihnen. Eine Weile lebte er nach eigener Aussage in Phrygien, in einer Montanistengemeinde. Als diese Sekte aber verboten und verfolgt wurde, ging sie in ihre Kirchen, um sie anzuzünden und singend zu sterben. Das war Leos Sache nicht, und er zog weiter, verdingte sich in Byzanz als Zuhälter, bis der Beruf auf Theodoras Betreiben verboten und er selbst ausgewiesen wurde. Zuletzt war er reich dadurch geworden, daß er Aufseher der kaiserlichen Waffenfabriken bestach und die so erworbenen Dolche und Klingen auf dem schwarzen Markt von Byzanz absetzte. Da der Waffenhandel kaiserliches Monopol, die Nachfrage nach Waffen aber unter den jungen Leuten von den Zirkusparteien – und auch beim Adel – groß war, verdiente Leo gut, sehr gut sogar. Er hatte gerade angefangen, sich mit rauschenden Festen in der lebenslustigen Clique um den Präfekten Johannes zu etablieren, und die Würde eines Senators erhalten, als ein Großgrundbesitzer aus Kilikien auftrat und behauptete, daß Leo ein entlaufener Feldsklave von ihm sei. Der Mann legte die entsprechenden Papiere vor und schickte seinen Verwalter, der Leo vor den Treppen des Senats aus seiner goldenen Sänfte holte und ihm den bronzenen Halsring anlegte.

Es war ein zutiefst anrührendes Bild gefallenen Glücks, das viele Byzantiner verstummen ließ, an denen er vorbeizog. Und doch war es wohl mehr der Anblick der höchst irritierten Senatoren, die feststellen mußten, daß einer aus ihrem noblen Kreise, der in ihren ehrwürdigen Hallen gesessen und mitberaten hatte, ein einfacher Sklave war, der nun barfuß hinter seinem Herrn über die Landstraße ging, der Theodora dazu bewog, Leo heimlich freizukaufen. Da Johannes ihn schon kannte, war es leicht, ihm einflüstern zu lassen, daß er sich um seinen alten Saufkumpan kümmern könnte. Nun war Leo ein offizieller Protegé des Kappadokiers, der niemals erfuhr, wem Leo jetzt wirklich gehörte. Auch Theodora erwähnte es selten; es war ja gerade Leos unbändiger, bestens bewiesener Wille zu Selbständigkeit, der ihn ihr sympathisch machte und der ihn antrieb. Gebunden, da war sie sicher, würde er gefährlich werden, auch für sie.

Äußerlich verriet sich nichts davon, der bullige Mann mit dem krausen Vollbart, der hereintrat und ihr mit einer Verneigung ein Schriftstück überreichte, sah eher wie ein Handwerker aus, mit breiten, kurzfingrigen Händen und einem müden Blick, der von Sorgen um Frau und Kinder zu sprechen schien. Ein durchschnittliches Gesicht, in dem nicht zu lesen stand, was er in den vielen verschiedenen Leben, die er schon geführt hat, gesucht und gefunden haben mochte. Hätte Theodora über den Mann nachgedacht, vielleicht hätte sie eine heimliche Verwandtschaft in ihm entdeckt.

Doch sie nahm ihm nur sein Schreiben ab und entließ ihn, noch tropfend in seidene Überwürfe gehüllt. Ihre Finger hinterließen feuchte Flecken auf dem Papyrus, das sie hielt. Es war die Abschrift eines Briefes des byzantinischen Botschafters Petrus am Hof der Königin Amalasuntha an Justinian, ihren Gatten, und er war schon einige Tage alt. Darin stand, daß Amalasuntha von ihrem frischgebackenen Gemahl Theodahat auf einer Insel im Bolsenasee festgesetzt worden war, ein beigelegtes Postskript meldete ihren Tod. Theodora ließ die Nachricht sinken. Hinter all den vielen Fragen, die durch ihren Kopf schossen – Warum

hatte Petrus ihr diese Nachricht nicht hinterbracht? Warum hatte Justinian sie ihr vorenthalten? Warum war sie nicht bei den Beratungen geladen, die das hier sicher ausgelöst hatte? –, hinter all diesen Fragen wuchs bereits schattengroß die eine bange Gewißheit herauf: daß Prokopios und ihre gemeinsame Zeit vorbei war.
Sie sah an sich hinunter, das dünne feuchte Gewand klebte ihr am Leib und modellierte ihre Brüste, ihre Schenkel, ihren flachen Bauch in rosenfarbener Seidenglätte. Wie oft würde sie seine festen warmen Hände noch darauf spüren dürfen, ehe Belisars Armee bereit war zum Aufbruch, einmal, zehnmal? Schutzsuchend schlüpfte sie zurück in ihre Badewanne. Und lange, ehe sie sich Sorgen um ihre monophysitischen Gemeinden machte und mit zornwehenden Gewändern energisch an die Tür ihres Gemahls klopfte, weinte sie die bitteren Tränen um ihre große Liebe dorthin, wo niemand sie sah, in ihr süßes, duftendes Badewasser.

Der Krieg beginnt

Es waren genau acht Male, daß Theodora und Prokopios sich noch sahen, achtmal, daß sie sich umarmten und ineinanderzukriechen suchten mit der Wut der Verzweiflung, achtmal, daß sie einander am liebsten das Fleisch von den Knochen gerissen hätten, um darunterzukriechen und dort, nahe dem roten Herzschlag des anderen, für den Rest ihres Lebens geborgen zu sein.
Ein ums andere Mal kam Prokopios von den Stabssitzungen Belisars zu ihr, wo Truppenstärken, Nachschublinien und Marschpläne diskutiert wurden, und schwor ihr, nicht mitzufahren. Stundenlang redete Theodora auf ihn ein, bekniete ihn, das nicht zu tun. Wenn er bliebe, fiele er auf, und Menschen wie der Kappadokier würden sich für seine Motive interessieren. Sie er-

wachte nachts schreiend aus Träumen, in denen sie mit Prokopios in ihrer Kammer saß, und es klopfte an die kleine Tür, ein Klopfen, nichts weiter. Doch sie wußte, was danach käme, war unaussprechlich. Sie hatte dieses erschreckende, lautlos wachsende Mosaik aus ihrem früheren Traum noch gut vor Augen, in dem Justinian ihr Prokopios' Kopf auf einer goldenen Schüssel präsentierte, und ihre wache Angst projizierte es wieder und wieder auf die Holztür des Klosterzimmers. Der Schrei danach war ihrer; Theodora wußte, sie würde es nicht ertragen, ihn tot zu wissen. Immer von neuem tastete sie über sein warmes, atmendes Fleisch, um sich zu versichern, daß Leben darin war, daß der Moment noch nicht gekommen war, wo keine Macht es mehr dorthin zurückrufen konnte.
Die Furcht hielt sie klug, und sie bettelte, flehte den Geliebten von sich fort, schärfte ihm ein, ihr keine Briefe zu schreiben, niemandem eine Nachricht zuzustecken, außer Antonina, kurze Schreiben, ohne Anrede, ohne Namen, ohne Anspielungen und ohne Erinnerungen. Und nur Antonina, niemandem sonst.
»Diesem Weibsbild?« fragte Prokopios aufgebracht. »Ich hasse dieses intrigante Miststück aus tiefstem Herzen, und ich vertraue ihr keinen Augenblick! Schlimm genug, daß ich mit ihr reisen muß und zusehen, wie sie ihren Mann der Lächerlichkeit preisgibt!« tobte er in seiner Verzweiflung. »Aber ihr auch noch meine Gefühle für dich anvertrauen? Niemals! Sie würde doch jede Zeile lesen!« Theodora sah noch, wie er sich mit allen zehn Finger die Haarsträhnen aus dem Gesicht strich, die doch sofort wieder auf seine Schläfen herabfielen. Wie oft hatte er das schon getan, wenn er wütend oder irritiert war? Sein Gesicht war vor Zorn so blaß gewesen, daß die schwarzen Brauen alles drohend dominierten. Unter seinen funkelnden Augen aber lagen dunkle Ringe.
Sie sah all das noch vor sich, als sie das Entschwinden der Schiffe vom kaiserlichen Kai aus verfolgte. Da schwamm es, Belisars

Flaggschiff mit der roten Laterne am Heck, die jetzt bei Tag leuchtkäferklein und beinahe unsichtbar zwischen See und Himmel glomm und den Weg für die folgenden Dromoi wies, in Richtung Sizilien. Musik schallte ihnen vom Ufer aus nach, die wohltuend ihre Gedanken zermalte.

»Besser Antonina als jemand anderes«, hatte sie ihm geantwortet, sie hörte es noch deutlich. Wie lange war das jetzt her, eine Woche? Auf ihrer Haut trug sie noch immer, verräterisch und gefährlich, die Male seiner Lippen. Beim ihrem letzten Zusammensein hatte sie erlaubt, ja gefordert, was sie ihm zuvor immer hatte versagen müssen, sie mit diesem Zeichen seiner Leidenschaft zu siegeln. Es war ein kindischer Wunsch gewesen, das wußte sie. Doch es hatte sie getrieben, auf diese Weise etwas über seinen Abschied hinaus von ihm zu behalten. Es war ein völlig unsinniges Risiko, konnte es doch beim Ankleiden jederzeit von einer Sklavin oder Hofdame entdeckt und weitergetuschelt werden. Aber sie wollte es so haben; ging er in diesem fernen Krieg nicht viel größere Risiken ein? Und jetzt fuhr, inmitten des zum Abschied aufgestellten Hofstaats, ihr Finger mechanisch immer wieder über das kleine Mal in ihrer Armbeuge, das bereits gelb verblaßte und bald verschwunden sein würde.

»Da gehen sie hin, ach ja«, seufzte da übertrieben jemand hinter ihrer Schulter. Schuldbewußt ließ sie die Hand sinken. »Ihr werdet es sehr vermissen, nicht wahr?« fuhr Johannes der Kappadokier in seiner kleinen Rede fort.

»Wen?« entfuhr es ihr unwillkürlich. »Ich meine«, korrigierte sie sich rasch gelassener, »was werde ich vermissen, Praefectus?« Insgeheim verfluchte sie sich für ihre Unbeherrschtheit. Man sollte nicht meinen, daß sie jahrelang auf allen Bühnen des Landes gestanden hatte. Etwas mehr Geistesgegenwart, ermahnte sie sich. Dennoch zitterte sie. Johannes lächelte verständnisvoll.

»Das regelmäßige Plaudern und«, er machte eine Pause, »die

kleinen intimen Treffen natürlich, mit«, er räupserte sich, »eurer Freundin Antonina.« Glaubt nicht, setzte er den Satz in Gedanken fort, ich wüßte nicht, wie sehr Ihr gegen mich gearbeitet habt. Und doch kam dieser Krieg zustande. Mein Krieg, Justinians Krieg. Johannes war eher erstaunt, die Kaiserin nach dieser seiner banalen kleinen Drohung, hinter der keine weitere Absicht oder Handhabe stand, derart in Aufregung zu sehen. Oh, nicht daß sie sich geregt hätte, aber er konnte die mühsam beherrschte Frequenz ihres Atems hören und sah den feinen Schweißfilm auf ihrer Haut, für den der eher kühle Oktobertag nach dem morgendlichen Regenguß kaum verantwortlich sein konnte. Nachdenklich sah nun auch Johannes der Kappadokier den Schiffen nach, die rasch hinter dem grauen Horizont verschwanden. Was, fragte er sich, würde die Kaiserin wohl noch an intimen Regelmäßigkeiten vermissen? Ein Verdacht stieg in ihm auf, und er beschloß, künftig die Post Belisars – und natürlich die der Kaiserin – besonders sorgfältig zu überwachen.

Bald darauf saß Theodora an ihrem Schreibtisch und verfaßte einen langen, liebevollen Brief an Antonina, in dem sie von ihrer Sehnsucht nach der Freundin sprach, und endete mit den Worten: »Ich weiß natürlich, wie überaus beschäftigt Du im Dienste Deines Mannes bist, und erwarte daher vorerst keine weitere Post von Dir. Leb wohl.«

Ein kurzer Krieg

»Himmelherrgottnochmal!« Prokopios schlug mit der Faust auf die Tischplatte, daß die goldenen Weinpokale darauf zitterten und einige Tropfen des guten Roten darin auf Belisars Landkarten von Italien tropften. Die Wachen vor dem Zelt grinsten und stellten sich vor, wie die beiden Abgesandten Neapels dort drin-

nen jetzt vor Furcht zitterten. Das mußte man dem Schreibtischhengst lassen, im Verhandeln war er wirklich erstklassig.
Tatsächlich strichen sich Asklepiodotus und Pastor, die beiden Vornehmen aus Neapel, die gekommen waren, über das Schicksal ihrer Stadt zu verhandeln, mit nervösen Fingern über ihre langen Gewänder. Asklepiodotus fuhr störrisch wie ein Schüler, der seine Hausaufgaben nicht gemacht hatte, mit dem Finger den Mäander am Saum seines Mantels nach, Pastor schaute stur in das zürnende Gesicht ihres Gastgebers hier in Belisars Beratungszelt aus blutroter Seide.
»Wir wollen mit dem Feldherrn persönlich verhandeln«, verlangte er noch einmal.
Prokopios lachte, er hatte dieses Lachen oft vor dem Spiegel geübt. Theodora, dachte er flüchtig, kannte dieses Gelächter des Hohns nicht an ihm. »Wollt ihr also, daß Belisar persönlich euch sagt, was er von den Widerspenstigen hält, die sich seiner Macht nicht unterwerfen? Bitte, aber dann tragt seinen Zorn alleine. Ich«, er machte eine Kunstpause, »ich möchte etwas tun für eure Stadt. Sie gefällt mir, und es würde mich schmerzen, schwarzen Rauch über eurer schönen blauen Bucht aufsteigen zu sehen. Sollen Leichen in euren Weinbergen liegen, die Quellen vergiftet sein und die Schreie eurer Töchter aus den Häusern dringen, in denen die Plünderer feiern?«
Asklepiodotus und Pastor erschauerten. Sie hatten die zahlreichen Hunnen unter Belisars Streitkräften wohl gesehen. Prokopios hatte dafür gesorgt, daß sie durch deren Lager hierhergeführt wurden. Und was diese marodierend und plündernd in einer eroberten Stadt anrichten konnten, war bekannt.
»Aber wir sind die Untertanen eines rechtmäßigen Königs!« Pastor wischte sich den Schweiß von der Stirn und sah hilfesuchend zu Asklepiodotus hinüber. Dessen Haar war noch nicht grau, seine Finger verknöcherte noch keine Gicht; sollte er entscheiden.

Prokopios fegte das Argument beiseite. »Untertanen eines Königsmörders! Und auch Amalasuntha verdankte all ihre Privilegien nur Justinians Langmut.« Er sah die Empörung in ihren Gesichtern und wechselte das Thema.

»Sizilien hat sich bereits gütlich mit uns geeinigt und Belisars Großmut erfahren. Unser Heer in Dalmatien ist wieder auf dem Vormarsch. Dies wird«, er legte seine Hand besitzergreifend auf die Karte, »ein sehr, sehr kurzer Krieg werden.« Eindringlich sah er die beiden an. »Ihr wollt doch nicht die letzten Opfer sein?«

Wenig später fand ihn eine Gruppe der Doryphoren Belisars mißmutig in seinen Sessel gefläzt und in seinen Weinkelch starrend. Die Gesandten waren standhaft geblieben und in ihre belagerte Stadt aufgebrochen.

Chorsomantis, der berühmteste Hunnenführer des Heeres, leerte sofort ihre zurückgelassenen Pokale bis auf den Grund und schenkte sich nach. »Nicht schlecht, das Zeug.«

»He, alter Gauner«, ermahnte ihn Bessas, »der Suff wird noch mal dein Tod sein!« Konstantinus, der andere Infanteriebefehlshaber, lachte gutmütig.

Der Hunne rülpste. »Bin ich besoffen, ist mein Pferd doch immer noch nüchtern, ihr Kriechtiere.«

»Sie sind stur geblieben«, bemerkte Prokopios düster.

Bessas schlug ihm auf die Schulter. »Mach dir nichts draus, belagern wir die Arschlöcher halt.«

»Das kann dauern«, orakelte Konstantinus düster. »Schade, bisher ist's so schön geflutscht.«

»Und das wird es auch weiter!« dröhnte eine gutgelaunte Stimme vom Zelteingang her

»Belisarius!« »Feldherr!« Ein Ruck ging durch die Männer im Zelt. Hinter ihrem Anführer wurden die Doryphoren Ioannes und Ursicinus sichtbar, die sich grinsend auf ihre Speere stützten. Kletten auf ihren Mänteln und das Weinblatt, das Ioannes spielerisch am Stiel zwischen seinen Zähnen bewegte, zeigten an, daß sie eben auf Patrouille gewesen sein mußten.

»Kommt mit!« forderte Belisarius seine Unterführer auf, »ich habe euch etwas zu zeigen. Dies wird eine verdammt kurze Belagerung!«

»Genial«, hauchte Prokopios wenig später, als sie an einer abgelegenen Stelle in einem Steilhang nahe der Stadtmauer vor dem Aquädukt standen, der Neapel mit Wasser versorgte.

»Wir sollten nur den Engpaß dort drüben erweitern«, meinte Bessas, »ein, zwei Nächte Arbeit vielleicht«, schätzte er.

»Dann können wir durch«, ergänzte Konstantinus. »Sollen doch die Hunnen gehen, die müssen sich in der Röhre nicht bücken«, neckte er Chorsomantis, der müde zu der Mauer hinüberblinzelte, »so kurz, wie sie sind.« Der Kavallerist versuchte spielerisch, ihn zu erwürgen.

»Laß gut sein«, lachte Belisarius und freute sich über die gute Laune seiner Offiziere, »ohne sein Pferd geht mein tapferer Chorsomantis doch nirgendwohin, habe ich recht, Freund? Ursicinus«, wandte er sich dann an den anderen Offfizier, »und ihr, Bessas. Nehmt vierhundert Mann und gebt ihnen Fackeln, wenn der Durchgang offen ist. Wir warten vor den Toren auf euch.«

Die beiden Doryphoren salutierten und machten sich auf die Suche nach den Arbeitstrupps.

Die wickelten in den Nächten Lappen um ihre Meißel, um keinen Laut in die Stadt dringen zu lassen. Nur die Zikaden zirpten, und die Eidechsen hoben die Köpfe auf die vom Abendrot überglühten Felsen, als zwei Tage später achthundert Füße beinahe lautlos ihren Weg durch das Gestrüpp und hinein in den geöffneten Aquädukt suchten. Selbst ihr Flüstern hallte in der engen Röhre, die Kurzschwerter schleiften über den Stein, so gebückt liefen sie. Nur wer den steinernen Lauf genau beobachtet hätte, hätte durch die wenigen Scharten etwas wie Wolfsaugen glimmen sehen können, die Fackeln der Eroberer, und einmal hätte er eine Wolke Fledermäuse gesehen, die schreiend aufstob, um in einem nahe gelegenen Olivenbaum Zuflucht zu suchen und die Flügel wieder sorgfältig zu falten, bis die Nacht schwärzer würde.

Auch Belisars Soldaten erwarteten dort, wo sie nach dem Marsch durch die feuchten Tunnel ans Tageslicht gekommen waren, die schützende Nacht. Bevor es gänzlich dunkel wurde, knüpften sie eine Lederschlinge an den grauen Olivenbaum im bröckelnden Mauerwerk und stiegen mit ihrer Hilfe auf die niedrige Krone der Stadtmauer, die dort über den Hügel lief. Mann für Mann griff nach dem glattgescheuerten Leder und schwang sich in voller Rüstung hinauf. Keuchend lagerten sie im Gras, zwischen den Beeten einer kleinen Kate, und sahen auf die Lichter Neapels hinunter, die ungeschützt vor ihnen in der Dunkelheit blühten. Einer ging in die Hütte, um die alte Bettlerin zu erschlagen, die darin lebte, damit sie nicht schrie oder ein Feuer entzündete; sie gab keinen Laut von sich. Die anderen pflückten ihre Feigen, zogen ihre Karotten aus dem Boden und saßen dort oben im Gras, kauend und leise plaudernd, bis Bessas das Zeichen zum Aufbruch gab.

Die Neapolitaner schliefen, als sie durch ihre Gassen marschierten, die Torwachen hatten kaum Zeit zu schreien, da zog sich schon das Eisen durch ihre Kehlen, und die bronzebeschlagenen Türflügel schwangen ächzend auf. Chorsomantis' Reiterei trabte an. Das Klackern ihrer Hufe auf dem Pflaster weckte die ersten, die entsetzt aus ihren Fenstern schauend die feindlichen Uniformen im Fackellicht blinken sahen. Die ersten Schreie stiegen auf, die ersten Flammen. Bessas und Ursicinus blieben mit ihren Männern am Tor und hieben jeden nieder, der sie anzugreifen suchte, während die Hunnen Mann für Mann, Pferd für Pferd, in die Stadt hineinströmten, über die Plätze preschten, durch die Arkaden stoben und in die Häuser hineinritten, um schreiende Menschen in ihren Betten zu köpfen. Die ersten Flammen leckten in den Himmel über Neapel, es roch nach Blut, und nahe den

noch immer verrammelten Toren trampelten sich die Flüchtlinge gegenseitig nieder.
Belisar blieb in seinem Lager und überließ die Stadt den Hunnen drei Tage lang. Was er und Prokopios danach bei einer ersten Begehung besichtigten, war ein Schlachthaus, in das man nirgends seinen Fuß setzen konnte, ohne auf Fetzen menschlichen Fleisches zu treten. Leichen hingen aus den Fenstern und starrten mit grauenverzerrten Gesichtern auf sie hinunter. Prokopios hielt sich ein Taschentuch vor die Nase und würgte. Am meisten schockierte ihn der Anblick der beiden Gepfählten auf dem Marktplatz. Pastor und Asklepidotus ragten dort auf ihren blutigen Stöcken über die versammelten Honoratioren und dokumentierten den Willen der Neapolitaner, diejenigen zu strafen, die ihnen zum Widerstand geraten hatten. Ihre Gesichter mit den in wahnsinnigem Schmerz herausgedrehten Augen waren nur noch rohes Fleisch. Zahnlos grienten die schwarzverkrusteten Münder auf ihn hinunter. Hätte ich sie ein wenig härter angefaßt, dachte er verzweifelt, dann wäre ihnen dies erspart geblieben.
»Mach dir nichts draus«, flüsterte Konstantinus überraschend neben ihm, »waren eben zwei sture Arschlöcher. Da war nichts zu machen.« Prokopios nickte matt. Belisarius atmete tief ein und warf sich für die Abordnung in Positur, die ihnen entgegenschritt, um die Stadtschlüssel zu übergeben.
»Ah, da kommen sie. Ich glaube«, sagte er beifällig, »das wird ein sehr kurzer Krieg.«

Ein verfluchter Heiliger

»Ich glaube, das wird ein sehr kurzer Krieg«, sagte auch der Praefectus praetorio, Johannes der Kappadokier, im Kreise des informell einberufenen Kronrats. Er und Justinian lächelten sich an.

So war es geplant. Einen langen Krieg, so weit fort, konnten sie sich schließlich auch nicht leisten. Theodora umklammerte die Lehne ihres Sessels und verbiß sich einen Kommentar. Ihr jüngster Gast hatte ohnehin die Stirn darüber gerunzelt, daß eine Frau an diesen Beratungen teilnahm. Papst Agapet war vor wenigen Tagen mit aller Arroganz seines Amtes in Byzanz eingetroffen, hatte sie alle seinen Ring küssen lassen und lauschte nun, in seine vor Edelsteinen steifen Gewänder gehüllt, mit strengem Gesicht den Beratungen. Offiziell war er ein Bote des arg bedrängten Königs Theodahat. Gerüchte meldeten, daß die Ostgoten ihn bereits abgesetzt und einen einfachen Krieger namens Witigis an seiner Stelle zum König gemacht hätten. Er mochte jetzt in Ravenna zittern und bangen, was sein heiliger Botschafter ihm brachte.

Aber Agapet hatte wenig Anstalten gemacht, sich um die italienischen Angelegenheiten zu kümmern, deretwegen er doch von seinem König entsandt war. Auch heute wieder sagte er zu allem kein Wort.

Man könnte meinen, dachte Theodora bitter, er wäre schon tot. Lang konnte es jedenfalls nicht mehr dauern. Sein Hals ragte so faltig und ausgemergelt aus dem Ornat wie der einer Schildkröte. Und bewegt hatte er sich schon volle fünf Minuten nicht mehr. Blinzelte er überhaupt? Auf dem Weg hierher sollte er in Griechenland Wunder gewirkt haben, hieß es auf den Foren. Einem stummen und lahmen Krüppel sollte er beim Hochamt die Hostie auf die Zunge gelegt haben, so daß dieser aufstand und wieder sprach. Seine Diakone stellten den Geheilten in den Thermen von Byzanz aus, damit die Masse diese wundertätige Kraft der Orthodoxie mit eigenen Augen sehen und mit eigenen Händen berühren konnte. Antonina, dachte sie bedauernd, hätte schon gewußt, wie eine derartig geschäftstüchtige Heiligkeit zu benennen wäre. War dieser Papst auch beinahe tot, zu unterschätzen war er auf keinen Fall. Wütend funkelte sie zu ihm hinüber.

Leben kam immer dann in ihn, wenn es um kirchenpolitische Angelegenheiten ging. Heute nach den Beratungen über Italien ging es um das Amt Anthemios' I., und sie wußte bereits, wie Justinian darüber entschieden hatte. Ihre rotgeränderten Augen verrieten dem Kenner, daß sie die ganze Nacht bei ihrem Mann gewacht hatte, um seine Entscheidung zu beeinflussen, während er auf und ab ging und Schwüre auf sein Bergkristall-Kruzifix ablegte. Doch er war unerbittlich gewesen.

»... so sollt Ihr uns Sizilien abtreten, dreihundert Pfund Gold jährlich, dreitausend Söldner auf Wunsch für das kaiserliche Heer. Ihr sollt keine Bischöfe oder Patrizier hinrichten ohne unsere Erlaubnis und keine Statuen von Euch aufstellen. Auf unser Verlangen aber müßt Ihr, wenn Witigis siegreich bleibt, das ganze Land uns abtreten«, las Johannes der Kappadokier den neuesten Brief an Theodahat vor, den Papst Agapet bei seiner Rückkehr überbringen sollte. Niemand ahnte, daß Witigis Theodahat auf seiner Flucht nach Ravenna bereits eingeholt und ermordet hatte. Sie schrieben einem Toten. Sein Kopf sollte wenig später in Byzanz eintreffen, gemeinsam mit einem Brief Witigis', der dieses Geschenk als verheißungsvollen Anfang für eine erfolgreiche Einigung pries. Auch die lauten Axthiebe, mit denen er Matasunthas Tür einschlagen ließ, um die sich sträubende und um sich schlagende Tochter Amalasunthas zur Frau zu nehmen und so sein Königtum zu legitimieren, drangen nicht in die Marmorhallen des byzantinischen Palastes, wo nur das zustimmende Schweigen nach Johannes' Vortrag herrschte.

»Und nun zu unseren religiösen Angelegenheiten!« Daß die Stimme dieser Mumie doch so laut hallen konnte. Agapet war aufgestanden und hatte sein Pallium, den Papstmantel, auseinandergeschwungen. Wahrhaftig, er wußte, wie der Stellvertreter Gottes auf Erden dazustehen hatte, das mußte der Neid ihm lassen. Theodora haßte ihn für das, was nun unfehlbar kommen mußte. Ihre ganze Haltung war gespannte Abwehr. Doch weder

Apapetes noch Justinian sahen sie an, als ersterer die Absetzung des byzantinischen Patriarchen Anthemios I. forderte und letzterer sie gewährte.

»... denn es geht nicht an, daß eine Irrlehre gepredigt wird von den heiligsten Altären des Reiches und der Hof sich dem aussetzt, in Gefahr, seiner unsterbliche Seele und der Gnade Gottes verlustig zu gehen.« Klarer, dachte sie, hätte er mit der Exkommunikation nicht drohen können. Na gut, sie würde es ertragen. Mit zusammengebissenen Lippen lauschte sie Justinians verständnisvoller Antwort, vorgetragen durch die Stimme seines Libellarius. Sie kannte den Wortlaut, er hatte ihn diese Nacht kurz vor Morgengrauen festgelegt. Die Tränen, die ihr aufstiegen, schluckte sie hinunter.

»Mein Kaiser und Herr«, unterbrach sie schließlich den Dialog der beiden Männer und spürte mit einemmal Agapets tadelnden, bösen Blick auf sich gerichtet. Nein, diese alte Schildkröte war noch lange nicht tot. »Ich bitte Euch, anzuhören, was ...«

»Wir wundern uns«, donnerte der Papst dazwischen, »was eine Frau in dieser Sache und an diesem Orte vorzubringen hätte.«

»Ich bitte Euch«, wiederholte Theodora hartnäckig.

»Mein Kaiser«, unterbrach Agapet sie erneut, ehe sie fortfahren konnte. »Unser Entschluß in dieser Sache steht unumstößlich fest.« Und er stieß bekräftigend mit seinem Hirtenstab auf den Boden, daß es von den Marmorwänden widerhallte. Der verwirrte Libellarius sah mit rotem Gesicht zu seinem Herrn hinauf; sein Text war zu Ende. Justinians Füße auf den Porphyrstufen seines Thrones schabten unruhig hin und her. Über ihm drehte leise tickend die Mechanik seiner Himmelsmaschine die Zeit eine Minute weiter, und die Planetenkörper zogen unmerklich voran in ihren Bahnen.

Theodora wartete den Nachhall der päpstlichen Schläge ab. Sie wand sich innerlich, doch nun sah sie Agapet direkt in die alten Augen.

»Es gibt in dieser Sache Überlegungen, die einem Mann des Glaubens fernstehen, die einen Herrscher aber wohl beschäftigen müssen«, beschied sie sanft, aber fest, und wandte sich sofort an Justinian. »Mein Gebieter und Gemahl, es steht mir nicht zu, Euren Entschluß zu kritisieren oder auch nur beklagen zu wollen. Aber ich bitte Euch, als Herr von Byzanz, zu bedenken, was der Stadt darüber hinaus wohltut, in der das Gleichgewicht des Friedens zwischen Orthodoxen und Monophysiten immer schon empfindlich war.«
Nun hatte sie die Aufmerksamkeit ihres Mannes. Justinian gebot ihr nickend weiterzusprechen und ignorierte das verärgerte Schnauben ihres Widersachers.
»Ihr«, fuhr sie zu Agapet gerichtet fort, »stellt in den Bädern und Straßen unserer Stadt den Beweis Eurer wundertätigen Heiligkeit aus, und so«, sie suchte nach einer Bezeichnung, »erstaunlich er auch sein mag: Es gibt schlichte Gemüter, die das mißdeuten. Herr«, sprach sie schnell weiter, als sie den Papst aufbrausen sah, »schon werden die ersten Werkstätten harmloser Handwerker geplündert. Die Unruhe in den Straßen steigt. Am Grunde des Geranion-Brunnens liegen die ausgeschlagenen Zähne der dort Geschundenen. An den Mauern des Maras-Klosters stehen Drohungen zu lesen, die den Heiligen – und das ist Maras für viele – vor die Tore trieben, die Frevler zu bestrafen. Ihr wißt, wie unerbittlich er mit seinem Pilgerstock zugange sein kann. Aber er wurde verwundet«, sie machte eine Pause, »und viele bangen jetzt um ihr Leben. Sie sind auf dem Weg ins Hippodrom«, weckte sie listig Erinnerungen an die traumatischen Tage des Nika-Aufstands in ihrem Gatten. Theodora holte Luft und malte die Schrecken eines neuen Volksaufstands farbig aus.
»Es geht nicht an«, fuhr Papst Agapet da auf, »daß die Hure den Stellvertreter Gottes auf Erden leichtfertig bedroht!«
Nun konnte Theodora sich zurücklehnen, und sie tat es mit einem feinen Lächeln. Religion hin oder her, Justinian hatte es

noch niemals zugelassen, daß jemand seine Kaiserin beleidigte. Auch Agapet spürte, daß er zu weit gegangen war. In der neu entstandenen Stille setzte er sich ratlos wieder hin, und die Diakone, die hinter ihm Aufstellung genommen hatten, in ähnlich geometrischer Anordnung, wie die Höflinge hinter dem Thron des Kaisers standen, sie flüsterten und tuschelten niedergedrückt.

Der Kaiser hob die Hand und winkte seinen Praefectus praetorio heran. Der stieg die Stufen des Thrones hinauf, warf sich zu Boden und küßte den Fuß seines Herrn, deutete dessen Geste, stieg die Stufen wieder hinab und forderte leise von einem Diener Schreibtafel und Griffel. Dann betrat er nach quälenden Minuten erneut die Stufen und reichte seinem Kaiser in demütiger Verbeugung beides. Justinian notierte seine Botschaft, die er dem kauernd wartenden Kappadokier übergab. Der las sie, stieg die Stufen wiederum herab und winkte nun seinerseits den Libellarius heran, der am Fuße der Thronstufen wartete, um ihm leise vorzutragen, was auf der Tafel geschrieben stand. Der Libellarius nickte, verneigte sich bis zum Boden vor Justinian und trat vor. Die päpstlichen Diakone räusperten sich und verstummten. Theodora hatte ihrem Mann während all dieser Verrichtungen angespannt ins Gesicht gesehen.

»Wir gewähren einen Tag und eine Nacht Zeit«, vernahm sie, »ehe die Absetzung des Patriarchen von Byzanz offiziell verkündet wird, um alle Maßnahmen ergreifen zu können, die zur Sicherung des Friedens unserer Hauptstadt vonnöten sind.«

Theodora stand ihrerseits auf, ging, ihr Gefolge hinter sich, zum kaiserlichen Thron, dankte mit einem stummen Fußfall und verließ den Thronsaal, erhobenen Hauptes an Agapet vorbeischreitend, der ihren Weggang aus den Augenwinkeln verfolgte. Orgelklänge trugen sie gemessenen Schrittes bis in den Korridor, und sie hörte die traditionellen Rufe »Heil, Beherrscher der Sonne!«, als die Türflügel sich hinter der letzten ihrer Hofdamen und Knaben schlossen. Dann beschleunigte sie ihre Schritte so sehr, daß die Silentiarii kaum mehr mithalten konnten. Fast schon laufend, mit aufgeregt wippenden Silberruten, erhielten sie ihre Instruktionen, nickten, verneigten sich, liefen los, sandten Narses und Leo zu ihrer Kaiserin, suchten die kaiserlichen Kais auf und requirierten ein Schiff, schickten Diener in die Stadt, Proviant und Wasser zu kaufen. Narses erhielt den Auftrag, den Patriarchen Severus von Antiochia zu finden und in den Palast zu bringen.

»Sag ihm, ein Schiff wartet bis Sonnenaufgang, bereit, nach Alexandria abzusegeln. Er soll an Bord gehen und mit ihm alle, die er schützen will.«

Schweigsam wie immer verbeugte Narses sich ohne Kommentar und ging. Dann wurde Leo beauftragt, an die bekannten Türen der Kirchen und Gemeindehäuser zu klopfen, um die Botschaft von der drohenden Gefahr weiterzuflüstern. Die Chalké im Rücken, stand er mit in die Hüften gestützten Händen da und überlegte sich, durch welches Sieb er sie seien mußte, die Menschen von Byzanz, um die Gesuchten von den Falschen klar und schnell zu trennen. Da fielen ihm vor dem Hippodrom Verkaufsstände mit kleinen Bildtäfelchen auf, die an Lederschnüren um den Hals getragen werden konnten. Sie zeigten den stummen und lahmen Griechen, wie er von Papst Agapet beim Hochamt geheilt wurde. Und die Engel im Himmel sahen wohlwollend auf dieses Treiben hinab. Hinter dem Tisch waren zwei Sklaven unter der Aufsicht ihres Herrn dabei, mit eifrigen Pinseln und gespitzter Zunge weitere Anhänger anzufertigen. Der Standbesitzer kam herbeigewieselt, sein Produkt anzupreisen.

»Diese hier«, wies er auf ein goldgrundiges Arrangement, »sind vom Papst persönlich gesegnet worden.«

Leo ging sie wie beiläufig durch und lauschte dabei auf die sich sammelnde Zuhörerschaft. Schließlich hob er eines der Amulette an die Nase und sog den Duft der frischen Farben ein.

»Allererste Qualität«, bestätigte der Mann und wurde blaß, als Leo das Amulett auf den Tisch zurückschmiß und erklärte: »Es riecht nach Blut und Niedertracht.« Sofort bildete sich ein Menschenauflauf, doch keiner wagte ihn anzugreifen, und während er sich verächtlich seinen Weg durch die Menge bahnte, raunte er den beklommen am Rande Herumstehenden zu, die Stadt zu verlassen. »Nehmt Boote«, riet er, »die Tore schließen bald.«

Und sie nahmen Boote. Viele lagerten in dieser Nacht vor den Klöstern des Maras und dem des Zooras in Sykai, eines zwergenwüchsigen Eremiten und Fanatikers, der im Rufe der Heiligkeit mit Maras im Wettstreit lag. Sie suchten Schutz erst unter den Mauern und dann in der Flucht nach Bithynien und weiter in den Osten.

Ihr Patriarch, der alte Severus, ritt in der Dunkelheit auf einem eiligen Eselchen in den Palast, tief verhüllt und kummergebeugt, umgeben von seinen Getreuesten, die ihm nach Antiochia folgen wollten. Als er von Theodora Abschied nahm, sah sie ihn zum zweitenmal weinen. Und sie trauerte selbst, denn wenn sie auch einen Sieg über Agapet davongetragen hatte, so war es doch nur ein kleiner Sieg gewesen, ein Rückzugsgefecht in einem ansonsten verlorenen Krieg, und nun saßen sie alle wie Flüchtlinge in den Booten und trieben zwischen den Trümmern der ungewissen Zukunft entgegen, den Trümmern all ihrer Bemühungen der letzten Jahre.

»Ist Anthimos nicht bei Euch?« fragte sie besorgt.

Narses antwortete anstelle des zutiefst betroffenen Patriarchen. »Er war nicht aufzufinden!« Sein dunkles Gesicht verriet Besorgnis.

»Sucht ihn«, befahl Theodora, »wir müssen ihn finden, bevor der Pöbel oder Agapet es tut! Wie hat er ihn genannt?« Sie verzog angewidert das Gesicht. »Mit Häresie befleckt.«

Narses verneigte sich und brach erneut in die Dunkelheit auf.

Vom Ultimatum des Kaisers blieben nur wenige Stunden in dieser unruhigen Nacht. Aus den Kirchen der Monophysiten drangen Kerzenschein und Gebete auf die Straße, aus den Seitengassen erklangen die fröhlichen Konzerte der Feiernden, die das baldige Ende der Ketzerei begrüßten. Die »Schlaflosen« standen an den Ecken und leierten ihre fanatischen Glaubensbekenntnisse, Männer, die geschworen hatten, ohne Schlaf und betend zu verharren, bis die Ungläubigen vertrieben wären. Zermürbend, fanden Narses und Leo, die sich in ihre Mäntel hüllten und weitersuchten. Anthimos war nicht in der Hagia Sophia, die im Schmuck ihrer brennenden Kronleuchter wie ausgestorben lag. Das riesige Mosaikkreuz starrte auf den leeren Raum um sie hinunter; ihr Rufen blieb erfolglos. Auch in den Hormisdas-Palast hatte er sich nicht geflüchtet, dessen Unantastbarkeit im Palastviertel viele zum Anlaß genommen hatten, bei den Mönchen dort unterzukriechen. Narses notierte sich im stillen, Theodora auf die Notwendigkeit aufmerksam zu machen, dort eine Suppenküche einzurichten. Sie fanden ihn schließlich auf der Mese, mitten im größten Gedränge, auf dem Weg zum Palast. Es dämmerte bereits, und über dem Meer zeigte sich ein rosafarbener Streifen, als sie den Geistlichen unter den Armen nahmen und ihn zu Theodora mehr schleiften als führten. Doch das Schiff des antiochischen Patriarchen hatte abgelegt und fuhr, eine schwarze Silhouette vor dem zunehmend goldenen Horizont, dem Osten entgegen.

Anthimos schlotterte vor Angst, als Theodora sich an ihre Hofdame Chryseis wandte. »Bring ihn in meinen Trakt und gib ihm ein Zimmer. Sprich mit niemandem darüber.«

»Den Patriarchen?« fragte Chryseis unsicher.

»Dieses Häufchen Elend dort, ja«, bestätigte Theodora. »Am besten gibst du ihm Antoninas Zimmer, ich erklär's ihr schon, wenn sie wiederkommt.«

Chryseis zuckte die Schultern. »Na, dann kommt mal mit!« Sie führte den ehemaligen geistlichen Hirten von Byzanz wie ein Kind ins Innerste des Palastes.

»Äh, könnte ich etwas zu schreiben bekommen?« hörten ihn die Zurückbleibenden noch fragen. Und Chryseis gutmütiges »Aber sicher doch« als Antwort. Dann vernahm vom Patriarchen Anthimos zwölf Jahre lang niemand mehr etwas.

»Dieser Papst«, knurrte Theodora. Narses verabschiedete sich mit einer Verbeugung. Doch Leo blieb und erwartete ihre weiteren Befehle. »Dieser Papst«, wiederholte sie nur.

»Was ist mit ihm?« fragte Leo schließlich.

»Er paßt mir nicht«, murmelte Theodora mehr zu sich selbst. »Wenn wir schon mit dem Heiligen Stuhl Geschäfte machen müssen, dann sollte wenigstens jemand darauf sitzen, mit dem sich gut verhandeln läßt, findet Ihr nicht, Leo?«

Statt einer Antwort sagte er nur: »Agapet hat nach dem Einsiedlermönch Zooras verlangt.«

»Warum um Himmels willen sollte er ihn sehen wollen?« wunderte sich Theodora. »Ganz unter uns, ich habe ihn selbst einmal empfangen, er ist wirklich kein angenehmer Konversationspartner. Selbst Maras ist ein Höfling dagegen.«

»Er will ihn«, erklärte Leo knapp, »verfluchen, soweit ich orientiert bin. Ein erstes Schiff nach Sykai wurde abgeschickt und die Offiziere darauf am Klostertor beschieden, daß Fastenzeit sei und Zooras sich seinen Bußübungen widmen müsse.« Theodora lachte laut. »Ein zweites Schiff soll demnächst abgeschickt werden.«

»Dann fangt es ab und laßt verkünden«, befahl Theodora entschlossen, »daß ein plötzlicher Gewittersturm auf dem Horn es zurückwarf, so daß es gar nicht erst nach Sykai gelangte. Wunder vollbringen können wir schließlich auch.« Sie nickte ingrimmig. »In dieser Sache ist das letzte Wort noch nicht gesprochen.«

Die Belagerung

Rom erlebte viel an diesem Tag. Kaum hatte König Witigis dem Senat und dem Stadtbischof Silverius auf dem Forum den öffentlichen Treueid abgenommen und ritt, an der Spitze seiner Männer, durch die Porta Flaminia ab in Richtung Ravenna, da rückten auf der Via Appia bereits die Truppen Belisars heran und marschierten durch die Porta Appia in die Stadt ein. Der letzte Gote hatte die Stadt noch nicht verlassen, als der erste Byzantiner sie bereits betrat. Witigis' Abschiedsworte waren kaum verklungen, die Äpfel, die seine Pferde vor dem Senat zurückgelassen hatten, dampften noch im Nieselregen, da jubelten die Senatoren bereits ihrem Befreier zu und übergaben ihm den als offiziellen Kommandanten zurückgebliebenen Ostgoten Theutaris sowie die Schlüssel der Stadt, die jener gehütet hatte.
Belisar verlor keine Zeit; er richtete sich auf dem Aventin ein und begann, über Pläne der unsterblichen Stadt gebeugt, vor den staunenden Gesichtern des Stadtpatriziats, das seinen Doryphoren über die Schulter sah, die Verteidigung der Stadt zu planen. Was hatte der Feldherr da vor, wisperte es in den Reihen der Gratulanten, eine Belagerung durchstehen? Bei einer Stadt wie dieser? Mit seinen gerade einmal fünftausend Mann konnte er doch nicht einmal die Mauern, die endlos langen Mauern Roms, lückenlos bestücken! Und der Nachschub? Wie sah es mit dem Nachschub aus, so fern vom Meer? Die Westgoten hielten immer noch den Tiberhafen Portus; Ostia hingegen war eine Ruine, der Weg von dort nach Rom war waldig und erlaubte nicht, die Kornschiffe zu treideln. Was für ein Unfug war das mit dieser Belagerung? Doch ihre erstaunten Ohren vernahmen bald mitreißende Marschmusik von den Wällen, wo Belisarius die Arbeiter anfeuern ließ, die im Akkord Gräben um die Mauern aushoben, Brustwehren zimmerten und Verschanzungen anbrachten. Ein grelles Zischen drang aus den Schmieden, wo auf Befehl Be-

lisars die neuen Schlösser und Schlüssel für Roms Tore gegossen wurden, ein Vorgang, der sich von nun an jeden Sonntag wiederholen sollte. Die römischen Senatoren staunten.

In die Kornspeicher ergoß sich die gelbe Flut des auf Karren von Neapel her mitgebrachten sizilianischen Weizens. Es schien eine endlose Flut zu sein, doch jeder, der rechnen konnte und die Zahl der Bewohner Roms und seiner neuen Bewacher mit der Zahl der Mahlzeiten multiplizierte, die sie in den nächsten Monaten verzehren würden, konnte sehen, wie weit sie damit reichten. Die Senatoren schüttelten die Köpfe. Und als Belisarius den Neubau der Mauer zwischen der Porta Flaminia und der Porta Pinciana forderte, da lamentierten sie laut: Unmöglich, der Apostel Paulus hatte seinerzeit bei einem Aufenthalt diesen Mauerabschnitt unter seinen besonderen Schutz genommen. Kein Stein durfte hier von seinem Platz gerückt werden! Die Senatoren setzten sich durch und entspannten sich für kurze Zeit. Aber Belisars anhaltende, entschlossene Geschäftigkeit ließ sie nicht recht zur Ruhe kommen. Auch daß der samnische Küstenstreifen, Kalabrien und Apulien und immer größere Teile Tusziens sich den umherstreifenden byzantinischen Truppen unter Konstantinus und Bessas ergaben, konnte sie nicht wirklich beruhigen.

Und als dann der Tag kam und Witigis mit hundertfünfzigtausend Mann, wie es hieß, auf seine ehemalige Hauptstadt zumarschierte, da war das Geschrei in Rom groß. Von den Mauern aus mußte man zusehen, wie Bessas mit seiner Reiterei nicht mehr durch die anrückenden Feinde durchdringen konnte und sich abgeschlagen nach Narmia zurückzog. Wenig später mischte sich echtes Erschrecken in den Lärm. Selbst Chorsomantis und Ursicines beugten sich fluchend über die Brustwehr, als vor ihren Augen die Tiberbrücke, die man befestigt geglaubt hatte, ohne erkennbaren Kampf plötzlich von Goten wimmelte.

»Verräterei«, zischte der Hunne und zog sein krummes Schwert gegen die verängstigt blickenden Patrizier auf den Mauern. Prokopios und Ursicines beruhigten den aufgebrachten Reiteroffizier und ließen zugleich kein Auge von der Brücke. Denn dort am Tiber hatte Belisarius selbst gelagert, mit etwa tausend Mann ihrer Reiterei unter Valentius und Magnus. Es war unschwer zu erkennen, wie verzweifelt die Kavalleristen dort kämpften, zwischen dem Ufer und den herandrängenden Horden so eingekeilt, daß sie den Vorteil ihrer Pferde nicht ausspielen konnten. Sie waren mit Pfeil und Bogen ausgerüstet, Distanzwaffen, die sie den gotischen Reitern mit ihren Beilen und Schwertern gegenüber weit überlegen machten. Aber von Distanz konnte in dem blutigen Gewühl dort unten keine Rede sein. Es war gut zu erkennen, daß Belisar im dichtesten Gewimmel kämpfte, denn sein Pferd Balas, hellgrau mit weißen Nüstern, war auffällig und nicht zu übersehen. Auch Witigis' Männer konnten ihn bestens ausmachen und feuerten einen wahren Hagel von Speeren und Pfeilen auf ihn ab.

»Wo ist er?« Antonina war atemlos herangestürzt und suchte nach ihrem Mann. Sie schlug Prokopios die Nägel in den Arm vor Erregung, als sie ihn dort im Lanzendickicht mit seinem Langschwert um sich schlagen sah.

Zum erstenmal empfand der Gelehrte etwas wie Sympathie für sie, da die Angst um ihren Mann unbestreitbar echt war, doch die Empfindung schwand sofort wieder, als er Theodosios sah, der hinter ihr die Stufen hinaufgekeucht war.

»Zum Tor«, brüllte Antonina da, »wir müssen zum Tor. Er wird sich dahin durchkämpfen!« Sie hatte natürlich recht. Die Doryphoren und Prokopios rannten in voller Rüstung über die Wehrgänge und langten fast zeitgleich mit Belisarius dort an, der die Reste seiner Reiterei dicht vor der Mauer konzentrierte. Balas immer wieder hart am Zügel herumreißend, um so hin und her tänzelnd den ständig surrenden Geschossen auszuweichen, brüllte er hinauf, daß sie öffnen sollten. Doch die Römer, die dort Dienst taten, einfache, erst kürzlich bewaffnete Arbeiter und Handwerker unter dem Kommando eines Senators, weigerten sich, aus Angst vor den allzu nah hinter den eigenen Leuten nachdrängenden Feinden – und ein wenig auch aus Trotz. Prokopios und seine Begleiter starrten auf die drohend aufgepflanzten Lanzen der Torwachen und waren machtlos.

Prokopios hielt Antonina fest umklammert, die sich auf die Bewaffneten zu stürzen drohte und sie unflätig beschimpfte. Dann beugte sie sich über die Mauer zu ihrem Mann, der abgedreht hatte und verzweifelt das Schwert gegen die niedersausende Axt eines Goten hob. Sie streckte die Hand nach ihm aus, als könnte sie ihn erreichen, und schrie: »Liebster, halt durch! Öffnet, öffnet, ihr feigen Schweine, oder ich schwöre, ich mache euch fertig. Macht sofort das Tor auf!« Sie schrie es aus Leibeskräften, doch die völlig verängstigten Römer, zitternd vor Panik, behielten ihre Lanzen oben.

Auch die Doryphoren, die Hände hilflos an den Griffen ihrer Schwerter, fluchten und schimpften und schielten nach der nahen Dämmerung, die für ihre Leute den sicheren Tod bedeuten würde. Da ertönte die byzantinische Trompete; Belisar ließ zu einer letzten, verzweifelten Attacke blasen, und wenig später sahen sie die Goten, von den verbissen fechtenden Byzantinern Meter für Meter zurückgetrieben, von den Mauern Roms zurückfluten. Für einen kurzen Moment schien der zertrampelte Platz vor dem Tor frei.

»Öffnet, ihr Schweinehunde!« kreischte Antonina. Und Ursicinus, das Schwert gezückt, entwaffnete mit einem schnellen Griff den ihm am nächsten stehenden römischen Offizier und hielt ihm die Spitze seines Schwertes an die Kehle. Der befehlshabende Senator schluckte und wies dann auf die Torflügel. Wenig später öffneten sie sich, und die Reste von Magnus' und Valentius' Reiterei preschten auf taumelnden, blutenden Pferden herein. Den Abschluß bildete Belisar auf Balas. Antonina rannte

mit einem Aufschrei zu ihm und umarmte ihn, während die Torflügel, pfeilgespickt binnen weniger Sekunden, sich ächzend hinter ihnen schlossen. In der plötzlichen Stille rutschte Valentius vom Pferd und schlug hart am Boden auf; er war tot, mehrere gefiederte Pfeilschäfte ragten aus seinem Lederpanzer.
Belisar, Antonina am Arm, ging an den Torwachen und ihrem Befehlshaber vorbei, ohne ein Wort zu sagen. Auch Chorsomantis, Ursicinus, Theodosios und Prokopios standen mit gesenktem Kopf da und schwiegen schuldbewußt, als träfe sie die Verantwortung. Valentius' Kameraden kamen und hoben ihn auf seinen Schild an den schweigenden Römern vorüber.

In dieser Nacht befahl Belisarius Feuer auf alle Mauerkronen, damit in der Dunkelheit keine Verrätereien geschähen; er verteilte die rekrutierten Römer auf verschiedene Mannschaften unter seinen eigenen Offizieren und änderte die Parolen.
Witigis hatte, das zeigte ihnen das letzte Abendlicht, bereits den Schanzenbau in Angriff genommen. Sieben solcher Bollwerke begannen in den dunklen Himmel zu ragen und würden fertiggestellt sieben der vierzehn Tore Roms abdecken. Mehr zu umfassen war ihnen nicht möglich, wie es die Byzantiner umgekehrt nicht vermochten, die ganze Mauerlänge Roms besetzt zu halten. Rhythmisches Klopfen und wenig später tropfende Leitungen verrieten ihnen, daß die vierzehn Aquädukte, die Rom versorgten, zerstört wurden. Belisar ordnete, in Erinnerung an sein eigenes Vorgehen in Neapel, unverzüglich an, die nutzlosen Ruinen zu vermauern. Beklommen lauschten die Maurer, die Mörtelkellen in der Hand, auf das Hämmern der gotischen Mineure in den hallenden Röhren.
Prokopios blieb diese Nacht lange bei Belisar und seinen Offizieren. Magnus, einen blutenden Verband um seine Beinwunde, mußte schlafend in seinem Sessel aus dem Beratungszimmer getragen werden; der Würzwein in den Bechern dampfte, während

die Spione, die an die gotischen Schanzbaustellen herangerobbt waren, berichteten, was sie dort gesehen hatten. Von vier Widdern erzählten sie, mächtigen Rammen in lederverhüllten Aufhängungen. Befestigungstürme waren herangezogen worden, denen noch die Brustwehren und Räder montiert werden mußten, aber ihre Zahl war ungewiß, und die Späher stritten. Belisar debattierte lange mit seinen Doryphoren, schließlich beschloß man, hinter die gefährdetsten Tore, die Porta Pinciana und die Porta Salaria, Wölfe zu stellen, schwere Gestelle mit metallumhüllten Holzstacheln, die umgestürzt wurden, wenn die Tore verloren waren, um die Eindringlinge aufzuspießen.

Prokopios ging die Listen durch mit den Ballistren, Katapulten, die Pfeilgeschosse abschickten, viermal so groß wie gewöhnliche Pfeile, und die die Brustwehren von Belagerungstürmen zu durchschlagen vermochten. Er suchte die Magazine heraus, in denen die Einzelteile eingelagert worden waren, und organisierte die Pioniertrupps, die sie noch in dieser Nacht suchen, zusammenbauen und in Stellung bringen sollten. Ständig rannte er aus dem Zimmer und wieder herein, mit ihm zahlreiche Ordonnanzen mit immer neuen Meldungen für ihren Feldherrn. Man entdeckte zehn Onager, Steinschleudern, in den römischen Beständen und aquirierte sie. Prokopios stellte mit grimmigem Lächeln die von den römischen Behörden dringend geforderten Quittungen aus.

Es war fast schon wieder Morgen, als Prokopios endlich auf sein Lager sinken konnte. Doch er wollte nicht schlafen. Mit vor Erschöpfung zitternden Fingern drehte er die kleine Öllampe heller und suchte nach seinem Schreibzeug. Müde rieb er sich die Stirn; von der Straße hörte er Hundegebell. Die Trupps Maurusier, stellte er fest, kehrten von ihren Patrouillen zurück. Sie schlichen nachts durch die frischen Gräben vor der Stadt, um jeden Versuch zu vereiteln, heimlich an die Tore oder die Mauern heranzukommen. An langen Leinen führten sie ihre seltsam mager und hochbeinig aussehenden Hunde, die sie pflegten und hielten wie andere ihre Weiber und Kinder. Gespenstisch bleich waren die großohrigen Tiere mit dem kurzen Fell, die aus der Wüste kamen, ihren Herren die braunen Hände leckten und darauf dressiert waren, Menschen die Kehle durchzubeißen. Ihr Bellen klang rauh und tief, und Prokopios nahm an, daß sie sich die blutigen Schnauzen leckten, während ihre Führer fröhlich plaudernd die abgeschlagenen Köpfe der aufgespürten Feinde schwenkten, an deren zerfetzten Gurgeln das Blut gerann. Sie erhielten eine Prämie in Weizen für jedes gotische Haupt, doch Prokopios war überzeugt, daß sie ihre gefährlichen, ja tollkühnen nächtlichen Streifzüge auch so unternommen hätten. Zu gerne schien ihm dieses Volk zu morden. So schrieb er es auf.

Prokopios notierte alles, was er sah und ihn umgab, soweit es nicht der Geheimhaltung unterlag. Er schrieb keinen Namen dazu und vermied jede Anrede. Auch schickte er, eingedenk Theodoras Ermahnungen, nie etwas davon ab. Einst würden sich diese Blätter zu seinem großen Geschichtswerk über die Kriege Justinians und Belisarius' zusammenfügen. Dabei war jedes einzelne Wort davon für Theodora bestimmt, die Erzählung seines blutigen Lebens fern von ihr. Doch der Zauber, den er in Byzanz immer erlebt hatte, das Wunder, daß alles, was ihm widerfuhr, vor ihren Ohren wiedererzählt plötzlich Form und Sinn ergab, es nutzte sich allmählich ab. Schon nach Neapel hatte er kaum in Worte zu fassen vermocht, was er dort gesehen hatte. Und heute, erschöpft bis an den Rand seiner Kräfte, fiel ihm nach wenigen Sätzen die Feder aus der Hand, und er starrte in die kleine Ölflamme.

»Theodora«, murmelte er nach einer Weile ihren Namen, so leise, daß kein Lauscher an der Tür ihn hätte vernehmen können, wie eine Gebetsformel, immer wieder. »Theodora, Theodora, Theodora.« Sein Atem ließ das kleine Flämmchen jedesmal zucken, wie ein lebendiges Echo war diese Bewegung, und sie hypnotisierte ihn. Irgendwann schlief er ein.

Da stand Theodora vor ihm. Sie winkte, daß er zu ihr kommen sollte, und Prokopios tat einen Schritt in den Abgrund, der sie beide trennte, aber die Luft trug ihn unerklärlicherweise wie fester Boden. Und so ging er auf sie zu. Sie lächelte, hob grüßend die Hand und rief etwas. Da sah er, als er näher kam, daß sie ein Kind im Arm hielt. Sie küßte und drückte es und lachte ihm dabei zu. Seine Antwort konnte er selber nicht verstehen; der Wind riß sie von seinen deutlich sich bewegenden Lippen. Plötzlich spürte er, daß er in der Luft, auf der er stand, wie in Treibsand versank. Er wollte es seiner Liebsten zurufen, doch sie schaute nur auf das Kind und bemerkte ihn nicht, der langsam tiefer glitt, jetzt nur noch ihr Knie in dem liliengemusterten Kleid, jetzt nur noch ihre Füße in den roten Stiefelchen vor Augen hatte. Eine Menschenmenge hinter ihm jubelte, klatschte und kreischte. Prokopios drehte sich um und wurde wach.

Er stöhnte laut und tastete auf dem Nachttisch nach der Weinkaraffe, aber das Schreien blieb. Mit einem Ruck war er wach und saß auf dem Rand der schlichten Lederliege, die man ihm in einen Nebenraum des Hauptquartiers gestellt hatte. Zarte Wandfresken mit spielenden Nymphen und Waldlandschaften verrieten, daß es einstmals das Zimmer der Frau oder Tochter des Hauses gewesen sein mußte. Prokopios fuhr sich mit beiden Händen über die Haare, spülte sich mit einem Schluck Wein den Mund und war gerüstet für den neuen Tag. Der Lärm, konstatierte er, drang durch die Fenster von der Straße herein.

»Was ist da draußen los?« fragte er, in den Vorraum tretend, »kommen die Goten?« Die Wachoffiziere quittierten seinen Galgenhumor mit unfrohem Gelächter und zuckten im übrigen die Schultern.

»Die Römer eben«, knurrte Eunes, ein Isaurier-General, »vermutlich haben sie wieder einmal Hunger.«

»Genau«, grunzte Chorsomantis und erhob sich aus dem Sessel, in dem er geschlafen hatte, um sich ausgiebig zu kratzen, »kaum ein paar Wochen Belagerung, und ihnen geht der Arsch auf …«

»He!« unterbrach ihn Eunes aufgebracht, »das sind Läuse, was du da unter den Fingernägeln hast. Hau hier bloß ab! Ist das zu glauben«, wandte er sich an Prokopios, »die Hauptstadt der Welt, und er holt sich Läuse.«

»Ist eben nicht mehr so weit her mit der Hauptstadt der Welt«, hörte Prokopios Chorsomantis noch träge antworten, dann war er draußen, um der Ursache für den morgendlichen Lärm nachzugehen. Der Himmel war blaß wie ein Zwiebelhäutchen und die Mauerritzen noch voll kühlen Nachtschattens, als er losmarschierte. Es war die Stunde vor Sonnenaufgang, in der alle Schritte näher klangen. Zu Hause in Byzanz, in seinem stillen Viertel am Rande der Blachernai, hatten diese Momente des Tages manchmal ihm alleine gehört. Aber nicht hier in Rom, nicht in dieser Zeit.

Das aufgebrachte Geschrei, stellte er bald erleichtert fest, kam nicht von den Mauern, ein Angriff konnte es also nicht sein. Hier, wo die aurelianische Stadtmauer sich an den Tiber schmiegte, war er auch nicht zu erwarten gewesen. Prokopios entschied sich um und schlenderte zu den ausgestorbenen Kais des Portikus Aemilia, einer riesigen Langhalle, vor der die Waren des Flußhandels angelandet wurden, als Rom noch Handel trieb. Unter dem Klammergriff Witigis' war jeder Schiffsverkehr zum Erliegen gekommen, die Lager und Warenhäuser standen leer, und der riesige Haufen Scherben, der durch das Wegwerfen nicht mehr gebrauchter Amphoren entstanden war, setzte Moos an und begann, antik auszusehen. Prokopios warf einige der Scherben ins Wasser und versuchte, sie springen zu lassen. Sie versanken wie Steine nach dem zweiten Auftreffen. Keine gelangte auch nur halbwegs hinaus zu den mächtigen Flößen, die Belisarius im Tiber hatte verankern lassen, um improvisierte

Mühlen daraufzusetzen, ein Ersatz für die zahllosen Mahlwerke, die außerhalb der schützenden Umfassungsmauern lagen und in die Hände der Goten gefallen waren. Diese ausgefallene Einrichtung mahlte nun täglich die kärglichen Rationen von Belisars Heer. Prokopios schüttelte den Kopf, genial war das. Und auch wenn der eigentliche Einfall von Antonina gekommen war, war es doch bezeichnend für seinen Feldherrn, daß er diese ungewöhnliche Idee ohne Zögern energisch verwirklicht hatte.

Prokopios schlenderte die Uferstraße hinunter auf die Probis-Brücke zu. Ein leichter Sprühregen setzte ein, zu schwach, um sich darunter wegzuducken, also ging er aufrecht, und kleine Wassertropfen hängten sich an seine Haare. Es war erstaunlich, fand Prokopios, wie häufig es in Rom regnete.

Kurz vor dem Circus Maximus und dem Forum Boarium wurde der Lärm, der ihn geweckt hatte, wieder lauter, Menschen strömten dort zusammen und rissen ihn mit. Prokopios ruderte sich durch die Menge und fand schließlich Papst Silverius, der nach Agapets plötzlichem Ableben in Byzanz dessen Nachfolger geworden war. Zusammen mit einer Reihe aufgebrachter Patrizier bestürmte er Belisar auf seinem morgendlichen Patrouillenritt. Nervös scheute Balas vor den Händen, die in seine Zügel griffen und gestikulierten. Schnell kämpfte Prokopios sich an die Seite seines Feldherrn durch, streichelte dem unruhigen Pferd die Nüstern, drängte mit den Gardisten die Neugierigen zurück und erfuhr den Grund für den Aufruhr. Ein paar Anhänger des alten Glaubens hatten in der Nacht offenbar versucht, die Pforten des Janustempels zu öffnen, wie das zu Beginn eines Krieges in heidnischen Zeiten üblich gewesen war.

Die eingerosteten Türflügel hatten aber, wie ein gemeinsamer Besuch des Tatortes zeigte, den Bemühungen nur wenig nachgegeben, und auch das nur unter großem Ächzen und Quietschen, das schließlich die Patrouille auf den Plan gerufen und die Heiden vertrieben hatte. Einen schmalen schwarzen Spalt weit stand das

Tor nun offen, in den ein paar vorwitzige Straßenjungen ihre Nase zu pressen suchten, ehe die Priester sie verscheuchten.
Einige von Belisars Offizieren bekreuzigten sich, die Heiden unter ihnen küßten ihre Amulette. Ihr ausgeprägter Aberglaube gab ihnen verschwommene, aber intensive Vorstellungen von dem, was dort aus dem Dunkeln zu kriechen versuchte. Auch Prokopios trat neugierig heran. Doch es war nichts von dem seit Jahrhunderten eingeschlossenen Inneren zu erkennen. Nur ein kühler, feuchter Hauch wehte ihn an, den er gierig einsog, ehe ein aufgebrachter Diakon alles mit Weihrauch vernebelte. Unter Gebeten und Beschwörungen flehte Silverius Belisar an, die Schuldigen zu verfolgen.
Doch der Feldherr schüttelte nur den Kopf; er hatte Besseres zu tun. »Bringt ihr mir«, polterte er scheinbar gutgelaunt, »die Verräter, die die Tiberbrücke in gotische Hände gaben, dann werde ich euch eure Heiden suchen.« Silverius sah auf in Belisars eng zusammenstehende helle Augen über seiner Hakennase und schluckte. Blinzelnd trat er einen Schritt zurück. Da kam der Ruf von der Porta Salaria: »Angriff!« Belisar riß Balas herum und preschte durch die auseinanderstiebende Menge davon. Prokopios hetzte hinterher.
Er kam noch zur rechten Zeit auf dem Tor an, um gemeinsam mit dem Heer fassungslos auf die heranrollenden Belagerungstürme zu starren, die schwankend, exakt in Mauerhöhe, auf sie zukamen. Konstantius neben ihm bekreuzigte sich. Mit ihren Speeren auf die Schilde schlagend, marschierten die Goten singend hinter den furchteinflößenden Maschinen; die Rammköpfe ihrer Widder pendelten bei jedem Schlagloch aus ihren hölzernen, mit schützendem Leder verhangenen Gehäusen hervor und ließen ihre Bronzebeschläge in der aufgehenden Sonne aufblitzen. Einige Momente stand das belagerte Heer wie erstarrt da. Ihre angstgeschüttelten Körper meldeten ihnen höchst physisch ihren nahen Tod, ein Zittern wie von Häusern bei

einem Erdbeben, nur daß sie alle ganz still standen. Der Moment hielt den Atem an.
Da lachte Belisarius, laut und fröhlich, daß es seinen Leuten die Gänsehaut über die Arme trieb. Er wand mit einer rasachen Bewegung den Bogen aus Ursicinus Händen, schoß schnell hintereinander zwei Pfeile ab und holte damit zwei der gotischen Anführer aus dem Sattel. Dann befahl er seinen Leuten, zuerst auf die Zugochsen der Türme und Widder zu zielen, und verschwand, um den Einsatz der Feuergeschosse für die Katapulte zu befehlen. Prokopios blieb, gegen seinen Willen fasziniert, und spürte, wie Belisars Feuer auf die eben noch schreckgelähmten Männer übergriff. Pfeil um Pfeil flog jetzt von der Mauer, die Kommandos peitschten und trieben die Verteidiger noch weiter an, die sich selbst skandierend Mut zuschrien. Bald sahen sie, wie die beiden Türme und die Rammböcke viele Meter vor dem Tor zum Halten kamen, zum nutzlosen Stillstand verurteilt durch den Tod ihrer Zugtiere. Und unter dem verzweifelten Pfeilhagel derjenigen Goten, die hinter den Brüstungen der Türme auf ihren Einsatz beim Mauersturm lauerten, der nie kommen sollte, warteten sie auf die Katapulte. Begleitet vom lauten Jubel der Bevölkerung, zogen deren feurige Geschosse bald darauf ihre rosenfingrigen Bahnen in den Himmel und schlugen funkensprühend und krachend ein. Eine Stunde nachdem sie gesichtet worden war, war die furchteinflößende Belagerungsmaschinerie der Goten ein rauchender Trümmerhaufen.
Prokopios war fassungslos. Eben schienen sie noch verloren, und nun ... es war großartig, einfach großartig! Trunken vor Siegesfreude blickte er auf das Chaos hinaus. Und wie Belisar gekämpft hatte: lachend wie ein Gott. Zugleich aber war es grauenerregend. Dort hinten sah er einen gotischen Krieger, von einem Katapultgeschoß an einen Baum genagelt, hier stürzte mit dem abgrundtiefen Jammerton gequälten Holzes der höchste Belagerungsturm ein und begrub Hunderte unter sich. Es stank nach

verbranntem Fleisch, und beißender Qualm verdunkelte den unschuldigen Himmel. Belisarius war wieder da und legte den Arm um ihn. Zufrieden schaute er auf das Schauspiel hinunter und klopfte seinem Berater auf die Schulter.

»Stell fest, mein Freund, wieviel Katapultgeschosse wir noch haben.«

»Ja, mein Feldherr.« Er sagte es mit Bewunderung und Abscheu zugleich.

Witigis suchte zornig einen anderen Angriffspunkt und fand ihn in der Nähe der Porta Praenestina. Dort war die Stadtmauer äußerst morsch und nur durch einen vorgebauten zweiten Mauerring notdürftig geschützt, der leicht zu stürmen war. In dem dazwischen ausgesparten Raum lag bis vor kurzem das Vivarium der Stadt; wilde Bestien liefen dort herum und warteten auf ihren Einsatz bei den Zirkusspielen, Löwen, Bären und schwarze Panther darunter, die unfreiwillige Verteidiger Roms waren. Doch ihr furchteinflößendes Geschrei war seit Tagen verstummt. Sie füllten nun die Kochtöpfe reicher Römer, die sich die Schwarzmarktpreise leisten konnten; nach der Herkunft von Fleisch fragte heute in Rom niemand mehr. Verendete Maulesel und Pferde, Hunde und Katzen, selbst Ratten fanden ihren Weg auf die Tafeln der hungrigen Stadtbewohner. Und die Maurusier zogen sich den Haß aller zu, da sie ihre geliebten Hunde nicht nur verbissen verteidigten, sondern sie sogar öffentlich provozierend mit blutigen Schlachterknochen fütterten.

Das Vivarium also war leer, die Römer hatten ihren lebenden Schutzwall verspeist, die größte Gefahr für ihre Angreifer damit selbst gebannt, und die Eroberung der zerfallenden inneren Mauerkrone schien den Goten nach der Einnahme der äußeren kein Problem mehr darzustellen. Bald wimmelte das ganze Vivarium von Kriegern, die sich vorsichtig hinter ihre Schilde duckten, dem Raubtiergeruch, der in ihre Nüstern stieg, noch immer mißtrauend. Wenn ihr Verstand ihnen auch sagte, daß die Bestien fort waren, ließen sich ihre Instinkte doch nicht überzeugen, und die Haare stellten sich ihnen auf. Die Goten hatten es eilig, die Sturmleitern nachkommen zu lassen.

Bessas, der nach seiner Rückkehr die Porta Praenestina hielt, glaubte nicht recht zu sehen, als er die wimmelnden schwarzen Gestalten bei einem seiner Kontrollgänge entdeckte, und schlug Alarm. Seine Leute, überwiegend bewaffnete Handwerker aus dem Transtiberviertel, die der Sold in Belisars Diensten vor dem schlimmsten Hunger rettete, starrten gebannt in das Steinrund, als wäre es noch immer eine Löwengrube und könnte sie verschlingen. Wie viele dort waren!

»Legt an, verflucht noch mal«, schnauzte Bessas und signalisierte den erschrockenen Goten mit einem ersten wohlgezielten Pfeil, daß sie entdeckt worden waren.

»Na los, ihr Feiglinge!« Ungeduldig sah er sich nach seinen Männern um, die die Bogen unter äußerster Kraftanstrengung spannten und mit abgewandtem Kopf in den Graben zielten. »Meinetwegen macht die Augen ganz zu«, knurrte er. »So dicht wie die stehen, braucht ihr nicht mal zu zielen.« Und Schuß um Schuß ließ er einen nach dem anderen getroffen hinter seinem Schild hervortaumeln und umsinken. Die Handwerkertruppe faßte Mut, erste Treffer wurden bejubelt. Selbst sie waren in der Lage, von oben auf eine Horde hilflos eingeschlossener Männer hinabzuschießen. Die Speere der Goten prallten wirkungslos gegen die Mauer und erreichten die Verteidiger nicht. Es war wie bei der herrschaftlichen Jagd, wo manche von ihnen schon einmal als Treiber gearbeitet hatten. War das Wild erst im Gatter, konnte man davortreten und es in Ruhe abschlachten. Ein Tischler aus der Suburba fixierte sorgfältig einen jungen Goten, der sich in eine Mauerspalte gedrückt hatte und dort sicher glaubte, ließ die Sehne los und sagte befriedigt: »Hab dich.« Das lange blonde Haar des Jungen verfing sich im rauhen Putz und

wehte über seinem Kopf, als er an der Wand herabrutschte. Ein Verkäufer von heißen Würstchen mahlte unaufhörlich mit seinen Kiefern und schickte dazu Pfeil um Pfeil hinab in einen Schild, hinter dem sein Besitzer blind schreiend kauerte.
Als Bessas' Einheit mit schmerzenden Armen schließlich die Bogen sinken ließen, war der Boden des Vivariums gefüllt mit toten Goten.

»Da, da! Die Leitern, die Leitern!« ertönte auf der anderen Seite der Stadt panikerfülltes Gekreisch. Der wachhabende Soldat auf dem Dach des Hadrian-Mausoleums, das in die Befestigungsanlagen einbezogen war, hatte neben seinem niedergebrannten Nachtfeuer geschlafen und war erst erwacht, als die Spitze einer gotischen Sturmleiter gegen seine ausgestreckte Ferse stieß. Er kam nicht mehr dazu, zu erklären, was er mit seinem geheimnisvollen Warnruf meinte, denn die ersten Angreifer sprangen, von ihren Rundschilden gedeckt, auf das Dach, packten sein Bein und zogen ihn über den Rand, ehe er einen weiteren Ton herausbrachte. Seine Kameraden taumelten auf, tasteten nach ihren Waffen und verteidigten ihr nacktes Leben. Erst nach zähem Kampf gelang es ihnen, die axtschwingenden Goten zurück an die Brüstung zu drängen und einen nach dem anderen hinunterzustoßen. Sie fielen schreiend und rissen wie Felsbrocken ihre nachkletternden Kameraden mit sich in die Tiefe. Dann stießen die Byzantiner hektisch die Leitern um.
Doch schon wurden neue aufgerichtet und ragten bedrohlich auf. Die Frühsonne brach durch und versprach, gnadenlos zu scheinen, und Chorsomantis, der Kommandant dieses Abschnitts, blinzelte ihr mürrisch entgegen, während er sich den Schweiß aus den Augen wischte. »Schlimmer als die Läuse«, schrie er, und hieb einem Goten, der sich verbissen am Dachrand festklammerte und mit ausgestrecktem Arm an einer der zahlreichen Statuen Halt suchte, das Schwert quer über das Gesicht mit

den aufgerissenen Augen, die angestrengt das tödliche Eisen fixierten, als könnten sie es bannen. Er fiel mit lautlos geöffnetem Mund, und Chorsomantis verschnaufte, auf dieselbe Statue gestützt, und sah ihm nach. Dann schaute er zu der Steinfigur, die ihm Halt gab. Es war ein Herkules in reifen Jahren, das Löwenfell auf dem Rücken und den muskulösen Arm auf seine Keule gestützt. Hinter ihm stand in einigem Abstand eine dralle Fortuna und schüttete ihr Füllhorn aus. Ein Sonnengott mit strahlender Korona galoppierte noch weiter hinten in einer Quadriga an, deren rassigen Pferden bereits die Hufe fehlten. Chorsomantis tätschelte Herkules die marmorne Schulter.

»Hauptstadt der Welt«, murmelte er und spuckte aus, »na, zu irgendwas muß es ja gut sein.« Dann nahm er den Griff seines breiten Langschwerts, hieb damit Herkules' Arm am Ellenbogen ab, hob den schweren Marmorbrocken auf und ließ ihn auf die neu herandrängenden Goten hinunterfallen. »So macht man das, Jungs«, verkündete er laut und stemmte sich mit aller Kraft gegen den marmornen Heros, bis er ihn schließlich mit der Unterstützung einiger Soldaten zu Fall brachte. Er wankte mit einem hohlen Knirschen und zerbrach beim Aufprall. Nun hagelte es Marmor auf die kletternden Angreifer. Fortuna, Sol, ein paar Grazien – zarte Gestalten in köstlichen Faltenwürfen, die göttlichen Gesichter in Ewigkeit milde lächelnd, wurden Figur um Figur von den verzweifelten Verteidigern umgeworfen, zerschlagen, zersprengt und regnete schließlich donnernd auf die Schilde der Goten hinunter, bis diese unter dem Steinhagel aufgaben. Rings auf dem Dach blieben abgebrochene Hände, halbe Gesichter mit eindrucksvollen Augen, Fragmente von Locken und Gewandfalten zurück, Zeichen einer Schönheit, die hiergewesen und vergangen war, verrätselte Botschaften einer Bedeutung, die der Mensch einst dem Menschen hatte vermitteln wollen.

»Das wird euch lehren«, brüllte Chorsomantis den Abziehenden nach, »euch mit einem Kulturvolk anzulegen.«

Am Ende dieses Tages war Witigis an allen wichtigen Punkten auf dem Rückzug. Belisar ließ die Tore öffnen und setzte triumphierend den fliehenden Goten nach. Seine Hunnenreiter beschossen sie aus sicherer Entfernung und richteten ein Blutbad an. Pioniertruppen machten sich an die Zerstörung der zurückgelassenen Belagerungsgeräte und setzten in Brand, was nicht schon schwelte. Dreißigtausend Feinde, hieß es, seien an diesem Tag gefallen. Der Abend sah die Byzantiner als jubelnde Sieger in den Straßen. Auch die Römer waren hochzufrieden, und ein paar Patrizier verkündeten, in den sibyllinischen Büchern einen Hinweis darauf gefunden zu haben, daß die Gefahr für die Stadt bis Juli gebannt sein würde. Im Monat Quintilis, hieß es dort angeblich, unter einem Kaiser, gäbe es »nichts Getisches mehr«. Belisarius in seinem Palast auf dem Aventin hörte sich die frohe Botschaft freundlich lächelnd an und schrieb einen Brief an seinen Kaiser.

»Ich habe viel Besatzung in Sizilien und Italien zurücklassen müssen«, hieß es da, »und die Stadt bisher mit Gottes Hilfe gehalten. Aber jetzt muß mein Kaiser helfen: Ich benötige Waffen und Soldaten, um diese Belagerung schnell zu beenden. Denn die Römer werden, wenn diese Leidenszeit andauert und der Hunger erst allgemein wird, schnell zum Feind wieder übergehen und alles verloren sein, was wir bisher gewonnen haben. Darum heißt es handeln, ehe uns Niederlage und Schande droht.«

Belisar übergab den Brief Prokopios und ordnete an: Die Frauen und Kinder sollten samt den Sklaven nach Neapel gebracht werden, solange die Goten sich ruhig hielten, um Lebensmittel zu sparen. Der Sold war ab heute in Geld auszuzahlen, das im Gegensatz zu Weizen reichlich zur Verfügung stand, und er setzte außerdem eine genaue Liste der Senatoren auf, die er wegen des Verdachts auf Verrat aus der Stadt ausgewiesen haben wollte. Papst Silverius ließ er nach Patara in Lykien verbannen.

Prokopios nahm alles gewissenhaft auf und ging mit einer Verbeugung. Im Korridor lehnte er sich unter den Augen der verblüfften Offiziere, die dort herumlungerten, an die Wand und drückte Belisars Schreiben für Justinian an seine Brust, in der es heftig klopfte. Diese Zeilen würden bald auch in ihren Händen sein, sie würde darin lesen, Theodora! Und sie würde, da war er sicher, ermöglichen, was der mißgünstige Kaiser ihnen nur zu gerne verweigerte: Hilfe, Truppen, Nahrung! Ob er irgendwo mit zartem Strich, wie einen zufälligen Fleck, eine Struktur im Papyrus, ein »T« hinkritzeln sollte oder ein »P«? Er konnte nicht anders, er drückte dem Papyrus einen innigen Kuß auf und errötete im selben Moment.

»Na, na, na«, schmunzelte Konstantinus, »ein Brief an die Liebste, was? Kenn ich sie?«

Prokopios schüttelte heftig den Kopf. »Sie ist nur ein Mädchen vom Zirkus«, platzte er heraus und ging mit plötzlichem, schallendem Gelächter den Gang hinunter, das die Doryphoren ihm noch lange nachsehen ließ.

Konstantinus schaute seine Kameraden an und zuckte dann die Schultern, als wollte er sagen: »Das soll einer verstehen.« Dann ging er zurück an den Würfeltisch. »Zwei Punkte, Eunes, du bist dran. He, Valentian, nimm die Hand aus der Tasche. Auch Verwundete dürfen hier nicht schummeln.«

Regierungsgeschäfte

»Niederlage und Schande«, mokierte sich Johannes der Kappadokier, »wenn unser Feldherr da mal nicht ein wenig dick aufträgt.« Theodora ignorierte ihn.

»Sie hungern, mein Gemahl«, ermahnte sie eindringlich. »Antonina hat mir berichtet, wie die Bewohner mit Körben über die Mauern gehen und das Unkraut aus den Ritzen stechen, um es zu kochen.« Verzweifelt suchte sie, ihm das Grauen zu schildern, das ihre Freundin in ihrer gewohnt schnoddrigen Art nur so obenhin andeutete. »Das größte Verkehrshindernis in Rom heutzutage«, hatte Antonina geschrieben, »sind die plötzlich umfallenden Menschen, die mitten auf der Straße liegenbleiben und sterben. So macht der Einkaufsbummel wirklich keinen Spaß.«

»Es war von Anfang an ein Fehler«, nutzte Johannes die Pause, um auf sein Lieblingsthema zu sprechen zu kommen, »sich in Rom festzusetzen. Er hätte Witigis folgen und ihn gefangennehmen müssen, damit diese ganze Sache ein schnelles Ende nimmt. Das ist mein Standpunkt.«

Theodora verdrehte die Augen. Wie oft hatten sie das nicht schon durchgekaut. Und doch, sie holte Luft und erklärte: »... zum tausendstenmal, Praefectus: Wie hätte er das machen sollen mit seinen gerade mal fünftausend Mann gegen die gesamte gotische Streitmacht. Witigis floh ja nicht, er zog sich taktisch zurück ...«

»... und bot Belisar einen Köder an, den dieser auch brav schluckte und an dem er jetzt zu ersticken droht!« Johannes schlug beweisheischend mit der Hand auf den Brief aus Rom.

»Was für Alternativen hätte er gehabt?«

»Weniger Besatzungen in Neapel und anderswo zurücklassen, durchmarschieren.«

»Und zulassen, daß die Städte in seinem Rücken gotisch bleiben, damit er inmitten der Feinde ohne zuverlässige Nachschublinien dasteht?« trumpfte Theodora auf. »Ich bitte Euch, Präfekt. Ich weiß ja, daß Eure eigenen strategischen Kenntnisse sich auf das Erpressen von Steuerschuldnern beschränken, aber das geht ja wohl zu weit.« Sie hob Augen und Hände an die Decke, als wollte sie dem dort im Mosaik abgebildeten Weltenrichter die Entscheidung über so viel Dummheit überlassen.

»Und Ihr seid ganz sicher, meine Kaiserin, daß Euer eigenes strategisches Engagement nicht einer gewissen Zuneigung zu unserem glücklosen General entspringt?« Er neigte leicht den Kopf auf dem speckigen Hals und hob eine Braue.

Theodora lächelte mit allen Zähnen zurück. »Ihr geht nun schon fast zwei Jahre mit dieser Behauptung hausieren, Johannes, Ihr siebt all meine Briefe, Ihr durchschnüffelt meine Zimmer und belästigt meine Dienstboten, und doch habt Ihr noch nicht den kleinsten Beweis finden können, weil es diese Beziehung nicht gibt!« Energisch hob sie den Kopf. »Mein Engagement, wie Ihr es nennt, entspringt lediglich der Sorge um dieses Reich. Denn Belisarius hat recht, ein Verlust Roms zu diesem Zeitpunkt wäre nicht nur Schande, es wäre auch die letzte Niederlage und das ewige Ende des Italienfeldzugs. Augustus!« wandte sie sich erneut in drängendem Ton an ihren Mann.

»Ich dächte«, warf Johannes noch einmal hämisch ein, »daß gerade Ihr diesen Feldzug ohnehin gerne beendet sähet.«

»Das Ende, mein Gemahl«, wiederholte sie vorgeneigt. Und in ihrem Kopf rief es: Sie hungern, sie hungern. Obwohl Antonina ihr versichert hatte, daß es dem Stab ihres Mannes gutging, sah sie doch stets Prokopios vor sich, bleich vor Hunger, wie er Grasbrühe trank und beim Wachdienst den Wegerich ausrupfte und kaute, der neben ihm aus der Mauer wuchs. Sie sah Prokopios in all den Szenen, von denen Antoninas Briefe berichteten: im Gedränge, wie er dem Händler auf der Plattform die Faust mit den Goldstücken entgegenstreckte, um ein Ledersäckchen Mehl zu ergattern, an dem die anderen zerrten. Sie sah ihn als einen der verzweifelten Soldaten, der nachts durch eines der Tore auf die Felder ritt, um ein paar Arme voll Ähren abzuschneiden, gebückt und hastig arbeitend, bei jedem Geräusch lauschend auf verstohlene Schritte zwischen den Halmen, plötzlich niedergestreckt von einem surrenden Pfeil, den er nicht mehr gehört hatte. Sie sah sich sitzen an seiner warmen Leiche, seine ausgemergelten Arme zwischen ihren Händen, in die das Leben nicht mehr zurückkehren würde, kein Puls, keine Bewegung, keine Umarmungen mehr, unwiderruflich erloschen, wegen weniger Minuten, die sie zu spät kam. Das Inferno in ihrem Kopf überwältigte sie, und sie schloß die Augen. »Sie hungern«, murmelte sie noch einmal ermattet.

Johannes der Kappadokier setzte an, um zu widersprechen, doch eine Geste Justinians verbot ihm das Wort.

Der Kaiser dachte nach. Er mißtraute Belisar und allem, was er vorzubringen hatte, zutiefst. Aber der Verlust Roms stand auch ihm als Schreckbild vor Augen. Wie immer die Schuldfrage im Moment aussah, er würde zunächst nachgeben. »Schickt Euthalius mit den Soldzahlungen ab, er soll in Neapel landen«, befahl er. »Wie er von dort nach Rom hineinkommt, das wird Belisars Sache sein. Und dann werden wir über Truppenverstärkungen nachdenken.«

Johannes der Kappadokier fügte sich und begann, die Stammrollen der Regimenter und ihre Einsatzgebiete durchzugehen. »Wir könnten vielleicht tausend Isaurier entbehren«, begann er zögernd.

Theodora stand auf, riß ihm das Dokument aus der Hand, studierte es und reichte es ihrem Mann. »Fünftausend«, forderte sie. Justinian nahm ihr das Blatt nicht ab. Ein Silentiarius trat schließlich vor und zog es vorsichtig aus ihren Fingern.

»Dreitausend, bestenfalls, mein Kaiser«, tönte Johannes hinter ihr. Justinian nickte.

Theodora warf sich wütend wieder in ihren Sessel. »Wir feilschen um die Zukunft eines Imperiums wie die Fischweiber!«

»Wenn Ihr Euch endlich anderweitig vergnügen wolltet, dann könnten wir wie Männer darüber verhandeln, teure Augusta«, höhnte Johannes. Zornblaß sah sie ihren Mann an, der aber zu versunken war in seine Überlegungen, um ihrem Streit große Beachtung zu schenken. Mit seinem gewohnt jovialen Lachen, das Theodora nur noch in diesen Amtsräumen an ihm sah, machte er einen Scherz aus der Angelegenheit. Früher hätte sie sich zurückgelehnt und darauf verlassen, daß es all dies auch war.

»Was sagt Ihr dazu, Narses«, suchte der Kappadokier nun Beistand bei dem Eunuchen, der bisher reglos in seinem Sessel gesessen und keinerlei Kommentare abgegeben hatte.

»Ich denke«, antwortete er nun, »daß wir auch gut noch die achthundert thrakischen Reiter senden können, die Vitalians Neffe Johannes befehligt.« Theodora lächelte ihm aufrichtig dankbar zu. »Aber«, fuhr er da fort, »ich teile ein wenig die Bedenken meines Kollegen bezüglich Belisars Taktik.«

Theodora sah ihn erstaunt an, entdeckte in seinem Gesicht aber nichts als Konzentration. Hielt der Armenier Belisars Vorgehen tatsächlich für falsch? Sie neigte dazu, ihm zu glauben, und es war ihr herzlich gleichgültig. Das verzweifelt benötigte Geld würde an Belisar abgehen, die Isaurier und Thraker würden in Neapel ausschiffen, wenn auch noch Narses mit einem eigenen Heer nach Italien ziehen wollte, dann waren das für sie nur ein paar Krieger mehr, die darüber wachen würden, daß Prokopios dieses Gemetzel überlebte und zu ihr zurückkehrte. Und natürlich Antonina, ermahnte sie sich. Aber um Antonina sorgte sie sich seltsamerweise gar nicht; Antonina konnte für sich selbst sorgen. Narses sprach weiter, und sie tauchte aus ihren Gedanken auf, um ihm zu lauschen. Nein, der kleine Armenier in seinem übermäßig prächtigen Gewand mit den persischen Flügellöwen darauf bereitete ihr keine Sorgen. Als die Debatte vorüber war, fühlte Theodora sich als Siegerin.

Auf dem Weg zu ihren Gemächern trat ein kleiner Mann an sie heran. Die Silentiarii und Leibwächter versicherten sich mit einem Blick, daß sie den Bittsteller zu sprechen wünschte, und ließen ihn zu ihrer Kaiserin durch. Dort wandelte er neben ihr her durch die langen Korridore und palaverte mit ihr unter dem hallenden Chorgesang der Knaben hinter ihnen.

»Ich habe Euch ein Angebot gemacht, meine Kaiserin.«

»Ich weiß.«

»Und wie habt Ihr Euch entschieden, wenn ich fragen darf?«

Theodora drehte sich steif und würdevoll zu ihm um. »Ich kann nicht mehr lange warten«, fügte der kleine Mann hinzu, »ich muß mit meinen Mitbrüdern nach Rom zurück. Und ich müßte ja nicht einmal lügen, wenn ich dort überall erzählen würde, daß Ihr Papst Agapet beseitigt habt.«
Theodora musterte ihn eisig. »Stimmt«, stellte sie fest, »Ihr müßtet lediglich die bescheidene Rolle unerwähnt lassen, die Ihr dabei spieltet. Und auch daß der Brief an Witigis, der angeblich von Papst Silverius' Hand stammt und Belisar bewog, ihn zu verbannen, von Euch kunstvoll aufgesetzt wurde. Und vergeßt nicht, Vigilius«, sie hob den dritten Finger und sah ihn mahnend an, »daß ich Eure Bereitschaft, als Papst das Konzil von Chalkedon aufzuheben, schriftlich habe. Vielleicht sollte ich dieses Dokument Euren Mitbrüdern in Rom schicken.« Doch Vigilius war nicht einzuschüchtern. Mit seinem lebhaften dünnen Körper, der immer einen Hauch zu nahe an einen herantrat, so daß man sich in seiner Gegenwart unwohl fühlte, erinnerte er Theodora an ein hungriges Tier, das sich an den fütternden Herrn drängt und in seinem Eifer, etwas zu erhaschen, bedenkenlos zubeißt. Hungrig, alle waren sie hungrig. Theodora war es langsam müde.
»Nur tausend Goldpfund, und ich setze Euch, wenn ich erst den Papststuhl bestiegen habe, den Bischof Anthemios wieder ein«, insistierte Vigilius unerschrocken.
»Siebenhundert«, antwortete Theodora, »das ist mein letztes Wort. Und Ihr reist noch heute ab, verstanden? Wie ich höre, hat sich der Bischof von Patara für Papst Silverius eingesetzt und will seine Wiederberufung erreichen. Ihr solltet ihm besser zuvorkommen.«
Vigilius drängte sich weiter an sie. »Ich werde Briefe brauchen, an die Stadtkommandanten in Neapel, an Belisar, damit keine Mißverständnisse aufkommen.« Theodora seufzte und wies ihn an, mit ihr zu kommen. Sie würde sich baden, den Rest des Tages, wenn sie diesen Parasiten erst los war.

Neugierig sah sich Vigilius in den prächtigen Räumen um, die sie betraten. Die vergoldeten Deckenschnitzereien waren fein wie Spitzen, die sich im flachen Maßwerk der Säulenkapitelle wiederholten. Kobaltblaue Mosaiken mit leuchtenden Rosetten schmückten die Wände bis zur halben Höhe. Es duftete angenehm nach Sandelholz und Zitrone. Mit geblähten Nüstern sog Vigilius die feinen Aromen ein, fuhr über die Alabasterplatte des Schreibtischs, wog das goldene Tintenfaß, fühlte die Glätte des Zedernholzes der Sessel unter seinem Griff, während Theodora stehend die Begleitschreiben für ihn ausfertigte.

»Hier«, genervt hielt sie ihm das Bündel Briefe hin.

»Ist Anthemios hier?« fragte Vigilius neugierig und schaute in alle Ecken, »man sagt, daß er im Palast …«

»Nein«, fiel Theodora ihm ins Wort, »er ist in einem ägyptischen Kloster.« Damit stieß sie die Briefe noch einmal energisch in seine Richtung. Schließlich nahm er sie, verbeugte sich und ging. Endlich, endlich ging er. Theodora rief nach Chryseis und Kalliste, öffnete Türen, fegte durch die Zimmerflucht und trieb die Sklavinnen ins Badezimmer, die Jaspiswanne mit dampfendem Wasser zu füllen.

Eine Tür öffnete sich, und das runde, freundliche Gesicht des ehemaligen Patriarchen Anthemios sah herein. »Ist er weg?« fragte er ängstlich.

»Ja«, entgegnete Theodora knapp.

Der Patriarch atmete auf. »Mir ist außerdem, wenn ich bemerken darf, die Tinte ausgegangen, äh. Ich falle ungern lästig, aber könntet Ihr …?«

»Ja«, schnitt ihm Theodora wiederum genervt das Wort ab und öffnete mit einem Ruck die Schulterspangen ihres Kleides.

»Danke«, murmelte der ehemalige Patriarch Anthemios hastig. Die Tür fiel ins Schloß.

Theodora glitt ins Wasser und wünschte sich sehnlichst, der feste, warme Druck auf ihrer Haut wäre der zärtliche Griff seiner

Hände. Prokopios! Ein zarter, salziger Duft wehte sie an, und sie glaubte einen Moment, den Geruch seiner Handflächen einzuatmen. Sie wußte, wie jeder Teil seines Körpers roch, konnte den Duft seiner Schläfen von dem seiner Handgelenke unterscheiden. Sie sog die Luft stärker ein, und die Assoziation verflüchtigte sich. Nein, da war kein Atom ihres Geliebten in dieser Luft, die nur sie alleine umschloß und ihn anderswo, so fern, daß ein Meer eine Küste und diese ein Gebirge und dieses eine Ebene berühren mußten, um an die Mauer zu reichen, hinter der er vielleicht saß. So viele zärtliche Berührungen von Tropfen an Tropfen, Erdkorn an Erdkorn, die sie verbanden, zu viele für einen Menschen, der etwas mit seinen fünf feuchten Fingern zu umschließen suchte. Sie schloß die Augen und versuchte, sich vorzustellen, wo ihr Geliebter war.

Der Sieg der Vernunft

»Aaaah!« Erst kam der Aufprall, dann die Bewußtlosigkeit. Seine Finger, als sie sich wieder bewegten, spürten lose Erde. Die Dunkelheit lag kühl auf seiner Haut. Es dauerte eine Weile, bis Prokopios begriff, daß er nicht erschlagen worden, sondern gestürzt war, und daß dies nicht sein Grab war, sondern ein Graben, ein tückisches Loch irgendwo auf den neronischen Feldern. Er erinnerte sich noch an das Geschrei und Chaos, das ihn mitgespült hatte. Hier war alles still. Ein gezackter schwarzer Balken ragte vor das blassere Segel des Himmels mit einem ersten Stern und verriet, daß die Grube, in die er gestürzt war, der Raum eines alten Gebäudes sein mußte, über das die Zeit hinweggewuchert war. Wenn ein Ort so lange besiedelt war wie Rom, dann wuchs er wie ein Korallenstock und ließ die alten Wurzeln und Schichten oft erstaunlich unberührt hinter sich. Er war in die Vergangenheit gefallen, was für ein passender Tod für

einen Historiker, dachte Prokopios spöttisch. Denn daß es sein Tod sein würde, ergab seine halb tastende Untersuchung der Wände, die alle glatt anstiegen, ohne Ritzen oder Vorsprünge zum Klettern. Die Öffnung lag zu hoch oben, um eine Kletterhilfe zu bauen. Erdhaufen, die er im schnell schwindenden Tageslicht zusammenzuschieben suchte, rutschten unter seinen Füßen weg und entließen ihn wieder auf den Boden.
Dort rollte er sich ein für die Nacht, seinen Schild als Unterlage, den kurzen Soldatenmantel als Decke nehmend. Was blieb ihm übrig? Obwohl sein Verstand schon wußte, daß die Lage aussichtslos war, wollte, konnte etwas in ihm die Hoffnung nicht loslassen. Prokopios versuchte sich vorzustellen, er läge an Theodoras Seite in ihrem Weinlaubzimmer, doch er erreichte nur, daß er sich noch einsamer fühlte. Nur ein Schritt von dem Weg, der sein Leben war – und er saß hier, in einer kalten, feuchten, unfreundlichen Sackgasse, mit einem Tod darin wartend, der gar nicht der seine zu sein schien. Sein Blick in die Dunkelheit begann zu flimmern. Dann schlief er ein.
Die Sonne schob irgendwann ihre Strahlen über die Kanten des Lochs, Prokopios sah den kleinen Lichtfleck die Wand entlang hinunter und über den Boden wandern, bis er fast seinen reglosen Fuß berührte. Als er ihn erreichte, stürzte aus der gleißenden Öffnung etwas Schweres auf Prokopios herunter. Er zog sich auf allen vieren krabbelnd an die Grubenwand zurück. Vor ihm richtete sich ein gotischer Krieger in vollem Harnisch fluchend auf. Er wischte sich das Blut aus dem Bart, sah sich noch taumelnd um, erblickte Prokopios und zog sein Schwert. Dann schien er zu überlegen.
»So ist's gut«, murmelte Prokopios angespannt, »immer schön nachdenken, denk nach, mein Guter. Ja, genau, schau dich nur um.« Er rappelte sich möglichst lautlos auf und blieb an die Wand gepreßt stehen. »Sieht schlecht aus, was?« setzte er sein leises Gespräch mit sich selbst fort. »Tja, Überhänge. Nein, ver-

giß den Balken«, singsangte er, als der Gote sich anschickte, sein Schwertgehänge über ein weiter oben herausstehendes Brett zu werfen, um sich daran hochzuziehen. »Hab ich auch schon probiert, trägt nicht, na bitte.« Langsam trat er ganz nah an seinen neuen Leidensgenossen heran, der mehr als zwei Köpfe größer war als er selbst. Der Gote schaute hinunter, Prokopios hinauf, dann blinzelten sie beide nach oben in die strahlende Sonne.

Der Nachmittag sah die beiden unfreiwilligen Partner warten. Der Gote schleuderte von seinem Sitzplatz aus kleine Steinchen auf seinen umgedrehten Helm. Wurf um Wurf, immer locker aus dem Handgelenk. Wenn er traf, machte es »pling«. Prokopios sagte nichts dazu. Ihre lateinische Konversation hatte sich nach vielen vergeblichen Kletterversuchen in einem einfachen Plan erschöpft. Wenn oben wieder Stimmen zu hören waren, sollte derjenige nach ihnen rufen, dessen Sprache sie sprachen.

Gegen abend war es soweit; der Schlachtenlärm verstummte, und undeutlich waren menschliche Stimmen zu hören. Sie sprangen auf und brüllten beide aus Leibeskräften unartikuliert in das Loch hinauf. Dann warteten sie still. Schritte näherten sich, Beinschienen klirrten, als sich jemand vorbeugte, eine Frage wurde gerufen. Prokopios hielt die Luft an: Goten. Sein Gefährte warf ihm einen kurzen Blick zu und antwortete. Kurz darauf fiel ein Seilende herunter und pendelte still zwischen ihnen. Prokopios wollte danach greifen, aber der Gote verwehrte es ihm.

»Nicht du, sie würden dich töten, kaum daß dein byzantinischer Helm über den Rand ragt.« Er nickte und trat angespannt zurück. Die mächtige Gestalt des anderen verschwand ruckend. Aber das Seil? Wie Blasen stiegen kleine hysterische Schreie in Prokopios' Kehle auf und wollten hinaus. Hob es sich nicht nach oben? Unmerklich? Würde es nicht gleich fort sein? Er stand wie gelähmt und starrte darauf, bis es sich flirrend aufzulösen begann. Aber da war es noch, da hing es, und von oben kam ein ungeduldiges Grunzen. Prokopios hängte sich leidenschaftlich daran und kletterte. Die gotische Abteilung war nicht wenig erstaunt, einen Byzantiner aus dem Loch auftauchen zu sehen. Unwirsch griff man ihm unter die Arme und zog ihn heraus. Aber Prokopios' Gefährte diskutierte mit seinen Kameraden, wenn man sein Gebrüll so nennen konnte, und schließlich wies eine Schwertspitze Prokopios die Richtung, in die er schleunigst verschwinden sollte. Und das tat er. Über Leichen, Speere und Hügel stolperte er zu auf die Mauer der ewigen Stadt, wenige Pilger hatten sie freudiger erblickt.

Er fand seine Freunde im Lazarett. Ioannes und Konstantinus, beide bereits verbunden, standen mit Weinbechern um Bessas, der zum erstenmal in seinem Leben erschrocken aussah. Ein gefiederter Pfeilschaft ragte aus seinem Gesicht, direkt unter dem Auge. Es schien ein Wunder, daß der Mann noch lebte. Der griechische Wundarzt mit seinem speckigen Ledertuch um die Stirn legte das Bein beiseite, das er eben amputiert hatte, wischte sich die blutigen Hände an einem Tuch ab und besah sich die Sache gelassen.
»Nein, kein Wein jetzt«, wies er knapp den Becher ab, den Ioannes seinem Freund reichen wollte. Dann ging er um Bessas herum und drückte ihm nach einiger Überlegung auf einen bestimmten Punkt im Nacken. »Tut das weh?«
»Au, verflucht ja.«
Der Arzt nickte zufrieden.
»Soll ihn das freuen?« fragte Chorsomantis mißtrauisch, der mit einem frischen Beinverband herbeigehumpelt kam.
»Allerdings«, antwortete der Arzt, »denn es bedeutet, daß er leben wird.« Mit diesen Worten brach er den Pfeilschaft kurz vor dem Eintrittspunkt ab. Bessas wurde blaß.
Dann nahm der Arzt eine feine Klinge, öffnete mit einem raschen Kreuzschnitt die bezeichnete Stelle an Bessas' Hals und tastete in das hellrot blutende Fleisch. »Schieb mal einer«,

forderte er die Freunde auf und wies auf den überstehenden Stummel des Holzschafts. Alle wurden bleicher. Dann drückte Chorsomantis mit seinem riesigen Daumen zu. Bessas schloß die Augen. Der Arzt griff zu und zog. »Na bitte!« In seiner Stimme war purer Triumph.

Konstantinus sah, wie der blutige Schaft lang und immer länger aus dem Hals seines Freundes herausglitt, drehte sich um und übergab sich.

»Hier.« Der Arzt drückte Bessas das fast einen halben Meter lange Stück Holz in die Hand. An seiner Spitze spreizten sich eiserne Widerhaken. »Eine entstellende Narbe wird nicht bleiben.« Mit diesen Worten ging er zu seinem nächsten Patienten. Eine Weile herrschte Schweigen, dann brüllte Bessas nach Wein.

»Wo ist eigentlich Ursicinus?« fragte Prokopios bei dem anschließenden Gelage in einem Nebenraum der Diokletians-Thermen. Er hatte schneller getrunken als gewöhnlich, die Stunden in der Grube hatten ihn durstig gemacht, und der Raum drehte sich bereits vor seinen Augen. Statt einer Antwort hob Konstantinus seinen Pokal und ließ ein wenig Wein auf den Boden tropfen. Die anderen taten es ihm gleich. Prokopios begriff. Und auch er opferte etwas für den toten Freund.

»Aber du hättest ihn kämpfen sehen sollen!« rief Bessas begeistert. Das Fleisch eines verendeten Pferdes wurde aufgetragen, alle zückten ihre Dolche und schnitten sich ab, stopften sich faserige Brocken in den Mund, ließen das Fett übers Kinn laufen und verkündeten, wie grausig sie heute die Goten niedergemacht hatten. Wie Principius und Tarnutus gebettelt hatten, auch ihre Fußtruppen in den Kampf führen zu dürfen. Wie die Reiter schon an den gegnerischen Schanzen waren. Wie Theodoriskus und Georgius vor der Front mit einem Speer in jeder Hand kämpften, bis das Gewühl sie verschlang. Wie Athenodoros auf die Schanze sprang und den Goten seinen Arsch zeigte. Wie sie töteten und töteten, aber immer mehr über die Schanzen auf sie zuquollen.

»Da war einfach kein Ende mit Goten«, lallte Chorsomantis. »Du hast drei erschlagen, und fünf tauchten auf.« Wie Principius und Tarnutus dann heldenmütig ihren Rückzug deckten. Wie sie sahen, daß Principius' Schädel von einer Axt gespalten wurde, als seine Brust bereits mit Speeren gespickt war. Wie Tarnutus von seinem Bruder auf ein Pferd gezogen wurde und hinter der Porta Salaria mit einer breiten Blutspur von dessen Flanke glitt. Auch für ihn wurde Wein ausgegossen. Ein Trinkspruch löste den anderen ab, Heldenlieder in allen bekannten Sprachen wurden gesungen, und verwundert stellte Prokopios fest, daß das Leben diesen Männern nichts und der Gedanke an den Tod wie Wein war.

Nur Chorsomantis blieb auffallend ruhig, trank nur und trank und starrte in seinen Becher. Seine Linke ruhte auf dem verwundeten Bein. Muskeln und Sehnen waren dort bis auf den Knochen durchtrennt worden. Er hörte noch die Stimme des Arztes, der ihm sagte, daß er nie wieder richtig würde gehen können.

»Und was hast du die ganze Zeit gemacht?« fragte Ioannes gerade fröhlich und schlug Prokopios auf die Schulter.

»Er saß in einem Loch!« prustete Konstantinus heraus und spuckte vor Lachen seinen Wein aus. »Na, mach dir nichts draus«, verkündete er, als er sich beruhigt hatte. »Bist eben doch ein Mann der Feder.« Die anderen lachten über das, was für sie ein gelungener Witz war. Prokopios, die Augen glasig, brachte mit Mühe eine Antwort hervor.

»Es«, stöhnte er, »es ist nicht lächerlich, zu überleben!« In seinem Hirn sangen rote Sphären, und er hatte das Gefühl, etwas Großes und Bewegendes gesagt zu haben. »Es ist nicht ...«, setzte er an, seine Weisheit zu wiederholen, doch er wurde unterbrochen.

»Wo willst du hin?« rief Bessas überrascht hinter Chorsomantis her, der eben den Türvorhang beiseite schob. Niemand hatte ihn aufstehen sehen.

»Scheißgoten!« verkündete Chorsomantis nur. »Machen mir nicht ungestraft mein Bein kaputt.«

»He, jetzt bleib doch da!« rief Ioannes noch, doch der Hunne war bereits hinaus. Genervt warf der Offizier seinen Becher hinter sich und ging ihm nach. Die anderen folgten.
Teils lachend, teils erstaunt, teils bestürzt redeten sie auf den entschlossen humpelnden Doryphoren ein, der aber nichts als seine letzten Sätze unablässig wiederholte. Vor der Porta Pinciana, wo Chorsomantis sich nach dem dritten Anlauf endlich erfolgreich auf ein Pferd schwang, verstummten die letzten gutgemeinten Scherze.
»Dieser sturköpfige Hunne«, schimpfte Bessas.
»Was soll der Scheiß, Junge, he?«
Aber Chorsomantis befahl den verdutzten Wachen, die Torflügel zu öffnen, und sie gehorchten dem berühmten Mann. Noch immer leise fluchend lenkte Chorsomantis seine Mähre hinaus und griff sich im Vorbeireiten noch Konstantinus' Weinbecher. So, trinkend und fluchend, trabte er in gemächlichem Tempo auf die befestigten Schanzen der Goten zu. Die zurückgebliebenen Freunde hasteten auf die Mauer, um das Geschehen weiter zu verfolgen. Der fast volle Mond zeigte ihnen das Schlachtfeld des Tages und den Hunnen auf seinem Pferd deutlich. Sie konnten hören, daß er jetzt ein Lied in seiner rätselhaften Heimatsprache sang, und auch die Wachposten der Goten vernahmen ihn jetzt. Sie standen auf, als der fremde Reiter ohne Eile näher kam. Und so standen sie in ihrer Verwirrung noch, als er sein Schwert gezückt hatte und die ersten beiden köpfte. Ioannes und Konstantinus jubelten laut in die Nacht, Bessas beugte sich atemlos vor, als sie sahen, wie Chorsomantis alleine die Wachen metzelte; Prokopios schwieg beklommen. Als Chorsomantis von Leichen umgeben war, wendete er sein Pferd und trabte im selben Tempo heimwärts.
»Ja, großartig, Alter!« Bessas umarmte Ioannes und küßte ihn. Die Mauerwachen brachten Hurras aus.
»Aber jetzt komm heim!« rief Ioannes und, als sie sahen, wie

hinter dem langsamen Reiter, der auf seinem Pferd einzuschlafen schien, sich die ersten Krieger sammelten: »Warum macht er nicht schneller? Los, Chorsomantis, schneller!« Sie schrien, winkten und feuerten ihn an, doch vergebens, Chorsomantis beschleunigte nicht. Als sie vor Spannung den Atem anhielten und zusehen mußten, wie die ihn verfolgenden Goten sich zwischen den Hunnen und die rettende Stadtmauer schoben, konnten sie noch einmal sein betrunkenes Gegrummel hören. Dann war er umzingelt und verschwand in der Vielzahl der Feinde.

»Unglaublich!« Bessas lehnte sich zurück an die Mauer. »Er hat alleine fast zwanzig Goten getötet.« Ihm war übel.

»Warum nur hat er nicht schneller gemacht?« Das war Ursicinus' beklommene Frage. Prokopios sah noch immer hinaus, dorthin, wo die Goten über Chorsomantis hingen, wie ein Rudel Wölfe über der Beute.

»Es ist nicht lächerlich, zu überleben«, flüsterte er. Und mit einemmal bedauerte er unendlich den Tod seines unbekannten Kindes, der sein eigenes Sterben so absolut machen würde, so sinn- und folgenlos wie den des Hunnen dort unten.

Audienz

»Ach, Theodora!« Komito schmiegte sich in die Arme ihrer jüngeren Schwester, die mit raschelndem Purpurmantel versuchte, die Weinende zu trösten. Sie drückte ihre Wange zärtlich an die Komitos und spürte, wie die Perlen ihres Diadembehangs sich zwischen ihrer beider Haut erwärmten.

»He, du weißt doch, wie schlecht Salzwasserflecken aus Seide wieder herausgehen«, versuchte sie sanft zu scherzen. Komito lächelte unter Tränen. Sie richtete sich auf und wischte sich die Strähnen aus der Stirn. Theodora musterte sie, das zartknochige Gesicht einer mädchenhaften Greisin unter dem goldenen Diademreif, der ihre aufgesteckten weißen Haare zurückhielt. Früh gealtert war Komito unter ihrem Kummer, dachte sie, sie konnte doch kaum älter als – Theodora rechnete nach – fünfzig Jahre sein? Und wie lange war es nicht schon her, daß Sittas gefallen war? Und jetzt, wo ihre Tochter heiraten sollte, da weinte sie.

»Pscht, pscht«, murmelte sie. »Sie bekommt den allernettesten von Justinians Neffen, deine Sophia, dafür habe ich gesorgt.« Sie würde eine große Dynastie aufbauen, der kein Johannes gefährlich werden konnte.

Komito schniefte gehorsam und zog ein Taschenspiegelchen heraus. »Entschuldige, ich habe mich ja ganz verwüstet.« Sie wühlte in dem Täschchen, das eine Sklavin ihr hinhielt, nach ihrer Lippenpomade. »Wird Anastasia auch zur Trauung kommen?« fragte sie mühsam mit zum Bemalen gespannten Lippen. Dann schnitt sie probeweise ein paar Grimassen und sah Theodora an. Die ordnete ihre Mantelfalten.

»Du weißt ja, wie Anastasia ist«, sagte sie schließlich, ohne aufzuschauen. »Immer unterwegs und feiern.« Sie hob den Kopf. »Ich weiß ehrlich gesagt gar nicht, wo sie steckt.«

Komito schaute wieder traurig. »Kaum zu glauben, nicht wahr? Unsere Kleine.« Sie machte eine nachdenkliche Pause. »Weißt du noch, wie sie mal abends auf deinen Schoß kam, dich umarmte und dir sagte, sie habe dich lieb?«

Theodora nickte. »Letztlich bleiben im Leben sehr wenige Menschen, die einen lieben«, antwortete sie nachdenklich. »Du, Antonina …« Sie verstummte.

»Dein Mann«, ergänzte Komito die Aufzählung und ergriff Theodoras Hand. Die wich dem strahlenden Blick der Schwester aus. Es gab sicher keinen Zweifel daran, daß Komito ihren Mann geliebt hatte.

»Ja«, sagte sie schließlich, »das ist wohl wahr. Er liebt mich.« Sie schwieg erneut. Da kam Narses und stellte sich ohne ein Wort am Rand ihres Blickfeldes auf. Theodora nickte ihm zu.

»Du mußt jetzt raus, Komito«, flüsterte sie, »die Audienz geht gleich an.« Ihre Schwester nickte, küßte sie noch einmal auf die Stirn, huschte dann die Stufen des Thrones hinunter und schlüpfte seitlich durch die schweren Portieren, um ihren Platz im symmetrisch aufgestellten Gefolge einzunehmen. Dann öffneten sich unter Musik und Weihrauchgewölk die Vorhänge und gaben den Bittstellern des Tages den Blick frei auf Theodora Augusta, die Kaiserin von Byzanz. Sie kreuzten ihre Hände vor der Brust und sanken in die Knie.

Wieder allein, hing Theodora ihren Gedanken nach. Ehen stiften – die Beschäftigung der Kinderlosen und Heimatverlorenen. Sie konnte die wenigen Ihren gar nicht fest genug an sich und aneinander binden. Wie viele alte Freundinnen vom Zirkus hatte sie so schon versorgt, wie viele hoffnungsvolle junge Männer aus der Provinz ans Ziel ihrer Wünsche gebracht? Anders als Euphemia, wollte sie die Schranke, die für sie selbst geöffnet worden war, auch für andere, und das ein für allemal, aufgehoben wissen. Es war kein schlechter Nebeneffekt, wenn dabei die feindselige Kaste des Adels Stück für Stück aufgebrochen wurde. Und nun war eine Dynastie zu gründen, sich Menschen zu verpflichten, zugleich ihre neue Initiative gegen den Erzfeind Johannes, der in Justinians Gunst trotz all ihrer Warnungen mehr und mehr stieg. Aber hatte, überlegte sie, nicht auch Johannes der Kappadokier ein Kind?
»Chryseis?« erkundigte sie sich bei ihrer Kammerzofe und erfuhr, daß der Praefectus praetorio Vater einer vierzehnjährigen Tochter war, die Euphemia hieß. »Euphemia!« Theodora zog die Nase kraus und dachte an ihre längst verstorbene Schwiegermutter. »›So ordinär bin ich nie gewesen‹«, zitierte sie deren gnadenloses Verdikt über ihre Person. »Na, ja, aber vielleicht kann sie es werden.« Eine schlichte Partie sollte es sein, nicht wirklich ordinär, nein, aber demütigend genug. Johannes sollte keinen

Zugang zum alten Adel über den Traualtar bekommen. Zugleich mußte es ein vielversprechender junger Mann sein, damit man ihn später ohne Schaden Karriere machen lassen konnte und sich damit seinen ewigen Dank sicherte. Theodora kramte in ihren Gedanken, doch fiel ihr auf Anhieb kein passender Kandidat ein. Leo vielleicht? Ein ehemaliger Sklave, das war wunderbar! Und daß Johannes ihn für seinen Vertrauten hielt, machte die Sache noch pikanter. Theodora beschloß, die künftige Braut in Augenschein zu nehmen.

Ungeduldig das Gestotter von Euphemias Zofe ignorierend, verschaffte sie sich mit kleinem Gefolge Zutritt zu den privaten Gemächern von Johannes' Tochter – und fand sich allein. Es waren keine Ausflüchte gewesen, die die Dienerin vorgebracht hatte: Euphemia war tatsächlich ausgegangen. Unschlüssig ging Theodora in dem Zimmer umher; ausgestattet wie für eine Prinzessin, stellte sie fest, fast nichts, was nicht aus Gold, Elfenbein oder gelber Seide war. Johannes mußte seine Tochter entweder sehr lieben oder große Pläne mit ihr haben. Als sie nachdenklich mit den Fingern über die spiegelblanke Wurzelholzplatte des zierlichen Schreibtisches strich, blieb ihr Blick an einem Brief hängen. Mit einem Griff nahm sie ihn sich; er war fertig verschlossen und gesiegelt. In der ihr wohlbekannten Handschrift der Sklavin Eudokia stand dort der Name Antoninas. Ein Schauer überrann Theodora: Johannes' Tochter und Antonina? Johannes – und Antonina? Ihr erster Impuls war, das Siegel zu erbrechen. Euphemias Zofe, die ihn ihr entreißen wollte, wurde von den Leibwachen zurückgedrängt. Theodora hob die Hand ohne hinzusehen und gebot, das Mädchen loszulassen. Dann legte sie den Brief zurück an seinen Platz und drehte ihn sorgfältig wieder so, wie sie glaubte, ihn vorgefunden zu haben. So war es besser.

»Hier, Mädchen.« Sie hieß Chryseis, der verängstigten Zofe fünfzig Solidi auszuhändigen. »Und jetzt wirst du packen und gehen, unverzüglich.« Zu Chryseis gewandt fügte sie hinzu: Durchgebrannt mit einem Liebhaber von der Wache, wird es heißen, sorg dafür. Und wir«, verkündete sie lauter, »wir waren nie hier.« Ihre Wache nahm Aufstellung und geleitete sie mit wehenden Seidenkleidern in die eigenen Gemächer. Zurück blieb der Brief, der ungeöffnete Brief.

Die Brotfahrt

»Konstantinus, sei vernünftig!« Belisarius begann langsam, die Geduld mit seinem Doryphoren zu verlieren. Die Wache, die rings an den Wänden stand, die Speere zwischen den Füßen, sah betreten zu Boden.

»Lieber schmeiße ich sie in den Tiber!« war die Antwort.

Belisarius riß den Kopf hoch. Man konnte sehen, daß seine Zähne mahlten, während er seine Wut bezwang.

»Praesidius hat mich auf dem Forum vor allen angesprochen, und du hast ihm die Schwerter eindeutig gestohlen, also, was soll ich machen, den Römern ein Beispiel für zweifelhafte byzantinische Rechtsbegriffe geben, Junge?« appellierte er noch einmal an die Vernunft seines Offiziers. Doch der blieb nur störrisch vor ihm stehen und starrte in eine Nische. Es ist der Hunger, dachte Belisar, dieses ewige Einerlei von Ausfall und Rückzug. Und es ist die Art, wie diese Stadt unter der Belagerung einfach in nichts zerfällt, ein Haufen Ruinen, den Kranke und Krüppel wie Tiere einen Bau bewohnen. Das macht meine Männer verrückt. Es machte auch ihn verrückt, und er stellte fest, daß seine Geduld langsam schwand, während er mit auf dem Rücken verschränkten Armen vor seinem Doryphoren auf und ab ging und keine Lösung für ein Problem fand, das derzeit eines seiner lächerlichsten war. Seinen Soldaten fielen die Zähne aus, die Römer wurden zu einem Haufen wankender Gespenster, der neue Papst

Vigilius ließ den alten gerade ermorden und seine Frau ... Was zum Teufel waren da zwei goldene Schwerter mit ein paar Juwelen? In ganz Rom gab es nicht einmal eine Steckrübe dafür zu kaufen. Er straffte sich.

»Ich befehle dir die Rückgabe, Konstantinus. Bin ich nicht dein Vorgesetzter?«

»Ich gehorche dir in allem, aber nicht hier.«

Jetzt waren sogar von den Wachen entsetzte Ausrufe zu hören. Wer mit Konstantinus befreundet war, der sog erschrocken die Luft ein. Belisar rief die anderen Doryphoren herein; es war fast ein Reflex. Sie kamen herein und stellten sich schweigend hinter ihrem Feldherrn auf.

Konstantinus sah Ioannes, Ursicinus und Bessas zwischen den anderen und preßte die Lippen zusammen unter ihren ernsten Blicken. »Die sollen mich wohl umbringen«, versuchte er zu höhnen. Doch der stumme Aufmarsch hatte ihm angst gemacht, und seine Hand tastete bereits unauffällig in Richtung seines Schwertes – nicht des entwendeten Goldschwerts des Praesidius. Das lag, zusammen mit seinem Zwilling, in seinem Quartier, eingewickelt in ein altes Wolltuch. Er betrachtete sie jeden Abend, wenn er durch den Schlamm nach Hause gekommen war, im Schein der Lampe, wo sie schimmerten wie eine Monstranz. Vor dem Schlafengehen dann küßte er den Lapislazuli im Knauf und wußte, daß er nicht sterben würde.

»Du willst mir den Gehorsam auf einen Befehl verweigern?« hörte er Belisar drohend fragen.

Wollte er das? Konstantinus stand der Schweiß auf der Stirn. Er schluckte angestrengt. Da sah er eine Bewegung durch die Front seiner Kameraden gehen und zog.

Belisar war so erschrocken, daß er zurückwich und gegen Bessas fiel. Ein peinliches Gestolper entstand, und während Belisar mit rotem Gesicht an Bessas geklammert sein Gleichgewicht wiederzuerlangen suchte, nahmen die anderen Konstantinus gefangen und führten ihn ab. Schwer atmend stand der Feldherr schließlich da. Einer seiner Offiziere hatte ihm den Gehorsam verweigert, die Waffe gegen ihn gezogen, und er selbst hatte ausgesehen wie ein Idiot, der in den Armen eines anderen Schutz sucht. Er wischte sich die Haare aus der verschwitzten Stirn, zog sein Schwert wie probeweise halb aus der Scheide, stieß es wieder hinein, ging ein paar Schritte und wandte sich dann abrupt an Bessas, der ihm nicht in die Augen sah.

»Tötet ihn«, befahl er kurz. Der Doryphor verneigte sich knapp und grüßte. Dann brachte er den Befehl ins Nebenzimmer.

Als er an diesem Abend Antonina und Prokopios zu sich rief, wirkte er gefaßt wie immer. Beide hörten ihm ruhig zu und nickten. Ihr gemeinsamer Plan, Nachschub aus Neapel für die bedrängte Stadt zu holen, war lange durchdacht und gutgeheißen worden. Antonina trug bereits ihre Reisekleidung, eine palmyrenische Männertracht mit weiten Baumwollhosen und einer kniekurzen geschlitzten Tunika darüber, die es ihr erlaubte, zu reiten wie ein Mann, darüber einen dunkelwollenen gallischen Kapuzenmantel. Ohne ihre übliche Toilette, fand Prokopios, war sie fast nicht wiederzuerkennen, allerdings hatte sie es sich nicht nehmen lassen, ihre bequeme Tunika mit einer Goldschnur mehrfach zu gürten. Mit den übergroßen gefältelten Hosen dazu sah sie aus wie ein kleinen Mädchen in den Kleidern seines Vaters. Ihr welliges Haar quoll aus der Kapuze und hatte sich erst zwischen den Schulterblättern zu einem zerzausten Zopf bändigen lassen. Aus der Fülle sah Prokopios ein ungeschminktes, marmorblasses Gesicht an. Schwärzliche Ringe vergrößerten ihre Augen noch, die so grün leuchteten wie das Meer in hellen Buchten, wo die Pinien sich schattig neigen. Ohne es zu wissen, sah Prokopios an diesem Abend etwas von dem jungen Mädchen, das Theodora kannte und das er nie gesehen hatte. Doch dies war Antonina, rief er sich zur Ordnung, kein

Grund also, lyrisch zu werden. Da war auch wieder ihr maliziöses Lächeln, mit dem sie den Kopf zu ihm wandte, als Belisar bekräftigte, welch große Hoffnungen er auf ihre gemeinsame Mission setzte. Die Abneigung machte seinen Rücken steif, und er sah starr geradeaus auf ihren Feldherrn. Als die beiden sich zum Abschied leidenschaftlich küßten, drehte er den Kopf weg.

Es war der Doryphor Mundilas, der sie in derselben Nacht an den gegnerischen Schanzen vorbei auf die Via Appia führte. Die Zikaden zirpten ohrenbetäubend, und die Macchia duftete überwältigend nach wildem Salbei, Fenchel und Lavendel, als sie sich fern der feindlichen Lagerfeuer an den Boden drückten, der die Tageshitze noch gespeichert hatte. Die Feuer flackerten freundlich herüber, und die Milchstraße über ihnen war ein glühender Nebel. Beinahe konnte man die Gefahr vergessen, in der sie sich befanden. Doch Mundilas' geraunte Befehle ließen sie zusammenzucken und gehorsam weiterrobben.

Auf der Via Appia angekommen, erwartete sie eine kleine Reiterabteilung, die schon vor Tagen bei einem Ausfall durchgebrochen war und seither das Umland auf der Suche nach Nahrung durchstreift hatte. Viel war nicht zu finden gewesen, die Bauern lagen tot auf den Feldern, was in den zerstörten Hütten hauste, war halbverhungert und erzählte Schauergeschichten von Kannibalismus in abgelegenen Gehöften. Ihre mageren Pferde hatten sie zwischen den Grabmälern rechts und links der Straße angebunden. Sie knabberten die Rinde von entlaubten Zweigen, aus deren Blättern sich ihre Reiter im Schutz eines Mausoleums ihre Suppe gekocht hatten. Die ernsten Gesichter der lagernden und speisenden Toten auf den Grabreliefs im Mondlicht waren die Zeugen ihres schnellen und unsentimentalen Abschieds. Mundilas kroch zurück in die Dunkelheit, die anderen schwangen sich aufs Pferd. Zu Prokopios' großem Erstaunen ritt auch Antonina. Sie lenkte ihr Tier an seine Seite.

»Findet Ihr es nicht auch rührend, daß wir jetzt Hand in Hand fürs Vaterland arbeiten«, fragte sie spöttisch, »wo wir noch dazu gemeinsame Freunde haben?«
Prokopios ging nicht darauf ein. »Habt ihr Theodosios nicht mitgenommen?« fragte er statt dessen knapp und verletzend.
Antonina lachte. »Oh, oh, gehört Ihr etwa auch zu denjenigen, die es mir übelnehmen, daß ich Valentius habe hinrichten lassen?« erkundigte sie sich wie bei einem Kind. »Er war ein Schwarzmarkthändler, einer der übelsten.«
»Und er hat Belisarius über Euch und Euren«, er spuckte das Wort fast aus, »Sohn aufgeklärt.«
»Das ist richtig«, gab sie zu, »ein Schandmaul war er auch.«
»Und hat er vielleicht nicht die Wahrheit gesagt?« fragte Prokopios zurück. Als sie schwieg, fuhr er leidenschaftlich fort: »Ich habe noch nie etwas so Verderbtes gesehen wie Euch. Der Kaiser wird davon erfahren und …«
»Ich wüßte nicht, was den Kaiser mein Liebesleben angeht«, fiel sie ihm ins Wort. »Dank Theo weiß er genau, wie er meinen Fall zu sehen hat. Sie wird mich in allem unterstützen, und das verdanke ich, wenn ich es recht bedenke, ihrer kleinen Affäre mit euch.«
Prokopios war froh über die Dunkelheit, die sie nicht sehen ließ, wie heiß er errötete. »Heißt das«, tastete er sich gequält an die bittere Wahrheit heran, daß er seine Geliebte erpreßbar machte, »heißt das, Ihr habt uns zusammengebracht, damit sie gezwungen ist, Euch als Mitwisserin in allem Rückendeckung zu geben?« Er schüttelte im Dunkeln fassungslos den Kopf. »Was seid Ihr nur für eine Freundin.«
»Oh«, entgegnete Antonina leise lachend, »ich bin ihre beste Freundin, solange sie gut zu mir ist. Das eine schließt das andere doch nicht aus.« Prokopios war nicht imstande zu antworten. »So ist das Leben«, redete sie wie mit sich selbst weiter. »Immer etwas verwinkelter, als man denkt.« Sie trieb schnalzend ihr Pferd an, um mit ihm Schritt zu halten. »Habe ich Euch übri-

gens schon auseinandergesetzt«, fragte Antonina unschuldig, während sie mit klackenden Hufen gen Terracina zockelten,« daß ich meinen Mann liebe?«

Die kleine Vandalin

Matthias lag auf dem obersten Gerüstbrett, die Decke der Chalké unmittelbar vor seiner Nase, und setzte die letzten rosafarbenen Glaswürfel in die weisende Hand der Kaiserin Theodora über sich. Maria lehnte unten an der Wand zwischen den Mörteleimern, stellte gerade auf einem Wachstäfelchen die wöchentliche Materialrechnung zusammen und sah von Zeit zu Zeit zu dem Mosaikleger hinauf, um zwischen den Brettern und Stangen des Gerüsts hindurch die leuchtende Farbigkeit der Gewänder von Theodoras Hofstaat zu bewundern. Tuniken, Überwürfe, Schals und Schleier, alles war in verschiedenen delikaten Mustern gehalten, die Blumen, Tiere, Ranken oder geometrische Ornamente bis ins feinste zeigten. Es war, fand sie, eine einzige Pracht. Gut gefielen ihr auch die Phantasiearchitekturen, in deren Türöffnungen und Nischen die Menschen hineingestellt waren wie Puppen in ein Puppenhaus. Jede Falte an den gerafften Vorhängen war zu sehen, und Maria stellte sich vor, daß sie sie beiseite schöbe und dahinterträte.

»Maria?« kam da Matthias' gepreßte Stimme von oben. Die stets erhobenen Arme schmerzten ihn ebenso wie die Erkenntnis, daß er nicht mehr der Jüngste war. »Ich brauch noch was von den Würfeln für ihre Finger. Du weißt schon.«

Maria nickte statt einer Antwort. Sie wußte, was er suchte, die Steine waren von einem besonderen Milchweiß. Sie ging die Holzkisten mit den sorgsam zwischen Stoffhüllen geschichteten Schmelzplatten durch, die nach Bedarf herausgenommen und in passende Würfel geschnitten wurden. Goldfarben, Rosenrot,

Blaugrün, Schwarz, nein, unter keinem Deckel, den sie hob, war der Hautton zu finden. »Sie sind ausgegangen«, rief sie nach oben. »Ich muß zu Maxentiolus in die Werkstatt und neue kaufen.«
»Verdammt«, hörte sie Matthias fluchen. »Wenn er sie überhaupt vorrätig hat. Letzthin hat er eine ganze Palette beim zweitenmal zu stark erhitzt und völlig verdorben.« Er seufzte über Maxentiolus' Unvermögen. »Und ich habe den Putz schon aufgetragen.« Das Gerüst wankte, als er aufstand und mit steifen Gliedern nach unten kletterte. »Haben wir noch genug Bargeld?« fragte er. »Wenn du schon da bist, könntest du auch gleich nach diesem Alabaster fragen, den er neulich auf Lager hatte. Der ist teuer, aber was für eine Leuchtkraft. Die Mäntel der Wachen«, er formte seine Vision mit den Händen in die Luft, »werden damit wie Engelsschwingen aussehen.«
Maria strahlte über seinen Enthusiasmus. Sie winkte mit dem Schreibtäfelchen. »Ich habe die Wochenabrechnung fertig. Wenn ich schnell jemanden finde, der sie mir quittiert, kann ich zur Kasse des Comes rerum sacrarum gehen und mich auszahlen lassen.«
Matthias runzelte irritiert die Stirn, ihm sagten die Ämterbezeichnungen des Hofes wenig. Aber Maria warf damit nur so um sich, Praepositus sacri cubiculi, Curopalates, es ging ihr geläufig von den Lippen. »Na, Hauptsache, wir bekommen unser Geld.« Er küßte sie flüchtig auf den Scheitel. »Wenn ich dich nicht hätte.«
Munter hüpfte Maria aus der Baustelle der Chalké, doch als sie ein paarmal abgebogen und aus der Sichtweite ihres Vaters war, hielt sie inne. Es schmeichelte ihr, ihm eine so große Hilfe zu sein, und es machte sie stolz, wenn er sich auf sie verließ. Das hatte sie dazu verleitet, sich so forsch in ihrer »Kein-Problem«-Manier auf den Weg zu machen. Jetzt aber mußte sie sich gestehen, daß sie keineswegs wußte, wohin sie gehen sollte. Üblicherweise suchte ein Beamter des Comes rerum sacrarum, des Verwalters der staatlichen Kasse, sie von sich aus jeden Montagabend auf, um die Rechnung durchzugehen und sie auszu-

zahlen oder ihnen Materialanweisungen für die kaiserlichen Magazine auszustellen. Wo sie ihn ihrerseits suchen sollte, davon hatte sie, wurde ihr beklommen bewußt, nicht den geringsten Schimmer.

Vor ihr tat sich eine Flucht von Innenhöfen und Säulengängen auf. Sollte sie geradeaus durchgehen in den nächsten oder links abbiegen oder rechts? Sie entschied sich für rechts und stand auf einem rabattenumgebenen Platz mit schwarzweiß gewürfeltem Marmorboden, an dessen Seiten sich mit abweisenden langen Fensterreihen die Stockwerke verschiedener Palastgebäude erhoben. Ein gellender Schrei ließ sie zusammenfahren.

»Du Mistvieh!« Maria fluchte klopfenden Herzens und jagte mit ein paar schnellen Schritten den Pfau, der sie so erschreckt hatte. Da stand sie am Eingang eines weiteren Innenhofs, der sich nur in der Form des Springbrunnens von dem unterschied, aus dem sie gerade kam. Wieder hatte sie die Wahl zwischen vier Richtungen. Dieses Palastviertel, stellte sie fest, war das reinste Labyrinth.

Johannes der Kappadokier eilte im Stechschritt die Gänge entlang und ging dabei die Papiere durch, die seine Untergebenen ihm reichten. Was er durchgelesen hatte, ließ er hinter sich flattern, wo es ein eifriger Schreiber wieder aus der Luft fischte und glättete.

»Nichts, nichts, nichts!« Ärgerlich warf er einen Stapel Briefe beiseite. Es waren die heutigen Schreiben von und an Kaiserin Theodora, doch was er suchte, war nicht dabei. Es fiel Johannes nicht leicht, aber er würde sich von seinem Lieblingsverdacht verabschieden müssen: die Kaiserin und der Feldherr Belisar. Es wäre aber auch zu schön gewesen, seine beiden größten Feinde mit einem Streich erledigen zu können. Er durfte nicht zuviel erwarten. Johannes seufzte. Belisar hatte mit seiner eigenen Frau offenbar genug zu tun. Und jetzt hatten sie ihm auch noch Narses nach Italien geschickt; sollten die beiden sich dort um den Oberbefehl streiten! Aber Theodora! Ihr Verhalten war es, das Rätsel aufgab. Die Besuche im Kloster des Maras hatte sie eingestellt. Sicher, das Kloster war bei den Monophysiten-Unruhen damals abgebrannt, aber gab es nicht andere, wo sie hätte geistlichen Trost suchen können? Johannes ärgerte sich jedesmal, wenn er daran dachte. Er war sich nachträglich sicher, daß sie nicht zum Beten dorthin gegangen war. Aber was sie da getan haben mochte und mit wem, das lag jetzt tief unter Asche und Schutt verborgen. Die Mönche, die man hätte foltern und befragen können, waren geflohen … Johannes schlug sich mit der Faust in die flache Hand. Eine verpaßte Gelegenheit. Aber er würde darauf kommen. Es konnte doch kein Zufall sein, daß er ihr nichts nachweisen konnte, seit dieser Krieg begonnen hatte! Es mußte jemand aus Italien sein, da war er beinahe sicher. Aber wer, wer, das war die Frage.

»Leo!«

»Ja, Herr?«

»Die Liste ihrer letzten Aktivitäten!«

Leo reichte seinem Vorgesetzten eine Aufstellung, und Johannes überflog sie.

»Baden«, er blätterte um, »baden, wieder baden. Toilette machen. Kommt die Dame denn mal aus ihrem Badezimmer heraus?« Er zerknüllte das Papier und warf es zu Boden. »Befragt die Zofen.«

»Entschuldigung?«

»Was?« Unwirsch sah Johannes auf. Ein blondes kleines Mädchen hatte sich schüchtern zwischen ihn und Leo geschoben und schaute nun zu ihnen hoch. Flusiges Haar, das sich aus ihrem mageren Zopf gelöst hatte, flog leuchtend um ihre Stirn. Sie konnte höchstens zwölf sein, befand Johannes mit Kennerblick, die kleinen Brüste, die sich unter ihrem Gewand abzeichneten, waren rund wie Winteräpfelchen und verrieten noch wenig von den zarten Spitzen daran, die er sich so rosa vorstellte wie ihren Mund. Überhaupt war es dieser Mund, der ihn überzeugte, diese leicht vorstehende, freche Oberlippe, die sie jetzt mit der Zunge befeuchtete, daß sie glänzte wie Fruchtfleisch, in das er beißen mochte.

»Leo!« Mit einer knappen Geste winkte er seinen Untergebenen fort. Dann ging er vor Maria in die Knie.

»Was gibt's denn, meine Kleine?« fragte er mit warmem Lächeln. Seine Hände faßten sie an den nackten Oberarmen und glitten daran auf und ab, auf und ab. Maria versuchte, sich zwischen diesen großen Händen dünner zu machen, und lächelte unsicher.

»Ich suche das Büro des Comes rerum sacrarum.«

Dieses Stimmchen! Keinesfalls war sie älter als zehn! Johannes mußte sich beherrschen, ihr nicht mit breiter Zunge über den feuchten Mund zu lecken. Er spreizte beim Streicheln die Daumen etwas ab, so daß sie auf dem Gewand über ihre Brüste fuhren. Das Mädchen zuckte zusammen, und er packte sie fester. »So ein Zufall«, sagte er noch immer mit freundlicher Stimme, »das ist gleich hier, gleich hier hinter dieser Tür.« Damit drehte er sie um und schob sie vor sich her auf die Türflügel des nächstgelegenen Zimmers zu, das, wie er wußte, ein leerstehender Gästeraum war. Sie blieb zögernd stehen und widersetzte sich seinem Druck, weshalb er gegen sie stieß. Er spürte ihren kleinen runden Hintern an seinen Schenkeln, sein Glied sprang steif hervor. »Doch, doch«, keuchte er, »da ist es. Los, na mach schon.« Er griff nach vorne und öffnete die Tür, einen Arm um die sich windende Kleine geschlungen und im Begriff, sie dort hineinzustoßen.

»Praefectus?«

Verdammt, er kannte diese sanfte, höfliche Stimme. Johannes der Kappadokier versuchte noch, seine Beute mit einem kräftigen Schubs in das Zimmer zu befördern und die Tür hinter ihr zu schließen, doch das kleine Biest klammerte sich am Türrahmen fest. Wohl oder übel mußte er sich umdrehen. »Herrin?« Er ordnete seine Kleider und machte eine Verbeugung. »Verzeiht, ich habe Eure Stimme nicht gleich erkannt. Ich vermutete Euch ...«

»... im Bad«, ergänzte sie seinen Satz und überreichte ihm ein zerknittertes Stück Papier. »Das lag dort vorne auf dem Boden, ich vermute, es gehört Euch.« Johannes nahm das verräterische Schriftstück mit stoischer Miene entgegen. Theodoras Hofdamen kicherten, auch sie selbst konnte sich ein Lächeln über ihren kleinen Triumph kaum verkneifen. »Oh, und was haben wir denn da?« Angewidert betrachtete sie eine von Johannes' kleinen Gespielinnen, die sich an ihr Bein geklammert hatte. Doch ihr Ausdruck änderte sich sofort. Das Kind sah vollkommen verschreckt aus. Und, stellte sie mit Entsetzen fest, es war so unglaublich jung, kaum älter, als sie damals war, als sie so fröhlich an Komitos Hand zu ihrem ersten Auftritt im Theater gehüpft war, wo dann Petrus auf sie wartete. »Schon gut«, winkte sie ab, als ihre Leibwächter eilig das Kind von ihr losmachen wollten. Auch sie ging jetzt in die Knie.

»Ich suche den Comes rerum sacrarum«, wiederholte Maria tapfer. Ihre Oberlippe zitterte leicht, und sie hielt mit Mühe die Tränen zurück. »Er soll doch da drin sein!« Sie wies auf das Zimmer, in das Johannes sie hatte führen wollen und weinte jetzt wirklich.

Theodora richtete sich auf. Sie sah ihrem Praefectus praetorio so lange ins Gesicht, bis dieser sich, blaß geworden, mit einer tiefen Verbeugung eiligst verabschiedete. Dann legte sie der Kleinen den Arm um die Schulter. »Wie heißt du denn? Maria? Ein schöner Name.« Sie verfluchte sich selbst für die Platitüden, die sie da von sich gab. »Ich heiße Theodora«, fügte sie der Vorstellung hinzu und kam sich sehr albern vor. Aber sie wollte dem Mädchen Vertrauen einflößen, und das schien zu gelingen. Mit einem energischen »Scht« untersagte sie ihrem Gefolge das Kichern. »Jetzt gehen wir erst mal zu mir, Maria. Und dann erklärst du mir, warum du meinen Comes rerum sacrarum so dringend

benötigst, mmh?« Sie sah errötend auf. »Chryseis! Das ist wirklich kein Grund zu lachen!«
»Bist du die Kaiserin«, fragte Maria und wischte sich die Tränen von der Nasenspitze.
Überrascht sah Theodora sie an. »In der Tat.« Es schien die Kleine keineswegs zu beeindrucken. »Wie bist du drauf gekommen?«
»Du siehst genauso aus wie auf dem Mosaik, das Papa gemacht hat. Er ist der Beste«, fügte Maria mit wiedererwachendem Selbstbewußtsein hinzu. »Er kann mit seinen Steinchen alles so machen, daß es lebt. Sogar Vögel und Elefanten.«
»Aha. Und mich offensichtlich auch.«
Theodoras Hofstaat schüttelte die Köpfe und flüsterte. Die Silentiarii überlegten verzweifelt angesichts dieser krähenden Kinderstimme, ob sie nicht ihre Schweigestäbe zu schwenken hätten, und die Wachen blickten über ihren weißen Mänteln starr geradeaus und wagten nicht zu lachen. Hoch erhobenen Hauptes schritt Maria, Tochter des Mosaiklegers Matthias, an der Seite der Kaiserin von Byzanz durch die Palastflure. Weihrauch wolkte vor ihnen auf, Seide umraschelte sie, und der Gesang des Knabenchores verklang hinter ihnen um die letzte Ecke.

Eine Stunde später wußte Theodora alles über Matthias' und Marias gemeinsames Leben in der bescheidenen Wohnung hinter der Universität. Die Kleine saß an sie gedrückt, wärmte mit ihrem Gewicht Theodoras Schenkel und roch so gut, daß sie immer wieder einmal ihre Nase in die wirren Kinderhaare versenken mußte. Einmal sah sie mit ihren wasserhellen, weit auseinanderstehenden Augen zu Theodora auf und sagte: »Du bist so schön.«
Theodora wurde rot und strich ihr über die Wange, während ihr Hofstaat lachend applaudierte. »Danke«, murmelte sie, zum erstenmal über ein Kompliment verlegen.
»Aber bei Papa bist du genauso schön. Willst du's dir mal ansehen?«

»Die Mosaike in der Chalké?« Theodora überlegte. »Warum nicht!«
»Prima!« Maria sprang auf und tänzelte ein wenig herum. »Dann kennst du den Weg und kannst uns immer besuchen kommen, wo du ja hier wohnst.«
Theodora schüttelte den Kopf. Sie dachte an den Kappadokier und seine Liste. »Das wäre sicher nicht gut für deinen Vater«, murmelte sie mehr zu sich selbst.
»Warum?« fragte Maria erstaunt. Sie runzelte die Stirn und dachte nach. »Das verstehst du noch nicht, Kind«, wollte sie nicht gelten lassen. »Ist es«, fragte sie schließlich triumphierend, »damit er nicht von einem Kran erschlagen wird, wie der Architekt Anthemios?« Theodora starrte das Kind voller Entsetzen an. Aber sie sah nichts in dem Gesichtchen als naive Neugier und die Erwartung des Lobes dafür, daß sie von selbst auf eine so schwierige Sache gekommen war.
»Weißt du …«, begann sie reserviert. Sollte sie dem Mädchen das wirklich erklären? Aber Maria nickte nur eifrig.
»Ich weiß ja schon, Papa hat mir das erklärt. Als seine Frau gestorben ist, die nicht meine richtige Mama war, sagt er, da hat sie auch nicht tot sein wollen. Aber ein Engel ist vorbeigeflogen, der war so schön, daß sie nicht anders konnte, als ihn zu küssen und mit ihm in den Himmel zu fliegen. Weil er eben so schön war, und da hat sie alles sonst vergessen. Du bist vielleicht auch so ein Engel, denke ich mir, und der Anthemios hat dich ganz unbedingt küssen wollen?«
Theodora schüttelte erschüttert den Kopf. »Nein«, sagte sie mühsam, »nein, ich bin nicht so ein Engel.« Sie schaute Maria in das erwartungsvolle Gesicht. »Meine Mutter war so ein Engel.« Sie erkannte es selbst erst in dem Moment, in dem sie es sagte. Sie schob Maria wieder von sich und schaute ihr ernst in die Augen. »Man muß das Leben aber beschützen, Maria, und die, die man liebt. Es gibt nichts anderes.«

Maria nickte mit von der Anstrengung des Denkens gerunzelter Stirn. »Ich werde Papa fragen«, antwortete sie zögernd nach einer Pause.

»Nein«, sagte Theodora bestimmt. »Frag nicht deinen Vater, hörst du. Erzähl ihm gar nicht, daß du hier warst.«

»Aber …«

Doch Theodora schüttelte energisch den Kopf. »Martinus!« Sie winkte einen Offizier ihrer Leibwache heran. »Das ist Martinus«, stellte sie ihn Maria vor. »Er hat selbst zwei Töchter, nicht wahr, Martinus?« Der Soldat nickte. »Martinus wird jeden Tag bei euch auf der Baustelle vorbeischauen und fragen, ob ihr irgend etwas braucht. Und manchmal wird er dich mitnehmen auf einen Besuch bei mir, in Ordnung?« fragte sie zärtlich. Maria nickte und biß sich auf die Lippen. »Na komm!« Theodora drückte sie noch einmal an sich. »Glaub mir, es ist das Beste für euch. So«, sie stand auf und streckte Maria die Hand hin. »Und jetzt zeig mir eure Mosaiken.«

Matthias hustete, als sich der Weihrauch unter die gewohnten Marmorstaubwolken mischte. Er wischte sich verlegen die mörtelverschmierten Hände an seiner Arbeitsschürze ab, kniete nieder und verneigte sich mit auf den Boden gepreßter Stirn vor dem hohen Besuch. Marie umtanzte sie wie ein Derwisch. All die wunderbaren Neuigkeiten, die sie nicht mitteilen durfte, drängten in ihr, wollten nach draußen und sorgten dafür, daß sie keinen Moment stillstehen konnte. Ständig hing ihr Finger in der Luft und wies auf ein neues, noch unbemerktes Detail in dem prächtigen Deckenmosaik. Justinian und Theodora thronten dort als Triumphatoren inmitten all der Schätze, die der Sieg über die Vandalen ihnen beschert hatten. Die Eroberung Karthagos und andere Schlachtenszenen umringten sie abwechselnd mit den Beutestilleben.

»Das ist die Mama, die nicht meine richtige Mama ist«, flüsterte

Maria und zerrte aufgeregt an Theodoras Purpurmantel, während sie auf das Gesicht einer Hofdame zu Füßen von Theodoras Mosaikthron wies.
Theodora schaute auf das sanfte runde Gesicht mit den dunklen Augen. So also hatte der Mosaikleger seiner toten Frau gedacht. Sie ließ ihre Blicke von Gesicht zu Gesicht wandern. »Und das dort?« Sie wies auf eine ländliche Szene, ein Landgut vor afrikanischer Landschaft, Palmen kreuzten ihre Wedel über dem rebenbedeckten Bau. Der weiße Vorhang war beiseite geschoben, ein junges Vandalenpaar mit blonden Haaren stand in der Tür, die Köpfe einander zugeneigt. Es mochte eine Darstellung der im Krieg erworbenen Landgüter sein, doch warum hatten die Figuren die Finger so innig ineinander verschränkt?
»Das sind meine Eltern«, flüsterte Maria andächtig. »Matthias hat sie für mich gemacht.« Die Gesichter der Toten sahen auf Theodora herunter, und der goldglitzernde Horizont der Decke drehte sich dabei um sie wie ein in Bewegung geratener Sternenhimmel. In Ewigkeit mochte er dort strahlen. Dieser Mosaikkünstler verstand es wahrhaftig, dachte sie, die, die er liebte, zu hüten. Maria grinste und hüpfte zu ihrem Vater, um seinen Oberschenkel zu umschlingen. Das Bild dieser beiden war es, das Theodora samt dem goldenen Himmel mitnahm in ihre Träume dieser Nacht.

Einladung auf den Thron

Narses und Belisar saßen im purpurfarbenen Seidenzelt des Feldherrn und schwiegen voller Zorn. Verächtlich maß Belisar die schmale Gestalt seines Gegenübers. Der Körper eines Kindes, in einen lächerlichen Spielzeugharnisch gepreßt und gepfropft mit dem adlernasigen Kopf eines alten Mannes, eines gerissenen, gierigen Greises, das war es, was er sah. Absurd, daß so eine Gestalt Truppen anführen wollte. Aber das durfte er dem kaiserlichen Vertrauten natürlich nicht sagen. Wie so vieles, was ihm auf der Zunge lag, er aber nicht aussprach. Er hatte es seiner Frau versprochen.

Auf dem Tisch lag inmitten nicht angerührter Weinbecher der Entwurf eines Vertrages zwischen dem Gotenkönig Witigis und Kaiser Justinian, der Byzanz alles Land diesseits des Po und den halben Staatsschatz der Westgoten anbot. Was fehlte, war die Unterschrift Belisars, dem Witigis als einzigem Verhandlungspartner vertraute. Und der große Feldherr weigerte sich.

»Ich weiß nicht, was Ihr mehr wollt«, brummte Narses mit unbewegtem Gesicht. »Witigis selbst hat den Vorschlag zu diesem Friedensschluß gemacht. Seine Leute hungern und drängen zum Abschluß und ...«

»Eben«, fiel Belisar ihm ins Wort. »Und genau deshalb jetzt keine halben Sachen. Nur noch ein paar Wochen, und sie werden sich uns ganz ergeben. Der Hunger macht sie fertig.« Nicht nur sie, dachte er dabei. Rom lag dort hinter ihnen, ein fast gänzlich entvölkerter Trümmerhaufen, das Land darum herum: verbrannte, verdorrte Erde, von vielen Kämpfen verwüstet und von unbeerdigten Toten vergiftet. Es lebte kaum jemand zwischen Rom und Ravenna, der nicht dem Hungertod nahe war. Und auch seine Soldaten hatten es satt, an ihren altbackenen Gerstekeksen zu knabbern. Sie schrien nach Fleisch und Öl, sie schrien nach dem Ende des Krieges, nach Plünderung und nach der Heimat.

»Ich dachte, wir wären uns einig«, setzte Narses erneut an.

»Wenn wir uns je einig gewesen wären«, fauchte Belisar und wischte mit einer unkontrollierten Bewegung den Vertrag vom Tisch, »dann läge Mediolanum jetzt nicht in Schutt und Asche, und seine Bevölkerung wäre noch am Leben. Dreihunderttausend Männer!« Nun griff Belisar doch zum Weinbecher und ertränkte seine Wut. »Aber ihr mußtet ja unbedingt in die Aemilia ziehen und unsere Kräfte hoffnungslos verzetteln!«

Narses richtete sich steif auf, so gut das bei seiner Körpergröße ging. »Als kaiserlicher Vertrauter habe ich es nicht nötig, mich einem einfachen General unterzuordnen, der noch dazu eine Fehlentscheidung nach der anderen trifft.« Er schwieg.
»Ach nein, dann lest das da!« Belisar zog einen Brief mit kaiserlichem Siegel aus seiner Tasche und warf ihn Narses vor die Brust. Der faltete das bereits erbrochene Schreiben auf und las: »Unseren Schatzmeister Narses haben wir nicht als Oberbefehlshaber nach Italien geschickt. Es ist unser Wille, daß die Führung über das gesamte Heer allein bei Belisar liegt und dieser seine Entscheidungen nach eigenem Ermessen trifft. Ihr alle habt ihm zum Heile unseres Staates Folge zu leisten.«
»Na, deutlich genug?« fragte Belisar höhnisch, nahm einen kräftigen Schluck und wischte sich den Wein vom tropfenden Kinn. Narses war nicht anzusehen, was er dachte. Er hob seinerseits den Becher, zog dann ein Taschentuch aus seinem Ärmel und tupfte sich die Mundwinkel. Belisar wünschte sich einmal mehr, seine in Hofintrigen so erfahrene Frau wäre an seiner Seite statt in Neapel, um ihm beizustehen. Dann wüßte er außerdem auch, was sie gerade täte. Belisar zuckte innerlich zusammen bei dem Gedanken, schob ihn beiseite und hob herausfordernd das Kinn.
»Eure Entscheidungen«, antwortete Narses langsam, »sind aber nicht zum Heile des Reiches.« Er hielt inne. »Oder war es etwa eine kluge Idee, sich in die Belagerung des uneinnehmbaren Urbinum zu verrennen? Was konnte ich schon anderes tun, als euch dort zu verlassen?«
»Immerhin hab ich's eingenommen.«
»Mit Glück, nur mit Glück, weil die einzige Quelle der Stadt austrocknete«, sagte Narses verächtlich.
Belisar warf den Kopf mit dem langen Haar zurück und lachte. »Wir sind hier auf dem Schlachtfeld, mein Bester. Alles, was hier zählt, sind Instinkt, Glück und der Sieg. Aber wie soll einer wie Ihr das schon verstehen!«

»Na gut!« Narses stand auf und warf den Brief auf den Tisch zurück. »Dann siegt auch. Wir brauchen die Vergangenheit nicht zu diskutieren, aber da Ihr die kaiserlichen Briefe so genau lest, kennt Ihr auch den letzten: Es ist Justinians fester Wille, daß dieser Vertrag mit Witigis unterschrieben wird. Also tut es. Oder ich muß meinerseits einen Brief nach Byzanz schreiben.« Damit ging er hinaus.

Belisar schenkte sich nach und sah widerwillig auf das ungeliebte Vertragswerk hinunter, das noch immer am Boden lag. Er schob es mit dem Fuß hin und her. Nein, entschied er dann, er würde nicht signieren. Sein Instinkt sagte ihm, daß er alles haben konnte, die Kapitulation, das ganze Land. Er trat seinerseits vor sein Zelt und schaute über den Fluß nach der Stadt. Dort lag Ravenna. Er hatte schon vor so vielen Befestigungen gestanden in den letzten Jahren. Nur diese eine dort brauchte er noch zu erobern. So oder so. Und genau das würde er auch tun.

Er winkte den Doryphoren Mundilas heran. Mundilas hatte Mediolanum gehalten und nach seinem erzwungenen Abzug zähneknirschend zusehen müssen, wie alle Männer der Stadt ermordet und die Frauen und Kinder in die Sklaverei geführt wurden. Er war zu schwach gewesen, die gotischen Belagerer zu bekämpfen, und Belisar hatte zu wenige Truppen gehabt, die Stadt zu entsetzen. Und Narses, Narses war nicht willens gewesen, zu ihnen zu stoßen. Es gab einige Offiziere, die karrierelüstern waren, wie sein Doryphor Ioannes, und dem beim Kaiser so beliebten Eunuchen schmeichelten. Auf Mundilas' Zorn aber konnte Belisar sich verlassen.

»Hol die Unterhändler in mein Zelt, Freund«, bat er den Doryphoren, der grimmig nickte. »Aber«, er hielt ihn am Arm fest, »warte damit, bis es dunkel ist, hast du mich verstanden?«

Mundilas nickte. »Voll und ganz, Herr.«

Spät in dieser Nacht lag Belisar lange wach auf seinem Lager. Der morgige Tag würde ihm Großes bringen. Er würde keine halbherzigen Verträge unterschreiben, er würde vielmehr als Sieger in Ravenna einmarschieren. Die Befehle waren bereits unterschrieben, Mundilas würde sie im richtigen Moment verteilen. Ioannes mit seinen Abteilungen wurde fortgeschickt, Proviant zu requirieren. Mundilas würde die Übernahme der Stadt leiten. Eine Getreideflotte sollte in Ravennas Hafen Classis einlaufen und den ersten Hunger der belagerten Bevölkerung stillen. Witigis bliebe unter ehrenhaftem Hausarrest im Palast. Und der Staatsschatz würde ihm ganz übergeben. Uraias, der gotische Unterhändler, hatte ihm das zugesagt. Das, und die Krone des Reiches.

Belisar erinnerte sich noch an die hünenhafte Gestalt des Mannes, dessen hochgeschürzten Pferdeschwanz bereits silberne Strähnen durchzogen. Ernst und müde hatte er dem byzantinischen Feldherrn sein Angebot unterbreitet und dann, mit einem gewissen Feuer, auch das zweite. Und deshalb lag Belisar jetzt wach und lauschte auf die Geräusche des Lagers jenseits der Zeltwand, auf das verschlafene Wiehern der Pferde in ihren Unterständen, auf die Schritte der Wachen und ihre Rufe, das Knistern der Lagerfeuer draußen, oder war es das der Lampe hier drinnen? Sie stand noch immer brennend auf dem Tisch, an dem Uraias gesessen und seine narbigen Hände gefaltet hatte, als er Belisar in aller Heimlichkeit die Gefolgschaft aller Goten und den Thron des Weströmischen Reiches anbot, Theoderichs Thron.

Belisar konnte ihre Bewunderung für einen großen Krieger und Anführer, selbst, wenn er dem Feind angehörte, verstehen, ja, er teilte sie. Auch er war einem guten Gegner stets mit Respekt gegenübergetreten. Auch ihr Wunsch, einem solchen Mann Gefolgschaft zu leisten, war ihm tief vertraut und entsprach dem, was ihn mit seinen Doryphoren verband, und dem, was er sich immer wünschte, daß es ihn und Justinian verbinden sollte. Doch der komplizierte, vorsichtige und nicht leicht zu ver-

stehende Kaiser hatte es ihm seit jeher unmöglich gemacht, ihn in dieser Weise zu verehren. Mit Mißtrauen hatte er seinen Soldaten Belisar von sich getrieben; was sollte der nun tun? Der feste Wunsch, sich seinem Kaiser zu beweisen und alles zu wenden, kämpfte mit der spontanen Sympathie, die Uraias in ihm geweckt hatte, und den schönen Bildern jubelnder Krieger, die auf ihre mächtigen Schilde schlugen, um ihm, ihrem Feldherrn, zu huldigen. Er hatte etwas zugesagt. Und nun lag er hier und wußte nicht mehr, ob er den Goten hintergangen, ihn belogen hatte, um den Zugang zur Stadt zu erhalten, oder ob alles wahr war und er morgen ein König und Verräter an seinem Kaiser sein würde.
Belisar stand auf und ging hinüber zu der Lampe. Er hatte die Hand bereits um die Flamme gelegt und sich herabgebeugt, um sie auszublasen, da faßte er einen Entschluß. Er würde Antonina schreiben, noch heute nacht. Sie würde wissen, was zu tun war, das wußte sie immer.

»Mein Liebster.« Antonina stand an ihrem Schreibtisch und diktierte so rasch, daß die Feder in den Händen ihrer Dienerin über den Papyrus flog und die Tinte bei jedem Kratzer über eine Unebenheit nach allen Seiten spritzte.
Theodosios versuchte, ihr über die Schulter zu sehen, und wurde von einem heftigen Stoß zurück aufs Bett geworfen. »He!« protestierte er wütend und warf sich auf den Bauch, das Gesicht schmollend in die Hände gestützt. Doch keine Antonina kam, um ihn zu trösten. Er drehte sich wieder auf den Rücken, angelte auf dem Nachttisch nach einigen Trauben und kaute schmatzend, während er nachdachte. Sicher, im Bett konnte er alles von ihr haben, echt alles. Theodosios bekam eine Erektion allein bei dem Gedanken daran. Wenn dann aber wieder irgendein Brief oder eine Besprechung oder sonst was kam, dann schob sie ihn weg wie eine Puppe, und er mußte sich von ihrer Zofe trösten und bestätigen lassen, was er doch für ein kluger, hübscher Junge

war. Verdammt, hatte er das nötig? Die Jüngste war seine Mutter schließlich auch nicht mehr, und das Geld war zwar ganz nett, aber deckte es am Ende sein Risiko ab? Sein Kopf würde schließlich rollen, wenn Belisar dahinterkam. Wenn sie den Alten nur endlich abstoßen würde!

Theodosios betrachtete den Rücken seiner Geliebten. Na, wollen wir doch mal sehen, dachte er. Leise stand er auf, ging hinter ihr in die Knie, hob ihr Kleid und begann, an den warmen Innenseiten ihrer Schenkel entlangzüngelnd, ihre Beine mit seinem Kopf auseinanderzuschieben. Wenn das sie nicht scharf machte …

Antoninas Fuß schlug aus und traf ihn in den Bauch.

Er rappelte sich wütend auf. »Verflucht noch mal!« Fassungslos sah er auf die Blutstropfen, die er sich vom Mund gewischt hatte. »Ich hab mir auf die Lippen gebissen, verdammt.« Antonina unterbrach ihren Redefluß nicht. Das würde sie büßen, beschloß Theodosios, das würde ihm die alte Schlampe büßen müssen. Auf Knien würde sie wieder ankommen, um in sein Bett zu dürfen, wenn sie erst wieder Zeit hatte. Er biß sich auf die geschwollenen Lippen und fluchte leise. War ja nicht das erstemal. Aber diesmal nicht, oder sie würde schon verdammt viel dafür zahlen müssen. Laut nach Antoninas Zofe schreiend lief er hinaus, um sich verarzten zu lassen.

»Liebster Gemahl«, diktierte Antonina derweil, »ich bin sehr stolz zu hören, mit welcher List Du den Adel der Goten dazu gebracht hast, Dir die Tore der Stadt zu öffnen.« Sie tippte ungeduldig mit den langen Fingernägeln auf die Tischplatte, als die Dienerin die Feder eintunkte. »Und gerade daß es nur eine List war, die dem Reich doch ohne Blutvergießen alles brachte, was es erträumte, und noch mehr, das wird Dir den Ruhm und Dank aller einbringen. Ich weiß, es war Dir weniger als eine Versuchung, dem Angebot eines Thrones zu entsagen, den Du nie begehrt hast, denn ich kenne Dein treues Herz. Es ist nicht das eines Kaisers, sondern das eines Feldherrn. Und dieser Feldherr hat heute seine große Stunde! Mein Segen begleitet Dich. Und wenn die Goten mit den Zähnen knirschen ob ihrer Dummheit, dann werden wir beide lachen und die Beute zählen, die wir unserem Kaiser werden zu Füßen legen können. Antonina.«

Sie unterschrieb schwungvoll, blies ungeduldig auf die feuchte Tinte und schickte nach Prokopios.

»Da, lest«, rief sie stolz, als er eintrat.

Prokopios, der einen mißtrauischen Blick auf das Bett warf, nahm das Schreiben und überflog es. Überrascht sah er auf. »Was für eine Wendung!« Er las weiter. »Seid Ihr sicher«, fragte er, »daß er tatsächlich niemals in Versuchung geführt worden ist, zu ...« Er verstummte angesichts des Blicks, den Antonina ihm gelassen schweigend zuwarf. Mit ganz neuem Interesse musterte er sie. »Was für ein kluger Rat«, sagte er schließlich.

»Nicht wahr?« fragte Antonina lächelnd zurück. »Ich wußte immer schon, daß ich ein kluges Kind bin. Ganz unter uns«, sie stand auf und ging zu dem großen Bronzespiegel gegenüber dem Bett, wo sie mit schräg geneigtem Kopf das offene Haar über dem Nachthemd neu ordnete. »Ich habe mir die Krone der Gotenkönigin angesehen, und ich will sie nicht.« Sie wand die quellende Mähne zu einem armdicken Zopf und rollte ihn probeweise um ihren Kopf. Keine jedenfalls, die ich nicht behalten kann, dachte sie. Sie ließ nach einem letzten Blick auf ihre »Krone« die Haare wieder fallen, die sich sofort aufdrehten und um ihren Kopf bauschten. »Jetzt müssen wir nur noch dafür sorgen, daß die Welt davon erfährt. Was meint Ihr, welchem Boten sollten wir das Schreiben anvertrauen, damit es möglichst schnell bei Narses und Justinian landet?«

Prokopios wiegte den Kopf. »Der Doryphor Ioannes ist in der Stadt, um Weizen zu holen.« Er zeigte den alten Freund ungern an, aber es war nicht zu verleugnen, daß Ioannes sich auf Narses' Seite gestellt hatte. »Und vielleicht solltet Ihr ein Schreiben glei-

chen Inhalts noch an – Eure Freundin Theodora richten.« Er konnte ihren Namen nie aussprechen, ohne rot zu werden.
Antonina hielt ihm einen bereits fertig verfaßten und gefalteten zweiten Brief hin. »Schon erledigt. Bitte sehr! Oh«, sie fuhr ihm mit der Kante des Briefes über die glühende Wange, »und das müßt Ihr Euch wieder abgewöhnen, wenn wir bald alle gemeinsam zurück in Byzanz sind. Viel zu riskant, hmm?« Damit ging sie zur Tür. »Jetzt muß ich mich aber wieder um Theodosios kümmern, den armen beleidigten Schatz.« Sie wandte sich noch einmal um. »Besorgt Ihr mir bitte eine Eskorte, Prokopios? Ich möchte so bald wie möglich bei meinem Mann in Ravenna sein. Er braucht mich.«
Prokopios sah ihr nach. Er hörte die Worte noch: Alle gemeinsam wieder in Byzanz … Ja, auch er freute sich auf zu Hause.

Der verlorene Sohn

Theodora auf ihrem Thron fächelte sich Kühlung zu. An einem so heißen Augusttag wie heute waren die Pflichten der Audienz in vollem Ornat eine einzige Qual. Ihre Hofdame Chryseis, der ihre neue Schwangerschaft Beschwerden machte, war ohnmächtig zusammengesunken und schließlich auf zwei ihrer Kolleginnen gestützt hinausgewankt, was eine große Lücke in die Formation von Theodoras Gefolge zu Füßen der Throntreppe riß. Sie mußte gähnen und bewegte unauffällig die Zehen in den roten Ledersandalen. Zwischen zwei Bittstellern winkte sie Martinus heran und befahl ihm, nach der Audienz Maria zu ihm zu führen. Nach dieser Tortur würde ihr die Gesellschaft der Kleinen einmal mehr besonders guttun.
»Wie viele sind es denn noch?« flüsterte sie gelangweilt dem Libellarius ins Ohr, der sie entsetzt ob dieses Benehmens ansah.
»Äh, nur noch einer, glaube ich«, antwortete er nach einer Weile

und stolperte die Stufen hinab, um das von ihrer Hand aufgesetzte Schlußwort für die gegenwärtige Bittstellerin zu sprechen, eine Senatorengattin, die um Gnade für ihre beiden Töchter flehte. Auf Theodoras Geheiß sollten sie mit außerordentlich tüchtigen, aber nicht adligen Offizieren aus dem Kreis von Justinians Günstlingen verheiratet werden. Die beiden jungen Patrizierinnen knieten derweil in einer Kirche, wo sie sich an den Taufstein klammerten und um Asyl flehten. Aber der Schutz des heiligen Ortes lief in drei Tagen ab, dann wartete der Traualtar auf sie. Die Mutter, eine Matrone im Glanz all ihres ererbten Schmuckes, hörte aus dem Mund des Libellarius Theodoras Absage und ging, schluchzend über ihr schweres Schicksal, auf den Arm ihres Haushofmeisters gestützt hinaus.
Dann kam der letzte Besucher, es war ein Mann, nachlässig gekleidet und sichtlich seit Jahren dem Alkohol ergeben, wie man viele sah in den billigen Tavernen von Byzanz, gefolgt von einer alten schwarzen Dienerin und einem Jüngling von vielleicht zwanzig Jahren, der unsicher und ein wenig aggressiv um sich schaute. Er kam Theodora bekannt vor, wie er da vor ihr stand. Und als er sich mit allen zehn Fingern nervös durch die langen schwarzen Haare fuhr und trotzig zu ihr hinaufsah, da mußte sie sich die Hand vor den Mund halten, um die plötzliche Übelkeit zurückzudrängen. Jetzt erkannte sie auch die anderen. Euphrosyne, die schwarze Haut von Runzeln bedeckt, hatte das Haar noch immer zu demselben strengen, von spitzen Stäben durchstochenen Knoten gedreht. Nur daß die Stäbe jetzt aus Holz waren statt aus Gold. Und anstelle des flammend bunten Blütenkleides mit dem Glasperlenüberwurf trug sie eine braune Wolltunika mit Schweißflecken unter den Achseln. Sie hatte in der fremden Umgebung schützend die Arme um den jungen Mann gelegt, der sich nicht dagegen wehrte.
»Simon?« Kein Zweifel, er war es, der da stolz auf das aneinandergeklammerte Paar hinter sich zurückblickte. Das Gesicht war

aufgedunsen und zerstört vom Trinken, aber die so erstaunlich hellen Augen blickten wie ehedem unter den langen gebogenen Wimpern hervor. »Wo hast du die beiden gefunden?«
Starr vor Schreck nahm Theodoras Hofstaat zur Kenntnis, daß die Kaiserin mit dieser jämmerlichen Gruppe persönlich sprach. Ein Wispern und Flüstern rauschte durch die Schleier, und Theodora wurde klar, daß sie soeben einen Pfad betreten hatte, den sie nicht mehr zurückgehen konnte. Sie sah Euphrosyne an und erkannte, daß auch sie es wußte.
»Das war schlau, nicht wahr?« Simon rieb sich die Hände und schaute beifallheischend um sich, als müsse er für irgend etwas belobigt werden. Eisiges Schweigen empfing ihn. »Der Persersturm hat sie aus ihrem Loch gespült«, fing er schließlich widerwillig zu erklären an, doch dann begann er, an seiner eigenen Erzählung Feuer zu fangen. »Das hättest du sehen sollen, Theo, wie die Truppen von König Chosroes über die Mauern quollen. Was für ein Drama wäre das geworden.« Simon erwärmte sich an der Vorstellung. »Die jungen Idioten von den Zirkusparteien in ihrem Idealismus wollten sich ihnen bewaffnet entgegenstellen und wurden hinweggefegt. An den Toren traten sich die Alten, Frauen und Kinder tot. Gut, daß ich nicht so blöd war, Hebe dorthin zu folgen.«
»Hebe?« unterbrach ihn Theodora. Aber ihre Augen konnte sie nicht von dem Jungen lassen. Er war die Erfüllung einer verliebten Weissagung, die sie einmal so gedankenlos getätigt hatte: ganz Prokopios' Ebenbild.
»Ach«, er winkte ab, »irgendeine Hebe. Egal. Jedenfalls, unter einem Hibiskus am Fluß fand ich dann die beiden hier.«
»Wir waren bei Keleos«, erklärte Euphrosyne da auf einmal mit ihrer ruhigen, harten Stimme. »Er nahm uns nach dem Erdbeben und Makedonias Tod auf.« Auf das hoffnungsvolle Aufleuchten in Theodoras Augen hin schüttelte sie nur den Kopf. Keleos, verstand sie, war tot.

»Jedenfalls«, wiederholte Simon laut und riß das Geschehen wieder an sich, »kamen wir in einem Boot aus diesem Schlachthaus raus. Der Junge hier wollte mir doch glatt einreden, Makedonia wäre seine Mutter. Aber daß das nicht stimmen konnte, wußte ich nun ja, was, Theo?« Er lachte sie unbefangen an. Dann schien er plötzlich wieder verwirrt, als wüßte er nicht, was er als nächstes sagen wollte. »Schließlich hab ich's aus der Alten rausgeholt. War gar kein leichtes Stück Arbeit. Eigentlich wundere ich mich immer noch, warum sie schließlich nachgegeben hat. Na ja, wir haben ja auch gehungert.« Theodora erinnerte sich an Euphrosynes Blick und wußte, warum. »Jedenfalls«, wiederholte er seine Lieblingsvokabel, »sind wir jetzt hier.« Und er öffnete die Arme, als erwartete er eine Begrüßungsumarmung. »Wir haben gehungert und gedarbt, aber da stehen wir. Willst du uns nicht willkommen heißen – Mama?«

Halt's Maul, Simon, dachte Theodora mit Tränen in den Augen. Halt dein gottverdammtes Schandmaul, damit ich dich am Leben lassen kann, du armer gottverfluchter Idiot, himmelherrgottnochmal. Aber es war schon zu spät. Es war viel zu spät. Der Junge, sah sie, wand sich vor Verlegenheit. Ach, er sah aus wie Prokopios damals in Alexandria, als er sich ihrer schämte und doch nicht von ihr lassen konnte. Auch er war offensichtlich beim Gedanken, sie lieben zu sollen, hin und her gerissen. Theodora stand auf, was ihrem Gefolge einen Aufschrei entlockte. Sie ging auf ihren Sohn zu, ohne nach rechts und links zu sehen. Dicht vor ihm blieb sie stehen und hob die Hand, wie um ihn zu berühren. Ja, da war sie, die Stelle zwischen Auge und Jochbogen, wo die Haut so zart war, daß man sie streicheln mochte.

Sie ließ die Hand wieder sinken und wandte sich Simon zu. So nah trat sie an ihn heran, daß er zurückwich. Fünf Schritte machten sie so, dann gab Theodora dem Wächter an der Wand ein Zeichen. Er zog den Hebel, und Simon, der auf dem Fußbodenmosaik, das einen Sternkreis zeigte, genau im Zeichen des

Skorpions gestanden hatte, fiel mit einem Aufschrei in einen bodenlosen Schacht. Theodora atmete unwillkürlich den Schwall kalter, feuchter Luft ein, der ihr aus dem Abgrund entgegenschlug. Euphrosyne trat heran und sprang ohne ein Wort.
»Ich verspreche es«, flüsterte Theodora ihr hinterher. Dann ging sie ohne ein Wort aus dem Zimmer, in dem alle den Atem anhielten. Sie wagte ihren Sohn nicht anzusehen, aus Angst vor dem Abscheu in seinen Augen. O Gott, es ist nötig, dachte sie verzweifelt. Euphrosyne hat es gewußt. Es ist nötig, oder du wirst in einem dieser Verliese dort unten sterben. Sie nahm seine Hand und zog den Widerstrebenden mit sich hinaus. Mit dem Kratzen von Stein auf Stein schloß sich der Abgrund wieder hinter ihnen, als sie durch die Tür ging.
Draußen lehnte Theodora mit dem Rücken an der Wand neben den geschlossenen Türflügeln. Erstaunt sahen die beiden dort postierten Leibwächter, wie sie keuchte und sich dann plötzlich in eine Emaille-Bodenvase übergab. Theodora stand vorgebeugt, spuckte und würgte. Sie fühlte den angeekelten Blick ihres Sohnes auf sich ruhen und wünschte, sich niemals wieder aufrichten zu müssen.
»Geht dort hinein«, befahl sie schließlich tonlos. »Tötet alle.«
Die beiden Offiziere standen da und warteten. Theodora lehnte sich mit geschlossenen Augen wieder zurück. Doch als sie nichts hörte, öffnete sie sie wieder, sehr große schwarze Augen, die brennend in einem elfenbeinblassen Gesicht standen. »Sofort«, spuckte sie. Die Männer sahen sich an, zogen ihre Schwerter und öffneten die Tür.
Theodora stand da und lauschte auf die Geräusche jenseits der Wand. Sie versuchte sich vorzustellen, wie die Köpfe der kleinen Eunuchenknaben des Chores rollten, wie ihre Hofdamen wie aufgeschnittene Puppen zusammensanken, dem Libellarius die Worte fehlten, als ihn der Hieb traf, und die Wachen kämpfend starben. Sie alle würden nicht verstehen, auch ihr Sohn nicht,

dessen braune Augen aufgerissen waren, als sähe auch er die Szene genau vor sich. Theodora übergab sich erneut. Eine Hand preßte unerbittlich alles aus ihr heraus, Welle um Welle zog sich ihr Magen zusammen, und sie glaubte zu ersticken. Ein Silentiarius kam zögernd näher. Sie wischte sich die Lippen ab und hieß ihn, Leo aus der Präfektur zu holen.

Sie und ihr Sohn waren allein. Verdammt, sie wußte nicht einmal, wie er hieß. Theodora öffnete den Mund, um ihn zu fragen, und schloß ihn wieder. Wie hübsch er war, er hatte Prokopios' empfindsamen großen Mund, bemerkte sie. Und er zeigte die gleiche Art, die schwarzen Brauen so düster über seinem blassen Gesicht zusammenzuziehen, wenn er irritiert war, so wie jetzt.

»Du siehst genauso aus wie dein Vater«, war der nächste Satz, der ihr auf der Zunge lag. Ich habe kein Recht, so etwas auszusprechen, dachte sie und schwieg. Er hatte eine Narbe am Knie, die alt aussah. War das geschehen, als er noch ein kleines Kind war? Hatte Makedonia ihn in den Arm genommen und getröstet? So viele Fragen, doch sie sprach keine einzige aus. Schweigend standen sie einander gegenüber, bis Leo kam. Sie bemerkte ihn erst, als er sich vor ihr verneigte und sie ansprach. Da war dieser Teil ihres Lebens zu Ende.

»Leo«, begann sie mit hastiger Würde, »ich lasse dich frei am Ende des heutigen Tages. Auf dich wartet ein Landgut in dem Teil des Reiches, in dem du es wünschst.« Sie hielt inne, und er nickte. Sie wußte, Leo wartete darauf, daß sie den Preis nannte, und er würde ihn bezahlen. »Dort drinnen sind zwei Wachen.« Theodora sprach rasch und sachlich. »Töte sie, und laß ihre Leichen zusammen mit den anderen verschwinden.« Sie erklärte Leo, was zu tun war und wo er den Hebel für die Falltür finden würde. »Dann komm wieder, hast du verstanden?«

Er sah sie mit seinen traurigen Augen an wie ein Familienvater, den die Sünden seiner Kinder plagen. Dann ging er hinein.

»Was ...« Es war der erste Laut, den der Junge herausbrachte, und Theodora durchzuckte es wie ein Schlag. Doch da kam Martinus mit Maria.

»Theo!« Das Mädchen umarmte sie und betrachtete von da aus neugierig den jungen Mann. »Wer ist das?« Das schüchterne Lächeln, das sie ihm zuwarf, sprach von einigem Interesse. Theodora schluckte. Dann sah sie Martinus mit freundlichem Lächeln immer noch dastehen und das friedliche Bild betrachten.

»Geh!« schrie sie ihn an. Erschrocken nahm er Haltung an und zögerte. »Geh, zum Teufel, wenn dir dein Leben lieb ist!« Irritiert und verletzt zog der alte Soldat sich zurück. Theodora drückte ihr Gesicht aufatmend in Marias Haar. »Das ist«, setzte sie schließlich an. Aber sie vollendete den Satz zunächst nicht. Und auch er sagte noch immer kein Wort. »Das ist dein Reisegefährte«, brachte sie schließlich heraus.

»Mein Reisegefährte?« fragte Maria erstaunt. Theodora nahm sie bei den Schultern.

»Maria«, sagte sie eindringlich. »Du hast mir doch manchmal erzählt, daß dein Vater gerne wieder zu seiner Familie nach Ravenna zurückginge?« Als das Mädchen nickte, fuhr sie fort. »Gut. Und dahin werdet ihr heute fahren, mit eurem neuen Reisegefährten.«

»Aber«, wollte Maria einwenden.

Aber Theodora schien heute gar nicht sie selbst zu sein. Sie ließ Maria auch nicht ausreden, und wie sie schaute, machte dem Mädchen Angst. »Du mußt es für mich tun, Maria, versprichst du das? Du willst doch nicht«, fuhr sie fort, als das Mädchen zu schmollen drohte, »daß mir etwas passiert.« Maria schüttelte den Kopf, doch sie begann zu weinen wie ein Kind. Theodora streichelte tröstend über ihren Scheitel und wunderte sich, daß sie sich dazu nicht mehr wie früher hinabbeugen mußte. »Du wirst sehen, wie glücklich dein Vater sein wird, wenn er wieder nach Hause darf«, sprach sie in die Luft über Marias Kopf.

»Ja«, kam es erstickt von unten.

»Und du mußt mir noch was versprechen, Maria. Du bist doch schon so groß.«
»Sechzehn«, schluchzte Maria.
»Kaum zu glauben«, lächelte Theodora. »Du siehst höchstens wie zwölf aus.«
Jetzt hob Maria den Kopf. »Deine Geheimnisse habe ich schon bewahren können, als ich noch elf war, oder etwa nicht«, sagte sie herausfordernd. »Vermutlich«, sie schielte keck zu dem jungen Mann hinüber, »darf ich niemandem von ihm erzählen.« Theodora nickte ernst.
»Kein Wort. Weder, wer er ist, noch, wo du ihn kennengelernt hast.«
»Alles klar«, nickte Maria. »Er ist sozusagen mein Vetter aus Neapel.« Ihr Grinsen verblaßte, als sie Leo mit blutigem Schwert aus der Tür kommen sah.
Theodora wandte sich von ihr ab und instruierte Leo, die beiden auf dem schnellsten Weg zum Hafen zu bringen. Die Gesichter Marias und des Jungen waren voller Fragen, als Leo sie fortzog. Keine einzige davon würde sie beantworten können. Schon wurden sie kleiner in dem langen Korridor. Die beiden hatten sich, wie Theodora bemerkte, instinktiv bei den Händen genommen.
Hatte sie Leo alles genau genug erklärt? Wie viele Menschen hatten ihren Sohn in den Palast kommen sehen? Wie vielen hatte es Simon, der alte Säufer, in den Kneipen von Byzanz schon erzählt? Wann würde Johannes anfangen, nach den verschwundenen Hofdamen zu suchen? Sie würde abwarten müssen. Theodora hob eine Hand an die Lippen, küßte ihre Fingerspitzen und hob sie hoch. Ihr war, als hätte Maria sich noch einmal umgedreht. Aber sicher war sie nicht.

Der Praefectus praetorio kam noch am selben Abend in Theodoras Räume. Die Lampen wurden gerade angezündet, und das letzte Tageslicht verabschiedete sich aus den Höfen. Die Zofen hatten eben ihr Haar geöffnet, um es für die Nacht zu bürsten. Doch Theodora winkte sie hinaus, als ihr später Besucher, die Arme hinter dem Rücken verschränkt, keine Anstalten machte, sich zurückzuziehen.

»Man sagt«, begann er ohne Umschweife, als sie alleine waren, »Ihr vermißt ein paar Wachen.«

»Oooh«, Theodora machte ein vage Handbewegung. »Ihr wißt doch, wie diese jungen Burschen aus der Provinz sind. Ohne ihre Familien in die große Stadt gekommen, in der Kneipe in schlechte Gesellschaft geraten, schon sind sie weg auf irgendein Abenteuer. Das wäre doch nicht das erstemal.«

»Man sagte mir außerdem, Ihr vermißt auch ein paar Hofdamen.«

»Da haben wir's schon«, antwortete Theodora. »Vermutlich sind sie mit denen durchgebrannt. Die alte Geschichte.« Ihre Hand spielte mit einem Armreif auf ihrem Frisiertisch.

»Gleich sechs Stück?« Johannes strich sich den Bart. Sein Ton war mehr als zweifelnd, er war bedrohlich.

»Was wollt Ihr, Präfekt?« ging Theodora in die Offensive, »mich für die mangelnde Moral meiner Mädchen vor Gericht bringen?« Sie schickte ein stummes Dankgebet zum Himmel für Leo und seine Diener, die den Audienzraum gründlich gereinigt hatten. »Chryseis jedenfalls ist Gott sei Dank noch da«, fügte sie in lockererem Ton hinzu und beobachtete aufmerksam, wie sein Gesicht sich rötete vor Ärger. Er hat nichts in der Hand, dachte sie triumphierend, gar nichts.

»Man sagt außerdem«, bemerkte Johannes da leise und beugte sich über den Tisch, hinter den sie sich beim Klang seiner Stimme instinktiv flüchtete, »daß Ihr heute Besuch von einem jungen

Mann hattet. Und das böse Gerücht will nicht verstummen, daß es Euer Sohn war.«

Theodora schloß die Augen. Da war es also. Bleib ruhig, redete sie sich zu, bleib ruhig, er hat nichts in der Hand.

»Sagt man das?« antwortete sie. Und dann: »Macht Euch nicht lächerlich, Kappadokier. Ich habe keinen Sohn. Ich kann überhaupt keine Kinder bekommen. Jeder weiß das. Mein Mann wird Euch die traurige Wahrheit gerne bestätigen, wenn Ihr ihn fragt. Wir waren bei allen Ärzten.« Sie lächelte Johannes mühsam ins Gesicht. Natürlich würde er seinen Kaiser nie auf diese delikate Frage ansprechen, wie sollte er es wagen dürfen. Und es war auch besser, wenn er es nie tat.

Im ganzen Byzantinischen Reich wußte allein Justinian, daß sie nur deshalb kinderlos war, weil er ihr nie wirklich beigewohnt hatte; er war dazu nie imstande gewesen. Entsprechend würde er auf das Kind eines anderen reagieren, ganz gleich, ob es vor oder nach ihrer Heirat gezeugt und geboren war. Und darüber hinaus: Sie hatte ihm nie von diesem Kind erzählt, sie hatte sein Vertrauen getäuscht. Nichts hätte schlimmer sein können als das.

»Bringt mir doch diesen angeblichen Sohn«, rief sie höhnisch, »dann gehen wir mit ihm zu Justinian, und ich kann ihm sagen, was ich von Euren Intrigen halte.«

Johannes ballte die leeren Hände. »Ich finde ihn«, erwiderte er entschlossen, »ich finde ihn, und wenn ich jeden Stein in diesem Palast umdrehen muß. Dann werden wir zu Justinian gehen.« Er verbeugte sich knapp und rauschte hinaus.

Das war danebengegangen, fluchte er, sie hatte nichts zugegeben. Aber nervös war sie gewesen, oh, er kannte sie inzwischen, diese unnahbare kleine Elfenbeinfigur mit den unergründlichen Augen, und er wußte, wann sie nervös war und wann nicht. Seine Informanten im »Goldenen Bacchus« hatten von einem Säufer erzählt, der damit prahlte, der Kaiserin ihren Sohn zu bringen. Er war in Begleitung einer alten Frau und eines Jungen gewesen.

Und am nächsten Tag war eine Gruppe in den Warteraum für die um Audienz Bittenden gekommen, auf die die Beschreibung paßte. Leider war keiner der drei in sein Quartier zurückgekehrt, aber er würde sie finden. Erneut ballte Johannes die Fäuste. Egal, in welchem Kerker sie die drei hatte verschwinden lassen, er würde sie finden; diesmal käme sie ihm nicht davon. Und seine Tochter, fiel ihm ein, sollte unverzüglich an Antonina schreiben; vielleicht war von dort etwas zu erfahren.

Theodora stand zitternd da, bis seine Schritte auf dem Korridor verklungen waren. Sie hatte nicht vor zu warten, bis der Kappadokier in dieser Sache bei ihrem Mann vorstellig würde; sie wollte selbst mit ihm sprechen. Ihren weißen Mantel umgeworfen, eilte sie ohne Begleitung durch die Gänge, eine leuchtende Seidenwolke flatternd hinter sich herziehend, über der ihr offenes Haar hin und her peitschte. So stand sie vor der zweiflügeligen Eichentür zu den Gemächern ihres Mannes, das Gesicht bleicher als die Seide, die sie einhüllte. Die Wachen kreuzten die Speere vor ihr.

»Wißt Ihr nicht, wer ich bin?« Die schwarzen Augen bohrten sich in die der Wachen, die kummervoll die Köpfe schüttelten.

»Befehl des Kaisers!«

Theodora taumelte ein paar Schritte zurück wie gestoßen. Eine Gewalt schien sie ein paarmal um sich selbst zu drehen wie einen Kreisel. Dann rannte sie, noch immer schwindelig und im Laufen an die Wände der Korridore stoßend, gehetzt wie das Jagdwild auf dessen Fresken, zurück in ihre eigenen Gemächer. Er wußte es, sie hatten es ihm gesagt. Er wußte nichts Sicheres, sonst wäre sie schon tot. Aber er mißtraute ihr nun. Theodora sah seinen halb wahnsinnigen nächtlichen Blick auf sich gerichtet. Er mißtraute ihr nun! Endlich kam sie zu ihren Zimmern. Dort kroch sie ins Bett, zurück in die Wärme, zurück in die Helligkeit ihrer Lampe, zurück in die Angst. Irgendwo hinter diesen Mauern ging ihr Mann, ging der Kaiser, schlaflos auf und ab und betete. Und er dachte an sie.

Heimkehr

Es war ein armseliger Empfang, den Kaiser Justinian seinem heimkehrenden Feldherrn bereitete: ohne Feierlichkeiten und Wagenrennen, ohne die öffentlichen Szenen der Freundschaft und des Vertrauens zwischen zwei großen Männern. Theodora hatte brieflich versucht, auf einem Triumph für Belisar zu bestehen, doch vergebens. Der mißtrauische Justinian weigerte sich, dem Volk einen strahlenden Helden zu präsentieren, voller Angst, daß der nach einem Thron streben könnte. In den Räumen der Magnaura wurde der westgotische Staatsschatz lieblos arrangiert und zusammen mit der Königsfamilie und den Kindern des westgotischen Adels, die Belisar als Geiseln mitgebracht hatte, einem zögerlichen Senat ohne große Umstände vorgeführt.

Das Kaiserpaar schritt der kleinen offiziellen Prozession durch die hohen Räume voran, ohne einander anzusehen oder ein Wort zu wechseln. Noch nie war so eine Kälte zwischen ihnen gewesen. Ihr Gefolge schob sich an Kisten, Waffen, Tellern und Kirchenschätzen vorbei und erwähnte halblaut staunend mit ausgestrecktem Finger dieses und jenes, während die Gotensöhne sich furchtsam unter den fremden Augen an die Beine ihrer Waffenmeister klammerten und dem Exil entgegensahen. Die Stimmung war gedrückt, nur Prokopios schritt innerlich pfeifend an der schimmernden Pracht und ihren früheren Besitzern vorbei. Da vor ihm ging sie, nein, dachte er voll Stolz, sie schwebte voller Anmut. Unter den schweren Seidenstoffen konnte er die Bewegungen ihrer Glieder ahnen, ihrer schlanken Arme und Schenkel. Ihre schmalen Handgelenke wurden sichtbar, wenn sie die Armreifen zurückschüttelte, um etwas in die Hand zu nehmen. Und ihr Haar, unter dem hohen Diadem und dem darübergelegten Schleier ganz verborgen, er glaubte, es riechen zu können, obwohl er zwanzig Meter und viele Menschenreihen hinter ihr ging. Die Vorfreude rötete sein Gesicht, und er war dankbar, daß ihres so weiß und ungerührt blieb, wie ihr Amt es verlangte. Oh, er wußte, wie diese Hülle in seinen Armen schmelzen würde. Er würde sie glücklich machen. Stumm in der Menge der Höflinge schreitend, leistete Prokopios diesen Eid. Seine Hand tastete nach dem bestickten Ledersäckchen in seiner Tasche, das ein Armband aus zart purpurfarbenen Rosenquarzen enthielt, dem Stein der Liebenden. Er hatte genau die Farbe ihrer Brustspitzen, dachte Prokopios, und zum Teufel damit, wer sollte schon erfahren, daß das Schmuckstück von ihm war, bei all dem Plunder, den sie besaß? Wenn das stimmte, was er gehört hatte, dann würden sie ohnehin bald die glücklichsten Menschen der Welt sein.

Als Belisarius ihn später mit gemessenen Worten dem Kaiser vorstellte und seine umfangreiche Geschichte des gotischen Krieges pries, die bald als Buch erscheinen sollte, zum Ruhme Justinians, da war Prokopios über die laue Entgegnung nicht einmal besonders enttäuscht. Belustigt sah er den mitleidigen und doch heimlich triumphierenden Blick seines Kollegen Johannes Lydos nach der Abfuhr auf sich ruhen. Wenn der arme Johannes wüßte, wie gleichgültig ihm all dies war. Er hatte seinen alten Ehrgeiz in drei blutigen Kriegen längst verloren, er hatte etwas viel Größeres, er hatte sie. Prokopios wagte einen Blick auf ihr trauriges stummes Gesicht, und einen Moment war die Vorstellung, es in seine Hände zu nehmen und die ersten zarten Falten auf dieser Stirn zu küssen, so lebendig, daß er plötzlich nicht sicher war, ob er es nicht tatsächlich vor aller Augen getan hatte. Schleunigst trat er zurück an seinen Platz. Hoffentlich hatte er ihr keinen Kummer gemacht; er wollte ihr keinen Kummer machen, jetzt, wo alles so wunderbar werden konnte.

Das Kaiserpaar verschwand unter seinem Baldachin mit den zitternden Silbertroddeln, und Prokopios blieb in der Halle zurück und trat auf alte Freunde zu, die in Grüppchen dastanden und diskutierten, ließ sich auf die Schulter klopfen und beantwortete

Fragen über den Feldzug und sein neues historisches Werk. Er berichtete die Geschichte von seinem Sturz in das Loch, bevor andere es taten, mit dem nötigen Humor und einer Prise Selbstironie und genoß seinen Erfolg. Byzanz hatte ihn wieder. Heute nachmittag würde er durch seine breiten Straßen schlendern, voller wohlgenährter, unterhaltungslustiger Menschen, er würde im Hippodrom für die Grünen schreien, einen von Philippas berühmten Fladen kaufen und zu Füßen der Konstantinssäule verspeisen. Er würde stundenlang in den Buchhandlungen rund um die Universität stöbern und dann den Lichtern in die Rebenlauben der Tavernen folgen zu langen, wunderbaren Debatten mit seinen Kollegen beim Wein. Und dann, spät nachts, wenn die Ochsenkarren bereits zu rollen begannen, um die Marktstände für den nächsten Tag zu bestücken, dann würde er nach Hause wanken unter dem Sternenhimmel, der sich in Byzanz' tausend Brunnen spiegelte, vorbei am im Lampenlicht schimmernden Milion unter seinem Steinbaldachin, vorbei an der stummen Silhouette des Hippodroms, an den Foren im lauen Duft der nahen Gärten, vorbei am verschlafenen Gezwitscher der Vögel in den Olivenbäumen längs des Lykosbaches, hinein in den neuen Tag. Und irgendwann würde sie kommen. Prokopios war gänzlich und vollkommen glücklich.

Als er Stunden später die Magnaura verlassen wollte, packten ihn in einem Korridor plötzlich starke Hände und schoben ihn durch eine Tür.

»Aber«, protestierte er vergebens gegen die sich mit einem Knall schließenden hölzernen Flügel, und einen Moment griff die Angst nach ihm, daß dies der lange erwartete Moment und das Ende von allem sein könnte. Er drehte sich um und erwartete, einem düster blickenden Justinian inmitten der gezückten Schwerter seiner Leibwachen in die Augen schauen zu müssen. Doch da sah er sie, sie stand am Fenster, noch in der prächtigen Robe des Vormittags, nur den Schleier hatte sie von ihren Haaren genommen, die in vier dicke Zöpfe geflochten von dem hohen Reif des Diadems herabfielen. Sie war da; Prokopios' Herz klopfte. Was wagte sie in diesem Moment nicht für ihn! Also mußte es wahr sein! Rasch ging er zu ihr und strich zart mit dem Finger über die zitternden Perlgehänge, die über ihre Schläfen schmeichelten. Mit einem Ruck hob sie ihm ihr Gesicht entgegen, wie einen Stein. Die Furcht darin tat ihm weh.

»Ich weiß, Liebste, ich weiß«, murmelte er und zog sie an sich, streichelte ihr Haar unter dem Ornat wie das eines Kindes. »Ich weiß alles.« Eine Weile schwiegen sie. Theodora überließ sich seinen Armen und glaubte zu ersticken an dem Versuch, ihre Tränen zurückzuhalten. Prokopios fuhr fort zu sprechen. »Ich weiß, daß es schwer werden wird, aber wir können es schaffen. Sag mir nur, wo er ist, dann werde ich ihn holen und zu mir nehmen. Ich werde ihn hüten und erziehen, und es wird etwas bleiben von uns beiden, Liebste, von uns.« Er kämpfte mit den Tränen der Rührung. »Du wirst sehen, wir werden glücklich sein.« Er hob ihr Gesicht zu sich hoch. »Du, ich und unser Sohn. Es stimmt doch, nicht wahr?«

Theodora sah das glückliche Leuchten und die Hoffnung in seinem Gesicht. Noch nie in ihrem Leben war sie so allein gewesen wie in diesem Moment. Sie hörte nichts wirklich von dem, was ihr Geliebter ihr erzählte über die glückliche Zukunft, das Haus, das ihm gehören würde, den Unterricht für ihren Sohn, ihrer beider Weiterleben in ihm und seinen Kindern in Ewigkeit. Sie liebte ihn für seine Liebe, und zugleich haßte sie ihn dafür. Denn nun würde sie ihm wehtun müssen. Konnte er nicht sehen, daß nichts davon wahr werden würde? Es gab keinen Ort auf dieser Welt, wo er oder ihr Kind vor den Verfolgungen ihres Mannes sicher wäre, keinen. Sie hatte die letzten Wochen auf der Schwelle des Todes verbracht, und auch Prokopios stand in dieser Gefahr, wenn er sich ihr oder seinem Sohn nur einmal wieder näherte. Seine Schwärmerei konnte sein Ende sein. Und das ihres Kindes.

»Wir, wir dürfen uns nicht mehr sehen«, brachte sie schließlich mühsam hervor und richtete sich auf. Einen Moment lang war sie nicht sicher, ob er sie überhaupt gehört hatte.

»Was?« fragte er schließlich irritiert, immer noch lächelnd. »Was redest du da nur für einen Unsinn, Liebste?« Er versuchte, sie wieder an sich zu ziehen. »Wir werden bald wieder glücklich zusammen sein.«

Ja, dachte Theodora bitter, im Grab. Sie werden dich grausam töten, Liebster, und ich werde es nicht ertragen. Theodora holte tief Luft und trat einen Schritt zurück. Sie zwang sich in eine lässige Haltung und sagte, wie Antonina sagen würde: »Also, das geht nun wirklich nicht.«

Entgeistert schaute Prokopios sie an. »Was meinst du?«

Er wollte wieder auf sie zugehen, aber sie entzog sich und ging lässig wiegenden Schrittes durchs Zimmer. Aber sie zitterte dabei so, daß sie fürchtete, zu stolpern und vor seinen Augen hinzufallen. »Ich bitte dich, du kannst doch nicht ernsthaft erwarten, daß ich mich in die Gefahr begebe, all das hier zu verlieren«, sie wies vage auf die kostbare Einrichtung des Zimmers, die Elfenbeinintarsien und vergoldeten Schnitzereien, »damit du mit deinem Sohn Familienidyll spielen kannst.« Sie stockte.

Prokopios schüttelte nur den Kopf und schien lachen zu wollen. »Das glaub ich nicht«, sagte er.

»Du wirst es glauben müssen!« Theodora stemmte die Arme in die Hüften. O Gott, dachte sie, mach es mir doch nicht so schwer. »Du hast von jeher gewußt, wer ich bin und woher ich komme. Dachtest du im Ernst, ich würde alles, was ich erreicht habe, so einfach aufgeben für einen, einen …« Das Wort kam ihr nicht über die Lippen.

»Du lügst«, Prokopios fuhr sich mit den Fingern durch das seidige Haar, das sofort widerspenstig wieder auf seine Schläfen zurückfiel. »Das lügst du doch. Ich liebe dich.«

»Tut mir leid«, antwortete sie. »Ich dachte nicht, daß du so viel

mehr darin sehen würdest.« Statt einer Antwort kam er mit schnellen Schritten auf sie zu, umarmte sie heftig und küßte sie.
»Ich habe auch schon jemand anderen gefunden«, keuchte sie atemlos, als er ihre Lippen freigab, aber er küßte sie wieder.
»Ich weiß, daß du lügst«, murmelte Prokopios. Er biß fast in ihren Mund, als wüßte er nicht, ob er sie liebkosen oder strafen sollte.
Verzweifelt riß sie sich los. Auf dem Korridor waren Schritte zu hören. Es mußte schnell gehen, o Gott, es mußte jetzt schnell gehen.
»Wir haben einen Sohn«, hörte sie Prokopios sagen.
Und, ganz von ferne, ihre eigene, langsame, wie nicht von ihr selbst kommende Antwort: »Nicht mehr.«
Die Schritte näherten sich, das gleichmäßige Trappen einer Eskorte.
»Was willst du damit sagen?« Prokopios flüsterte fast. Er war bleich geworden.
Langsam, jede Silbe betonend, erwiderte Theodora: »Ich lasse mir mein Leben nicht kaputtmachen.«
Die Schritte wurden lauter und lauter. Prokopios stand ohne Regung.
»Antonina! Chryseis!« schrie sie in höchster Panik.
Die beiden kamen wie verabredet auf den Ruf durch die Tür zum Nebenzimmer und stellten sich hinter sie. Die Tür zum Gang wurde aufgerissen, und Johannes der Kappadokier kam mit einer Abteilung Wachen herein.
»Es tut mir leid«, hörte Theodora sich sagen, »aber ich kann wegen Eures Geschichtswerks nichts beim Kaiser erreichen.« Es war, als träte man einen Sterbenden.
Johannes überblickte erstaunt die Szenerie, es war nicht, was er erwartet hatte, und er schluckte die Enttäuschung, aber pikant war es doch. Fast mitleidig legte er dem bleichen Gelehrten die Hand auf die Schulter, der aussah, als ob er jeden Moment kotzen würde. Die Kaiserin stand ungerührt. »Nun kommt«,

forderte Johannes den Rechtsberater Belisars auf. »Hier ist nichts mehr für Euch zu tun.«
»Hure«, keuchte Prokopios da. »Du bist immer eine Hure gewesen.« Er schrie. Und mit einer haßerfüllten Bewegung schmiß er ihr das Ledersäckchen vor die Füße. Antonina hob es rasch auf. »Ja, darauf seid ihr aus, Huren alle beide!« Johannes bugsierte den erregten Mann eiligst aus dem Zimmer, ehe ein Unglück geschah. Draußen im Korridor klopfte er Prokopios auf die Schulter.
»Bin ja ganz Eurer Meinung«, meinte er, »aber man muß auch an die Zukunft denken, was? So ein Auftritt wie der eben kann Euch Euren Kopf kosten.« Er tätschelte ihn erneut. »Na, ist ja noch mal gutgegangen«, verkündete er jovial. »Würde, mein Bester. Würde.« Dann schien er nachzudenken. »Vielleicht kann ich ja etwas beim Kaiser für Euch erreichen«, fügte er hinzu und taxierte Prokopios. Ein Vertrauter im Lager Belisars könnte nicht schaden, so viel stand fest. Und wenn der Mann nun mal so an seiner Arbeit hing … »Ich selbst bin ja nicht lange zur Schule gegangen«, schmeichelte Johannes, »aber ich habe Respekt vor der Wissenschaft, jawohl.« Prokopios schwieg. »Na, überlegt es Euch, was?« verabschiedete Johannes sich. »Wir beide sollten in den nächsten Tagen unbedingt mal zusammen essen gehen. Das Leben ist voller Möglichkeiten!«
Prokopios sah ihm nicht einmal nach. Auch jenseits der geschlossenen Tür, vor der Johannes zwei Wächter zurückgelassen hatte, war es totenstill.

Der Tod aus Philae

Byzanz hatte nicht die Zeit, der Demütigung seines Helden – Belisar – viel Aufmerksamkeit zuzuwenden. Wilde Reiterhorden aus dem Norden zogen marodierend über die Ebenen heran, und man kauerte angstvoll hinter den Mauern, bis die Gefahr gebannt war. Dann zog Belisar an der Spitze seiner Truppen in den dritten Krieg gegen Persien. Die nächste Sensation war der große Umzug, in dem die Standbilder und Priester des letzten heidnischen Kultus im Römischen Reich ausgestellt wurden.

Justinian hatte den Isistempel auf Philae schließen lassen, die heiligen Tiere geschlachtet, die Säulen in christliche Kirchen geschleift, die Tempelmauern zum Steinbruch erklärt, und die Gläubigen wurden zwangsgetauft. Das gleiche Schicksal wartete auch auf die Priester, die zunächst auf dem Vorplatz der Hagia Sophia vor allem Volk anhand der Kultbilder und -geräte die irrigen Anschauungen ihres Aberglaubens erläutern mußten, dem allgemeinen Gelächter preisgegeben, um dann das Haupt unter die taufende Hand des Patriarchen zu senken. Sie verschwanden für immer in Klöstern, die Statuen, Musikinstrumente, Schmuckstücke, Göttersänften und Gerätschaften wurden den Flammen übergeben oder eingeschmolzen, die Edelsteine herausgebrochen und als Schmuck den Kirchen von Byzanz einverleibt. Nichts blieb übrig von der Stätte, die Prokopios vor über zwanzig Jahren bereist hatte. Seine Erinnerungen, während der Rauch aufstieg, waren weit schwärzer als der wirbelnde Qualm. Die Kaiserin wohnte der prächtigen Zeremonie vor der Kirche nicht bei.

Kaum war Philae verwüstet, da sprang aus Äthiopien eine Krankheit herüber nach Asien und warf sich auf Stadt nach Stadt. Die Menschen flüsterten, dies sei die Rache der Isis, und flüchteten in die Heiligtümer. Aber alles Beten blieb vergeblich, der Fluch ließ einen Ort um den anderen entvölkert zurück. Erst spürte man ein leichtes Fieber, dann tasteten die Finger eine Schwellung, meist in der Leiste oder der Armbeuge. Bewußtlosigkeit, Delirium und Wundbrand folgten, manchmal linsengroße schwarze Flecken überall, Blutbrechen und schließlich der Tod. Im Mai des Jahres 542 erreichte er Byzanz.

Das Meer glänzte einem makellosen Himmel entgegen, die

Wimpel der ankernden Schiffe flatterten bunt im Wind. Die Kaimauern lagen warm in der Sonne, aber sie waren menschenleer. Die Mese lag wie ausgestorben, nur die Katzen strichen zwischen den Arkaden herum und klagten miauend vor den mit Brettern vernagelten Imbißstuben und Metzgereien. Alle Fenster waren verhängt; kein noch so heißer Augusttag hatte Byzanz je so ausgestorben wirken lassen. Die Kirchen, aus denen gestern der Gesang der dort dicht lagernden Gläubigen gedrungen war, sie schwiegen heute. Und auf den besonnten Straßen knirschten einsam hallend die Räder der Ochsenkarren, um die in weiße Tücher eingenähten Körper aufzusammeln, von eiligen Händen aus Türen geschoben, die schnell wieder zuklappten. Dreimal am Tag kamen die Karren vorgefahren, die Leichen aus der Stadt zu bringen. Vor den Mauern wurden die Massengräber ausgehoben und die Last aus Leibern hineingekippt. In Sykai wurden sie der Toten nicht mehr Herr, deckten die Türme der Wehrmauer ab und warfen sie hinein. Gestank überzog die Stadt.
Wer alleine starb, verweste in seinem Bett, wer lebte, der hungerte, weil die Märkte und Läden geschlossen waren. Die Bauern des Umlandes trieben die nahrungsuchenden Städter mit Dreschflegeln und Knüppeln zurück, doch es waren zu viele. Sie plünderten die Felder, infizierten die Bewohner und ließen die Pest los nach Norden. Sie fraß sich nach Thrakien.
Schließlich hielt es die Menschen nicht mehr in ihren Häusern, wo sie nichts tun konnten als sterben. Feiernd zogen sie durch die Straßen, Gesunde gemeinsam mit Kranken und Sterbenden, tanzten auf den Plätzen und warteten, wen die Hand berühren würde und wen nicht. Die Schenken öffneten noch einmal und verkauften ihren letzten Wein. Die Menschen saßen in den Rebenlauben, Tücher vor dem Gesicht gegen den Gestank, und tranken, während draußen im Sonnenlicht die Menschen umsanken und die Totenkarren als einzige Fahrzeuge rollten. Dann wurde es wieder still in Byzanz. Auf den Treppen lagen die bei

ihren letzten Schritten Zusammengebrochenen. Halbverhungerte Hunde nagten scheu an ihren schwarz verfärbten Fersen.

»Es ist nicht ansteckend«, gab Johannes Lydos die allgemeine Ansicht wieder. »Die einen berühren einen Kranken und werden auch krank«, dozierte er, »den anderen geschieht das nicht. Wieder andere zeigen die Symptome, obwohl sie nie mit einem Kranken in Berührung kamen.« Er hob die Hände und verschränkte sie dann.

»Wenn das deine Meinung ist«, antwortete Alexander von Tralles und hob mit einem Metallschaber die eiterdurchtränkten Binden von den Leisten seines Patienten, »dann faß doch bitte mal mit an.« Johannes Lydos schluckte.

Sie standen im Spital des heiligen Samson, das die Ärmsten der Stadt kostenlos aufsuchen konnten, um sich behandeln zu lassen. Der schlichte Saal im ersten Stock war überfüllt mit Liegen, auf denen sich stöhnende Menschen wälzten. Ihre ekelhaften Schwären stanken, und die Luft roch süß nach Verwesung. In einigen Pfannen brannte Weihrauch, Fliegen sirrten durch den Nachmittag, Mönche murmelten letzte Gebete und trugen Schalen mit durchtränkten Verbänden hinaus. Die Sonne beleuchtete alles hell und freundlich.

»Ich bin Schreiber, kein Wundarzt«, entgegnete Johannes Lydos hastig. »Ist ja widerlich«, fügte er hinzu, als der Eiter Fäden zog. »Hol dir dafür einen der freundlichen Brüder.«

Alexander nickte grimmig lächelnd. »Meiner Ansicht nach tust du auch besser daran, denn ich sage dir, es ist wohl ansteckend.«

Eine greise Dienerin schlurfte zwischen den Betten herum und verteilte murmelnd Amulette. Die beiden folgten ihr eine Weile mit den Augen, ehe Alexander weiterarbeitete.

»Unfug, das«, nahm Johannes Lydos den Faden des Gesprächs wieder auf. »Auf welchem Wege sollte eine Krankheit von einem Menschen auf einen anderen übergehen?«

»Vielleicht mit den üblen Dämpfen in der Luft«, Alexander zuckte die Schultern. »Ich weiß es nicht.« Er setzte sein Messer an und öffnete das Geschwür. Sekret spritzte, und beide Männer wichen zur Seite. »Aber ich weiß, was ich sehe, und ich werde es herausfinden. Verbände«, rief er, aber niemand reagierte. »Hat denn hier niemand mehr Verbände?«

Der Mönch, der schließlich heranstolperte, hielt ihm die Binden hin mit einer Hand, die schwarze Flecken gestockten Blutes entstellten. Dann sank er um. Wortlos legten seine Brüder ihn auf eine frei gewordene Liege. Als sie ihm die Sandalen abstreiften, wurden seine schmutzigen Füße sichtbar, die im Fieberdelirium zuckten. Johannes Lydos konnte nicht anders, als sie anzustarren. Wenn sein Freund nun recht hatte? Er rieb sich die Arme und atmete unwillkürlich flacher.

»Also dann«, murmelte er, »vielleicht sollte ich gehen.«

Eine klauenartige Hand hielt ihn auf, von der einige Kettchen herabbaumelten. »Amulett gefällig?«

Johannes Lydos schob die Alte beiseite. Dann stolperte er eilig hinaus in den heißen August.

Wenig später war Sophia zu Hause im Palast, wo sie ihre Einnahmen zählte und die restlichen Amulette unter ihre Matratze schob. Sie verfluchte den heißen Tag, der sie so ungewohnt ins Schwitzen gebracht hatte. Sie freute sich auf ein Bad. Da fuhr ihre Hand beim Abstreifen der Gewänder über das Geschwür in der eingefallenen runzligen Leiste, und sie jaulte wie ein Hund. Die Zofen starrten auf die rosenfarbene Beule, ließen schreiend die Wassereimer fallen und rannten hinaus. Man fand Sophia bewußtlos auf dem nassen Boden.

»Sophia«, versuchte Theodora sie durch die Fieberschwaden hinweg zu erreichen und streichelte die unruhig herumzuckende alte Hand. »Sophia. Alles wird gut.« Sophias Kopf rollte auf dem Kissen hin und her, als wollte sie heftig verneinen. »Doch«, versuchte Theodora zu scherzen, »du wirst eine lange Reise machen und einen gutaussehenden dunklen Mann kennenlernen, wart's nur ab.«

Da schien Sophia zu sich zu kommen. Brüsk entzog sie ihrer Kaiserin die Hand, winkte sie dann aber zu sich heran. Theodora näherte ihr Gesicht dem der alten Frau. »Dieser Arzt«, keuchte Sophia.

»Welcher Arzt?« fragte Theodora irritiert. »Willst du einen Arzt, Sophia?«

Doch die schüttelte den Kopf. »Der aus Tralles, im Hospital, heiliger Samson.« Sie hatte Mühe zu sprechen.

Theodora nickte.

»Er sagt«, wieder mußte Sophia innehalten. »Er sagt, es sei ansteckend.« Damit stieß sie Theodora erneut mit aller Kraft zurück, die ihr blieb.

Theodora stand auf und betrachtete wie erstarrt die Fiebernde, die nun mit geschlossenen Augen dalag. Ihr erster Impuls war fortzulaufen. Dennoch blieb sie wie angewurzelt stehen. Da war eine Idee, die wollte zu Ende gedacht werden. Schließlich fiel ihr Blick auf das am Boden liegende Häufchen mit Sophias Kleidern. Theodora nahm ohne lange nachzudenken ihren eigenen Schal ab, hob Sophias Untergewand damit auf und steckte es so eingewickelt unter ihren Mantel. Dann ging sie los wie im Traum.

Justinians Schlafgemach, das ihr nachts noch immer verschlossen war, lag tagsüber verlassen da. Die Diener wunderten sich, ließen sie aber gewähren, als sie in das leere Zimmer trat. Schnell riß sie aus Sophias Gewand einen unauffälligen weißen Fetzen heraus und schob ihn zwischen die baumwollenen Laken. Sie hatte getötet oder fortgeschickt, was sie liebte, und der Schmerz tobte noch immer heftig in ihr. Alles, woran sie hing, war durch Haß und Zwang von ihr getrennt. Warum, fragte sie sich, warum sollte gerade er bei ihr sein und leben dürfen? Und am Ende sie selbst noch ermorden in seinem Wahn? Zornestränen stiegen ihr in die Augen. Da sah sie sein Bergkristallkreuz auf dem Schreibtisch stehen, nahm es und zertrümmerte es an der Wand. Der helle Stein, der Ruhe und geistige Klarsicht des Kaisers hatte fördern sollen, zersprang in gläserne Splitter.

Antoninas Sorgen

Antonina traf sie später in ihren eigenen Räumen, auf und ab tigernd. Sie betrachtete sich das Schauspiel eine Weile und kaute auf ihren Haarspitzen. Einerseits war sie froh, daß die Freundin überhaupt wieder aufrecht ging, nachdem sie wochenlang nicht von ihrem Lager hochgekommen war. Andererseits sah das hier auch nicht viel gesünder aus. Wie ein Zirkustier in seinem Käfig, bevor es in die Arena soll. Auf irgend etwas schien Theodora zu warten, leidenschaftlich zu warten, wie Antonina aus der Art schloß, wie ihr Kopf hochfuhr, wenn auf dem Gang Schritte hörbar wurden. Wenn sie doch nur wüßte, was überhaupt los war! Erst war ihr Theodora nach ihrer Rückkehr überschwenglich um den Hals gefallen, dann hatte sie geweint ohne Ende, dann kam diese unverständliche Szene mit Prokopios, schließlich war sie versteinert. Und jetzt tigerte sie, soweit Steine tigern konnten. Scheiß auf die Metaphern, dachte Antonina. Aber wenn ich sie noch länger so beobachte, wird mir schwindelig. Irgendwann, rief sie sich zur Ordnung, würde sie anfangen müssen. Es war vielleicht nicht der rechte Moment, aber sie mußte es versuchen.

»Aaah!« Mit einem demonstrativ lauten Seufzer ließ sie sich schließlich in einen Sessel sinken und eröffnete das Gespräch. »Das Leben ist nicht gerecht, findest du nicht auch?« fragte sie betont lässig. Schweigen schlug ihr entgegen. Nicht, daß sie mit einer Antwort gerechnet hätte. Locker spann sie ihren Faden weiter. »Da läßt mein Mann mich endlich einmal zu Hause, und schon flüchtet mein süßer Theodosios in ein Kloster, und ich sitze zu allem Überfluß in einer Peststadt fest, in der keine einzige Party mehr gefeiert wird. Ganz davon abgesehen«, fügte sie nach einer kalkulierten Pause hinzu, »daß mein geliebter Gatte mich offensichtlich umbringen will.« Sie erschrak, als sie Theodora heftig zusammenzucken sah.

»Was hast du gesagt?« schrie sie und lief auf Antonina zu.

»Lieber Himmel, danke für die Anteilnahme«, frotzelte sie. »Nach deiner Apathie die letzten Wochen dachte ich nicht, daß dich mein Schicksal noch so mitnimmt. Danke, vielen Dank.«

»Entschuldige. Was?« Theodora nahm ihre Runden wieder auf.

»Nun ja, um ganz ehrlich zu sein«, redete Antonina weiter, »dachte ich, daß du jetzt, wo du deinen Liebhaber aus mir immer noch nicht ganz klaren Gründen einfach so abgestoßen hast, auch von mir und meinen Affären langsam die Schnauze voll hast, wie der Höfling zu sagen pflegt.« Sie wartete. Für Antonina war dieses Geständnis ziemlich nahe an der Wahrheit dran. Sie fühlte sich von ihrer Freundin beunruhigend allein gelassen, umstellt vom Hoftratsch und belauert von ihrem Mann, ohne daß Theodora etwas zu ihren Gunsten unternahm. Warum ging sie nicht einfach zu ihrem Mann und half einer alten Freundin ein bißchen? Langsam verlor sie das Vertrauen in Theodora.

Belisar hatte Antonina tatsächlich in Byzanz zurückgelassen, weil er schwankte, ob er sie nun verlassen, ermorden oder ignorieren sollte, und sie ihn besser nicht reizen wollte. Und Theodosios war in dieser Situation ein Kloster als der sicherste Aufenthaltsort erschienen. Ein saftiger Skandal. Zum Glück für Antonina war Byzanz nicht ganz in der Verfassung, ihn angemessen auszukosten. Zum Unglück für sie würde in dieser Situation auch ein Meuchelmord an ihr kaum jemandem auffallen.

Tatsächlich hatte sie ein Druckmittel in der Hand, das Theodora dazu bringen könnte, sich wieder aktiv hinter sie zu stellen; nicht umsonst hatte sie sich in langen Briefen die Zuneigung von Johannes' Tochter erworben. Sie konnte diese Verbindung Theodora zum Fraß vorwerfen – oder sie nutzen, je nachdem, was verwirklichbar wäre. Wenn die Freundin mit ihrem anhaltenden Desinteresse am Leben ihr nur eine Möglichkeit bieten würde, ins Gespräch zu kommen!

»Ich meine ja nur«, setzte sie erneut an, »daß wir beide derzeit Sorgen genug haben, ich mit meinem Gatten, du mit deinem – und mit dem Präfekten, und daß wir vielleicht mal drüber reden sollten …« Sie brachte den Satz nicht zu Ende, ihre Freundin war mit den Gedanken offensichtlich woanders. »Huhu, hörst du mir noch zu?«

»Gatten?« Theodora hob den Kopf, Antonina schob das Kinn vor. Da kam der Bote mit der Nachricht vom Sterben – Sophias. Theodoras Hand, spürte Antonina, war eiskalt.

Am nächsten Tag lud Antonina das Mädchen Euphemia zu einem langen Spaziergang um das Polofeld ein. Es war einer von vielen Spaziergängen, die sie gemeinsam unternahmen, seit Antonina in der Hauptstadt war, und das Thema war immer dasselbe.

»Belisar, mein Mann, hat nichts als Undank von diesem Kaiser geerntet. Der ganze Staat ist auf Unrecht gegründet«, lamentierte Antonina gerade wieder seufzend.

Und Euphemia gab eine ihrem Alter entsprechend altkluge Antwort: »Daran, liebe Freundin, seid aber nur Ihr Schuld, weil Ihr trotz der Möglichkeiten von Eurer Macht keinen Gebrauch macht.«

Das Getrappel der Pferde und die Rufe der Spieler übertönten dieses Gespräch höchst vorteilhaft. Wer sie so gehen sah, konnte denken, sie interessierten sich für die Sportler auf dem Rasen. An nichts allerdings dachten die beiden weniger. Antonina gab sich gelangweilt, drehte und wendete aber in Gedanken Euphemias

Worte hin und her. »Trotz der Möglichkeiten«, sprach daraus nichts als die Überzeugung einer feurigen vierzehnjährigen Regierungsgegnerin, oder stand dahinter ihr Vater? Ging sie hier bereits mit dem Präfekten spazieren? Wie lange wartete sie schon darauf, seine Stimme aus Euphemias Mund sprechen zu hören wie aus einem Medium. Denn wer mit dem Teufel verhandelte, mußte sich eines solchen bedienen. Es schien ihr, als durchbebte eine gewisse Spannung das Mädchen. Sie beschloß, sich endlich vorzuwagen.

»Ach, Kindchen«, plauderte sie betont beiläufig, »wir sind ja imstande, beim Heer einen Umsturz herbeizuführen. Aber hier in der Heimat fehlt uns die Unterstützung eines Mannes bei Hofe, der weiß, was er will und was nottut. Ohne ihn … ach, was soll's, müßige Spekulationen.« Und als hätte sie zuviel gesagt und wollte das Thema wechseln, hängte sie sich bei der Freundin ein und zog sie näher ans Spielfeld. »Erzähl um Himmels willen niemandem etwas davon«, raunte sie noch, und dann, lebhafter: »Siehst du den Blauen? Er wird sich den Punkt holen. Los!« Sie feuerte die Spieler an.

Euphemia schwor einen Eid, mit niemandem auch nur ein Sterbenswörtchen über das Thema zu sprechen, war beim Zusehen dann nicht sehr bei der Sache und strebte eiliger heim als gewöhnlich. Abends dann stand sie vor ihrem Vater.

»Sie suchen einen Agenten bei Hof, der für Belisar den Umsturz vorbereitet, sehe ich das richtig?«

Euphemia nickte mit vor Eifer geröteten Wangen.

»Das ist eine Falle.«

»Ist es nicht!« Euphemia war schwer gekränkt. »Sie ist meine Freundin, wir haben keine Geheimnisse, und sie, sie«, sie suchte nach Worten. »Antonina hat sich wie eine Verschwörerin verhalten, genau. Sie hat geflüstert und sich umgesehen. Und wenn jemand kam, dann sprach sie über Polo.«

»Polo.« Die Gedanken des Präfekten wanderten bereits.

»Sie würde mich niemals anlügen«, setzte seine Tochter noch mit der ganzen gekränkten Würde eines Kindes nach.
Wer könnte sie auch. Gerührt sah Johannes seine Kleine an, sein hübsches Mädchen. Wer hätte gedacht, daß sie ihm einmal eine solche Möglichkeit ins Haus brächte! Während er liebevoll ihre Wange tätschelte, wanderten seine Gedanken bereits, die langen Palastwege entlang, um Ecken und Hecken bis hinunter zum Polofeld – und scheuten. »Ich werd's mir überlegen«, beschied er die schmollende Euphemia, »ich werd's mir überlegen. Man müßte Erkundigungen einziehen …«
Ihr »Gute Nacht, Papa« hörte er bereits nicht mehr.

Ich liebe dich

Theodora flüchtete sich vor der Welt an Sophias Sterbebett, zitternd vor Unruhe. Widerwillig und fasziniert zugleich betrachtete sie die Delirierende.
»Weißt du noch, wie du deiner Mutter die Schlangen geholt hast?« fragte Sophia.
Theodora nickte, ungeduldig. Schon mehrmals hatte die Sterbende das wissen wollen. Ihr eigener Blick glitt fahrig durchs Zimmer. Warum kamen keine Boten? War er schon tot? Schlangen! Was tat sie hier? Doch plötzlich, fast gegen ihren Willen, erinnerte Theodora sich. Sie saß da, war wieder ein Kind und konnte den starken Reptilienleib gegen die Wände des Korbes schlagen spüren, den sie auf dem Schoß hielt. Die Begrüßungsworte in der alten Sprache ihrer Mutter fielen ihr ein. Sie wandte sich Sophia zu.
»Die Mutter war gnädiger zur Erde als der große Vater«, seufzte die Alte. »Sie liebte uns. Die Anhänger des Vaters hassen das Leben, ha!« Sie lachte und mußte husten.
Theodora sprang auf und sah sich nach einem Glas Wasser um.

»Den Leib wollen sie hinter sich lassen«, keuchte die Kranke verächtlich. »Als ob er nicht ein Geschenk an uns wäre. Die Lust wollen sie töten.« Wieder hustete sie und holte tief Luft. So hätten sie es gern in ihren … überschätzten Hirnen.« Ihr Blick begann zu wandern.
»Ist ja gut, Sophia«, beruhigte Theodora sie hilflos. »Es ist alles gut.«
»All ihre Demut, nur Hybris. Deine Mutter wußte … die Liebe.« Dann sagte sie nichts mehr.
Theodora saß neben ihr, betrachtete die Verwüstungen, die die Krankheit auf Sophias Haut angerichtet hatte, wurde ruhiger und dachte an ihre Mutter, an Makedonia, Justinian und an Prokopios. »Ja, ich weiß«, murmelte sie. »Ich habe es erfahren.«
»Erfahren, pah!« Sophia bäumte sich noch einmal auf. »Deine Mutter hatte es in sich. In sich, verstehst du! Sie konnte es geben. Sie konnte es mir geben. Küß mich!« forderte sie fast schreiend in ihrem letzten Delirium. »Küß mich!«
»Sophia!« Erschrocken versuchte Theodora, die tobende Greisin auf ihr Bett zurückzudrücken.
»Küß mich!« herrschte das entstellte Gesicht. Dann sank Sophia zurück. »Wie hübsch du damals gewesen bist«, hauchte sie.
»Ich, ich …«, versuchte Theodora zu sich zu kommen. Da rollte Sophias Kopf auf die Seite, sie war tot. Theodora sah sie lange an. Dann beugte sie sich über sie und drückte ihr einen Kuß auf die aufgesprungenen, verfärbten Lippen.

Als sie sich wieder aufrichtete, war der Kuß noch da.
»Antonina?« Erschrocken richtete sie sich auf. »Oh, Chryseis. Ist …?« Sie wußte, was nun kam. Aber warum blieb die Euphorie aus? Während die Zofe zögernd berichtete, daß der Kaiser an der Pest erkrankt war, bemerkte Theodora verwundert, daß die Nachricht sie nicht freute, sondern beklommen machte. Sie hätte doch triumphieren müssen? Statt dessen fühlte sie, ja was?

Sie fuhr sich mit den Fingern über die Lippen, die eben auf Sophias geruht hatten. Die Liebe, wunderte sie sich, die Liebe. Sie hätte niemals so verzweifeln dürfen! Theodora raffte die Kleider auf und rannte durch die Gänge, vorbei an Mauern verlegenen Schweigens, vorbei an mitfühlenden Menschen, von denen keiner ahnte, was in ihr vorging.

Eine Barke mit Purpursegeln brachte Justinian über das Goldene Horn in die Kirche der Heiligen Kosmas und Damian, wo er für seine Genesung bitten lassen wollte. Theodora blickte ihr von der Stadtmauer aus nach; es war das einzige auf dem leeren Meer ringsum. Sie hätte nie so resignieren dürfen! Theodoras Gedanken überschlugen sich voller Reue. Sie hätte den infizierten Fetzen liebend gerne aus seinem Lager zurückgeholt. Sie durfte keinen weiteren Mord begehen; sie konnte mehr als das. Justinian! Zum erstenmal nach Jahren vermochte sie mit so etwas wie Mitleid an ihn zu denken. Sie hätte ihn dazu bringen können, ihr wieder zu vertrauen, sie war mit einemmal sicher; Sophias Worte hatten sie sicher gemacht. Nein, sterben sollte er nicht; sie betete. Mit Abendschatten unter den Flügeln zogen die Krähenschwärme sattgefressen zurück auf ihre Inseln. Die Gischt in Justinians Spur leuchtete heller im letzten Licht, und Byzanz wuchs in die Dunkelheit.

Exit Praefectus

»Aber warum denn nicht?« Maßlos enttäuscht biß Euphemia sich auf die Unterlippe. Da hatte Vater ihr endlich diesen Auftrag gegeben, und jetzt … Sie mußte es einfach schaffen. Es war doch auch ganz unverständlich, daß ihre Freundin sich so zierte.

»Bitte, Nina«, bettelte Euphemia, »tu es mir zuliebe. Mein Vater ist ein kluger Mann und kann euch vielleicht helfen. Sprich mit ihm, bitte.« Schließlich war die widerstrebende Antonina bereit, Johannes dem Kappadokier an einem Ort außerhalb von Byzanz zu begegnen.

Der Abend sah Johannes und die Gattin Belisars auf einer Bank im Garten des Wirtshauses »Zum Elefanten« in der Vorstadt Rufinianai, wo der Praefectus praetorio seine Absicht, gemeinsam mit ihr Justinian vom Thron zu stoßen, feurig beeidete. Er kniete doch tatsächlich dabei vor ihr wie ein Liebhaber.

»Der Kaiser und sein Hurenweib werden hingerichtet«, schmeichelte er und rückte näher. »Sie haben Euch einmal zu oft betrogen. Ihr besteigt den Thron, an der Seite des Mannes, den Ihr liebt, was meint Ihr? Das kann Belisar sein, bis er Euch lästig wird, oder ein anderer. Antonina, schlagt ein!« Seine Hand auf ihrem Knie wanderte aufwärts.

»Wenn ich nur sicher wäre …«, zögerte Antonina.

»Ihr hört doch, daß ich schwöre«, unterbrach der Praefectus praetorio sie drängend. »Was soll auch die ganze Neffenwirtschaft! Ihr und ich …«

»So laßt mich doch ausreden«, beschwerte Antonina sich. »Wenn ich nur sicher wäre, wollte ich sagen, daß Narses mit seinen Leuten schnell genug aus der Hecke kommt, dann würde ich Euch gerne noch persönlich in die Eier treten, ehe Ihr für immer in einem Kerker verschwindet.«

Entsetzt sprang Johannes auf. »Das ist ein Scherz!«

»Ihr seid sehr nervös. Ein nervöser Mann ist ein schlechter Verschwörer.« Antonina lachte und tätschelte ihm die Wange.

Johannes brummte mißmutig und setzte sich wieder. Er starrte auf das Gebüsch.

»Wir müssen«, plädierte der Sekretär des Praefectus praetorio zur selben Zeit im Kronrat und ging die Reihe der Generäle und Minister entlang, »uns an Justinians Neffen Germanos als Nachfolger halten. Er ist mit einer Anicina verheiratet, das ist eines der ältesten Adelshäuser des Reiches und wird uns Legitimität verschaffen.«

»Heißt das«, fuhr der Patriarch dazwischen, »daß Ihr die Legitimität unseres Kaisers und seines Vorgängers und Onkels anzweifelt, weil ihr Adel weniger alt ist?«

Das beklommene Schweigen, aus dem des Patriarchen feines Lächeln erblühte, machte dem armen Beamten klar, welchen Fehler er begangen hatte. Aufgeregt wühlte er in den Papieren seines Herrn und suchte nach Instruktionen. Wo blieb der Praefectus auch nur. Es war nicht seine Art, so wichtige Termine zu versäumen.

»Ich …«, setzte er zu einer Entgegnung an. Da öffnete sich die Tür, und umgeben von ihrem Gefolge trat Theodora ein. Alles erhob sich mit vor der Brust gekreuzten Händen und ging dann in die Knie, um seiner Kaiserin die Proskynesis zu erweisen. Für wenige Momente sah sie die schweigenden Rücken der Männer. Doch der letzte hatte sich noch nicht erhoben, da ging der Streit bereits weiter. Theodora setzte sich unbeachtet und zog den Purpurmantel enger.

»Daß sie noch hier ist«, tuschelte ein Silentarius seinem Kollegen zu. »Wenn Germanos den Zuschlag erhält, dann läßt er sie hinrichten.«

»Von Justinus hat sie auch nicht viel mehr als ein ehrenwertes Exil zu erwarten, auch wenn er ihre Nichte geheiratet hat«, war die Antwort. »Besser für sie, sie wäre abgereist. Belisar ist zu weit weg, ihr jetzt zu helfen.«

»Belisar? Wo sie's doch mit dessen ehebrecherischer Frau hält? Der täte den Teufel«, warf ein anderer leise flüsternd ein.

»Aber sie und die Frau des Feldherrn sind doch …«

»Unglaublich!«

»… Abreise …« Das Gezischel wollte kein Ende nehmen. Die offizielle Debatte verstummte darüber, und der Patriarch zog bereits unwillig die Augenbrauen zusammen.

Da hob Theodora den Kopf. Ihr Libellarius stand unsicher auf, doch sie winkte ihn beiseite. Ihr Blick wanderte von einem zum anderen, graue Gesichter, ihr Publikum. »Meine Herren«, begann sie, »es wundert mich, daß jeder so tut, als sei der Kaiser bereits tot. Wie Geier«, setzte sie nach einem kurzen Zögern hinzu. Doch was hatte sie schon zu verlieren. »Wie Geier, die ein Wild umhüpfen, das sich noch bewegt.« Sie ignorierte die aufbrausende Entrüstung. »Zumal er«, fuhr sie lauter fort, und ihre Finger verkrampften sich unter der schützenden Stola ineinander, »in mir stets eine vertraute Vertreterin seiner Interessen hat und haben wird.« Wieder glitten ihre Augen die Reihen der Gesichter entlang, in denen sich das Staunen über ihre Tollkühnheit deutlich spiegelte. Wie gut, dachte sie, daß der Kappadokier nicht da war, ihr zu widersprechen. Er mußte wissen, wie Justinian sie Nacht für Nacht an seiner Tür abgewiesen hatte. Doch er war nicht hier, es ihr und den anderen vorzuhalten. Wo, fragte sie sich mit klopfendem Herzen, wo war Johannes? Laut fuhr sie fort: »Und wohlgemerkt, ich spreche noch nicht davon, mir in seiner Nachfolge einen neuen Gemahl mit auf den Thron zu nehmen. Ich nicht, denn ich weiß ja, daß mein Gatte lebt. Auch wenn andere dies vergessen haben.« Theodora setzte sich wieder; sie hätte auch keine Sekunde länger stehen können, ohne verräterisch zu wanken. Der Thronrat war im Aufruhr; überdeutlich hatte dieses Weib seine Ambitionen markiert und sie alle bedroht. Wie konnte sie sich das herausnehmen, ohne die Unterstützung des Senats, ohne – man schaute zum Patriarchen hinüber – ohne die Zustimmung der Kirche und ohne das Heer. Oder war Belisar etwa auf dem Marsch, lagen Söldner vor den Toren, von denen man nichts wußte? Würde ihnen bald eine Horde Heruler das Messer an die Kehle setzen? Überbesorgte schickten ihre Sklaven los, Erkundigungen einzuziehen. Oder war das alles nur ein Bluff? Was konnte dahinterstecken. Das Rad der Mutmaßungen drehte sich raunend und zischelnd.

»Die ganze Aufregung«, ließ sich da die erregte Stimme von Johannes' Sekretär vernehmen, »ist überflüssig, solange unsere berühmten Generäle im Osten sich weigern, irgendeine in Byzanz getroffene Nachfolgeregelung anzuerkennen.«
Theodoras Mund wurde schmal vor Zorn. Wagten solche zweitrangigen Stellvertreter jetzt bereits, das Wort gegen sie zu ergreifen?
»Wer sagt das?« erkundigte der Patriarch sich drohend.
»Ihre eigene Hand«, verkündete der Mann erleichtert und holte einige Briefe hervor. Das funktionierte doch prächtig, stellte er erleichtert fest. Er würde die Ambitionen der Kaiserin ausbremsen und zugleich Belisar vernichten. Unbegreiflich, daß der Präfekt diese Papiere in der Akte »Vorerst zurückhalten« einsortiert hatte; es war die beste Waffe, die sie besaßen. »Ein Gewährsmann in Persien schickte meinem Herrn dies«, rief er und hielt die Schriftstücke hoch, daß alle sie sehen konnten. »Schreiben Belisars und anderer Generäle, in denen sie sich verabreden, keinen Kaiser anzuerkennen, den sie nicht selbst auf den Thron gehoben haben.«
»Das ist Verrat«, verkündete der Patriarch.
»Das ist eine Lüge«, rief Theodora zur selben Zeit.
»Ach ja? Wenn Ihr das sagt, dann wißt Ihr wohl auch, wen Belisar für den Thron vorgesehen hat?«
»Plumpe Fälschungen! Wo ist der Praefectus praetorio, damit er mir das ins Gesicht bekennt?« forderte Theodora verzweifelt. Sie mußte bluffen, Augen zu und durch. O Gott, wo blieb nur Chryseis mit der Nachricht? »Nun? Wo steckt er? Getraut er sich nicht, mir unter die Augen zu treten? Schickt er seinen Stellvertreter, um diese unglaublichen Anschuldigungen vorzubringen?«
»Er ist verhindert«, antwortete da eine gelassene Stimme, tief, sämig, frivol und vertraut. Theodora sah Antonina hinter den gekreuzten Speeren der Wache in der Tür stehen und Chryseis umarmen. Und sie hob den Kopf und lachte, laut und befreit,

daß es von der Kuppel des Thronsaals widerhallte. Sie lachte, bis ihr Gelächter der einzige Laut in der großen Halle war und die Herren des Rates mit beklommenen Gesichtern einander anschauten. Triumphierend stand sie auf. »Soeben erreicht mich die Nachricht«, verkündete sie, »daß der Kaiser leben wird. Verrichten wir Gott zum Dank unsere Gebete. Die Diskussion ist beendet.«

»Ja, aber die Briefe!« Johannes' Sekretär wedelte noch immer hilflos mit seinen Beweisen. »Der Verrat des Generals!«

»Der General, natürlich.« Theodora lächelte süffisant. »Beordert ihn zurück und verhaftet ihn. Oder nein«, korrigierte sie und blinzelte ihrer Freundin über die Menge zu, »Belisar wird unter Hausarrest gestellt.« Damit verließ Theodora, Kaiserin von Byzanz, den Saal. Die Orgeln setzten ein.

Vor dem Sitzungssaal drängte Antonina sich heran. Energisch schlug sie einem Silentiarius die wippende Silberrute aus der Hand und wühlte sich durch das aufgeregte Gefolge zu Theodora vor. »He, weg da! Theo! Theo!« Atemlos griff sie nach ihren Händen und hielt sie fest.

Dann kam Narses und verkündete öffentlich die Verhaftung des Präfekten Johannes wegen Hochverrats.

»Was?«

»Johannes also!«

»Das ist Wahnsinn!« Der Sekretär wurde blaß; die Schreier überschlugen sich; niemand achtete mehr auf die beiden Frauen. Sie lächelten sich an. Mit beiden Händen faßte sie nach Antoninas Gesicht.

»Gut gemacht, Schatz«, sagte sie leise, »ich liebe dich.« Damit küßte sie ihre Gefährtin auf den Mund und schritt weiter. Verblüfft die Stelle befühlend, die Theodora eben mit ihren Lippen berührt hatte, sah Antonina der Davoneilenden nach. Eine Träne rollte über ihre Wange. Sie fing sie mit dem Finger auf, besah sie sich und schniefte theatralisch. »Und genau das«, sprach sie einsam in die Stille, die der abziehende Hofstaat hinterließ, »sieht natürlich wieder mal kein Schwein.«

Sie fand Justinian schlafend vor. Ein Arzt hatte das einzige Geschwür, das sich bisher gezeigt hatte, aufgeschnitten und verbunden. Nur hier und da ließ den Kranken ein leiser Fieberschauer zittern in der kühler werdenden Luft des September, die die Seuche mit sanftem Atem aus der leblosen Stadt blies.
Zum erstenmal seit langem verbrachte sie eine Nacht an seiner Seite, eingerollt in ihren gewohnten Sessel, die vertraute Decke um die Füße, doch diesmal ohne den vertrauten Haß. Erleichtert blickte sie auf ihren schlafenden, endlich einmal schlafenden Mann und wußte nicht, was sie empfand. Mitleid? Sie selbst hätte es lieber Wehmut genannt, eine ferne Erinnerung an Liebe, die Sophia in ihr geweckt hatte. Sie dachte an Prokopios und weinte. Die Erinnerung strömte, und sie ließ sich davontragen, während sie einfach nur dasaß. Es war, als ob das Fieber seiner Krankheit sie beide dabei reinbrannte. Als die Vögel in der nächtlichen Dämmerung zu flöten begannen, stand sie auf. Sie fühlte sich erfrischt, fast fröhlich. Der Vogelgesang versprach, obwohl noch kein Lichtschimmer sich zeigte, doch das sichere Anbrechen des neuen Tages. Voller Kraft und Zuversicht trat sie an sein Bett. Er schlug die Augen auf, als sie sich hinabbeugte, um sein hageres bärtiges Gesicht zu küssen, wie sie Sophia geküßt hatte. Das Fieber, sah sie, hatte den alten Teint aus Milch und Blut wieder auf seine eingefallenen Wangen gemalt.
»Du bist da?« Seine Stimme war rauh und leise.
Sie lächelte. »Laß nur«, beruhigte sie seine suchenden Hände und zog an seiner Statt das dünne Laken gegen die Morgenkühle höher, »ich kümmere mich um die Details.«
Er schluckte trocken. »Danke«, brachte er dann heraus. »Theodora?«
Sie drehte sich noch einmal um. »Ich weiß«, sagte sie.

Die Massen konnten wieder einmal eine Prozession bestaunen, welche die Kaiserin in ihrer streng verhängten Sänfte nach ihrem Lieblingskurort Pythia begleiten sollte. Die Schaulustigen sahen nur einen weißen Arm zwischen Seidenvorhängen, der huldvoll winkte. Dann wand sich mit Weihrauch, Chören, goldprotzenden Kutschen, knatternden Seidenfahnen und im Gleichschritt marschierenden Wachabteilungen der bunte Zug hinaus in die Heide und hatte mit der Spitze Pythia schon beinahe erreicht, wenn der letzte Eunuch die Tore von Byzanz noch nicht passiert hatte.
Im Hafen blähten sich die Segel eines Schiffes im frischen Wind. Antonina umarmte die Frau, die im Begriff stand, an Bord zu gehen.
»Denk dran«, flüsterte Theodora an ihrem Hals, »mir in Pythia immer schön Gesellschaft zu leisten. Und laß niemanden vor.«
»Du bist unpäßlich, ich weiß.« Antonina drückte sie. »Genauer gesagt, bist du total verrückt.«
»Und misch dich nicht in den Prozeß ein«, ermahnte Theodora, ohne auf den Einwand einzugehen. »Es sieht besser aus, wenn Narses das allein macht, ganz unbefangen und offiziell. Justinian vertraut ihm.«
Antonina schmollte; es war schließlich ihr Fang gewesen. »Ich dachte ja daran«, erläuterte sie, »beim erstenmal noch abzulehnen, weißt du? Aber man soll nichts übertreiben. Also schlug ich ihm, wie du's geraten hattest, den ›Elefanten‹ vor, und dann … ach was.« Sie küßten sich. »Bleib nicht zu lange weg.«
Theodora ging an Bord.

Erst zu Hause öffnete Antoninas Sklavin das Schreiben, das die Freundin ihr zum Abschied zugesteckt hatte.
»Dein Vergehen, mein Bester«, las sie, »weißt Du nur zu gut. Da

ich aber Deiner Frau zu großem Dank verpflichtet bin, will ich all diese Sünden nachsehen und Dir Dein Leben schenken. Von ihr hängt die Sicherheit Deines Lebens und Deines Besitzes ab. Wie Du Dich künftig zu Deiner Gemahlin stellst, das sollen uns Deine Taten lehren.« In diesem Ton ging es weiter. Antonina lauschte dem offiziellen Schreiben, das Theodora ihr in den Brief mit eingelegt hatte. Es war genial, das mußte sie anerkennen, es entlastete Belisar von jeder Verfolgung und rettete zugleich sie selbst vor der Eifersucht ihres Mannes, der nun zur Gänze auf sie angewiesen war. Oh, sie würde gut zu ihm sein, schnurrte sie innerlich. »Ich hätte es selbst nicht besser machen können, Lämmchen«, sagte sie. Dann drängte sie Eudokia die kurze beigelegte Notiz auf und angelte aufgeregt nach einer Olive. »Du wirst ihm die Nachricht«, hieß es da, »sicher gerne selbst überbringen ...« Sie fischte nach einer weiteren Olive, doch die Schale war leer. »Theodosios!« rief sie nach ihrem heimgekehrten Sohn, »sei ein Goldschatz und lauf in die Küche, ob sie noch Oliven haben, ja?« Es kam nur ein Brummen aus dem Flur.

»... denn es scheint mir, daß Du ihn doch stets geliebt hast.« Antonina seufzte. »Hab ich das nicht immer gesagt?« Sie betrachtete ihre alt gewordenen Hände, tastete damit über die Falten ihres Dekolletés und fuhr die Linie des beginnenden Doppelkinns entlang. Trotzig schob sie die Lippe vor. »Das Kind hat mich durchschaut!«

Antonina erhob sich, klopfte an die Tür des Schlafzimmers nebenan, wo ihr Mann Belisar sich seit seiner Rückkehr aus Persien vor ihr und der gefährlichen Welt von Byzanz verbarrikadierte. »Gute Nachrichten, Liebster«, rief sie durch das Holz, »komm heraus, es wird keine Meuchelmörder geben, wir sind frei.« Sie schaute auf Theodoras offizielles Schreiben in ihrer Hand. Dann fiel ihr etwas ein, und sie lief zum Spiegel, um ihre Frisur zu kontrollieren. »Nun komm schon heraus, Schätzchen«, rief sie erneut. »Komm und schau, was Theo uns Schönes geschickt hat!«

Als Theodora in Ravennas Hafen Classis an Land ging, wankte der Boden noch unter ihren Füßen. Sie fragte ohne Umschweife nach der Werkstatt des Mosaikkünstlers Matthias und nahm sich, als sie sie gefunden hatte, ein Gasthaus ganz in der Nähe. Daß sie inkognito hier war, machte es ihr unmöglich, im Palast eines Beamten abzusteigen, ein Umstand, den sie bald bedauerte. Es war lange her, daß Theodora ein ganz normales Gasthaus von innen gesehen hatte. Der Krieg und die Hungersnot zudem hatten viel armes Landvolk in die Stadt getrieben, und auch in ihrer Herberge saßen seltsame Gestalten an den langen Tischen vor dem Feuer im Gastsaal. Ihre düsteren Blicke verrieten, daß Theodoras schlichtes Gewand noch nicht unauffällig genug gewählt war und daß eine Matrone, die ihre Dienerin in die Küche schickte, damit sie die Zubereitung des mitgebrachten Essens überwachte, gut daran tat, ihren Besitz, ihre Tugend und ihr Leben zu schützen. Es war erstaunlich, wie anders diese Theodora einst so vertraute Welt sie jetzt berührte. Als ein reisender Tonwarenhändler bei Tisch eine bösartige Bemerkung über sie machte, wollte Theodora ihn lauthals verhaftet wissen. Da erst fiel ihr ein, daß ihre Garde im fernen Pythia weilte, und instinktiv stemmte sie die Hände in die Hüften, wie in den alten Zeiten. Martinus, der als Leibwächter dabei war und sich in eine Ecke zurückgezogen hatte, trat eilig dazwischen und zog sie fort, ehe Schlimmeres passierte. Erstaunt mußte er bemerken, daß seine Kaiserin ihren Gegner wie ein Waschweib beschimpfte. Allerdings verschmähte sie seine Hilfe nicht. Theodora mußte einsehen, daß sie nicht mehr das junge Mädchen von einst und auf der Reise nach Antiochia war.

Chryseis verwehrte ihr daraufhin kopfschüttelnd den Besuch in den Thermen und orderte einen Heißwasserträger aufs Zimmer, um dort ihrer Kaiserin eine hölzerne Sitzbadewanne zu füllen. Da saß Theodora dann bibbernd und schimpfend, vermißte den heimischen Luxus und bekam zum erstenmal ein beklommenes

Gefühl bei ihrem Vorhaben. Schließlich aber brachte Chryseis doch den Zettel mit der Nachricht zu Maria in die Werkstatt, und in ihrer und Martinus' Begleitung ging Theodora am Abend zum angegebenen Treffpunkt.

Es war eine Baustelle, eine fast fertige Kirche nahe dem Mausoleum der Kaiserin Galla Placidia, ganz im Nordosten der Stadt, die Theodora beim Durchqueren ja so klein vorkam. Die runde Gestalt der Kirche aber, mit der zentralen Kuppel über dem achteckigen Grundriß, der mit allen Mauern sich schützend zur Mitte hinzudrängen schien, heimelte sie an und war ihr vertraut in einer Weise, die sie hier in Italien nicht erwartet hätte. Es war unverkennbar, daß Byzanz und der Osten darin ihren Einfluß ausgeübt hatten. Sie hieß ihre beiden Gefährten draußen warten, wo ein fliegender Garkoch seine Feuerstelle aufgemacht hatte, um den Arbeitern Gerstensuppe mit scharfen Kräutern anzubieten. Niemand von ihnen fiel in dem Gedränge der Baustelle besonders auf. Neugierig trat sie dann zwischen Gerüsten und Paletten voller ausgesägter Marmorplatten in das Innere.

»Auf die Fugentechnik kommt es an«, hörte sie da eine vertraute Stimme dozieren. »Auf die Breite und vor allem auf den Verlauf, den Rhythmus, verstehst du?«

»Ja, Vater«, gab eine genervte junge Stimme zurück. Theodora zuckte zusammen und drückte sich in den Mauerschatten, froh um die zunehmende Dämmerung, die hier im Inneren durch die noch glaslosen und daher mit Rupfen verhängten Fenster verstärkt wurde. Als sie sich zaghaft wieder vorbeugte, konnte sie den Hinterkopf und Rücken eines jungen Mannes mit glatten schwarzen Haaren sehen, der eifrig über ein Bodenmosaik gebeugt mit Matthias diskutierte. Die Haartolle fiel ihm ins Gesicht und streichelte seine Wangenknochen; er war kaum zu erkennen, aber sie wußte, er war es.

»Stöhn nicht«, wies Matthias ihren Sohn gerade zurecht, »genau daran erweist sich am Ende die Meisterschaft, schau!«

»Vater, bitte!«

Theodora zitterte. Nein, damit hatte sie nicht gerechnet. Für diese Begegnung war sie noch nicht bereit. Sie wollte sich gerade aus dem Gebäude zurückziehen, da sah sie in der Apsis eine Gestalt mit einer Fackel und drückte sich, immer im Halbdunkel nahe den Wänden bleibend, bis dorthin vor. »Maria?« flüsterte sie.

»Theo!« Erschrocken drehte das Kind sich um. Doch strenggenommen, stellte Theodora fest, war das kein Kind mehr, was ihr da gegenüberstand. Eine junge Frau sah ihr entgegen, die vielleicht jünger aussah, als sie sein mochte, aber unverkennbar Reife und Zufriedenheit ausstrahlte. Und die ihren rechten Arm unter den schwangeren Bauch gelegt hatte. Rührung stieg in Theodora auf. Einen Augenblick lang fragte sie sich, wieviel ihr Sohn Maria wohl von dem erzählt haben mochte, was damals im Audienzraum geschehen war.

»Wie wunderbar, daß du da bist«, jubelte Maria im Flüsterton. »Ich muß dir unbedingt etwas zeigen.«

»Ja, das sehe ich!« Theodora wies auf ihren angeschwollenen Leib. Sie atmete auf und dankte dem Jungen innerlich. Ihre Kleine hatte sie in guter Erinnerung behalten.

»Das doch nicht, das heißt, das natürlich auch.« Maria errötete, und ihr Blick wanderte in die Nische am Eingang, wo die beiden Männer noch immer in ihre Fachsimpeleien vertieft waren.

»Darf ich daraus schließen«, fragte Theodora und bemerkte, wie ihr Herz zu klopfen anfing, daß das …«

Maria nickte verschämt. »Du hast doch nichts dagegen?«

Statt einer Antwort drückte Theodora das Mädchen an sich und hielt es fest. Nach einer Weile löste sie ihren Griff.

»Nun ja, solange ihr ordentlich verheiratet seid«, scherzte sie.

Maria nickte eifrig, dann stockte sie. »Allerdings orthodox«, erwiderte sie zaghaft.

Theodora zuckte die Schultern. Man konnte nicht alles haben.

Dann sah sie Maria bleich werden. »Was ist denn?« fragte sie, »was hast du?«
»Nichts!« Maria wandte sich kurz ab. »Mir ist nur immer noch so übel. Hat das bei dir damals auch so lange gedauert?« fragte sie zutraulich.
»Ich weiß nicht«, erwiderte Theodora ablehnend. Sie wurde immer noch nicht gerne an diese Zeit erinnert. »Ich dachte damals, ich kotze vor Wut, weil der Kerl, der mir das Kind gemacht hatte, mich sitzenließ.«
»Aha.« Maria schwieg einen Moment. »Dann ist das vielleicht nicht zu vergleichen.«
»Ist es wohl nicht.«
»Sollte«, nahm Maria behutsam das versandete Gespräch wieder auf, »sollte man es seinem Vater nicht mitteilen?« Sie wies mit dem Kinn hinüber zu ihrem jungen Mann. »Vielleicht würde es ihn freuen?«
»Das geht leider nicht«, erwiderte Theodora knapp.
»Warum, ist er tot?«
»Nein«, Theodora fiel es schwer zu antworten. Sie entschied sich für die Wahrheit. »Aber so ähnlich. Wenn er von seinem Enkel erführe, dann wäre er es jedenfalls.« Es klang schroff und verbittert, und das tat ihr leid. »Aber er würde sich sicher sehr freuen«, fügte sie deshalb hinzu.
Maria gab sich mit der Antwort zufrieden und versank in Nachdenken. Ein paar peinliche Minuten lang schwiegen sie beide. Wie unterschiedlich doch ihrer beider Leben verlaufen waren.
»Wenn der Hintergrund auf die Figur trifft, dann sollten die Fugen von Fläche und Figur idealerweise rechtwinklig aufeinanderstoßen«, hörten sie wieder Matthias' strenge Stimme.
»Aber das tun sie nicht immer, und dann hast du lauter Schmuddelecken, wo du kleine, unregelmäßige Steinchen setzen mußt, das läßt die Grenze unscharf wirken«, warf sein Schwiegersohn ihm vor.

Theodora lauschte so andächtig, als wäre es ein Wunder, daß er in ganzen Sätzen sprach, daß er lebte, sich bewegte und eine Meinung zum Ausdruck brachte, ganz unabhängig von ihr, die ihn doch hervorgebracht hatte. Er hatte nicht Prokopios' Stimme, stellte sie fest, nicht dessen klares Rhetorenorgan. Er sprach tiefer, schleppender und verschliff hier und da ein paar Endungen. Sie hätte ewig zuhören können.

»Und was willst du dagegen unternehmen, du Junggenie?« erkundigte sich Matthias nicht ohne Stolz.

»Laß die Steine des Hintergrunds ein, zwei Reihen lang dem Figurenumriß folgen, und geh erst dann in die Fläche«, kam die triumphierende Antwort. »Das verlegt das Problem in den monochromen Teil.«

»Könnte gehen«, stimmte Matthias zu. Eine Weile war nur ihr Atmen zu hören, als sie den Vorschlag gemeinsam ausprobierten. Ein Metallzirkel klirrte auf Stein. »Und würdest du den Hintergrund regelmäßig oder unregelmäßig auslegen?«

»Er ist großartig«, wisperte Maria ihr gerührt ins Ohr, »er wird einmal noch besser als Papa. Das hier ist auch von ihm. Ich wollte es dir unbedingt zeigen.«

Mit einem verständnisvollen Lächeln für Marias Besitzerstolz drehte sich Theodora um und war bereit zu loben. Doch der Mund blieb ihr offenstehen. Was ihr da im Licht der erhobenen Fackel entgegenstrahlte, war ein Mosaik ihrer selbst, rechteckig wie ein Gemälde und von bunten Schmuckbändern gerahmt.

»Komm nur, das Arbeitsgerüst ist noch da.« Maria zog sie die wackeligen Bretterstufen hinauf, bis sie ihrem Konterfei direkt ins Auge sah. Zwischen edelsteingeschmückten Säulen stand sie da inmitten ihres Hofstaats unter einem Baldachin. Über dem breiten Juwelenkragen und dem Diadem mit den Perlgehängen, in dem ihr Sohn sie kennengelernt hatte, schmückte sie ein Nimbus, Attribut des römischen Sonnengottes, das dem byzantinischen Kaiser geblieben war. Die schimmernden Falten eines

Purpurüberwurfs, den am Saum die gestickten Figuren der Heiligen Drei Könige schmückten, verhüllten ihre Gestalt.
Theodora überlegte, ob sie den Mantel an diesem Tag getragen hatte, dem einzigen, den ihr Sohn sie sah. Doch dann wanderte ihr Blick weiter zu den Gesichtern ihrer Hofdamen, und sie begriff. Das Gesichtchen neben ihr war das zarte Antlitz Marias mit ihrer neckischen Oberlippe, in den edlen, rassigen Zügen der Frau daneben erkannte Theodora, mit einem leichten Stich, die Tänzerin Makedonia, die ihr Sohn Mutter genannt hatte. Sie verstand, daß er es wie Matthias machte und auf diesem Bild seine Lieben versammelt hatte. Das Ornat schuldete er dem Auftraggeber, aber die Gesichter der Menschen gestaltete er aus sich selbst. Theodora war dennoch stolz und gerührt, daß auch sie dabei war.
»Ist das Gesicht nicht wunderbar?« fragte Maria leise und hielt die Fackel höher, damit sie ihr Ebenbild genauer betrachten konnte. »Ich habe ihm so oft von dir erzählt, damit er auch nichts falsch macht. Nur das mit den schwarzen Augen wollte er mir partout nicht glauben.«
Theodora sah jedes einzelne Steinchen und zugleich das Gesamtbild; sie entdeckte ihre Traurigkeit und zugleich ihre Entschlossenheit darin. Daß ich auch lachen kann, dachte sie wehmütig, das konnte er an diesem Tag ja nicht erkennen. Und doch schien ihr das Abbild, je länger sie es anschaute, um so mehr zu lächeln. »Das macht nichts«, murmelte sie, um Maria zu antworten. »Meine Mutter hatte solche Augen, genau solche. Bernsteinfarben.« Sie konnte sich nicht sattsehen. »Und ich glaube, alles in allem bin ich ihr ähnlicher, als ich dachte.«
»Na dann«, kicherte Maria. »Das muß ich ihm erzählen.«
Theodora hielt sie am Handgelenk fest. »Nein, bitte nicht. Bitte«, wiederholte sie, als Maria überrascht und verletzt die Stirn runzelte. »Sag ihm nicht, daß ich da bin. Sag es niemandem.«
»Ja, aber warum denn?«

»Ich kann es noch nicht. Bitte, Maria. Was ist das da drüben«, suchte sie die Kleine abzulenken und wies auf ein Wandstück gegenüber, das dieselben Proportionen aufwies wie das mit ihrem Mosaik. Maria hob ihre Fackel etwas und ließ Wandverputz mit einer Ockervorzeichnung aus dem Dunkel auftauchen. Da die einzelnen Farbfelder durch entsprechend eingefärbten Mörtel gekennzeichnet waren, ließ sich die Szenerie, eine Reihe Soldaten, Adliger und Geistlicher, schon recht gut erahnen. In der Mitte war ein Mann einskizziert, dessen Gesicht und Oberkörper bereits mit Steinchen ausgelegt waren. Theodora trat einen Schritt näher und wäre beinahe von ihrer Gerüststufe gekippt. Mit rudernden Armen fing sie sich wieder, eng an die sie festhaltende Maria gelehnt. Dieses Bild hatte sie schon einmal gesehen! Doch, er war gut getroffen, ihr Gatte. Ebenfalls mit Nimbus um seine Krone, stand er dort mit seinem von einer Rubinbrosche gerafften Purpurumhang. Die Gestalten neben ihm waren noch gesichtslos. Doch wie in ihrem alten Angsttraum würden auch hier ihre Züge Stein für Stein aus der Mauer herausblühen. Theodora ließ ihren Blick mit angehaltenem Atem weiter nach unten wandern. Da war auch die Schale in seinen Händen, ganz aus Gold, ganz wie erträumt. Aber Prokopios' Kopf lag nicht darauf. Am liebsten hätte Theodora laut und triumphierend gelacht.

»He«, rief sie leise, »dein Bewohner tritt nach mir.«

»Ja«, lachte Maria, löste sich von ihr und strich sich über den Bauch. »Er ist schon recht aktiv, dein Enkel. Ich weiß nicht, ob er je die Geduld aufbringen wird, über einem Mosaik zu sitzen.«

»Maria!« rief da Matthias' Stimme. »Mit wem sprichst du? Ist da jemand bei dir?«

Eilig legte Theodora den Finger an die Lippen und schüttelte heftig ihren Kopf.

»Nein!« gab Maria nach einer kurzen Pause zurück, »hier ist niemand.« Sie küßte Theodora rasch auf die Wange, ging in ihrem watschelnden Schwangerenschritt vorsichtig die Treppen hinunter und zu ihren Männern hinüber.

Theodora drehte sich wieder zu ihrem eigenen Bildnis um. Nein, dachte sie, Maria hatte ganz und gar nicht recht. Hier war jemand. Ihre Enkel und ihre Urenkel würden sie hier finden und ihr ins Gesicht sehen, wer weiß, wie lange in die Zukunft. Hier war jemand.

Nein, entschied sie nach einer Weile der Betrachtung, sie hatte den Mantel an jenem Tag nicht getragen, aber sie verstand, weshalb er da war. Mit seinem Muster und seinen Farben fügte er sich auf eine Weise in das Bild, die richtig war und alles zur Vollendung abrundete. Daß er da war, war schön. Und ihr Herz schlug. Theodora sah Makedonia den Arm heben und tanzen. Ja, dachte sie, die Freundin hatte recht gehabt, es gab diese Momente. Man konnte sie nicht bewahren und wiederholen. Vermutlich konnte man nicht einmal etwas aus ihnen lernen. Aber man konnte sie erleben. Dies alles war da. Theodora schlug die Hände vors Gesicht und lachte.

Epilog

Prokopios saß am Schreibtisch seiner Wohnung in Byzanz. Sonnenlicht fleckte die bunten Wollteppiche. Sperlinge besuchten flatternd, mit kratzenden Füßen, seine Fensterbank und pickten an den Trauben im Weinlaub, das durchsichtig schimmerte.

Prokopios griff zu seinem Weinbecher und lauschte auf das Schimpfen der Fuhrleute vor dem Haus, die an den Straßensperren steckenblieben. Das erwartungsvolle Gesumm der Menge wurde immer lauter, Mütter schrien nach ihren im Gewühl verlorengegangenen Kindern, Getränkeverkäufer priesen lautstark ihre Angebote. Von der nahen Apostelkirche läuteten die Glokken, und er brauchte nicht aufzustehen und hinauszuschauen, um die lange Prozession vor sich zu sehen, mit der sie in ihre Gruft dort begleitet wurde.

Er war selbst in den Palast, ins »Triklinum der neunzehn Lager«, gegangen, wo sie aufgebahrt gelegen hatte, und war in der langen Reihe der Würdenträger in seiner schlichten blauen Tunika als einer der Unwürdigsten an ihr vorbeigezogen. Er hatte gesehen, wie Justinian selbst, mit Tränen in den Augen, ihr die Schmuckstücke umgelegt hatte, den Gemmenring mit dem Karneol für ihre schmalen weißen Finger, den breiten, steifen Halskragen aus Edelsteinen, das hohe Diadem mit den Perlgehängen, die über ihre Schläfen und Schultern zu ordnen er gar nicht mehr aufhören konnte, bis Narses ihn mit sanfter Gewalt weiterzog.

Antonina war dagewesen und hatte die Stirn besessen, der Toten ein Armband aus Rosenquarzen umzulegen und ihm dabei tröstend in die Augen zu schauen. Als sie sich durch die Reihen der Trauergäste zu ihm drängte, um ihn am Arm zu berühren, da drehte er sich um und ließ sie stehen. Am liebsten hätte er ihr ins Gesicht gespuckt.

»Geh hin, o Kaiserin, der König der Könige und der Herr der Herren rufen dich!« Noch zweimal erklang der Ruf des Zeremonienmeisters durchs Weihrauchgewölk, während Blumen auf die Bahre herabregneten und Justinians Schluchzen immer lauter wurde. Dann traten die Leibwachen mit ihren weißen Mänteln vor und hoben sie an. Prokopios war gegangen. Er ging allein.
Jetzt setzte die Orgel drüben ein. Er sah die Zeremonie in allen Einzelheiten vor sich, sah, wie der Patriarch ihr das Diadem wieder abnahm und es auf ein purpurnes Seidenkissen bettete, das ein Ministrant zum goldenen Altartisch trug, um es dort zwischen die heiligen Gerätschaften, die Kelche, Schalen, Tücher und Kreuze zu legen. Er sah, wie der Alte ihr statt dessen ein Purpurband, hellrot schimmernd wie eine Blutspur, um die Stirn wand. Er sah, wie er die Rechte für das Kreuzzeichen hob und den Segen sprach und dann den smaragdgrünen Marmorsarkophag, in den sie gelegt wurde. Stein würde auf Stein knirschen, wenn der Deckel mit einem letzten lauten Hall darauf gesenkt würde. Und ihr kalter kleiner Körper würde die Temperatur der Gruft annehmen.
Prokopios biß die Zähne zusammen. Nein, er trauerte nicht, daß sie tot war, ermahnte er sich, er trauerte nicht. Es schmerzte ihn nur, daß sie nicht eher gestorben war! Ein lautes Chorlied wurde vom Wind herübergeweht, und in den Straßen, wo die Bürger von Byzanz standen, erhob sich das Geschrei der Klageweiber wie seit Jahrtausenden. Warum war die rote Schlange nicht schon in Maras' Kloster über ihre Stirn gekrochen oder in Alexandria? Als sie in seinen Armen lag. Als sie ihn noch liebte! Bevor sie ihn so verletzte und ihr Kind töten ließ, diese Hure! Warum nur hatte sie ihn nicht geliebt?
Prokopios glaubte, den Weihrauch bis hierher riechen zu können, und einen wahnsinnigen Moment lang erspürte er auch ihr Parfum, den leisen Hauch von Zitrone und Sandelholz, der ihn

in seinem einsamen Zimmer hartnäckig umschwebte. Rasend vor Wut zerknickte er seine Schreibfedern, eine nach der anderen. Sein Tintenfaß knallte an den Fensterrahmen und blieb kullernd auf den Bodenfliesen liegen. Erschrocken flatterten die Sperlinge auf.

Prokopios stöhnte. Sie hatte kein Recht! Sie hatte kein Recht, in all seinen Fasern zu sitzen, kein Recht, in seinem Kopf spazierenzugehen und ihm zärtlich über seine Erinnerungen zu streichen, kein Recht auch, ermahnte er sich, in diesem noblen, kalten Sarg dort zu liegen! Im Sand des Hippodroms, unter Blut und Raubtierkot, dort hätte man sie verscharren sollen, die Mörderin, die Hure, diese Hure! Buch für Buch zerrte er seine berühmt gewordene, sogar von Johannes Lydos gelobte, in allen Buchhandlungen der Stadt erhältliche Geschichte des Gotenkriegs aus dem Regal und knallte sie an die Wand, hob sie wieder auf und zerfetzte die Seiten, die weiß im Zimmer umherflatterten. Einige landeten in der Tintenpfütze und saugten sich langsam voll.

Als Kaiserin hatte er sie dort in seinen Schriften angeredet, hatte sie sogar gerühmt. Kein Wort davon war wahr. Sie hatte kein Recht, kein Recht. Aber er würde das klarstellen! Er würde sie zeigen, wie sie wirklich war!

Hektisch sah Prokopios sich in der Verwüstung um, die er angerichtet hatte. Dort war noch ein heiler Kiel, dort das schwere silberne Tintenfaß, ein spätes Anerkennungsgeschenk Justinians für sein Geschichtswerk, das er bisher aus Trotz noch nie angerührt hatte. Ja, es war noch voll. Und Papyrus, es mußten sich doch noch irgendwo ein paar Bögen finden lassen! Er stieß sich schmerzhaft den Ellenbogen an und fluchte. Tränen schossen ihm in die Augen. Mit zitternden Fingern räumte, fegte er die Fächer seines Schreibtischs leer, bis er, inmitten des Durcheinanders kniend, das Gesuchte in Händen hielt.

Seufzend, mit weichen Knien, setzte er sich. Sein Herz schlug so heftig, daß er Angst bekam. Als er die Bögen wieder und wieder mit energischen Strichen glättete, läuteten die Glocken erneut, und Prokopios brach weinend über der Schreibtischplatte zusammen. Er hielt sich die Ohren zu und hörte die eigene Stimme, in seinem Kopf gefangen, wie sie laut schluchzte.

»Warum?« fragte sie, »warum hast du mich verlassen?« Dann wischte er sich die Augen, schneuzte sich die Nase, griff er zur Feder und schrieb:

»Sie war der Schandfleck der Welt, allen schmutzigen Lüsten ergeben und ohne jede Scham. Alle besseren Leute aber machten einen Bogen um sie, und wer sie bei Tagesanfang sah, dem bedeutete dies ein übles Vorzeichen …«

Über der sardischen Hochebene kreisen die Sperber. Eichen und silberne Olivenbäume werfen ihre Schattenornamente auf die grauen Steine, deren glatte Rücken, von Moosen gefleckt, sich aus der Macchia erheben. Smaragdfarbene Eidechsen sitzen dort in der Sonne, mit pulsenden Hälsen. Der Duft von Salbei, wildem Thymian und warmem Holz schwimmt in der Hitze über dem trockenen Boden. Kein Hauch bewegt die Gebüsche, kein Schritt läßt das welke Gras knistern. Auf den müden braunen Augen der nahen Teiche schwimmen Wasserlinsen. Blau blitzend und lautlos zucken kleine Libellen darüber hin. Scheckige Schweine liegen dösend im Schlamm, den viele Hufe aufgeworfen haben, und grunzen im Traum.

Vor der Kapelle blicken die Steingesichter auf den Menhiren einander noch immer mit aufgerissenen Augen an. Drinnen steigt vor der Figur der Frau mit dem toten Mann im Arm ein Marienlied auf und schwebt hinaus in die flirrende Luft. Es verklingt kurz vor dem Abgrund des Erdlochs, über dessen Kühle ein duftender Feigenbaum sich sehnsuchtsvoll neigt. Seine Feuchtigkeit ernährt ein paar Farne, die sich leuchtend über der Dunkelheit spreizen. Die Bienen summen in den Erikasträuchern und um die weißen Blüten der Myrten. Ein Falke steigt.

Die harmlose Öffnung des Karstschlunds, sie bedeutete nichts. Genausowenig, wie im knorrigen Wuchs des nahen Olivenbaums oder im schwirrenden Flug der Vögel über dem graugefleckten Bergkamm irgendein Sinn lag. Keines Gottes Gesicht drang je durch die uralte Rinde und das Ornament der verletzlich hellen Flügel, es verwob sich am blauen Papyrus des Firmaments zu keinem Zeichen. Auch das Lied, das sie nun dort in dem alten Häuschen sangen, das sich leise über die Ebene flocht, bedeutete nichts. Das Lied war ein Lied, und die Steine waren Steine.

Sie liegen heiß in der Sonne und wärmen die schuppigen Bäuche der Echsen. Ein Schwein wacht auf und geht grunzend zur Tränke, schubbert sich an einem Stein und wirft sich wieder zu seinen Gefährten in den Staub. Libellen paaren sich flirrend über dem Wasser. Die Korkeiche schwingt sich mit ihren Ästen in den Himmel. Ein Windstoß läßt die Rosmarinstengel zittern. Ein Steinadler steigt auf. Dies alles ist da. Dies alles ist da.

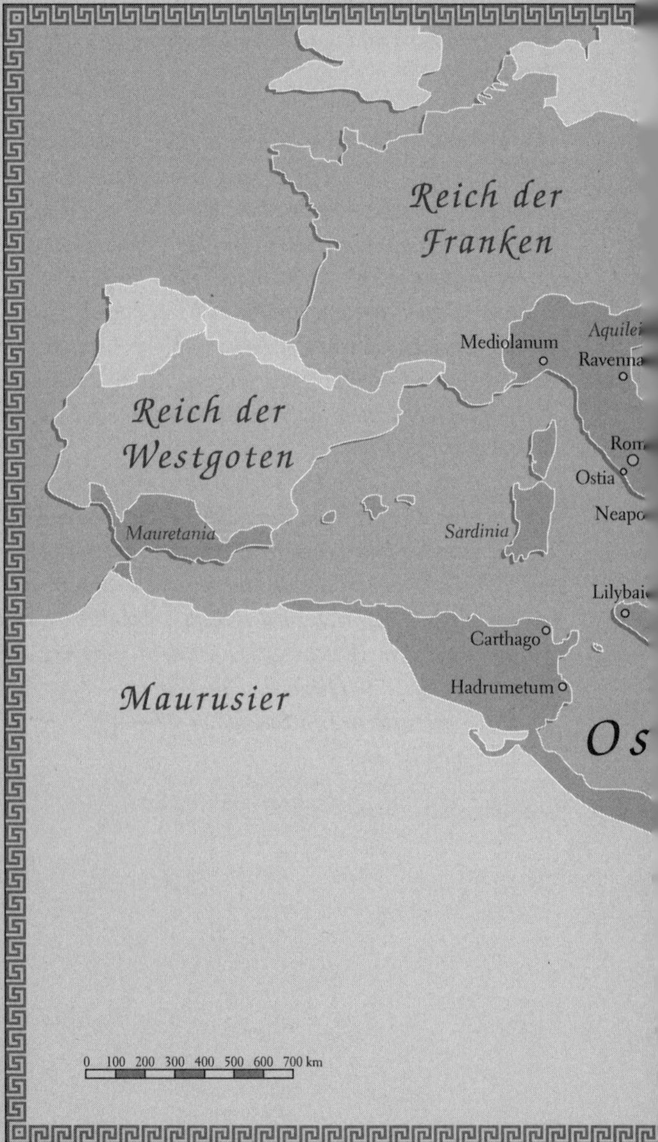

Reich der Franken
Reich der Westgoten
Mediolanum
Aquilei
Ravenna
Rom
Ostia
Neapo
Mauretania
Sardinia
Lilybai
Carthago
Hadrumetum
Maurusier
Os
0 100 200 300 400 500 600 700 km

Das Oströmische Reich
565 n. Chr.
Lazica
Thracia
Byzanz
Sykai
Halys
Bithynia
Galatia
Cappadocia
Armenia
Tigris
Epirus
Pergamon
Lydia
Euphratensis
Ephesos
Tarsos
Euphrates
Antiochia
Syria
Palmyra
isches Reich
Berytus
Gaza
Alexandria
Araber-
Ghassaniden
Nilus
Philae

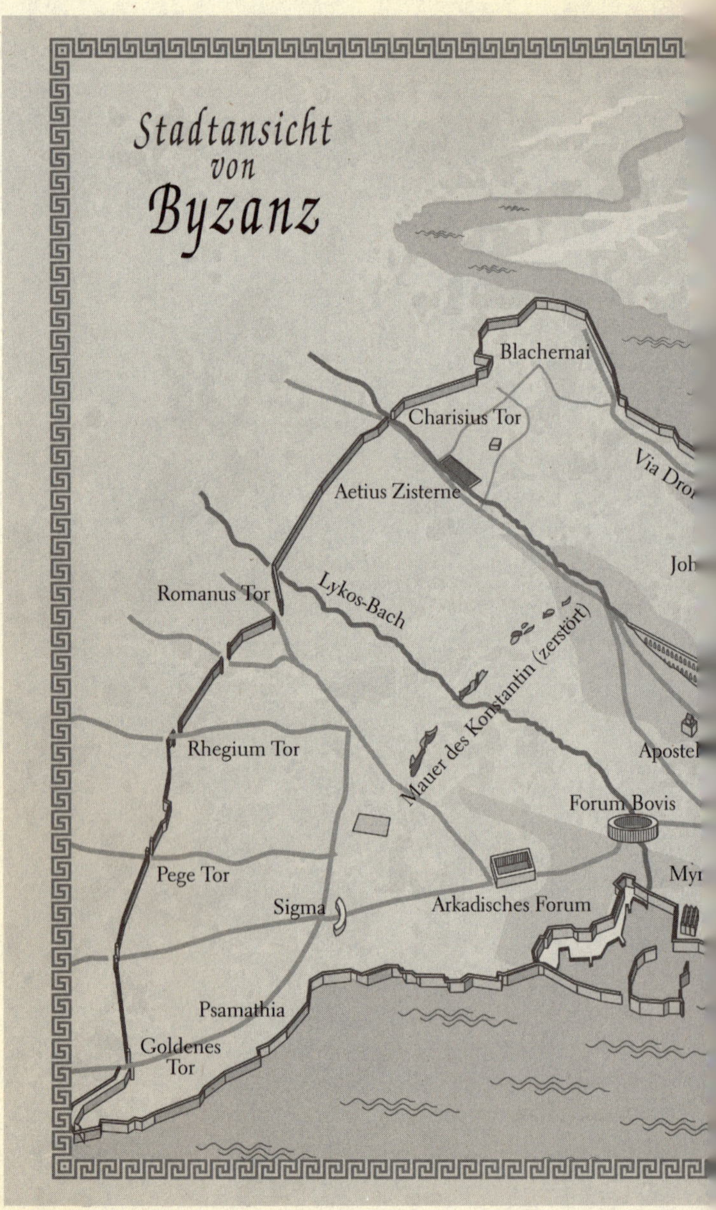
Stadtansicht
von
Byzanz
Blachernai
Charisius Tor
Via Dro
Aetius Zisterne
Joh
Romanus Tor
Lykos-Bach
Mauer des Konstantin (zerstört)
Rhegium Tor
Apostel
Forum Bovis
Pege Tor
My
Sigma
Arkadisches Forum
Psamathia
Goldenes
Tor

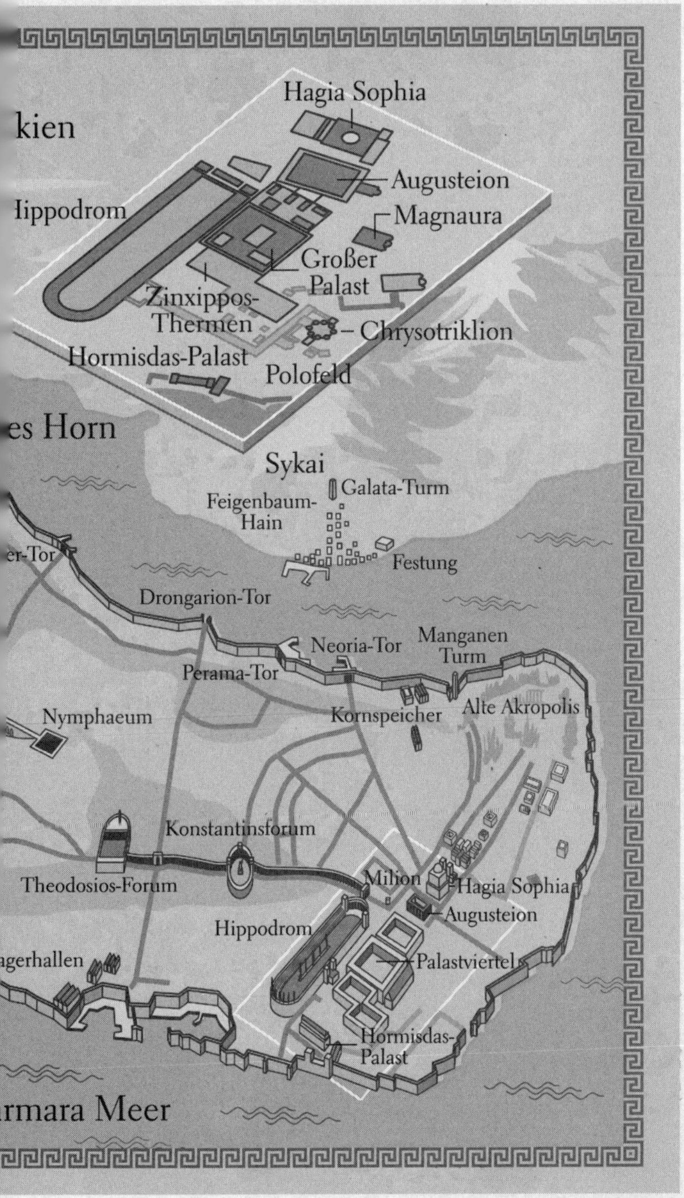

Hagia Sophia
kien
Augusteion
Hippodrom
Magnaura
Großer Palast
Zinxippos-Thermen
Chrysotriklion
Hormisdas-Palast
Polofeld
es Horn
Sykai
Galata-Turm
Feigenbaum-Hain
er-Tor
Festung
Drongarion-Tor
Neoria-Tor
Manganen Turm
Perama-Tor
Nymphaeum
Kornspeicher
Alte Akropolis
Konstantinsforum
Theodosios-Forum
Milion
Hagia Sophia
Augusteion
Hippodrom
agerhallen
Palastviertel
Hormisdas-Palast
rmara Meer

Glossar

Adiutor

Höherer Beamter in der Präfektur. Adiutor konnte formal werden, wer neun Jahre als Exceptor gearbeitet hatte, aus guter Familie stammte, eine klassische Erziehung genossen hatte und Latein sprach.

Agapet

Papst 535/536, starb in Byzanz, wohin Gotenkönig Theodahat ihn als Friedensvermittler entsandte. Erreichte wenig für die Goten, aber die Absetzung des monophysitischen Patriarchen von Byzanz. Heiliggesprochen (hl. Agapitus, 17.4.) wegen der Wunderheilung eines Stummen und Lahmen.

Alexander von Tralles

Arzt, wichtigstes Werk eine zwölfbändige Pathologie, setzte sich auch positiv mit der Verwendung von Amuletten und Wunderheilmitteln auseinander. Bruder des Mathematikers Anthemios.

Amalasuntha

Tochter Theoderichs des Großen, regierte für ihren unmündigen Sohn Athalarich. Setzte die byzanzfreundliche Politik ihres Vaters fort. Die betont römische Erziehung ihres Sohnes führte zum Konflikt mit dem gotischen Adel. Erhob ihren Vetter Theodahat zum Mitregenten, der sie auf einer Insel im Bolsenasee festsetzte und ihrer Ermordung dort vermutlich zustimmte.

Annonae

Fünfjährlich erhobene Geldsteuer, fällig neben den jährlichen Naturalabgaben, Abgaben für das Heer, Hand- und Spanndiensten. Abgabepflichtig war jeder, der mehr als ein Iugum besaß, das ist die Fläche, die ein Mann bebauen kann.

Anthemios von Tralles

Bruder Alexanders von Tralles, Mathematiker und Architekt, zusammen mit Isidoros von Milet mit dem Wiederaufbau der Hagia Sophia beauftragt, starb vor deren Fertigstellung. Experimente unter anderem mit Dampfkraft und Brennspiegeln.

Antonina

Freundin Theodoras aus dem Zirkusmilieu; ihr Vater soll Wagenlenker gewesen sein. Gattin Belisars und durch ihre Beziehung zur Kaiserin eine der einflußreichsten Frauen bei Hofe. Prokop sagt ihr in der Geheimgeschichte eine Beziehung zu ihrem Adoptivsohn nach.

Areobindos

Gatte Julia Anicinas, Mitglied des Senats, verweigerte 512 unter Anastasios, sich vom Volk zum Kaiser ausrufen zu lassen.

Augusteion

Zentrales Forum von Byzanz unmittelbar am Palastviertel, an dem der Senat lag. Benachbart die Hagia Sophia im Norden, die Zeuxippos-Thermen im Süden und das Hippodrom im Südwesten.

Belisar(ios)

Um 505 in Germania an der thrakisch-illyrischen Grenze geboren. Erregte als Gardeoffizier Justinians Aufmerksamkeit. Ab etwa 526 begann seine militärische Karriere; er befehligte große, von ihm privat finanzierte Söldnerheere. Gatte Antoninas.

Blemyer

Nomadisches Volk in Unternubien, das immer wieder die ägyptischen Grenzen belästigte. Noch im 6. Jahrhundert waren sie Heiden und als Plünderer der Klöster gefürchtet. Kaiser Diokletian öffnete ihnen den Tempel in Philae, den Narses dann im Auftrag Justinians endgültig schloß.

Brumalien

Feiertage vom 24.11. bis 17.12. jedes Jahres. Jeder Tag war einem Buchstaben des Alphabets und der Person mit dem entsprechenden Initial gewidmet.

Chalké

Vor-, Eingangs- und Wachhalle am großen Bronzetor, das am Forum Augusteum den Zugang zum Palastviertel öffnete. Im Nika-Aufstand zerstört, wurde sie von Justinian neu errichtet und mit einem Deckenfresko geschmückt, das das im Vandalenkrieg siegreiche Kaiserpaar zeigt.

Comes rerum privatarum

Im Gegensatz zum Comes sacrarum largitionum, einer Art Finanzminister, verwaltete er das kaiserliche Privatvermögen, vor allem den kaiserlichen Grundbesitz, der ihm aus Erbschaft, Enteignung oder Konfiskation zufiel, und überwachte dessen Pächter.

Comes rerum sacrarum largitionum

Finanzminister, zuständig für die fünfjährlich erhobene Geldsteuer, Umsatzsteuer, Pacht- und Zolleinnahmen. Er zahlte Spenden und Prämien aus und überwachte die staatlichen Bergwerke und Monopolbetriebe.

Daphne

Palast mit den kaiserlichen Privaträumen und eigentliche Wohnung der kaiserlichen Familie. Ihm angebaut die Stephanskirche, die als Hofkirche diente.

Doryphor

Wörtlich »Speerträger«, ursprünglich wohl ein tatsächlich in dieser Funktion einem Feldherrn zugeordneter Krieger. Belisars Doryphoren sind als Angehörige seines Offiziersstabs zu beschreiben.

Exkubitoren

Palasttruppen mit echter militärischer Schutzfunktion, deren Kommandanten oft mit dem der Scholarier in Konkurrenz lagen. In ihren Reihen begann der spätere Kaiser Justin seine Karriere.

Folleis

Römische Münze, entsprach rund 32 Assen. 180 Folleis machten einen Solidus.

Gelimer

Letzter Vandalenkönig (530–533). Kam durch Sturz des Hildericus (Hilderich) auf den Thron, wies eine Einmischung Justinians in die Streitigkeiten zurück und unterlag Belisar, dem er sich zunächst durch Flucht ins Gebirge entziehen konnte. Im Triumphzug mitgeführt, lebten er und seine Familie nach dem Krieg auf einem Landgut in Galatien.

Glückliche Schiffe

Jeden August mit Spielen gefeierte Ankunft der Kornschiffe aus Ägypten, die einen entscheidenden Beitrag zur Ernährung der Metropole leisteten.

Hagia Sophia

Der ursprüngliche Basilikabau wurde im Nika-Aufstand vollständig zerstört. Justinian beauftragte den Mathematiker Anthemios von Tralles und den Ingenieur Isidoros von Milet mit dem Neubau, der 532–537 errichtet wurde und heute mit zahlreichen Um- und Anbauten und ohne das ursprüngliche Innendekor als Moschee Ayasofya in Istanbul zu bewundern ist.

Hippodrom

Ovalbau aus dem 2. Jahrhundert n. Chr., der Wagenrennen und Zirkusspielen ebenso diente wie politischen Kundgebungen; er bot zwischen 30000 und 50000 Menschen Platz. Neben dem großen Chalké-Tor in der nördlichen Schmalseite gab es das Nekra-Tor zum Hinaustransport der Toten. Zahlreiche hölzerne Terrassenan- und -unterbauten bargen Wohnungen, Lokale und Bäder für die Angehörigen des Zirkus. Über die Jahrhunderte als Steinbruch benutzt, ist heute nichts mehr von der Baugestalt zu sehen.

Hypatios

Neben Pompeios und Probos Neffe des Kaisers Anastasios. Die Siegelring-Anekdote ist überliefert. 513 bei der Erhebung Vitalians von diesem gefangen und gedemütigt. Diverse diplomatische und militärische Missionen. Im Nika-Aufstand wider seinen Willen zum Kaiser ausgerufen, wurde er nach dessen Scheitern hingerichtet.

Johannes der Kappadokier

Praefectus praetorio unter Justinian und eine von dessen typischen nichtadligen Talententdeckungen. Kritisiert für seine drastischen Methoden der Steuereintreibung wie für seinen zügellosen Lebensstil. Im Nika-Aufstand auf Wunsch der Massen vorübergehend abgesetzt, erlangte er sein Amt bald wieder und wurde erst durch eine Intrige Antoninas gestürzt.

Johannes Lydos

Johannes Laurention Philadelphus Lydos; Sohn vornehmer Eltern aus Philadelphia in Lydien, studierte unter dem Athener Agapius aristotelische und platonische Philosophie, kam nach Byzanz, um die Verwaltungslaufbahn einzuschlagen, und trat, von einem Landsmann protegiert, in die Präfektur ein, wo er sich zum Adiutor hochdiente.

Julia Anicina

Vornehme römische Adlige, stiftete zahlreiche Kirchen. Ihr Vater Olybrius war 472 kurz weströmischer Kaiser, ihre Mutter Placidia war die Tochter des weströmischen Kaisers Valerian III. (425–455) und seiner Frau Eudoxia, die wiederum Tochter des oströmischen Kaisers Theodosius II. war.

Justin

Römischer Kaiser 518–527; als Sohn eines Bauern im illyrischen Tauresium geboren, begann er seine byzantinische Karriere beim Militär. 470 in die Garde der Exkubitoren aufgenommen, erreichte er nach dem Tode Kaiser Anastasios' seine Wahl zum Kaiser durch einen vorbildlich inszenierten Handstreich. Prokopios schmäht ihn als illiterat.

Justinian

Eigentlich Flavius Petrus Sabbatius. Wurde von seinem Onkel Justin aus dem heimatlichen Tauresium nach Byzanz geholt und als Nachfolger aufgebaut. Neben einer Leidenschaft für die Zirkuspartei der Blauen sagen die Quellen ihm einen Hang zur Beseitigung politischer Gegner nach. Prokopios schildert ihn als zwiespältigen, gefährlichen Charakter. Seine zentrale politische Idee war die Wiederherstellung des Römischen Reiches in seiner weltumspannenden Einheit, was in zahlreichen Kriegen kurzfristig gelang, in Italien letztlich scheiterte. Berühmt seine systematisierende und innovative Kodifizierung des Rechtes im Kodex Justinianum. Regierte 527–565.

Kathisma

Kaiserliche Loge in der Längsseite des Hippodroms, über eine Wendeltreppe direkt vom Palastviertel aus zugänglich, dem es mit einem direkt darangebauten eigenen Palast angehörte. Sein Dach zierte einst die Bronzequadriga, die heute auf der Markuskirche in Venedig zu sehen ist, wohin sie 1204 gelangte.

Konsulat

Ehrenamt von formal hohem Wert, aber weitgehend ohne Funktionen. Wichtigste Aufgabe: die Ausrichtung teurer Spiele mit Wildtieren, Wagenrennen, Umzügen, Geldspenden, Begnadigungen zum Amtsantritt am 1.1. Die Kosten lagen mit 2000–4000 Pfund Gold bei denen eines Feldzugs. Areobindus war 506 Konsul, Justinian 521, Johannes der Kappadokier 536.

Libellarius

Beamter, der bei öffentlichen Zeremonien als kaiserliche Stimme fungierte. Da das byzantinische Zeremoniell den Herrscher möglichst entrückte, war es wenigen Ausnahmen vorbehalten, daß das Volk seine eigene Stimme hören durfte. Üblicherweise sprach der Libellarius.

Lilybaion

Stadt an der Südwestspitze Siziliens. Karthagische Gründung, Mitgift für Theoderichs des Großen Schwester Amalfrida mit dem Vandalenkönig Thrasamund und für Byzanz bis zum Krieg mit den Ostgoten in Italien ein Freihafen.

Lupicina

Frau Kaiser Justins, eine ehemalige Prostituierte. Als Kaiserin nannte sie sich Euphemia und gab sich mehr als standesbewußt.

Magister militum

Oberster Heerführer; es gab den Magister militum praesentalis, dem die Truppen vor Ort in Byzanz und am Hof unterstanden, einen Magister militum per Gallias, der die Truppen im Westen leitete, und drei Amtskollegen für die Einheiten im Osten des Reiches, die Magister militum per Orienten, per Thracias und per Illyricum.

Makedonia

Berühmte Tänzerin in Antiochia, gehörte der Zirkuspartei der Blauen an.

Mese

Prachtvolle Arkaden- und Geschäftsstraße, die die drei größten Foren, das Forum Augusteum, das Forum Konstantini und das Theodosios-Forum, miteinander verband.

Milion

Vergoldeter Meilenstein, von dem aus alle Entfernungen im Reich gemessen wurden. Er stand in einem überdachten, nach allen vier Seiten offenen Tempelchen nahe dem Forum Augusteum.

Mimus

Populäre Form des Schwanktheaters, das improvisiert wurde; der Text ist nur im Rahmen der Regieanweisungen vorskizziert. Häufig sind Ehebruch-, Prügel-, Gerichts- und erotische Szenen, oft anzügliche Versionen der alten Göttermythen; beliebt sind auch Hundenummern. Wenige Requisiten, kaum Bühnenbild, Begleitmusik unter anderem mit Handpauken, Klappern, Kitharon und Flöte. In Textfragmenten erhalten sind *Charition*, offenbar eine parodistische Version der *Iphige-*

nie auf Tauris, und *Die Giftmischerin* mit der Gestalt der lüsternen Herrin. Die Schauspielerinnen arbeiteten üblicherweise zugleich als Prostituierte.

Monophysitismus

Als Häresie bezeichnete christliche Glaubensrichtung, die die Natur Christi abweichend von der orthodoxen Glaubensformel definierte: Die Monophysiten sahen die göttliche und menschliche Natur Christi nicht als in einer Person in Zweiheit unversehrt erhalten, sondern sie betrachteten die menschliche Natur als von der göttlichen überwölbt und aufgehoben. Ihre Formeln von Maria als der Gottesgebärerin oder dem gekreuzigten Gott waren für die Orthodoxie unannehmbar, die nur den Menschen in Jesus als geboren und gestorben betrachtete. Überwiegend im Osten des Reiches, in Syrien und Ägypten, angesiedelt, wurden die Monophysiten mehrfach heftig verfolgt, von Anastasios und später Theodora protegiert. Bis heute gibt es kleine monophysitische Gemeinden in Westsyrien.

Narses

Um 490–574, ab etwa 530 Praepositus sacri cubiculi; Eunuch aus Persarmenien, Vertrauter des Kaiserpaars. Schon im Nika-Aufstand erfolgreich, wurde er 538 als Feldherr zur Kontrolle Belisars nach Italien geschickt.

Porphyrios

Berühmter byzantinischer Wagenlenker, dem mehrere Siegesdenkmäler gewidmet wurden, das erste in auffallend jungem, das letzte in recht hohem Alter. Er fuhr abwechselnd für die Blauen und die Grünen.

Praefectus praetorio

Reichspräfekt, oberster Beamter der Zivilverwaltung und Angehöriger des Kronrats, Träger des Titels eines Vir illustris. In seine Zuständigkeit fielen die Erhebung der Naturalsteuern (Annonae), der Hand- und Spanndienste sowie der Geheimdienst, die Post und die Straßen, das Zivil- und das Strafprozeßwesen.

Praepositus sacri cubiculi

Kämmerer, oberster Beamter der Palastverwaltung, der durch seine persönliche Nähe zum Kaiser Einfluß hatte. Ihm unterstanden die Palasteunuchen, zu denen Leibwächter, Kleiderverwalter und der Comes castrensis, der Verantwortliche für die kaiserliche Küche und Tafel, gehörten. Narses war zweifellos einer der berühmtesten Amtsinhaber.

Prokop(ios Caesariensis)

Sohn reicher Eltern aus Caesarea, mißglückte Karriere bei Hof, später Rechtsberater im Stab Belisars. Mit seinen Werken über den vandalischen und den gotischen Krieg sowie über Justinians Bautätigkeit der maßgebliche Historiker seiner Epoche. Irritierend die später publizierten *Anekdotae*, in denen er das zuvor so positiv gezeichnete Bild des Kaiserpaars revidiert und sie ebenso wie Antonina und seinen früheren Helden Belisar kraß negativ zeichnet, ja beschimpft.

Proskynesis

Griech.: proskynein = fußfällig verehren. In der Antike die Verehrung zunächst der Götter, dann auch – in Byzanz trotz Protesten der Kirche – eines Monarchen durch Fußfall, Berührung der Stirn mit dem Boden und Kuß. Theodora führte sie auch für die Begrüßung der Kaiserin ein.

Scholarier

Berittene Palasttruppen, in sieben Einheiten à 500 Mann. Früher eine armeni-sche Eliteeinheit, war das Amt unter Justinian bereits käuflich, die Scholarier mit ihren vergoldeten Rüstungen zur reinen Paradetruppe geworden.

Severus von Antiochia

Patriarch von Antiochia und Haupt der monophysitischen Bewegung.

Silentiarius

Beamter, dem es oblag, für die Ruhe zu sorgen, die in der Nähe der kaiserlichen Person einzuhalten war. Kaiser Anastasios war vor seiner Heirat mit der Kaiserinwitwe Ariadne ein solcher Silentiarius. Sie konnten durch ihre Vertrautheit mit dem Herrscher einflußreich sein und trugen den Titel eines Vir spectabilis; Amtsinsignie: eine silberne Rute.

Solidus

Massives Goldstück, Einheitsstück der römischen Währung, mit dem Konstantin der Große 307 den von Diokletian eingeführten Aureus ablöste. Blieb im Ostreich bis 1453 die römische Goldmünze. 1 Solidus = 180 Folleis. Zum Vergleich: Ein gut genährter männlicher Sklave um die zwanzig Jahre kostete zu Justinians Zeit rund 20 Solidi (mit Ausbildung bis zu 70), das Amt eines Adiutors anzutreten kostete denselben Preis Verwaltungsgebühr, das Jahreseinkommen betrug dann 1000 Solidi. 216000 Solidi betrug Belisars zeitweise konfisziertes Vermögen. Am anderen Ende der Skala: Ein Bauarbeiter verdiente rund 9 Folleis am Tag, ein Pfund Fisch kostete 6 Folleis, eine Tagesration Gemüse 5. Für einen Viertel Solidus erhielt man einen passablen Umhang.

Spatharius

Eunuchen-Leibwächter, dem Oberkämmerer (Praepositus sacri cubiculi) unterstellt.

Spina

Rampe in der Mitte des Hippodroms, um die herum die Wagenrennen stattfanden. Vom ursprünglichen Skulpturenschmuck sind noch zwei Obelisken erhalten sowie die Schlangensäule, die ursprünglich vor dem Apollotempel in Delphi gestanden haben soll, eine Stiftung der griechischen Städte angesichts des Sieges über die Perser bei Plataä 497 v. Chr.

Sykai

Städtchen in einem Feigenbaumhain gegenüber von Byzanz bzw. von dessen Viertel Perama und der Neoria-Kais auf der anderen Seite des Goldenen Horns, Sitz der persischen Handelsniederlassung. Später spannte sich vom dortigen Theodosios-Palast eine Kette zum Manganen-Turm des Palastviertels, die das Goldene Horn abriegelte.

Theodahat

Sohn Amalafridas, der Schwester Theoderichs des Großen, von Prokopios als geizig geschilderter Besitzer großer Landgüter in Tuszien. Militärisch und politisch gegen die Byzantiner erfolglos, wurde er nach dem Fall Neapels abgesetzt zugunsten Witigis' und getötet.

Theodora

Frau Kaiser Justinians. Um sie ehelichen zu können, änderte er extra ein Gesetz. Aus dem unehrlichen Milieu der Zirkusleute stieg sie so zur mächtigsten Frau des Reiches auf, die regen Anteil nahm an der Politik ihres Mannes. Insbesondere ihr Engagement für die Monophysiten und für Prostituierte ist bekannt. Ein Mosaik der Kirche San Vitale in Ravenna hat ihr Gesicht überliefert.

Timotheus von Alexandria

Patriarch von Alexandria 517–535, berühmter Führer der monophysitischen Glaubensbewegung, von Kaiserin Theodora als ihr geistiger Vater bezeichnet.

Vigilius

Papst 537–555; 536 als päpstlicher Begleiter in Byzanz, wo er die Gunst Theodoras errang, die Belisar befahl, seine Wahl zum Papst zu erzwingen. Enttäuschte sie in der Folge durch eine wetterwendische Haltung, die keine effektive Unterstützung der promonophysitischen Politik erbrachte.

Vitalian

Militär, revoltierte als scharfer Gegner der Monophysiten 513 gegen Kaiser Anastasios' promonophysitische Politik, besiegte dessen Neffen Hypatios und wurde zum Magister militum per Thraciam ernannt. Nach einer erneuten Erhebung 515 machte Kaiser Justin ihn zum Magister militum praesentalis. 520 wurde er, mutmaßlich von Justinian, ermordet, der danach sein Amt einnahm.

Witigis

Ostgotenkönig von Dezember 536 bis Mai 540, aus nichtvornehmer Familie, aber mit großem militärischem Talent, vom Heer zum Nachfolger Theodahats gewählt. Als ehrenvoller Gefangener nach Byzanz gebracht, wurde Witigis zum Patricius ernannt. Er starb als reicher Gutsbesitzer im Osten.

Zeuxippos-Thermen

Größte und berühmteste Thermen von Byzanz, deren überaus reichem Statuenschmuck eine eigene Ekphrasis, eine die Architektur und Ausstattung beschreibende Dichtung, gewidmet war. Hier fanden Hinrichtungen und öffentliche Schauspiele ebenso statt wie private Feiern, Geschäftsverhandlungen und Heilkuren; die Thermen waren öffentliche Treff- und Brennpunkte.